친절한 SQL 튜닝

저자 소개

조시형

現) 주식회사 디비안 대표이사 /
오라클 성능 고도화 원리와 해법 Ⅰ, Ⅱ 저자 /
국가공인 SQLP 자격검정 핵심노트 Ⅰ, Ⅱ 저자 /
국가공인 SQLP, DAP 자격검정 전문위원
前) 이랜드, 인슈넷, 디엠에스랩, 엔코아, 비투엔

대용량 데이터 처리가 필수인 eCRM 솔루션 개발 업무를 담당하면서 DB 전문가의 길로 들어서게 되었다. 2010년에 한국데이터진흥원과 한국DB산업협의회가 공동 주관하는 제1회 우수DB人상을 수상하였고, 2016년 1월에 주식회사 디비안을 설립하였다. 20년 가까이 컨설팅을 수행하면서 터득한 성능관리 방법론을 솔루션화하는 일에 관심이 많고, DB 전문서적을 꾸준히 집필하면서 교육과 후배 양성에도 더 매진하려고 노력한다. 요즘은 인터넷 카페 디비안 포럼(www.dbian.net)을 통한 지식 공유 활동에도 열심이다.

친절한 SQL 튜닝

Copyright ⓒ 2018 by CHO SIHYOUNG
All rights reserved. Including the rights of reproduction in whole or in part in any form.
Printed in KOREA.

초판 1쇄 발행 | 2018년 6월 1일
초판 7쇄 발행 | 2025년 1월 10일

지은이	조시형
펴낸이	조시형
펴낸곳	주식회사 디비안
디자인	이정숙
출판등록	2018년 4월 5일 제2018-000041호
주소	서울특별시 영등포구 당산로31길 16-1, 201호 (당산동3가, JUM빌딩)
전화	02)2662-8246
팩스	050)4394-8246
홈페이지	www.dbian.co.kr
인터넷카페	www.dbian.net, www.sqlp.co.kr

ISBN 979-11-963957-0-4 93000
값 38,000원

이 책은 저작권의 보호를 받으며, 출판권자의 승인을 받지 않은 복사, 변형, 유포, 게재, 디지털 매체로의 저장 및 전송, 촬영, 녹취 등의 일체 행위는 금지됩니다.

친절한 SQL 튜닝

개발자를 위한
SQL 튜닝 입문서

SQLP 핵심이론 집중 공략

서문

애청하는 라디오 프로그램이 하나 있다. 바로 '손에 잡히는 경제'다. 특히 '친절한 경제'라는 코너를 좋아하는데, 어려운 경제 이슈를 일반인 눈높이에 맞게 풀어서 설명해 주는 진행자를 보면서 "나도 SQL 성능 문제를 저렇게 쉽게 풀어 설명하는 책을 써야겠다"는 다짐을 했다.

전작 「오라클 성능 고도화 원리와 해법」은 2권 서문에도 밝혔듯 개발자를 위해 쓴 책이었다. 집필 시작 전에 생각해 둔 제목도 원래 '오라클 애플리케이션 튜닝'이었다. SQL 튜닝 주체는 DBA가 아닌 개발자이어야 한다는 평소 소신에 따라 개발자가 꼭 알아야 할 애플리케이션 성능 이슈를 다루려고 했다.

내용이 좋다는 많은 분의 평가와 유명세, 예상보다 많았던 판매 부수에도 불구하고 나로서는 실패한 책이라고 하지 않을 수 없다. 의도한 대로 개발자에게 어필하지 못했기 때문이다. 애초의 생각보다 DB 아키텍처를 너무 깊게 다루다 보니 개발자보다 오히려 DBA와 튜닝 전문가들이 더 많이 보는 책이 돼 버렸다.

전체적인 흐름과 맥을 이해하고 읽으면 사실 어렵지 않다. 참고만 하고 가볍게 넘길, 굳이 몰라도 되는 내용까지 다 이해하려고 애쓰다 보니 어려울 수밖에! 책을 너무 두껍게 만든 필자의 책임이 크다. 늘 바쁜 프로젝트 일정에 쫓기다 보니 처음이자 마지막 기회로 여겼고, 책 두 권에 튜닝에 관한 모든 내용을 세밀하게 담으려고 애썼다. 책이 두껍고 어려워진 이유다.

핵심 내용 중심으로 쉽게 설명하려고 강의를 시작했지만 강의를 들을 수 있는 개발자는 제한돼 있고, 결국 개발자 눈높이에 딱 맞게 책을 다시 써야겠다는 생각을 하기 시작했다. 군더더기를 제거하고 핵심만 간추려 친절하고 쉽게 풀어쓴 오라클 성능 고도화! 진작부터 생각했던 일인데 이제 실천에 옮긴다.

'친절한 SQL 튜닝'은 개발자를 위한 SQL 튜닝 입문서다. 20년 가까이 DB 성능 컨설팅을 수행한 현직 튜너로서 개발자에게 들려주고 싶은 DB 성능 이야기를 담았다. 핵심 성능 이론은 변하지 않으므로 일부 전작에서 그대로 차용한 내용도 있지만, 그림을 보충하고 더 쉽고 친절하게 설명하려고 노력했다.

그렇다고 초보자를 위한 책은 아니다. DB 프로그래밍에 어느 정도 경험이 쌓였는데도 성능 문제를 스스로 해결하지 못해 늘 고민하는 분들을 위한 책이다. 국가공인 SQLP(SQL 전문가) 자격증에 도전하는 분들에게도 좋은 참고서가 되리라고 믿는다. 오라클 중심으로 설명하지만, 대부분 DBMS에 공통으로 적용되는 성능 원리를 다루므로 오라클 경험이 없는 개발자도 따라오는 데 문제는 없다.

서문

책 쓰기를 마치려는 지금 이 순간, 초보 프로그래머 시절에 함께 일하며 많은 가르침을 받았던 이사님이 생각난다. 은퇴를 얼마 안 남긴 그분은 컴퓨터 세계에서 C 언어로는 못할 게 없다며 자신이 가진 기술력에 굉장한 자부심을 가진 C 언어 신봉자였다. 그분처럼 평생 프로그래머로 살고 싶다고 생각했다.

요즘은 빅데이터가 한창 주목받고 있지만, 그 당시엔 eCRM이 IT 업계 화두였다. 새로운 트렌드에 귀가 솔깃한 나는 eCRM 솔루션 개발 및 DW 구축 전문회사로 옮겼고, 그곳에서 대용량 데이터를 다루면서 자연스럽게 DB 설계와 SQL 튜닝에 심취했다.

5년 정도 시간이 흘러 그분과 식사하며 대화할 기회가 있었는데, 10분 걸리는 SQL도 내가 손대면 단 몇 초 만에 끝난다고 은근슬쩍 자랑했더니 '에이, 그런 게 어딨느냐'며 내 얘기를 믿지 않으려 했다. 컴퓨터가 앞에 있으면 바로 증명해 보이련만, 아무튼 그런 세계가 있다며 화제를 돌렸다. 그분은 아마 그 세계를 모른 채 은퇴하셨을 거 같다.

C 프로그래밍 대가도 몰랐던 SQL의 비밀스러운 세계를 이 책을 통해 많은 DB 개발자에게 알려주고 싶다. 그 신세계를 30대에 경험하느냐, 40대에 경험하느냐, 아니면 평생 경험하지 못하고 은퇴하느냐의 차이는 정말 크다. 인생을 바꿀 수도 있는 문제이기 때문이며, 그 세계를 경험하는 순간, 조금만 더 빨리 알았더라면 하는 후회가 들게 마련이다. SQL은 그저 DB에 데이터를 읽고 쓰는 명령어에 불과하다고 생각했던 개발자들이 아무쪼록 이 책을 통해 신세계를 발견하길 바란다.

기획 단계부터 책이 인쇄되기까지 매 순간 지켜주신 하나님께 가장 먼저 감사드린다. 부모님과 아내, 그리고 두 딸에게 감사하다. 책 내용을 검토해 준 삼성SDS 정재우 수석, 디비안 하종근 이사, 비투엔 신동민 수석, SK플래닛 전창환 매니저, 데이타헤븐 김용진 책임, 스피크나우 김경수 디렉터에게도 감사하며, 특별히 전체 내용을 꼼꼼히 살펴 준 디비안 정희락 수석과 싸이버로지텍 김익서 수석에게 감사의 마음을 전한다.

2018년 5월 3일

주식회사 디비안
대표 컨설턴트 **조 시 형**

목차

1장. SQL 처리 과정과 I/O — 15

- 1.1 SQL 파싱과 최적화 — 17
- 1.2 SQL 공유 및 재사용 — 29
- 1.3 데이터 저장 구조 및 I/O 메커니즘 — 36

2장. 인덱스 기본 — 67

- 2.1 인덱스 구조 및 탐색 — 69
- 2.2 인덱스 기본 사용법 — 84
- 2.3 인덱스 확장기능 사용법 — 110

3장. 인덱스 튜닝 — 127

- 3.1 테이블 액세스 최소화 — 129
- 3.2 부분범위 처리 활용 — 158
- 3.3 인덱스 스캔 효율화 — 173
- 3.4 인덱스 설계 — 230

4장. 조인 튜닝 — 253

- 4.1 NL 조인 — 255
- 4.2 소트 머지 조인 — 274
- 4.3 해시 조인 — 282
- 4.4 서브쿼리 조인 — 299

5장. 소트 튜닝 — 329

- 5.1 소트 연산에 대한 이해 — 331

5.2	소트가 발생하지 않도록 SQL 작성	343
5.3	인덱스를 이용한 소트 연산 생략	350
5.4	Sort Area를 적게 사용하도록 SQL 작성	381

6장. DML 튜닝   391

6.1	기본 DML 튜닝	393
6.2	Direct Path I/O 활용	436
6.3	파티션을 활용한 DML 튜닝	444
6.4	Lock과 트랜잭션 동시성 제어	466

7장. SQL 옵티마이저   499

7.1	통계정보와 비용 계산 원리	501
7.2	옵티마이저에 대한 이해	511

부록. SQL 분석 도구   529

1.	실행계획 확인	531
2.	AutoTrace	534
3.	SQL 트레이스	537
4.	DBMS_XPLAN 패키지	542
5.	실시간 SQL 모니터링	549
6.	V$SQL	551

색인 index   553

세부 목차

1장. SQL 처리 과정과 I/O — 15

- 1.1 SQL 파싱과 최적화 — 17
  - 1.1.1 구조적, 집합적, 선언적 질의 언어 — 17
  - 1.1.2 SQL 최적화 — 19
  - 1.1.3 SQL 옵티마이저 — 20
  - 1.1.4 실행계획과 비용 — 21
  - 1.1.5 옵티마이저 힌트 — 24

- 1.2 SQL 공유 및 재사용 — 29
  - 1.2.1 소프트 파싱 vs. 하드 파싱 — 29
  - 1.2.2 바인드 변수의 중요성 — 32

- 1.3 데이터 저장 구조 및 I/O 메커니즘 — 36
  - 1.3.1 SQL이 느린 이유 — 36
  - 1.3.2 데이터베이스 저장 구조 — 39
  - 1.3.3 블록 단위 I/O — 43
  - 1.3.4 시퀀셜 액세스 vs. 랜덤 액세스 — 47
  - 1.3.5 논리적 I/O vs. 물리적 I/O — 48
  - 1.3.6 Single Block I/O vs. Multiblock I/O — 55
  - 1.3.7 Table Full Scan vs. Index Range Scan — 60
  - 1.3.8 캐시 탐색 메커니즘 — 63

2장. 인덱스 기본 — 67

- 2.1 인덱스 구조 및 탐색 — 69
  - 2.1.1 미리 보는 인덱스 튜닝 — 69
  - 2.1.2 인덱스 구조 — 74
  - 2.1.3 인덱스 수직적 탐색 — 77
  - 2.1.4 인덱스 수평적 탐색 — 78

2.1.5	결합 인덱스 구조와 탐색	79

2.2	**인덱스 기본 사용법**	**84**
2.2.1	인덱스를 사용한다는 것	84
2.2.2	인덱스를 Range Scan 할 수 없는 이유	86
2.2.3	더 중요한 인덱스 사용 조건	90
2.2.4	인덱스를 이용한 소트 연산 생략	94
2.2.5	ORDER BY 절에서 컬럼 가공	97
2.2.6	SELECT-LIST에서 컬럼 가공	100
2.2.7	자동 형변환	104

2.3	**인덱스 확장기능 사용법**	**110**
2.3.1	Index Range Scan	110
2.3.2	Index Full Scan	111
2.3.3	Index Unique Scan	115
2.3.4	Index Skip Scan	116
2.3.5	Index Fast Full Scan	122
2.3.6	Index Range Scan Descending	124

3장. 인덱스 튜닝　　127

3.1	**테이블 액세스 최소화**	**129**
3.1.1	테이블 랜덤 액세스	129
3.1.2	인덱스 클러스터링 팩터	136
3.1.3	인덱스 손익분기점	138
3.1.4	인덱스 컬럼 추가	145
3.1.5	인덱스만 읽고 처리	149
3.1.6	인덱스 구조 테이블	152
3.1.7	클러스터 테이블	154

3.2 부분범위 처리 활용 158
3.2.1 부분범위 처리 158
3.2.2 부분범위 처리 구현 164
3.2.3 OLTP 환경에서 부분범위 처리에 의한 성능개선 원리 166

3.3 인덱스 스캔 효율화 173
3.3.1 인덱스 탐색 173
3.3.2 인덱스 스캔 효율성 180
3.3.3 액세스 조건과 필터 조건 185
3.3.4 비교 연산자 종류와 컬럼 순서에 따른 군집성 186
3.3.5 인덱스 선행 컬럼이 등치(=) 조건이 아닐 때 생기는 비효율 191
3.3.6 BETWEEN을 IN-List로 전환 194
3.3.7 Index Skip Scan 활용 199
3.3.8 IN 조건은 '='인가 203
3.3.9 BETWEEN과 LIKE 스캔 범위 비교 209
3.3.10 범위검색 조건을 남용할 때 생기는 비효율 211
3.3.11 다양한 옵션 조건 처리 방식의 장단점 비교 214
3.3.12 함수호출부하 해소를 위한 인덱스 구성 225

3.4 인덱스 설계 230
3.4.1 인덱스 설계가 어려운 이유 230
3.4.2 가장 중요한 두 가지 선택 기준 232
3.4.3 스캔 효율성 이외의 판단 기준 233
3.4.4 공식을 초월한 전략적 설계 236
3.4.5 소트 연산을 생략하기 위한 컬럼 추가 238
3.4.6 결합 인덱스 선택도 241
3.4.7 중복 인덱스 제거 244
3.4.8 인덱스 설계도 작성 249

4장. 조인 튜닝 253

4.1	NL 조인	255
4.1.1	기본 메커니즘	255
4.1.2	NL 조인 실행계획 제어	260
4.1.3	NL 조인 수행 과정 분석	261
4.1.4	NL 조인 튜닝 포인트	264
4.1.5	NL 조인 특징 요약	265
4.1.6	NL 조인 튜닝 실습	266
4.1.7	NL 조인 확장 메커니즘	270
4.2	소트 머지 조인	274
4.2.1	SGA vs. PGA	274
4.2.2	기본 메커니즘	276
4.2.3	소트 머지 조인이 빠른 이유	278
4.2.4	소트 머지 조인의 주용도	279
4.2.5	소트 머지 조인 제어하기	280
4.2.6	소트 머지 조인 특징 요약	281
4.3	해시 조인	282
4.3.1	기본 메커니즘	282
4.3.2	해시 조인이 빠른 이유	286
4.3.3	대용량 Build Input 처리	288
4.3.4	해시 조인 실행계획 제어	290
4.3.5	조인 메소드 선택 기준	296
4.4	서브쿼리 조인	299
4.4.1	서브쿼리 변환이 필요한 이유	299
4.4.2	서브쿼리와 조인	302
4.4.3	뷰(View)와 조인	311
4.4.4	스칼라 서브쿼리 조인	317

5장. 소트 튜닝   329

5.1 소트 연산에 대한 이해   331
5.1.1 소트 수행 과정   331
5.1.2 소트 오퍼레이션   333

5.2 소트가 발생하지 않도록 SQL 작성   343
5.2.1 Union vs. Union All   343
5.2.2 Exists 활용   346
5.2.3 조인 방식 변경   348

5.3 인덱스를 이용한 소트 연산 생략   350
5.3.1 Sort Order By 생략   350
5.3.2 Top N 쿼리   352
5.3.3 최소값/최대값 구하기   360
5.3.4 이력 조회   366
5.3.5 Sort Group By 생략   379

5.4 Sort Area를 적게 사용하도록 SQL 작성   381
5.4.1 소트 데이터 줄이기   381
5.4.2 Top N 쿼리의 소트 부하 경감 원리   383
5.4.3 Top N 쿼리가 아닐 때 발생하는 소트 부하   386
5.4.4 분석함수에서의 Top N 소트   387

6장. DML 튜닝   391

6.1 기본 DML 튜닝   393
6.1.1 DML 성능에 영향을 미치는 요소   393
6.1.2 데이터베이스 Call과 성능   408
6.1.3 Array Processing 활용   414

6.1.4	인덱스 및 제약 해제를 통한 대량 DML 튜닝	418
6.1.5	수정가능 조인 뷰	422
6.1.6	MERGE 문 활용	430

6.2	**Direct Path I/O 활용**	**436**
6.2.1	Direct Path I/O	436
6.2.2	Direct Path Insert	438
6.2.3	병렬 DML	441

6.3	**파티션을 활용한 DML 튜닝**	**444**
6.3.1	테이블 파티션	444
6.3.2	인덱스 파티션	449
6.3.3	파티션을 활용한 대량 UPDATE 튜닝	456
6.3.4	파티션을 활용한 대량 DELETE 튜닝	460
6.3.5	파티션을 활용한 대량 INSERT 튜닝	463

6.4	**Lock과 트랜잭션 동시성 제어**	**466**
6.4.1	오라클 Lock	466
6.4.2	트랜잭션 동시성 제어	472
6.4.3	채번 방식에 따른 INSERT 성능 비교	480

7장. SQL 옵티마이저   499

7.1	**통계정보와 비용 계산 원리**	**501**
7.1.1	선택도와 카디널리티	501
7.1.2	통계정보	502
7.1.3	비용 계산 원리	509

7.2	**옵티마이저에 대한 이해**	**511**
7.2.1	옵티마이저 종류	511
7.2.2	옵티마이저 모드	514

7.2.3	옵티마이저에 영향을 미치는 요소	516
7.2.4	옵티마이저의 한계	518
7.2.5	개발자의 역할	519
7.2.6	튜닝 전문가 되는 공부방법	525

부록. SQL 분석 도구   529

1.	실행계획 확인	531
2.	AutoTrace	534
3.	SQL 트레이스	537
4.	DBMS_XPLAN 패키지	542
5.	실시간 SQL 모니터링	549
6.	V$SQL	551

색인 index   553

친절한 SQL 튜닝

1장

SQL 처리 과정과 I/O

1.1 SQL 파싱과 최적화

1.2 SQL 공유 및 재사용

1.3 데이터 저장 구조 및 I/O 메커니즘

1장

SQL 처리 과정과 I/O

1.1 SQL 파싱과 최적화

SQL 튜닝을 본격적으로 시작하기에 앞서 옵티마이저가 SQL을 어떻게 처리하는지, 서버 프로세스는 데이터를 어떻게 읽고 저장하는지 살펴보자. 쉽고 친절하게 설명하려고 애썼지만, 일부 내용은 초보자가 어렵게 느낄 수도 있다. 그렇다고 실망하지 말고 이해할 수 있는 만큼만 이해한 상태로 넘어갔다가 나중에 다시 학습할 것을 권한다. 본 장에 설명한 내용을 정확히 이해하지 못해도 나머지 장을 학습하는 데 크게 지장은 없다.

그럼, 지금부터 SQL 튜닝의 세계로 긴 여행을 시작해 보자.

1.1.1 구조적, 집합적, 선언적 질의 언어

아래 두 테이블(또는 파일)을 부서번호(DEPTNO)로 조인해서 사원명(ENAME) 순으로 정렬하는 로직을 떠올려보자.

사원(EMP)

EMPNO	ENAME	JOB	DEPTNO
7369	SMITH	CLERK	20
7499	ALLEN	SALESMAN	30
7521	WARD	SALESMAN	30
7566	JONES	MANAGER	20
7654	MARTIN	SALESMAN	30
7698	BLAKE	MANAGER	30
7782	CLARK	MANAGER	10
7788	SCOTT	ANALYST	20
7839	KING	PRESIDENT	10
7844	TURNER	SALESMAN	30
7876	ADAMS	CLERK	20
7900	JAMES	CLERK	30
7902	FORD	ANALYST	20
7934	MILLER	CLERK	10

부서(DEPT)

DEPTNO	DNAME	LOC
10	ACCOUNTING	NEW YORK
20	RESEARCH	DALLAS
30	SALES	CHICAGO
40	OPERATIONS	BOSTON

[그림 1-1]

요즘은 아래와 같이 SQL로 간단히 처리할 수 있지만, 예전에는 방금 머릿속에 떠올린 것과 같은 로직으로 어렵게 프로그래밍해야만 했다. 불과 20~30년 전 얘기다.

```
SELECT E.EMPNO, E.ENAME, E.JOB, D.DNAME, D.LOC
FROM    EMP E, DEPT D
WHERE   E.DEPTNO = D.DEPTNO
ORDER BY E.ENAME
```

SQL은 '**Structured** Query Language'의 줄임말이다. 말 그대로 구조적 질의 언어다. 위키 피디아(Wikipedia)에서 검색해 보면, 아래와 같은 정의도 발견할 수 있다.

- SQL is designed for a specific purpose: to query data contained in a relational database.
- SQL is a **set-based, declarative** query language, not an imperative language such as C or BASIC.

오라클 PL/SQL, SQL Server T-SQL처럼 절차적(procedural) 프로그래밍 기능을 구현할 수 있는 확장 언어도 제공하지만, SQL은 기본적으로 구조적(structured)이고 집합적(set-based)이고 선언적(declarative)인 질의 언어다.

원하는 결과집합을 구조적, 집합적으로 선언하지만, 그 결과집합을 만드는 과정은 절차적일 수밖에 없다. 즉, 프로시저가 필요한데, 그런 프로시저를 만들어 내는 DBMS 내부 엔진이 바로 SQL 옵티마이저다. 옵티마이저가 프로그래밍을 대신해 주는 셈이다(그림 1-2 참조).

[그림 1 - 2]

DBMS 내부에서 프로시저를 작성하고 컴파일해서 실행 가능한 상태로 만드는 전 과정을 'SQL 최적화'라고 한다.

1.1.2 SQL 최적화[1]

SQL을 실행하기 전 최적화 과정을 세분화하면 아래와 같다.

① SQL 파싱

사용자로부터 SQL을 전달받으면 가장 먼저 SQL 파서(Parser)가 파싱을 진행한다. SQL 파싱을 요약하면 아래와 같다.

- 파싱 트리 생성 : SQL 문을 이루는 개별 구성요소를 분석해서 파싱 트리 생성
- Syntax 체크 : 문법적 오류가 없는지 확인. 예를 들어, 사용할 수 없는 키워드를 사용했거나 순서가 바르지 않거나 누락된 키워드가 있는지 확인
- Semantic 체크 : 의미상 오류가 없는지 확인. 예를 들어, 존재하지 않는 테이블 또는 컬럼을 사용했는지, 사용한 오브젝트에 대한 권한이 있는지 확인

② SQL 최적화

그다음 단계가 SQL 최적화이고, 옵티마이저(Optimizer)가 그 역할을 맡는다. SQL 옵티마이저는 미리 수집한 시스템 및 오브젝트 통계정보를 바탕으로 다양한 실행경로를 생성해서 비교한 후 가장 효율적인 하나를 선택한다. 데이터베이스 성능을 결정하는 가장 핵심적인 엔진이다.

---

[1] SQL을 실행하려면 사전에 SQL 파싱과 최적화 과정을 거친다. 세부적인 SQL 처리 과정을 설명할 목적이 아니면 일반적으로 이 둘을 구분할 필요는 없다. 최적화 과정을 포함해 'SQL 파싱'이라고 표현하기도 하고, 파싱 과정을 포함해 'SQL 최적화'라고 표현하기도 한다. 여기서는 'SQL 최적화'라고 표현했다.

③ 로우 소스 생성

SQL 옵티마이저가 선택한 실행경로를 실제 실행 가능한 코드 또는 프로시저 형태로 포맷팅하는 단계다. 로우 소스 생성기(Row-Source Generator)가 그 역할을 맡는다.

1.1.3 SQL 옵티마이저[2]

SQL 옵티마이저는 사용자가 원하는 작업을 가장 효율적으로 수행할 수 있는 최적의 데이터 액세스 경로를 선택해 주는 DBMS의 핵심 엔진이다. 옵티마이저의 최적화 단계를 요약하면 아래와 같다(그림 1-3 참조).

1. 사용자로부터 전달받은 쿼리를 수행하는 데 후보군이 될만한 실행계획들을 찾아낸다.
2. 데이터 딕셔너리(Data Dictionary)에 미리 수집해 둔 오브젝트 통계 및 시스템 통계정보를 이용해 각 실행계획의 예상비용을 산정한다.
3. 최저 비용을 나타내는 실행계획을 선택한다.

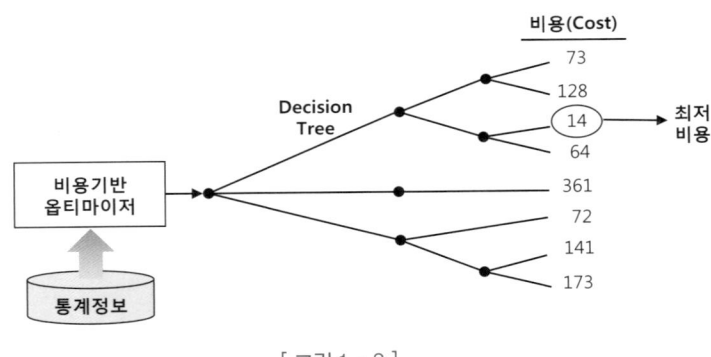

[그림 1-3]

---

2 SQL 옵티마이저를 DBWR, LGWR, PMON, SMON 같은 백그라운드 프로세스로 이해하기 쉽다. 서버 프로세스가 SQL을 전달하면, 옵티마이저가 최적화해서 실행계획을 돌려준다고 생각하는 것이다. 하지만, 옵티마이저는 별도 프로세스가 아니라 서버 프로세스가 가진 기능(Function)일 뿐이다. SQL 파서와 로우 소스 생성기도 마찬가지다.

1.1.4 실행계획과 비용

SQL 옵티마이저는 자동차 내비게이션과 여러모로 흡사하다. 일례로, 경로 요약이나 모의 주행 같은 기능이 그렇다. 경로를 검색하고 나서 이동 경로를 미리 확인하는 기능이며, 내비게이션이 선택한 경로가 마음에 들지 않으면 검색모드를 변경하거나 경유지를 추가해서 운전자가 원하는 경로로 바꿀 수 있다.

DBMS에도 'SQL 실행경로 미리보기' 기능이 있다. 실행계획(Execution Plan)이 바로 그것이다. SQL 옵티마이저가 생성한 처리절차를 사용자가 확인할 수 있게 아래와 같이 트리 구조로 표현한 것이 실행계획이다. 실행계획을 확인하는 방법은 부록을 참고하기 바란다.

```
Execution Plan
---------------------------------------------------------
0      SELECT STATEMENT Optimizer=ALL_ROWS (Cost=209 Card=5 Bytes=175)
1   0    TABLE ACCESS (BY INDEX ROWID) OF 'EMP' (Cost=2 Card=5 Bytes=85)
2   1      NESTED LOOPS (Cost=209 Card=5 Bytes=175)
3   2        TABLE ACCESS (BY INDEX ROWID) OF 'DEPT' (Cost=207 Card=1 Bytes=18)
4   3          INDEX (RANGE SCAN) OF 'DEPT_LOC_IDX'(NON-UNIQUE) (Cost=7 Card=1)
5   2        INDEX (RANGE SCAN) OF 'EMP_DEPTNO_IDX'(NON-UNIQUE) (Cost=1 Card=5)
```

미리보기 기능을 통해 자신이 작성한 SQL이 테이블을 스캔하는지 인덱스를 스캔하는지, 인덱스를 스캔한다면 어떤 인덱스인지를 확인할 수 있고, 예상과 다른 방식으로 처리된다면 실행경로를 변경할 수 있다.

옵티마이저가 특정 실행계획을 선택하는 근거는 무엇일까? 이를 설명하기 위해 아래와 같이 테스트용 테이블을 생성해 보자.

```
SQL> create table t
  2  as
  3  select d.no, e.*
  4  from   scott.emp e
  5       , (select rownum no from dual connect by level <= 1000) d;
```

아래와 같이 인덱스도 생성하자.

```
SQL> create index t_x01 on t(deptno, no);
SQL> create index t_x02 on t(deptno, job, no);
```

아래 명령어는 방금 생성한 T 테이블에 통계정보를 수집하는 명령어다.

```
SQL> exec dbms_stats.gather_table_stats( user, 't' );
```

SQL*Plus에서 아래와 같이 AutoTrace를 활성화하고 SQL을 실행하면 실행계획을 확인할 수 있다. 토드나 오렌지 같은 쿼리 툴을 사용하고 있다면, SQL을 선택하고 Ctrl-E 키를 누르면 된다.

```
SQL> set autotrace traceonly exp;

SQL> select * from t
  2  where  deptno = 10
  3  and    no = 1 ;
```

```
--------------------------------------------------------------------------
| Id | Operation                           | Name  | Rows | Bytes | Cost (%CPU)|
--------------------------------------------------------------------------
|  0 | SELECT STATEMENT                    |       |   5  |  210  |   2   (0)|
|  1 |  TABLE ACCESS BY INDEX ROWID BATCHED| T     |   5  |  210  |   2   (0)|
|  2 |   INDEX RANGE SCAN                  | T_X01 |   5  |       |   1   (0)|
--------------------------------------------------------------------------
```

옵티마이저가 T_X01 인덱스를 선택했다. T_X02 인덱스를 선택할 수 있고, 테이블을 Full Scan 할 수도 있는데, T_X01 인덱스를 선택한 근거는 무엇일까?

위 실행계획에서 맨 우측에 Cost가 2로 표시된 것을 확인하기 바란다. T_X02 인덱스를 사용하도록 index 힌트를 지정하고 실행계획을 확인해 보면, Cost가 아래와 같이 19로 표시된다.

```
SQL> select /*+ index(t t_x02) */ * from t
  2  where  deptno = 10
  3  and    no = 1 ;

--------------------------------------------------------------------------
| Id | Operation                          | Name  | Rows | Bytes | Cost (%CPU)|
--------------------------------------------------------------------------
|  0 | SELECT STATEMENT                   |       |   5  |  210  |   19   (0) |
|  1 |  TABLE ACCESS BY INDEX ROWID BATCHED| T    |   5  |  210  |   19   (0) |
|  2 |   INDEX RANGE SCAN                 | T_X02 |   5  |       |   18   (0) |
--------------------------------------------------------------------------
```

Table Full Scan 하도록 full 힌트를 지정하고 실행계획을 확인해 보면, Cost가 아래와 같이 29로 표시된다.

```
SQL> select /*+ full(t) */ * from t
  2  where  deptno = 10
  3  and    no = 1 ;

-----------------------------------------------------------------
| Id | Operation          | Name | Rows | Bytes | Cost (%CPU)|
-----------------------------------------------------------------
|  0 | SELECT STATEMENT   |      |   5  |  210  |   29   (0) |
|  1 |  TABLE ACCESS FULL | T    |   5  |  210  |   29   (0) |
-----------------------------------------------------------------
```

옵티마이저가 T_X01 인덱스를 선택한 근거가 비용임을 알 수 있다. 비용(Cost)은 쿼리를 수행하는 동안 발생할 것으로 예상하는 I/O 횟수 또는 예상 소요시간을 표현한 값이다.

다시 내비게이션과 비교해 보자. 내비게이션이 제공하는 가장 편리한 기능 중 하나는, 목적지에 도착하기까지 걸리는 시간을 표시해 주는 것이다. 그런데 이것은 어디까지나 예상시각이다. 토요일 오후엔 정체가 심해 예상보다 30분 이상 늦게 도착할 때가 많다. 반대로, 새벽엔 제한속도보다 빨리 주행해서 30분 이상 일찍 도착하기도 한다.

SQL 실행계획에 표시되는 Cost도 어디까지나 예상치다. 실행경로를 선택하기 위해 옵티마이저가 여러 통계정보를 활용해서 계산해 낸 값이다. 실측치가 아니므로 실제 수행할 때 발생하는 I/O 또는 시간과 많은 차이가 난다.

비용(Cost)에 대해 더 정확한 의미를 알고 싶다면, 7장 1절(7.1)을 먼저 학습하기 바란다.

1.1.5 옵티마이저 힌트

자동차 내비게이션이 보편적으로 좋은 선택을 하지만, 그 선택이 항상 최선은 아니다. 내비게이션 두 개를 동시에 사용할 때, 서로 다른 길로 안내하는 것을 보면 알 수 있다. SQL 옵티마이저도 대부분 좋은 선택을 하지만, 완벽하진 않다. SQL이 복잡할수록 실수할 가능성도 크다. 옵티마이저가 한계를 보이는 이유는 7장 2절 4항(7.2.4)에서 설명한다.

운전자 자신만 아는 정보나 경험을 활용해 더 빨리 목적지에 도착할 수 있는 것처럼 통계정보에 담을 수 없는 데이터 또는 업무 특성을 활용해 개발자가 직접 더 효율적인 액세스 경로를 찾아낼 수도 있다. 이럴 때 옵티마이저 힌트를 이용해 데이터 액세스 경로를 바꿀 수 있다.

힌트 사용법은 아래와 같다. 주석 기호에 '+'를 붙이면 된다.

```
SELECT /*+ INDEX(A 고객_PK) */
       고객명, 연락처, 주소, 가입일시
  FROM 고객 A
 WHERE 고객ID = '000000008'
```

아래와 같은 방식도 있지만 가급적 쓰지 말기 바란다.

```
SELECT --+ INDEX(A 고객_PK)
       고객명, 연락처, 주소, 가입일시
  FROM 고객 A
 WHERE 고객ID = '000000008'
```

코딩하는 과정에 아래와 같이 줄바꿈 오류가 발생할 수 있기 때문이다.

```
SQLStmt = "SELECT --+ INDEX(A 고객_PK) "   → 아래쪽 라인이 모두 주석으로 처리됨
        + "         고객명, 연락처, 주소, 가입일시 "
        + "  FROM 고객 A "
        + " WHERE 고객ID = '000000008'" ;
```

주의사항

각 힌트의 의미를 다 이해하려면 공부를 많이 해야 하지만, 힌트 사용법은 단순하다. 아래 몇 가지만 주의하면 된다.

우선, 힌트 안에 인자를 나열할 땐 ','(콤마)를 사용할 수 있지만, 힌트와 힌트 사이에 사용하면 안 된다.

```
/*+ INDEX(A A_X01) INDEX(B, B_X03) */   → 모두 유효
/*+ INDEX(C), FULL(D) */                → 첫 번째 힌트만 유효
```

테이블을 지정할 때 아래와 같이 스키마명까지 명시하면 안 된다.

```
SELECT /*+ FULL(SCOTT.EMP) */   → 무효
  FROM EMP
```

FROM 절 테이블명 옆에 ALIAS를 지정했다면, 힌트에도 반드시 ALIAS를 사용해야 한다. FROM 절에 ALIAS를 지정했는데 힌트에는 아래와 같이 테이블명을 사용하면, 그 힌트는 무시된다.

```
SELECT /*+ FULL(EMP) */   → 무효
  FROM EMP E
```

자율이냐 강제냐, 그것이 문제

인공지능 기술의 발전속도를 보니 내비게이션에 아래와 같이 음성으로 지시할 날도 멀지 않은 듯하다.

> 중부내륙고속도로로 가다가 대구에서 경부고속도로로 진입!
> 나머지 경로는 알아서 결정해.

위 문장을 보면, 주요 경로는 운전자가 직접 선택하고, 나머지 경로는 내비게이션에 맡겼다. SQL 옵티마이저에게도 이런 식으로 지시할 수 있다. 아래 SQL 문을 보자.

```
SELECT /*+ INDEX(A (주문일자)) */
       A.주문번호, A.주문금액, B.고객명, B.연락처, B.주소
  FROM 주문 A, 고객 B
 WHERE A.주문일자 = :ORD_DT
   AND A.고객ID = B.고객ID
```

주문 테이블을 액세스할 때 주문일자 컬럼이 선두인 인덱스를 사용하도록 힌트로 지정했다. 조인 방식과 순서, 고객 테이블 액세스 방식은 옵티마이저가 알아서 판단하도록 남겨뒀다. 반면, 아래 SQL에는 옵티마이저가 절대 다른 방식을 선택하지 못하도록 힌트를 빈틈없이 지정했다.

```
SELECT /*+ LEADING(A) USE_NL(B) INDEX(A (주문일자)) INDEX(B 고객_PK) */
       A.주문번호, A.주문금액, B.고객명, B.연락처, B.주소
  FROM 주문 A, 고객 B
 WHERE A.주문일자 = :ORD_DT
   AND A.고객ID = B.고객ID
```

어떤 방식이 옳은지는 애플리케이션 환경에 따라 다르다. 통계정보나 실행 환경 변화로 인해 옵티마이저가 가끔 실수하더라도 별문제가 없는 시스템이 있는가 하면, 옵티마이저의 작은 실수가 기업에 큰 손실을 끼치는 시스템도 있다. 후자처럼 중대한 시스템이라면, 가끔 실수가 있더라도 옵티마이저의 자율적 판단에 맡기자는 말을 감히 할 수가 없다. 기왕에 힌트를

쓸 거면, 빈틈없이 기술해야 한다.

자주 사용하는 힌트 목록

표 1-1은 자주 사용하는 힌트 목록이다. 여기서는 간단히 설명하지만, 몇 가지를 제외하곤 이후에 자세히 설명하니 서두르지 말고 차근차근 학습하기 바란다.

분류	힌트	설명
최적화 목표	ALL_ROWS	전체 처리속도 최적화
	FIRST_ROWS(N)	최초 N건 응답속도 최적화
액세스 방식	FULL	Table Full Scan으로 유도
	INDEX	Index Scan으로 유도
	INDEX_DESC	Index를 역순으로 스캔하도록 유도
	INDEX_FFS	Index Fast Full Scan으로 유도
	INDEX_SS	Index Skip Scan으로 유도
조인순서	ORDERED	FROM 절에 나열된 순서대로 조인
	LEADING	LEADING 힌트 괄호에 기술한 순서대로 조인 (예) LEADING(T1 T2)
	SWAP_JOIN_INPUTS	해시 조인 시, BUILD INPUT을 명시적으로 선택 (예) SWAP_JOIN_INPUTS(T1)
조인방식	USE_NL	NL 조인으로 유도
	USE_MERGE	소트 머지 조인으로 유도
	USE_HASH	해시 조인으로 유도
	NL_SJ	NL 세미조인으로 유도
	MERGE_SJ	소트 머지 세미조인으로 유도
	HASH_SJ	해시 세미조인으로 유도
서브쿼리 팩토링	MATERIALIZE	WITH 문으로 정의한 집합을 물리적으로 생성하도록 유도 예) WITH /*+ MATERIALIZE */ T AS (SELECT …)
	INLINE	WITH 문으로 정의한 집합을 물리적으로 생성하지 않고 INLINE 처리하도록 유도 예) WITH /*+ INLINE */ T AS (SELECT …)

쿼리 변환	MERGE	뷰 머징 유도
	NO_MERGE	뷰 머징 방지
	UNNEST	서브쿼리 Unnesting 유도
	NO_UNNEST	서브쿼리 Unnesting 방지
	PUSH_PRED	조인조건 Pushdown 유도
	NO_PUSH_PRED	조인조건 Pushdown 방지
	USE_CONCAT	OR 또는 IN-List 조건을 OR-Expansion으로 유도
	NO_EXPAND	OR 또는 IN-List 조건에 대한 OR-Expansion 방지
병렬 처리	PARALLEL	테이블 스캔 또는 DML을 병렬방식으로 처리하도록 유도 예) PARALLEL(T1 2) PARALLEL(T2 2)
	PARALLEL_INDEX	인덱스 스캔을 병렬방식으로 처리하도록 유도
	PQ_DISTRIBUTE	병렬 수행 시 데이터 분배 방식 결정 예) PQ_DISTRIBUTE(T1 HASH HASH)
기타	APPEND	Direct-Path Insert 로 유도
	DRIVING_SITE	DB Link Remote 쿼리에 대한 최적화 및 실행 주체 지정(Local 또는 Remote)
	PUSH_SUBQ	서브쿼리를 가급적 빨리 필터링하도록 유도
	NO_PUSH_SUBQ	서브쿼리를 가급적 늦게 필터링하도록 유도

[표 1-1]

1.2 SQL 공유 및 재사용

본 절에서는 소프트 파싱과 하드 파싱의 차이점을 설명한다. SQL의 내부 최적화 과정의 복잡성을 알고 나면, 동시성이 높은 온라인 트랜잭션 처리 시스템에서 바인드 변수가 왜 중요한지 자연스럽게 이해하게 될 것이다.

1.2.1 소프트 파싱 vs. 하드 파싱

SQL 파싱, 최적화, 로우 소스 생성 과정을 거쳐 생성한 내부 프로시저를 반복 재사용할 수 있도록 캐싱해 두는 메모리 공간을 '라이브러리 캐시(Library Cache)'라고 한다. 라이브러리 캐시는 그림 1-4에서 알 수 있듯 SGA 구성요소다. SGA(System Global Area)는 서버 프로세스와 백그라운드 프로세스가 공통으로 액세스하는 데이터와 제어 구조를 캐싱하는 메모리 공간이다.

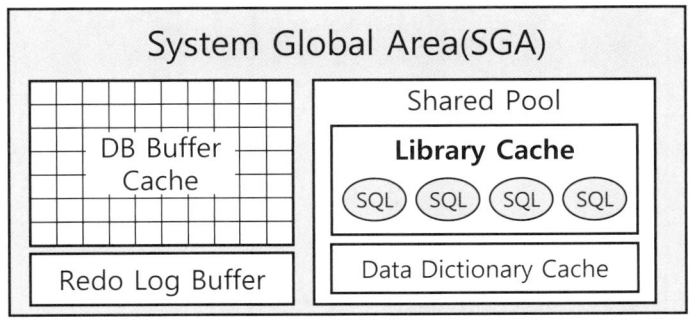

[그림 1 – 4]

사용자가 SQL 문을 전달하면 DBMS는 SQL을 파싱한 후 해당 SQL이 라이브러리 캐시에 존재하는지부터 확인한다. 그림 1-5에 도식화한 것처럼 캐시에서 찾으면 곧바로 실행 단계로 넘어가지만, 찾지 못하면 최적화 단계를 거친다. SQL을 캐시에서 찾아 곧바로 실행단계로 넘어가는 것을 '**소프트 파싱**(Soft Parsing)'이라 하고, 찾는 데 실패해 최적화 및 로우 소스 생성 단계까지 모두 거치는 것을 '**하드 파싱**(Hard Parsing)'이라고 한다.

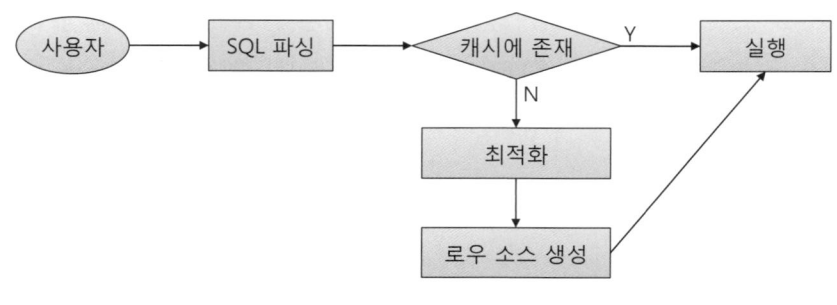

[그림 1-5]

SQL 최적화 과정은 왜 하드(Hard)한가

내비게이션을 예로 들어, 서울에서 부산까지 이동 경로는 몇 개나 될까? 모든 도로를 총망라해서 이동 경로를 찾고 도착시각을 계산하려면 어마어마한 시간이 걸린다.

모든 경우의 수를 다 고려하는 것은 불가능하므로 가능성이 높은 주요 도로 중심으로 후보군을 뽑고 그 중 가장 빠른 길을 선택하는 방식일 텐데, 그럼에도 보통 3~10초 가량 소요되는 걸 보면, 최적 경로 탐색이 꽤 어렵고 무거운 작업임을 짐작할 수 있다. 경로 탐색 과정에 자동차 내비게이션이 사용하는 정보는 다음과 같다.

- GPS 위치정보, 지도, 주소정보, 도로정보
- 통행요금, 구간별 평균/제한 속도, 실시간 교통정보
- 공사 구간이나 시위, 도보행진, 기타 행사로 인한 임시 교통통제 구간 정보

옵티마이저가 SQL을 최적화할 때도 데이터베이스 사용자들이 보통 생각하는 것보다 훨씬

많은 일을 수행한다. 예를 들어, 다섯 개 테이블을 조인하는 쿼리문 하나를 최적화하는 데도 무수히 많은 경우의 수가 존재한다. 조인 순서만 고려해도 120(=5!)가지다. 여기에 NL 조인, 소트 머지 조인, 해시 조인 등 다양한 조인 방식이 있다. 테이블 전체를 스캔할지, 인덱스를 이용할지를 결정해야 하고, 인덱스 스캔에도 Index Range Scan, Index Unique Scan, Index Full Scan, Index Fast Full Scan, Index Skip Scan 등 다양한 방식이 제공된다. 게다가, 사용할 수 있는 인덱스가 테이블당 하나뿐이겠는가.

대충 계산해도 수십만 가지 경우의 수가 존재한다. 알고리즘과 하드웨어가 발전하면서 워낙 빠르게 처리하다 보니 잘 느끼지 못하겠지만, SQL 옵티마이저는 순식간에 엄청나게 많은 연산을 한다. 그 과정에 옵티마이저가 사용하는 정보는 다음과 같다.

- 테이블, 컬럼, 인덱스 구조에 관한 기본 정보
- 오브젝트 통계 : 테이블 통계, 인덱스 통계, (히스토그램을 포함한) 컬럼 통계
- 시스템 통계 : CPU 속도, Single Block I/O 속도, Multiblock I/O 속도 등
- 옵티마이저 관련 파라미터

하나의 쿼리를 수행하는 데 있어 후보군이 될만한 무수히 많은 실행경로를 도출하고, 짧은 순간에 딕셔너리와 통계정보를 읽어 각각에 대한 효율성을 판단하는 과정은 결코 가벼울(soft) 수 없다. 데이터베이스에서 이루어지는 처리 과정은 대부분 I/O 작업에 집중되는 반면, 하드 파싱은 CPU를 많이 소비하는 몇 안 되는 작업 중 하나다.

이렇게 어려운(=hard) 작업을 거쳐 생성한 내부 프로시저를 한 번만 사용하고 버린다면 이만저만한 비효율이 아니다. 라이브러리 캐시가 필요한 이유가 바로 여기에 있다.

1.2.2 바인드 변수의 중요성

이름없는 SQL 문제

사용자 정의 함수/프로시저, 트리거, 패키지 등은 생성할 때부터 이름을 갖는다. 컴파일한 상태로 딕셔너리에 저장되며, 사용자가 삭제하지 않는 한 영구적으로 보관된다. 실행할 때 라이브러리 캐시에 적재함으로써 여러 사용자가 공유하면서 재사용한다.

반면, SQL은 이름이 따로 없다. 전체 SQL 텍스트가 이름 역할을 한다. 딕셔너리에 저장하지도 않는다. 처음 실행할 때 최적화 과정을 거쳐 동적으로 생성한 내부 프로시저를 라이브러리 캐시에 적재함으로써 여러 사용자가 공유하면서 재사용한다. 캐시 공간이 부족하면 버려졌다가 다음에 다시 실행할 때 똑같은 최적화 과정을 거쳐 캐시에 적재된다.

SQL도 사용자 정의 함수/프로시저처럼 영구 저장할 순 없을까? 실제로 IBM DB2 같은 DBMS는 그렇게 하고 있다. 그럼, 오라클, SQL Server 같은 DBMS는 왜 그렇게 하지 않는 걸까?

사용자 정의 함수/프로시저는 내용을 수정해도 이름이 변하지 않으므로 같은 프로그램이 무한 생성되지 않는다. 그런데 SQL은 이름이 따로 없다. SQL 자체가 이름이기 때문에 텍스트 중 작은 부분이라도 수정되면 그 순간 다른 객체가 새로 탄생하는 구조다.

오라클 10g에서 등장한 SQL ID를 이름으로 사용해도 마찬가지다. SQL ID가 방금 지적한 문제를 해결하고 이름으로서 제 역할을 하려면 SQL이 변해도 그 값을 유지해야 하는데, 그렇지 않다. SQL ID는 SQL 전체 텍스트를 간략히 표현하려고 오라클이 내부 함수를 이용해 생성한 값이다. 즉, SQL 전체 텍스트와 1:1 대응 관계를 갖는다. 따라서 SQL 텍스트가 변하면 SQL ID도 변한다.

DBMS에서 수행되는 SQL이 모두 완성된 SQL은 아니며, 특히 개발 과정에는 수시로 변경이 일어난다. 일회성(ad hoc) SQL도 많다. 일회성 또는 무효화된 SQL까지 모두 저장하려면 많은 공간이 필요하고, 그만큼 SQL을 찾는 속도도 느려진다. 오라클, SQL Server 같은 DBMS가 SQL을 영구 저장하지 않는 쪽을 선택한 이유다.

공유 가능 SQL

라이브러리 캐시에서 SQL을 찾기 위해 사용하는 키 값이 'SQL 문 그 자체'이므로 아래는 모두 다른 SQL이다. 의미적으로는 모두 같지만, 실행할 때 각각 최적화를 진행하고 라이브러리 캐시에서 별도 공간을 사용한다.

```sql
SELECT * FROM emp WHERE empno = 7900;
select * from EMP where EMPNO = 7900;
select * from emp where empno = 7900;
select * from emp where empno = 7900 ;
select * from emp where empno = 7900  ;
select * from scott.emp where empno = 7900;
select /* comment */ * from emp where empno = 7900;
select /*+ first_rows */ * from emp where empno = 7900;
```

500만 고객을 보유한 어떤 쇼핑몰에서 로그인 모듈 담당 개발자가 프로그램을 아래와 같이 작성했다고 하자.

```java
public void login(String login_id) throws Exception {
  String SQLStmt = "SELECT * FROM CUSTOMER WHERE LOGIN_ID = '" + login_id + "'";
  Statement st = con.createStatement();
  ResultSet rs = st.executeQuery(SQLStmt);
  if(rs.next()){
    // do anything
  }
  rs.close();
  st.close();
}
```

이 쇼핑몰에서 어느 날 12시 정각부터 딱 30분간 대대적인 할인 이벤트를 하기로 했다. 500만 명 중 20%에 해당하는 100만 고객이 이벤트 당일 12시를 전후해 동시에 시스템 접속을 시도할 경우 어떤 일이 발생할까?

DBMS에 발생하는 부하는 대개 과도한 I/O가 원인인데, 이날은 I/O가 거의 발생하지 않음에도 불구하고 CPU 사용률은 급격히 올라가고, 라이브러리 캐시에 발생하는 여러 종류의 경합 때문에 로그인이 제대로 처리되지 않을 것이다. 각 고객에 대해 동시다발적으로 발생하는 SQL 하드파싱 때문이다. 그 순간 라이브러리 캐시(V$SQL)를 조회해 보면, 아래와 같은 SQL

로 가득 차 있다.

```
SELECT * FROM CUSTOMER WHERE LOGIN_ID = 'oraking'
SELECT * FROM CUSTOMER WHERE LOGIN_ID = 'javaking'
SELECT * FROM CUSTOMER WHERE LOGIN_ID = 'tommy'
SELECT * FROM CUSTOMER WHERE LOGIN_ID = 'karajan'
…
…
…
```

로그인 프로그램을 이렇게 작성하면, 고객이 로그인할 때마다 아래와 같이 DBMS 내부 프로시저를 하나씩 만들어서 라이브러리 캐시에 적재하는 셈이다. 내부 프로시저 만드는 역할을 SQL 옵티마이저와 로우 소스 생성기가 담당한다고 앞서 설명했다.

```
create procedure LOGIN_ORAKING( )   { … }
create procedure LOGIN_JAVAKING( )  { … }
create procedure LOGIN_TOMMY( )     { … }
create procedure LOGIN_KARAJAN( )   { … }
…
…
…
```

위 프로시저의 내부 처리 루틴은 모두 같다. 그렇다면 프로시저를 여러 개 생성할 것이 아니라 아래처럼 로그인ID를 파라미터로 받는 프로시저 하나를 공유하면서 재사용하는 것이 마땅하다.

```
create procedure LOGIN (login_id in varchar2 )  { … }
```

이처럼 파라미터 Driven 방식으로 SQL을 작성하는 방법이 제공되는데, 바인드 변수가 바로 그것이다.

앞서 예를 든 쇼핑몰에서 로그인 프로그램을 아래와 같이 수정하고, 이튿날 이벤트를 다시 실시했다. 그날은 어떤 일이 발생할까?

```
public void login(String login_id) throws Exception {
  String SQLStmt = "SELECT * FROM CUSTOMER WHERE LOGIN_ID = ?";
  PreparedStatement st = con.prepareStatement(SQLStmt);
  st.setString(1, login_id);
  ResultSet rs = st.executeQuery();
  if(rs.next()){
    // do anything
  }
  rs.close();
  st.close();
}
```

하드파싱 이외에 다른 문제가 숨어 있었다면 모르겠지만, 그렇지 않다면 할인 이벤트는 순조롭게 진행될 것이다. 그 순간 라이브러리 캐시를 조회해 보면, 로그인과 관련해서 아래 SQL 하나만 발견된다.

```
SELECT * FROM CUSTOMER WHERE LOGIN_ID = :1
```

이 SQL에 대한 하드파싱은 최초 한 번만 일어나고, 캐싱된 SQL을 100만 고객이 공유하면서 재사용한다.

1.3 데이터 저장 구조 및 I/O 메커니즘

I/O 튜닝이 곧 SQL 튜닝이라고 해도 과언이 아니다. SQL 튜닝 원리를 제대로 이해하려면 I/O에 대한 이해가 중요할 수밖에 없다. SQL 튜닝을 본격적으로 시작하기에 앞서 데이터 저장 구조, 디스크 및 메모리에서 데이터를 읽는 메커니즘을 차례로 살펴보자.

1.3.1 SQL이 느린 이유

SQL이 느린 이유는 십중팔구 I/O 때문이다. 구체적으로 말해, 디스크 I/O 때문이다.

[그림 1 - 6]

그렇다면, I/O란 무엇일까? I/O가 무엇이냐고 후배 개발자가 묻는다면, 어떻게 설명하겠는가? 필자는 'I/O = 잠(SLEEP)'이라고 설명한다. OS 또는 I/O 서브시스템이 I/O를 처리하는 동안 프로세스는 잠을 자기 때문이다. 프로세스가 일하지 않고 잠을 자는 이유는 여러 가지가 있지만, I/O가 가장 대표적이고 절대 비중을 차지한다. (메모리 캐시 I/O는 뒤에서 다룬다. 그때까지 I/O라 함은 디스크 I/O를 말한다.)

[그림 1 – 7]

프로세스(Process)는 '실행 중인 프로그램'이며, 그림 1-8과 같은 생명주기를 갖는다. 즉, 생성(new) 이후 종료(terminated) 전까지 준비(ready)와 실행(running)과 대기(waiting) 상태를 반복한다. 실행 중인 프로세스는 interrupt에 의해 수시로 실행 준비 상태(Runnable Queue)로 전환했다가 다시 실행 상태로 전환한다. 여러 프로세스가 하나의 CPU를 공유할 수 있지만, 특정 순간에는 하나의 프로세스만 CPU를 사용할 수 있기 때문에 이런 메커니즘이 필요하다.

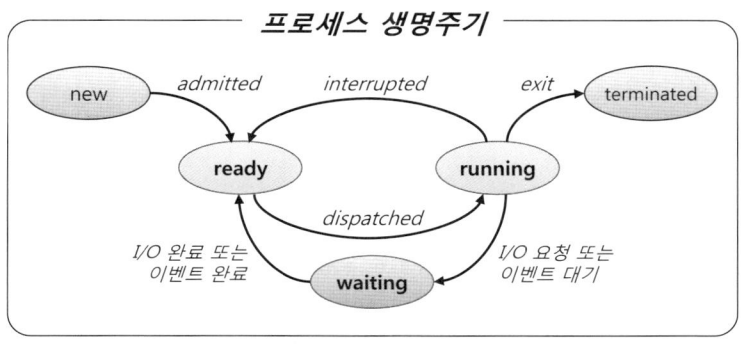

[그림 1 – 8]

interrupt 없이 열심히 일하던 프로세스도 디스크에서 데이터를 읽어야 할 땐 CPU를 OS에 반환하고 잠시 수면(waiting) 상태에서 I/O가 완료되기를 기다린다. 정해진 OS 함수를 호출 (I/O Call)하고 CPU를 반환한 채 알람을 설정하고 대기 큐(Wait Queue)에서 잠을 자는 것이다. 열심히 일해야 할 프로세스가 한가하게 잠을 자고 있으니 I/O가 많으면 성능이 느릴 수밖에 없다.

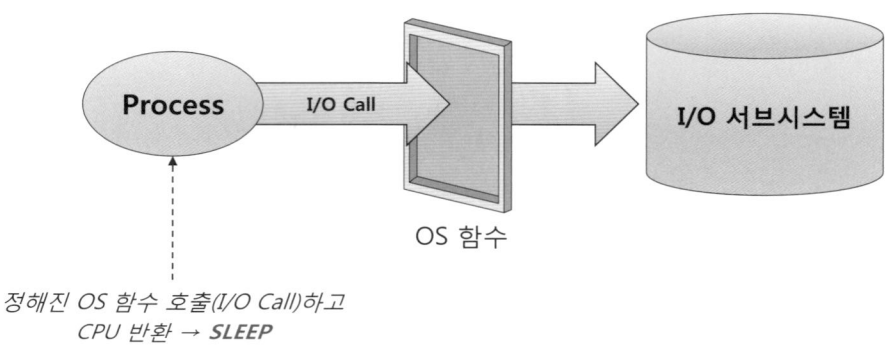

[그림 1-9]

I/O Call 속도는 Single Block I/O 기준으로 평균 10ms쯤 된다. 초당 100 블록쯤 읽는 셈이다. 큰 캐시를 가진 SAN 스토리지는 4~8ms쯤 된다. 초당 125~250 블록쯤 읽는 셈이다. SSD까지 활용하는 최근[3] 스토리지는 1~2ms, 즉 초당 500~1,000 블록쯤 읽는다.

스토리지 성능이 빨라지고 있지만, 여전히 우리 기대에는 못 미친다. 어떤 SQL이 Single Block I/O 방식으로 10,000 블록을 읽는다면, 가장 최신 스토리지에서도 10초 이상 기다려야 한다. 전반적으로 I/O 튜닝이 안 된 시스템이라면, 수많은 프로세스에 의해 동시다발적으로 발생하는 I/O Call 때문에 디스크 경합이 심해지고 그만큼 대기 시간도 늘어난다. 10초가 아니라 20초를 기다려야 할 수도 있다는 뜻이다. SQL이 느린 이유가 바로 여기에 있다. 디스크 I/O 때문이다. 디스크 I/O가 SQL 성능을 좌우한다고 해도 과언이 아니다.

I/O 메커니즘을 자세히 설명하기에 앞서 데이터베이스 저장 구조부터 살펴보자.

---

[3] 긴 차세대 구축 사업을 거쳐 2017년에 새롭게 오픈한 어떤 대형 시스템 기준

1.3.2 데이터베이스 저장 구조

데이터를 저장하려면 먼저 테이블스페이스를 생성해야 한다. 테이블스페이스는 세그먼트를 담는 콘테이너로서, 여러 개의 데이터파일(디스크 상의 물리적인 OS 파일)로 구성된다.

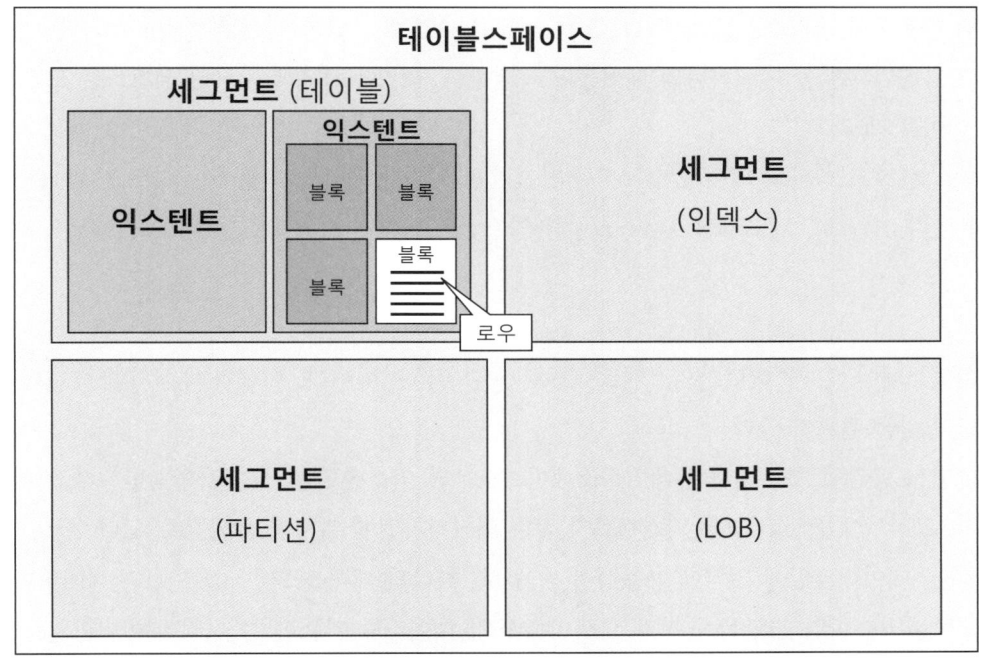

[그림 1 - 10]

테이블스페이스를 생성했으면 그림 1-10처럼 세그먼트를 생성한다. 세그먼트는 테이블, 인덱스처럼 데이터 저장공간이 필요한 오브젝트다. 테이블, 인덱스를 생성할 때 데이터를 어떤 테이블스페이스에 저장할지를 지정한다.

세그먼트는 여러 익스텐트로 구성된다. 파티션 구조가 아니라면 테이블도 하나의 세그먼트요, 인덱스도 하나의 세그먼트다. 테이블 또는 인덱스가 파티션 구조라면, 각 파티션이 하나의 세그먼트가 된다. LOB 컬럼은 그 자체가 하나의 세그먼트를 구성하므로 자신이 속한 테이블과 다른 별도 공간에 값을 저장한다.

익스텐트는 공간을 확장하는 단위다. 테이블이나 인덱스에 데이터를 입력하다가 공간이 부족해지면 해당 오브젝트가 속한 테이블스페이스로부터 익스텐트를 추가로 할당받는다. 익스텐트는 연속된 블록들의 집합이기도 하다. 그림 1-10처럼 연속된 여러 개의 데이터 블록으로 구성된다.

익스텐트 단위로 공간을 확장하지만, 사용자가 입력한 레코드를 실제로 저장하는 공간은 데이터 블록이다. 참고로, DB2, SQL Server 같은 DBMS는 블록 대신 페이지(page)라는 용어를 사용한다. 한 블록은 하나의 테이블이 독점한다. 즉, 한 블록에 저장된 레코드는 모두 같은 테이블 레코드다[4].

한 익스텐트도 하나의 테이블이 독점한다. 즉, 한 익스텐트에 담긴 블록은 모두 같은 테이블 블록이다. 참고로, MS-SQL Server는 한 익스텐트를 여러 오브젝트가 같이 사용할 수도 있다.

테이블스페이스, 세그먼트, 익스텐트, 블록 간 관계뿐만 아니라, 이들과 데이터파일 간의 관계도 알아둘 필요가 있다.

세그먼트 공간이 부족해지면 테이블스페이스로부터 익스텐트를 추가로 할당받는다고 했는데, 세그먼트에 할당된 모든 익스텐트가 같은 데이터파일에 위치하지 않을 수 있다. 아니, 서로 다른 데이터파일에 위치할 가능성이 더 높다. 하나의 테이블스페이스를 여러 데이터파일로 구성하면, 파일 경합을 줄이기 위해 DBMS가 데이터를 가능한 한 여러 데이터파일로 분산해서 저장하기 때문이다(그림 1-11 참조).

---

[4] 다중 테이블 클러스터일 때는 한 블록에 여러 테이블 레코드가 같이 저장될 수 있다. 테이블 클러스터에 대해서는 3장 1절 7항(3.1.7)에서 다룬다.

[그림 1 – 11]

익스텐트 내 블록은 서로 인접한 연속된 공간이지만, 익스텐트끼리는 연속된 공간이 아니라는 사실을 그림 1-11을 통해 알 수 있다. 오라클에서 세그먼트에 할당된 익스텐트 목록을 조회하는 방법은 아래와 같다.

```
SQL> select segment_type, tablespace_name, extent_id, file_id, block_id, blocks
  2  from    dba_extents
  3  where   owner = USER
  4  and     segment_name = 'MY_SEGMENT'
  5  order by extent_id;
```

그림 1-11처럼 구성된 세그먼트를 DBA_EXTENTS 뷰에서 조회하면 아래와 같은 결과를 확인할 수 있다.

```
SEGMENT_TYPE  TABLESPACE_NAME  EXTENT_ID  FILE_ID  BLOCK_ID  BLOCKS
------------  ---------------  ---------  -------  --------  ------
TABLE         USERS                    0        1         1       4
TABLE         USERS                    1        1         9       4
TABLE         USERS                    2        2         1       4
TABLE         USERS                    3        2         5       4
TABLE         USERS                    4        2        13       4
TABLE         USERS                    5        3         1       4
TABLE         USERS                    6        4         9       4
TABLE         USERS                    7        5         5       4
TABLE         USERS                    8        5        17       4
```

이 세그먼트에 할당된 2번 익스텐트는 2번 데이터파일 1번 블록으로부터 연속된 네 개 블록으로 이루어져있다. 바로 뒤에 할당된 3번 익스텐트는 그래서 5번 블록부터 시작한다. 다른 익스텐트들은 직전 익스텐트와 인접하지 않는다.

 DBA(Data Block Address)

모든 데이터 블록은 디스크 상에서 몇 번 데이터파일의 몇 번째 블록인지를 나타내는 자신만의 고유 주소값을 갖는다. 이 주소값을 'DBA(Data Block Address)'라고 부른다. 데이터를 읽고 쓰는 단위가 블록이므로 데이터를 읽으려면 먼저 DBA부터 확인해야 한다.

인덱스를 이용해 테이블 레코드를 읽을 때는 인덱스 ROWID를 이용한다. ROWID는 DBA + 로우 번호(블록 내 순번)로 구성되므로 이를 분해하면 읽어야 할 테이블 레코드가 저장된 DBA를 알 수 있다.

테이블을 스캔할 때는 테이블 세그먼트 헤더에 저장된 익스텐트 맵을 이용한다. 익스텐트 맵을 통해 각 익스텐트의 첫 번째 블록 DBA를 알 수 있다. 익스텐트는 연속된 블록 집합이므로 테이블을 스캔할 때는 첫 번째 블록 뒤에 연속해서 저장된 블록을 읽으면 된다. 그림 1-11을 참조하기 바란다.

1.3 데이터 저장 구조 및 I/O 메커니즘

블록, 익스텐트, 세그먼트, 테이블스페이스, 데이터파일을 간단히 정의하면, 다음과 같다.

- 블록 : 데이터를 읽고 쓰는 단위
- 익스텐트 : 공간을 확장하는 단위. 연속된 블록 집합
- 세그먼트 : 데이터 저장공간이 필요한 오브젝트(테이블, 인덱스, 파티션, LOB 등)
- 테이블스페이스 : 세그먼트를 담는 콘테이너
- 데이터파일 : 디스크 상의 물리적인 OS 파일

이들 간 관계를 ERD로 표현하면, 그림 1-12와 같다.

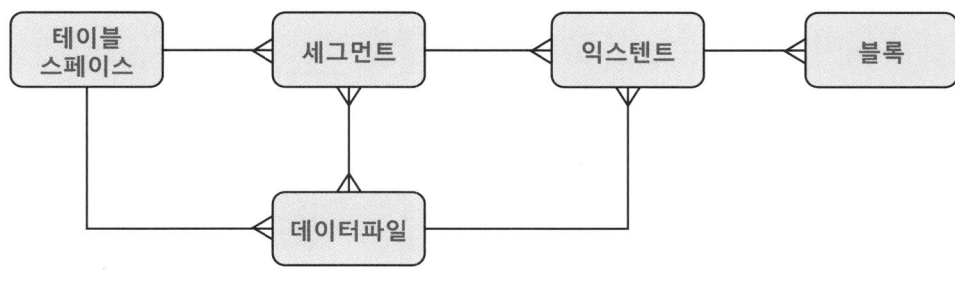

[그림 1 – 12]

1.3.3 블록 단위 I/O

그림 1-13처럼 클라우드에 위치한 문서는 파일 단위로 저장하고, 파일 단위로 읽는다. 데이터요금 폭탄을 맞지 않으려면 스마트폰이나 태플릿 PC로 큰 문서를 편집할 때 와이파이 연결상태를 반드시 확인해야 한다. 이동통신사 데이터망에 연결해서 작업할 수밖에 없다면, 저장 버튼을 너무 자주 누르지 않는 요령이 필요하다.

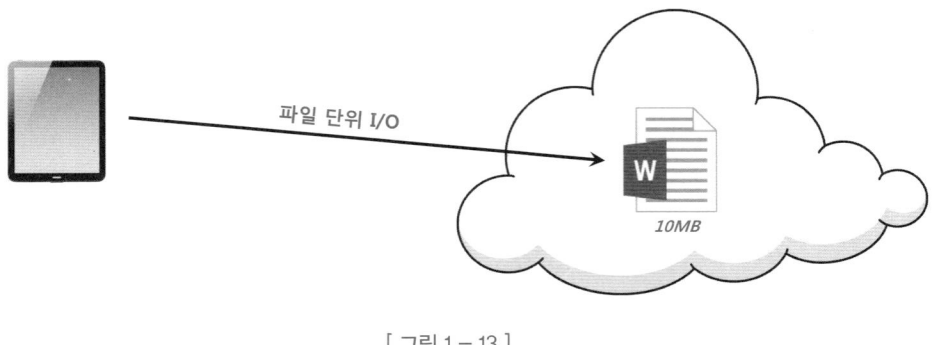

[그림 1 – 13]

그림 1-14처럼 데이터베이스에서 데이터를 읽고 쓰는 단위는 무엇일까? 파일? 세그먼트? 익스텐트? 블록?

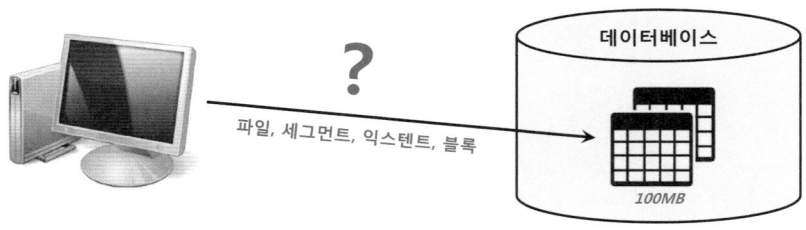

[그림 1 – 14]

파일 단위(예를 들어, 2GB)로 매번 데이터를 읽고 쓰는 건 상상하기 어렵다. 테이블 세그먼트 단위(예를 들어, 100MB)도 마찬가지다. 익스텐트는 공간을 확장하는 단위라고 했다. 블록이 바로 DBMS가 데이터를 읽고 쓰는 단위다.

데이터 I/O 단위가 블록이므로 특정 레코드 하나를 읽고 싶어도 해당 블록을 통째로 읽는다. 심지어 1Byte짜리 컬럼 하나만 읽고 싶어도 블록을 통째로 읽는다.

그림 1-15는 EMP 테이블에 데이터가 저장된 모습을 표현하고 있다. 테이블에 네 개 블록이 할당됐는데, 블록 4에는 현재 데이터가 하나도 입력되지 않은 상태다. 블록 1~3까지는 데이터가 입력돼 있고, 아래쪽에 여유 공간이 조금 있다.

EMP 테이블

블록 1

EMPNO	ENAME	MGR	JOB	SAL	DEPTNO
7369	SMITH	7902	CLERK	800	20
7499	ALLEN	7698	SALESMAN	1600	30
7521	WARD	7698	SALESMAN	1250	30
7566	JONES	7839	MANAGER	2975	20
7654	MARTIN	7698	SALESMAN	1250	30

블록 2

EMPNO	ENAME	MGR	JOB	SAL	DEPTNO
7698	BLAKE	7839	MANAGER	2850	30
7782	CLARK	7839	MANAGER	2450	10
7788	SCOTT	7566	ANALYST	3000	20
7839	KING		PRESIDENT	5000	10
7844	TURNER	7698	SALESMAN	1500	30

블록 3

EMPNO	ENAME	MGR	JOB	SAL	DEPTNO
7876	ADAMS	7788	CLERK	1100	20
7900	JAMES	7698	CLERK	950	30
7902	FORD	7566	ANALYST	3000	20
7934	MILLER	7782	CLERK	1300	10

블록 4

EMPNO	ENAME	MGR	JOB	SAL	DEPTNO

[그림 1 – 15]

오라클은 기본적으로 8KB[5] 크기의 블록을 사용하므로 1Byte를 읽기 위해 8KB를 읽는 셈이다. 아래는 오라클 데이터베이스의 블록 사이즈를 확인하는 가장 쉬운 방법이다.

```
SQL> show parameter block_size

NAME                                 TYPE        VALUE
------------------------------------ ----------- ---------
db_block_size                        integer     8192
```

아래와 같이 V$PARAMETER 뷰를 직접 조회할 수도 있다.

---

5 오라클은 2KB, 4KB, 16KB 크기 블록을 사용할 수도 있다. OS 플랫폼에 따라 32KB 블록을 지원하기도 한다. 참고로, MS SQL Server는 8KB 단일 사이즈 블록(=페이지)만 지원한다.

```
SQL> select value from v$parameter where name = 'db_block_size';

VALUE
-------------------------------
8192
```

1개의 행이 선택되었습니다.

테이블뿐만 아니라 인덱스도 블록 단위로 데이터를 읽고 쓴다. 그림 1-16을 통해 데이터 저장 구조와 블록 단위 I/O 개념을 정확히 이해하기 바란다. 인덱스 구조는 2장 1절 2항(2.1.2)에서 자세히 설명한다.

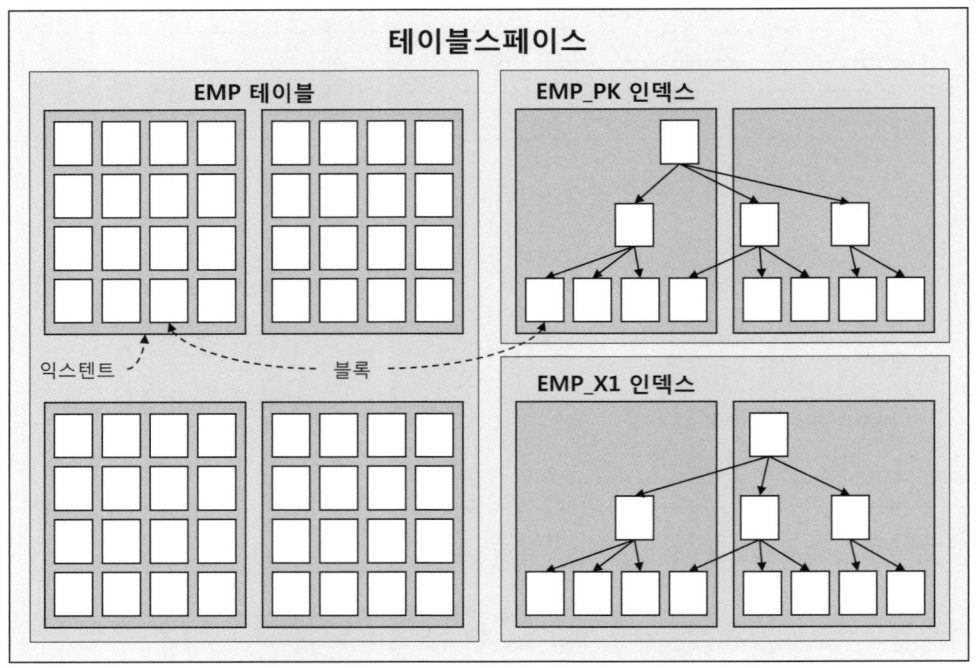

[그림 1 – 16]

1.3.4 시퀀셜 액세스 vs. 랜덤 액세스

테이블 또는 인덱스 블록을 액세스하는(=읽는) 방식으로는 시퀀셜 액세스와 랜덤 액세스, 두 가지가 있다.

첫째, 시퀀셜(Sequential) 액세스는 논리적 또는 물리적으로 연결된 순서에 따라 차례대로 블록을 읽는 방식이다. 인덱스 리프 블록은 앞뒤를 가리키는 주소값을 통해 논리적으로 서로 연결돼 있다. 이 주소 값에 따라 앞 또는 뒤로 순차적으로 스캔하는 방식이 시퀀셜 액세스다. 그림 1-17 우측 상단에서 인덱스를 스캔하는 굵은 실선 화살표가 여기에 해당한다.

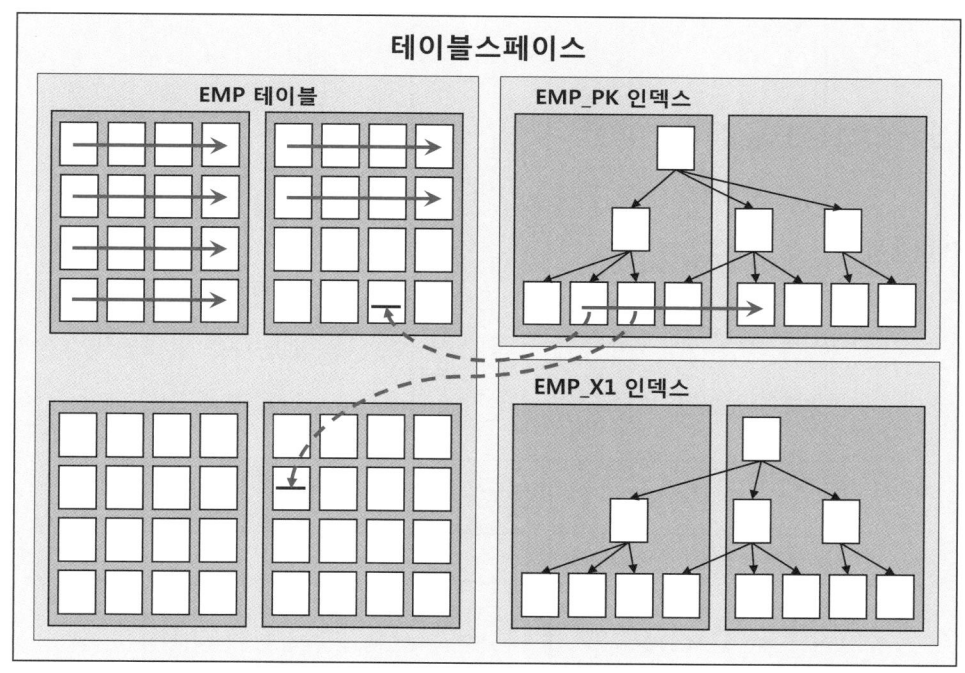

[그림 1 - 17]

테이블 블록 간에는 서로 논리적인 연결고리를 갖고 있지 않다. 그럼, 테이블은 어떻게 시퀀셜 방식으로 액세스할까?

오라클은 세그먼트에 할당된 익스텐트 목록을 세그먼트 헤더에 맵(map)으로 관리한다. 익스텐트 맵은 각 익스텐트의 첫 번째 블록 주소 값을 갖는다(그림 1-11과 함께 설명한 DBA_

EXTENTS 뷰 참조). 읽어야 할 익스텐트 목록을 익스텐트 맵에서 얻고, 각 익스텐트의 첫 번째 블록 뒤에 연속해서 저장된 블록을 순서대로 읽으면, 그것이 곧 Full Table Scan이다. 그림 1-17 좌측 상단에서 테이블을 스캔하는 굵은 실선 화살표가 여기에 해당한다.

둘째, 랜덤(Random) 액세스는 논리적, 물리적인 순서를 따르지 않고, 레코드 하나를 읽기 위해 한 블록씩 접근(=touch)하는 방식이다. 그림 1-17에서 점선 화살표가 여기에 해당한다. 랜덤 액세스에 대한 좀 더 자세한 메커니즘과 성능 특징은 본서 곳곳에서 설명하므로 여기서는 의미만 간단히 설명한다.

1.3.5 논리적 I/O vs. 물리적 I/O

DB 버퍼캐시

다시 강조하지만, 디스크 I/O가 SQL 성능을 결정한다. SQL을 수행하는 과정에 계속해서 데이터 블록을 읽는데, 자주 읽는 블록을 매번 디스크에서 읽는 것은 매우 비효율적이다. 모든 DBMS에 데이터 캐싱 메커니즘이 필수인 이유다.

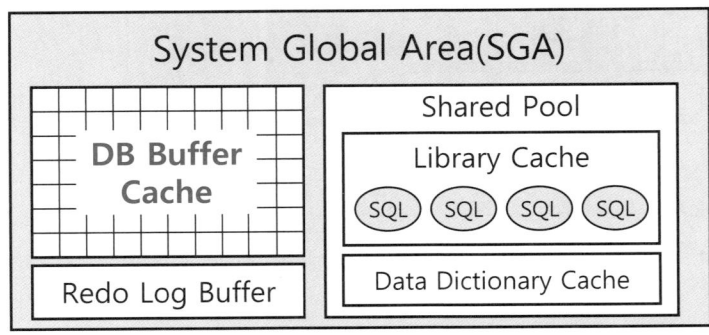

[그림 1 – 18]

앞서 2절에서 공유메모리 SGA 구성요소로서 '라이브러리 캐시'를 살펴봤는데, 데이터를 캐싱하는 'DB 버퍼캐시'도 SGA의 가장 중요한 구성요소 중 하나다(그림 1-18). 라이브러리 캐시가 SQL과 실행계획, DB 저장형 함수/프로시저 등을 캐싱하는 '코드 캐시'라고 한다면, DB 버퍼캐시는 '데이터 캐시'라고 할 수 있다. 디스크에서 어렵게 읽은 데이터 블록을 캐싱해 둠으로써 같은 블록에 대한 반복적인 I/O Call을 줄이는 데 목적이 있다.

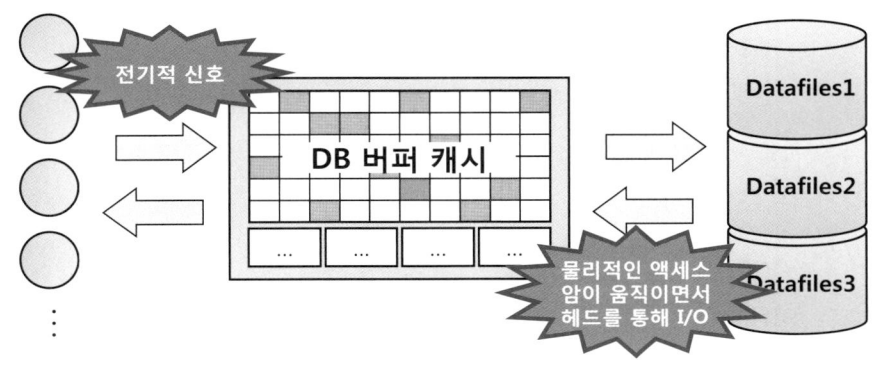

[그림 1 – 19]

그림 1-19처럼 서버 프로세스와 데이터파일 사이에 버퍼캐시가 있으므로 데이터 블록을 읽을 땐 항상 버퍼캐시부터 탐색한다. 운 좋게 캐시에서 블록을 찾는다면 바쁜 시간에 프로세스가 잠(I/O Call)을 자지 않아도 되니 얼마나 다행인가. 운이 없어 캐시에서 못 찾아도, 한 번은 I/O Call을 하고 잠을 자겠지만, 같은 블록을 두 번째 읽을 때부터는 잠을 자지 않아도 된다. 버퍼캐시는 공유메모리 영역이므로 같은 블록을 읽는 다른 프로세스도 득을 본다.

아래는 오라클 SQL*Plus에서 버퍼캐시 사이즈를 확인하는 가장 쉬운 방법이다. SQL*Plus로 접속하지 않았다면, V$SGA 뷰를 통해 확인할 수 있다.

```
SQL> show sga

Total System Global Area 3390558208 bytes
Fixed Size                  2180464 bytes
Variable Size            1996491408 bytes
Database Buffers         1375731712 bytes
Redo Buffers               16154624 bytes
```

논리적 I/O vs. 물리적 I/O

논리적 블록 I/O는 SQL을 처리하는 과정에 발생한 총 블록 I/O를 말한다. 일반적으로 그림 1-20 좌측처럼 메모리상의 버퍼 캐시를 경유하므로 메모리 I/O가 곧 논리적 I/O라고 생각해도 무방하다. (메모리를 경유하지 않는 Direct Path I/O를 고려하면, 논리적 I/O는 메모리 I/O와 Direct Path I/O를 더한 개념이다.)

물리적 블록 I/O는 디스크에서 발생한 총 블록 I/O를 말한다(그림 1-20 우측). SQL 처리 도중 읽어야 할 블록을 버퍼캐시에서 찾지 못할 때만 디스크를 액세스하므로 논리적 블록 I/O 중 일부를 물리적으로 I/O 한다.

메모리 I/O는 전기적 신호인 데 반해, 디스크 I/O는 액세스 암(Arm)을 통해 물리적 작용이 일어나므로 메모리 I/O에 비해 상당히 느리다. 보통 10,000배쯤 느리다. 디스크 경합이 심할 때는 더 느리다.

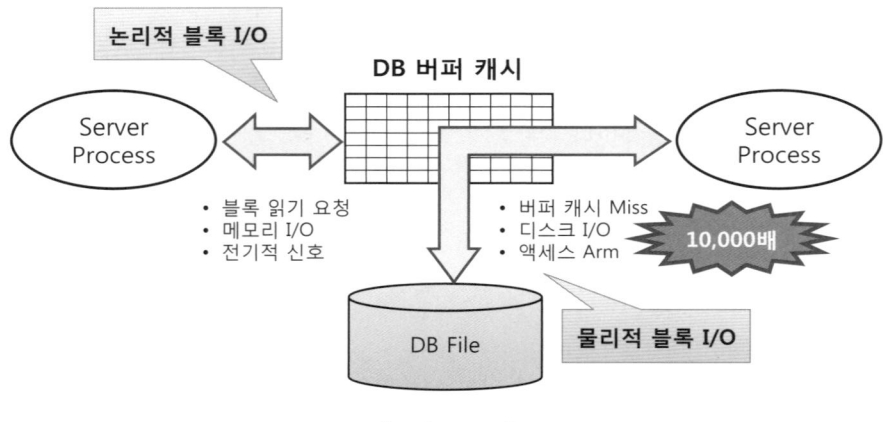

[그림 1 - 20]

왜 논리적 I/O 인가?

자전거를 사던 날, 강변 자전거 도로를 기분 좋게 달려 15km 거리 여의도에 금방 도착했다. 오랜만에 강바람을 쐬니 상쾌하고 매우 기분이 좋았다. 운동을 시작한 첫날인데도 전혀 힘들지 않았는데, 돌아오면서 그 이유를 알았다. 순풍이 불었던 것이다. 집으로 돌아오는 내내 자전거를 버리고 싶은 마음이 굴뚝 같았다.

이 사례를 통해 논리적 일량과 물리적 일량을 설명해 보자. 26인치(둘레 = 2m) 바퀴를 가진 자전거로 15km 거리 여의도까지 가려면 바퀴가 7,500번가량 회전해야 한다. 이는 자전거로 여의도까지 가는 데 필요한 논리적인 일량이다(그림 1-21 참조).

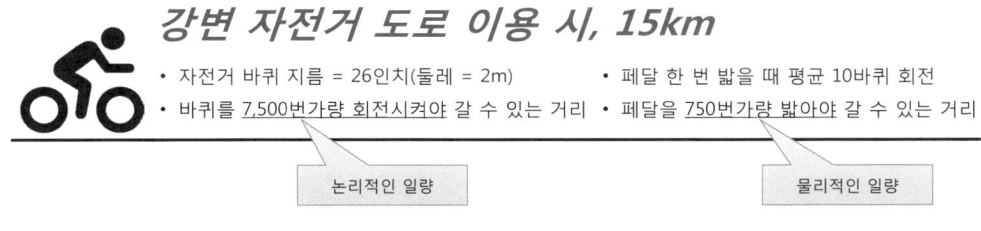

[그림 1 – 21]

'가속이 붙은 상태에서' 페달 한 번 밟을 때 바퀴가 평균 10번 회전한다고 가정하면, 페달을 750번가량 밟아야 바퀴가 7,500번 회전한다. 이는 자전거로 여의도까지 가는 데 필요한 물리적인 일량이다.

같은 길로 간다면 집에서 여의도까지 갈 때의 논리적 일량은 항상 같다. 이사를 하지 않는 한 집에서 여의도까지 거리는 항상 15km이므로 바퀴 회전량은 항상 7,500번이다.

반면, 물리적 일량, 즉 페달 밟는 횟수는 같은 길로 가도 매번 다르다(그림 1-22 참조). 같은 15km를 이동하더라도 바람이 순풍이냐, 역풍이냐에 따라 다르다. 도로 기울기와 상태에 따라서도 다르다. 가는 길이 오르막이면, 오는 길은 내리막이기 때문이다.

- 풍향(순풍/역풍)
- 도로 기울기(오르막/내리막)
- 도로 상태

[그림 1 – 22]

데이터베이스 세계에서 논리적 일량과 물리적 일량을 정의해 보자. SQL을 수행하려면 데이터가 담긴 블록을 읽어야 한다. SQL이 참조하는 테이블에 데이터를 입력하거나 삭제하지 않는 상황에서 조건절에 같은 변수 값을 입력하면, 아무리 여러 번 실행해도 매번 읽는 블록 수는 같다. SQL을 수행하면서 읽은 총 블록 I/O가 논리적 I/O다.

Direct Path Read 방식[6]으로 읽는 경우를 제외하면 모든 블록은 DB 버퍼캐시를 경유해서 읽는다. 따라서 논리적 I/O 횟수는 일반적으로 DB 버퍼캐시에서 블록을 읽은 횟수와 일치한다. 논리적 I/O가 메모리 I/O와 같은 개념은 아니지만, 결과적으로 수치는 같다.

DB 버퍼캐시에서 블록을 찾지 못해 디스크에서 읽은 블록 I/O가 물리적 I/O다. 데이터 입력이나 삭제가 없어도 물리적 I/O는 SQL을 실행할 때마다 다르다. 첫 번째 실행할 때보다 두 번째 실행할 때 줄어들고, 세 번째 실행할 땐 더 줄어든다. 연속해서 실행하면 DB 버퍼캐시에서 해당 테이블 블록의 점유율이 점점 높아지기 때문이다. 한참 후에 다시 실행하면 반대로 물리적 I/O가 늘어난다. DB 버퍼캐시가 다른 테이블 블록으로 채워지기 때문이다.

 블록 I/O 적정량

강의 중에 "SQL마다 블록 I/O 적정량은 얼마인가"라는 질문을 받았다. OLTP성 업무 기준으로 몇 개일까? DW성 업무 기준으로는 몇 개일까? 배치 프로그램에서는?

서울에서 대전, 부산, 전주 가는 거리는 모두 다르다. KTX가 아무리 빨라도 서울에서 부산까지의 절대 거리가 있으므로 1시간 이내에 주파할 수는 없다.

SQL을 수행하는 데 필요한 논리적 일량도 모두 다르다. 아무리 최적화해도 해당 SQL이 하고자 하는 일이 무엇이냐에 따라 블록 I/O 발생량은 천차만별이다. 검색 범위, 조인하는 테이블 개수, 대상 테이블 크기, 인덱스 구조 등에 의해 결정된다.

버퍼캐시 히트율

버퍼캐시 효율을 측정하는 데 전통적으로 가장 많이 사용해 온 지표는 버퍼캐시 히트율(Buffer Cache Hit Ratio, 이하 'BCHR')이다. 구하는 공식은 아래와 같다.

```
BCHR = ( 캐시에서 곧바로 찾은 블록 수 / 총 읽은 블록 수 ) × 100
     = ( (논리적 I/O  - 물리적 I/O) / 논리적 I/O) ×100
     = ( 1 - (물리적 I/O) / (논리적 I/O) ) × 100
```

---

[6] 디스크 소트 과정에서 소트 Runs로부터 블록을 읽거나 병렬 쿼리로 Full Scan을 수행할 때 Direct Path Read 방식을 사용한다. 자세한 내용은 6장 2절(6.2) 'Direct Path I/O 활용'에서 설명한다.

공식에서 알 수 있듯 BCHR은 읽은 전체 블록 중에서 물리적인 디스크 I/O를 수반하지 않고 곧바로 메모리에서 찾은 비율을 나타낸다.

애플리케이션 특성에 따라 다르지만, 온라인 트랜잭션을 주로 처리하는 애플리케이션이라면 시스템 레벨에서 평균 99% 히트율을 달성해야 한다. 핵심 트랜잭션이 시스템 전체 부하의 대부분을 차지하므로 열심히 튜닝하면 99%는 결코 달성하기 어려운 수치가 아니다.

BCHR 공식에서 우리는 중요한 성능 원리를 발견할 수 있다. 물리적 I/O가 성능을 결정하지만, 실제 SQL 성능을 향상하려면 물리적 I/O가 아닌 논리적 I/O를 줄여야 한다는 사실이다. BCHR 공식을 아래와 같이 변형하면, 쉽게 알 수 있다.

- 물리적 I/O = 논리적 I/O × (100% − BCHR)

논리적 I/O는 일정[7]하므로 물리적 I/O는 BCHR에 의해 결정[8]된다. BCHR은 시스템 상황에 따라 달라지므로 물리적 I/O는 결국 시스템 상황에 의해 결정되는 통제 불가능한 외생변수다.

SQL 성능을 높이기 위해서 할 수 있는 일은 논리적 I/O를 줄이는 일뿐이다. 예를 들어, 시스템 레벨 BCHR이 평균 70%라고 할 때, 특정 SQL의 논리적 I/O가 10,000개면 물리적 I/O는 대략 3,000개쯤 발생할 것으로 예상할 수 있다.

- 물리적 I/O = 논리적 I/O × (100 − 70)% = 10,000 × 30% = 3,000

논리적 I/O를 1,000개로 줄이면 물리적 I/O도 300으로 감소하고, 성능도 열 배 향상된다.

- 물리적 I/O = 1,000 × 30% = 300

---

[7] 조금 전에도 설명했지만, 데이터를 입력/수정/삭제하지 않는 상황에서 조건절에 같은 변수 값을 입력하면, 논리적 I/O는 항상 같다.
[8] 물리적 I/O가 SQL 성능을 좌우한다고 했는데, BCHR이 SQL 성능을 좌우한다고도 해석할 수 있다.

그럼, 논리적 I/O는 어떻게 줄일 수 있을까? SQL을 튜닝해서 읽는 총 블록 개수를 줄이면 된다. 논리적 I/O는 항상 일정하게 발생하지만, SQL 튜닝을 통해 줄일 수 있는 통제 가능한 내생변수다. 논리적 I/O를 줄임으로써 물리적 I/O를 줄이는 것이 곧 SQL 튜닝이다.

자전거 예시로 설명해 보자. 풍향, 도로 기울기 등 환경요인이 페달 밟는 수를 결정하는데, 이는 통제 불가능한 외생변수다. 목적지까지 빨리 이동하려면 내생변수에 변화를 주어야 한다. 어떻게? 더 가까운 길을 선택하면 된다.

요약하면, BCHR 공식을 이루는 물리적 I/O는 통제 불가능한 외생변수다. (메모리를 증설해서 DB 버퍼캐시 크기를 늘리는 방법 외에) 이것을 직접 줄일 방법은 없다. 반면, 논리적 I/O는 통제 가능한 내생변수다. SQL을 튜닝해서 논리적 I/O를 줄이면 물리적 I/O도 줄고, 그만큼 성능도 향상된다. 논리적 I/O를 줄이는 구체적인 방법은 이 책 전반에서 다룬다.

BCHR을 실제로 계산해 보자. 아래는 SQL 트레이스[9]를 통해 수집한 Call 통계 정보다. Query와 Current 항목[10]을 더한 값이 논리적 I/O, 즉 SQL 수행 과정에 읽은(일반적으로 DB 버퍼캐시에서 읽은) 총 블록 개수다. Disk 항목은 디스크에서 물리적으로 읽은 블록 개수다.

```
Call      Count  CPU Time  Elapsed Time     Disk      Query    Current       Rows
------   ------  --------  ------------  --------  ---------  ---------  ---------
Parse         1     0.000         0.001         0          0          0          0
Execute       1     0.010         0.006         0          0          0          0
Fetch         2   138.680      1746.630    601458    1351677      12367          1
------   ------  --------  ------------  --------  ---------  ---------  ---------
Total         4   138.690      1746.637    601458    1351677      12367          1
```

위 트레이스 결과를 놓고 디스크에서 601,458개, 버퍼캐시에서 1,364,044(=1,351,677 +12,367)개 블록을 읽었으므로 논리적 I/O는 총 1,965,502개라고 잘못 해석하는 분이 있을

---

[9] SQL 튜닝 책은 일반적으로 실행계획과 트레이스에 대한 설명부터 시작하지만, 빠른 내용 전개를 위해 관련 내용을 부록에 실었다. 이에 대한 사전지식이 부족하다면 부록을 먼저 학습하기 바란다.

[10] 오라클에서 SELECT문은 Consistent 모드로 블록을 읽는다. DML문은 Consistent 모드로 블록을 읽고, Current 모드로 블록을 다시 읽어서 갱신한다. Query 항목은 Consistent 모드로 읽은 블록 수, Current 항목은 Current 모드로 읽은 블록 수를 의미한다. 좀 더 자세한 설명은 6장 1절 1항(그림 6-4와 함께 설명한 'Undo의 용도와 MVCC 모델')에서 확인하기 바란다.

것이다. 이는 자전거의 논리적 일량을 바퀴 회전수와 페달 밟은 횟수를 더해서 구하는 것과 같다.

다시 말하지만, 블록을 읽을 때는 해당 블록을 먼저 버퍼캐시에서 찾아보고 없을 때만 디스크에서 읽는다. 이때도 디스크에서 곧바로 읽는 게 아니라 먼저 버퍼캐시에 적재하고서 읽는다. 따라서 DB 버퍼캐시에서 읽은 1,364,044개 블록에는 디스크에서 읽은 601,458개 블록이 이미 포함돼 있다.

SQL 수행 과정에 총 1,364,044개 블록을 읽었고, 그중 601,458개를 디스크에서 읽었으므로 BCHR은 아래와 같다.

```
BCHR = (1 - (Disk / (Query + Current))) × 100
     = (1 - (601,458 / (1,351,677 + 12,367))) × 100
     = 55.9 %
```

BCHR에는 주의해야 할 함정이 있다. BCHR이 SQL 성능을 좌우하지만, BCHR이 높다고 해서 효율적인 SQL을 의미하지 않는다는 사실이다. 같은 블록을 비효율적으로 반복해서 읽으면 BCHR이 높아진다. 자전거 예시로 설명하면, 순풍이 불어 목적지까지 쉽게 도착했지만, 비효율적으로 아주 멀리 돌아왔을 수 있는 일 아닌가. 2~4장에서 인덱스와 NL 조인을 학습하고 나면 같은 블록을 반복해서 읽는 비효율이 무엇인지 이해하게 될 것이다.

1.3.6 Single Block I/O vs. Multiblock I/O

메모리 캐시가 클수록 좋지만, 데이터를 모두 캐시에 적재할 수는 없다. 비용적인 한계, 기술적인 한계 때문에 전체 데이터 중 일부만 캐시에 적재해서 읽을 수 있다.

캐시에서 찾지 못한 데이터 블록은 I/O Call을 통해 디스크에서 DB 버퍼캐시로 적재하고서 읽는다. I/O Call 할 때, 한 번에 한 블록씩 요청하기도 하고, 여러 블록씩 요청하기도 한다. 한 번에 한 블록씩 요청해서 메모리에 적재하는 방식을 'Single Block I/O'라고 한다. 많은 벽돌을 실어 나를 때 손수레를 이용하는 것처럼 한 번에 여러 블록씩 요청해서 메모리에 적재하는 방식을 'Multiblock I/O'라고 한다(그림 1-23).

[그림 1 – 23]

인덱스를 이용할 때는 기본적으로 인덱스와 테이블 블록 모두 Single Block I/O 방식을 사용한다. 구체적으로 아래 목록이 Single Block I/O 대상 오퍼레이션이며, 그림 1-24 ①,②, ③을 참고하면 더 쉽게 이해할 수 있다. 인덱스는 소량 데이터를 읽을 때 주로 사용하므로 이 방식이 효율적이다.

- 인덱스 루트 블록을 읽을 때
- 인덱스 루트 블록에서 얻은 주소 정보로 브랜치 블록을 읽을 때
- 인덱스 브랜치 블록에서 얻은 주소 정보로 리프 블록을 읽을 때
- 인덱스 리프 블록에서 얻은 주소 정보로 테이블 블록을 읽을 때

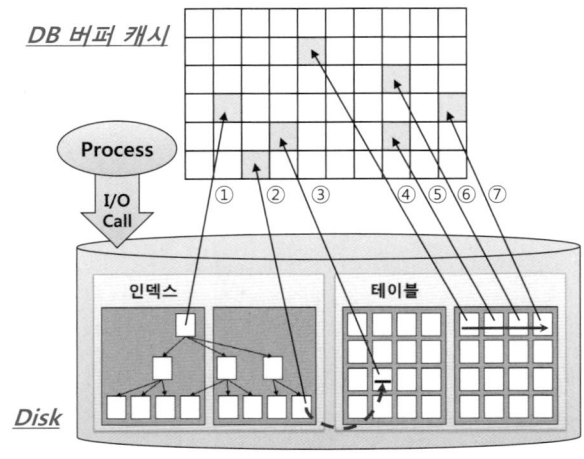

[그림 1 – 24]

반대로, 많은 데이터 블록을 읽을 때는 Multiblock I/O 방식이 효율적이다. 그래서 인덱스를 이용하지 않고 테이블 전체를 스캔할 때 이 방식을 사용한다(그림 1-24 ④,⑤,⑥,⑦). 테이블이 클수록 Multiblock I/O 단위도 크면 좋다. 이유는 다른 데 있지 않다. 프로세스가 잠자는 횟수를 줄여주는 데 있다.

벽돌로 담장을 쌓는 경우를 예로 들어 보자(그림 1-25). 미장공이 벽돌을 쌓다가 벽돌이 떨어지면 운반공이 건재상에서 벽돌을 사 와야 한다. 미장공은 그동안 잠을 잔다. 운반공이 손수레에 벽돌을 실어오면 미장공이 다시 벽돌을 쌓기 시작한다. 벽돌이 떨어지면 운반공은 다시 벽돌을 사러 간다. 미장공은 그동안 또 잠을 잔다. (미장공이 벽돌을 쌓는 동안 운반공이 벽돌을 미리 사다 놓으면 좋으련만 그러질 않는다.)

미장공이 일하지 않고 잠자는 횟수를 줄이려면 운반공이 더 큰 수레를 이용해 한 번에 더 많은 벽돌을 사 오도록 해야 한다. 그래야 공사를 빨리 마칠 수 있다.

건재상   운반공   미장공

[그림 1 – 25]

DBMS 세계로 돌아와서, 읽고자 하는 블록을 DB 버퍼캐시에서 찾지 못하면 해당 블록을 디스크에서 읽기 위해 I/O Call을 한다. 그동안 프로세스는 대기 큐(Wait Queue)에서 잠을 잔다. 대용량 테이블이면 수많은 블록을 디스크에서 읽는 동안 여러 차례 잠을 잘 텐데, 기왕에 잠을 자려면 한꺼번에 많은 양을 요청해야 잠자는 횟수를 줄이고 성능을 높일 수 있다. 대용량 테이블을 Full Scan 할 때 Multiblock I/O 단위를 크게 설정하면 성능이 좋아지는 이유다.

정리하면, Multiblock I/O는 캐시에서 찾지 못한 특정 블록을 읽으려고 I/O Call 할 때 디스크 상에 그 블록과 '인접한' 블록들을 한꺼번에 읽어 캐시에 미리 적재하는 기능이다. DBMS 블록 사이즈가 얼마건 간에 OS 단에서는 보통 1MB 단위로 I/O를 수행한다(OS마다 다름). 한

번 I/O 할 때 1MB 크기의 '손수레'을 사용하는 셈이다. 테이블 전체 블록을 읽을 때는 손수레에 한 번에 담을 수 있는 만큼 최대한 많이 담아야 유리하다.

오라클에서 손수레에 한 번에 담는 양은 db_file_multiblock_read_count 파라미터로 정한다.

```
SQL> show parameter db_file_multiblock_read_count

NAME                                 TYPE         VALUE
------------------------------------ ------------ ----------
db_file_multiblock_read_count        integer      16

SQL> alter session set db_file_multiblock_read_count = 128;

세션이 변경되었습니다.
```

일반적으로 OS 레벨 I/O 단위가 1MB, 오라클 레벨 I/O 단위가 8KB이므로 이 파라미터를 128로 설정하면 담을 수 있는 만큼 최대한 담게 된다(8KB × 128 = 1MB). 손수레에는 어차피 1MB 이상을 담을 수 없으므로 그 이상으로 설정해도 소용없다. 오라클 레벨에서 그렇게 설정할 순 있지만, OS는 자신의 I/O 단위만큼씩만 읽는다.

조금 더 부연해 설명하면, '인접한 블록'이란 같은 익스텐트에 속한 블록을 의미한다. Multiblock I/O 방식으로 읽더라도 익스텐트 경계를 넘지 못한다는 뜻이다. 예를 들어, 한 익스텐트에 20개 블록이 담겨있고 Multiblock I/O 단위가 8이라고 할 때, 세 번째 I/O Call에서는 네 개 블록만 얻게 된다. 이때 네 개를 더 읽기 위해 다음 익스텐트까지 읽지 않는다. 비유하자면, 손수레를 다 채우지 않았는데 건재상 벽돌이 다 떨어졌다고 해서 바로 다른 건재상을 찾아 나서지 않는다는 뜻이다. 손수레에 담긴 벽돌을 일단 작업장으로 옮긴 후 다른 건재상을 찾아 나선다.

> **Multiblock I/O 중간에 왜 Single Block I/O가 나타나는가?**
>
> 가장 많이 받는 질문 중 하나다. 이 질문에 대한 해답을 얻으려면 ① '익스텐트 맵'은 테이블 블록에 대한 인덱스, ② 'Multiblock I/O'는 배치(Batch) I/O라고 생각하면 쉽다. (※ 1.3.8 '캐시 탐색 메커니즘'을 먼저 학습할 필요가 있고, 배치 I/O는 169페이지를 참조하자.)
>
> Multiblock I/O 단위는 4라고 가정하자. 익스텐트 맵을 통해 첫 번째 익스텐트에서 읽어야 할 블록 목록을 확인하니 1, 2, 3, 4, 5, 6, 7, 8, 9, 10이었고, 그중 1번, 6번, 8번 블록이 현재 버퍼캐시에 캐싱 돼 있다고 가정하자.
>
> - 1번을 캐시버퍼 체인에서 찾았다. 1번 버퍼블록을 캐시에서 바로 읽는다.
> - 2번을 캐시버퍼 체인에서 못 찾았다. 디스크 I/O를 보류한다.
> - 3번을 캐시버퍼 체인에서 못 찾았다. 디스크 I/O를 보류한다.
> - 4번을 캐시버퍼 체인에서 못 찾았다. 디스크 I/O를 보류한다.
> - 5번을 캐시버퍼 체인에서 못 찾았다. 2~5번 블록을 위해 **Multiblock I/O** 방식으로 디스크 I/O Call 한다. 2~5번 버퍼블록을 캐시에서 읽는다.
> - 6번을 캐시버퍼 체인에서 찾았다. 6번 버퍼블록을 캐시에서 바로 읽는다.
> - 7번을 캐시버퍼 체인에서 못 찾았다. 디스크 I/O를 보류한다.
> - 8번을 캐시버퍼 체인에서 찾았다. 7번 블록을 위해 **Single Block I/O** 방식으로 디스크 I/O Call 한다. 7~8번 버퍼블록을 캐시에서 읽는다.
> - 9번을 캐시버퍼 체인에서 못 찾았다. 디스크 I/O를 보류한다.
> - 10번을 캐시버퍼 체인에서 못 찾았다. 익스텐트 마지막 블록이므로 9~10번 블록을 위해 **Multiblock I/O** 방식으로 디스크 I/O Call 한다. 9~10번 버퍼블록을 캐시에서 읽는다.
>
> 1번, 6번, 8번뿐만 아니라 9번 블록도 캐싱 돼 있었다고 하자. 그러면 9번 블록은 캐시버퍼에서 읽고, 10번 블록은 익스텐트 마지막 블록이므로 바로 **Single Block I/O** 방식으로 디스크 I/O Call 한다.
>
> 마지막으로, Full Scan 중에 Chain이 발생한 로우를 읽을 때도 Single Block I/O 방식으로 디스크 블록을 읽는다.

1.3.7 Table Full Scan vs. Index Range Scan

테이블에 저장된 데이터를 읽는 방식은 두 가지다. 테이블 전체를 스캔해서 읽는 방식과 인덱스를 이용해서 읽는 방식이다. 전자를 'Table Full Scan'이라고 부른다는 것은 주지의 사실이다. 후자는, 제목에 'Index Range Scan'이라고 간략히 표현했지만, 보통 '인덱스를 이용한 테이블 액세스'라고 표현한다.

Table Full Scan은 말 그대로 테이블에 속한 블록 '전체'를 읽어서 사용자가 원하는 데이터를 찾는 방식이다. 인덱스를 이용한 테이블 액세스는 인덱스에서 '일정량'을 스캔하면서 얻은 ROWID로 테이블 레코드를 찾아가는 방식이다. ROWID는 테이블 레코드가 디스크 상에 어디 저장됐는지를 가리키는 위치 정보다.

얼마 전 어떤 개발자가 튜닝 요청을 했다. 분석 결과, 별다른 문제가 없었다. 실제 수행해 보니 빠르기까지 했다. 왜 튜닝요청을 했냐고 물으니 "실행계획에 빨간색이 많이 보여서"라고 대답했다. 토드, 오렌지를 포함한 많은 쿼리 툴이 Table Full Scan을 빨간색으로 표시해 준다. 위험경고인 셈이다. 그래서 개발자들이 실행계획을 분석할 때 Table Full Scan이 나타나는지를 주로 확인한다.

Table Full Scan 찾아내기식 실행계획 분석은 실제로 SQL 성능을 향상하는 데 큰 도움이 되지 않는다. 인덱스를 사용해야 하는 상황인데 Table Full Scan 하는 경우도 있으므로 전혀 의미가 없다고 할 수 없지만, Table Full Scan은 피해야 한다는 많은 개발자의 인식과 달리 인덱스가 SQL 성능을 떨어뜨리는 경우도 상당히 많기 때문이다.

한 번에 많은 데이터를 처리하는 집계용 SQL과 배치 프로그램이 특히 그렇다. 그래서 이들 프로그램에서 사용하는 SQL은 온라인 SQL(정확히 얘기하면, 온라인 트랜잭션 처리 시스템에서 사용하는 SQL)보다 튜닝하기가 비교적 쉽다. 다 그런 건 아니지만, 상당수가 Table Full Scan으로 유도하면 성능이 빨라진다. 조인을 포함한 SQL이면, 조인 메소드로 해시 조인을 선택해 주면 된다.

인덱스를 이용하는데 왜 성능이 더 느릴까? 앞서 우리는 시퀀셜 액세스와 랜덤 액세스, Single Block I/O와 Multiblock I/O 개념을 살펴봤다. 이런 I/O 메커니즘 관점에서 Table

Full Scan과 Index Range Scan의 본질을 해석해 보자. 그러면 인덱스를 이용해 많은 데이터를 읽을 때 왜 성능이 느린지 쉽게 이해할 수 있다.

Table Full Scan은 시퀀셜 액세스와 Multiblock I/O 방식으로 디스크 블록을 읽는다. 한 블록에 속한 모든 레코드를 한 번에 읽어 들이고, 캐시에서 못 찾으면 '한 번의 수면(I/O Call)을 통해 인접한 수십~수백 개 블록을 한꺼번에 I/O하는 메커니즘'이다. 이 방식을 사용하는 SQL은 스토리지 스캔 성능이 좋아지는 만큼 성능도 좋아진다.

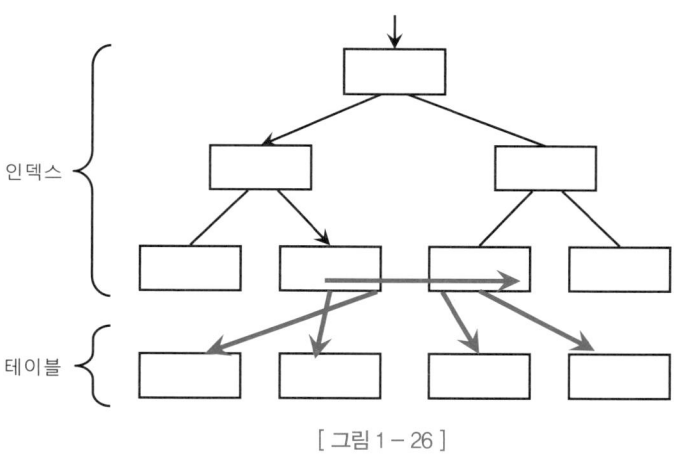

[그림 1 – 26]

시퀀셜 액세스와 Multiblock I/O가 아무리 좋아도 수십~수백 건의 소량 데이터 찾을 때 수백만~수천만 건 데이터를 스캔하는 건 비효율적이다. 큰 테이블에서 소량 데이터를 검색할 때는 반드시 인덱스를 이용해야 한다.(그림1-26)

Index Range Scan을 통한 테이블 액세스는 랜덤 액세스와 Single Block I/O 방식으로 디스크 블록을 읽는다. 캐시에서 블록을 못 찾으면, '레코드 하나를 읽기 위해 매번 잠을 자는 I/O 메커니즘'이다. 따라서 많은 데이터를 읽을 때는 Table Full Scan보다 불리하다. 열심히 일해야 할 프로세스가 잠을 자는데, 스토리지 성능이 좋아지면 뭐하겠는가. 이 방식을 사용하는 SQL은 스토리지 스캔 성능이 수십 배 좋아져도 성능이 조금 밖에 좋아지지 않는다.

게다가 이 방식은 읽었던 블록을 반복해서 읽는 비효율이 있다. 많은 데이터를 읽을 때 물리적인 블록 I/O 뿐만 아니라 논리적인 블록 I/O 측면에서도 불리하다는 얘기다. 한 블록에 평균 500개 레코드가 있으면, 같은 블록을 최대 500번 읽는다. 만약 인덱스를 이용해 '전체 레코드'를 액세스한다면, '모든 블록'을 평균 500번씩 읽게 되는 셈이다. 각 블록을 단 한 번 읽는 Table Full Scan보다 훨씬 불리하다.

데이터베이스를 효과적으로 이용하는 데 있어 인덱스의 중요성은 아무리 강조해도 지나치지 않다. 하지만, 인덱스에 대한 맹신은 금물이다. 인덱스가 항상 옳은 것은 아니며, 바꿔 말해 Table Full Scan이 항상 나쁜 것도 아니다. 인덱스는 큰 테이블에서 아주 적은 일부 데이터를 빨리 찾기 위한 도구일 뿐이므로 모든 성능 문제를 인덱스로 해결하려 해선 안 된다. 읽을 데이터가 일정량을 넘으면 인덱스보다 Table Full Scan이 유리하다.

 필드 스토리

SQL 튜닝을 처음 공부하는 독자라면 조금 당황스러울 수 있다. 성능을 논할 때 인덱스를 빼고 얘기할 수 없고, 어떻게 인덱스를 효과적으로 잘 사용할지가 SQL 튜닝의 핵심 중 핵심인데, 본문은 Table Full Scan을 두둔하는 입장에서 쓰였기 때문이다. Table Full Scan을 두둔한다기보다 '경험'에서 우러나온 한탄(?)이라고 생각해 주기 바란다. 개발팀이 튜닝팀에 의뢰하는 SQL을 분석해 보면, 인덱스를 안 타서 느린 경우보다 불필요하게 인덱스를 타서 느린 경우가 더 많더라는 경험 말이다.

몇 년 전 지방에서 혼자 진행했던 튜닝 프로젝트가 생각난다. 짧은 기간에 비해 성과가 매우 좋았는데도 완료보고서 쓸 때 고민이 많았다. 튜닝 유형별로 분류해서 보고서를 그럴듯하게 꾸미고 싶었는데, 대부분 SQL의 개선 포인트가 '힌트를 이용한 Table Full Scan 유도'였기 때문이다.

필자가 쿼리 툴을 개발한다면, Table Full Scan 뿐만 아니라, 예상 카디널리티가 일정량을 넘어서는데도 인덱스로 테이블을 액세스하는 부분에 빨간색을 표시해 주고 싶다. 경험 많은 튜너라면 동의할 것이다.

1.3.8 캐시 탐색 메커니즘

Direct Path I/O를 제외한 모든 블록 I/O는 메모리 버퍼캐시를 경유한다. 구체적으로, 아래 오퍼레이션은 모두 버퍼캐시 탐색 과정을 거친다.

- 인덱스 루트 블록을 읽을 때[11]
- 인덱스 루트 블록에서 얻은 주소 정보로 브랜치 블록을 읽을 때
- 인덱스 브랜치 블록에서 얻은 주소 정보로 리프 블록을 읽을 때
- 인덱스 리프 블록에서 얻은 주소 정보로 테이블 블록을 읽을 때
- 테이블 블록을 Full Scan 할 때[12]

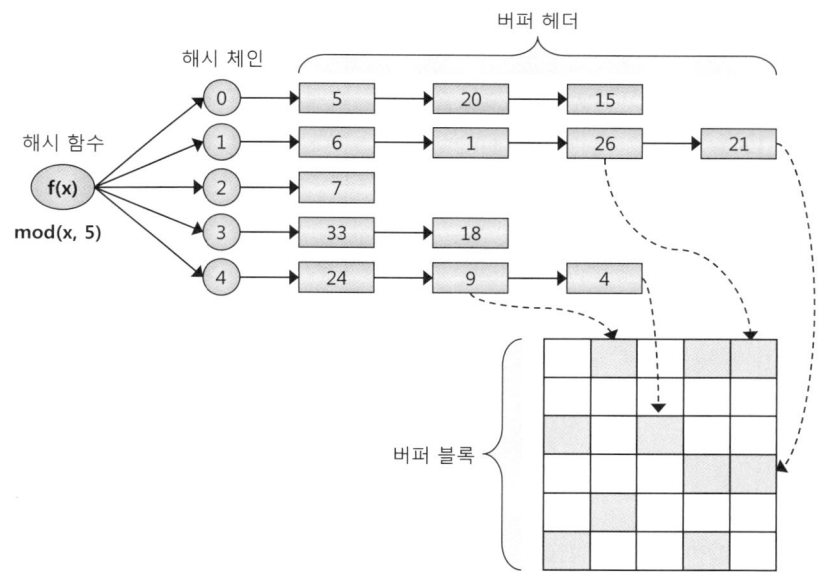

[그림 1 – 27]

---

[11] 인덱스 루트 블록 주소는 SQL을 파싱하고 최적화하는 시점에 SQL 커서에 담긴다.
[12] 1.3.4에서 설명한 것처럼 Table Full Scan 할 때는 읽어야 할 블록 목록을 익스텐트 맵(map)에서 얻는다. 그림 1-11과 함께 설명한 DBA_EXTENTS 뷰를 참조하기 바란다.

버퍼캐시 탐색 메커니즘을 설명하기에 앞서 버퍼캐시 구조부터 살펴보자. DBMS는 버퍼캐시를 그림 1-27과 같은 해시 구조로 관리한다.

그림 1-27은 해시함수로 모듈러(mod) 함수를 사용하는 경우를 표현하고 있다. 실제로는 훨씬 더 정교한 알고리즘을 사용하지만, 여기서는 5로 나누었을 때의 나머지 값을 반환하는 모듈러 함수로 캐시 탐색 메커니즘을 설명하겠다.

예를 들어, 버퍼캐시에서 20번 블록[13]을 찾고자 한다. 블록 번호를 5로 나누면 나머지가 0이다. 이 블록이 캐싱돼 있다면 버퍼 헤더가 첫 번째 해시 체인(해시 값 = 0)에 연결돼 있을 것이므로 찾을 때 항상 첫 번째 해시 체인만 탐색하면 된다.

다른 예로, 27번 블록은 블록 번호를 5로 나누면 나머지가 2이다. 만약 이 블록이 캐싱돼 있다면 버퍼 헤더가 세 번째 해시 체인(해시 값 = 2)에 있을 것이다. 그림 1-27을 보면, 현재 세 번째 해시 체인에는 27번 블록이 보이지 않는다. 세 번째 체인에 없다고 해서 다른 해시 체인을 탐색할 필요가 없다. 디스크로부터 읽어서 세 번째 체인에 연결해서 읽으면 된다.

버퍼캐시에서 블록을 찾을 때 이처럼 해시 알고리즘으로 버퍼 헤더를 찾고, 거기서 얻은 포인터(Pointer)로 버퍼 블록을 액세스하는 방식을 사용한다. 해시 구조의 특징을 요약하면, 다음과 같다.

- 같은 입력 값은 항상 동일한 해시 체인(=버킷)에 연결됨
- 다른 입력 값(예를 들어, 4와 9)이 동일한 해시 체인(=버킷)에 연결될 수 있음
- 해시 체인 내에서는 정렬이 보장되지 않음

메모리 공유자원에 대한 액세스 직렬화

버퍼캐시는 SGA 구성요소이므로 버퍼캐시에 캐싱된 버퍼블록은 모두 공유자원이다. 공유자원은 말 그대로 모두에게 권한이 있기 때문에 누구나 접근할 수 있다. 문제는 하나의 버퍼블

---

[13] 모든 데이터 블록은 디스크 상에서 몇 번 데이터파일의 몇 번째 블록인지를 나타내는 자신만의 고유 주소를 가지며, 이를 'DBA(Data Block Address)'라고 부른다. 2항(1.3.2 '데이터베이스 저장 구조') 후반부에 설명한 내용이다.

록을 두 개 이상 프로세스가 '동시에' 접근하려고 할 때 발생한다. 동시에 접근하면 블록 정합성에 문제가 생길 수 있기 때문이다.

따라서 자원을 공유하는 것처럼 보여도 내부에선 한 프로세스씩 순차적으로 접근하도록 구현해야 하며, 이를 위해 직렬화(serialization) 메커니즘이 필요하다. 직렬화를 이해하기 쉽게 표현하면, '줄 세우기'다.

언제부턴가 '공유경제'란 개념이 경제기사에 자주 등장하더니 몇 년 전부터 구체적인 서비스 플랫폼이 구축되기 시작했다. 공유경제(Sharing Economy)란 여러 사람이 한 제품을 공유하면서 같이 사용하는 경제 시스템을 말한다.

한 제품을 여럿이 함께 사용한다고? 가장 대표적인 카쉐어링 서비스를 예로 들어 보자. 자동차를 여럿이 함께 사용할 수 있나? 같이 사용하는 것처럼 보이지만, 어느 한순간에는 한 사람만 자동차를 사용할 수 있다. 누군가 자동차를 사용하는 순간, 다른 사람은 줄 서서 기다려야 한다. 같이 쓰는 게 아니라 교대로 쓰는 거다. 현재 자동차 키를 손에 쥔 사람만 자동차를 사용할 수 있다. 또 다른 예로, 숙박시설 공유 서비스도 방 하나를 남과 같이 쓰는 동거의 개념이 아니라, 부대낌 없이 서로 시간을 달리하여 경제적으로 사용하는 개념이다.

'경제'를 '캐시'로 치환해 보자. 공유캐시의 특정 자원을 두 개 이상 프로세스가 같이 사용할 수 있나? 그럴 수 없다. 같이 사용하는 것처럼 보이지만, 특정 순간에는 한 프로세스만 사용할 수 있다. 그 순간 다른 프로세스는 줄 서서 기다려야 한다. 이런 줄서기가 가능하도록 지원하는 메커니즘이 래치(Latch)다.

 캐시버퍼 체인 래치

대량의 데이터를 읽을 때 모든 블록에 대해 해시 체인을 탐색한다. DBA(Data Block Address)를 해시 함수에 입력하고 거기서 반환된 값으로 스캔해야 할 해시 체인을 찾는다. 해시 체인을 스캔하는 동안 다른 프로세스가 체인 구조를 변경하는 일이 생기면 곤란하다. 이를 막기 위해 해시 체인 래치가 존재한다. 그림 1-27에서 0부터 4까지 다섯 개 체인 앞쪽에 자물쇠가 있다고 생각하면 된다. 자물쇠를 열 수 있는 키(Key)를 획득한 프로세스만이 체인으로 진입할 수 있다.

SGA를 구성하는 서브 캐시마다 별도의 래치가 존재하는데, 버퍼캐시에는 캐시버퍼 체인 래치, 캐시버퍼 LRU 체인 래치 등이 작동한다. 빠른 데이터베이스를 구현하려면 버퍼캐시 히트율을 높여야 하지만, 캐시 I/O도 생각만큼 빠르지 않을 수 있다. 이들 래치에 의한 경합이 생길 수 있기 때문이다.

캐시버퍼 체인뿐만 아니라 버퍼블록 자체에도 직렬화 메커니즘이 존재한다. 바로 '버퍼 Lock'이다. 이런 직렬화 메커니즘에 의한 캐시 경합을 줄이려면, SQL 튜닝을 통해 쿼리 일량(논리적 I/O) 자체를 줄여야 한다.

 버퍼 Lock

읽고자 하는 블록을 찾았으면 캐시버퍼 체인 래치를 곧바로 해제해야 한다. 그래야 해당 래치가 풀리기를 기다리던 다른 프로세스들이 작업을 재개할 수 있다.

그런데 래치를 해제한 상태로 버퍼블록 데이터를 읽고 쓰는 도중에 후행 프로세스가 하필 같은 블록에 접근해서 데이터를 읽고 쓴다면 데이터 정합성에 문제가 생길 수 있다. 이를 방지하기 위해 오라클은 버퍼 Lock을 사용한다. 캐시버퍼 체인 래치를 해제하기 전에 버퍼 헤더에 Lock을 설정함으로써 버퍼블록 자체에 대한 직렬화 문제를 해결하는 것이다.

(같은 로우는 로우 Lock에 의해 보호될 텐데 버퍼 Lock이 왜 필요할까 싶겠지만, 로우 Lock을 설정하는 행위도 블록을 변경하는 작업이다. 로우 Lock을 설정하는 순간 다른 프로세스가 해당 블록을 읽는다면 문제가 생긴다. 그뿐만 아니라 같은 블록에서 서로 다른 로우를 동시에 읽고 쓰는 경우를 막기 위해서도 버퍼 Lock은 필요하다.)

친절한 SQL 튜닝

2장

인덱스 기본

2.1 인덱스 구조 및 탐색

2.2 인덱스 기본 사용법

2.3 인덱스 확장기능 사용법

2장

인덱스 기본

2.1 인덱스 구조 및 탐색

본 절은 인덱스 구조와 탐색 원리를 설명한다. 아주 기본적인 내용 같지만, 많은 개발 현장을 다니고 강의도 하면서 자주 느끼는 것은 의외로 인덱스의 기본 구조와 탐색 원리조차 모르는 분이 많다는 사실이다. 인덱스에 대한 명확한 그림이 없는 상태에서 인덱스를 설계하고 SQL을 개발하니 성능이 좋을 리 없다.

본 절에서 가장 강조하고 싶은 내용은 인덱스 탐색 과정이 수직적 탐색과 수평적 탐색, 두 단계로 이루어진다는 사실이다. 이것을 이해하고 나면 막연하게 생각했던 인덱스 구조에 대해 그림이 명확해진다. 그런 후에야 인덱스 사용법과 튜닝도 제대로 이해할 수 있다.

2.1.1 미리 보는 인덱스 튜닝

인덱스 튜닝은 3장에서 본격적으로 설명하지만, 인덱스 구조를 설명하는 이번 장에서 그 핵심 원리를 간단하게나마 살펴보려고 한다. 이유는, 인덱스 구조를 바라보는 시각을 SQL 튜닝에 맞추기 위해서다. 여기서 설명한 내용을 잘 기억한 상태에서 이후 내용을 학습하기 바란다.

데이터를 찾는 두 가지 방법

어떤 초등학교를 방문해 '홍길동' 학생을 찾는 방법은 두 가지다. 첫째는, 1학년 1반부터 6학년 맨 마지막 반까지 모든 교실을 돌며 홍길동 학생을 찾는 것이다. 둘째는, 교무실에서 학생 명부를 조회해 홍길동 학생이 있는 교실만 찾아가는 것이다. 둘 중 어느 쪽이 빠를까? 홍길동 학생이 많다면 전자가 빠르고, 몇 안 되면 후자가 빠르다.

이름으로 학생을 찾는 방문객이 많다면, 학생명부를 아예 표 3-1처럼 이름순으로 정렬해 두면 편리하다. 이것이 바로 인덱스다. '학년-반-번호' 컬럼이 인덱스 ROWID에 해당한다.

이름	학년-반-번호
강수지	4학년 3반 37번
김철수	3학년 2반 13번
…	…
이영희	6학년 4반 19번
…	…
홍길동	1학년 5반 15번
홍길동	2학년 6반 24번
홍길동	5학년 1반 16번
…	…

[표 3-1]

데이터베이스 테이블에서 데이터를 찾는 방법도 아래 두 가지다. 수십 년에 걸쳐 DBMS가 발전해 왔는데도 이 두 방법에서 크게 벗어나지 못하고 있다.

- 테이블 전체를 스캔한다.
- 인덱스를 이용한다.

앞선 예에서 모든 교실을 돌며 학생을 찾는 경우가 전자에 속하고, 이름순으로 정렬한 학생명부를 이용하는 경우가 후자에 속한다. 테이블 전체 스캔과 관련해서는 튜닝 요소가 많지 않지만, 인덱스와 관련해서는 튜닝 요소가 매우 많고 기법도 다양하다. 그래서 인덱스는 SQL 튜닝을 공부할 때 가장 먼저 다루어야 할 주제다.

인덱스 튜닝의 두 가지 핵심요소

인덱스는 큰 테이블에서 소량 데이터를 검색할 때 사용한다. 온라인 트랜잭션 처리(Online Transaction Processing, 이하 'OLTP') 시스템에서는 소량 데이터를 주로 검색하므로 인덱스 튜닝이 무엇보다 중요하다.

세부적인 인덱스 튜닝 방법으로 여러 가지가 있지만, 핵심요소는 크게 두 가지로 나뉜다. 첫 번째는 인덱스 스캔 과정에서 발생하는 비효율을 줄이는 것이다. 즉, '인덱스 스캔 효율화 튜닝'이다.

학생명부에서 시력이 1.0~1.5인 홍길동 학생을 찾는 경우를 예로 들어보자. 학생명부를 이름과 시력순으로 정렬해 두었다면, 표 3-2와 같이 소량만 스캔하면 된다.

이름	시력	학년-반-번호
강수지	1.5	4학년 3반 37번
김철수	0.5	3학년 2반 13번
…	…	…
이영희	1.5	6학년 4반 19번
…	…	…
홍길동	1.0	2학년 6반 24번
홍길동	1.5	5학년 1반 16번
홍길동	2.0	1학년 5반 15번
…	…	…

[표 3 - 2]

반면, 학생명부를 시력과 이름순으로 정렬해 두었다면, 똑같이 두 명을 찾는데도 표 3-3과 같이 많은 양을 스캔해야 한다.

시력	이름	학년-반-번호
0.5	김철수	3학년 2반 13번
...		...
1.0	홍길동	5학년 1반 16번
1.5	강수지	4학년 3반 37번
1.5	이영희	6학년 4반 19번
1.5	홍길동	1학년 5반 15번
1.5	...	...
2.0	홍길동	2학년 6반 24번
...	...	...

[표 3 - 3]

인덱스 튜닝의 두 번째 핵심요소는 테이블 액세스 횟수를 줄이는 것이다. 인덱스 스캔 후 테이블 레코드를 액세스할 때 랜덤 I/O 방식을 사용하므로 이를 '랜덤 액세스 최소화 튜닝'이라고 한다.

학생명부에서 시력이 1.0~1.5인 홍길동 학생을 찾는 경우를 다시 생각해 보자. 시력이 1.0~1.5인 학생은 50명이고, 이름이 '홍길동'인 학생은 다섯 명이다. 시력이 1.0~1.5인 홍길동 학생은 두 명이다. 이름과 시력순으로 정렬한 학생명부가 있으면 가장 좋지만, 만약 이름만으로 정렬한 학생명부와 시력만으로 정렬한 학생명부가 따로 하나씩 있다면 둘 중 어느 쪽을 사용해야 더 효과적일까?

당연히, 이름순으로 정렬한 학생명부다. 교실 찾아가는 횟수를 줄일 수 있기 때문이다. 이름순으로 정렬한 학생명부를 사용하면 교실을 다섯 번만 찾아가면 된다. 시력순으로 정렬한 학생명부를 사용하면, 교실을 50번 찾아가야 한다. 시력이 1.0~1.5인 홍길동 학생은 두 명이지만, 어떤 학생명부를 사용하느냐에 따라 교실 방문 횟수는 다르다.

그림 2-1에 '인덱스 스캔'과 '랜덤 액세스'를 화살표로 표시하였다. 인덱스 스캔 효율화 튜닝과 랜덤 액세스 최소화 튜닝 둘 다 중요하지만, 더 중요한 하나를 고른다면 랜덤 액세스 최소화 튜닝이다. 성능에 미치는 영향이 더 크기 때문이다.

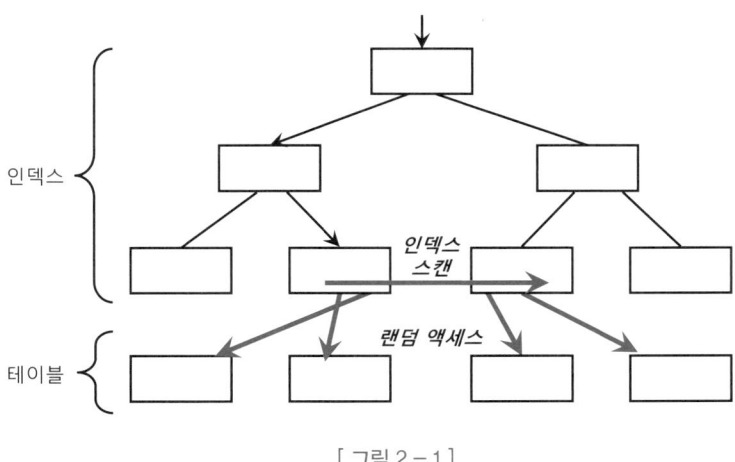

[그림 2-1]

초등학교에서 홍길동 학생을 찾는 예만 보더라도 랜덤 액세스 튜닝이 더 중요한 이유를 쉽게 알 수 있다. 학생명부를 뒤지는(스캔하는) 과정에도 비효율이 있을 수 있지만, 학생명부에 없는 나머지 정보(시력순으로 정렬한 학생명부를 사용할 때 학생 이름이 여기에 해당)를 얻기 위해 직접 교실을 찾아가는 부담에 비하겠는가.

인덱스 구조도 아직 설명하지 않았는데, 인덱스 튜닝의 핵심요소부터 간단하게 살펴본 이유가 있다. SQL 튜닝 책을 여러 권 읽었다면서도 정작 튜닝의 핵심을 잘 이해 못 하는 분을 여럿 만났기 때문이다. 책이란 매체가 갖는 한계 때문이라고 생각한다. 책을 통해서는 클라이맥스를 전달하기 쉽지 않다. 그래서 인덱스 설명을 시작하는 초반에 본서의 가장 중요한 결론부터 전달하려고 한다. SQL 튜닝은 랜덤 I/O와의 전쟁이다.

SQL 튜닝은 랜덤 I/O와의 전쟁

데이터베이스 성능이 느린 이유는 디스크 I/O 때문이다. 읽어야 할 데이터량이 많고, 그 과정에 디스크 I/O가 많이 발생할 때 느리다. 인덱스를 많이 사용하는 OLTP 시스템이라면 디스크 I/O 중에서도 랜덤 I/O가 특히 중요하다.

성능을 위해 DBMS가 제공하는 많은 기능이 느린 랜덤 I/O를 극복하기 위해 개발됐다는 사실을 본서를 읽는 내내 확인하게 될 것이다. IOT, 클러스터, 파티션에서부터 테이블 Prefetch, Batch I/O처럼 겉으로 잘 드러나지 않는 숨은 기능까지 모두가 그렇다. 이들 기능의 본질은 랜덤 I/O를 줄이는 데 있다.

조인 메소드 중 가장 일반적으로 사용하는 NL 조인이 대량 데이터 조인할 때 느린 이유도 랜덤 I/O 때문이다. 그래서 소트머지 조인과 해시 조인이 개발됐으므로 이들 조인 메소드도 결국 느린 랜덤 I/O를 극복하기 위해서 개발된 기능이다. 랜덤 I/O가 그만큼 중요하다.

기본적인 I/O 메커니즘과 랜덤 액세스 개념은 1장에서 다뤘다. 랜덤 액세스 최소화를 포함한 인덱스 튜닝은 3장에서, 조인 튜닝은 4장에서 다룬다. 이 책의 클라이맥스다. 그에 앞서 본 장은 인덱스 구조와 인덱스 사용법을 다룬다. 음악으로 말하면, 서주에 해당한다.

2.1.2 인덱스 구조

인덱스는 대용량 테이블에서 필요한 데이터만 빠르게 효율적으로 액세스하기 위해 사용하는 오브젝트다. 모든 책 뒤쪽에 있는 색인과 같은 역할을 한다. 그림 2-2는 '오라클 성능 고도화 원리와 해법 2권' 색인 중 앞쪽 일부를 캡처한 이미지다.

찾아보기

ㄱ
결합 선택도 387, 429
결합 인덱스 21, 27, 44, 180, 191, 195
결합 파티셔닝 629, 631, 633~636
공통 표현식 제거 464, 535
군집성 계수 67
규칙기반 옵티마이저(RBO) 138, 362~364, 368, 371, 373, 379, 554, 556
글로벌 비파티션 인덱스 658
글로벌 인덱스 658
글로벌 파티션 인덱스 657~662, 665~668, 671, 674, 676
글로벌 해시 파티션 인덱스 661

ㄹ
로우 단위 샘플링 447, 449
로컬 인덱스 659, 664~665, 674~675
로컬 파티션 인덱스 657~659, 662, 664, 668
로컬 Nonprefixed 파티션 인덱스 662~663, 665, 667, 669~673, 674
로컬 Prefixed 파티션 인덱스 662~664, 667, 669, 674~676
리스트 파티셔닝 628~629, 632, 635~636, 677~678

ㅁ
메모리 소트 572, 576
메인 메모리 DB 63
묵시적 형변환 32~39, 644
물리적 최적화 464

ㅂ
반정규화 316~318, 326, 636, 677
배치 I/O 225

[그림 2-2]

색인없이 '메모리 소트'를 학습하려면, 첫 페이지부터 마지막 페이지까지 다 뒤져야 한다. 그림 2-2 색인을 이용하면, 572와 576 두 페이지만 찾으면 된다.

데이터베이스에서도 인덱스 없이 데이터를 검색하려면, 테이블을 처음부터 끝까지 모두 읽어야 한다. 반면, 인덱스를 이용하면 일부만 읽고 멈출 수 있다. 즉, 범위 스캔(Range Scan)이 가능하다. 범위 스캔이 가능한 이유는 인덱스가 정렬돼 있기 때문이다.

DBMS는 일반적으로 B*Tree 인덱스를 사용한다. 고객 테이블에 고객명 컬럼 기준으로 만든 B*Tree 인덱스 구조는 그림 2-3과 같다. 나무(Tree)를 거꾸로 뒤집은 모양이어서 뿌리(루트, Root)가 위쪽에 있고, 가지(브랜치, Branch)를 거쳐 맨 아래에 잎사귀(리프, Leaf)가 있다.

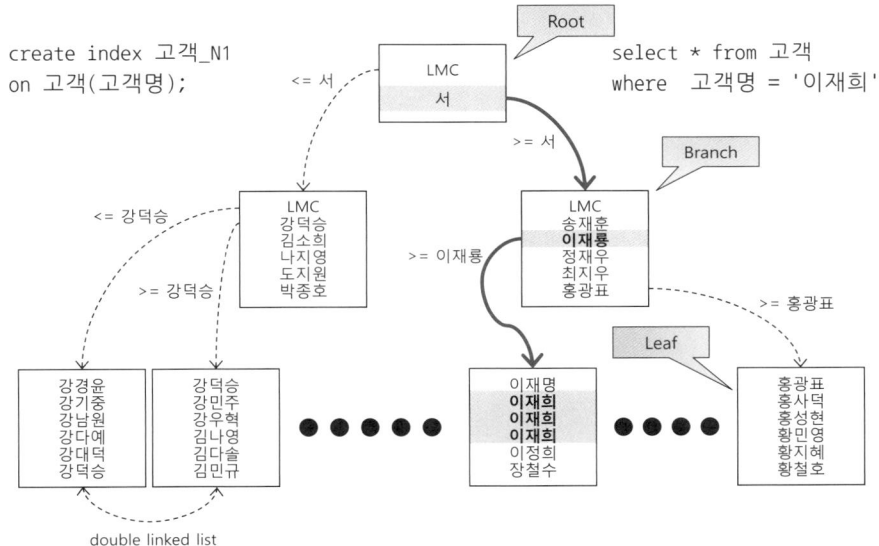

[그림 2 - 3]

그림에는 표시하지 않았지만, 루트와 브랜치 블록에 있는 각 레코드는 하위 블록에 대한 주소값을 갖는다. 키값은 하위 블록에 저장된 키값의 범위를 나타낸다. 예를 들어, 루트 블록 '서' 레코드가 가리키는 하위 블록에는 '서'보다 크거나 같은(고객명 >= '서') 레코드가 저장돼 있다는 뜻이다. 예를 하나 더 들면, 오른쪽 브랜치 블록 '이재룡'이 가리키는 하위 블록에는 '이재룡'보다 크거나 같은(고객명 >= '이재룡') 레코드가 저장돼 있다는 뜻이다.

루트와 브랜치 블록에는 키값을 갖지 않는 특별한 레코드가 하나 있다. 가장 왼쪽(그림 2-3에서는 위쪽) 첫 번째 레코드다. 이를 'LMC'라고 하며 'Leftmost Child'의 줄임말이다. LMC는 자식 노드 중 가장 왼쪽 끝에 위치한 블록을 가리킨다. LMC가 가리키는 주소로 찾아간 블록에는 키값을 가진 첫 번째 레코드(그림 2-3 루트에서 '서', 왼쪽 브랜치에서 '강덕승', 오른쪽 브랜치에서 '송재훈')보다 작거나 같은 레코드가 저장돼 있다.

리프 블록에 저장된 각 레코드는 키값 순으로 정렬돼 있을 뿐만 아니라 테이블 레코드를 가리키는 주소값, 즉 ROWID를 갖는다. 인덱스 키값이 같으면 ROWID 순으로 정렬된다. 인덱스를 스캔하는 이유는, 검색 조건을 만족하는 소량의 데이터를 빨리 찾고 거기서 ROWID를 얻기 위해서다. ROWID는 아래와 같이 데이터 블록 주소(DBA, Data Block Address)와 로우 번호로 구성되므로 이 값을 알면 테이블 레코드를 찾아갈 수 있다.

- ROWID = 데이터 블록 주소 + 로우 번호
- 데이터 블록 주소 = 데이터 파일 번호 + 블록 번호
- 블록 번호 : 데이터파일 내에서 부여한 상대적 순번
- 로우 번호 : 블록 내 순번

인덱스 탐색 과정은 수직적 탐색과 수평적 탐색으로 나눌 수 있다.

- 수직적 탐색 : 인덱스 스캔 시작지점을 찾는 과정
- 수평적 탐색 : 데이터를 찾는 과정

인덱스 탐색 과정을 알고 나면 인덱스 구조를 더 잘 이해할 수 있다. 수직적 탐색부터 살펴보자.

2.1.3 인덱스 수직적 탐색

정렬된 인덱스 레코드 중 조건을 만족하는 첫 번째 레코드를 찾는 과정이다. 즉, 인덱스 스캔 시작지점을 찾는 과정이다.

인덱스 수직적 탐색은 루트(Root) 블록에서부터 시작한다. 루트를 포함해 브랜치(Branch) 블록에 저장된 각 인덱스 레코드는 하위 블록에 대한 주소값을 갖는다. 루트에서 시작해 리프(Leaf) 블록까지 수직적 탐색이 가능한 이유다.

수직적 탐색 과정에 찾고자 하는 값보다 크거나 같은 값을 만나면, 바로 직전 레코드가 가리키는 하위 블록으로 이동한다. 예를 들어, 그림 2-3에서 '이재희'를 찾아보자. 루트 블록에는 '이재희'보다 크거나 같은 값이 없다. 그럴 때는 맨 마지막 '서' 레코드가 가리키는 하위 블록으로 이동하면 된다. 브랜치 블록에서는 '이재희'보다 큰 레코드 '정재우'를 찾았다. 바로 직전 레코드('이재룡')가 가리키는 하위 블록으로 이동하면 된다. 이제 리프 블록에 도달했고 거기서 조건을 만족하는(고객명 = '이재희') 첫 번째 레코드를 찾았다.

이번에는 '강덕승'을 찾아보자. 루트 블록에 '강덕승'보다 큰 값('서')이 있으므로 바로 직전 레코드(LMC)가 가리키는 하위 블록으로 이동한다. 이동한 브랜치 블록에는 찾고자 하는 값과 정확히 일치하는 레코드가 있다. 그렇다고 그 레코드가 가리키는 하위 블록으로 이동하면 안 된다. 바로 직전 레코드(LMC)가 가리키는 하위 블록으로 이동해야 첫 번째 리프 블록 맨 마지막에 저장된 '강덕승' 레코드를 빠뜨리지 않는다. 수직적 탐색은 '조건을 만족하는 레코드'를 찾는 과정이 아니라 '조건을 만족하는 첫 번째 레코드'를 찾는 과정임을 반드시 기억하자.

인덱스를 수직적으로 탐색할 때, 루트를 포함한 브랜치 블록은 등산 푯말(그림 2-4)과 같은 역할을 한다. '조건을 만족하는 첫 번째 레코드'가 목표 지점이다. 푯말을 만날 때마다 어느 쪽으로 가면 목표 레코드를 만날 수 있는지 확인하면서 이동한다. 푯말이 알려주는 대로 따라가다 보면 '조건을 만족하는 첫 번째 레코드'를 만날 수 있다.

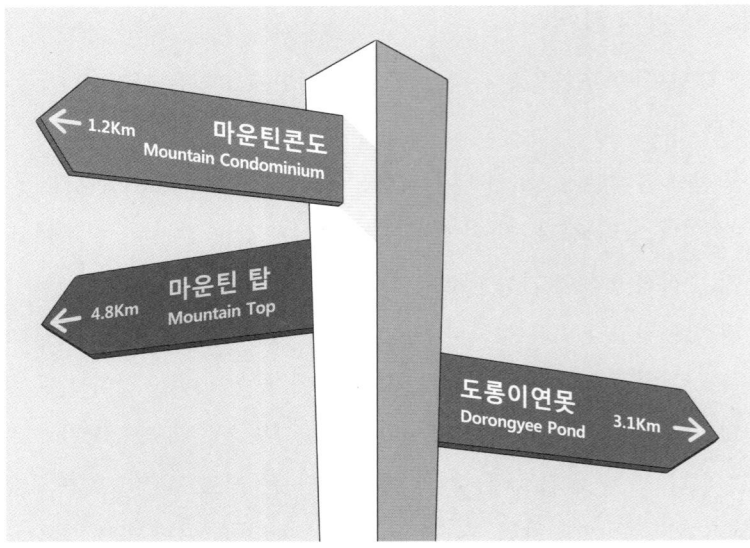

[그림 2 – 4]

2.1.4 인덱스 수평적 탐색

수직적 탐색을 통해 스캔 시작점을 찾았으면, 찾고자 하는 데이터가 더 안 나타날 때까지 인덱스 리프 블록을 수평적으로 스캔한다. 인덱스에서 본격적으로 데이터를 찾는 과정이다. 인덱스 리프 블록끼리는 서로 앞뒤 블록에 대한 주소값을 갖는다. 즉, 양방향 연결 리스트(double linked list) 구조다. 좌에서 우로, 또는 우에서 좌로 수평적 탐색이 가능한 이유다.

인덱스를 수평적으로 탐색하는 이유는 첫째, 조건절을 만족하는 데이터를 모두 찾기 위해서고 둘째, ROWID를 얻기 위해서다. 필요한 컬럼을 인덱스가 모두 갖고 있어 인덱스만 스캔하고 끝나는 경우도 있지만, 일반적으로 인덱스를 스캔하고서 테이블도 액세스한다. 이때 ROWID가 필요하다.

2.1.5 결합 인덱스 구조와 탐색

두 개 이상 컬럼을 결합해서 인덱스를 만들 수도 있다. 고객 테이블에 성별과 고객명 기준으로 만든 인덱스 구조는 그림 2-5와 같다.

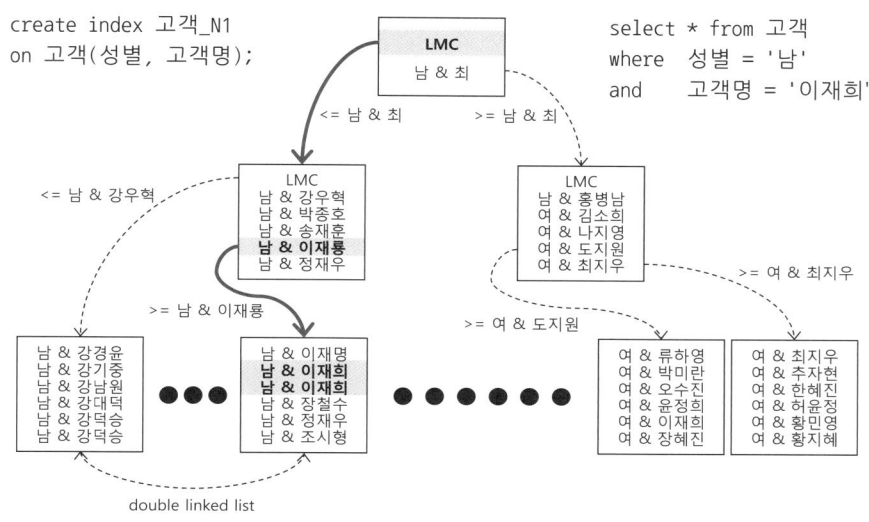

[그림 2-5]

그림 2-5 인덱스에서 남자 '이재희' 고객을 찾아보자. 루트 블록을 스캔하다 보면 찾고자 하는 값보다 큰 첫 번째 레코드를 만나게 된다. 성별이 '남'이면서 '최'씨 성을 가진 레코드('남' & '최')다. 그 레코드가 가리키는 하위 블록으로 내려가면 첫 번째 남자 '이재희' 고객을 만날 수 없으므로 바로 직전 LMC 레코드가 가리키는 하위 블록, 즉 왼쪽 브랜치 블록으로 이동한다. 왼쪽 브랜치 블록을 스캔하다 보면 찾고자 하는 값보다 큰 첫 번째 레코드를 만나게 된다. 성별이 '남'이면서 '정재우'로 시작하는 이름을 가진 레코드('남' & '정재우')다. 역시 이 레코드가 가리키는 하위 블록으로 내려가면 첫 번째 남자 '이재희' 고객을 만날 수 없으므로 바로 직전 레코드('남' & '이재룡')가 가리키는 하위 블록으로 이동한다.

이제 리프 블록에 도달했고, 거기서부터 남자 '이재희' 고객을 찾으면 된다. 리프 블록은 인덱스 키값 순으로 정렬돼 있으므로 스캔하다가 '남' & '이재희'보다 큰 값을 만나면 거기서 멈춘다.

수직적 탐색을 거쳐서 찾은 인덱스 스캔 시작점이 성별 = '남'인 첫 번째 레코드가 아니라, 성별 = '남'이면서 고객명 = '이재희'인 레코드라는 사실을 반드시 기억하기 바란다. 3장 3절 (3.3) '인덱스 스캔 효율화' 튜닝에서 더 자세히 설명하겠지만, 인덱스 스캔 시작점 찾는 원리는 알고 있어야 2절(2.2)과 3절(2.3)에서 설명하는 인덱스 기본 사용법과 확장기능 사용법을 정확히 이해할 수 있다.

인덱스 컬럼 순서를 바꿔보자. 그림 2-6은 고객명과 성별 순으로 구성한 인덱스를 도식화한 것이다. 인덱스를 스캔하는 방법은 똑같다. 같은 설명을 반복하지 않을 테니 남자 '이재희' 고객을 직접 찾아보기 바란다.

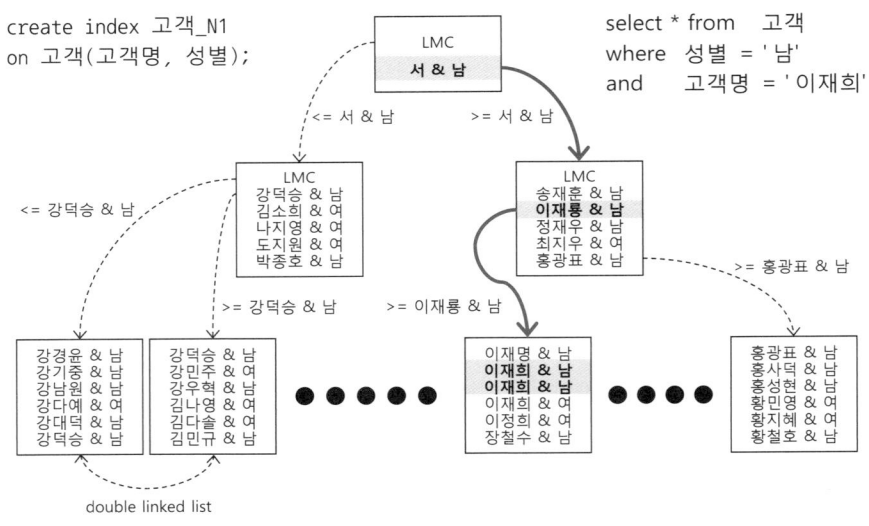

[그림 2-6]

주목할 것은, 인덱스를 「고객명 + 성별」로 구성하든, 「성별 + 고객명」으로 구성하든 읽는 인덱스 블록 개수가 똑같다는 사실이다. 인덱스 선두 컬럼을 모두 "=" 조건으로 검색할 때는 어느 컬럼을 인덱스 앞쪽에 두든 블록 I/O 개수가 같으므로 성능도 똑같다.

지금 인터넷에 접속할 수 있는 상황이라면, 키워드로 '인덱스 성별 여자 이름 유관순'을 입력하고 검색해 보기 바란다. 아래와 같이 설명한 글이 수없이 쏟아질 것이다.

제목 : 결합인덱스 생성 시 컬럼 배치 순서

```
select  이름, 성별
from    사원
where   성별 = '여자'
and     이름 = '유관순'
```

1. 인덱스를 「성별 + 이름」 순으로 구성한 경우

총 사원 50명 중에서 성별 = '여자'인 레코드 25건을 찾고, 거기서 이름을 검사해 최종적으로 2명 출력 → 25번의 검사

2. 인덱스를 「이름 + 성별」 순으로 구성한 경우

총 사원 50명 중에서 이름 = '유관순'인 레코드 2건을 찾고, 거기서 성별을 검사해 최종적으로 2명 출력 → 2번의 검사

여기서 알 수 있듯, 선택도가 낮은 '이름' 컬럼을 앞쪽에 두고 결합인덱스를 생성해야 검사 횟수를 줄일 수 있어 성능에 유리하다.

이 글에서 '검사'란 비교 연산을 의미하는 듯하다. 누가 언제 어디서 이렇게 설명하기 시작했는지 모르겠지만, 이런 글이 인터넷을 통해 전파되면서 많은 분이 인덱스 탐색 과정을 이런 식으로 이해하게 되었다. 인덱스를 이렇게 설명하는 분들은(물론 Copy & Paste 했겠지만) 인덱스 탐색과정을 마치 엑셀(Excel)의 데이터 필터 기능처럼 이해하는 듯하다.

성별	이름
여자	김연아
여자	손연재
여자	유관순
여자	유관순
여자	장희빈
여자	황진이

[그림 2-7]

그림 2-7은 엑셀에서 성별 필드로 '여자'를 필터링한 상태다. 거기서 이름 필드로 '유관순'을 필터링하면 최종적으로 두 개 레코드가 남는다. DBMS가 이런 식으로 인덱스를 탐색하고 필터링한다면, 「성별 + 이름」보다 「이름 + 성별」 순으로 구성해야 비교연산 횟수를 줄일 수 있다는 설명은 옳다.

하지만, DBMS가 사용하는 B*Tree 인덱스는 엑셀처럼 평면 구조가 아니다. 다단계 구조다. 루트에서 브랜치를 거쳐 리프 블록까지 탐색하면서 '여자'이면서 '유관순'인 첫 번째 사원을 바로 찾아간다. 거기서부터 두 건을 스캔한다. 정확히 말하면, 유관순이 아닌 레코드(그림 2-7에서 장희빈)를 만날 때까지 세 건을 스캔한다. 인덱스를 「이름 + 성별」 순으로 구성해도 마찬가지다. 따라서 어느 컬럼을 앞에 두든 일량에는 차이가 없다.

인덱스 구성에 따라 성능에 차이가 나는 것은 맞지만, 그 이유를 위 인터넷 글처럼 설명해선 곤란하다. 효과적인 인덱스 구성 전략에 대해서는 3장에서 자세히 설명하겠다.

'Balanced'의 의미

delete 작업 때문에 인덱스가 불균형(Unbalanced) 상태에 놓일 수 있다고 설명한 자료들을 볼 수 있다. 그림 2-8처럼 다른 리프 노드에 비해 루트 블록과의 거리가 더 멀거나 가까운 리프 노드가 생길 수 있다는 설명인데, B*Tree 인덱스에서 이런 현상은 절대 발생하지 않는다. B*Tree 인덱스의 'B'가 'Balanced'의 약자임을 기억하기 바란다.

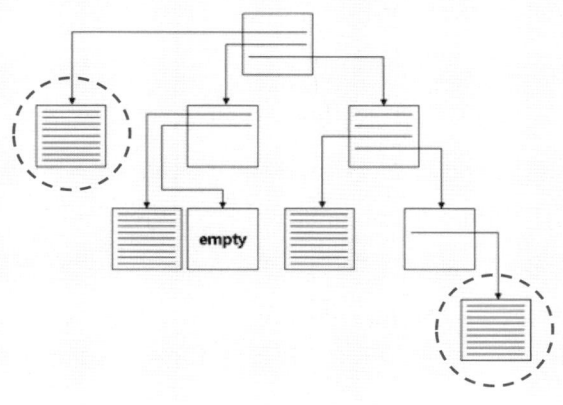

[그림 2-8]

'Balanced'는 어떤 값으로 탐색하더라도 인덱스 루트에서 리프 블록에 도달하기까지 읽는 블록 수가 같음을 의미한다. 즉, 루트로부터 모든 리프 블록까지의 높이(height)는 항상 같다.

2.2 인덱스 기본 사용법

초보 운전자가 자동차를 구매하면, 우선 기본 사용법을 익히고, 조금 익숙해지면 매뉴얼을 통해 숨은 기능도 익힌다. 빨리 자유롭게 도로를 질주하고, 꼬불꼬불 산길에서 능숙하게 코너링도 하고 싶겠지만, 자동차 조작법부터 익히는 게 순서다.

이 책을 읽는 독자도 빨리 튜닝을 배워서 SQL 실행계획을 자유자재로 제어하고 싶겠지만, 아직은 때가 아니다. 본격적인 튜닝은 3장에서 시작한다. 그에 앞서 본 절에서 인덱스 기본 사용법을 학습하고, 다음 절에서는 인덱스 확장기능 사용법을 학습한다.

인덱스 기본 사용법은 인덱스를 Range Scan 하는 방법을 의미한다. 인덱스를 Range Scan 할 수 없게 되는 이유를 알고 나면, 인덱스를 Range Scan 하는 방법도 자연스럽게 터득한다. 인덱스 확장기능은 Index Range Scan 이외의 다양한 스캔 방식을 말한다.

2.2.1 인덱스를 사용한다는 것

그림 2-9 색인(찾아보기)에서 '글로벌 인덱스'를 찾아보자.

찾아보기

ㄱ

결합 선택도 387, 429
결합 인덱스 21, 27, 44, 180, 191, 195
결합 파티셔닝 629, 631, 633~636
공통 표현식 제거 464, 535
군집성 계수 67
규칙기반 옵티마이저(RBO) 138, 362~364, 368, 371, 373, 379, 554, 556
글로벌 비파티션 인덱스 658
글로벌 인덱스 658
글로벌 파티션 인덱스 657~662, 665~668, 671, 674, 676
글로벌 해시 파티션 인덱스 661
글로벌 Prefixed 파티션 인덱스 662~663, 665, 667, 671

ㄴ

논리적 최적화 463~464
높이균형 히스토그램 386, 409, 416, 420~429

ㄷ

다중 컬럼 통계 431~432
다중 테이블 인덱스 클러스터 119
다중 테이블 해시 클러스터 126
다중 테이블 Insert 300~301
단순 뷰 Merging 491, 496
단일 테이블 인덱스 클러스터 119
단일 테이블 해시 클러스터 126
데이터 재분배 688~690, 698~699, 709
도수분포 히스토그램 409, 416~420, 426~427
동적 샘플링 365, 381, 384~385, 387, 430
동적 실시간 최적화 367, 391
동적 (파티션) Pruning 450, 639~641, 645~646

[그림 2-9]

찾았는가? 그렇다면, 이번에는 '글로벌'로 시작하는 단어를 찾아보자. 이번에도 쉽게 찾았을 것이다.

어떤 알고리즘이라고 해야 할지 모르겠지만, 아마 순간적인 눈 동작으로 우리가 찾는 단어가 위치한 시작지점으로 바로 찾아갔을 것이다. 그 과정이 수직적 탐색에 해당한다. 물론, 맨 앞에 있는 '결합 선택도'부터 순서대로 스캔하는 알고리즘(?)을 사용한 독자도 있을 법하다. 어떤 알고리즘을 사용했건, 그런 알고리즘이 작동할 수 있는 이유는 색인이 가나다 순으로 정렬돼 있기 때문이다. 즉, 우리가 찾고자 하는 단어들이 서로 모여있기 때문이다. 스캔하다가 조건을 만족하지 않는 단어를 만나는 순간 멈출 수 있는 이유도 같다.

이번에는 '인덱스'를 포함하는 단어를 찾아보자. 4~6번째 문자가 '테이블'인 단어도 찾아보자. 앞에서 본 두 가지 경우와 어떤 차이가 있는가?

시작점을 찾을 수 없다는 점이 다르다. 색인이 정렬돼 있더라도 가공한 값이나 중간값(중간에 포함된 값)으로는 스캔 시작점을 찾을 수 없다. 스캔하다가 중간에 멈출 수도 없다. 찾고자 하는 단어들이 흩어져 있기 때문이다.

그렇다고 색인을 아예 사용할 수 없는 것은 아니다. 시작점을 찾을 수 없고 멈출 수 없을 뿐이다. 즉, 가공한 값이나 중간값(중간에 포함된 값)을 찾을 때도 색인을 사용할 수 있지만, 색인 전체를 스캔해야 한다.

데이터베이스 세계에서도 마찬가지다. 인덱스 컬럼(정확히 말하면, 선두 컬럼)을 가공하지 않아야 인덱스를 정상적으로 사용할 수 있다. '인덱스를 정상적으로 사용한다'는 표현은 리프 블록에서 스캔 시작점을 찾아 거기서부터 스캔하다가 중간에 멈추는 것을 의미한다. 즉 리프 블록 일부만 스캔하는 Index Range Scan을 의미한다.

인덱스 컬럼을 가공해도 인덱스를 사용할 수는 있지만, 스캔 시작점을 찾을 수 없고 멈출 수도 없어 리프 블록 전체를 스캔해야만 한다. 즉, 일부가 아닌 전체를 스캔하는 Index Full Scan 방식으로 작동한다.

2.2.2 인덱스를 Range Scan 할 수 없는 이유

"인덱스 컬럼을 가공하면 인덱스를 정상적으로 사용(Range Scan)할 수 없다."

모든 SQL 튜닝 책이 공통으로 다루는 내용이다. 기본 중에서도 기본에 해당한다. 튜닝을 공부한 이들 중 이 사실을 모르는 사람은 아무도 없다. 그런데 그 이유를 설명해 보라면 다들 머뭇거린다. 한참 고민해 보고도 설명을 잘 못한다.

앞절에서 인덱스 탐색을 수직적 탐색과 수평적 탐색으로 나눠서 설명했다. 인덱스 탐색 과정을 이렇게 둘로 나눠서 설명하는 것은 매우 중요하다. 그래야 인덱스를 Range Scan 할 수 없는 이유를 명확히 설명할 수 있기 때문이다.

인덱스 컬럼을 가공했을 때 인덱스를 정상적으로 사용할 수 없는 이유는 <u>인덱스 스캔 시작점을 찾을 수 없기</u> 때문이다. Index Range Scan에서 'Range'는 범위를 의미한다. 즉, Index Range Scan은 인덱스에서 일정 범위를 스캔한다는 뜻이다. 일정 범위를 스캔하려면 '시작지점'과 '끝지점'이 있어야 한다.

예를 들어 보자. 어느 초등학교에서 1학년부터 6학년까지 전교생을 생년월일 순으로 학교 운동장에 줄 세웠다. 여기서 2007년 1월에 태어난 학생을 찾으려면, 우선 2007년 1월 1일 이후에 태어난 첫 번째 학생을 찾는다. 거기서부터 순서대로 스캔하다가 2007년 2월 1일 이후에 태어난 첫 번째 학생을 만나는 순간 멈추면 된다.

그림 2-10에서 보듯, 분명한 스캔 시작지점과 종료지점이 있다. 2007년 1월 1일 이후에 태어난 첫 번째 학생을 찾는 과정이 인덱스로 말하면 수직적 탐색에 해당한다.

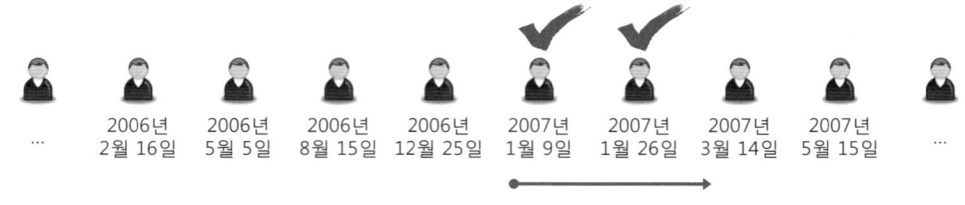

[그림 2 - 10]

데이터베이스에서 아래 조건절을 처리할 때도 똑같은 과정을 거친다.

where 생년월일 between '20070101' and '20070131'

이번에는 년도와 상관없이 5월에 태어난 학생을 찾아보자. 스캔 시작점은 어디일까? 스캔하다가 어디서 멈춰야 할까?

[그림 2 – 11]

스캔 시작지점과 종료지점을 알 수 없다. 그림 2-11에서 알 수 있듯, 전교생을 다 스캔해야만 한다.

데이터베이스에서 아래 조건절을 처리할 때도 같은 문제에 직면한다. 인덱스에는 가공되지 않은 값이 저장돼 있는데, 가공된 값을 기준으로 검색하려면 어디서 스캔을 시작해야 할까? 스캔 시작점을 찾을 수 없다. 스캔 끝지점도 찾을 수 없다. 어디서 스캔을 멈춰야 할지 모른다.

where substr(생년월일, 5, 2) = '05'

아래 조건절도 마찬가지다. 가공하지 않은 주문수량으로 인덱스를 만들었는데, '값이 NULL이면 0으로 치환한 값' 기준으로 100보다 작은 레코드를 찾아달라고 쿼리를 작성하면 인덱스 스캔 시작지점을 찾을 수가 없다. 그래서 인덱스를 정상적으로 사용할 수 없다. 즉, 인덱스를 Range Scan 할 수 없다.

where nvl(주문수량, 0) < 100

아래와 같이 LIKE로 중간 값을 검색할 때도 마찬가지다. '대한'으로 시작하는 값은 특정 구간에 모여 있으므로 Range Scan이 가능하지만, '대한'을 포함하는 값은 전체 구간에 걸쳐 흩어져 있어 Range Scan이 불가능하다.

```
where 업체명 like '%대한%'
```

OR 조건으로 검색하는 경우를 보자. 아래와 같이 OR 조건으로 검색할 때, 수직적 탐색을 통해 전화번호가 '01012345678'이거나 고객명이 '홍길동'인 어느 한 시작지점을 바로 찾을 수 없다. 따라서 인덱스를 어떤 방식으로 구성해도 Range Scan 할 수 없다.

```
where (전화번호 = :tel_no OR 고객명 = :cust_nm)
```

OR Expansion

아래와 같이 쿼리하면 고객명, 전화번호 인덱스 각각에 대해 Index Range Scan이 가능하다.

```
select *
from   고객
where  고객명 = :cust_nm     -- 고객명이 선두 컬럼인 인덱스 Range Scan
union all
select *
from   고객
where  전화번호 = :tel_no    -- 전화번호가 선두 컬럼인 인덱스 Range Scan
and    (고객명 <> :cust_nm or 고객명 is null)
```

OR 조건식을 SQL 옵티마이저가 위와 같은 형태로 변환할 수 있는데, 이를 'OR Expansion'이라고 한다. 아래는 use_concat 힌트를 이용해 OR Expansion을 유도했을 때의 실행계획이다. Index Range Scan이 작동했음을 확인하기 바란다.

```
select /*+ use_concat */ * from 고객
where (전화번호 = :tel_no OR 고객명 = :cust_nm)

Execution Plan
-----------------------------------------------------------
    0      SELECT STATEMENT Optimizer=ALL_ROWS (Cost=4 Card=2 Bytes=78)
    1   0    CONCATENATION
    2   1      TABLE ACCESS (BY INDEX ROWID) OF '고객' (TABLE) (Cost=2 Card=1 … )
    3   2        INDEX (RANGE SCAN) OF '고객_고객명_IDX' (INDEX) (Cost=1 Card=1)
    4   1      TABLE ACCESS (BY INDEX ROWID) OF '고객' (TABLE) (Cost=2 Card=1 … )
    5   4        INDEX (RANGE SCAN) OF '고객_전화번호_IDX' (INDEX) (Cost=1 Card=1)
```

위와 같은 쿼리변환이 일어나지 않는다면, OR 조건식에는 Index Range Scan이 불가능하다.

아래와 같은 IN 조건절은 어떨까? 수직적 탐색을 통해 전화번호가 '01012345678'이거나 '01098765432'인 어느 한 지점을 바로 찾을 수 있을까?

```
where 전화번호 in ( :tel_no1, :tel_no2 )
```

불가능하다. IN 조건은 OR 조건을 표현하는 다른 방식일 뿐이다. 다행히 SQL을 아래와 같이 UNION ALL 방식으로 작성하면, 각 브랜치 별로 인덱스 스캔 시작점을 찾을 수 있다. Range Scan이 가능하다.

```
select *
from   고객
where  전화번호 = :tel_no1
union all
select *
from   고객
where  전화번호 = :tel_no2
```

그래서 IN 조건절에 대해서는 SQL 옵티마이저가 IN-List Iterator 방식을 사용한다. IN-List 개수만큼 Index Range Scan을 반복하는 것이다. 이를 통해 SQL을 UNION ALL 방식

으로 변환한 것과 같은 효과를 얻을 수 있다. 아래 실행계획을 통해 확인하기 바란다.

```
Execution Plan
----------------------------------------------------------
  0      SELECT STATEMENT Optimizer=ALL_ROWS (Cost=2 Card=1 Bytes=39)
  1   0    INLIST ITERATOR
  2   1      TABLE ACCESS (BY INDEX ROWID) OF '고객' (TABLE) (Cost=2 Card=1 … )
  3   2        INDEX (RANGE SCAN) OF '고객_전화번호_IDX' (INDEX) (Cost=1 Card=1)
----------------------------------------------------------

Predicate information (identified by operation id):
----------------------------------------------------------
   3 - access("전화번호"=:TEL_NO1 OR "전화번호"=:TEL_NO2)
----------------------------------------------------------
```

정리해 보자. '인덱스를 정상적으로 사용한다'는 표현은 리프 블록에서 스캔 시작점을 찾아 거기서부터 스캔하다가 중간에 멈추는 것을 의미한다. 아래와 같은 조건절에는 인덱스를 정상적으로 사용할 수 없다. 기본적으로 Index Range Scan이 불가능하다. 단, OR 또는 IN 조건절은 옵티마이저의 쿼리변환 기능을 통해 Index Range Scan으로 처리되기도 한다.

```
where substr(생년월일, 5, 2) = '05'

where nvl(주문수량, 0) < 100

where 업체명 like '%대한%'

where (전화번호 = :tel_no or 고객명 = :cust_nm)

where 전화번호 in ( :tel_no1, :tel_no2 )
```

2.2.3 더 중요한 인덱스 사용 조건

조건절에서 인덱스 컬럼을 가공하면 인덱스를 정상적으로 사용할 수 없다는 사실을 이제 정확히 이해했으리라 믿는다. 많이 알고 있는 내용이기도 하다. 그런데 인덱스를 정상적으로 사용하는 데 있어 더 중요한 선행조건을 모르는 분이 의외로 많다.

인덱스를 그림 2-12처럼 「소속팀 + 사원명 + 연령」 순으로 구성했다.

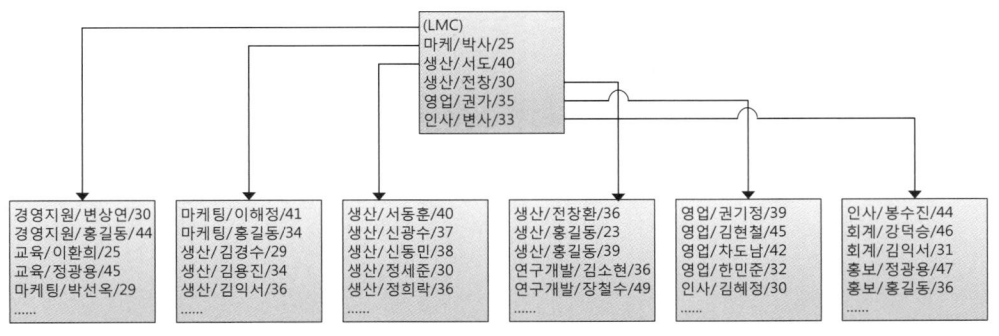

[그림 2 – 12]

아래 조건절에 대해 인덱스를 정상적으로 Range Scan 할 수 있을까?

```
select 사원번호, 소속팀, 연령, 입사일자, 전화번호
from   사원
where  사원명 = '홍길동'
```

인덱스를 「소속팀 + 사원명 + 연령」 순으로 구성한다는 의미를 잘 새겨보자. "데이터를 소속팀 순으로 정렬하고, 소속팀이 같으면 사원명 순으로 정렬하고, 사원명까지 같으면 연령 순으로 정렬한다"는 의미 아니겠는가. 그렇다면 이름이 같은 사원이더라도 소속팀이 다르면 서로 멀리 떨어지게 된다. 예를 들어, 사원명 = '홍길동' 조건을 만족하는 데이터는 그림 2-13에서 보듯 리프 블록 전 구간에 흩어진다.

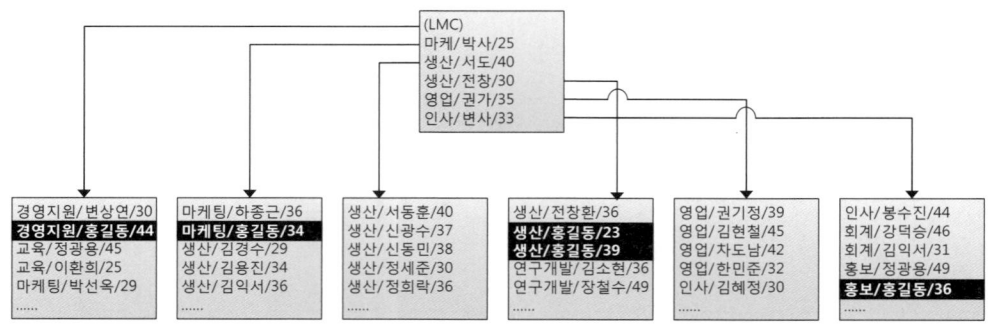

[그림 2 – 13]

이 조건으로 검색하면, 인덱스 스캔 시작점을 찾을 수 없고, 어디서 멈춰야 할지도 알 수 없다. 인덱스 리프 블록을 처음부터 끝까지 모두 스캔해야 한다.

인덱스를 Range Scan 하기 위한 가장 첫 번째 조건은 인덱스 선두 컬럼이 조건절에 있어야 한다는 사실이다. 가공하지 않은 상태로 말이다.

아래와 같은 질문을 받은 적이 있다.

"아래 SQL은 인덱스 컬럼을 가공했는데, 어떻게 인덱스를 Range Scan 할 수 있는가?"

```
TXA1234_IX02 인덱스 : 기준연도 + 과세구분코드 + 보고회차 + 실명확인번호

select * from TXA1234
where  기준연도 = :stdr_year
and    substr(과세구분코드, 1, 4) = :txtn_dcd
and    보고회차 = :rpt_tmrd
and    실명확인번호 = :rnm_cnfm_no

Execution Plan
------------------------------------------------------------
   0      SELECT STATEMENT Optimizer=ALL_ROWS
   1    0   TABLE ACCESS (BY INDEX ROWID) OF 'TXA1234' (TABLE)
   2    1     INDEX (RANGE SCAN) OF ' TXA1234_IX02' (INDEX)
```

다시 말하지만, 인덱스를 Range Scan 하려면 인덱스 선두 컬럼이 가공되지 않은 상태로 조건절에 있어야 한다. 반대로 말해, 인덱스 선두 컬럼이 가공되지 않은 상태로 조건절에 있으면 인덱스 Range Scan은 무조건 가능하다. 위 질문 사례로 말하면, 인덱스 선두 컬럼인 '기준연도'를 조건절에서 가공하지 않았으므로 인덱스 Range Scan이 가능하다. 문제는, 인덱스를 Range Scan 한다고 해서 항상 성능이 좋은 건 아니라는 사실이다.

인덱스 잘 타니까 튜닝 끝?

SQL을 개발하면서 실행계획을 확인하지 않는 개발자가 대다수다. 확인하더라도 인덱스를 타는지, 안 타는지 확인하는 수준에 그친다. 인덱스를 잘 타면 성능도 문제없다고 생각한다. 아래 SQL은 인덱스를 잘 타고 있다. 우리가 흔히 말하는 '인덱스를 탄다'는 표현은 '인덱스를 Range Scan한다'와 같은 의미인 셈이다.

```
Execution Plan
---------------------------------------------------------------
  0       SELECT STATEMENT Optimizer=ALL_ROWS
  1    0    TABLE ACCESS (BY INDEX ROWID) OF '주문상품' (TABLE)
  2    1      INDEX (RANGE SCAN) OF '주문상품_N1' (INDEX)
---------------------------------------------------------------
```

그렇다면 위 실행계획은 인덱스를 잘 타니까 성능에 문제가 없을까? 주문상품_N1 인덱스는 「주문일자 + 상품번호」 순으로 구성됐고, 이 테이블에 쌓이는 데이터량은 하루 평균 100만 건이라고 가정하자.

아래 조건절은 인덱스 선두 컬럼인 주문일자가 조건절에 있고, 가공하지 않은 상태이므로 인덱스를 Range Scan 하는 데 문제가 없다. 스캔 시작점을 찾아 스캔하다가 중간에 멈출 수 있다. 그런 의미에서는 인덱스를 잘 탄다고 할 수 있다. 그런데 인덱스를 정말 잘 타는지는 인덱스 리프 블록에서 스캔하는 양을 따져봐야 알 수 있다.

```
SELECT *
  FROM 주문상품
 WHERE 주문일자 = :ord_dt
   AND 상품번호 LIKE '%PING%' ;

SELECT *
  FROM 주문상품
 WHERE 주문일자 = :ord_dt
   AND SUBSTR(상품번호, 1, 4) = 'PING' ;
```

위 SQL에서 상품번호는 스캔 범위를 줄이는 데 전혀 역할을 하지 못한다. 첫 번째 SQL은 중간 값 검색이기 때문이고, 두 번째 SQL은 컬럼을 가공했기 때문이다. 따라서 위 조건절을 처리할 때 인덱스에서 스캔하는 데이터량은 주문일자 조건을 만족하는 100만 건이다. 이를 두고, 인덱스를 잘 탄다고 말할 수 있을까? 이 문제는 3장 3절(3.3) '인덱스 스캔 효율화'에서 자세히 살펴볼 것이다.

2.2.4 인덱스를 이용한 소트 연산 생략

다시 말하지만, 인덱스를 Range Scan 할 수 있는 이유는 데이터가 정렬돼 있기 때문이다. 찾고자 하는 데이터가 정렬된 상태로 서로 모여있기 때문에 전체가 아닌 일정 부분만 읽다가 멈출 수 있다. 인덱스 컬럼을 가공해도 인덱스를 사용할 순 있지만, 찾고자 하는 데이터가 전체 구간(테이블 전체 레코드 또는 가공하지 않은 인덱스 선두 컬럼에 의해 선택된 전체 레코드)에 흩어져 있기 때문에 Range Scan이 불가능하거나 비효율이 발생한다고 지금까지 설명했다.

그렇다. 테이블과 달리 인덱스는 정렬돼 있다. 우리가 인덱스를 사용하는 이유다. 인덱스가 정렬돼 있기 때문에 Range Scan이 가능하고, 지금부터 설명하고자 하는 소트 연산 생략 효과도 부수적으로 얻게 된다. ('부수적'이라고 표현했지만, 이것이 나중에 설명할 부분범위 처리와 결합했을 때 나타나는 극적인 성능개선 효과를 경험하고 나면 부수적이지 않다고 느낄 수도 있다.)

PK를 그림 2-14처럼 「장비번호 + 변경일자 + 변경순번」 순으로 구성한 상태변경이력 테이블이 있다고 하자.

장비번호	변경일자	변경순번
...	...	...
B	20180505	031583
C	20180316	000001
C	20180316	000002
C	...	...
C	20180316	131576
C	20180316	131577
C	20180428	000001
C	20180428	000002
...	...	...

[그림 2 – 14]

그림에서 보듯 PK 인덱스에서 장비번호, 변경일자가 같은 레코드는 변경순번 순으로 정렬돼 있다. 아래와 같이 장비번호와 변경일자를 모두 '=' 조건으로 검색할 때 PK 인덱스를 사용하면 결과집합은 변경순번 순으로 출력된다.

```
SELECT *
FROM    상태변경이력
WHERE   장비번호 = 'C'
  AND   변경일자 = '20180316'

Execution Plan
-----------------------------------------------------------
0       SELECT STATEMENT Optimizer=ALL_ROWS (Cost=85 Card=81 Bytes=5K)
1    0    TABLE ACCESS (BY INDEX ROWID) OF '상태변경이력' (TABLE) (Cost=85 …)
2    1      INDEX (RANGE SCAN) OF '상태변경이력_PK' (INDEX (UNIQUE)) (Cost=3 …)
```

옵티마이저는 이런 속성을 활용해 아래와 같이 SQL에 ORDER BY가 있어도 정렬 연산을 따로 수행하지 않는다. PK 인덱스를 스캔하면서 출력한 결과집합은 어차피 변경순번 순으로 정렬되기 때문이다. 아래 실행계획에 SORT ORDER BY 연산이 없음을 확인하기 바란다. 위 SQL 실행계획과 100% 같은 방식으로 실행하고 있다.

```
SELECT *
FROM    상태변경이력
WHERE   장비번호 = 'C'
  AND   변경일자 = '20180316'
ORDER BY 변경순번

Execution Plan
-----------------------------------------------------------
0       SELECT STATEMENT Optimizer=ALL_ROWS (Cost=85 Card=81 Bytes=5K)
1    0    TABLE ACCESS (BY INDEX ROWID) OF '상태변경이력' (TABLE) (Cost=85 …)
2    1      INDEX (RANGE SCAN) OF '상태변경이력_PK' (INDEX (UNIQUE)) (Cost=3 …)
```

만약 정렬 연산을 생략할 수 있게 인덱스가 구성돼 있지 않다면, 아래와 같이 SORT ORDER BY 연산 단계가 추가된다.

```
Execution Plan
-----------------------------------------------------------
0       SELECT STATEMENT Optimizer=ALL_ROWS (Cost=86 Card=81 Bytes=5K)
1    0    SORT (ORDER BY) (Cost=86 Card=81 Bytes=5K)
2    1      TABLE ACCESS (BY INDEX ROWID) OF '상태변경이력' (TABLE) (Cost=85 …)
3    2        INDEX (RANGE SCAN) OF '상태변경이력_PK' (INDEX (UNIQUE)) (Cost=3 …)
```

내림차순(Desc) 정렬에도 인덱스를 활용할 수 있다. 인덱스 리프 블록은 양방향 연결 리스트 구조라고 앞서 설명한 내용을 상기하기 바란다. 오름차순(Asc) 정렬일 때는 조건을 만족하는 가장 작은 값을 찾아 좌측으로 수직적 탐색한 후 우측으로 수평적 탐색을 한다. 내림차순 정렬일 때는 조건을 만족하는 가장 큰 값을 찾아 우측으로 수직적 탐색한 후 좌측으로 수평적 탐색을 한다.

아래 SQL은 ORDER BY절에서 내림차순 정렬을 요구하고 있다. 실행계획에 SORT ORDER BY 연산이 없다는 사실과 INDEX RANGE SCAN 단계에 DESCENDING이라고 표시된 부분을 확인하기 바란다.

```
SELECT *
FROM    상태변경이력
WHERE   장비번호 = 'C'
  AND   변경일자 = '20180316'
ORDER BY 변경순번 DESC

Execution Plan
-----------------------------------------------------------
0        SELECT STATEMENT Optimizer=ALL_ROWS (Cost=85 Card=81 Bytes=5K)
1    0     TABLE ACCESS (BY INDEX ROWID) OF '상태변경이력' (TABLE) (Cost=85 … )
2    1       INDEX (RANGE SCAN DESCENDING) OF '상태변경이력_PK' (INDEX (UNIQUE))
```

인덱스로 소트 연산을 생략함으로써 성능을 높이는 구체적인 튜닝 기법은 5장 3절(5.3)에서 자세히 다룬다.

2.2.5 ORDER BY 절에서 컬럼 가공

모든 SQL 튜닝 책이 다루는 명제 "인덱스 컬럼을 가공하면 인덱스를 정상적으로 사용할 수 없다"에서 말하는 '인덱스 컬럼'은 대개 조건절에 사용한 컬럼을 말한다. 그런데 조건절이 아닌 ORDER BY 또는 SELECT-LIST에서 컬럼을 가공함으로 인해 인덱스를 정상적으로 사용할 수 없는 경우도 종종 있다.

앞에서 본 그림 2-14처럼 상태변경이력 PK 인덱스를「장비번호 + 변경일자 + 변경순번」순으로 구성했다면, 아래 SQL도 정렬 연산을 생략할 수 있다. 수직적 탐색을 통해 장비번호가 'C'인 첫 번째 레코드를 찾아 인덱스 리프 블록을 스캔하면, 자동으로「변경일자 + 변경순번」순으로 정렬되기 때문이다.

```
SELECT *
FROM    상태변경이력
WHERE   장비번호 = 'C'
ORDER BY 변경일자, 변경순번
```

그런데 만약 개발자가 SQL을 아래와 같이 작성했다면, 정렬 연산을 생략할 수 있을까? 당연히 생략할 수 없다. 인덱스에는 가공하지 않은 상태로 값을 저장했는데, 가공한 값 기준으로 정렬해 달라고 요청했기 때문이다.

```
SELECT *
FROM    상태변경이력
WHERE   장비번호 = 'C'
ORDER BY 변경일자 || 변경순번
```

거짓말 같지만, 실제 개발 현장을 다녀 보면 이런 SQL을 의외로 자주 보게 된다. 개발자가 SQL을 왜 이렇게 작성하는지도 알고 있지만, 설명이 길어지므로 생략하겠다.

재미있는 튜닝 사례 하나를 소개하겠다. 주문_PK 인덱스는 「주문일자 + 주문번호」 순으로 구성돼 있다. 아래 SQL에 주문_PK 인덱스를 사용하면 선두 컬럼인 주문일자가 '=' 조건이므로 데이터가 주문번호 순으로 출력된다. ORDER BY 절이 있어도 정렬 연산을 생략할 수 있는 상태다. 그런데도 아래 실행계획에 SORT ORDER BY 연산이 나타난 이유는 무엇일까? 답을 확인하기 전에 원인을 분석해 보기 바란다.

```
SELECT *
FROM (
  SELECT TO_CHAR(A.주문번호, 'FM000000') AS 주문번호, A.업체번호, A.주문금액
    FROM 주문 A
   WHERE A.주문일자 = :dt
     AND A.주문번호 > NVL(:next_ord_no, 0)
   ORDER BY 주문번호
)
WHERE ROWNUM <= 30

---------------------------------------------------------------
| Id | Operation                | Name          |
---------------------------------------------------------------
|  0 | SELECT STATEMENT         |               |
|  1 |  COUNT STOPKEY           |               |
|  2 |   VIEW                   |               |
```

```
|   3 |   SORT ORDER BY STOPKEY        |        |
|   4 |    TABLE ACCESS BY INDEX ROWID | 주문   |
|   5 |         INDEX RANGE SCAN       | 주문_PK |
```

원인을 찾았는가? ORDER BY절에 기술한 '주문번호'는 순수한 주문번호가 아니라 TO_CHAR 함수로 가공한 주문번호를 가리키기 때문이다. 참고로, TO_CHAR 함수에 'FM000000' 옵션을 사용하면, 첫 번째 인자에 입력한 숫자 값을 '0'으로 시작하는 여섯 자리 문자 값으로 변환해 준다. 예를 들어, 숫자 1234를 입력하면, 문자 '001234'로 변환해 준다. 원인을 알았으니 해결방법은 간단하다. 아래와 같이 ORDER BY절 주문번호에 A(주문 테이블 Alias)를 붙여주기만 하면 된다. 참고로, 애초에 발견한 SQL의 ORDER BY절에는 '주문번호'가 아니라 '1'이라고 적혀 있었다. '1'은 SELECT-LIST에 나열된 첫 번째 컬럼을 의미한다.

```
SELECT *
FROM (
  SELECT TO_CHAR(A.주문번호, 'FM000000') AS 주문번호, A.업체번호, A.주문금액
    FROM 주문 A
   WHERE A.주문일자 = :dt
     AND A.주문번호 > NVL(:next_ord_no, 0)
   ORDER BY A.주문번호
)
WHERE ROWNUM <= 30
```

```
| Id | Operation                       | Name    |
|  0 | SELECT STATEMENT                |         |
|  1 |  COUNT STOPKEY                  |         |
|  2 |   VIEW                          |         |
|  4 |    TABLE ACCESS BY INDEX ROWID  | 주문    |
|  5 |         INDEX RANGE SCAN        | 주문_PK |
```

2.2.6 SELECT-LIST에서 컬럼 가공

인덱스를 「장비번호 + 변경일자 + 변경순번」 순으로 구성하면, 아래와 같이 변경순번 최소값을 구할 때도 옵티마이저는 정렬 연산을 따로 수행하지 않는다. 수직적 탐색을 통해 조건을 만족하는 가장 왼쪽 지점으로 내려가서 첫 번째 읽는 레코드가 바로 최소값이기 때문이다.

```
SELECT MIN(변경순번)
FROM   상태변경이력
WHERE  장비번호 = 'C'
  AND  변경일자 = '20180316'
```

아래와 같이 변경순번 최대값을 구할 때는 어떨까? 마찬가지로 정렬 연산을 수행하지 않는다. 최소값을 찾아 수직적 탐색할 때 왼쪽으로 내려갔다면, 최대값을 찾을 때는 오른쪽으로 내려가는 점만 다르다. 수직적 탐색을 통해 조건을 만족하는 가장 오른쪽 지점으로 내려가서 첫 번째 읽는 레코드가 바로 최대값이다.

```
SELECT MAX(변경순번)
FROM   상태변경이력
WHERE  장비번호 = 'C'
  AND  변경일자 = '20180316'
```

인덱스를 이용해 이처럼 정렬 연산 없이 최소 또는 최대값을 빠르게 찾을 때 아래와 같은 실행계획이 나타난다. 실행방식은 실행계획에 표현돼 있는 그대로다. 인덱스 리프 블록의 왼쪽(MIN) 또는 오른쪽(MAX)에서 레코드 하나(FIRST ROW)만 읽고 멈춘다.

```
Rows  Row Source Operation
----  -------------------------------------------------
   0  STATEMENT
   1   SORT AGGREGATE (cr=6 pr=0 pw=0 time=81 us)
   1    FIRST ROW (cr=6 pr=0 pw=0 time=59 us)
   1     INDEX RANGE SCAN (MIN/MAX) 상태변경이력_PK (cr=6 pr=0 pw=0 … )
```

그런데 만약 SQL을 아래와 같이 작성하면 어떻게 될까? 정렬 연산을 생략할 수 없다. 인덱스에는 문자열 기준으로 정렬돼 있는데, 이를 숫자값으로 바꾼 값 기준으로 최종 변경순번을 요구했기 때문이다.

```
SELECT NVL(MAX(TO_NUMBER(변경순번)), 0)
FROM    상태변경이력
WHERE   장비번호 = 'C'
  AND   변경일자 = '20180316'

Rows     Row Source Operation
-------  -------------------------------------------------
      0  STATEMENT
      1  SORT AGGREGATE (cr=1670 pr=0 pw=0 time=101326 us)
 131577    INDEX RANGE SCAN 상태변경이력_PK (cr=1670 pr=0 pw=0 … )
```

SQL을 아래와 같이 바꾸면 정렬 연산 없이 최종 변경순번을 쉽게 찾을 수 있다. 물론 이렇게 변환하려면 변경순번 값이 고정너비(그림 2-14에서는 6자리)로 입력돼 있어야 한다. 애초에 변경순번 데이터타입을 숫자형으로 설계했다면 이렇게 튜닝할 일도 안 생긴다.

```
SELECT NVL(TO_NUMBER(MAX(변경순번)), 0)
FROM    상태변경이력
WHERE   장비번호 = 'C'
  AND   변경일자 = '20180316'

Rows   Row Source Operation
-----  -------------------------------------------------
    0  STATEMENT
    1  SORT AGGREGATE (cr=4 pr=0 pw=0 time=81 us)
    1   FIRST ROW (cr=4 pr=0 pw=0 time=59 us)
    1    INDEX RANGE SCAN (MIN/MAX) 상태변경이력_PK (cr=4 pr=0 pw=0 … )
```

또다른 예를 보자. 아래 SQL은 장비구분코드 = 'A001'에 해당하는 장비들의 최종 변경일자를 스칼라 서브쿼리를 이용해 상태변경이력 테이블에서 조회하고 있다. 정렬 연산 없이 MIN/MAX, FIRST ROW 방식으로 실행하고 있음을 실행계획에서 확인할 수 있다.

```
SELECT 장비번호, 장비명, 상태코드
     ,(SELECT MAX(변경일자)
        FROM   상태변경이력
        WHERE  장비번호 = P.장비번호) 최종변경일자
FROM   장비 P
WHERE  장비구분코드 = 'A001'

Rows     Row Source Operation
-------  ----------------------------------------------------------------
     10  SORT AGGREGATE (cr=22 pr=0 pw=0 time=0 us)
     10   FIRST ROW  (cr=22 pr=0 pw=0 time=0 us cost=3 size=12 card=1)
     10    INDEX RANGE SCAN (MIN/MAX) 상태변경이력_PK (cr=22 pr=0 pw=0 time=0 us)
     10  TABLE ACCESS BY INDEX ROWID 장비 (cr=4 pr=0 pw=0 time=0 us)
     10   INDEX RANGE SCAN 장비_N1 (cr=2 pr=0 pw=0 time=153 us)
```

최종 변경일자에 더해 최종 변경순번까지 출력하려면 SQL을 어떻게 작성해야 할까? 아래와 같이 작성할 수 있지만, 상태변경이력 테이블을 여러 번 읽어야 하므로 비효율적이다. PK 컬럼이 더 많아지면 SQL 문도 훨씬 더 복잡해지므로 성능도 나빠진다.

```
SELECT 장비번호, 장비명, 상태코드
     ,(SELECT MAX(변경일자)
        FROM   상태변경이력
        WHERE  장비번호 = P.장비번호) 최종변경일자
     ,(SELECT MAX(변경순번)
        FROM   상태변경이력
        WHERE  장비번호 = P.장비번호
        AND    변경일자 = (SELECT MAX(변경일자)
                           FROM   상태변경이력
                           WHERE  장비번호 = P.장비번호)) 최종변경순번
FROM   장비 P
WHERE  장비구분코드 = 'A001'
```

아래와 같이 작성하면 PK 컬럼이 많아져도 덜 복잡하다. 그래서 이렇게 많이들 코딩한다. 그런데 성능은 어떨까?

```
SELECT 장비번호, 장비명, 상태코드
     , SUBSTR(최종이력, 1, 8) 최종변경일자
     , SUBSTR(최종이력, 9)    최종변경순번
FROM (
```

```
SELECT 장비번호, 장비명, 상태코드
     ,(SELECT MAX(변경일자 || 변경순번)
       FROM   상태변경이력
       WHERE  장비번호 = P.장비번호) 최종이력
FROM   장비 P
WHERE  장비구분코드 = 'A001'
)
```

각 장비당 이력이 많지 않으면 크게 상관없지만, 이력이 많다면 성능에 문제가 될 수 있는 패턴이다. 인덱스 컬럼을 가공했기 때문이다. 각 장비에 속한 과거 이력 데이터를 모두 읽어야 하므로 장비당 이력 레코드가 많다면 바로 직전에 본(상태변경이력 테이블을 여러 번 읽는) 복잡한 SQL보다 성능이 더 안 좋을 수 있다.

아래는 장비당 이력 레코드가 많은 상태에서 수집한 트레이스 결과다. 상태변경이력_PK 인덱스에서 1,825,000개 레코드를 읽으면서 6,380개 블록을 읽었다. 메인쿼리 장비 테이블에서 읽은 데이터가 10건밖에 안 되는데도 말이다.

```
Rows     Row Source Operation
-------  ---------------------------------------------------------------------
     10  SORT AGGREGATE (cr=6380 pr=6488 pw=0 time=0 us)
1825000   INDEX RANGE SCAN 상태변경이력_PK (cr=6380 pr=6488 pw=0 … )
     10  TABLE ACCESS BY INDEX ROWID 장비 (cr=4 pr=16 pw=0 time=0 us)
     10   INDEX RANGE SCAN 장비_N1 (cr=2 pr=8 pw=0 time=90 us)
```

이럴 때 SQL을 어떻게 작성해야 효과적일까? 이에 대한 해법을 설명하려면 Top N 알고리즘을 먼저 설명해야 하므로 5장 3절 4항(5.3.4) '이력 조회'에서 소개한다.

2.2.7 자동 형변환

고객 테이블에 생년월일이 선두 컬럼인 인덱스가 있다고 하자. 아래 SQL은 생년월일 컬럼을 조건절에서 가공하지 않았는데도 옵티마이저는 테이블 전체 스캔을 선택했다. 실행계획 아래쪽 조건절 정보를 보면 그 이유를 쉽게 알 수 있다.

```
SELECT * FROM 고객
 WHERE 생년월일 = 19821225

Execution Plan
-------------------------------------------------------------
 0      SELECT STATEMENT Optimizer=ALL_ROWS (Cost=3 Card=1 Bytes=38)
 1   0    TABLE ACCESS (FULL) OF '고객' (TABLE) (Cost=3 Card=1 Bytes=38)
-------------------------------------------------------------

Predicate information (identified by operation id):
-------------------------------------------------------------
 1 - filter(TO_NUMBER("생년월일")= 19821225)
```

옵티마이저가 SQL을 아래와 같이 변환했고, 결과적으로 인덱스 컬럼이 가공됐기 때문에 인덱스를 Range Scan 할 수 없게 된 것이다.

```
SELECT * FROM 고객
 WHERE  TO_NUMBER(생년월일) = 19821225
```

이는 고객 테이블 생년월일 컬럼이 문자형인데 조건절 비교값을 숫자형으로 표현했기 때문에 나타난 현상이다. 각 조건절에서 양쪽 값의 데이터 타입이 서로 다르면 값을 비교할 수 없다. 그럴 때 타입 체크를 엄격히 함으로써 컴파일 시점에 에러를 내는 DBMS가 있는가 하면, 자동으로 형변환 처리해주는 DBMS도 있다. 오라클은 후자에 속한다.

오라클에서 숫자형과 문자형이 만나면 숫자형이 이긴다. 숫자형 컬럼 기준으로 문자형 컬럼을 변환한다는 뜻이다. 방금 본 사례가 여기에 해당한다.

아래와 같이 날짜형(가입일자)과 문자형('01-JAN-2018')이 만나면 날짜형이 이긴다. 이 경우엔 좌변 컬럼 기준으로 우변을 변환하므로 인덱스 사용에 전혀 문제가 없다.

```
SELECT * FROM 고객
WHERE   가입일자 = '01-JAN-2018';
```

성능에 문제가 없더라도 이렇게 코딩하면 곤란하다. NLS_DATE_FORMAT 파라미터가 다르게 설정된 환경에서 수행하면 컴파일 오류가 나거나 결과집합이 틀려질 수 있다. 아래와 같이 날짜 포맷을 정확히 지정해 주는 코딩 습관이 필요하다.

```
SELECT * FROM 고객
WHERE   가입일자 = TO_DATE('01-JAN-2018','DD-MON-YYYY')
```

숫자형과 문자형이 만나면 숫자형이 이긴다고 했지만, 연산자가 LIKE일 때는 다르다. LIKE 자체가 문자열 비교 연산자이므로 이때는 문자형 기준으로 숫자형 컬럼이 변환된다. 실행계획 아래쪽 조건절 정보를 통해 이를 확인하기 바란다.

```
SELECT * FROM 고객
WHERE   고객번호 LIKE '9410%'

Execution Plan
----------------------------------------------------------
0       SELECT STATEMENT Optimizer=ALL_ROWS (Cost=3 Card=1 Bytes=38)
1   0     TABLE ACCESS (FULL) OF '고객' (TABLE) (Cost=3 Card=1 Bytes=38)
----------------------------------------------------------

Predicate information (identified by operation id):
----------------------------------------------------------
1 - filter(TO_CHAR("고객번호") LIKE '9410%')
----------------------------------------------------------
```

자동 형변환 성능과 관련해 주의할 사항이 있어 소개한다. 인덱스 스캔 효율에 대한 내용이므로 3장 3절(3.3)을 학습하고 나서야 이해할 수 있지만, 자동 형변환과 관련이 있어 여기서 소개한다. 지금 이해가 잘 안 된다면 메모해 두었다가 3장 3절(3.3)을 학습하고 나서 다시 보기 바란다.

LIKE 조건을 옵션 조건 처리 목적으로 사용하는 경우가 종종 있다. 예를 들어 거래 데이터 조회 시 계좌번호는 사용자가 입력할 수도 있고 안 할 수도 있는 옵션 조건인데, 이를 처리하려면 아래와 같이 두 개 SQL이 필요하다.

```
-- SQL1 : 사용자가 계좌번호를 입력할 경우
SELECT * FROM 거래
WHERE  계좌번호 = :acnt_no
AND    거래일자 between :trd_dt1 and :trd_dt2

-- SQL2 : 사용자가 계좌번호를 입력하지 않을 경우
SELECT * FROM 거래
WHERE  거래일자 between :trd_dt1 and :trd_dt2
```

이를 SQL 하나로 처리하기 위해 개발자들이 다양한 방식을 사용하는데, 아래와 같이 LIKE 조건을 사용하는 방식이 그 중 하나다. 조회할 때 사용자가 계좌번호를 입력하지 않으면 :acnt_no 변수에 NULL 값을 입력함으로써 모든 계좌번호가 조회되도록 하는 것이다.

```
SELECT * FROM 거래
WHERE  계좌번호 LIKE :acnt_no || '%'
AND    거래일자 between :trd_dt1 and :trd_dt2
```

이 방식을 사용하면 LIKE, BETWEEN 조건을 같이 사용했으므로 인덱스 스캔 효율이 안 좋아진다. 계좌번호 컬럼이 숫자형일 때 특히 주의가 필요하다. 방금 설명했듯, 숫자형 컬럼을 LIKE 조건으로 검색하면 자동 형변환이 발생해 계좌번호가 아예 인덱스 액세스 조건으로 사용되지 못하기 때문이다.

계좌번호가 형변환되면 「계좌번호 + 거래일자」 순으로 구성된 인덱스를 Range Scan 할 수 없다. 「거래일자 + 계좌번호」 순으로 구성된 인덱스는 Range Scan 할 수 있지만, 인덱스 스캔 효율은 매우 안 좋아진다. 거래일자 조회 범위에 속한 거래 데이터를 모두 읽으면서 계좌번호를 필터링하기 때문이다.

자동 형변환 주의

자동 형변환이 작동하면 편리하다고 생각할 수 있지만, 이 기능 때문에 성능과 애플리케이션

품질에 종종 문제가 생긴다. 성능 측면은 앞서 살펴봤고, 이번엔 애플리케이션 품질 측면을 보자.

예를 들어 아래와 같이 숫자형 컬럼(n_col)과 문자형 컬럼(v_col)을 비교하면 문자형 컬럼이 숫자형으로 변환되는데, 만약 문자형 컬럼에 숫자로 변환할 수 없는 문자열이 입력되면 쿼리 수행 도중 에러가 발생한다.

```
where   n_col = v_col
               *
2행에 오류:
ORA-01722: 수치가 부적합합니다
```

실행 에러가 아니라 결과 오류가 생기는 사례도 있다. 아래와 같이 EMP 테이블에서 직원들 급여 수준을 조회해 보았다.

```
SQL> select round(avg(sal)) avg_sal
  2       , min(sal) min_sal
  3       , max(sal) max_sal
  4       , max(decode(job, 'PRESIDENT', NULL, sal)) max_sal2
  5    from   emp ;

   AVG_SAL    MIN_SAL    MAX_SAL MAX_SAL2
---------- ---------- ---------- ----------
      2073        800       5000      950
```

가장 적게 받는 직원 급여가 800이고, 가장 많이 받는 직원 급여는 5,000이다. 가장 많이 받는 직원은 당연히 'PRESIDENT'일 것으로 예상되므로 이를 제외하고 가장 많이 받는 직원의 급여(max_sal2)도 함께 조회했다. 그런데 그 값이 평균 급여인 2,073에도 못 미치는 950으로 나타났다.

뭔가 이상하다 싶어 아래와 같이 레코드 단위로 조회해 보니 'PRESIDENT'를 제외한 두 명의 'ANALYST' 급여가 3,000으로 가장 높았다.

```
SQL> select empno, ename, job, sal from emp
  2  where  job <> 'PRESIDENT'
  3  order by sal desc;

     EMPNO ENAME      JOB              SAL
---------- ---------- ---------- ----------
      7902 FORD       ANALYST         3000
      7788 SCOTT      ANALYST         3000
      7566 JONES      MANAGER         2975
       ... ...        ...             ...
```

앞선 집계 쿼리에서 왜 엉뚱한 값이 나온 것일까? 오라클이 decode 함수를 처리할 때 내부에서 사용하는 자동 형변환 규칙 때문이다.

decode(a, b, c, d)를 처리할 때 'a = b'이면 c를 반환하고, 아니면 d를 반환한다. 이때 반환 값의 데이터 타입은 세 번째 인자 c에 의해 결정된다. 따라서 c가 문자형이고 d가 숫자형이면, d는 문자형으로 변환된다. decode 함수가 가진 또 하나의 내부 규칙은 세 번째 인자(c)가 null 값이면 varchar2로 취급한다는 사실이다.

이제 앞선 쿼리 결과가 잘못된 원인을 이해하겠는가? 세 번째 인자가 null 값이므로 네 번째 인자 sal을 문자열로 변환하고, 문자열 기준으로 가장 큰 값(950)을 출력한 것이다. 아래와 같이 데이터 타입을 명시적으로 일치시켜 주면 위와 같은 오류를 피할 수 있다. to_number(null) 대신 0을 써도 된다.

```
SQL> select round(avg(sal)) avg_sal
  2       , min(sal) min_sal
  3       , max(sal) max_sal
  4       , max(decode(job, 'PRESIDENT', to_number(NULL), sal)) max_sal2
  5  from    emp ;

   AVG_SAL    MIN_SAL    MAX_SAL   MAX_SAL2
---------- ---------- ---------- ----------
      2073        800       5000       3000
```

자동 형변환에 대한 결론은 명확하다. 이 기능에 의존하지 말고, 인덱스 컬럼 기준으로 반대편 컬럼 또는 값을 정확히 형변환해 주어야 한다.

SQL 성능 원리를 잘 모르는 개발자는 TO_CHAR, TO_DATE, TO_NUMBER 같은 형변환 함수를 의도적으로 생략하곤 한다. 이들 함수를 생략하면 연산횟수가 줄어 성능이 더 좋지 않을까라고 생각하기 때문이다. SQL 성능은 그런 데서 결정되는 게 아니라 블록 I/O를 줄일 수 있느냐 없느냐에서 결정된다. 형변환 함수를 생략한다고 연산 횟수가 주는 것도 아니다. 앞서 확인했듯, 개발자가 형변환 함수를 생략해도 옵티마이저가 자동으로 생성한다.

2.3 인덱스 확장기능 사용법

지금까지 Index Range Scan 중심으로 인덱스 기본 사용법을 살펴봤다. 인덱스 스캔 방식은 그 외에도 여러 가지가 있다. Index Full Scan, Index Unique Scan, Index Skip Scan, Index Fast Full Scan 등이 그것이다. 각 스캔 방식의 주요 특징을 비교 설명하기 위해 Index Range Scan의 특징부터 다시 정리해 보자.

2.3.1 Index Range Scan

Index Range Scan은 B*Tree 인덱스의 가장 일반적이고 정상적인 형태의 액세스 방식이다. 그림 2-15처럼 인덱스 루트에서 리프 블록까지 수직적으로 탐색한 후에 '필요한 범위(Range)만' 스캔한다.

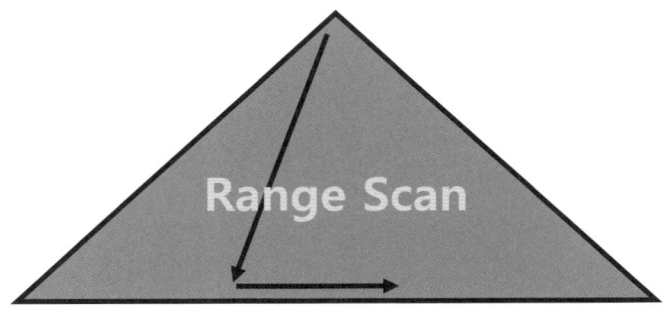

[그림 2 – 15]

실행계획은 아래와 같다.

```
SQL> set autotrace traceonly exp

SQL> select * from emp where deptno = 20;

Execution Plan
---------------------------------------------------
0      SELECT STATEMENT Optimizer=ALL_ROWS
1   0    TABLE ACCESS (BY INDEX ROWID) OF 'EMP' (TABLE)
2   1      INDEX (RANGE SCAN) OF 'EMP_DEPTNO_IDX' (INDEX)
```

앞서도 강조했지만, 인덱스를 Range Scan 하려면 선두 컬럼을 가공하지 않은 상태로 조건절에 사용해야 한다. 반대로, 선두 컬럼을 가공하지 않은 상태로 조건절에 사용하면 Index Range Scan은 무조건 가능하다. 실행계획을 보고 '인덱스 잘 타니까 성능도 OK'라고 생각하면 안 되는 이유가 바로 여기에 있다. 성능은 인덱스 스캔 범위, 테이블 액세스 횟수를 얼마나 줄일 수 있느냐로 결정된다.

2.3.2 Index Full Scan

Index Full Scan은 그림 2-16처럼 수직적 탐색없이 인덱스 리프 블록을 처음부터 끝까지 수평적으로 탐색하는 방식이다.

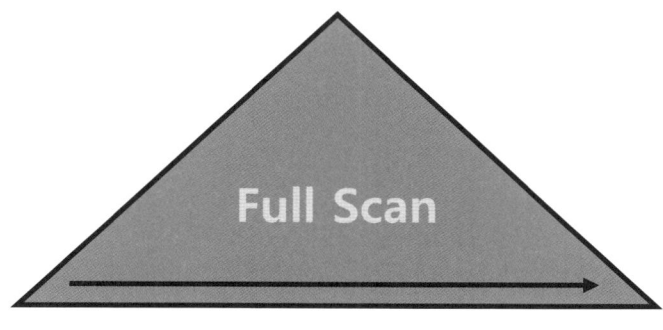

[그림 2 – 16]

실행계획은 아래와 같다.

```
SQL> create index emp_ename_sal_idx on emp (ename, sal);

SQL> set autotrace traceonly exp

SQL> select * from emp
  2  where sal > 2000
  3  order by ename;

Execution Plan
----------------------------------------------------------
0       SELECT STATEMENT Optimizer=ALL_ROWS
1   0     TABLE ACCESS (BY INDEX ROWID) OF 'EMP' (TABLE)
2   1       INDEX (FULL SCAN) OF 'EMP_ENAME_SAL_IDX' (INDEX)
```

Index Full Scan은 대개 데이터 검색을 위한 최적의 인덱스가 없을 때 차선으로 선택된다. 위 SQL에서 인덱스 선두 컬럼인 ENAME이 조건절에 없으므로 Index Range Scan은 불가능하다. 뒤쪽이긴 하지만 SAL 컬럼이 인덱스에 있으므로 Index Full Scan을 통해 SAL이 2000보다 큰 레코드를 찾을 수 있다.

Index Full Scan의 효용성

위 SQL처럼 인덱스 선두 컬럼(ENAME)이 조건절에 없으면 옵티마이저는 먼저 Table Full Scan을 고려한다. 그런데 대용량 테이블이어서 Table Full Scan에 따른 부담이 크다면, 옵티마이저는 인덱스 활용을 다시 고려하지 않을 수 없다.

데이터 저장공간은 '가로×세로' 즉, '컬럼 길이×레코드 수'에 의해 결정되므로 인덱스가 차지하는 면적은 테이블보다 훨씬 적다. 인덱스를 Range Scan 할 수 없을 때, 테이블 전체를 스캔하기보다 인덱스 전체를 스캔하면 어떨까? 만약 인덱스 스캔 단계에서 대부분 레코드를 필터링하고 아주 일부만 테이블을 액세스하는 상황이라면, 면적이 큰 테이블보다 인덱스를 스캔하는 쪽이 유리하다.

그럴 때 옵티마이저는 Index Full Scan 방식을 선택한다. 아래는 Index Full Scan이 효과를 발휘하는 전형적인 케이스다.

```
SQL> create index emp_ename_sal_idx on emp (ename, sal);

SQL> select *
  2  from    emp
  3  where   sal > 9000
  4  order by ename;

Execution Plan
---------------------------------------------------
0      SELECT STATEMENT Optimizer=ALL_ROWS
1   0    TABLE ACCESS (BY INDEX ROWID) OF 'EMP' (TABLE)
2   1      INDEX (FULL SCAN) OF 'EMP_ENAME_SAL_IDX' (INDEX)
```

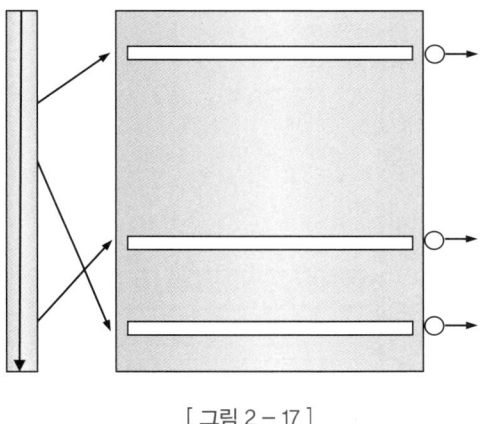

[그림 2 – 17]

SAL > 9000인 사원이 그림 2-17처럼 전체 중 극히 일부라면 Table Full Scan보다는 Index Full Scan을 통한 필터링이 효과적이다.

하지만 이 방식은 적절한 인덱스가 없어 Index Range Scan의 차선책으로 선택한 것이다. 수행빈도가 낮은 SQL이면 상관 없지만, 그렇지 않다면 SAL 컬럼이 선두인 인덱스를 생성해 주는 것이 좋다.

인덱스를 이용한 소트 연산 생략

인덱스를 Full Scan하면 Range Scan과 마찬가지로 결과집합이 인덱스 컬럼 순으로 정렬된다. 따라서 Sort Order By 연산을 생략할 목적으로 사용할 수도 있다. 이때는 차선책이 아니라 옵티마이저가 전략적으로 선택한 경우에 해당한다.

SAL 조건절을 아래와 같이 바꿔보자. 앞에서는 SAL > 9000인 사원을 찾았는데, 지금은 SAL > 1000인 사원을 찾고 있다.

```
SQL> select /*+ first_rows */ *
  2  from    emp
  3  where   sal > 1000
  4  order by ename;

Execution Plan
------------------------------------------------
0     SELECT STATEMENT Optimizer=HINT: FIRST_ROWS
1  0    TABLE ACCESS (BY INDEX ROWID) OF 'EMP' (TABLE)
2  1      INDEX (FULL SCAN) OF 'EMP_ENAME_SAL_IDX' (INDEX)
```

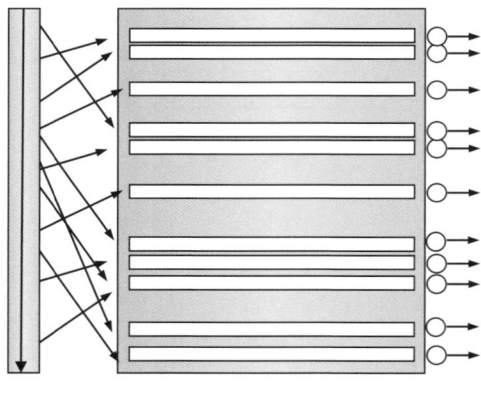

[그림 2 - 18]

대부분 사원이 SAL > 1000 조건을 만족하는 상황에서 Index Full Scan을 선택하면, 그림 2-18처럼 거의 모든 레코드에 대해 테이블 액세스가 발생하므로 Table Full Scan 보다 오히려 불리하다. 만약 SAL이 인덱스 선두 컬럼이어서 Index Range Scan 하더라도 마찬가지다. 그런데도 옵티마이저가 인덱스를 선택한 이유는, 사용자가 first_rows 힌트로 옵티마이저 모드를 바꿨기 때문이다. 소트 연산을 생략함으로써 전체 집합 중 처음 일부를 빠르게 출력할 목적으로 옵티마이저가 Index Full Scan 방식을 선택한 것이다. 이 선택은 부분범위 처리가 가능한 상황에서 극적인 성능 개선 효과를 가져다 준다. 참고로, 옵티마이저 모드는 7장 2절 2항(7.2.2)에서, 부분범위 처리 개념은 3장 2절(3.2)에서 자세히 다룬다.

주의할 것은, 사용자가 처음 의도(부분범위 처리 활용)와 달리 fetch를 멈추지 않고 데이터를 끝까지 읽는다면 Table Full Scan 보다 훨씬 더 많은 I/O를 일으키고 결과적으로 수행 속도도 훨씬 더 느려진다는 사실이다. 이는 결코 옵티마이저의 잘못이 아니며, first_rows 힌트를 사용한 사용자에게 책임이 있다.

2.3.3 Index Unique Scan

Index Unique Scan은 그림 2-19처럼 수직적 탐색만으로 데이터를 찾는 스캔 방식으로서, Unique 인덱스를 '=' 조건으로 탐색하는 경우에 작동한다.

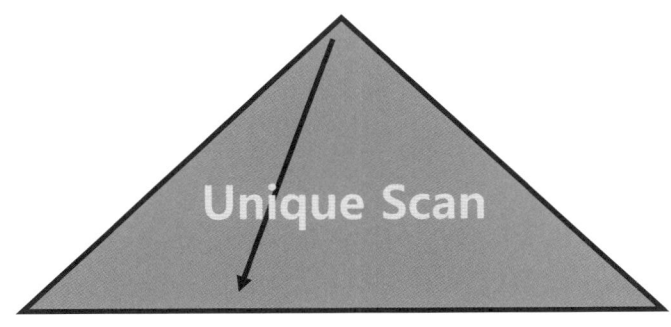

[그림 2 – 19]

실행계획은 아래와 같다.

```
SQL> create unique index pk_emp on emp(empno);
SQL> alter table emp add
  2  constraint pk_emp primary key(empno) using index pk_emp;

SQL> set autotrace traceonly explain
SQL> select empno, ename from emp where empno = 7788;

Execution Plan
----------------------------------------
0    SELECT STATEMENT Optimizer=ALL_ROWS
1  0   TABLE ACCESS (BY INDEX ROWID) OF 'EMP'
2  1     INDEX (UNIQUE SCAN) OF 'PK_EMP' (UNIQUE)
```

Unique 인덱스가 존재하는 컬럼은 중복 값이 입력되지 않게 DBMS가 데이터 정합성을 관리해 준다. 따라서 해당 인덱스 키 컬럼을 모두 '=' 조건으로 검색할 때는 데이터를 한 건 찾는 순간 더 이상 탐색할 필요가 없다.

Unique 인덱스라고 해도 범위검색 조건(between, 부등호, like)으로 검색할 때는 Index Range Scan으로 처리된다. 예를 들어, empno >= 7788 조건으로 검색하면 수직적 탐색만으로는 조건에 해당하는 레코드를 모두 찾을 수 없기 때문이다.

또한, Unique 결합 인덱스에 대해 일부 컬럼만으로 검색할 때도 Index Range Scan이 나타난다. 예를 들어, 주문상품 PK 인덱스를 「주문일자 + 고객ID + 상품ID」로 구성했는데, 주문일자와 고객ID로만 검색하는 경우를 말한다.

2.3.4 Index Skip Scan

인덱스 선두 컬럼을 조건절에 사용하지 않으면 옵티마이저는 기본적으로 Table Full Scan을 선택한다. Table Full Scan보다 I/O를 줄일 수 있거나 정렬된 결과를 쉽게 얻을 수 있다면, Index Full Scan을 사용하기도 한다.

오라클은 인덱스 선두 컬럼이 조건절에 없어도 인덱스를 활용하는 새로운 스캔 방식을 9i 버전에서 선보였는데, Index Skip Scan이 바로 그것이다. 이 스캔 방식은 조건절에 빠진 인덱스 선두 컬럼의 Distinct Value 개수가 적고 후행 컬럼의 Distinct Value 개수가 많을 때 유용하다. (예를 들어, 고객 테이블에서 Distinct Value 개수가 가장 적은 컬럼은 '성별'이다. Distinct Value 개수가 가장 많은 컬럼은 '고객번호'다.)

Index Skip Scan 원리를 설명하기 위해 인덱스 루트 블록과 리프 블록을 그림 2-20과 같이 그려 보았다. 성별과 연봉 두 컬럼으로 구성된 결합 인덱스다.

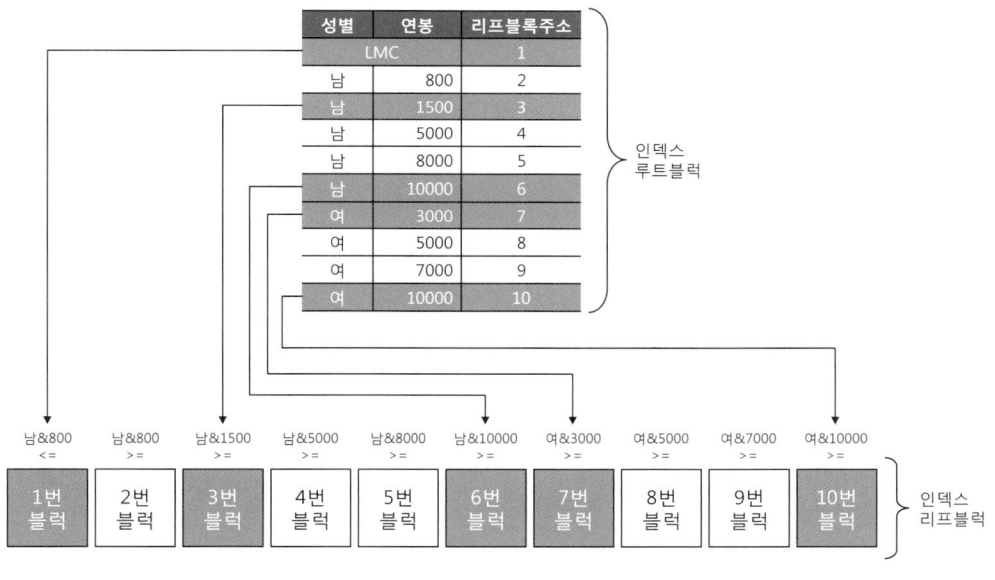

[그림 2 - 20]

성별과 연봉 컬럼에 대한 조건식을 모두 사용했을 때 어떻게 처리되는지부터 살펴보자.

```
select * from 사원 where 성별 = '남' and 연봉 between 2000 and 4000
```

먼저, 성별 = '남'이면서 연봉 >= 2000인 첫 번째 레코드를 찾아야 한다. 루트 블록 네 번째 레코드가 가리키는 4번 리프 블록으로 찾아가면, 성별 = '남'이면서 연봉 >= 5000인 레코드를 만나게 되므로 바로 직전에 위치한 세 번째 레코드가 가리키는 3번 리프 블록으로 찾아가야 한다.

3번 리프 블록에서 성별 = '남'이면서 연봉 >= 2000인 첫 번째 레코드를 만났다면, 거기서부터 리프 블록을 차례로 스캔하다가 성별 = '남'이면서 연봉 > 4000인 첫 번째 레코드를 만나는 순간 스캔을 멈추면 된다.

이제 인덱스 선두 컬럼인 성별 조건을 뺀 아래 SQL 문을 통해 Index Skip Scan의 작동 원리를 살펴보자. 이 스캔 방식을 유도하거나 방지하고자 할 때 index_ss, no_index_ss 힌트를 사용한다.

```
SQL> select /*+ index_ss(사원 사원_IDX) */ *
  2  from    사원
  3  where   연봉 between 2000 and 4000;

Execution Plan
------------------------------------------------
0       SELECT STATEMENT Optimizer=ALL_ROWS
1   0     TABLE ACCESS (BY INDEX ROWID) OF '사원' (TABLE)
2   1       INDEX (SKIP SCAN) OF '사원_IDX' (INDEX)
```

Index Skip Scan은 루트 또는 브랜치 블록에서 읽은 컬럼 값 정보를 이용해 조건절에 부합하는 레코드를 포함할 '가능성이 있는' 리프 블록만 골라서 액세스하는 스캔 방식이다.

그림 2-20 인덱스 루트 블록에서 첫 번째 레코드가 가리키는 리프 블록은 「남 & 800」 이하인 레코드를 담고 있다. 이 블록은 액세스하지 않아도 될 것 같다. 하지만 '남'보다 작은 성별 값이 혹시 존재한다면, 그 사원에 대한 인덱스 레코드는 모두 1번 리프 블록에 저장되므로 액세스해야만 한다. 우리는 성별에 '남'과 '여' 두 개 값만 존재한다는 사실을 알지만 옵티마이저는 모른다.

두 번째 레코드가 가리키는 리프 블록은 「남 & 800」 이상이면서 「남 & 1500」 이하인 레코드를 담고 있다. 「2000 <= 연봉 <= 4000」인 값이 존재할 가능성이 없으므로 이 블록은 액세스하지 않고 Skip한다.

세 번째 레코드가 가리키는 리프 블록은 「남 & 1500」 이상이면서 「남 & 5000」 이하인 레코드를 담고 있으므로 액세스한다.

네 번째 레코드가 가리키는 리프 블록은 「남 & 5000」 이상이면서 「남 & 8000」 이하인 레코드를 담고 있으므로 Skip한다. 같은 이유로 다섯 번째 리프 블록도 Skip한다.

여섯 번째 리프 블록의 액세스 여부를 이해하는 게 중요하다. 여섯 번째 레코드가 가리키는 리프 블록은 「남 & 10000」 이상이므로 「2000 <= 연봉 <= 4000」 구간을 초과한다. 따라서 액세스하지 않아도 될 거 같지만 액세스해야 한다. 여자 중에서 「연봉 < 3000」이거나 '남'과 '여' 사이에 다른 성별이 혹시 존재한다면 이 리프 블록에 저장되고, 연봉 = 3000인 여자 직원도 뒤쪽에 일부 저장돼 있을 수 있기 때문이다.

일곱 번째 레코드가 가리키는 리프 블록은 액세스하고, 여덟 번째와 아홉 번째 레코드가 가리키는 리프 블록은 Skip 해도 된다.

마지막으로 열 번째 리프 블록은 어떨까? 「여 & 10000」 이상이므로 「2000 <= 연봉 <= 4000」 구간을 초과하지만 '여' 보다 값이 큰 미지의 성별 값이 존재한다면 여기에 모두 저장될 것이므로 액세스해야만 한다.

지금까지 설명한 Skip Scan 과정을 그림으로 표현하면 그림 2-21과 같다.

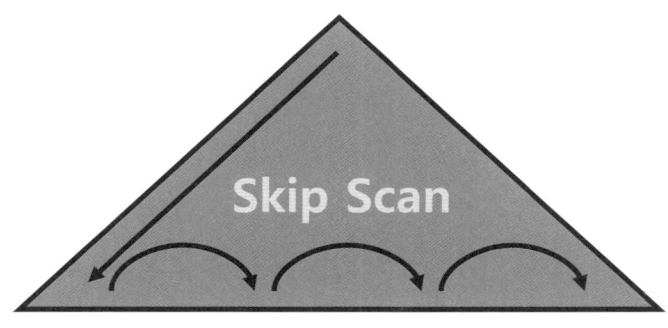

[그림 2 – 21]

Index Skip Scan이 작동하기 위한 조건

Index Skip Scan은 Distinct Value 개수가 적은 선두 컬럼이 조건절에 없고 후행 컬럼의 Distinct Value 개수가 많을 때 효과적이라고 했다. 하지만 인덱스 선두 컬럼이 없을 때만 Index Skip Scan이 작동하는 것은 아니다. 예를 들어, 인덱스 구성이 다음과 같다고 하자.

```
일별업종별거래_PK : 업종유형코드 + 업종코드 + 기준일자
```

이때, 아래 SQL처럼 선두 컬럼(=업종유형코드)에 대한 조건절은 있고, 중간 컬럼(=업종코드)에 대한 조건절이 없는 경우에도 Skip Scan을 사용할 수 있다.

```
SELECT /*+ INDEX_SS(A 일별업종별거래_PK) */
       기준일자, 업종코드, 체결건수, 체결수량, 거래대금
FROM   일별업종별거래 A
WHERE  업종유형코드 = '01'
AND    기준일자 BETWEEN '20080501' AND '20080531'

Execution Plan
-------------------------------------------------------------------------
0    SELECT STATEMENT Optimizer=ALL_ROWS (Cost=91 Card=7 Bytes=245)
1  0   TABLE ACCESS (BY LOCAL INDEX ROWID) OF '일별업종별거래' (TABLE) (Cost=91 …)
2  1     INDEX (SKIP SCAN) OF '일별업종별거래_PK' (INDEX (UNIQUE)) (Cost=102 … )
```

만약 위 SQL에 Index Range Scan을 사용한다면, 업종유형코드 = '01'인 인덱스 구간을 '모두' 스캔해야 한다. Index Skip Scan을 사용한다면, 업종유형코드 = '01'인 구간에서 기준일자가 '20080501'보다 크거나 같고 '20080531'보다 작거나 같은 레코드를 '포함할 가능성이 있는 리프 블록만' 골라서 액세스할 수 있다.

아래와 같이 Distinct Value가 적은 두 개의 선두컬럼이 모두 조건절에 없는 경우에도 유용하게 사용할 수 있다.

```
SELECT /*+ INDEX_SS(A 일별업종별거래_PK) */
       기준일자, 업종코드, 체결건수, 체결수량, 거래대금
FROM   일별업종별거래 A
WHERE  기준일자 BETWEEN '20080501' AND '20080531'
```

```
Execution Plan
---------------------------------------------------------------
0      SELECT STATEMENT Optimizer=ALL_ROWS (Cost=91 Card=37 Bytes=1K)
1   0    TABLE ACCESS (BY LOCAL INDEX ROWID) OF '일별업종별거래' (TABLE) (Cost=91 …)
2   1      INDEX (SKIP SCAN) OF '일별업종별거래_PK' (INDEX (UNIQUE)) (Cost=90 Card=1)
```

선두 컬럼이 부등호, BETWEEN, LIKE 같은 범위검색 조건일 때도 Index Skip Scan을 사용할 수 있다. 예를 들어, 일별업종별거래 테이블에 아래와 같은 인덱스가 있다고 하자.

일별업종별거래_X01 : 기준일자 + 업종유형코드

SQL은 아래와 같다. 즉, 2008년 5월 1일부터 2008년 5월 31일 구간에서 업종유형코드가 '01'인 레코드만 선택하고자 하는 것이다.

```
SELECT /*+ INDEX_SS(A 일별업종별거래_X01) */
       기준일자, 업종코드, 체결건수, 체결수량, 거래대금
FROM   일별업종별거래 A
WHERE  기준일자 BETWEEN '20080501' AND '20080531'
AND    업종유형코드 = '01'
```

만약 위 SQL에 Index Range Scan을 사용한다면, 기준일자 BETWEEN 조건을 만족하는 인덱스 구간을 '모두' 스캔해야 한다. Index Skip Scan을 사용한다면, 기준일자 BETWEEN 조건을 만족하는 인덱스 구간에서 업종유형코드 = '01'인 레코드를 '포함할 가능성이 있는 리프 블록만' 골라서 액세스할 수 있다.

이처럼 Index Range Scan이 불가능하거나 효율적이지 못한 상황에서 Index Skip Scan이 종종 빛을 발한다. 부분범위 처리가 가능하다면 Index Full Scan이 도움이 되기도 한다. 하지만 이들 스캔 방식이 최선책일 수는 없다. 인덱스는 기본적으로 최적의 Index Range Scan을 목표로 설계해야 하며, 수행 횟수가 적은 SQL을 위해 인덱스를 추가하는 것이 비효율적일 때 이들 스캔 방식을 차선책으로 활용하는 전략이 바람직하다.

2.3.5 Index Fast Full Scan

말 그대로 Index Fast Full Scan은 Index Full Scan보다 빠르다. Index Fast Full Scan이 Index Full Scan보다 빠른 이유는, 논리적인 인덱스 트리 구조를 무시하고 인덱스 세그먼트 전체를 Multiblock I/O 방식으로 스캔하기 때문이다. 관련 힌트는 index_ffs와 no_index_ffs이다.

그림 2-22와 같은 인덱스 구조를 보면서 이해해 보자. 그림에서 화살표는 인덱스의 논리적인 연결 구조를 표시한 것이다. 리프 블록 간에 실제로는 양방향 연결 리스트(Double Linked List) 구조를 갖지만, 단순하게 표현하려고 1번부터 10번까지 단방향 연결 리스트 구조로 표시하였다.

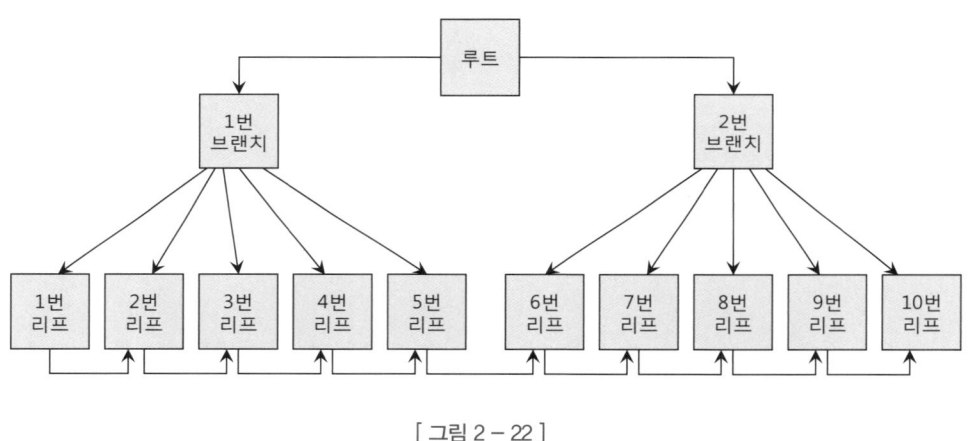

[그림 2 - 22]

그림 2-22에 논리적 순서로 배치한 블록들을 그림 2-23은 물리적 순서에 따라 재배치했다. 물리적 순서로 배치했지만 논리적 순서를 화살표로 표시하였다.

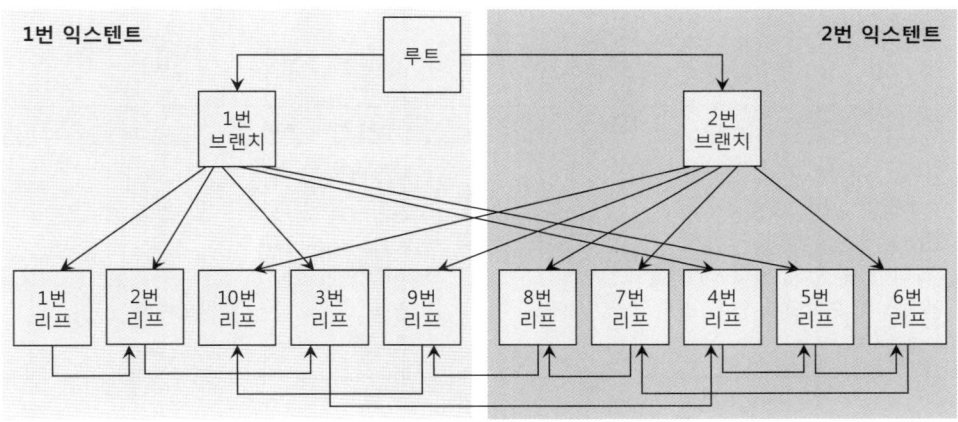

[그림 2 – 23]

Index Full Scan은 인덱스의 논리적 구조를 따라 루트 → 브랜치1 → 1 → 2 → 3 → 4 → 5 → 6 → 7 → 8 → 9 → 10번 순으로 블록을 읽어들인다.

반면, Index Fast Full Scan은 물리적으로 디스크에 저장된 순서대로 인덱스 리프 블록들을 읽어들인다. Multiblock I/O 방식[1]으로 그림 2-23 왼쪽 익스텐트에서 1 → 2 → 10 → 3 →9 번 순으로 읽고, 그 다음 오른쪽 익스텐트에서 8 → 7 → 4 → 5 → 6번 순으로 읽는다. 루트와 두 개의 브랜치 블록도 읽지만 필요 없는 블록이므로 버린다.

Index Fast Full Scan은 Multiblock I/O 방식을 사용하므로 디스크로부터 대량의 인덱스 블록을 읽어야 할 때 큰 효과를 발휘한다. 속도는 빠르지만, 인덱스 리프 노드가 갖는 연결 리스트 구조를 무시한 채 데이터를 읽기 때문에 결과집합이 인덱스 키 순서대로 정렬되지 않는다. 쿼리에 사용한 컬럼이 모두 인덱스에 포함돼 있을 때만 사용할 수 있다는 점도 기억할 필요가 있다.

Index Range Scan 또는 Index Full Scan과 달리, 인덱스가 파티션 돼 있지 않더라도 병렬 쿼리가 가능한 것도 중요한 특징 중 하나다. 병렬 쿼리 시에는 Direct Path I/O 방식을 사용

---

1 Table Full Scan은 읽어야 할 익스텐트 목록을 익스텐트 맵에서 얻는다고 1장 3절 4항(1.3.4)에서 설명한 내용을 상기하기 바란다. Index Fast Full Scan도 똑같은 방식을 사용한다.

하기 때문에 I/O 속도가 더 빨라진다.

Index Full Scan과 Index Fast Full Scan의 특징을 요약하면 표 3-4와 같다.

Index Full Scan	Index Fast Full Scan
1. 인덱스 구조를 따라 스캔 2. 결과집합 순서 보장 3. Single Block I/O 4. (파티션 돼 있지 않다면) 병렬스캔 불가 5. 인덱스에 포함되지 않은 컬럼 조회 시에도 사용 가능	1. 세그먼트 전체를 스캔 2. 결과집합 순서 보장 안 됨 3. Multiblock I/O 4. 병렬스캔 가능 5. 인덱스에 포함된 컬럼으로만 조회할 때 사용 가능

[표 3 - 4]

2.3.6 Index Range Scan Descending

Index Range Scan과 기본적으로 동일한 스캔 방식이다. 그림 2-24처럼 인덱스를 뒤에서부터 앞쪽으로 스캔하기 때문에 내림차순으로 정렬된 결과집합을 얻는다는 점만 다르다.

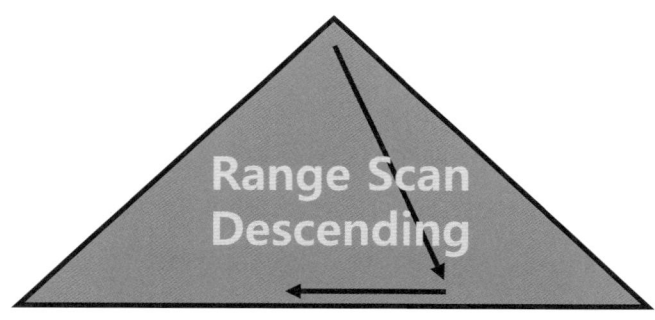

[그림 2 - 24]

아래처럼 EMP 테이블을 EMPNO 기준으로 내림차순 정렬하고자 할 때 EMPNO 컬럼에 인덱스가 있으면 옵티마이저가 알아서 인덱스를 거꾸로 읽는 실행계획을 수립한다.

```
SQL> select * from emp
  2  where  empno > 0
  3  order by empno desc

Execution Plan
-------------------------------------------------------------------------------
0      SELECT STATEMENT Optimizer=ALL_ROWS
1   0    TABLE ACCESS (BY INDEX ROWID) OF 'EMP' (TABLE)
2   1      INDEX (RANGE SCAN DESCENDING) OF 'PK_EMP' (INDEX (UNIQUE))
```

만약 옵티마이저가 인덱스를 거꾸로 읽지 않는다면, index_desc 힌트를 이용해 유도할 수 있다.

아래처럼 MAX 값을 구하고자 할 때도 해당 컬럼에 인덱스가 있으면 인덱스를 뒤에서부터 한 건만 읽고 멈추는 실행계획이 자동으로 수립된다. 좀더 자세한 설명은 5장 3절 3항(5.3.3)에서 확인할 수 있다.

```
SQL> create index emp_x02 on emp(deptno, sal);

SQL> select deptno, dname, loc
  2       ,(select max(sal) from emp where deptno = d.deptno)
  3  from   dept d

Execution Plan
-------------------------------------------------------------------------------
0      SELECT STATEMENT Optimizer=ALL_ROWS
1   0    SORT (AGGREGATE)
2   1      FIRST ROW
3   2        INDEX (RANGE SCAN (MIN/MAX)) OF 'EMP_X02' (INDEX)
4   0    TABLE ACCESS (FULL) OF 'DEPT' (TABLE)
```

3장

인덱스 튜닝

3.1 테이블 액세스 최소화

3.2 부분범위 처리 활용

3.3 인덱스 스캔 효율화

3.4 인덱스 설계

3장

인덱스 튜닝

3.1 테이블 액세스 최소화

2장에서 인덱스에 대해 많은 내용을 학습했지만, 이제 인덱스 사용법을 익힌 것에 불과하다. SQL 튜닝은 지금부터다.

2.1.1 '미리 보는 인덱스 튜닝'에서 강조했듯, SQL 튜닝은 랜덤 I/O와의 전쟁이다. SQL 튜닝에 있어 랜덤 I/O가 그만큼 중요하다. SQL 성능 향상을 위해 DBMS가 제공하는 많은 기능이 느린 랜덤 I/O를 극복하기 위해 개발됐고, 조인 메소드의 발전은 물론 많은 튜닝 기법도 랜덤 I/O 최소화에 맞춰져 있다.

본 절에서는 테이블 랜덤 액세스를 최소화하는 구체적인 방법들을 소개하는데, 그에 앞서 지금까지 학습한 내용을 토대로 테이블 랜덤 액세스가 성능에 미치는 영향을 정리해 보자.

3.1.1 테이블 랜덤 액세스

인덱스에 대한 맹신 또는 섣부른 자신감

얼마 전, 어떤 데이터베이스 관련 카페에 이런 질문이 올라왔다.

"파티션 Pruning은 조건절에 해당하는 파티션만 읽는 기능이라고 알고 있습니다. 인덱스를 이용해도 조건절에 해당하는 데이터만 골라서 읽는데, 파티션 Pruning이 왜 필요한지 궁금합니다. 관리적 측면을 제외하고 성능적 측면에서 굳이 파티션이 필요할까요?"

나도 초보 시절에 비슷한 의문을 가진 적이 있어 소개하려고 한다. 내가 가진 의문은 인덱스로 검색하는데 왜 느릴까였다. 인덱스 성능에 대해 느낌이 다를 뿐, 본질은 다르지 않다. 인덱스를 잘 몰라서 하는 질문이다.

"인덱스로 검색해도 빠른데, 왜 굳이 파티셔닝을 할까?"
"인덱스로 검색하는데 왜 느릴까?"

SQL 튜닝, 특히 인덱스 튜닝을 공부하면서 누구나 두 번 놀란다. 첫 번째는 아무리 데이터가 많아도 인덱스를 사용하니까 데이터가 금방 조회된다는 사실에 놀란다. 두 번째는 대량 데이터를 조회할 때 인덱스를 사용하니 테이블 전체를 스캔할 때보다 훨씬 느리다는 사실에 놀란다.

지금 생각하면 창피한 얘기지만, 필자는 DB에 대한 상식이 전무한 상태에서 프로그램 개발 업무를 시작했다. 그러던 중 우연히 DB 관리자 역할을 맡게 되었고, DB 서버를 관리하려니 DB를 공부하지 않을 수 없었다. Lock과 트랜잭션 동시성 제어를 배우면서 DB 세계에 흥미를 느끼기 시작했고, 인덱스를 배우면서 완전히 매료됐다. 수천만 건이 넘는 테이블인데도 인덱스를 이용하니 데이터를 금방 찾아주는 게 신기했고, 인덱스 원리를 좀 더 공부하고는 튜닝에 자신감이 생겼다.

그런데 대량 데이터를 조회하는 순간, 그렇게 빠르던 인덱스가 한없이 느리다는 사실을 깨달았다. 어떤 SQL도 튜닝할 수 있다고 생각했는데, 섣부른 자신감이었다. 인덱스를 이용하니 테이블 전체를 스캔할 때보다 오히려 느렸다.

인덱스로 검색하는데 왜 느릴까? 뭔가 비밀이 숨겨져 있긴 한데, 그 당시엔 도저히 설명할 길이 없었다. 데이터베이스를 한참 더 공부한 후에야 궁금증이 풀렸고, SQL 튜닝의 핵심을 더 정확히 이해할 수 있게 됐다. 지금부터 그 비밀을 파헤쳐보자.

인덱스 ROWID는 물리적 주소? 논리적 주소?

아래는 인덱스를 이용해 테이블을 액세스하는 SQL 실행계획이다. SQL이 참조하는 컬럼을 인덱스가 모두 포함하는 경우가 아니면, 인덱스를 스캔한 후에 반드시 테이블을 액세스한다. 아래 실행계획에서 'TABLE ACCESS BY INDEX ROWID'라고 표시된 부분이 여기에 해당한다.

```
SQL> select * from 고객 where 지역 = '서울';

Execution Plan
----------------------------------------------------
   0      SELECT STATEMENT Optimizer=ALL_ROWS
   1   0    TABLE ACCESS BY INDEX ROWID OF '고객' (TABLE)
   2   1      INDEX RANGE SCAN OF '고객_지역_IDX' (INDEX)
```

그림으로는 흔히 그림 3-1과 같이 표현한다.

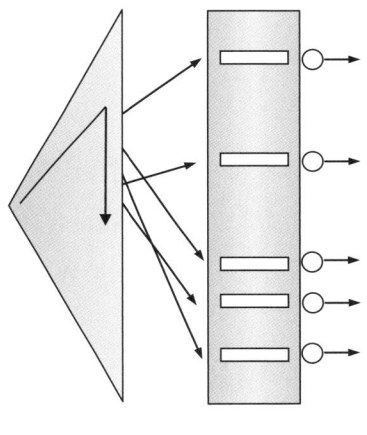

[그림 3-1]

인덱스를 스캔하는 이유는, 검색 조건을 만족하는 소량의 데이터를 인덱스에서 빨리 찾고 거기서 테이블 레코드를 찾아가기 위한 주소값, 즉 ROWID를 얻으려는 데 있다.

그렇다면 인덱스 ROWID는 물리적 주소일까, 논리적 주소일까? 인덱스 ROWID를 물리적 주소라고 생각한다면, 그것이 데이터파일 번호, 오브젝트 번호, 블록 번호 같은 물리적 요소로 구성돼 있어서다. 그런 의미에서 ROWID를 물리적 주소라고 설명한다면 틀리다고 말할 수 없다. 하지만 인덱스 ROWID는 물리적 주소보다 논리적 주소에 가깝다. 물리적으로 직접 연결되지 않고 그림 3-2처럼 테이블 레코드를 찾아가기 위한 논리적 주소 정보를 담고 있기 때문이다.

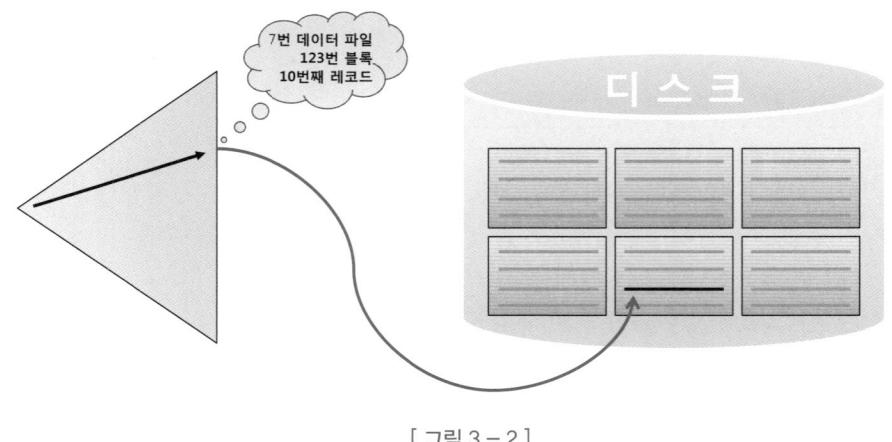

[그림 3 - 2]

데이터베이스 인덱스를 설명할 때 항상 도서 색인에 비유한다. 색인에 기록된 페이지 번호가 ROWID에 해당한다. 프로그래밍 언어에서 포인터(Pointer)를 설명할 때도 흔히 도서 색인에 기록된 페이지 번호에 비유한다. 그래서인지 인덱스 ROWID를 포인터라고 생각하는 분이 아주 많다.

프로그래밍 언어에서 포인터는 메모리 주소값을 담는 변수를 말한다. 메모리에 있는 데이터를 포인터로 액세스할 때 얼마나 빠른지, 프로그래밍 해 본 독자라면 잘 알 것이다. 메모리상에서 데이터를 찾아가는 데 있어 포인터만큼 빠른 방법은 없으며, 그 비용은 0(zero)에 가깝다. 물리적으로 직접 연결된 구조와 다름없다.

메모리 상에서의 위치 정보인 포인터를 생각하며 인덱스 ROWID를 물리적 주소로 이해했다면 잘못 이해한 것이다. 인덱스 ROWID는 포인터가 아니다. 지시봉처럼 어딘가를 가리킨다는 의미에서는 포인터가 맞지만, 우리가 프로그래밍 언어(특히, C 언어)를 공부할 때 배우는 포인터와는 전혀 상관없다.

정리하면, 인덱스 ROWID는 논리적 주소다. 디스크 상에서 테이블 레코드를 찾아가기 위한 위치 정보를 담는다. (프로그래밍에서 말하는) 포인터가 아니며, 테이블 레코드와 물리적으로 직접 연결된 구조는 더더욱 아니다.

메인 메모리 DB와 비교

메인 메모리 DB(MMDB)에 대해 들어 본 적이 있는가? 말 그대로 데이터를 모두 메모리에 로드해 놓고 메모리를 통해서만 I/O를 수행하는 DB라고 할 수 있다[1]. 그런데 잘 튜닝된 OLTP성 데이터베이스 시스템이라면 버퍼캐시 히트율이 99% 이상이다. 디스크를 경유하지 않고 대부분 데이터를 메모리에서 읽는다는 뜻이다. 그런데도 메인 메모리 DB만큼 빠르지는 않다. 특히 대량 데이터를 인덱스로 액세스할 때는 엄청난 차이가 난다. 왜 그럴까?

메인 메모리 DB 아키텍처를 소개함으로써 방금 던진 질문에 대한 답을 찾고자 한다. 벤더에 따라 내부 아키텍처가 모두 다르겠지만, 어떤 메인 메모리 DB의 경우 인스턴스를 기동하면 디스크에 저장된 데이터를 버퍼캐시로 로딩하고 이어서 인덱스를 생성한다. 이때 인덱스는 오라클처럼 디스크 상의 주소정보를 갖는 게 아니라 메모리상의 주소정보, 즉 포인터(Pointer)를 갖는다. 따라서 인덱스를 경유해 테이블을 액세스하는 비용이 오라클과 비교할 수 없을 정도로 낮다.

질문에 대한 답을 이해했으리라 믿는다. 오라클은 테이블 블록이 수시로 버퍼캐시에서 밀려났다가 다시 캐싱되며, 그때마다 다른 공간에 캐싱되기 때문에 인덱스에서 포인터로 직접 연결할 수 없는 구조다. 메모리 주소 정보(포인터)가 아닌 디스크 주소 정보(DBA, Data Block Address)를 이용해 해시 알고리즘으로 버퍼 블록을 찾아간다.

메인 메모리 DB의 우월성을 강조하려는 게 아니다[2]. 일반 DBMS에서 인덱스 ROWID를 이용한 테이블 액세스가 생각만큼 빠르지 않은 이유를 설명하려는 것이다.

I/O 메커니즘 복습

1장 3절(1.3)에서 설명한 I/O 메커니즘을 복습해 보자. DBA(= 데이터파일번호 + 블록번호)는 디스크 상에서 블록을 찾기 위한 주소 정보다. 그렇다고 매번 디스크에서 블록을 읽을 수는 없다. I/O 성능을 높이려면 버퍼캐시를 활용해야 한다. 그래서 블록을 읽을 때는 디스크로 가

---

[1] 메모리 DB 개발 업체들은 오라클 같은 DB를 '디스크 DB'라고 부른다. 최근에는 메인 메모리 DB도 대용량 데이터를 처리하기 위해 디스크를 이용하는 하이브리드 형태로 진화하고 있다.

[2] 메인 메모리 DB는 데이터 볼륨이 그리 크지 않으면서, 기존 디스크 DB로는 도저히 만족할 수 없을 정도의 빠른 트랜잭션 처리가 요구되는 업무에 제한적으로 사용되고 있다.

기 전에 버퍼캐시부터 찾아본다. 읽고자 하는 DBA를 해시 함수에 입력해서 해시 체인을 찾고 거기서 버퍼 헤더를 찾는다.

캐시에 적재할 때와 읽을 때 같은 해시 함수를 사용하므로 버퍼 헤더는 항상 같은 해시 체인에 연결된다. 반면, 실제 데이터가 담긴 버퍼 블록은 매번 다른 위치에 캐싱되는데, 그 메모리 주소값을 버퍼 헤더가 가지고 있다. 정리하면, 해싱 알고리즘으로 버퍼 헤더를 찾고, 거기서 얻은 포인터로 버퍼 블록을 찾아간다.

인덱스로 테이블 블록을 액세스할 때는 리프 블록에서 읽은 ROWID를 분해해서 DBA 정보를 얻고, 테이블을 Full Scan 할 때는 익스텐트 맵을 통해 읽을 블록들의 DBA 정보를 얻는다.

그림 3-3은 인덱스를 이용해 테이블 블록을 찾아가는 과정을 표현하고 있다.

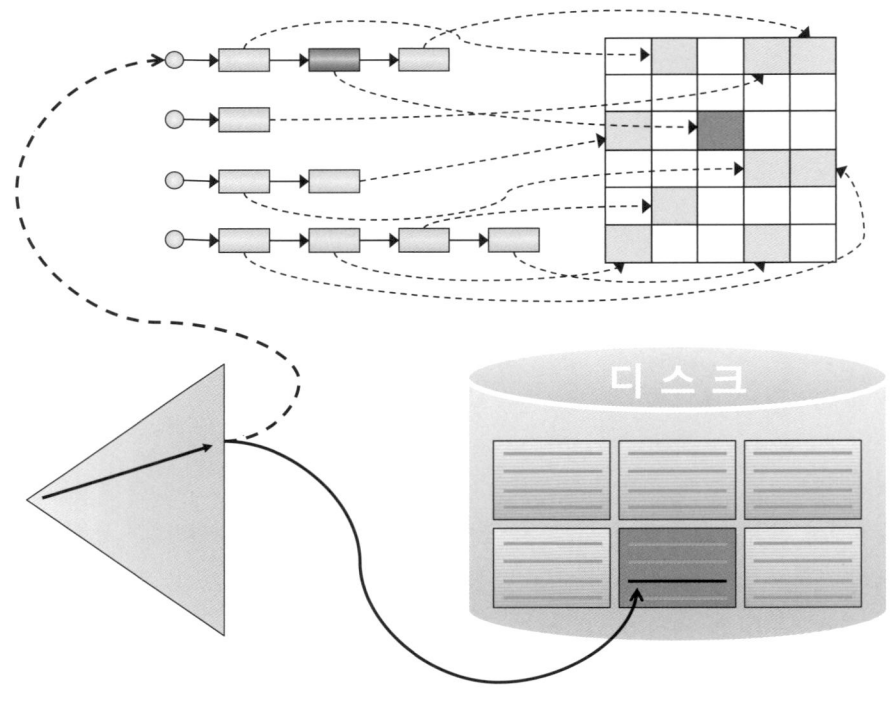

[그림 3 - 3]

다시 말하지만, 인덱스 ROWID(그림 3-3 실선)는 포인터가 아니다. 디스크 상에서 테이블 레코드를 찾아가기 위한 논리적인 주소 정보다. ROWID가 가리키는 테이블 블록을 버퍼캐시에서 먼저 찾아보고(그림 3-3 점선), 못 찾을 때만 디스크에서 블록을 읽는다. 물론 버퍼캐시에 적재한 후에 읽는다.

설령 모든 데이터가 캐싱돼 있더라도 테이블 레코드를 찾기 위해 매번 DBA 해싱과 래치 획득 과정을 반복해야 한다. 동시 액세스가 심할 때는 캐시버퍼 체인 래치와 버퍼 Lock에 대한 경합까지 발생한다. 이처럼 인덱스 ROWID를 이용한 테이블 액세스는 생각보다 고비용 구조다.

인덱스 ROWID는 우편주소

디스크 DB(오라클, SQL Server 같은 일반 DBMS)가 사용하는 ROWID를 우편주소에, 메인 메모리 DB가 사용하는 포인터를 전화번호에 비유할 수 있다. 전화통신은 물리적으로 연결된 통신망을 이용하므로 전화번호를 누르면 곧바로 상대방과 통화할 수 있다. 하지만, 우편통신은 봉투에 적힌 대로 우체부 아저씨가 일일이 찾아다니는 구조이므로 전화와는 비교할 수 없이 느리다.

```
우편주소 : 서울시 중구 무교동 123번지 OO타워 10층
  ROWID : 7번 데이터 파일 123번 블록에 저장된 10번째 레코드
```

오라클에서 하나의 레코드를 찾아가는 데 있어 가장 빠르다고 알려진 'ROWID에 의한 테이블 액세스'가 얼마나 고비용 연산인지 여기서 정확히 이해하기 바란다. 앞으로 실행계획에서 아래와 같이 'TABLE ACCESS BY INDEX ROWID' 오퍼레이션을 볼 때면, (그림 3-1이 아니라) 그림 3-3과 같이 복잡한 처리과정을 항상 머리 속에 떠올리기 바란다.

```
SQL> select * from 고객 where 지역 = '서울';

Execution Plan
-----------------------------------------------
   0      SELECT STATEMENT Optimizer=ALL_ROWS
```

```
1  0      TABLE ACCESS (BY INDEX ROWID) OF '고객' (TABLE)
2  1        INDEX (RANGE SCAN) OF '고객_지역_IDX' (INDEX)
```

3.1.2 인덱스 클러스터링 팩터

클러스터링 팩터(Clustering Factor, 이하 'CF')는 '군집성 계수' 쯤으로 번역할 수 있는 용어로서, 특정 컬럼을 기준으로 같은 값을 갖는 데이터가 서로 모여있는 정도를 의미한다. CF가 좋은 컬럼에 생성한 인덱스는 검색 효율이 매우 좋다. 예를 들어 「거주지역 = '제주'」에 해당하는 고객 데이터가 물리적으로 근접해 있으면 흩어져 있을 때보다 데이터를 찾는 속도가 빠르다.

비유하자면, 분가한 열 명의 자녀가 모두 한 동네에 모여 살면 CF가 좋기 때문에 부모가 자녀들 집을 모두 방문하는데 하루면 충분하다. 반면, 여러 지방에 뿔뿔이 흩어져 산다면 몇 날 며칠이 걸릴지 모른다.

그림 3-4는 인덱스 클러스터링 팩터가 가장 좋은 상태를 도식화한 것으로서, 인덱스 레코드 정렬 순서와 테이블 레코드 정렬 순서가 100% 일치하는 것을 볼 수 있다.

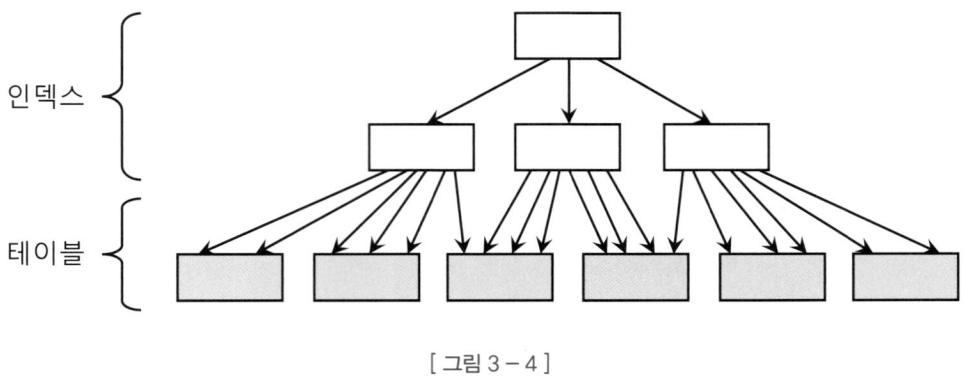

[그림 3 - 4]

반면, 그림 3-5는 인덱스 클러스터링 팩터가 가장 안 좋은 상태를 도식화한 것으로서, 인덱스 레코드 정렬 순서와 테이블 레코드 정렬 순서가 전혀 일치하지 않는다.

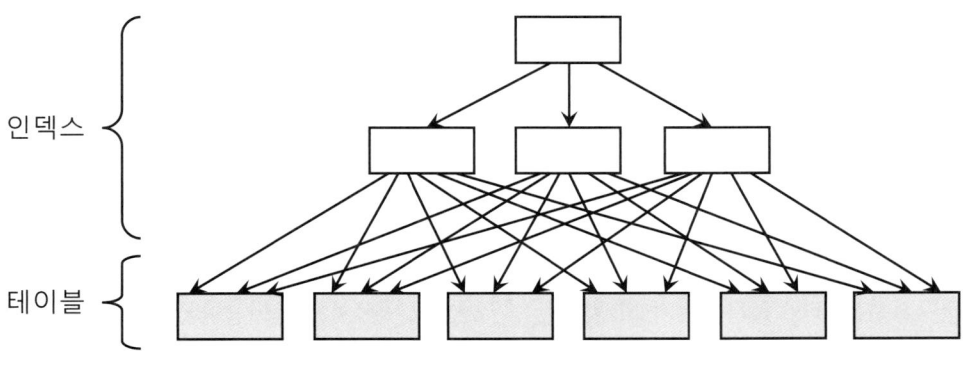

[그림 3 – 5]

 인덱스 클러스터링 팩터 효과

CF가 좋은 컬럼에 생성한 인덱스는 검색 효율이 좋다고 했는데, 이는 테이블 액세스량에 비해 블록 I/O가 적게 발생함을 의미한다. 여기서 의문이 생긴다. 인덱스 레코드마다 테이블 레코드를 건건이 블록 단위로 I/O 한다면, CF가 달라도 블록 I/O 발생량에 차이가 없어야 하지 않나? 그 이유를 간단히 살펴보자. 어렵다고 느끼면 일단 넘어가도 상관없다.

인덱스 ROWID로 테이블을 액세스할 때, 오라클은 래치 획득과 해시 체인 스캔 과정을 거쳐 어렵게 찾아간 테이블 블록에 대한 포인터(메모리 주소값)를 바로 해제하지 않고 일단 유지한다. 이를 '버퍼 Pinning'이라고 부른다.

이 상태에서 다음 인덱스 레코드를 읽었는데, 마침 '직전과 같은' 테이블 블록을 가리킨다. 그러면 래치 획득과 해시 체인 스캔 과정을 생략하고 바로 테이블 블록을 읽을 수 있다. 논리적인 블록 I/O 과정을 생략할 수 있는 것이다.

그림 3-6은 그림 3-4처럼 CF가 좋은 인덱스를 사용할 때 테이블 액세스 횟수에 비해 블록 I/O가 적게 발생하는 이유를 잘 설명해 준다.

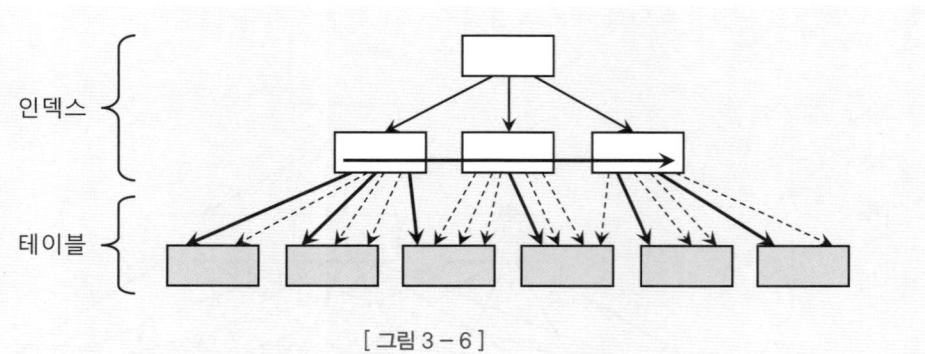

[그림 3 - 6]

굵은 실선은 실제 블록 I/O가 발생하는 경우다. 가는 점선은 블록을 찾아가는 과정(논리적인 블록 I/O) 없이 포인터로 바로 액세스하는 경우다. (버퍼 Pinning 효과를 극대화하기 위해 그림 3-6처럼 인덱스 레코드와 테이블 레코드의 정렬 순서가 100% 일치할 필요는 없다. 다음에 읽을 테이블 블록과 직전에 읽은 테이블 블록의 주소가 같기만 하면 된다.)

그림 3-5처럼 CF가 안 좋은 인덱스를 사용하면 테이블을 액세스하는 횟수만큼 고스란히 블록 I/O가 발생한다.

3.1.3 인덱스 손익분기점

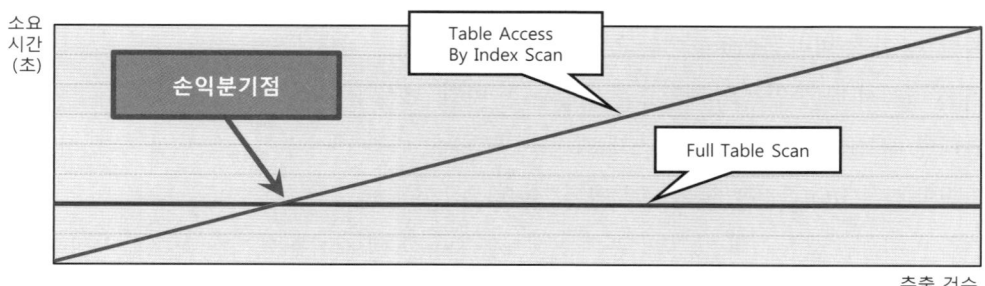

[그림 3 - 7]

인덱스 ROWID를 이용한 테이블 액세스는 생각보다 고비용 구조다. 따라서 읽어야 할 데이터가 일정량을 넘는 순간, 테이블 전체를 스캔하는 것보다 오히려 느려진다. Index Range Scan에 의한 테이블 액세스가 Table Full Scan보다 느려지는 지점을 흔히 '인덱스 손익분기점'이라고 부른다(그림 3-7).

Table Full Scan은 성능이 일정하다. 아래처럼 전체 1,000만 건 중 한 건을 조회하든, 10만 건을 조회하든, 1,000만 건을 다 조회하든 차이가 거의 없다.

```
select /*+ full(t) */ count(*) from big_table t where no <= 1;
select /*+ full(t) */ count(*) from big_table t where no <= 10;
select /*+ full(t) */ count(*) from big_table t where no <= 100;
select /*+ full(t) */ count(*) from big_table t where no <= 1000;
select /*+ full(t) */ count(*) from big_table t where no <= 10000;
select /*+ full(t) */ count(*) from big_table t where no <= 100000;
……
……
select /*+ full(t) */ count(*) from big_table t;
```

인덱스를 이용해 테이블을 액세스할 때는 전체 1,000만 건 중 몇 건을 추출하느냐에 따라 성능이 크게 달라진다. 당연히 추출 건수가 많을수록 느려진다. 바로 테이블 랜덤 액세스 때문이다. 추출 건수가 늘면서 인덱스 스캔량이 느는 데서도 영향을 받지만, 테이블 랜덤 액세스가 미치는 영향에 비교할 바가 아니다.

인덱스를 이용한 테이블 액세스가 Table Full Scan보다 더 느려지게 만드는 가장 핵심적인 두 가지 요인은 다음과 같다.

- Table Full Scan은 시퀀셜 액세스인 반면, 인덱스 ROWID를 이용한 테이블 액세스는 랜덤 액세스 방식이다.
- Table Full Scan은 Multiblock I/O인 반면, 인덱스 ROWID를 이용한 테이블 액세스는 Single Block I/O 방식이다.

이런 요인에 의해 인덱스 손익분기점은 보통 5~20%의 낮은 수준에서 결정된다. 그리고 그림 3-8에서 보듯 CF에 따라 크게 달라진다. 인덱스 CF가 나쁘면 같은 테이블 블록을 여러 번 반복 액세스하면서 논리적 I/O 횟수가 늘고, 물리적 I/O 횟수도 늘기 때문이다. CF가 나쁘면 손익분기점은 5% 미만에서 결정되며, 심할 때는(BCHR이 매우 안 좋을 때) 1% 미만으로 낮아진다. 반대로 CF가 아주 좋을 때(인위적으로 전체 데이터를 인덱스 컬럼 순으로 정렬해서 재입력했을 때)는 손익분기점이 90% 수준까지 올라가기도 한다.

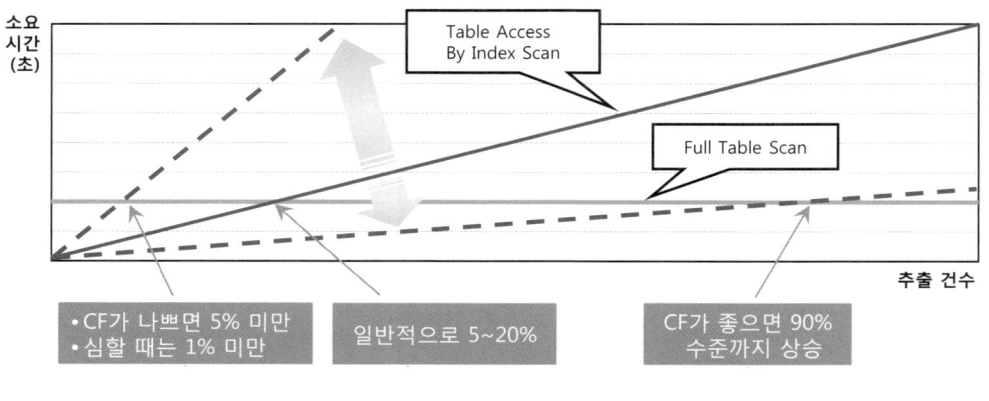

[그림 3 - 8]

 인덱스 손익분기점과 버퍼캐시 히트율

일반적으로 말하는 5~20% 수준의 손익분기점은 10만 건 이내, 많아 봐야 100만 이내 테이블에나 적용되는 수치다. 1,000만 건 수준의 큰 테이블에선 손익분기점이 더 낮아진다.

예를 들어, 10만 건 테이블에서 10%는 만 건이다. 만 건 정도면 버퍼캐시에서 데이터를 찾을 가능성이 어느 정도 있다. 게다가 이 정도 크기의 테이블이면 인덱스 컬럼 기준으로 값이 같은 테이블 레코드가 근처에 모여 있을 가능성이 있다. 따라서 인덱스를 스캔하면서 테이블을 액세스하다 보면 어느 순간부터 대부분 테이블 블록을 캐시에서 찾게 된다.

이번에는 1,000만 건 테이블을 생각해 보자. 1,000만 건에서 10%면 100만 건이다. 많은 트랜잭션이 버퍼캐시를 동시에 사용하는 운영 시스템에서 100만 건 데이터를 인덱스로 추출해 봤는가? 여러 번 반복 수행하면 모를까 최초 수행할 때는 정말 인내심이 필요하

> 다. 조회 건수가 늘어난 양에 비해 성능이 훨씬 더 느려지는 현상을 경험하게 된다. 조회 건수가 늘수록 데이터를 버퍼캐시에서 찾을 가능성이 작아지기 때문에 나타나는 현상이다.
>
> 버퍼캐시에 할당하는 메모리 크기가 점점 커지는 추세지만, 요즘 기준으로 보통 수백만 개 블록을 캐싱하는 수준이다. 데이터베이스에 저장된 전체 테이블에 대해서 말이다. 따라서 특정 테이블을 인덱스로 100만 건 이상 액세스한다면 캐시 히트율은 극히 낮을 수밖에 없다.
>
> 게다가 1,000만 건 정도 테이블이면 인덱스 컬럼 기준으로 값이 같은 테이블 레코드가 근처에 모여 있을 가능성이 매우 작다. 인덱스를 스캔하면서 읽은 테이블 블록을 뒤에서 다시 읽을 가능성이 작기 때문에 거의 모든 데이터를 디스크에서 읽게 된다. 이런 상황이면 손익분기점 자체가 의미 없어진다. 만 건만 넘어도 시퀀셜 액세스와 Multiblock I/O 방식, 즉 Table Full Scan 방식으로 읽는 게 **빠**를 수 있다.

인덱스가 항상 좋을 수 없음을 설명하려고 손익분기점이란 개념을 사용했을 뿐, 이를 높이기 위해 어떤 조치[3]를 해야 한다는 뜻으로 오해하지 말기 바란다. 즉, 테이블 스캔이 항상 나쁜 것은 아니며, 바꿔 말해 인덱스 스캔이 항상 좋은 것도 아니라는 사실을 설명하는 데 목적이 있다.

이 개념이 시사하는 바는 크다. 온라인 트랜잭션을 처리하는 프로그램(이하 '온라인 프로그램')과 DW/OLAP/배치[4] 프로그램(이하 '배치 프로그램') 튜닝의 특징을 구분 짓는 핵심 개념이기 때문이다.

---

3 테이블을 Reorg 함으로써 CF를 인위적으로 좋게 만드는 경우도 있긴 하다. 하지만, 그것은 최후의 수단이어야지 일상적인 튜닝 기법으로 남용해선 안 된다.

4 배치 프로그램에도 여러 가지 유형이 있지만, 여기서 말하는 배치 프로그램은 대량 데이터를 읽고 가공해서 다른 테이블에 입력하거나, 대량 데이터를 일괄 수정/삭제하는 프로그램을 말한다.

온라인 프로그램 튜닝 vs. 배치 프로그램 튜닝

지금부터 설명하는 내용은 인덱스 손익분기점과 관련이 있어 여기서 설명하지만, 아직 조인과 파티션 등을 학습하지 않은 튜닝 입문자에게 어려울 수 있다. 지금 이해하기 어렵다면 본서를 다 읽고 나서 반드시 다시 읽어 보기 바란다. 그만큼 중요한 내용이다.

온라인 프로그램은 보통 소량 데이터를 읽고 갱신하므로 인덱스를 효과적으로 활용하는 것이 무엇보다 중요하다. 조인도 대부분 NL 방식을 사용한다. 4장에서 설명하겠지만, NL 조인은 인덱스를 이용하는 조인 방식이다. 인덱스를 이용해 소트 연산을 생략함으로써 2절에서 설명할 부분범위 처리 방식으로 구현할 수 있다면, 온라인 환경에서 대량 데이터를 조회할 때도 아주 빠른 응답 속도를 낼 수 있다.

반면, 대량 데이터를 읽고 갱신하는 배치(Batch) 프로그램은 항상 전체범위 처리 기준으로 튜닝해야 한다. 즉, 처리대상 집합 중 일부를 빠르게 처리하는 것이 아니라 전체를 빠르게 처리하는 것을 목표로 삼아야 한다. 대량 데이터를 빠르게 처리하려면, 인덱스와 NL 조인보다 Full Scan과 해시 조인이 유리하다.

예를 들어보자. 아래는 실명확인번호로 조회한 특정 고객의 최근 1년 이내 변경 이력 중 전월 말일 데이터를 출력하는 쿼리다.

```
select  c.고객번호, c.고객명, h.전화번호, h.주소, h.상태코드, h.변경일시
from    고객 c, 고객변경이력 h
where   c.실명확인번호 = :rmnno
and     h.고객번호     = c.고객번호
and     h.변경일시 = (select max(변경일시)
                     from    고객변경이력 m
                     where   고객번호 = c.고객번호
                     and     변경일시 >= trunc(add_months(sysdate, -12), 'mm')
                     and     변경일시 <  trunc(sysdate, 'mm'))

Execution Plan
-----------------------------------------------------------
0         SELECT STATEMENT Optimizer=ALL_ROWS (Cost= …)
1    0      NESTED LOOPS
2    1        NESTED LOOPS (Cost= …)
3    2          NESTED LOOPS (Cost= …)
4    3            TABLE ACCESS (BY INDEX ROWID) OF '고객' (TABLE) (Cost= …)
5    4              INDEX (RANGE SCAN) OF '고객_X01' (INDEX) (Cost= …)
6    3            VIEW PUSHED PREDICATE OF 'SYS.VW_SQ_1' (VIEW) (Cost= …)
```

```
 7    6           SORT (AGGREGATE) (Cost= …)
 8    7            FIRST ROW (Cost= …)
 9    8             INDEX (RANGE SCAN (MIN/MAX)) OF '고객변경이력_PK' (Cost= …)
10    2         INDEX (UNIQUE SCAN) OF '고객변경이력_PK' (INDEX (UNIQUE)) (Cost= …)
11    1       TABLE ACCESS (BY INDEX ROWID) OF '고객변경이력' (TABLE) (Cost= …)
```

실명확인번호 조건에 해당하는 데이터는 한 건이거나 소량이므로 인덱스와 NL 조인을 사용하는 위 방식이 효과적이다.

이번에는 고객구분코드가 'A001'인 고객의 최근 1년 이내 변경 이력 중 전월 말일 데이터를 읽어 고객_임시 테이블에 입력해 보자. 전체 300만 명 중 고객구분코드 조건을 만족하는 고객은 100만 명이다. 이럴 때 아래와 같이 조건절만 바꿔서 직전과 같은 방식으로 수행하면 결코 빠른 성능을 낼 수 없다.

```
insert into 고객_임시
select c.고객번호, c.고객명, h.전화번호, h.주소, h.상태코드, h.변경일시
from   고객 c, 고객변경이력 h
where  c.고객구분코드 = 'A001'
and    h.고객번호     = c.고객번호
and    h.변경일시 = (select max(변경일시)
                    from   고객변경이력
                    where  고객번호 = c.고객번호
                    and    변경일시 >= trunc(add_months(sysdate, -12), 'mm')
                    and    변경일시 <  trunc(sysdate, 'mm'))
```

쿼리를 아래와 같이 변경하고 Full Scan과 해시 조인을 사용해야 효과적이다. 조건절에 해당하지 않는 고객 데이터, 1년을 초과한 이력 데이터까지 읽는 비효율이 있지만, 수행속도는 훨씬 빠르다.

```
insert into 고객_임시
select /*+ full(c) full(h) index_ffs(m.고객변경이력)
           ordered no_merge(m) use_hash(m) use_hash(h) */
       c.고객번호, c.고객명, h.전화번호, h.주소, h.상태코드, h.변경일시
from   고객 c
     ,(select 고객번호, max(변경일시) 최종변경일시
       from   고객변경이력
```

```
           where  변경일시  >= trunc(add_months(sysdate, -12), 'mm')
           and    변경일시  <  trunc(sysdate, 'mm')
           group by 고객번호) m
        , 고객변경이력 h
 where  c.고객구분코드 = 'A001'
 and    m.고객번호      = c.고객번호
 and    h.고객번호      = m.고객번호
 and    h.변경일시      = m.최종변경일시

Execution Plan
-----------------------------------------------------------
 0      INSERT STATEMENT Optimizer=ALL_ROWS (Cost= …)
 1   0    LOAD TABLE CONVENTIONAL OF '고객_임시'
 2   1      HASH JOIN (Cost= …)
 3   2        HASH JOIN (Cost= …)
 4   3          TABLE ACCESS (FULL) OF '고객' (TABLE) (Cost= …)
 5   3          VIEW (Cost= …)
 6   5            SORT (GROUP BY) (Cost= …)
 7   6              FILTER
 8   7                INDEX (FAST FULL SCAN) OF '고객변경이력_PK' (Cost= …)
 9   2        TABLE ACCESS (FULL) OF '고객변경이력' (TABLE) (Cost= …)
```

고객변경이력 테이블을 두 번 읽는 비효율을 없애려면, 아래와 같이 윈도우 함수를 이용하면 된다.

```
insert into 고객_임시
select 고객번호, 고객명, 전화번호, 주소, 상태코드, 변경일시
from  (select /*+ full(c) full(h) leading(c) use_hash(h) */
              c.고객번호, c.고객명, h.전화번호, h.주소, h.상태코드, h.변경일시
            , rank() over (partition by h.고객번호 order by h.변경일시 desc) no
       from   고객 c, 고객변경이력 h
       where  c.고객구분코드 = 'A001'
       and    h.변경일시    >= trunc(add_months(sysdate, -12), 'mm')
       and    h.변경일시    <  trunc(sysdate, 'mm')
       and    h.고객번호    = c.고객번호)
where  no = 1

Execution Plan
-----------------------------------------------------------
 0      INSERT STATEMENT Optimizer=ALL_ROWS (Cost= …)
 1   0    LOAD TABLE CONVENTIONAL OF '고객_임시'
 2   1      VIEW (Cost= …)
```

```
3    2          WINDOW (SORT PUSHED RANK) (Cost= …)
4    3            FILTER
5    4              HASH JOIN (Cost= …)
6    5                TABLE ACCESS (FULL) OF '고객' (TABLE) (Cost= …)
7    5                TABLE ACCESS (FULL) OF '고객변경이력' (TABLE) (Cost= …)
```

대량 배치 프로그램에선 인덱스보다 Full Scan이 효과적이지만, 초대용량 테이블을 Full Scan 하면 상당히 오래 기다려야 하고 시스템에 주는 부담도 적지 않다. 따라서 배치 프로그램에서는 파티션 활용 전략이 매우 중요한 튜닝 요소이고, 병렬 처리까지 더할 수 있으면 금상첨화다. 위 쿼리의 고객변경이력 테이블을 변경일시 기준으로 파티셔닝하면, 변경일시 조건(최근 1년)에 해당하는 파티션만 골라서 Full Scan하므로 부담을 크게 줄일 수 있다.

파티션 테이블에도 인덱스를 사용할 수 있지만, 월 단위로 파티션한 테이블에서 특정 월 또는 몇 개월 치 데이터를 조회할 때 인덱스는 좋은 선택이 아니다. 보름 또는 일주일 치 데이터를 조회하더라도 인덱스보다 Full Scan이 유리하며, 심지어 2~3일 데이터를 조회할 때도 Full Scan이 유리할 수 있다. (관리적 측면을 배제하고 성능 측면에서만 보면) 테이블을 파티셔닝하는 이유는 결국 Full Scan을 빠르게 처리하기 위해서다[5].

다시 강조하지만, 모든 성능 문제를 인덱스로 해결하려 해선 안 된다. 인덱스는 다양한 튜닝 도구 중 하나일 뿐이며, 큰 테이블에서 아주 적은 일부 데이터를 빨리 찾고자 할 때 주로 사용한다.

3.1.4 인덱스 컬럼 추가

테이블 액세스 최소화를 위해 가장 일반적으로 사용하는 튜닝 기법은 인덱스에 컬럼을 추가하는 것이다.

---

[5] 파티션 테이블 조회할 때도 온라인 프로그램은 인덱스를 이용한다. 하지만, 파티셔닝하지 않은 테이블에 인덱스를 이용하는 것에 비해 성능이 좋지 않다. 관리 부담을 줄이기 위해 파티션 테이블에는 대개 로컬 파티션 인덱스를 이용하기 때문이다. 로컬 파티션 인덱스는 (한 파티션만 읽는 경우가 아니면) 파티셔닝하지 않은 인덱스에 비해 온라인 쿼리 성능에 좋지 않다. 결국, 테이블을 파티셔닝하는 이유는 인덱스 성능보다 Full Scan 성능을 높이는 데 있다.

EMP 테이블에 현재 PK 이외에「DEPTNO + JOB」순으로 구성한 EMP_X01 인덱스 하나만 있는 상태에서 아래 쿼리를 수행하려고 한다.

```
select /*+ index(emp emp_x01) */ *
from   emp
where  deptno = 30
and    sal >= 2000
```

그림 3-9를 보면 위 조건을 만족하는 사원이 단 한 명인데, 이를 찾기 위해 테이블을 여섯 번 액세스하였다.

EMP_X01 인덱스

DEPTNO	JOB
10	CLERK
10	MANAGER
10	PRESIDENT
20	ANALYST
20	ANALYST
20	CLERK
20	CLERK
20	MANAGER
30	CLERK
30	MANAGER
30	SALESMAN
30	SALESMAN
30	SALESMAN
30	SALESMAN

EMP 테이블

ENAME	DEPTNO	JOB	SAL
ADAMS	20	CLERK	1100
KING	10	PRESIDENT	5000
BLAKE	30	MANAGER	2850
JONES	20	MANAGER	2975
SMITH	20	CLERK	800
CLARK	10	MANAGER	2450
ALLEN	30	SALESMAN	1600
MILLER	10	CLERK	1300
MARTIN	30	SALESMAN	1250
SCOTT	20	ANALYST	3000
JAMES	30	CLERK	950
FORD	20	ANALYST	3000
WARD	30	SALESMAN	1250
TURNER	30	SALESMAN	1500

[그림 3 - 9]

인덱스 구성을「DEPTNO + SAL」순으로 변경하면 좋겠지만, 실 운영 환경에서는 인덱스 구성을 변경하기가 절대 쉽지 않다. 기존 인덱스를 사용하는 아래와 같은 SQL이 있을 수 있기 때문이다.

```
select * from emp where deptno = 30 and job = 'CLERK'
```

할 수 없이 인덱스를 새로 만들어야겠지만 이런 식으로 인덱스를 추가하다 보면 테이블마다 인덱스가 수십 개씩 달려 배보다 배꼽이 더 커지게 된다. 인덱스 관리 비용이 증가함은 물론 DML 부하에 따른 트랜잭션 성능 저하가 생길 수 있다.

이럴 때, 그림 3-10처럼 기존 인덱스에 SAL 컬럼을 추가하는 것만으로 큰 효과를 얻을 수 있다. 인덱스 스캔량은 줄지 않지만, 테이블 랜덤 액세스 횟수를 줄여주기 때문이다.

EMP_X01 인덱스

DEPTNO	JOB	SAL
10	CLERK	1300
10	MANAGER	2450
10	PRESIDENT	5000
20	ANALYST	3000
20	ANALYST	3000
20	CLERK	800
20	CLERK	1100
20	MANAGER	2975
30	CLERK	950
30	MANAGER	2850
30	SALESMAN	1250
30	SALESMAN	1250
30	SALESMAN	1500
30	SALESMAN	1600

EMP 테이블

ENAME	DEPTNO	JOB	SAL
ADAMS	20	CLERK	1100
KING	10	PRESIDENT	5000
BLAKE	30	MANAGER	2850
JONES	20	MANAGER	2975
SMITH	20	CLERK	800
CLARK	10	MANAGER	2450
ALLEN	30	SALESMAN	1600
MILLER	10	CLERK	1300
MARTIN	30	SALESMAN	1250
SCOTT	20	ANALYST	3000
JAMES	30	CLERK	950
FORD	20	ANALYST	3000
WARD	30	SALESMAN	1250
TURNER	30	SALESMAN	1500

[그림 3 – 10]

인덱스에 컬럼을 추가해서 튜닝했던 실제 사례를 보자.

```
select 렌탈관리번호, 고객명, 서비스관리번호, 서비스번호, 예약접수일시
     , 방문국가코드1, 방문국가코드2, 방문국가코드3, 로밍승인번호, 자동로밍여부
from   로밍렌탈
where  서비스번호 like '010%'
and    사용여부 = 'Y'
```

```
Call     Count  CPU Time  Elapsed Time    Disk     Query    Current    Rows
-------  -----  --------  ------------  -------  --------  ---------  ------
Parse        1     0.010         0.012        0         0          0       0
Execute      1     0.000         0.000        0         0          0       0
Fetch       78    10.150        49.199    27830    266968          0    1909
-------  -----  --------  ------------  -------  --------  ---------  ------
Total       80    10.160        49.211    27830    266968          0    1909

  Rows    Row Source Operation
-------  --------------------------------------------------------------------
   1909   TABLE ACCESS BY INDEX ROWID 로밍렌탈 (cr=266968 pr=27830 pw=0 time= … )
 266476     INDEX RANGE SCAN 로밍렌탈_N2 (cr=1011 pr=900 pw=0 time=1893462 us)
```

위 SQL을 위해 '서비스번호' 단일 컬럼으로 구성된 인덱스(로밍렌탈_N2)를 사용했다. 인덱스를 스캔하고서 얻은 건수는 266,476(인덱스 스캔 단계 왼쪽에 나타난 수치)이다. 따라서 그 건수만큼 테이블을 랜덤 액세스했는데, 그 단계에서만 265,957(=266,968-1,011)개 블록을 읽었다. 이는 전체 블록 I/O의 99.6%를 차지하는 양이다. 총 소요시간은 49초에 이른다. (블록 I/O는 각 오퍼레이션 우측 괄호 안에 있는 cr 항목을 통해 확인할 수 있다.)

 인덱스 클러스터링 팩터 효과 확인

> 앞에서 설명했듯, 클러스터링 팩터가 좋은 인덱스를 이용하면, 테이블 액세스량에 비해 블록 I/O가 훨씬 적게 발생한다.
>
> 방금 사례에선 테이블을 총 266,476번 방문하는 동안 블록 I/O가 265,957개 발생했다. 이를 통해 인덱스 클러스터링 팩터가 매우 안 좋은 상태임을 알 수 있다. 데이터량이 워낙 많다 보니 서비스번호 조건을 만족하는 데이터가 뿔뿔이 흩어져 있는 것이다.

문제는 테이블을 총 266,476번 방문했지만, 최종 결과집합이 1,909건(테이블 액세스 단계 왼쪽에 나타난 수치)뿐이라는 데에 있다. 테이블을 방문하고서 사용여부 = 'Y' 조건을 체크하는 과정에서 대부분 걸러진 것이다.

아래는 로밍렌탈_N2 인덱스에 '사용여부' 컬럼을 추가하고 나서의 SQL 트레이스 결과다.

```
Call     Count  CPU Time  Elapsed Time    Disk      Query    Current       Rows
------   -----  --------  ------------  --------  --------  ---------  ---------
Parse        1     0.000         0.001         0         0          0          0
Execute      1     0.000         0.000         0         0          0          0
Fetch       78     0.140         0.154         0      2902          0       1909
------   -----  --------  ------------  --------  --------  ---------  ---------
Total       80     0.140         0.156         0      2902          0       1909

Rows     Row Source Operation
------   ------------------------------------------------------
  1909   TABLE ACCESS BY INDEX ROWID 로밍렌탈 (cr=2902 pr=0 pw=0 time= … )
  1909    INDEX RANGE SCAN 로밍렌탈_N2 (cr=1001 pr=0 pw=0 time=198557 us)
```

인덱스를 거쳐 테이블을 1,909번 방문했고, 모두 결과집합에 포함되었다. 불필요한 테이블 액세스가 전혀 발생하지 않았다. 불필요한 작업을 줄인 만큼 총 블록 I/O도 2,902개로 줄었다.

3.1.5 인덱스만 읽고 처리

테이블 액세스 단계 필터 조건에 의해 버려지는 레코드가 많을 때, 인덱스에 컬럼을 추가함으로써 얻는 성능 효과를 살펴보았다. 그런데 테이블 랜덤 액세스가 아무리 많아도 필터 조건에 의해 버려지는 레코드가 거의 없다면 거기에 비효율은 없다. 들인 노력만큼 결과를 얻었기 때문이다. 이때는 어떻게 튜닝해야 할까?

예를 들어, 아래 쿼리에 부서번호 단일 컬럼으로 구성된 인덱스를 사용한다면, 비효율은 없다. 인덱스에서 부서번호 LIKE 조건에 해당하는 데이터를 찾고 테이블을 액세스한 후에 버리는 데이터가 하나도 없기 때문이다. 비효율이 없더라도 인덱스 스캔 과정에서 얻은 데이터가 많다면 그만큼 테이블 랜덤 액세스가 많이 발생하므로 성능이 느릴 수 밖에 없다.

```
SELECT 부서번호, SUM(수량)
  FROM 판매집계
 WHERE 부서번호 LIKE '12%'
 GROUP BY 부서번호;
```

쿼리나 인덱스에 문제가 있어서가 아니라 절대 일량이 많아서 느린 거니 어쩔 수 없다. 느린 대로 사용하는 수밖에!

반드시 성능을 개선해야 한다면, 쿼리에 사용된 컬럼을 모두 인덱스에 추가해서 테이블 액세스가 아예 발생하지 않게 하는 방법을 고려해 볼 수 있다. 참고로, 인덱스만 읽어서 처리하는 쿼리를 'Covered 쿼리'라고 부르며, 그 쿼리에 사용한 인덱스를 'Covered 인덱스'라고 부른다.

다행히 지금 보고 있는 쿼리는 컬럼이 많지 않다. '부서번호' 단일 컬럼으로 구성된 인덱스에 '수량' 컬럼만 추가하면 된다. 그렇게 테이블 액세스를 제거하는 순간, 성능은 획기적으로 좋아진다.

이 방법이 효과는 매우 좋지만, 추가해야 할 컬럼이 많아 실제 적용하기 곤란한 경우도 많다.

Include 인덱스

Oracle엔 아직 없지만, SQL Server 2005 버전에 추가된 유용한 기능을 소개하려고 한다. 바로 Include 인덱스다. 이는 인덱스 키 외에 미리 지정한 컬럼을 리프 레벨에 함께 저장하는 기능이다. 인덱스를 생성할 때 아래와 같이 include 옵션을 지정하면 된다. 컬럼은 최대 1,023개까지 지정할 수 있다.

```
create index emp_x01 on emp (deptno) include (sal)
```

include 옵션을 주고 생성한 EMP_X01 인덱스와 아래 EMP_X02 인덱스는 어떤 차이가 있을까?

```
create index emp_x02 on emp(deptno, sal)
```

EMP_X02 인덱스는 DPETNO와 SAL 컬럼 모두 루트와 브랜치 블록에 저장한다. 둘 다 수직적 탐색에 사용할 수 있다.

EMP_X01 인덱스는 SAL 컬럼을 리프 블록에만 저장한다. 수직적 탐색에는 DEPTNO만 사용하고, 수평적 탐색에는 SAL 컬럼도 필터 조건으로 사용할 수 있다. SAL 컬럼은 테이블 랜덤 액세스 횟수를 줄이는 용도로만 사용한다.

아래 SQL을 처리할 때, EMP_X01과 EMP_X02 둘 다 'Covered 인덱스'이므로 테이블 랜덤 액세스를 생략할 수 있다.

```
select sal from emp where deptno = 20
```

아래 SQL을 처리할 때도 테이블 랜덤 액세스 측면에서는 일량이 똑같다. 두 인덱스 모두 불필요한 테이블 액세스가 발생하지 않는다. 하지만, 인덱스 스캔량은 EMP_X02 인덱스가 더 적다. SAL 컬럼도 인덱스 액세스 조건으로 사용하기 때문이다. 자세한 원리는 3절(3.3)에서 설명한다.

```
select * from emp where deptno = 20 and sal >= 2000
select * from emp where deptno = 20 and sal <= 3000
select * from emp where deptno = 20 and sal between 2000 and 3000
```

아래 SQL을 처리할 때 EMP_X02 인덱스는 소트 연산을 생략할 수 있지만, EMP_X01 인덱스는 생략할 수 없다.

```
select * from emp where deptno = 20 order by sal
```

include 인덱스는 순전히 테이블 랜덤 액세스를 줄이는 용도로 개발됐다.

3.1.6 인덱스 구조 테이블

인덱스를 이용한 테이블 액세스가 고비용 구조라고 하니, 랜덤 액세스가 아예 발생하지 않도록 테이블을 인덱스 구조로 생성하면 어떨까? 실제 그런 방법이 제공되는데, 오라클은 이를 'IOT(Index-Organized Table)'라고 부른다. 참고로, MS-SQL Server는 '클러스터형(Clustered) 인덱스'라고 부른다.

테이블을 찾아가기 위한 ROWID를 갖는 일반 인덱스와 달리 IOT는 그 자리에 테이블 데이터를 갖는다. 즉, 테이블 블록에 있어야 할 데이터를 인덱스 리프 블록에 모두 저장하고 있다. 그림 3-11에서 알 수 있는 것처럼 IOT에서는 '인덱스 리프 블록이 곧 데이터 블록'이다.

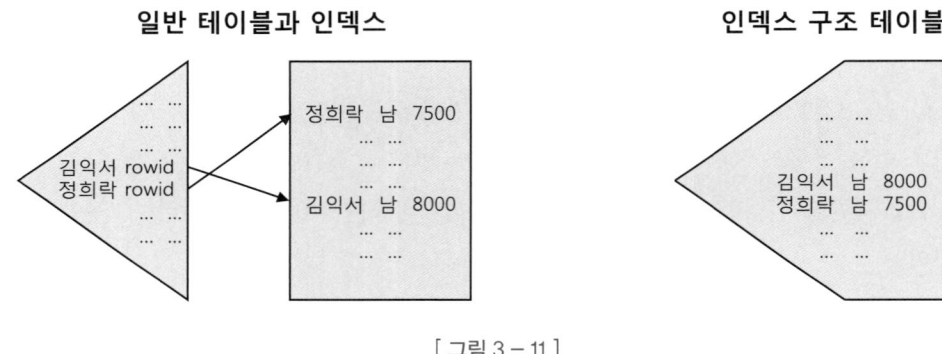

[그림 3 - 11]

테이블을 인덱스 구조로 만드는 구문은 아래와 같다.

```
create table index_org_t ( a number, b varchar(10)
                         , constraint index_org_t_pk primary key (a) )
organization index ;
```

참고로, 일반 테이블은 '힙 구조 테이블'이라고 부른다. 테이블 생성할 때 대개 생략하지만, 아래와 같이 organization 옵션을 명시할 수도 있다.

```
create table heap_org_t ( a number, b varchar(10)
                        , constraint heap_org_t_pk primary key (a) )
organization heap ;
```

일반 힙 구조 테이블에 데이터를 입력할 때는 랜덤 방식을 사용한다. 즉, Freelist로부터 할당 받은 블록에 정해진 순서 없이 데이터를 입력한다. 반면, IOT는 인덱스 구조 테이블이므로 정렬 상태를 유지하며 데이터를 입력한다.

IOT는 인위적으로 클러스터링 팩터를 좋게 만드는 방법 중 하나다. 같은 값을 가진 레코드들이 100% 정렬된 상태로 모여 있으므로 랜덤 액세스가 아닌 시퀀셜 방식으로 데이터를 액세스한다. 이 때문에 BETWEEN이나 부등호 조건으로 넓은 범위를 읽을 때 유리하다.

데이터 입력과 조회 패턴이 서로 다른 테이블에도 유용하다. 예를 들어, 어떤 회사에 영업사원이 100명이라고 가정하자. 영업사원들의 일별 실적을 집계하는 테이블이 있는데, 한 블록에 100개 레코드가 담긴다. 그러면 매일 한 블록씩 1년이면 365개 블록이 생긴다.

실적등록은 일자별로 진행되지만, 실적조회는 주로 사원별로 이루어진다. 아래 쿼리를 영업부서에서 가장 많이 수행한다고 가정하자.

```
select substr(일자, 1, 6) 월도
     , sum(판매금액) 총판매금액, avg(판매금액) 평균판매금액
from   영업실적
where  사번 = 'S1234'
and    일자 between '20180101' and '20181231'
group by substr(일자, 1, 6)
```

이 쿼리에 인덱스를 사용한다면, 사원마다 랜덤 액세스 방식으로 365개 테이블 블록을 읽어야 한다. 클러스터링 팩터가 매우 안 좋으므로 조회 건수만큼 블록 I/O가 발생한다.

이처럼 입력과 조회 패턴이 서로 다를 때, 아래와 같이 사번이 첫 번째 정렬 기준이 되도록 IOT를 구성해 주면, (한 블록에 100개 레코드가 담기므로) 네 개 블록만 읽고 처리할 수 있다.

```
create table 영업실적 ( 사번 varchar2(5), 일자 varchar2(8), ...
       , constraint 영업실적_pk primary key (사번, 일자) ) organization index;
```

3.1.7 클러스터 테이블

클러스터 테이블에는 인덱스 클러스터와 해시 클러스터 두 가지가 있다. 인덱스 클러스터부터 살펴보자.

인덱스 클러스터 테이블

인덱스 클러스터 테이블은 그림 3-12처럼 클러스터 키(여기서는 deptno) 값이 같은 레코드를 한 블록에 모아서 저장하는 구조다. 한 블록에 모두 담을 수 없을 때는 새로운 블록을 할당해서 클러스터 체인으로 연결한다.

클러스터 키
= DEPTNO

CLUSTER HEADER	TABLE COLUMNS					
DEPTNO	EMPNO	ENAME	JOB	MGR	SAL	
10	7839	KING	PRESIDENT		5000	CLUSTER
	7782	CLARK	MANAGER	7839	2450	
	7934	MILLER	CLERK	7782	1300	

DEPTNO	EMPNO	ENAME	JOB	MGR	SAL	
20	7788	SCOTT	ANALYST	7566	3000	
	7902	FORD	ANALYST	7566	3000	
	7566	JONES	MANAGER	7839	2975	CLUSTER
	7876	ADAMS	CLERK	7788	1100	
	7369	SMITH	CLERK	7902	800	

DEPTNO	EMPNO	ENAME	JOB	MGR	SAL	
30	7698	BLAKE	MANAGER	7839	2850	
	7499	ALLEN	SALESMAN	7698	1600	
	7844	TURNER	SALESMAN	7698	1500	CLUSTER
	7521	WARD	SALESMAN	7698	1250	
	7654	MARTIN	SALESMAN	7698	1250	
	7900	JAMES	CLERK	7698	950	

[그림 3 - 12]

심지어 여러 테이블 레코드를 같은 블록에 저장할 수도 있는데, 이를 '다중 테이블 클러스터'라고 부른다. 일반 테이블은 하나의 데이터 블록을 여러 테이블이 공유할 수 없음을 상기하기 바란다.

이름 때문에 SQL 서버나 Sybase에서 말하는 '클러스터형 인덱스(Clustered Index)'와 같다고 생각할지 모르지만 클러스터형 인덱스는 오히려 IOT에 가깝다. 오라클 클러스터는 키 값이 같은 데이터를 같은 공간에 저장해 둘 뿐, IOT나 SQL Server의 클러스터형 인덱스처럼 정렬하지는 않는다.

인덱스 클러스터 테이블을 구성하려면 먼저 아래와 같이 클러스터를 생성한다.

```
create cluster c_dept# ( deptno number(2) ) index ;
```

그리고 클러스터에 테이블을 담기 전에 아래와 같이 클러스터 인덱스를 반드시 정의해야 한다. 왜냐하면, 클러스터 인덱스는 데이터 검색 용도로 사용할 뿐만 아니라 데이터가 저장될 위치를 찾을 때도 사용하기 때문이다.

```
create index c_dept#_idx on cluster c_dept#;
```

클러스터 인덱스를 만들었으면 아래와 같이 클러스터 테이블을 생성한다.

```
create table dept (
  deptno  number(2)     not null
, dname   varchar2(14) not null
, loc     varchar2(13) )
cluster c_dept#( deptno );
```

클러스터 인덱스도 일반 B*Tree 인덱스 구조를 사용하지만, 테이블 레코드를 일일이 가리키지 않고 해당 키 값을 저장하는 첫 번째 데이터 블록을 가리킨다는 점이 다르다. 즉, 일반 테이블에 생성한 인덱스 레코드는 테이블 레코드와 1:1 대응 관계를 갖지만, 클러스터 인덱스는 그림 3-13에서 보듯 테이블 레코드와 1:M 관계를 갖는다. 따라서 클러스터 인덱스의 키 값은 항상 Unique하다(= 중복 값이 없다).

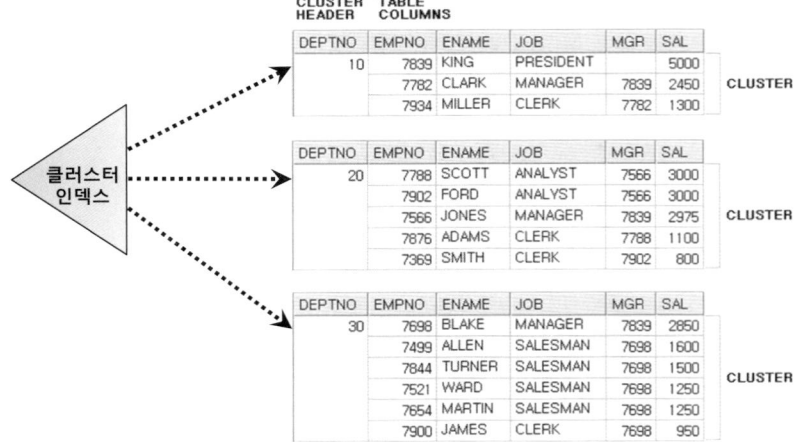

[그림 3 – 13]

이런 구조적 특성 때문에 클러스터 인덱스를 스캔하면서 값을 찾을 때는 랜덤 액세스가 (클러스터 체인을 스캔하면서 발생하는 랜덤 액세스는 제외하고) 값 하나당 한 번씩 밖에 발생하지 않는다. 클러스터에 도달해서는 시퀀셜 방식으로 스캔하기 때문에 넓은 범위를 읽더라도 비효율이 없다는 게 핵심 원리다.

클러스터 인덱스로 조회할 때 실행계획은 아래와 같다.

```
select * from dept where deptno = :deptno;

Execution Plan
-------------------------------------------------------------
0      SELECT STATEMENT Optimizer=ALL_ROWS (Cost=1 Card=1 Bytes=30)
1   0    TABLE ACCESS (CLUSTER) OF 'DEPT' (CLUSTER) (Cost=1 Card=1 Bytes=30)
2   1       INDEX (UNIQUE SCAN) OF 'C_DEPT#_IDX' (INDEX (CLUSTER)) (Cost=1 Card=1)
```

해시 클러스터 테이블

해시 클러스터는 인덱스를 사용하지 않고 그림 3-14처럼 해시 알고리즘을 사용해 클러스터를 찾아간다는 점만 다르다.

3.1 테이블 액세스 최소화

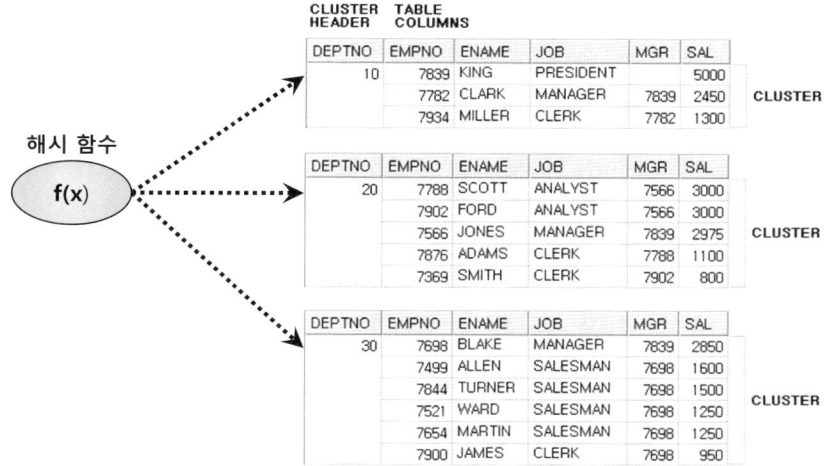

[그림 3 – 14]

해시 클러스터 테이블을 구성하려면 먼저 아래와 같이 클러스터를 생성한다.

```
create cluster c_dept# ( deptno number(2) ) hashkeys 4 ;
```

그리고 아래와 같이 클러스터 테이블을 생성한다.

```
create table dept (
  deptno number(2)    not null
, dname  varchar2(14) not null
, loc    varchar2(13) )
cluster c_dept#( deptno );
```

해시 클러스터를 조회할 때 실행계획은 아래와 같다.

```
select * from dept where deptno = :deptno;

Execution Plan
------------------------------------------------------------
 0      SELECT STATEMENT Optimizer=ALL_ROWS (Cost=0 Card=1 Bytes=30)
 1   0    TABLE ACCESS (HASH) OF 'DEPT' (CLUSTER (HASH)) (Card=1 Bytes=30)
```

157

3.2 부분범위 처리 활용

테이블 랜덤 액세스가 성능에 미치는 영향, 그리고 그것을 최소화하기 위해 인덱스에 컬럼을 추가하고 테이블 저장 구조를 개선하는 방법을 살펴봤다.

본 절은 테이블 랜덤 액세스로 인한 인덱스 손익분기점의 한계를 극복할 히든카드를 추가로 소개한다. 부분범위 처리 원리가 바로 그것인데, 이를 활용하면 인덱스로 액세스할 대상 레코드가 아무리 많아도 아주 빠른 응답속도를 낼 수 있다. 원리를 모른 상태에서 경험하면 마법이라고 느낄 만큼 극적인 성능 향상 효과를 가져다주는 부분범위 처리에 어떤 원리가 숨어 있는지 지금부터 살펴보자.

3.2.1 부분범위 처리

그림 3-15를 보면, 공사장에서 미장공이 시멘트를 이용해 벽돌을 쌓는 동안 운반공이 벽돌을 실어 나르고 있다. 아마 집을 짓는 듯하다. 쌓여 있는 벽돌을 한 번에 모두 실어 나를 수 없어 수레를 이용해 일정량씩 나누어 운반하는 모습을 볼 수 있다. 운반공은 미장공이 벽돌을 더 가져오라는 요청(→ Fetch Call)이 있을 때만 벽돌을 실어 나른다. 추가 요청이 없으면 운반작업은 거기서 멈춘다[6].

---

[6] 그림 3-15를 1장에서도 본 기억이 날 것이다. 그림 1-25와 같은 그림이다. 같은 그림이지만, 두 그림이 의미하는 바는 서로 다르다. 헷갈리지 말기 바란다.
그림 1-25는 디스크에서 블록 읽는 과정을 표현하고 있다. 미장공은 SQL을 처리하는 서버 프로세스이고, 운반공은 디스크 I/O를 수행하는 I/O 서브 시스템이다.
반면, 지금 보는 그림 3-15는 DB 클라이언트가 DB 서버로부터 데이터 Fetch 하는 과정을 표현하고 있다. 미장공은 DB 클라이언트이고, 운반공은 데이터를 읽어 클라이언트에게 전송하는 서버 프로세스다.

[그림 3 – 15]

DBMS가 클라이언트에게 데이터를 전송할 때도 일정량씩 나누어 전송한다. 전체 결과집합 중 아직 전송하지 않은 분량이 많이 남아있어도 서버 프로세스는 클라이언트로부터 추가 Fetch Call을 받기 전까지 그대로 멈춰 서서 기다린다.

OLTP 환경에서 대용량 데이터를 빠르게 핸들링할 수 있는 아주 중요한 원리가 바로 여기에 숨어있다. 예를 들어, 마우스로 클릭하면 아래 JAVA 메소드를 호출하는 실행 버튼이 있다고 하자. SQL문에 사용한 BIG_TABLE이 1억 건에 이르는 대용량 테이블이어도 실행 결과는 버튼을 클릭하자마자 곧바로 화면에 출력된다.

```java
private void execute(Connection con) throws Exception {
  Statement stmt = con.createStatement();
  ResultSet rs   = stmt.executeQuery("select name from big_table");

  for(int i=0; i<100; i++) {
    if(rs.next()) System.out.println(rs.getString(1));
  }

  rs.close();
  stmt.close();
}
```

1억 건짜리 테이블인데도 결과를 빨리 출력할 수 있는 이유는, DBMS가 데이터를 모두 읽어 한 번에 전송하지 않고 먼저 읽는 데이터부터 일정량(Array Size)을 전송하고 멈추기 때문이다. 데이터를 전송하고 나면 서버 프로세스는 CPU를 OS에 반환하고 대기 큐에서 잠을 잔다(1장 그림 1-8 '프로세스 생명주기' 참고). 다음 Fetch Call을 받으면 대기 큐에서 나와 그다음 데이터부터 일정량을 읽어서 전송하고 또다시 잠을 잔다.

이처럼 전체 쿼리 결과집합을 쉼 없이 연속적으로 전송하지 않고 사용자로부터 Fetch Call이 있을 때마다 일정량씩 나누어 전송하는 것을 이른바 '부분범위 처리'라고 한다.

데이터를 전송하는 단위인 Array Size는 클라이언트 프로그램에서 설정한다. JAVA에서 Array Size 기본값은 10이며, Statement 객체 setFetchSize 메소드를 통해 설정을 변경할 수 있다. Array Size가 10인 상태에서 위 JAVA 프로그램이 데이터를 읽어 들이는 메커니즘은 아래와 같다.

1. 최초 rs.next() 호출 시 Fetch Call을 통해 DB 서버로부터 전송받은 데이터 10건을 클라이언트 캐시에 저장한다.
2. 이후 rs.next() 호출할 때는 Fetch Call을 발생시키지 않고 캐시에서 데이터를 읽는다.
3. 캐시에 저장한 데이터를 모두 소진한 상태에서 rs.next() 호출 시 추가 Fetch Call을 통해 10건을 전송받는다.
4. 100건을 다 읽을 때까지 2~3번 과정을 반복한다.

100개 레코드를 전송받아 콘솔에 출력(내부적으로 연속해서 10번의 Fetch Call 발생)하고는 곧바로 ResultSet과 Statement 객체를 닫았으므로 위 JAVA 프로그램은 BIG_TABLE에 데이터가 아무리 많아도 오래 걸릴 이유가 없다. (어떤 오라클 튜닝 서적을 보면, 쿼리 수행 시 결과 집합을 버퍼캐시에 모두 적재하고 나서 사용자에게 전송한다고 설명하고 있다. 그 책을 보고 지금까지 그렇게 이해하고 있는 독자가 있다면 여기서 개념을 다시 정립하기 바란다. 만약 그 책이 설명한 방식으로 처리한다면, 위 JAVA 프로그램은 결코 빠를 수 없다.)

정렬 조건이 있을 때 부분범위 처리

만약 쿼리문에 아래와 같이 order by를 추가하면 어떻게 될까? 이때도 부분범위 처리가 작동할까?

```
Statement stmt = con.createStatement();
ResultSet rs = stmt.executeQuery("select name from big_table **order by created**");
```

DB 서버는 '모든' 데이터를 다 읽어 created 순으로 정렬을 마치고서야 클라이언트에게 데이터 전송을 시작할 수 있다. 전체범위처리다. Sort Area와 Temp 테이블스페이스까지 이용해 데이터 정렬을 마치고 나면 그때부터 일정량씩 나눠 클라이언트에게 데이터를 전송한다.

다행히 created 컬럼이 선두인 인덱스가 있으면, 부분범위 처리가 가능하다. 인덱스는 항상 정렬된 상태를 유지하므로 전체 데이터를 정렬하지 않고도 정렬된 상태의 결과집합을 바로 전송할 수 있기 때문이다.

Array Size 조정을 통한 Fetch Call 최소화

부분범위 처리 원리를 이해했다면, 네트워크를 통해 전송해야 할 데이터량에 따라 Array Size를 조절할 필요가 있음을 직감했을 것이다. 예를 들어, 대량 데이터를 파일로 내려받는다면 어차피 데이터를 모두 전송해야 하므로 가급적 그 값을 크게 설정해야 한다. Array Size를 조정한다고 해서 전송해야 할 총량이 변하진 않지만, Fetch Call 횟수를 그만큼 줄일 수 있다.

반대로, 앞쪽 일부 데이터만 Fetch하다가 멈추는 프로그램이라면 Array Size를 작게 설정하는 것이 유리하다. 불필요하게 많은 데이터를 전송하고 버리는 비효율을 줄일 수 있기 때문이다. 방금 본 JAVA 프로그램에서 만약 Array Size를 1,000으로 설정한다면, 사용하지도 않고 버릴 뒤쪽 900개 레코드를 읽어서 전송하는 과정에 네트워크와 서버, 클라이언트 자원만 낭비하게 된다.

쿼리 툴에서 부분범위 처리

이번에는 토드나 오렌지 같은 쿼리 툴에서 부분범위 처리가 어떻게 작동하는지 확인해 보자.

오렌지에서 그림 3-16처럼 쿼리를 수행하면, BIG_TABLE이 아무리 커도 결과는 0.1초만에 나온다.

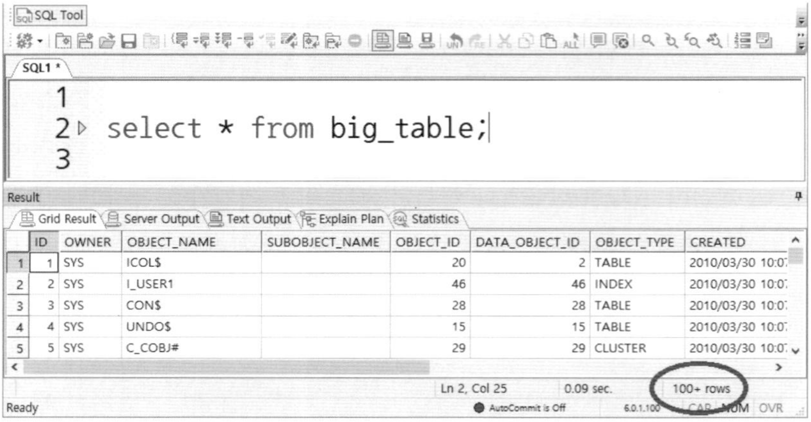

[그림 3 - 16]

결과가 빨리 나오지만, 전체 데이터를 읽은 것은 아니다. 그림 3-16 우측 하단을 보면 '100 rows'라고 표시돼 있다. 전체 데이터 중 먼저 읽은 100개만 출력한 것이다. 오렌지에 설정된 옵션(Tool 〉〉 Orange Options)을 보면 그 이유를 쉽게 알 수 있다.

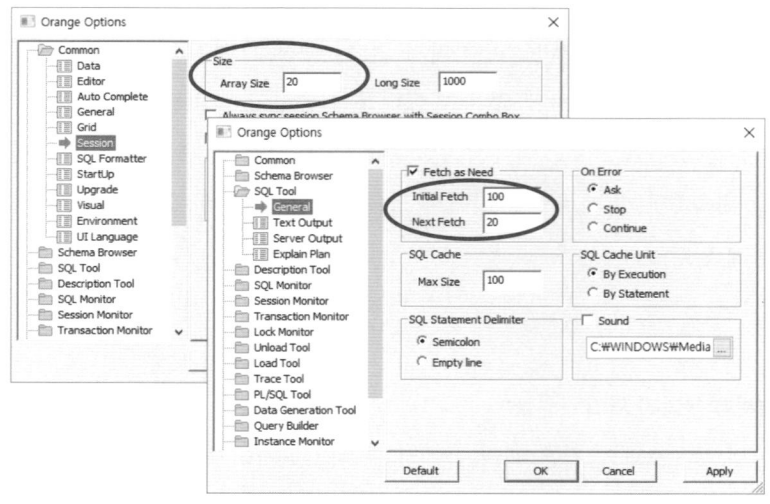

[그림 3 - 17]

그림 3-17에서 우선 Array Size가 20으로 설정된 부분을 주목하자. 이는 서버에 Fetch Call 할 때 데이터를 20개씩 요청하도록 설정돼 있는 것이다. 그림 3-16에서 쿼리를 수행하자마자 100개를 출력한 이유는, Initial Fetch가 100으로 설정돼 있기 때문이다. Initial Fetch는 100, Array Size는 20으로 설정했으므로 오렌지는 쿼리를 수행하자마자 Fetch Call을 연속해서 다섯 번 발생시킨다.

화면에 100개 레코드가 출력된 상태에서 사용자가 101번째 레코드를 읽으려고 스크롤하는 순간, 추가 Fetch Call이 발생한다. 이때부터는 20개씩 출력한다.

이번에는 오라클 기본 쿼리 툴 SQL*Plus에서 같은 테스트를 해 보자.

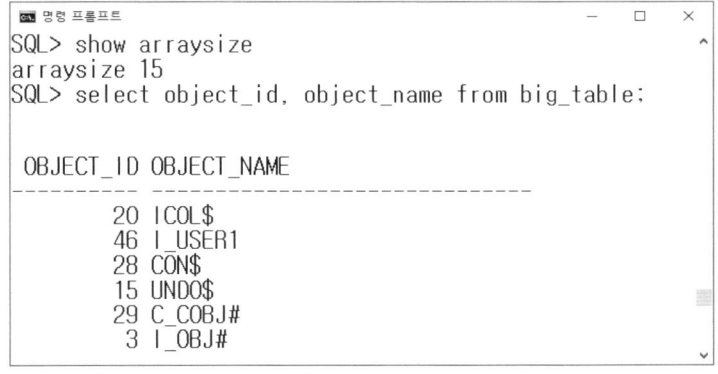

[그림 3 – 18]

그림 3-18을 보면, Array Size가 15로 설정돼 있다. 그런데 쿼리를 수행해보면 중간에 멈추지 않고 데이터를 계속 출력한다. 부분범위 처리가 작동하지 않는 듯하다. 같은 DB 서버에 접속했는데, 어떤 쿼리 툴에서는 부분범위 처리가 작동하고 어떤 쿼리 툴에서는 작동하지 않는 이유가 무엇일까? 참고로, MS-SQL Server 사용자가 주로 사용하는 쿼리 분석기(Query Analyzer)에서도 쿼리를 수행해 보면, 멈추지 않고 전체 데이터를 출력한다.

모든 DBMS는 데이터를 조금씩 나눠서 전송한다. 즉, 부분범위 처리 방식으로 결과집합을 전송한다. 이 특징을 이용해 중간에 멈췄다가 사용자의 추가 요청이 있을 때마다 데이터를 가져오도록 구현하고 안 하고는 클라이언트 프로그램을 개발하는 개발자의 몫이다. 오라클 사용자가 주로 사용하는 토드나 오렌지 같은 쿼리 툴 개발자는 부분범위 처리 원리를 이용하는 방식으로 구현했지만, 오라클 SQL*Plus와 SQL Server 쿼리 분석기 개발자는 그렇게 구현하지 않았다.

3.2.2 부분범위 처리 구현

실제 구현 예시를 보자. 아래 JAVA 소스는 부분범위 처리를 활용하지 않은 예시다. 대개 우리는 이처럼 쉽고 단순한 방식으로 코딩한다.

```
1   public class AllRange {
2
3     public static void execute(Connection con) throws Exception {
4       int arraysize = 10;
5       String SQLStmt = "select object_id, object_name from all_objects";
6       Statement stmt = con.createStatement();
7       stmt.setFetchSize(arraysize);
8       ResultSet rs = stmt.executeQuery(SQLStmt);
9       while(rs.next()){
10        System.out.println(rs.getLong(1) + " : " + rs.getString(2));
11      }
12      rs.close();
13      stmt.close();
14    }
15
16    public static void main(String[] args) throws Exception {
17
18      Connection con = getConnection();
19
20      execute(con);
21
22      releaseConnection(con);
23    }
24  }
```

아래 JAVA 소스는 부분범위 처리를 활용한 코딩 예시다. 출력 레코드 수가 Array Size에 도달하면 멈추었다가(14번 라인) 사용자 요청이 있을 때 다시 데이터를 Fetch하는 부분(26~31번 라인)이 핵심이다. 개발자가 일일이 이렇게 구현할 순 없고, 개발 프레임워크에 미리 구현돼 있는 기능을 활용한다.

```java
1   import java.io.*;
2   import java.lang.*;
3   import java.util.*;
4   import java.net.*;
5   import java.sql.*;
6   import oracle.jdbc.driver.*;
7
8   public class PartialRange {
9
10    public static int fetch(ResultSet rs, int arraysize) throws Exception {
11      int i = 0;
12      while(rs.next()){
13        System.out.println(rs.getLong(1) + " : " + rs.getString(2));
14        if(++i >= arraysize) return i;
15      }
16      return i;
17    }
18
19    public static void execute(Connection con) throws Exception {
20      int arraysize = 10;
21      String SQLStmt = "select object_id, object_name from all_objects";
22      Statement stmt = con.createStatement();
23      stmt.setFetchSize(arraysize);
24      ResultSet rs = stmt.executeQuery(SQLStmt);
25      while(true){
26        int r = fetch(rs, arraysize);
27        if(r < arraysize) break;
28        System.out.println("Enter to Continue ... (Q)uit? ");
29        BufferedReader in = new BufferedReader(new InputStreamReader(System.in));
30        String input = in.readLine();
31        if(input.equals("Q")) break;
32      }
33      rs.close();
34      stmt.close();
35    }
36
37    public static void main(String[] args) throws Exception {
38
39      Connection con = getConnection();
```

```
40
41      execute(con);
42
43      releaseConnection(con);
44   }
45 }
```

3.2.3 OLTP 환경에서 부분범위 처리에 의한 성능개선 원리

OLTP는 'Online Transaction Processing'의 줄임말이다. OLTP 시스템은 말 그대로 온라인 트랜잭션을 처리하는 시스템을 말한다. 온라인 트랜잭션은 일반적으로 소량 데이터를 읽고 갱신한다.

그런데 OLTP 시스템이라고 항상 소량 데이터만 조회하는 것은 아니다. 수천수만 건을 조회하는 경우도 있다. 인덱스를 이용해 수천수만 건을 조회하려면 만족할만한 성능을 내기 어려울 수 있다. 많은 테이블 랜덤 액세스가 발생하기 때문이다. 다행히(=우연히) 버퍼캐시히트율이 좋다면 빠른 성능을 보일 수도 있지만, 그렇지 않다면 수십 초간 기다려야 할 수도 있다.

다행히 OLTP성 업무에서 쿼리 결과 집합이 아주 많을 때 사용자가 모든 데이터를 일일이 다 확인하지는 않는다. 특정한 정렬 순서로 상위 일부 데이터만 확인한다. 은행계좌 입출금 조회, 뉴스 또는 게시판(BBS) 조회 등이 여기에 해당하며, 주로 목록을 조회하는 경우다. 그럴 때, 항상 정렬 상태를 유지하는 인덱스를 이용하면, 정렬 작업을 생략하고 앞쪽 일부 데이터를 아주 빠르게 보여줄 수 있다.

인덱스와 부분범위 처리 원리를 잘 활용하면 OLTP 환경에서 극적인 성능개선 효과를 얻을 수 있는 원리가 바로 여기에 숨어 있다. 아래 쿼리를 예로 들어보자.

```
select 게시글ID, 제목, 작성자, 등록일시
from   게시판
where  게시판구분코드 = 'A'
order by 등록일시 desc
```

인덱스 선두 컬럼을 「게시판구분코드 + 등록일시」 순으로 구성하지 않으면(게시판구분코드 단일 컬럼으로 구성하거나, 게시판구분코드 바로 뒤에 등록일시가 위치하지 않으면), 소트 연산을 생략할 수 없다. 게시판구분코드 = 'A' 조건을 만족하는 모든 레코드를 인덱스에서 읽어야 하고, 그만큼 많은 테이블 랜덤 액세스가 발생한다. 모든 데이터를 다 읽어 등록일시 역순으로 정렬을 마치고서야 출력을 시작하므로 OLTP 환경에서 요구되는 빠른 응답 속도를 내기 어렵다. 아래는 인덱스로 소트 연산을 생략할 수 없을 때 나타나는 실행계획이다.

```
-------------------------------------------------------------------------
| Id | Operation                    | Name     | Rows  | Bytes | Cost (%CPU)|
-------------------------------------------------------------------------
|  0 | SELECT STATEMENT             |          | 40000 | 3515K |  2041   (1)|
|  1 |  SORT ORDER BY               |          | 40000 | 3515K |  2041   (1)|
|  2 |   TABLE ACCESS BY INDEX ROWID| 게시판   | 40000 | 3515K |  1210   (1)|
|* 3 |    INDEX RANGE SCAN          | 게시판_X01| 40000|       |    96   (2)|
-------------------------------------------------------------------------

Predicate Information (identified by operation id):
---------------------------------------------------
   2 - access("게시판구분코드"='A')
```

인덱스를 「게시판구분코드 + 등록일시」 순으로 구성하면 Sort Order By 연산을 생략할 수 있다. 아래는 「게시판구분코드 + 등록일시」 순으로 구성된 인덱스를 사용할 때의 실행계획이다. SQL문에 Order By절이 있음에도 불구하고 Sort Order By 오퍼레이션이 자동으로 제거된 것을 확인하기 바란다.

```
-------------------------------------------------------------------------
| Id | Operation                       | Name      | Rows  | Bytes | Cost (%CPU)|
-------------------------------------------------------------------------
|  0 | SELECT STATEMENT                |           | 40000 | 3515K |  1372   (1)|
|  1 |  TABLE ACCESS BY INDEX ROWID    | 게시판    | 40000 | 3515K |  1372   (1)|
|* 2 |   INDEX RANGE SCAN DESCENDING   | 게시판_X02| 40000 |       |   258   (1)|
-------------------------------------------------------------------------

Predicate Information (identified by operation id):
---------------------------------------------------
   2 - access("게시판구분코드"='A')
```

이 방식으로 수행하면 게시판구분코드 = 'A' 조건을 만족하는 전체 로우를 읽지 않고도 바로 결과집합 출력을 시작할 수 있다.

멈출 수 있어야 의미있는 부분범위 처리

문제는 앞쪽 일부만 출력하고 멈출 수 있는가이다. 이것이 부분범위 처리의 핵심이다. 토드나 오렌지 같은 쿼리 툴은 이미 그렇게 구현돼 있다. 이들처럼 클라이언트 프로그램이 DB 서버에 직접 접속하는 2-Tier 환경에서는 그렇게 구현할 수 있었고, 실제로도 그렇게 많이 구현했었다.

그런데 클라이언트와 DB 서버 사이에 WAS, AP 서버 등이 존재하는 n-Tier 아키텍처에서는 클라이언트가 특정 DB 커넥션을 독점할 수 없다. 단위 작업을 마치면 DB 커넥션을 곧바로 커넥션 풀에 반환해야 하므로 그 전에 SQL 조회 결과를 클라이언트에게 '모두' 전송하고 커서(Cursor)[7]를 닫아야 한다. 따라서 SQL 결과집합을 조금씩 나눠 전송하도록 구현하기 어렵다.

그렇다면 부분범위 처리는 n-Tier 환경에서 의미 없는 개념일까? 그렇지 않다. 부분범위 처리는 n-Tier 환경에서도 여전히 유효하다. 자세한 내용은 5장 3절(5.3)에서 설명한다.

---

[7] JAVA 기준으로 Statememt와 ResultSet 객체, 마이크로소프트 ADODB 기준으로 Command와 Recordset 객체가 커서 역할을 한다. 참고로, 여기서 말하는 커서는 '애플리케이션 커서'를 의미한다. 라이브러리 캐시의 '공유 커서(Shared SQL Area)', PGA의 '세션 커서(Private SQL Area)'와 헷갈리지 않기 바란다.

배치 I/O

1절에서 강조한 것처럼 인덱스 ROWID를 이용한 테이블 랜덤 액세스는 고비용 구조다. 인덱스를 이용해 대량 데이터를 조회하면, 디스크 I/O 발생량도 함께 증가하므로 성능이 급격히 나빠진다. 다행히 부분범위 처리 원리를 활용해 상위 N개 집합을 빠르게 출력하도록 구현할 수 있다면, 인덱스로 액세스할 전체 대상 레코드가 아무리 많아도 빠른 응답속도를 낼 수 있다. 그러기 위해선 인덱스를 이용해 소트 연산을 생략할 수 있어야 하는데, 이와 관련해서 꼭 기억해야 할 내용이 있어 소개한다.

디스크 랜덤 I/O 성능을 높이려고 DBMS 업체들이 계속 노력을 기울이는 가운데, 오라클에서 최근 가장 눈에 띄는 개선은 배치 I/O 기능에서 볼 수 있다. 배치(Batch) I/O는 읽는 블록마다 건건이 I/O Call을 발생시키는 비효율을 줄이기 위해 고안한 기능이다. 인덱스를 이용해 테이블을 액세스하다가 버퍼 캐시에서 블록을 찾지 못하면 일반적으로 디스크 블록을 바로 읽는데, 이 기능이 작동하면 테이블 블록에 대한 디스크 I/O Call을 미뤘다가 읽을 블록이 일정량 쌓이면 한꺼번에 처리한다.

11g에서는 NL 조인 Inner 쪽 테이블 액세스할 때만 이 기능이 작동했지만, 12c부터는 인덱스 ROWID로 테이블을 액세스하는 어떤 부분에서든 이 기능이 작동할 수 있다.

데이터 정렬 이슈

배치 I/O 기능이 작동하면 인덱스를 이용해서 출력하는 데이터 정렬 순서가 매번 다를 수 있다는 사실에 주목해야 한다. 테이블 블록을 모두 버퍼 캐시에서 찾을 때는(버퍼캐시 히트율 = 100%) 기존처럼 인덱스 키값 순으로 데이터가 출력되지만, 그렇지 않을 때(버퍼 캐시 히트율 < 100%) 즉, 실제 배치 I/O가 작동할 때는 데이터 출력 순서가 인덱스 정렬 순서와 다를 수 있다.

실제 SQL과 실행계획을 보면서 확인해 보자. 아래는 인덱스를 이용해 소트 연산을 생략할 수 있는 경우다. SQL에 ORDER BY 절이 있음에도 불구하고 실행계획에 SORT ORDER BY 오퍼레이션이 생략되었다.

```
SQL> create index emp_x01 on emp(deptno, job, empno);

SQL> set autotrace traceonly exp;

SQL> select * from emp e where deptno = 20 order by job, empno;
```

```
--------------------------------------------------------------------
| Id | Operation                    | Name    | Rows | Bytes | Cost |
--------------------------------------------------------------------
|  0 | SELECT STATEMENT             |         |    5 |   190 |    2 |
|  1 |  TABLE ACCESS BY INDEX ROWID | EMP     |    5 |   190 |    2 |
|  2 |   INDEX RANGE SCAN           | EMP_X01 |    5 |       |    1 |
--------------------------------------------------------------------
```

이번에는 12c 버전에서 batch_table_access_by_rowid 힌트를 사용해 보자. 배치 I/O가 작동할 수 있다는 사실을 표현하기 위해 아래와 같이 테이블 액세스 단계(ID=2) 뒤쪽에 'BATCHED'가 추가됐고, 동시에 SORT ORDER BY 오퍼레이션(ID=1)도 추가됐다. 소트 생략 가능한 인덱스를 사용하더라도 배치 I/O 기능이 작동하면 데이터 정렬 순서를 보장할 수 없기 때문에 옵티마이저가 이런 선택을 한 것이다.

```
SQL> select /*+ batch_table_access_by_rowid(e) */ *
  2  from    emp e
  3  where   deptno = 20
  4  order by job, empno;
```

```
----------------------------------------------------------------------------
| Id | Operation                            | Name    | Rows | Bytes | Cost |
----------------------------------------------------------------------------
|  0 | SELECT STATEMENT                     |         |    5 |   190 |    2 |
|  1 |  SORT ORDER BY                       |         |    5 |   190 |    2 |
|  2 |   TABLE ACCESS BY INDEX ROWID BATCHED| EMP     |    5 |   190 |    2 |
|  3 |    INDEX RANGE SCAN                  | EMP_X01 |    5 |       |    1 |
----------------------------------------------------------------------------
```

애초에 인덱스로 소트 연산을 생략할 수 없거나 SQL에 ORDER BY가 없으면, 랜덤 I/O 성능을 향상하는 이 좋은 기능을 사용하지 않을 이유가 없다. 그럴 때 옵티마이저는 기본적으로 배치 I/O를 선택한다. 아래는 인덱스로 소트 연산을 생략할 수 없는 경우다.

```
SQL> select * from emp e where deptno = 20 order by empno;

--------------------------------------------------------------------
| Id | Operation                           | Name    | Rows | Bytes | Cost |
--------------------------------------------------------------------
|  0 | SELECT STATEMENT                    |         |   5  |  190  |  3   |
|  1 |  SORT ORDER BY                      |         |   5  |  190  |  3   |
|  2 |   TABLE ACCESS BY INDEX ROWID BATCHED| EMP    |   5  |  190  |  2   |
|  3 |    INDEX RANGE SCAN                 | EMP_X01 |   5  |       |  1   |
--------------------------------------------------------------------
```

아래는 ORDER BY가 없으므로 옵티마이저가 정렬 순서를 보장할 필요가 없는 경우다.

```
SQL> select * from emp e where deptno = 20;

--------------------------------------------------------------------
| Id | Operation                           | Name    | Rows | Bytes | Cost |
--------------------------------------------------------------------
|  0 | SELECT STATEMENT                    |         |   5  |  190  |  2   |
|  1 |  TABLE ACCESS BY INDEX ROWID BATCHED | EMP    |   5  |  190  |  2   |
|  2 |   INDEX RANGE SCAN                  | EMP_X01 |   5  |       |  1   |
--------------------------------------------------------------------
```

배치 I/O를 통해 얻을 수 있는 성능 이점이 많음에도 불구하고 시스템 레벨에서 이를 비활성화[8]하는 경우가 종종 있다. 이 기능을 비활성화하는 이유는 '필요한' ORDER BY를 생략한 SQL 패턴 때문이다. 방금 확인한 것처럼 SQL에 ORDER BY가 없으면 결과집합의 정렬 순서를 보장할 필요가 없으므로 옵티마이저가 배치 I/O를 선택할 수 있고, 출력된 결과집합의 정렬 순서가 매번 다를 수 있다.

'필요한' ORDER BY를 생략한 SQL 패턴은 아래와 같은 경우를 말한다.

```
-- 상태변경이력_PK : 장비번호 + 변경일시
SELECT /*+ INDEX(H 상태변경이력_PK) */ 장비번호, 변경일시, 상태코드
FROM    상태변경이력 H
WHERE   장비번호 = :eqp_no           → 변경일시 순으로 상위 10개 레코드 출력
AND     ROWNUM <= 10;
```

---

[8] _optimizer_batch_table_access_by_rowid 파라미터를 false로 설정

```
SELECT 장비번호, 장비명, 상태코드
     ,(SELECT /*+ INDEX_DESC(H 상태변경이력_PK) */ 변경일시
       FROM    상태변경이력 H
       WHERE   장비번호 = P.장비번호
       AND     ROWNUM <= 1) 최종변경일시    → 변경일시 역순으로 상위 1개 레코드 조회
FROM   장비  P
WHERE  장비구분코드 = 'A001';
```

인덱스를 이용하면 결과집합이 자동으로 인덱스 키값 순으로 정렬되므로 ORDER BY를 생략한 채 rownum 조건과 함께 index/index_desc 힌트를 사용하는 패턴을 과거에 많이 사용했었다. 부분범위 처리 효과를 얻기 위해 rownum 조차 없이 index 힌트만으로 아래와 같이 쿼리를 작성하기도 했다.

```
SELECT /*+ INDEX(H 상태변경이력_PK) */ 장비번호, 변경일시, 상태코드
FROM    상태변경이력 H
WHERE   장비번호 = :eqp_no ;
```

오라클 기능이 개선되면서 굳이 이 패턴을 써야 할 이유가 없어진 지 오래됐지만, 그대로 둬도 상관은 없었다. 인덱스 구성을 변경하지 않는 한, 결과집합의 정렬 순서가 보장됐기 때문이다. 하지만, 12c로 업그레이드하면 정렬 순서가 달라질 수 있으므로 이 패턴은 반드시 수정해야 한다. no_batch_table_access_by_rowid 힌트를 사용해도 되지만, 할 수 있다면 ORDER BY를 추가하는 것이 바람직하다.

안타까운 것은, 전반적으로 위와 같은 패턴을 많이 사용해 온 시스템들은 12c로 업그레이드할 때 이 기능을 비활성화하는 쪽으로 결정한다는 사실이다. 이제 인덱스 정렬 순서를 믿고 ORDER BY를 생략하는 개발 패턴은 사용하지 않아야 한다. rownum 조건과 index/index_desc 힌트를 사용하지 않고도 같은 성능을 내는 방법은 5장 3절(5.3) '인덱스를 이용한 소트 연산 생략'에서 자세히 설명한다.

NL 조인 Inner 쪽 테이블에 작동하는 배치 I/O는 4장 1절 7항(4.1.7) 'NL 조인 확장 메커니즘'에서 설명한다. 참고로, 12c에 도입된 일반 배치 I/O와 NL 조인에 작동하는 기존 배치 I/O는 파라미터, 힌트, 실행계획 표현방식이 모두 다르다.

3.3 인덱스 스캔 효율화

IOT, 클러스터, 파티션은 테이블 랜덤 액세스를 최소화하는 데 매우 효과적인 저장 구조이지만, 운영 시스템 환경에서 이를 적용하려면 성능 검증을 위해 많은 테스트를 진행해야 하므로 어려움이 따른다. 시스템 개발 단계에서 물리 설계가 중요한 이유다.

운영 환경에서 가능한 일반적인 튜닝 기법은 인덱스 컬럼 추가다. 테이블 랜덤 액세스 최소화가 SQL 성능에 미치는 영향이 매우 크지만, 튜닝 기법은 의외로 단순하다고 느낄 것이다. 반면, 지금부터 학습할 인덱스 스캔 효율화는 튜닝 요소가 매우 다양하다. 4절에서 설명할 인덱스 설계 공식을 이루는 주요 원리도 인덱스 스캔 효율화에서 비롯된다. 인덱스 튜닝에 흥미를 느낄만한 요소가 많고, SQL 작성할 때 주의할 내용을 많이 포함하므로 꼼꼼히 학습하기 바란다.

3.3.1 인덱스 탐색

인덱스 수직적 탐색과 수평적 탐색에 대해서는 2장 1절(2.1)에서 이미 다뤘지만, 인덱스 스캔 효율화 튜닝을 이해하려면, 인덱스 탐색 과정을 좀 더 깊이 있게 다룰 필요가 있다. 그림 3-19 인덱스를 통해 살펴보자.

루트 블록에 (C1, C2) 컬럼이 각각 (A, 3), (B, 3), (C, 2)인 세 개 레코드가 있다. 따로 표시하진 않았지만, 각 레코드는 하위 노드를 가리키는 블록 주소를 갖는다. 화살표가 그것을 의미한다. 자신이 가리키는 주소(화살표)로 찾아간 블록에는 자신의 키 값보다 크거나 같은 값을 갖는 레코드가 저장돼 있음을 의미한다. 예를 들어, (B, 3)이 가리키는 주소로 찾아간 블록에는 C1 = 'B'이고 C2 = 3인 레코드보다 값이 크거나 같은 레코드(두 컬럼 모두 한 자릿수라고 할 때, C1 || C2 >= 'B3'인 레코드)가 저장돼 있다.

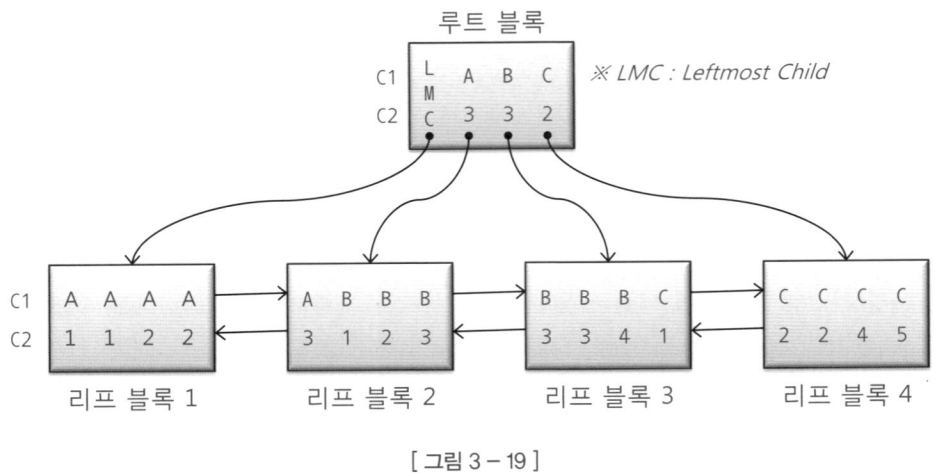

[그림 3 - 19]

2장 1절 2항(2.1.2) '인덱스 구조'에서 설명한 것처럼, 루트 블록에는 키 값을 갖지 않는 특별한 레코드가 하나 있다. 가장 왼쪽에 있는 'LMC(Leftmost Child)' 레코드다. LMC는 자식 노드 중 가장 왼쪽 끝에 위치한 블록을 가리킨다. LMC가 가리키는 주소로 찾아간 블록에는 '키 값을 가진 첫 번째 레코드(그림 3-19에서는 C1 = 'A' AND C2 = 3인 레코드)보다 작거나 같은 값'을 갖는 레코드가 저장돼 있다.

이제 그림 3-19 인덱스 구조를 완벽히 이해했으리라 믿는다. 그럼, 이 인덱스에서 아래 여섯 개 조건절을 처리할 때, 리프 블록 어느 지점에서 스캔을 시작하고 어느 지점에서 멈추는지를 각각 화살표로 그려보자.

```
< 조건절 1 >
WHERE C1 = 'B'

< 조건절 2 >
WHERE C1 = 'B'
AND    C2 = 3

< 조건절 3 >
WHERE C1 = 'B'
AND    C2 >= 3
```

174

3.3 인덱스 스캔 효율화

```
< 조건절 4 >
WHERE C1 = 'B'
AND   C2 <= 3

< 조건절 5 >
WHERE C1 = 'B'
AND   C2 BETWEEN 2 AND 3

< 조건절 6 >
WHERE C1 BETWEEN 'A' AND 'C'
AND   C2 BETWEEN 2 AND 3
```

다 그렸으면 조건절 1부터 살펴보자. 조건절 1의 스캔 시작점과 끝점은 그림 3-20과 같다. 수직적 탐색을 통해 C1 = 'B'인 첫 번째 레코드를 찾고, 'C'를 만나는 순간 스캔을 멈춘다. 점선 화살표(-->)는 블록 내에서 시작점을 찾는 과정을 표시한 것이다. 우리는 지금 논리적인 스캔 시작점과 끝점을 확인하려는 것이므로 실선 화살표에 주목하자.

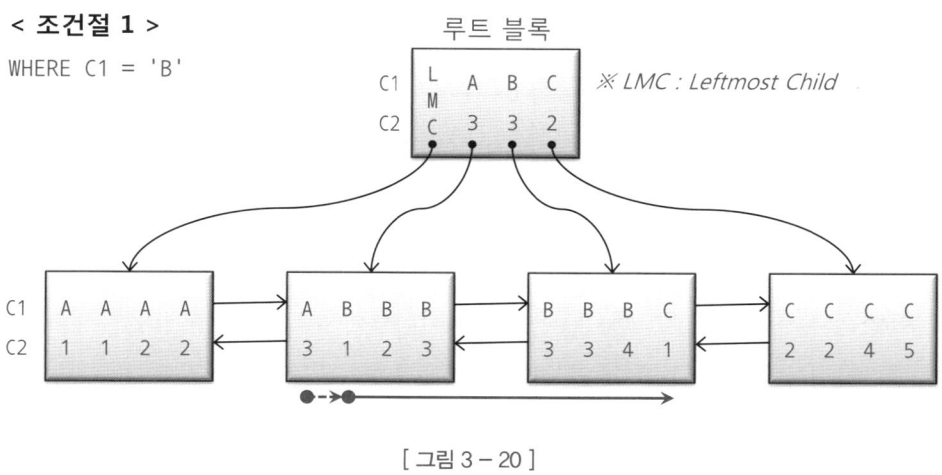

[그림 3 – 20]

주의할 점이 있다. 루트 블록 스캔 과정에 C1 = 'B'인 레코드를 찾았을 때 그것이 가리키는 리프 블록 3으로 내려가면 안 된다. 그 직전(C1 = 'A') 레코드가 가리키는 리프 블록 2로 내려가야 한다. C1 = 'B'인 레코드가 가리키는 리프 블록 3으로 내려가도 조건을 만족하는 데이터를 만날 수 있지만, 거기가 스캔 시작점은 아니다. 하위 블록에 저장된 값들을 보면 그 사실을 쉽게 이해할 수 있다. 다시 강조하지만, 수직적 탐색은 스캔 시작점을 찾는 과정이다.

조건절 2의 스캔 시작점과 끝점은 그림 3-21과 같다. 수직적 탐색을 통해 C1 = 'B'이고 C2 = 3인 첫 번째 레코드를 찾고, C1 = 'B'인 레코드 중에서 C2 = 4인 레코드를 만나는 순간 스캔을 멈춘다. C1과 C2 조건절 모두 스캔 시작과 끝 지점을 결정하는 데 중요한 역할을 했다. 즉, 스캔량을 줄이는 데 역할을 했다.

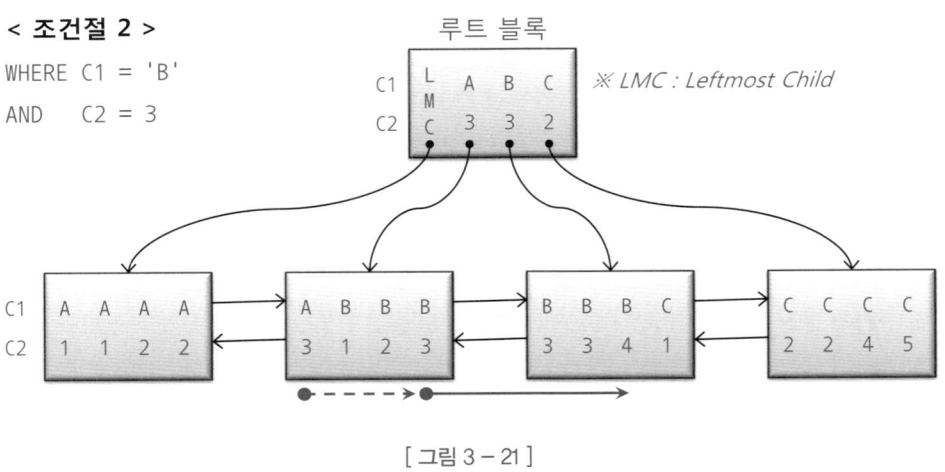

[그림 3 - 21]

여기서도 루트 블록 스캔 과정에 C1 = 'B'이고 C2 = 3인 레코드를 찾았다고 거기서 가리키는 리프 블록 3으로 내려가면 안 된다. 그 직전 레코드가 가리키는 리프 블록 2로 내려가야 한다.

조건절 3의 스캔 시작점과 끝점은 그림 3-22와 같다. 수직적 탐색을 통해 C1 = 'B'이고 C2 >= 3인 첫 번째 레코드를 찾고, C1 = 'C'인 레코드를 만날 때까지 스캔하다가 멈춘다.

< 조건절 3 >

WHERE C1 = 'B'
AND   C2 >= 3

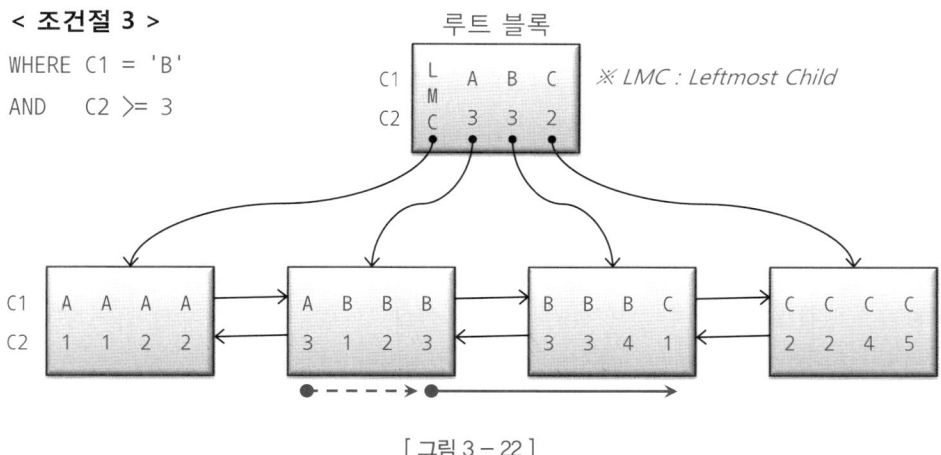

[그림 3 – 22]

C2 >= 3 조건절이 스캔을 멈추는 데는 역할을 전혀 못 하지만, 이 조건절로 인해 조건절 1(그림 3-20)과 스캔 시작점이 달라진 데 주목하자. 부등호 조건이지만 수직적 탐색 과정에 사용됨으로써 스캔 시작점을 결정하는 데 중요한 역할을 했다. 즉, 스캔량을 줄이는 데 역할을 했다.

< 조건절 4 >

WHERE C1 = 'B'
AND   C2 <= 3

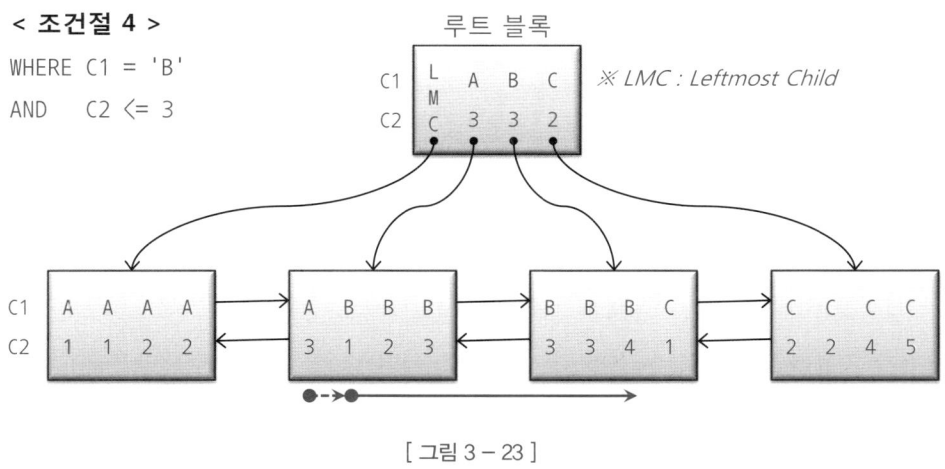

[그림 3 – 23]

조건절 4의 스캔 시작점과 끝점은 그림 3-23과 같다. 수직적 탐색을 통해 C1 = 'B'인 첫 번째 레코드를 찾고, 거기서부터 스캔하다가 C2 > 3인 첫 번째 레코드를 만나는 순간 스캔을 멈춘다.

C2 <= 3 조건절은 수직적 탐색 과정에 전혀 쓰이질 않았다. 스캔 시작점을 결정하는 데 전혀 역할을 못했지만, 스캔을 멈추는 데는 중요한 역할을 했다. 즉, 스캔량을 줄이는 역할을 했다.

조건절 5의 스캔 시작점과 끝점은 그림 3-24와 같다. 수직적 탐색을 통해 C1 = 'B'이고 C2 >= 2인 첫 번째 레코드를 찾고, C2 > 3인 첫 번째 레코드를 만나는 순간 스캔을 멈춘다.

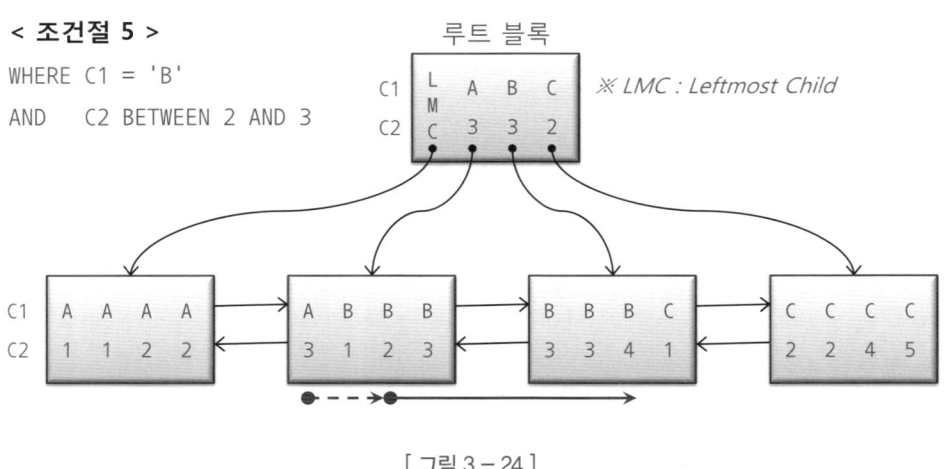

[그림 3 - 24]

여기서는 C1과 C2 조건절 모두 스캔 시작과 끝 지점을 결정하는 데 중요한 역할을 했다. 즉, 스캔량을 줄이는 역할을 했다.

조건절 6의 스캔 시작점과 끝점은 그림 3-25와 같다. 수직적 탐색을 통해 C1 >= 'A'이고 C2 >= 2인 첫 번째 레코드에서 스캔을 시작하고, C1 = 'C'이고 C2 = 3인 레코드보다 값이 큰 레코드(두 컬럼 모두 한 자릿수라고 할 때, C1 || C2 > 'C3'인 레코드)를 만나는 순간 스캔을 멈춘다.

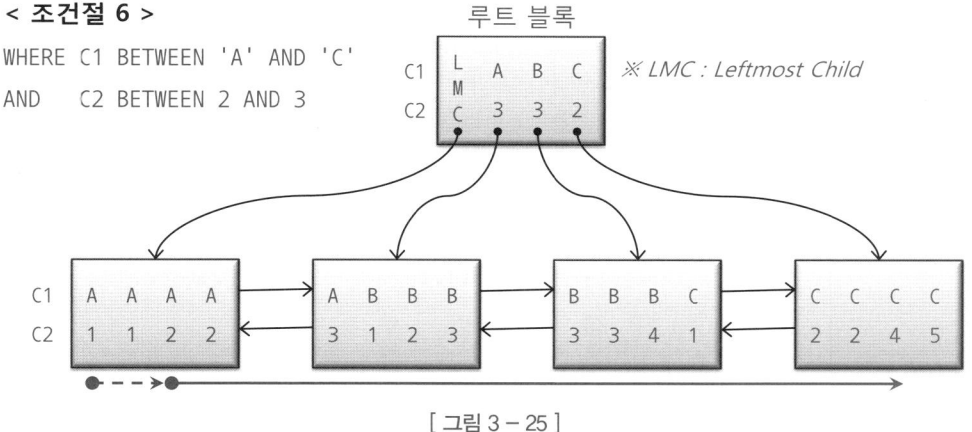

[그림 3 – 25]

C1 조건절은 스캔 시작과 끝 지점을 결정하는 데 중요한 역할을 했지만, C2는 그렇지 못하다. 맨 앞 C1 = 'A'인 구간과 맨 뒤 C1 = 'C' 구간에서는 어느 정도 역할을 했지만, 중간 C1 = 'B' 구간에서는 전혀 역할을 못 했다. 즉, C2는 스캔량을 줄이는 데 거의 역할을 못 했다.

3.3.2 인덱스 스캔 효율성

그림 3-26과 같은 용어사전이 있다. 용어사전이므로 당연히 가나다 순으로 정렬된 상태다. 앞뒤로 훨씬 더 많은 용어가 있지만, '성능'과 관련한 용어만 보여주고 있다.

성	능	감	시
성	능	개	량
성	능	개	선
성	능	검	사
성	능	검	증
성	능	계	수
성	능	계	측
성	능	곡	선
성	능	관	리
성	능	시	험
성	능	이	론
성	능	지	수
성	능	측	정
성	능	튜	닝
성	능	평	가
성	능	호	환

[그림 3 - 26]

< 질문1 >

그림 3-26에서 '성능검'으로 시작하는 용어를 검색하고자 할 때 어디서 스캔을 시작하고 어디서 멈출까? 조금 전에 했던 것처럼 화살표로 그려보자.

< 질문2 >

이번에는 '성능'으로 시작하고 네 번째 문자가 '선'인 용어를 검색해 보자. 어디서 스캔을 시작하고 어디서 멈출까?

질문1부터 살펴보면, '성능검'으로 시작하는 용어를 검색할 때는 그림 3-27 좌측처럼 '성능검사'에서 스캔을 시작한다. 가나다 순으로 정렬돼 있으므로 바로 이 지점으로 찾아갈 수 있다. 가나다 순으로 정렬돼 있으므로 끝까지 안 읽고 멈출 수도 있다. 용어가 '성능계수'인 지점에서 멈추면 된다. '성능검'으로 시작하는 용어가 더 없음을 확인하려니 '성능계수'까지 읽은 것이다. 두 건을 얻기 위해 총 세 건을 읽었다.

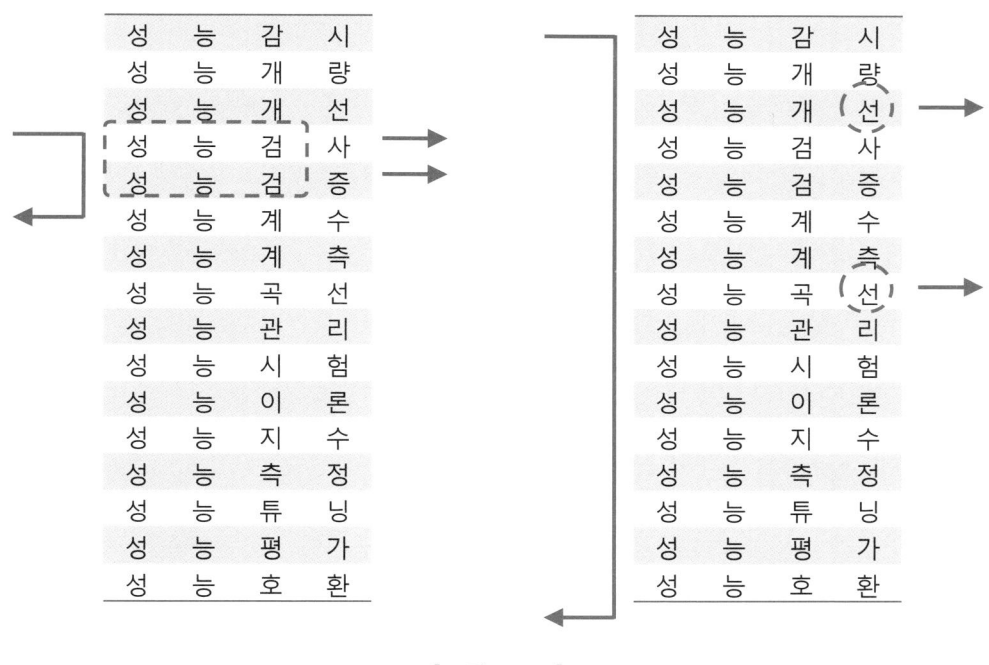

[그림 3 – 27]

질문2를 살펴보면, '성능'으로 시작하고 네 번째 문자가 '선'인 용어를 검색할 때는 그림 3-27 우측처럼 '성능'으로 시작하는 용어를 모두 스캔한다. 결과는 똑같이 두 건이지만, 좌측 그림보다 훨씬 더 많은 용어를 스캔해야만 한다.

이번에는 각 문자를 잘라서 테이블 컬럼에 각각 저장하고, 그림 3-28처럼 C1 + C2 + C3 + C4 순으로 인덱스를 생성해 보자.

C1	C2	C3	C4
성	능	감	시
성	능	개	량
성	능	개	선
성	능	검	사
성	능	검	증
성	능	계	수
성	능	계	측
성	능	곡	선
성	능	관	리
성	능	시	험
성	능	이	론
성	능	지	수
성	능	측	정
성	능	튜	닝
성	능	평	가
성	능	호	환

[그림 3 – 28]

<질문3>

이 테이블에서 '성능검'으로 시작하는 레코드를 검색하려면, 아래와 같은 조건절을 사용한다. 이 조건절에 그림 3-28 인덱스를 사용한다면, 어디서 스캔을 시작하고 어디서 멈출까?

```
where c1 = '성'
and   c2 = '능'
and   c3 = '검'
```

<질문4>

'성능'으로 시작하고 네 번째 컬럼이 '선'인 레코드를 검색하려면, 아래와 같은 조건절을 사용한다. 이 조건절에 그림 3-28 인덱스를 사용한다면, 어디서 스캔을 시작하고 어디서 멈출까?

```
where c1 = '성'
and   c2 = '능'
and   c4 = '선'
```

질문3부터 살펴보면, '성능검'으로 시작하는 레코드를 검색할 때는 인덱스 수직적 탐색을 통해 그림 3-29 좌측처럼 '성능검사' 레코드로 찾아간다. 거기서 스캔을 시작해 '성능계수'까지 총 세 개 레코드를 스캔하고 멈춘다. 두 건을 얻기 위해 세 건을 스캔했다.

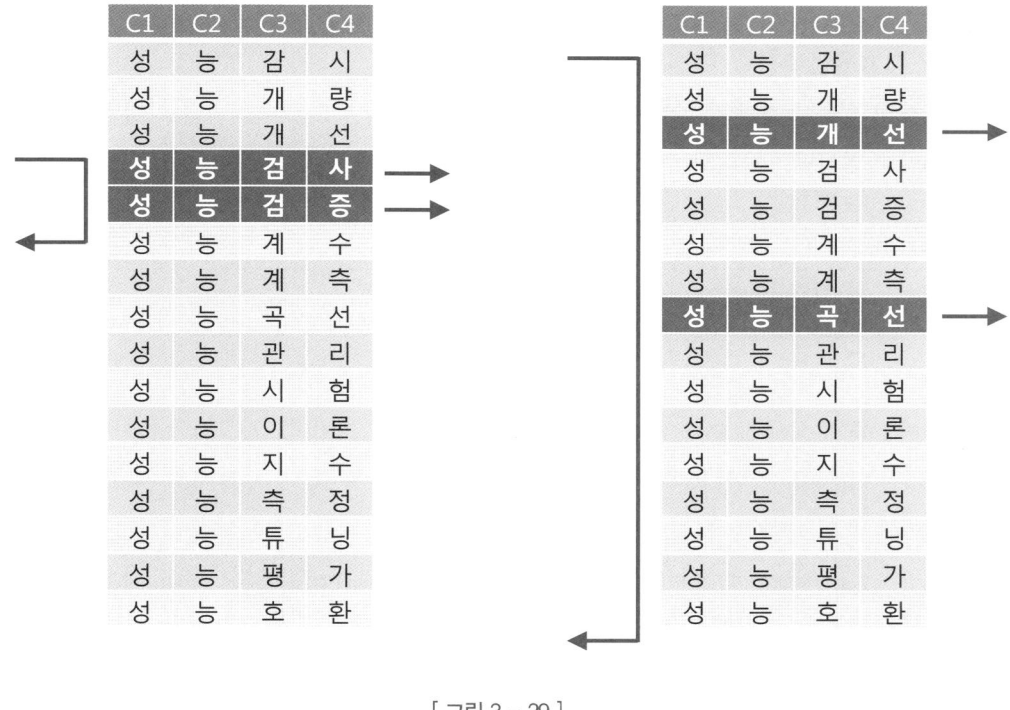

[그림 3 - 29]

질문4를 살펴보면, '성능'으로 시작하고 네 번째 컬럼이 '선'인 레코드를 검색할 때는 그림 3-29 우측처럼 '성능'으로 시작하는 레코드를 모두 스캔한다. 결과는 똑같이 두 건이지만, 좌측 그림보다 훨씬 더 많은 인덱스 레코드를 스캔해야만 한다.

인덱스 스캔을 통해 얻은 결과 건수는 똑같은데 왜 이처럼 인덱스 리프 블록에서 스캔하는 레코드 개수에 차이가 생기는 걸까? 왜 효율성에 차이가 나는 걸까? 구체적으로, 왜 후자는 전자보다 들인 노력에 비해 얻은 결과가 적을까?

인덱스 선행 컬럼이 조건절에 없기 때문이다. 그림 3-29 우측 인덱스로 말하면 C4보다 앞선 선행 컬럼 C3가 조건절에 없기 때문이다. 잠시 후(3.3.4항, 3.3.5항) 더 자세한 원리를 설명하겠지만, 인덱스 선행 컬럼이 조건절에 없거나 '=' 조건이 아니면 인덱스 스캔 과정에 비효율이 발생한다.

인덱스 스캔 효율성 측정

인덱스 스캔 효율이 좋은지 나쁜지는 어떻게 알 수 있을까? 조건절 데이터를 일일이 조회해 보는 방법도 있지만, SQL 트레이스를 통해 쉽게 알 수 있다.

```
Rows     Row Source Operation
-------  ---------------------------------------------------------------
     10  TABLE ACCESS BY INDEX ROWID BIG_TABLE (cr=7471 pr=1466 pw=0 time=22137 us)
     10   INDEX RANGE SCAN BIG_TABLE_IDX (cr=7463 pr=1466 pw=0 time=22328 us)
```

위 트레이스를 분석해 보면, 인덱스를 스캔하고 얻은 레코드가 열 개인데, 그 과정에 7,463개 블록(cr=7463)을 읽었다는 사실을 알 수 있다. 인덱스 리프 블록에는 테이블 블록보다 훨씬 더 많은 레코드가 담긴다. 한 블록당 평균 500개 레코드가 담긴다고 가정하면, 3,731,500(=7,463×500)개 레코드를 읽은 셈이다. 그 많은 데이터를 읽고 열 개를 얻었다니 이만저만한 비효율이 아니다.

선두 컬럼, 선행 컬럼

생각하기에 따라 같은 용어라고 해석될 수 있지만 서로 헷갈리지 않도록 용어를 정리해 보자. 앞으로 '선두 컬럼'은 인덱스 구성상 '맨 앞쪽'에 있는 컬럼을 지칭할 때 사용하고, '선행 컬럼'은 어떤 컬럼보다 '상대적으로 앞쪽'에 놓인 컬럼을 칭할 때 사용하기로 하자.

3.3.3 액세스 조건과 필터 조건

인덱스 스캔 효율성을 계속 설명하기에 앞서 반드시 이해해야 할 용어 두 가지가 있다. '액세스 조건'과 '필터 조건'이다.

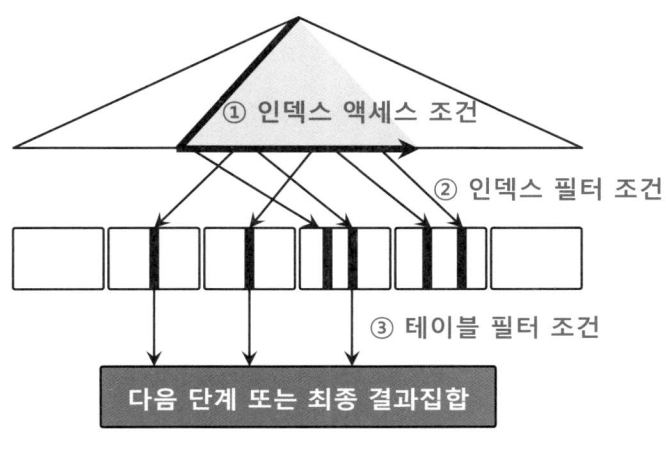

[그림 3 – 30]

인덱스를 스캔하는 단계에 처리하는 조건절은 액세스 조건과 필터 조건으로 나뉜다. 인덱스 액세스 조건(그림 3-30 ①번)은 인덱스 스캔 범위를 결정하는 조건절이다. 인덱스 수직적 탐색을 통해 스캔 시작점을 결정하는 데 영향을 미치고, 인덱스 리프 블록을 스캔하다가 어디서 멈출지를 결정하는 데 영향을 미치는 조건절이다. 인덱스 필터 조건(그림 3-30 ②번)은 테이블로 액세스할지를 결정하는 조건절이다.

앞서 살펴본 그림 3-29 인덱스로 설명하면, 왼쪽 인덱스에서는 C1, C2, C3가 모두 인덱스 액세스 조건이었다. 오른쪽 인덱스에서는 C1, C2가 인덱스 액세스 조건이고, C4는 인덱스 필터 조건이었다.

인덱스를 이용하든, 테이블을 Full Scan 하든, 테이블 액세스 단계에서 처리되는 조건절은 모두 필터 조건이다. 테이블 필터 조건(그림 3-30 ③번)은 쿼리 수행 다음 단계로 전달하거나 최종 결과집합에 포함할지를 결정한다.

옵티마이저의 비용 계산 원리

7장 1절(7.1)에서 설명하겠지만, 인덱스를 이용한 테이블 액세스 비용은 항상 아래 공식으로 구한다.

비용 = 인덱스 수직적 탐색 비용 + 인덱스 수평적 탐색 비용 + 테이블 랜덤 액세스 비용
    = 인덱스 루트와 브랜치 레벨에서 읽는 블록 수 +
      인덱스 리프 블록을 스캔하는 과정에 읽는 블록 수 +
      테이블 액세스 과정에 읽는 블록 수

3.3.4 비교 연산자 종류와 컬럼 순서에 따른 군집성

테이블과 달리 인덱스에는 '같은 값'을 갖는 레코드들이 서로 군집해 있다. '같은 값'을 찾을 때 '=' 연산자를 사용하므로 인덱스 컬럼을 앞쪽부터 누락없이 '=' 연산자로 조회하면 조건절을 만족하는 레코드는 모두 모여 있다. 어느 하나를 누락하거나 '=' 조건이 아닌 연산자로 조회하면 조건절을 만족하는 레코드가 서로 흩어진 상태가 된다. 그림 3-31을 보면서 이해해 보자.

그림에서 리프 블록 아래쪽에 있는 1부터 20까지의 숫자는 설명의 편의상 부여한 일련번호다.

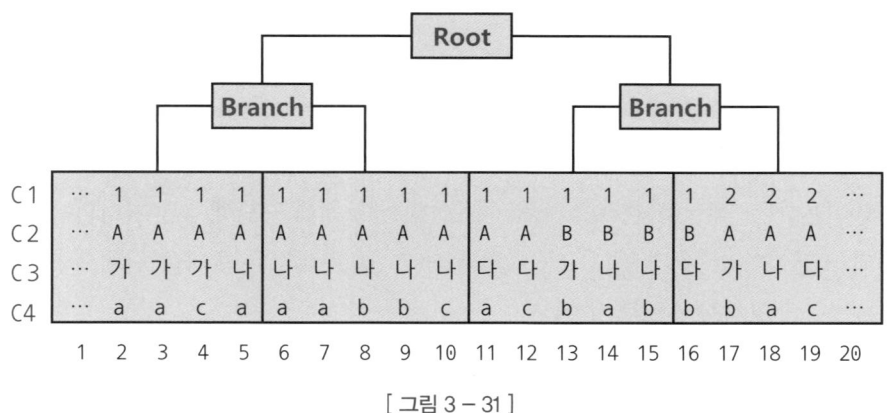

[그림 3 - 31]

아래 조건절 1과 같이 인덱스 구성 컬럼(C1, C2, C3, C4)을 모두 '=' 조건으로 비교할 때는 조건을 만족하는 레코드들이 모두 연속해서(5~7번까지) 모여 있는 것을 볼 수 있다.

```
< 조건절 1 >
where C1 = 1
and   C2 = 'A'
and   C3 = '나'
and   C4 = 'a'
```

아래 조건절 2처럼 선행 컬럼은 모두 '='이고 맨 마지막 컬럼만 범위검색 조건(부등호, BETWEEN, LIKE)일 때도 조건을 만족하는 레코드가 서로 모여 있다(5~10번).

```
< 조건절 2 >
where C1 = 1
and   C2 = 'A'
and   C3 = '나'
and   C4 >= 'a'
```

만약 맨 마지막 컬럼이 아닌 중간 컬럼이 범위검색 조건일 때는 어떻게 되는지 살펴보자. 첫 번째 예로, 아래 조건절 3과 같이 세 번째 컬럼 C3가 범위검색 조건인 경우는 C1부터 C3까지 세 조건을 만족하는 인덱스 레코드는 서로 모여 있지만(2~12번), C4 조건까지 만족하는 레코드는 흩어지게 된다(2,3,5,6,7,11번).

```
< 조건절 3 >
where C1 = 1
and   C2 = 'A'
and   C3 between '가' and '다'
and   C4 = 'a'
```

두 번째 예로, 아래 조건절 4와 같이 두 번째 컬럼 C2가 범위검색 조건인 경우는 C1부터 C2까지 두 조건을 만족하는 인덱스 레코드는 서로 모여 있지만(2~16번), C3와 C4 조건까지 만족하는 레코드는 흩어지게 된다(5,6,7,8,9,14,15번).

< 조건절 4 >
```
where C1 = 1
and   C2 <= 'B'
and   C3 = '나'
and   C4 between 'a' and 'b'
```

여기서 우리는 한 가지 규칙을 발견할 수 있다. 선행 컬럼이 모두 '=' 조건인 상태에서 <u>첫 번째 나타나는 범위검색 조건까지만 만족하는 인덱스 레코드는 모두 연속해서 모여 있지만, 그 이하 조건까지 만족하는 레코드는 비교 연산자 종류에 상관없이 흩어진다</u>(우연히 모여 있을 수는 있음)는 규칙이다.

만약 아래와 같이 선두 C1 컬럼이 범위검색 조건이면 C1 조건을 만족하는 레코드는 서로 모여 있고(2~19번), 나머지 조건까지 만족하는 레코드는 비교 연산자 종류에 상관없이 흩어지게 된다(5,6,7,18번).

< 조건절 5 >
```
where C1 between 1 and 3
and   C2 = 'A'
and   C3 = '나'
and   C4 = 'a'
```

앞서 3절 3항(3.3.3)에서 인덱스 스캔 범위를 결정하는 조건절이 인덱스 액세스 조건이라고 설명한 것을 상기하자. 선행 컬럼이 모두 '=' 조건인 상태에서 첫 번째 나타나는 범위검색 조건이 인덱스 스캔 범위를 결정한다. 조건절 5처럼 가장 선두 컬럼이 범위검색 조건이면, 그 조건이 스캔 범위를 결정한다. 따라서 이들 조건이 인덱스 액세스 조건이다. 나머지 인덱스 컬럼 조건은 모두 인덱스 필터 조건이다.

조금 전 살펴본 조건절 1~5를 액세스 조건과 필터 조건으로 구분하면, 표 3-1과 같다.

	인덱스 액세스 조건	인덱스 필터 조건
조건절 1	C1, C2, C3, C4	
조건절 2	C1, C2, C3, C4	
조건절 3	C1, C2, C3	C4
조건절 4	C1, C2	C3, C4
조건절 5	C1	C2, C3, C4

[표 3 - 1]

 범위검색 조건 맨 처음과 마지막 구간에서의 액세스 조건

사실 조건절 5에서 C2, C3, C4도 인덱스 스캔량을 줄이는 데 어느 정도 역할을 한다. C1 = 1인 구간과 C1 = 3인 구간에서 그렇다. 아래 조건을 만족하는 첫 번째 레코드를 찾아 수직적 탐색하므로 C1 = 1 구간에서 스캔 범위를 줄이는 역할을 한다.

where C1 >= 1 and C2 = 'A' and C3 = '나' and C4 = 'a'

아래 조건보다 큰 값을 만나는 순간 멈추므로 C1 = 3 구간에서도 스캔 범위를 줄이는 역할을 한다.

where C1 <= 3 and C2 = 'A' and C3 = '나' and C4 = 'a'

마찬가지로, 조건절 3과 4의 필터 조건도 범위검색 조건 맨 처음과 마지막 구간에서는 스캔량 줄이는 데 역할을 한다. 하지만, 대개 무시할만한 수준이다.

오라클은 실행계획 하단에 아래와 같이 액세스 조건과 필터 조건을 정리해서 보여주는데, 조건절 5를 테스트해 보면 C2, C3, C4 컬럼이 액세스 조건에 포함되는 이유가 바로 여기에 있다.

```
Predicate information (identified by operation id):
---------------------------------------------------------------
2 - access("C1")>=1 AND "C2"='A' AND "C3"='나' AND "C4"='a' AND "C1"<=3)
2 - filter("C2"='A' AND "C3"='나' AND "C4"='a')
```

결국, 아래 몇 가지 케이스를 제외하면, 인덱스 컬럼에 대한 조건절은 모두 액세스 조건에 표시된다. 첫 번째 나타나는 범위검색 조건 이후 조건절 컬럼은 스캔 범위를 줄이는 데 큰 역할을 못 하는데도 말이다.

- 좌변 컬럼을 가공한 조건절
- 왼쪽 '%' 또는 양쪽 '%' 기호를 사용한 like 조건절
- 같은 컬럼에 대한 조건절이 두 개 이상일 때, 인덱스 액세스 조건으로 선택되지 못한 조건절
- OR Expansion 또는 INLIST ITERATOR로 선택되지 못한 OR 또는 IN 조건절

액세스 조건과 필터 조건을 실행계획에 표시된 대로 이해하면 사실 이 둘을 구분할 이유가 없어진다. 따라서 실행계획에 위와 같이 표시되더라도 복잡하게 생각하지 말고, 첫 번째 나타나는 범위검색 조건까지가 인덱스 액세스 조건이고, 나머지는 필터 조건이라고 이해하자.

3.3.5 인덱스 선행 컬럼이 등치(=) 조건이 아닐 때 생기는 비효율

인덱스 스캔 효율성은 인덱스 컬럼을 조건절에 모두 등치(=) 조건으로 사용할 때 가장 좋다. 리프 블록을 스캔하면서 읽은 레코드는 하나도 걸러지지 않고 모두 테이블 액세스로 이어지므로 인덱스 스캔 단계에서의 비효율은 전혀 없다.

인덱스 컬럼 중 일부가 조건절에 없거나 등치 조건이 아니더라도, 그것이 뒤쪽 컬럼일 때는 비효율이 없다. 인덱스를 「아파트시세코드 + 평형 + 평형타입 + 인터넷매물」 순으로 구성했을 때 조건절이 아래와 같은 경우를 말한다. 아래 조건절은 모두 인덱스 액세스 조건으로 사용된다.

```
where 아파트시세코드 = :a
where 아파트시세코드 = :a and 평형 = :b
where 아파트시세코드 = :a and 평형 = :b and 평형타입 = :c
where 아파트시세코드 = :a and 평형 = :b and 평형타입 between :c and :d
```

반면, 인덱스 선행 컬럼이 조건절에 없거나 부등호, BETWEEN, LIKE 같은 범위검색 조건이면, 인덱스를 스캔하는 단계에서 비효율이 생긴다.

예를 들어, 인덱스를 「아파트시세코드 + 평형 + 평형타입 + 인터넷매물」 순으로 구성한 상황에서 아래 SQL을 수행하는 경우를 살펴보자.

```
select  해당층, 평당가, 입력일, 해당동, 매물구분, 연사용일수, 중개업소코드
from    매물아파트매매
where   아파트시세코드='A01011350900056'
and     평형 = '59'
and     평형타입 = 'A'
and     인터넷매물 between '1' and '3'
order by 입력일 desc
```

그림 3-32는 위 조건절을 만족하는 세 개 레코드(그림에서 음영 처리된 레코드)를 찾기 위해 인덱스 스캔하는 과정을 도식화한 것이다.

아파트시세코드	평형	평형타입	인터넷매물
A01011350800055	21	A	1
A01011350800071	15	A	0
A01011350800071	15	A	3
A01011350800088	12	B	0
A01011350900004	23	A	1
A01011350900004	23	A	2
A01011350900004	23	B	1
A01011350900004	23	B	2
A01011350900056	59	A	1
A01011350900056	59	A	2
A01011350900056	59	A	3
A01011350900056	59	B	3
A01011350900056	59	D	2
A01011350900056	68	A	3
A01011350900068	22	A	2
A01011351100017	32	A	2
A01011352700042	68	B	1
A01011352700042	68	B	1

[그림 3 – 32]

인터넷매물이 BETWEEN 조건이지만 선행 컬럼들(아파트시세코드, 평형, 평형타입)이 모두 '='
조건이기 때문에 전혀 비효율 없이 조건을 만족하는 세 건을 빠르게 찾았다. 비효율이 전혀
없다는 것은 세 건을 찾기 위해 단 네 건만 스캔했음을 의미한다. 맨 마지막 스캔은 조건을
만족하는 레코드가 더 없음을 확인하기 위한 one-plus 스캔이므로 불가피하다.
<u>인덱스 선행 컬럼이 모두 '=' 조건일 때 필요한 범위만 스캔하고 멈출 수 있는 것은, 조건을
만족하는 레코드가 모두 한데 모여 있기 때문이다.</u>

이제 인덱스 구성을 「인터넷매물 + 아파트시세코드 + 평형 + 평형타입」 순으로 바꾼 후 같
은 SQL을 수행하면, 그림 3-33처럼 인덱스 스캔 범위가 넓어진다.

3.3 인덱스 스캔 효율화

인터넷매물	아파트시세코드	평형	평형타입
0	A01011350800071	15	A
0	A01011350800088	12	B
1	A01011350800055	21	A
1	A01011350900004	23	A
1	A01011350900004	23	B
1	A01011350900056	59	A
1	A01011352700042	68	B
1	A01011352700042	68	B
2	A01011350900004	23	A
2	A01011350900004	23	B
2	A01011350900056	59	A
2	A01011350900056	59	D
2	A01011350900068	22	A
2	A01011351100017	32	A
3	A01011350800071	15	A
3	A01011350900056	59	A
3	A01011350900056	59	B
3	A01011350900056	68	A

[그림 3 – 33]

인덱스 선두 컬럼 인터넷매물에 BETWEEN 연산자를 사용하면 나머지 조건(아파트시세코드='A01011350900056' and 평형 = '59' and 평형타입 = 'A')을 만족하는 레코드들이 인터넷매물 값(0, 1, 2, 3)별로 뿔뿔이 흩어져 있게 된다. 따라서 조건을 만족하지 않는 레코드까지 스캔하고서 버리는 비효율이 생긴다.

다행스러운 것은 인터넷매물 BETWEEN 조건절 시작 값인 '1' 구간에서는 전체를 다 읽지 않고 아래 조건을 만족하는 첫 번째 레코드부터 읽기 시작한다.

```
where    인터넷매물 = '1'
and      아파트시세코드='A01011350900056'
and      평형 = '59'
and      평형타입 = 'A'
```

인터넷매물 BETWEEN 조건절 마지막 값인 '3' 구간에서도 전체를 다 읽지 않고 아래 조건절보다 큰 값을 만나는 순간 스캔을 멈춘다.

```
where    인터넷매물 = '3'
and      아파트시세코드='A01011350900056'
and      평형 = '59'
and      평형타입 = 'A'
```

하지만, 인터넷매물 BETWEEN 조건절 중간에 걸친 값 '2' 구간에서는 전체 레코드를 다 읽어야만 한다는 사실에 주목하자.

3.3.6 BETWEEN을 IN-List로 전환

범위검색 컬럼이 맨 뒤로 가도록 인덱스를 「아파트시세코드 + 평형 + 평형타입 + 인터넷매물」순으로 변경하면 좋겠지만 운영 시스템에서 인덱스 구성을 바꾸기는 쉽지 않다. 이럴 때 BETWEEN 조건을 아래와 같이 IN-List로 바꿔주면 큰 효과를 얻는 경우가 있다.

```
select   해당층, 평당가, 입력일, 해당동, 매물구분, 연사용일수, 중개업소코드
from     매물아파트매매
where    인터넷매물 in ('1', '2', '3')
and      아파트시세코드='A01011350900056'
and      평형 = '59'
and      평형타입 = 'A'
order by 입력일 desc
```

그림 3-34는 BETWEEN 조건을 IN-List로 바꾸었을 때의 스캔 과정을 도식화한 것이다.

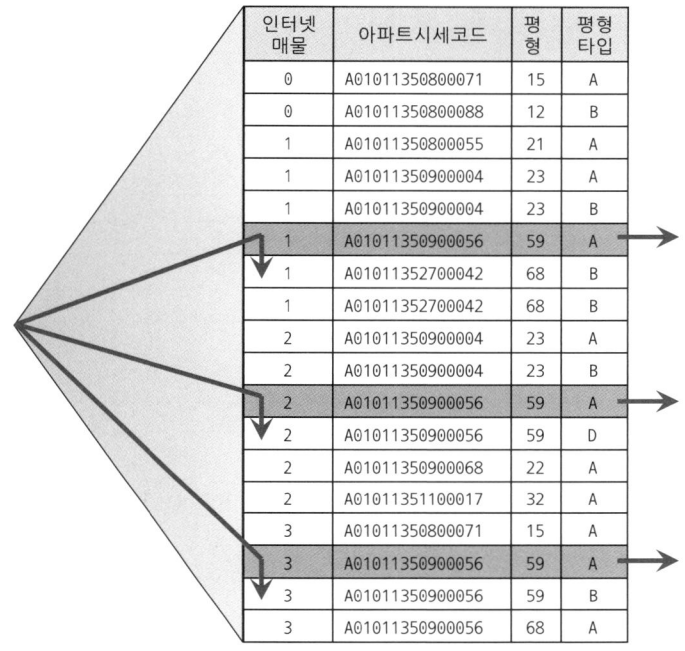

[그림 3 – 34]

왼쪽에 화살표가 세 개인 이유는 인덱스 수직적 탐색이 세 번 발생하기 때문이며, 이때의 실행계획은 아래와 같다(INLIST ITERATOR 오퍼레이션 주목).

```
-----------------------------------------------------------------------
| Id | Operation                    | Name          | Rows | Bytes | Cost |
-----------------------------------------------------------------------
|  0 | SELECT STATEMENT             |               |      |       |   6  |
|  1 |  INLIST ITERATOR             |               |      |       |      |
|  2 |   TABLE ACCESS BY INDEX ROWID| 매물아파트매매    |  3   |  37   |   6  |
|  3 |    INDEX RANGE SCAN          | 매물아파트매매_PK |  3   |       |   5  |
-----------------------------------------------------------------------
```

dbms_xplan.display_cursor 함수를 이용해 Row Source별 수행 통계[9]를 출력해 보면, 아래와 같이 Index Range Scan 단계(ID=3)의 Starts 항목이 3으로 나타난다. 이를 통해 인덱스를 세 번 탐색한다는 사실을 확인할 수 있다.

```
---------------------------------------------------------------------------------
| Id | Operation                     | Name          | Starts | A-Rows | Buffers |
---------------------------------------------------------------------------------
|  0 | SELECT STATEMENT              |               |    1   |    3   |   12    |
|  1 |  INLIST ITERATOR              |               |    1   |    3   |   12    |
|  2 |   TABLE ACCESS BY INDEX ROWID | 매물아파트매매 |    3   |    3   |   12    |
|  3 |    INDEX RANGE SCAN           | 매물아파트매매_PK | (3) |    3   |   10    |
---------------------------------------------------------------------------------
```

인덱스를 세 번 탐색한다는 것은 SQL을 아래와 같이 작성한 것과 같다. 모든 컬럼이 '=' 조건인 것에 주목하기 바란다.

```
select  해당층, 평당가, 입력일, 해당동, 매물구분, 연사용일수, 중개업소코드
from    매물아파트매매
where   인터넷매물 = '1'
and     아파트시세코드='A01011350900056'
and     평형 = '59'
and     평형타입 = 'A'
union all
select  해당층, 평당가, 입력일, 해당동, 매물구분, 연사용일수, 중개업소코드
from    매물아파트매매
where   인터넷매물 = '2'
and     아파트시세코드='A01011350900056'
and     평형 = '59'
and     평형타입 = 'A'
union all
select  해당층, 평당가, 입력일, 해당동, 매물구분, 연사용일수, 중개업소코드
from    매물아파트매매
where   인터넷매물 = '3'
and     아파트시세코드='A01011350900056'
and     평형 = '59'
and     평형타입 = 'A'
order by 입력일 desc
```

---

9 자세한 설명은 부록 4절 '캐싱된 커서의 Row Source별 수행 통계 출력'을 참조하기 바란다.

IN-List 개수만큼 UNION ALL 브랜치가 생성되고 각 브랜치마다 모든 컬럼을 '=' 조건으로 검색하므로 앞서 선두 컬럼에 BETWEEN을 사용할 때와 같은 비효율이 사라진다. 위 SQL에 대한 인덱스 스캔 과정을 그림으로 표현하면, 그림 3-35와 같다.

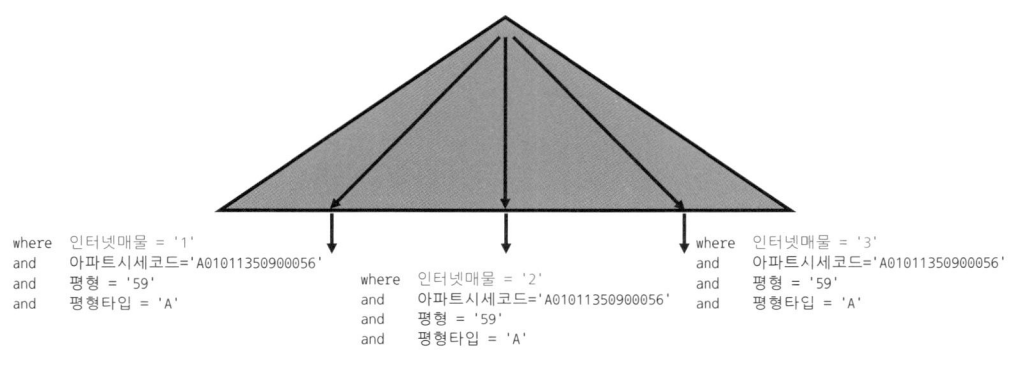

[그림 3 – 35]

잠시 후 설명하겠지만, 2장 3절 4항(2.3.4)에서 배운 Index Skip Scan 방식으로 유도해도 비슷한 효과를 얻을 수 있다.

IN-List 항목 개수가 늘어날 수 있다면(예를 들어, 인터넷 매물에 '1'과 '3' 사이에 다른 값 추가), BETWEEN을 IN-List로 전환하는 방식은 사용하기 곤란하다. 그럴 때는 아래처럼 NL 방식의 조인문이나 서브쿼리로 구현하면 된다. 물론 IN-List 값들을 코드 테이블로 관리하고 있을 때 가능한 방식이다. 자세한 원리는 4장 1절(4.1)에서 NL 조인을 학습하고 나면 정확히 이해할 수 있는데, 인터넷매물을 '=' 조건으로 조인하고 있다는 데 주목하자.

```
select  /*+ ordered use_nl(b) */ b.해당층, b.평당가, b.입력일
      , b.해당동, b.매물구분, b.연사용일수, b.중개업소코드
from    통합코드 a, 매물아파트매매 b
where   a.코드구분 = 'CD064'   -- 인터넷매물구분
and     a.코드 between '1' and '3'
and     b.인터넷매물 = a.코드
and     b.아파트시세코드 = 'A01011350900056'
and     b.평형 = '59'
and     b.평형타입 = 'A'
order by b.입력일 desc
```

BETWEEN 조건을 IN-List로 전환할 때 주의 사항

BETWEEN 조건을 IN-List 조건으로 전환할 때 주의할 점은, 그림 3-36 좌측처럼 IN-List 개수가 많지 않아야 한다는 것이다. IN-List 개수가 많으면 그림 3-36 우측처럼 수직적 탐색이 많이 발생한다. 그러면 BETWEEN 조건 때문에 리프 블록을 많이 스캔하는 비효율보다 IN-List 개수만큼 브랜치 블록을 반복 탐색하는 비효율이 더 클 수 있다. 루트에서 브랜치 블록까지 Depth가 깊을 때 특히 그렇다.

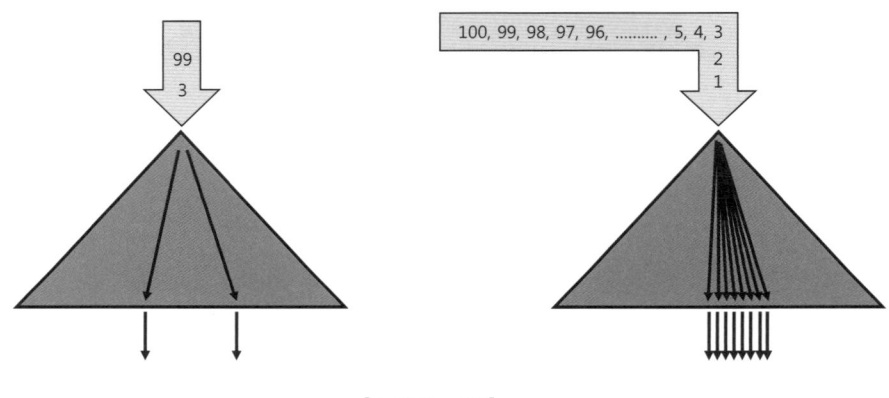

[그림 3 - 36]

인덱스 스캔 과정에 선택되는 레코드들이 서로 멀리 떨어져 있을 때만 유용하다는 사실도 기억하기 바란다. 아래 조건절로 말하면, 「고객등급 + 고객번호」 순으로 구성한 인덱스에서 고객번호 = 123 조건을 만족하는 레코드가 서로 멀리 떨어져 있을 때만 BETWEEN 조건을 IN-List로 전환하는 기법이 유용하다.

```
where 고객등급 between 'C' and 'D'
and    고객번호 = 123
```

그림 3-37 좌측 그림은 고객번호 = 123 조건을 만족하는 레코드는 두 건밖에 없다. 그런데 인덱스 선두 컬럼인 고객등급 조건절이 BETWEEN이어서 고객번호 = 123 조건을 만족하는 레코드가 서로 멀리 떨어져 있다. 이 두 건을 찾으려면 인덱스 리프 블록을 많이 스캔해야 한다. 이럴 때 BETWEEN을 IN-List로 변환하면 효과가 크다.

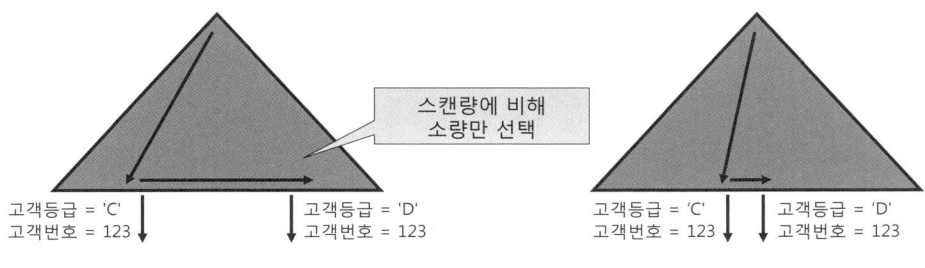

[그림 3 – 37]

그림 3-37 우측 그림에서도 고객번호 = 123 조건을 만족하는 레코드는 두 건밖에 없지만, 이 두 건이 서로 가까이 있다. 둘 사이에 놓인 인덱스 블록이 매우 소량이라는 뜻이다. 이럴 때 BETWEEN을 IN-List로 변환하면 효과가 전혀 없거나 수직적 탐색 때문에 오히려 블록 I/O가 더 많이 발생한다.

정리하면, BETWEEN 조건 때문에 인덱스를 비효율적으로 스캔하더라도 블록 I/O 측면에서는 대개 소량에 그치는 경우가 많다. 인덱스 리프 블록에는 테이블 블록과 달리 매우 많은 (8KB 블록 기준으로 대략 수백 개) 레코드가 담기기 때문이다. 게다가 IN-List 개수가 많으면 수직적 탐색 과정에서 이미 많은 블록을 읽게 된다. 데이터 분포나 수직적 탐색 비용을 따져보지도 않고 BETWEEN을 IN-List로 변환하는 우(愚)를 범하지 않기 바란다.

3.3.7 Index Skip Scan 활용

그림 3-37 좌측 그림처럼 BETWEEN 조건을 IN-List 조건으로 변환하면 도움이 되는 상황에서 굳이 조건절을 바꾸지 않고도 같은 효과를 낼 방법이 있다. 2장 3절 4항(2.3.4)에서 배운 Index Skip Scan을 활용하는 것이다.

아래와 같이 월별고객별판매집계 테이블을 생성하고 직접 테스트를 통해 확인해 보자.

```
create table 월별고객별판매집계
as
select rownum 고객번호
     , '2018' || lpad(ceil(rownum/100000), 2, '0') 판매월
     , decode(mod(rownum, 12), 1, 'A', 'B') 판매구분
     , round(dbms_random.value(1000,100000), -2) 판매금액
from   dual
connect by level <= 1200000 ;
```

2018년 1월부터 12월까지 월별로 10만 개(총 120만 개) 판매데이터가 입력되도록 했다. 판매구분 값별로는 'A'가 10만 개, 'B'가 110만 개다. 이 테이블을 이용해 아래와 같은 COUNT 쿼리를 수행하려고 한다.

```
select count(*)
from   월별고객별판매집계 t
where  판매구분 = 'A'
and    판매월 between '201801' and '201812'
```

이 쿼리를 최적으로 수행하려면 '=' 조건인 판매구분이 선두컬럼에 위치하도록 아래와 같이 인덱스를 구성해야 한다.

```
create index 월별고객별판매집계_IDX1 on 월별고객별판매집계(판매구분, 판매월);
```

아래는 IDX1 인덱스를 사용할 때의 트레이스 결과로서, 인덱스를 스캔하면서 281개의 블록 I/O가 발생한 것을 볼 수 있다. 테이블 액세스는 전혀 발생하지 않는다.

```
Rows     Row Source Operation
-------  --------------------------------------------------
      1  SORT AGGREGATE (cr=281 pr=0 pw=0 time=47753 us)
 100000    INDEX RANGE SCAN 월별고객별판매집계_IDX1 (cr=281 pr=0 pw=0 time= … )
```

이번에는 BETWEEN 조건의 판매월 컬럼이 선두인 아래 인덱스를 사용하는 경우를 보자.

```
create index 월별고객별판매집계_IDX2 on 월별고객별판매집계(판매월, 판매구분);
```

판매구분 = 'A'인 레코드는 그림 3-38에서 보는 것처럼 2018년 1월부터 12월까지 각 판매월 앞쪽에 위치하며, 전체에서 차지하는 비중이 8.3%(=10/120)에 불과하므로 서로 멀리 떨어지게 된다.

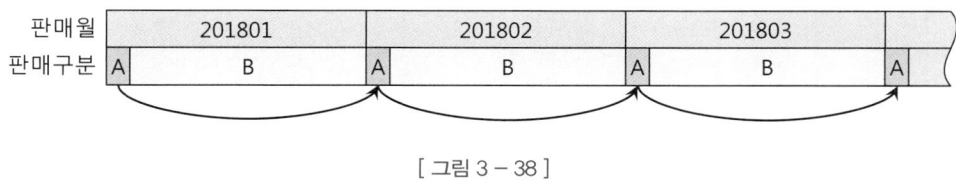

[그림 3 – 38]

아래는 방금 생성한 IDX2 인덱스를 사용할 때의 트레이스 결과로서, 인덱스를 스캔하면서 3,090개 블록 I/O가 발생한 것을 볼 수 있다.

```
select /*+ index(t 월별고객별판매집계_IDX2) */ count(*)
from    월별고객별판매집계 t
where   판매구분 = 'A'
and     판매월 between '201801' and '201812'

Rows    Row Source Operation
------  --------------------------------------------------
     1  SORT AGGREGATE (cr=3090 pr=0 pw=0 time=206430 us)
100000    INDEX RANGE SCAN 월별고객별판매집계_IDX2 (cr=3090 pr=0 pw=0 time= … )
```

테이블을 전혀 방문하지 않았는데도 I/O가 많이 발생한 이유는, 인덱스 선두 컬럼이 BETWEEN 조건이어서 판매구분이 'B'인 레코드까지 모두 스캔하고서 버렸기 때문이다. 앞서 설명한 튜닝 방식을 적용해 BETWEEN 조건을 IN-List로 전환하고 다시 실행해 보자.

```
select /*+ index(t 월별고객별판매집계_IDX2) */ count(*)
from    월별고객별판매집계 t
where   판매구분 = 'A'
and     판매월 in ( '201801', '201802', '201803', '201804', '201805', '201806'
                 , '201807', '201808', '201809', '201810', '201811', '201812' )

Rows    Row Source Operation
------  --------------------------------------------------
     1  SORT AGGREGATE (cr=314 pr=0 pw=0 time=31527 us)
100000   INLIST ITERATOR  (cr=314 pr=0 pw=0 time=900030 us)
100000    INDEX RANGE SCAN 월별고객별판매집계_IDX2 (cr=314 pr=0 pw=0 time= … )
```

3,090개이던 블록 I/O 개수가 314개로 감소하였다. 인덱스 브랜치 블록을 열두 번 반복 탐색했지만, 리프 블록을 스캔할 때의 비효율을 제거함으로써 성능이 열 배 좋아졌다.

마지막으로 Index Skip Scan으로 유도해 보자.

```
select /*+ INDEX_SS(t 월별고객별판매집계_IDX2) */ count(*)
from    월별고객별판매집계 t
where   판매구분 = 'A'
and     판매월 between '201801' and '201812'

Rows    Row Source Operation
------  --------------------------------------------------
     1  SORT AGGREGATE (cr=300 pr=0 pw=0 time=94282 us)
100000   INDEX SKIP SCAN 월별고객별판매집계_IDX2 (cr=300 pr=0 pw=0 time=500073 us)
```

인덱스 선두 컬럼이 BETWEEN 조건인데도 큰 비효율 없이 단 300 블록만 읽고 일을 마쳤다. 표 3-2는 네 가지 테스트 결과를 요약한 것인데, Index Skip Scan이 IN-List보다 오히려 낫고 「판매구분 + 판매월」 순으로 구성된 IDX1 인덱스를 사용할 때와 비교해서도 큰 차이가 없다.

구분	IDX1 인덱스	Between	IN-List	Skip Scan
블록 I/O	281	3,090	314	300

[표 3-2]

선두 컬럼이 BETWEEN이어서 나머지 검색 조건을 만족하는 데이터들이 서로 멀리 떨어져 있을 때, Index Skip Scan의 위력이 나타난다.

3.3.8 IN 조건은 '='인가

SQL 튜닝 입문자에게서 흔히 볼 수 있는 현상은 IN 조건을 '=' 조건과 동등시한다는 점이다. 아래 SQL에 대한 인덱스를 「상품ID + 고객번호」로 설계할 때와 「고객번호 + 상품ID」로 설계할 때 차이가 있는지 물어보면 쉽게 알 수 있다. 흔히 차이가 없다고 생각한다. 그런데 IN 조건은 '='이 아니다. 따라서 인덱스를 어떻게 구성하느냐에 따라 성능도 달라질 수 있다.

```
select *
from    고객별가입상품
where   고객번호 = :cust_no
and     상품ID in ('NH00037', 'NH00041', 'NH00050')
```

고객별가입상품 테이블에서 고객번호의 평균 카디널리티는 3이라고 가정하자. 즉, 고객별로 평균 세 건의 상품을 가입한다. 인덱스를 「상품ID + 고객번호」 순으로 생성하면, 같은 상품은 고객번호 순으로 정렬된 상태로 하나(또는 연속된 두 개)의 리프 블록에 저장된다. 반면, 고객번호 기준으로는 같은 고객번호가 상품ID에 따라 뿔뿔이 흩어진 상태가 된다. 예를 들어, 그림 3-39에선 고객번호가 1234인 레코드가 상품ID에 따라 연속되지 않은 세 개 리프 블록에 저장돼 있다.

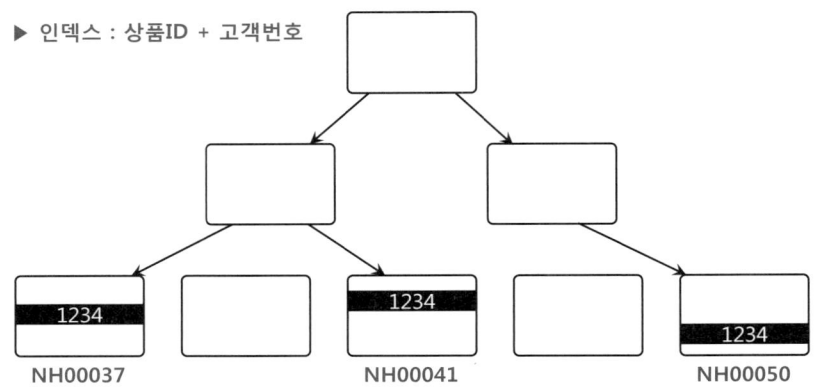

[그림 3 - 39]

인덱스가 이렇게 구성돼 있다면, 상품ID 조건절이 IN-List Iterator 방식으로 풀리는 것이 효과적이다. 고객번호 = 1234 조건을 만족하는 레코드가 서로 멀리 떨어져 있기 때문이다. 상품ID 조건절이 IN-List Iterator 방식으로 풀린다는 건 SQL이 아래와 같은 방식으로 실행된다는 의미다. IN 조건이 '=' 조건이 됐다.

```
select *
from   고객별가입상품
where  고객번호 = :cust_no
and    상품ID = 'NH00037'
union all
select *
from   고객별가입상품
where  고객번호 = :cust_no
and    상품ID = 'NH00041'
union all
select *
from   고객별가입상품
where  고객번호 = :cust_no
and    상품ID = 'NH00050'
```

상품ID 조건절을 이처럼 IN-List Iterator 방식으로 풀면 고객번호와 상품ID 둘 다 인덱스 액세스 조건으로 사용된다. 인덱스를 수직적으로 세 번 탐색하며, 그 과정에서 아홉 개 블록을 읽는다.

지금과 같은 인덱스 구성에서는 상품ID 조건절이 IN-List Iterator 방식으로 풀려야 효과적일 뿐만 아니라 반드시 그렇게 풀려야만 한다. 인덱스를 정상적으로 사용하려면 수직적 탐색을 통해 스캔 시작점을 찾아야 하는데, 상품ID가 'NH00037'이거나 'NH00041'이거나 'NH00050'인 어느 한 지점을 바로 찾을 수 없기 때문이다. 상품ID가 인덱스 선두 컬럼인 상황에서 IN-List Iterator 방식으로 풀지 않으면, 상품ID는 필터 조건이므로 테이블 전체 또는 인덱스 전체를 스캔하면서 필터링해야 한다.

이번에는 인덱스를 「고객번호 + 상품ID」 순으로 생성해 보자. 그러면 그림 3-40처럼 같은 고객은 상품ID 순으로 정렬된 상태로 같은 리프 블록에 저장된다. 여기서도 상품ID 조건절을 IN-List Iterator 방식으로 풀면, 인덱스를 수직적으로 세 번 탐색하는 과정에 아홉 개 블록을 읽는다.

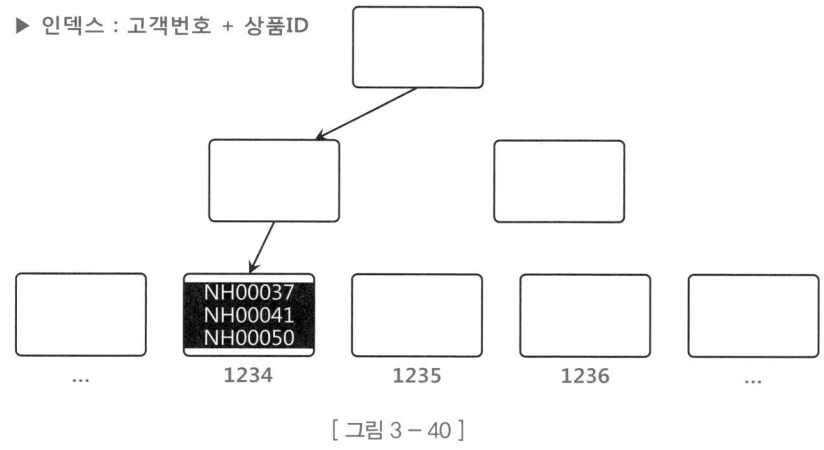

[그림 3 – 40]

상품ID 조건절을 IN-List Iterator 방식으로 풀지 않으면, 상품ID 조건절은 필터로 처리한다. 그러면 고객번호만 액세스 조건이므로 고객번호 = 1234인 레코드를 모두 스캔한다. 같은 고객은 한 블록(또는 연속된 두 블록)에 모여 있으므로 블록 I/O는 수직적 탐색 과정을 포함해 총 세 개(또는 네 개)만 발생한다.

요컨대, IN 조건은 '='이 아니다. IN 조건이 '='이 되려면 IN-List Iterator 방식으로 풀려야만 한다. 그렇지 않으면, IN 조건은 필터 조건이다. 그런데 과연 IN 조건을 '=' 조건으로 만들기 위해, 즉 액세스 조건으로 만들기 위해 IN-List Iterator 방식으로 푸는 것이 항상 효과적인가?

방금 본 사례에서 상품ID가 액세스 조건으로서 의미있는 역할을 하려면, 고객별 상품 데이터가 아주 많아야 한다. 그렇지 않은 상황에서 상품ID는 필터 방식으로 처리되는 게 오히려 낫다.

 더 쉬운 예

더 쉬운 예를 들어보자. 상품 테이블 인덱스가 아래와 같이 구성돼 있다.

상품_PK : 상품ID

상품_X01 : 상품ID + 상품구분코드

아래는 조회한 상품(상품ID = :prod_id)의 상품구분코드가 'GX' 또는 'KR'이면 데이터를 출력하는 쿼리문이다. 상품구분코드 조건은 X01 인덱스에 대한 필터 조건으로 사용되고 있다는 사실을 실행계획(하단 Predicate information)에서 확인할 수 있다.

```
select * from 상품
where  상품ID = :prod_id
and    상품구분코드 in ( 'GX', 'KR' )

Execution Plan
-----------------------------------------------------------
 0      SELECT STATEMENT Optimizer=ALL_ROWS (Cost=2 Card=1 Bytes=38)
 1   0    TABLE ACCESS (BY INDEX ROWID) OF '상품' (TABLE) (Cost=2 Card=1 Bytes=38)
 2   1      INDEX (RANGE SCAN) OF '상품_X01' (INDEX) (Cost=1 Card=1)
-----------------------------------------------------------
```

```
Predicate information (identified by operation id):
---------------------------------------------------------
  2 - access("상품ID"=:PROD_ID)
  2 - filter("상품구분코드"='GX' OR "상품구분코드"='KR')
```

지금과 같은 상황에서 X01 인덱스 스캔을 IN-List Iterator 방식으로 유도하면 성능향상에 도움이 될까? 아니면, X01 인덱스를 상품구분코드 + 상품ID로 변경하면 성능향상에 도움이 될까?

그렇지 않다는 사실을 쉽게 이해했으리라 믿는다. 상품ID가 Unique 하다는 데 힌트가 있다.

NUM_INDEX_KEYS 힌트 활용

다음 주제로 넘어가기 전에, IN-List를 액세스 조건 또는 필터 조건으로 유도하는 방법을 살펴보자. 인덱스가 「고객번호 + 상품ID」 순으로 구성된 상황에서 고객번호만 인덱스 액세스 조건으로 사용하려면 아래와 같이 힌트를 사용하면 된다. num_index_keys 힌트의 세 번째 인자 '1'은 인덱스 첫 번째 컬럼까지만 액세스 조건으로 사용하라는 의미다.

```
select /*+ num_index_keys(a 고객별가입상품_X1 1) */ *
from   고객별가입상품 a
where  고객번호 = :cust_no
and    상품ID in ('NH00037', 'NH00041', 'NH00050')

Execution Plan
---------------------------------------------------------
  0      SELECT STATEMENT Optimizer=ALL_ROWS
  1   0    TABLE ACCESS (BY INDEX ROWID BATCHED) OF '고객별가입상품' (TABLE)
  2   1      INDEX (RANGE SCAN) OF '고객별가입상품_X1' (INDEX)

Predicate information (identified by operation id):
---------------------------------------------------------
  2 - access("고객번호"= TO_NUMBER(:CUST_NO))
  2 - filter("상품ID"='NH00037' OR "상품ID"='NH00041' OR "상품ID"='NH00050')
```

힌트를 사용하지 않고 아래와 같이 인덱스 컬럼을 가공하는 방법도 있다.

```
select *
from   고객별가입상품
where  고객번호 = :cust_no
and    RTRIM(상품ID) in ('NH00037', 'NH00041', 'NH00050')

select *
from   고객별가입상품
where  고객번호 = :cust_no
and    상품ID || '' in ('NH00037', 'NH00041', 'NH00050')
```

상품ID까지 인덱스 액세스 조건으로 사용하려면, 아래와 같이 힌트를 사용하면 된다. 실행계획을 보면 상품ID가 IN-List Iterator 방식으로 풀리면서 인덱스 액세스 조건으로 사용되었다.

```
select /*+ num_index_keys(a 고객별가입상품_X1 2) */ *
from   고객별가입상품 a
where  고객번호 = :cust_no
and    상품ID in ('NH00037', 'NH00041', 'NH00050')

Execution Plan
-----------------------------------------------------------
   0      SELECT STATEMENT Optimizer=ALL_ROWS
   1   0    INLIST ITERATOR
   2   1      TABLE ACCESS (BY INDEX ROWID BATCHED) OF '고객별가입상품' (TABLE)
   3   2        INDEX (RANGE SCAN) OF '고객별가입상품_X1' (INDEX)

Predicate information (identified by operation id):
-----------------------------------------------------------
   3 - access("고객번호"= TO_NUMBER(:CUST_NO)) AND ("상품ID"='NH00037' OR "상품
ID"='NH00041' OR "상품ID"='NH00050'))
```

3.3.9 BETWEEN과 LIKE 스캔 범위 비교

월별로 집계된 테이블에서 2019년 1월부터 12월 데이터를 조회하고자 할 때, 흔히 아래와 같이 LIKE 연산자를 사용한다.

```
select * from 월별고객별판매집계
where 판매월 like '2019%';
```

아래 BETWEEN이 더 정확한 표현식인데도 개발자들이 LIKE를 더 선호하는 이유는 단순하다. LIKE로 코딩하는 것이 더 편리하기 때문이다.

```
select * from 월별고객별판매집계
where 판매월 between '201901' and '201912'
```

LIKE와 BETWEEN은 둘 다 범위검색 조건으로서, 앞에서 설명한 범위검색 조건을 사용할 때의 비효율 원리가 똑같이 적용된다. 하지만 데이터 분포와 조건절 값에 따라 인덱스 스캔량이 서로 다를 수 있다.

결론부터 말하면, LIKE보다 BETWEEN을 사용하는 게 낫다. 사용하기엔 BETWEEN이 다소 불편하나, 몸에 좋은 약이 입에 쓴 법이다. 상황에 따라 큰 차이가 아닐 수 있지만, BETWEEN을 사용하면 적어도 손해는 안 본다.

예를 들어 보자. 인덱스를 「판매월 + 판매구분」 순으로 구성했다. 판매구분으로는 'A'와 'B' 두 개 값이 존재하고, 각각 90%와 10%의 비중을 차지하는 상황에서 아래 두 조건절에 대해 인덱스 스캔량을 비교해 보자.

```
〈 조건절 1 〉
where  판매월 BETWEEN '201901' and '201912'
and    판매구분 = 'B'

〈 조건절 2 〉
where  판매월 LIKE '2019%'
and    판매구분 = 'B'
```

조건절 1은 그림 3-41처럼 판매월 = '201901'이고 판매구분 = 'B'인 첫 번째 레코드에서 스캔을 시작한다. 반면, 조건절 2는 판매월 = '201901'인 첫 번째 레코드에서 스캔을 시작한다. 혹시라도 '201900'이 저장돼 있다면 그 값도 읽어야 하므로 판매구분 = 'B'인 지점으로 바로 내려갈 수 없다.

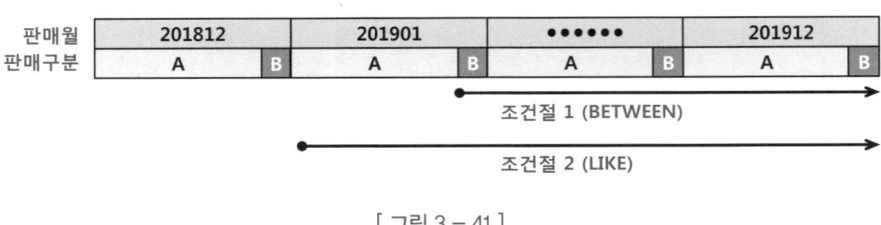

[그림 3 - 41]

이번에는 판매구분 'A'와 'B' 두 값이 각각 10%와 90% 비중을 차지한다고 가정하고, 아래 두 조건절에 대해 인덱스 스캔량을 비교해 보자.

〈 조건절 3 〉
```
where  판매월 BETWEEN '201901' and '201912'
and    판매구분 = 'A'
```

〈 조건절 4 〉
```
where  판매월 LIKE '2019%'
and    판매구분 = 'A'
```

조건절 3은 그림 3-42처럼 판매월 = '201912'이고 판매구분 = 'B'인 첫 번째 레코드를 만나는 순간 스캔을 멈춘다. 반면, 조건절 4는 판매월 = '201912'인 레코드를 모두 스캔하고서야 멈춘다. 혹시라도 '201913'이 저장돼 있다면 그 값도 읽어야 하므로 중간에 멈출 수가 없다.

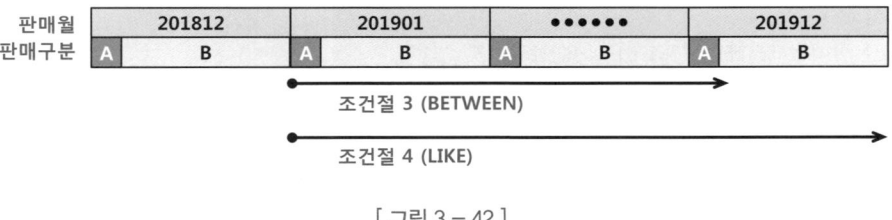

[그림 3 - 42]

3.3.10 범위검색 조건을 남용할 때 생기는 비효율

사용자 입력과 선택에 따라 조건절이 다양하게 바뀔 때 SQL을 간편하게 작성하려고 조건절을 모두 LIKE로 구사하는 개발팀을 종종 보는데, 해당 컬럼이 인덱스 구성 컬럼일 때는 주의가 필요하다.

예를 들어, 회사코드, 지역코드, 상품명 등을 입력함으로써 '가입상품' 테이블에서 데이터를 조회하는 프로그램이 있다고 하자. 조회 화면에서 회사코드(=가입접수를 받은 회사코드)는 반드시 입력하지만 지역코드는 입력하지 않을 수도 있다. 그리고 상품명은 단어 중 일부만 입력할 수 있다. 따라서 이 프로그램은 내부에서 아래 두 쿼리 중 하나를 선택적으로 사용할 것이다.

```
< 쿼리 1 > 회사코드, 지역코드, 상품명을 모두 입력할 때
SELECT 고객ID, 상품명, 지역코드, ...
FROM   가입상품
WHERE  회사코드 = :com
AND    지역코드 = :reg
AND    상품명 LIKE :prod || '%'

< 쿼리 2 > 회사코드, 상품명만 입력할 때
SELECT 고객ID, 상품명, 지역코드, ...
FROM   가입상품
WHERE  회사코드 = :com
AND    상품명 LIKE :prod || '%'
```

인덱스를 「회사코드 + 지역코드 + 상품명」 순으로 구성했다고 하자. 그림 3-43 좌측에는 사용자가 회사코드, 지역코드, 상품명에 각각 'C70', '02', '보급'을 입력하고 조회했을 때의 인덱스 스캔 범위를 표시했고, 우측은 지역코드를 입력하지 않고 조회했을 때의 스캔 범위를 표시했다.

회사코드	지역코드	상품명
C60	03	일반형
C70	02	고급형
C70	02	보급형1
C70	02	보급형2
C70	02	일반형
C70	02	일반형
C70	02	일반형
C70	02	일반형
C70	03	고급형
C70	03	보급형1
C80	02	고급형

회사코드	지역코드	상품명
C60	03	일반형
C70	02	고급형
C70	02	보급형1
C70	02	보급형2
C70	02	일반형
C70	02	일반형
C70	02	일반형
C70	02	일반형
C70	03	고급형
C70	03	보급형1
C80	02	고급형

[그림 3 – 43]

인덱스 중간 컬럼(=지역코드)에 대한 조건이 없을 때는(쿼리2, 그림 3-43 우측) 어쩔 수 없이 넓은 범위를 스캔하지만, 이 조건이 있을 때는(쿼리1, 그림 3-43 좌측) 세 컬럼 모두 액세스 조건이므로 아주 적은 범위만 스캔하고 빠르게 결과를 출력할 수 있다.

그런데 이 프로그램을 담당한 개발자가 두 가지 상황을 SQL 하나로 처리하려고 아래와 같이 지역코드 컬럼 조건절에 LIKE 연산자를 사용했다면, 조회 성능에 어떤 영향을 미칠까?

```
SELECT 고객ID, 상품명, 지역코드, ...
FROM   가입상품
WHERE  회사코드 = :com
AND    지역코드 LIKE :reg || '%'
AND    상품명 LIKE :prod || '%'
```

같은 인덱스 구성에서 그림 3-44 좌측에는 회사코드, 지역코드, 상품명을 모두 입력했을 때의 스캔 범위를 표시했고, 우측에는 지역코드를 입력하지 않고 조회했을 때의 스캔 범위를 표시했다.

회사코드	지역코드	상품명
C60	03	일반형
C70	02	고급형
C70	02	보급형1
C70	02	보급형2
C70	02	일반형
C70	02	일반형
C70	02	일반형
C70	02	일반형
C70	03	고급형
C70	03	보급형1
C80	02	고급형

회사코드	지역코드	상품명
C60	03	일반형
C70	02	고급형
C70	02	보급형1
C70	02	보급형2
C70	02	일반형
C70	02	일반형
C70	02	일반형
C70	02	일반형
C70	03	고급형
C70	03	보급형1
C80	02	고급형

[그림 3 – 44]

지역코드를 입력 안 한 경우(우측)는 그림 3-43 우측과 똑같지만, 지역코드를 입력한 경우(좌측)는 그림 3-43 좌측에 비해 인덱스 스캔 범위가 늘어난 것을 볼 수 있다. 앞서 액세스 조건이던 상품명이 필터 조건으로 바뀌면서 생긴 변화다.

또 다른 예로, 아래와 같이 모든 조건절을 BETWEEN으로 처리하는 개발팀을 본 적도 있다. 이 역시 옵션 조건을 처리하기 위해 고안한 방법이다.

```
SELECT 거래일자, 종목코드, 투자자유형코드
     , 주문매체코드, 체결건수, 체결수량, 거래대금
FROM   일별종목거래
WHERE  거래일자 BETWEEN :시작일자 AND :종료일자           -- 필수 조건
AND    종목코드 BETWEEN :종목1 AND :종목2                -- 옵션 조건
AND    투자자유형코드 BETWEEN :투자자유형1 AND :투자자유형2   -- 옵션 조건
AND    주문매체구분코드 BETWEEN :주문매체구분1 AND :주문매체구분2  -- 옵션 조건
```

예를 들어, 종목코드에 최대 6자리까지 입력 가능하다고 할 때, 사용자가 종목코드를 입력하면 양쪽 변수(:종목1, :종목2)에 같은 값을 입력한다. 종목코드를 입력하지 않으면 왼쪽 변수에는 '_____'('_' 여섯 개), 오른쪽 변수에는 'ZZZZZZ'를 입력한다. 이렇게 입력하면 모든 종목

코드가 조회된다.

옵션 조건이 세 개이므로 나올 수 있는 모든 경우의 수만큼 총 여덟 개 SQL을 작성해야 하는데, 이 방식을 사용하면 SQL 하나로 모든 경우를 다 처리할 수 있다. 개발 생산성만 놓고 보면 좋은 아이디어라고 생각할 수 있지만, 인덱스 스캔 효율을 고려한다면 사용을 자제해야 할 패턴이다.

코딩을 쉽게 하려고 이처럼 인덱스 컬럼에 범위검색 조건을 남용하면 인덱스 스캔 비효율이 생긴다. 인덱스 스캔 비효율이 성능에 미치는 영향이 적을 수도 있지만, 대량 테이블을 넓은 범위로 검색할 때는 그 영향이 매우 클 수도 있다. 따라서 SQL 작성할 때 주의해야 하며, 데이터 분포에 따라 인덱스 컬럼에 대한 비교 연산자를 신중하게 선택해야 한다.

3.3.11 다양한 옵션 조건 처리 방식의 장단점 비교

방금 살펴본 두 가지 외에도 옵션 조건에 개발자들이 다양한 방식을 사용하는데, 각각의 장단점을 비교해 보자.

OR 조건 활용

옵션 조건 처리에 아래와 같이 OR 조건을 사용할 수 있다.

```
select * from 거래
where (:cust_id is null or 고객ID = :cust_id)
and   거래일자 between :dt1 and :dt2

Execution Plan
---------------------------------------------------------
0      SELECT STATEMENT Optimizer=ALL_ROWS
1    0   TABLE ACCESS (FULL) OF '거래' (TABLE)
```

개발자들이 흔히 사용하는 이 방식의 가장 큰 문제점은 (옵티마이저에 의한 OR Expansion

쿼리 변환이 기본적으로 작동하지 않으므로) 옵션 조건 컬럼을 선두에 두고 「고객ID + 거래일자」 순으로 인덱스를 구성해도 이를 사용할 수 없다는 데 있다. 따라서 인덱스 선두 컬럼에 대한 옵션 조건에 OR 조건을 사용해선 안 된다.

「거래일자 + 고객ID」 순으로 구성한 인덱스는 사용할 수 있다. 하지만, 고객ID를 필터 조건으로 사용한다는 데 문제가 있다. 인덱스 스캔 단계에서 필터링해도 비효율적인데, 심지어 아래와 같이 테이블 액세스 단계에서 필터링한다. 거래일자 BETWEEN 조건을 찾기 위해 인덱스에서 100만 건을 스캔하면, 그만큼 테이블을 랜덤 액세스한 후에 고객ID를 필터링한다는 뜻이다. 그렇다면 OR 옵션 조건으로 처리한 고객ID를 인덱스에 포함할 필요조차 없다. (인덱스에 Not Null 컬럼이 포함된 경우, 즉 모든 테이블 레코드가 인덱스에 저장돼 있음이 보장되는 경우, 18c 버전부터 OR 조건도 인덱스 필터로 처리되기 시작했다.)

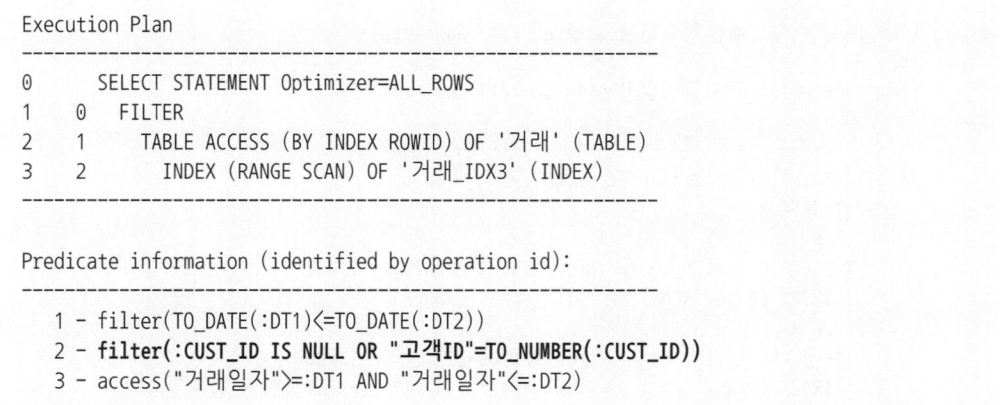

인덱스에 포함되지 않은 컬럼에 대한 옵션 조건은 어차피 테이블에서 필터링할 수밖에 없으므로 그럴 때는 OR 조건을 사용해도 무방하다. OR 조건을 활용한 옵션 조건 처리를 정리하면 다음과 같다.

- 인덱스 액세스 조건으로 사용 불가
- 인덱스 필터 조건으로도 사용 불가
- 테이블 필터 조건으로만 사용 가능

- 단, 인덱스 구성 컬럼 중 하나 이상이 Not Null 컬럼이면, 18c부터 인덱스 필터 조건 으로 사용 가능

이런 특성을 고려한다면, OR 조건을 이용한 옵션 조건 처리는 가급적 사용하지 않아야 한다. 이 방식의 유일한 장점은 옵션 조건 컬럼이 NULL 허용 컬럼이더라도 결과집합을 보장한다는 것뿐이다. (이어서 설명할 방식들은 UNION ALL을 제외하면 모두 NULL 허용 컬럼에 사용할 수 없다는 단점이 있다. 결과집합을 보장하지 않기 때문이다.)

참고로, 아래와 같은 형태의 OR 조건절에는 OR-Expansion을 통해 인덱스 사용이 가능하다.

```
select * from 거래
where 고객ID = :cust_id
and   ((:dt_type = 'A' AND 거래일자 between :dt1 and :dt2)
    or
      (:dt_type = 'B' AND 결제일자 between :dt1 and :dt2))
Execution Plan
---------------------------------------------------------------
0      SELECT STATEMENT Optimizer=ALL_ROWS
1   0    CONCATENATION
2   1      FILTER
3   2        TABLE ACCESS (BY LOCAL INDEX ROWID) OF '거래' (TABLE)
4   3          INDEX (RANGE SCAN) OF '거래_IDX1' (INDEX)   -- 고객ID + 거래일자
5   1      FILTER
6   5        TABLE ACCESS (BY LOCAL INDEX ROWID) OF '거래' (TABLE)
7   6          INDEX (RANGE SCAN) OF '거래_IDX2' (INDEX)   -- 고객ID + 결제일자
```

LIKE/BETWEEN 조건 활용

앞에서 설명한 것처럼 LIKE/BETWEEN도 옵션 조건 처리를 위해 많이 사용하는 방식 중 하나다. 아래와 같이 변별력이 좋은 필수 조건이 있는 상황(당일 등록 상품은 소수)에서 이들 패턴을 사용하는 것은 나쁘지 않다. 필수 조건 컬럼을 인덱스 선두에 두고 액세스 조건으로 사용하면, LIKE/BETWEEN이 인덱스 필터 조건이어도 충분히 좋은 성능을 낼 수 있기 때문이다.

```
-- 인덱스 : 등록일시 + 상품분류코드
select * from 상품
where   등록일시 >= trunc(sysdate)              -- 필수 조건(당일 등록 상품)
and     상품분류코드 like :prd_cls_cd || '%'    -- 옵션 조건
```

더구나, 필수 조건이 아래와 같이 '='이면 옵션 조건인 상품분류코드까지도 인덱스 액세스 조건이므로 최적의 성능을 낼 수 있다.

```
-- 인덱스 : 상품명 + 상품분류코드
select * from 상품
where   상품명 = :prd_nm                        -- 필수 조건
and     상품분류코드 like :prd_cls_cd || '%'    -- 옵션 조건
```

문제는 필수 조건의 변별력이 좋지 않을 때다. 예를 들어, 아래 SQL에서 상품대분류코드만으로 조회할 때는 Table Full Scan이 유리하다. 그런데 옵티마이저는 상품코드까지 입력할 때를 기준으로 Index Range Scan을 선택한다. 다행히 사용자가 상품코드까지 입력하면 최적의 성능을 내겠지만, 그렇지 않을 때 성능에 문제가 생긴다.

```
-- 인덱스 : 상품대분류코드 + 상품코드
select * from 상품
where   상품대분류코드 = :prd_lcls_cd      -- 필수 조건
and     상품코드 like :prd_cd || '%'       -- 옵션 조건
```

이 외에도 LIKE/BETWEEN 패턴을 사용하고자 할 때는 아래 네 가지 경우에 속하는지 반드시 점검해야 한다. (BETWEEN 조건은 1번과 2번 조건에 해당하는지만 점검하면 된다.)

1. 인덱스 선두 컬럼
2. NULL 허용 컬럼
3. 숫자형 컬럼
4. 가변 길이 컬럼

하나씩 살펴보자. 첫째, 인덱스 선두 컬럼에 대한 옵션 조건을 LIKE/BETWEEN 연산자로 처리하는 것은 금물이다. 예를 들어, 인덱스를 「고객ID + 거래일자」로 구성한 상황에서 고객ID에 대한 옵션 조건을 아래와 같이 LIKE로 처리했다고 하자.

```
select * from 거래
where  고객ID like :cust_id || '%'
and    거래일자 between :dt1 and :dt2
```

사용자가 고객ID 값을 입력하면, 둘 다 범위검색 조건이어서 인덱스 스캔 과정에 약간 비효율이 있더라도 고객ID가 변별력이 매우 좋기 때문에 비교적 빠르게 조회된다. 그런데 만약 사용자가 고객ID 값을 입력하지 않으면, 인덱스에서 '모든' 거래 데이터를 스캔하면서 거래일자 조건을 필터링하는 불상사가 생긴다.

옵션 조건 처리에 위와 같이 LIKE/BETWEEN을 사용했다면, 인덱스를 「거래일자 + 고객ID」 순으로 구성해야 한다. 이때는 고객ID 값을 입력할 때 생기는 비효율을 감수해야 한다. 특정 고객의 거래를 조회하고 싶은데도 거래일자 범위에 속한 모든 거래 데이터를 스캔하면서 고객ID 조건을 필터링하기 때문이다.

둘째, NULL 허용 컬럼에 대한 옵션 조건을 LIKE/BETWEEN 연산자로 처리하는 것도 금물이다. 성능을 떠나 결과 집합에 오류가 생기기 때문이다. 위 SQL에서 :cust_id 변수에 NULL을 입력하면 조건절은 아래와 같은 형태가 된다.

```
select * from 거래
where  고객ID like '%'
and    거래일자 between :dt1 and :dt2
```

거래일자 조건에 해당하는 모든 고객의 거래를 선택해야 하는 상황인데, 고객ID가 NULL 허용컬럼이고 실제 NULL 값이 입력돼 있다면 그 데이터는 결과집합에서 누락된다. 잘 이해가 되지 않는다면, 아래 :var 변수에 아무 값도 입력하지 않고 SQL을 실행해 보자. 그리고 결과가 왜 공집합인지 곰곰이 생각해 보기 바란다.

```
SQL> select * from dual where null like :var || '%';
선택된 레코드가 없습니다.
```

BETWEEN 조건을 사용할 때도 컬럼 값이 NULL인 데이터는 결과집합에서 누락된다.

셋째, 숫자형이면서 인덱스 액세스 조건으로도 사용 가능한 컬럼에 대한 옵션 조건 처리는 LIKE 방식을 사용해선 안 된다. 예를 들어, 인덱스를 「거래일자 + 고객ID」 순으로 구성한 상황에서 SQL을 아래와 같이 작성하면, :cust_id에 값을 입력했을 때 두 컬럼 모두 인덱스 액세스 조건으로 사용된다.

```
select * from 거래
where  거래일자 = :trd_dt
and    고객ID like :cust_id || '%'
```

그런데 만약 고객ID가 숫자형 컬럼이면, 아래와 같이 자동 형변환이 일어나므로 고객ID가 필터 조건으로 사용된다. 특정 고객의 하루 치 거래를 조회하고 싶은데 하루 치 거래를 모두 스캔하면서 고객ID 조건을 필터링한다는 뜻이다. LIKE 조건에 대한 자동 형변환은 2.2.7 '자동 형변환'에서 이미 설명하였으므로 참조하기 바란다.

```
select * from 거래
where  거래일자 = :trd_dt
and    to_char(고객ID) like :cust_id || '%'
```

「고객ID + 거래일자」 순으로 구성한 인덱스는 아예 사용할 수 없다.

넷째, LIKE를 옵션 조건에 사용할 때는 컬럼 값 길이가 고정적이어야 한다. 예를 들어, 고객명 컬럼에는 '김훈', '김훈남' 등 길이가 다른 값이 입력될 수 있다. 그런데 고객명에 대한 옵션 조건을 아래와 같이 LIKE 패턴으로 처리하면, '김훈' 고객을 찾기 위해 :cust_nm 변수에

'김훈'을 입력했을 때 '김훈남' 고객도 같이 조회된다.

```
where 고객명 like :cust_nm || '%'    -- :cust_nm = '김훈'
```

따라서 컬럼 값 길이가 가변적일 때는 변수 값 길이가 같은 레코드만 조회되도록 아래와 같은 조건절을 추가해야 한다.

```
where 고객명 like :cust_nm || '%'    -- :cust_nm = '김훈'
and   length(고객명) = length(nvl(:cust_nm, 고객명))
```

아래와 같이 하는 방법도 있다.

```
where 고객명 like :cust_nm        -- 고객명을 입력하지 않을 때 :cust_nm에 '%' 입력
```

'%' 없는 LIKE 조건이므로 '=' 조건처럼 :cust_nm에 입력한 값과 정확히 일치하는 고객명만 출력한다. 단, 사용자가 고객명을 입력하지 않으면(:cust_nm is null), :cust_nm 변수에 '%'를 입력해야 모든 고객명을 출력한다.

UNION ALL 활용

아래와 같이 UNION ALL을 이용하는 방법도 있다. :cust_id 변수에 값을 입력했는지에 따라 위아래 SQL 중 어느 하나만 실행되게 하는 방식이다.

```
select * from 거래
where  :cust_id is null
and    거래일자 between :dt1 and :dt2
union all
select * from 거래
where  :cust_id is not null
and    고객ID = :cust_id
and    거래일자 between :dt1 and :dt2
```

아래는 위 SQL에 대한 실행계획인데, :cust_id 변수에 값을 입력하지 않으면(:cust_id is null) 위쪽 브랜치에서 거래일자가 선두인 인덱스를 사용하고, 변수에 값을 입력하면(:cust_id is not null) 아래쪽 브랜치에서「고객ID + 거래일자」인덱스를 사용하고 있다.

```
Execution Plan
-----------------------------------------------------------
0      SELECT STATEMENT Optimizer=ALL_ROWS
1   0    UNION ALL
2   1      FILTER    -- :cust_id is null
3   2        TABLE ACCESS (BY LOCAL INDEX ROWID) OF '거래' (TABLE)
4   3          INDEX (RANGE SCAN) OF '거래_IDX1' (INDEX)  -- 거래일자
5   1      FILTER    -- :cust_id is not null
6   5        TABLE ACCESS (BY LOCAL INDEX ROWID) OF '거래' (TABLE)
7   6          INDEX (RANGE SCAN) OF '거래_IDX2' (INDEX)  -- 고객ID + 거래일자
```

이 패턴을 사용하면, :cust_id 변수에 값을 입력하든 안 하든, 인덱스를 가장 최적으로 사용한다. 위쪽 브랜치에서는 거래일자, 아래쪽 브랜치에서는 고객ID와 거래일자 모두 액세스 조건으로 사용하기 때문이다. LIKE 패턴도 인덱스 사용은 가능하지만 필수 조건인 거래일자가 BETWEEN이면 옵션 조건 컬럼을 필터 조건으로 사용한다[10]. 반면, UNION ALL 방식은 옵션 조건 컬럼도 인덱스 액세스 조건으로 사용한다는 사실이 매우 중요하다.

고객ID가 NULL 허용 컬럼이더라도 사용하는 데 전혀 문제가 없다. 유일한 단점은 SQL 코딩량이 길어진다는 점이다.

NVL/DECODE 함수 활용

아래와 같이 NVL, DECODE 함수도 옵션 조건에 많이 사용하는 패턴 중 하나다.

```
select * from 거래
where  고객ID = nvl(:cust_id, 고객ID)
and    거래일자 between :dt1 and :dt2
```

---

10 인덱스 선두 컬럼에 대한 LIKE 패턴 사용은 금물이므로 인덱스 후행 컬럼에서 필터 방식으로 사용하는 경우를 말한다.

또는

```
select * from 거래
where  고객ID = decode(:cust_id, null, 고객ID, :cust_id)
and    거래일자 between :dt1 and :dt2
```

아래는 위 SQL에 대한 실행계획이다. :cust_id 변수에 값을 입력하지 않으면 위쪽 브랜치에서 거래일자가 선두인 인덱스를 사용하고, 변수에 값을 입력하면 아래쪽 브랜치에서「고객ID + 거래일자」인덱스를 사용한다는 것을 표현하고 있다. NVL, DECODE 둘 중 어느 것을 사용하든, 실행계획은 똑같다[11].

```
Execution Plan
----------------------------------------------------------
0      SELECT STATEMENT Optimizer=ALL_ROWS
1   0    CONCATENATION
2   1      FILTER      -- :cust_id is null
3   2        TABLE ACCESS (BY LOCAL INDEX ROWID) OF '거래' (TABLE)
4   3          INDEX (RANGE SCAN) OF '거래_IDX1' (INDEX)   -- 거래일자
5   1      FILTER      -- :cust_id is not null
6   5        TABLE ACCESS (BY LOCAL INDEX ROWID) OF '거래' (TABLE)
7   6          INDEX (RANGE SCAN) OF '거래_IDX2' (INDEX)   -- 고객ID + 거래일자
```

고객ID 컬럼을 함수 인자로 사용(인덱스 컬럼 가공)했는데도 인덱스를 사용할 수 있는 것은 OR Expansion 쿼리 변환[12]이 일어났기 때문이다. 앞서 살펴본 UNION ALL 방식으로 옵티마이저가 쿼리를 변환한 것이다.

만약 이 기능이 작동하지 않으면 NVL, DECODE 함수를 사용하는 패턴도 인덱스 액세스 조건으로 사용이 불가능하다. :cust_id에 값을 입력하지 않으면(즉, NULL을 입력하며) 조건절이 '고객ID = 고객ID' 형태가 되므로 인덱스에서 이 조건을 만족하는 어느 한 시작점을 찾을 수 없기 때문이다.

이 방식의 가장 큰 장점은 옵션 조건 컬럼을 인덱스 액세스 조건으로 사용할 수 있다는 데 있

---

[11] NVL 함수 대신 Coalesce 함수, DECODE 함수 대신 CASE 문을 사용해도 될 듯하지만, Coalesce 함수나 CASE 문을 사용하면 OR Expansion이 작동하지 않는다.

[12] NVL, DECODE 함수에 대한 OR Expansion을 가능하게 하는 히든 파라미터는 '_or_expand_nvl_predicate'이다.

다. 즉, UNION ALL보다 단순하면서도 UNION ALL과 같은 성능을 낸다.

단점은, 앞서 설명한 LIKE 패턴처럼 NULL 허용 컬럼에 사용할 수 없다는 데 있다. 조건절 변수에 NULL을 입력하면 값이 NULL인 레코드가 결과집합에서 누락되기 때문이다. 잘 이해가 되지 않는다면, 아래 결과를 참고하기 바란다.

```
SQL> select * from dual where NULL = NULL ;

선택된 레코드가 없습니다.

SQL> select * from dual where NULL IS NULL ;

DU
--
X

1 개의 행이 선택되었습니다.
```

옵션 조건 처리용 NVL/DECODE 함수를 여러 개 사용하면 그중 변별력이 가장 좋은 컬럼 기준으로 한 번만 OR Expansion이 일어난다는 사실도 기억할 필요가 있다. 따라서 OR Expansion 기준으로 선택되지 않으면 인덱스 구성 컬럼이어도 모두 필터 조건으로 처리된다. NVL/DECODE 함수의 장점에도 불구하고 모든 옵션 조건을 이 방식으로 처리할 수 없는 이유가 바로 여기에 있다.

지금까지 시스템 개발 현장에서 많이 사용하는 다양한 옵션 조건 패턴의 장단점을 비교해 보았다. 필자가 많은 차세대 프로젝트에서 성능 컨설팅을 수행하면서 가장 다루기 어려운 주제가 바로 옵션 조건 처리다. 다른 성능 관련 SQL 패턴은 애플리케이션 특성에 맞게 어느 하나의 솔루션을 선택해서 개발팀에 권고안을 제시할 수 있지만, 옵션 조건 처리는 그럴 수 없기 때문이다. 지금까지 설명한 여러 방식의 장단점을 이해함으로써 상황에 따라 선택할 수밖에 없다.

문제는 인덱스 구조와 탐색 원리, 특히 인덱스 스캔 효율화 원리를 정확히 이해하지 못하면, 올바른 선택을 할 수 없다는 데 있다. 아무쪼록 이번 장에서 다룬 인덱스 활용 원리가 많은 개발자에게 전파되고 활용되기를 바랄 뿐이다.

Dynamic SQL

Dynamic SQL를 이용해 조건절을 동적으로 구성할 수 있는 시스템 환경에서 개발하고 있다면, 방금 설명한 내용에 잘 공감하지 못할 수도 있다. Dynamic SQL을 이용하면 옵션 조건에 '=' 연산자를 사용할 수 있기 때문이다. 예를 들어, iBatis 같은 SQL 매핑 프레임워크에서는 옵션 조건을 아래와 같이 처리한다.

```
<select id="…" parameterClass="…" resultClass="…" >
select * from 거래
where 거래일자 between #dt1# and #dt2#
  <isNotEmpty prepend="and" property="cust_id">
     고객ID = #cust_id#
  </isNotEmpty>
</select>
```

Dynamic SQL을 이용해 옵션 조건에 '=' 연산자를 사용할 경우, 변별력 있는 컬럼을 액세스 조건으로 사용할 수 있게 인덱스만 잘 구성해 주면 된다.

그런데 Dynamic SQL을 허용하지 않는 시스템(특히, 금융권)도 있다. 허용하더라도 힌트로 액세스 경로를 고정하려고 할 때 방금 설명한 튜닝 기법을 적절히 활용해야 한다. Dynamic SQL에 옵티마이저 힌트를 명시하면 동적으로 구성된 조건절과 서로 상충함으로 인해 오히려 성능 문제를 야기할 수 있기 때문이다.

마지막으로, Dynamic SQL을 이용하더라도 하드파싱에 의한 성능 문제가 발생하지 않도록 바인드 변수를 잘 사용하기 바란다. 조건절을 동적으로 구성한다고 해서 입력 값까지 동적으로 변경할 이유는 없다. (1.2.2 '바인드 변수의 중요성' 참조)

3.3.12 함수호출부하 해소를 위한 인덱스 구성

PL/SQL 함수의 성능적 특성

PL/SQL 사용자 정의 함수는 개발자들이 일반적으로 생각하는 것보다 매우 느리다. 예를 들어, 아래처럼 한두 번 호출할 때는 함수를 사용하지 않았을 때와 비교해 성능 차이를 잘 느끼지 못한다.

```
select  회원번호, 회원명, 생년, 생월일, encryption(전화번호)
from    회원
where   회원번호 = :member_no   -- 한 건 조회
```

아래처럼 대량 데이터를 조회해 보면 성능 차이를 확연히 느낄 수 있다.

```
select  회원번호, 회원명, 생년, 생월일, encryption(전화번호)
from    회원
where   생월일 like '01%'   -- 수십 ~ 수백 만 건 조회
```

PL/SQL 사용자 정의 함수가 느린 데는 아래 3가지 이유가 있다.

① 가상머신(VM) 상에서 실행되는 인터프리터 언어

② 호출 시마다 컨텍스트 스위칭 발생

③ 내장 SQL에 대한 Recursive Call 발생

오라클은 오라클 서버가 아닌 Oracle Forms, Oracle Reports 같은 제품에서도 수행될 수 있도록 PL/SQL을 설계하였다. 그래서 PL/SQL로 작성한 함수와 프로시저를 컴파일하면 JAVA 언어처럼 바이트코드(Bytecode)를 생성해서 데이터 딕셔너리에 저장하며, 이를 해석할 수 있는 PL/SQL 엔진(가상머신)만 있으면 어디서든 실행할 수 있다. PL/SQL 엔진은 바이트코드를 런타임 시 해석하면서 실행한다.

지금은 가장 인기 있는 개발언어가 된 JAVA가 초기에 고전했던 이유는 바로 속도 때문이었

는데, PL/SQL도 JAVA처럼 인터프리터 언어이기 때문에 Native 코드로 완전 컴파일된 내장(Built-In) 함수에 비해 많이 느리다.

PL/SQL 함수는 실행 시 매번 SQL 실행엔진과 PL/SQL 가상머신 사이에 컨텍스트 스위칭(Context Switching)이 일어난다. C++, JAVA, VB와 같은 일반 프로그래밍 언어에서는 될 수 있으면 함수를 이용해 작은 단위로 모듈화·공용화하는 것을 권장하지만, PL/SQL 함수를 그런 식으로 활용하면 안 되는 이유가 여기에 있다.

PL/SQL 사용자 정의 함수의 성능을 떨어뜨리는 가장 결정적인 요소는 Recursive Call[13]이다. 아래 SQL에서 조건을 만족하는 회원이 100만 명이면 GET_ADDR도 100만 번 실행하는데, 만약 함수에 SQL이 내장돼 있으면 그 SQL도 100만 번 실행한다. 대개 PL/SQL 함수에는 SQL이 내장돼 있으므로 일반적으로 인터프리팅, 컨텍스트 스위칭보다 Recursive Call 부하가 가장 크다.

```
select 회원번호, 회원명, 생년, 생월일, GET_ADDR(우편번호) as 기본주소
from   회원
where  생월일 like '01%'
```

위 SQL에 PL/SQL 함수를 쓰지 않고 아래와 같이 조인문으로 처리하면 성능 차이가 매우 크다. 당연히 아래 SQL이 빠르다.

```
select a.회원번호, a.회원명, a.생년, a.생월일
     ,(select b.시도 || ' ' || b.구군 || ' ' || b.읍면동
       from   기본주소 b
       where  b.우편번호 = a.우편번호
       and    b.순번 = 1) 기본주소
from   회원 a
where  a.생월일 like '01%'

또는
```

---

13 User Call과 Recursive Call에 대한 개념은 6장 1절 2항(6.1.2)에서 확인할 수 있다.

```
select a.회원번호, a.회원명, a.생년, a.생월일
     , b.시도 || ' ' || b.구군 || ' ' || b.읍면동 as 기본주소
from   회원 a, 기본주소 b
where  a.생월일 like '01%'
and    b.우편번호(+) = a.우편번호
and    b.순번(+) = 1
```

PL/SQL 함수 내부 로직이 너무 복잡하면 그대로 쓸 수밖에 없는데, 그럴 때 함수 호출 횟수를 줄이는 여러 방법이 있다. 그중 하나가 액세스 조건을 고려한 인덱스 구성이다.

효과적인 인덱스 구성을 통한 함수호출 최소화

조건절에 아래와 같이 PL/SQL 함수를 사용했을 때, 회원 테이블을 Full Scan 방식으로 읽으면 encryption 함수는 테이블 건수만큼 수행된다.

```
select /*+ full(a) */ 회원번호, 회원명, 생년, 생월일, 등록일자
from   회원 a
where  암호화된_전화번호 = encryption( :phone_no )
```

아래와 같이 다른 조건절이 있으면, encryption 함수는 그 조건절(생년 = '1987')을 만족하는 건수만큼 수행된다.

```
select /*+ full(a) */ 회원번호, 회원명, 생년, 생월일, 등록일자
from   회원 a
where  생년 = '1987'
and    암호화된_전화번호 = encryption( :phone_no )
```

아래와 같이 인덱스를 세 개 만들어 보자.

```
create index 회원_X01 on 회원(생년);
create index 회원_X02 on 회원(생년, 생월일, 암호화된_전화번호);
create index 회원_X03 on 회원(생년, 암호화된_전화번호);
```

아래와 같이 생년 단일컬럼으로 구성한 회원_X01 인덱스를 사용하면, 암호화된_전화번호 조건절을 테이블 액세스 단계에서 필터링한다. 따라서 encryption 함수는 테이블 액세스 횟수 즉, 생년 = '1987' 조건을 만족하는 건수만큼 수행된다.

```
select /*+ index(a 회원_x01) */ 회원번호, 회원명, 생년, 생월일, 등록일자
from   회원 a
where  생년 = '1987'
and    암호화된_전화번호 = encryption( :phone_no )

Execution Plan
-----------------------------------------------------------
   0      SELECT STATEMENT Optimizer=ALL_ROWS (Cost=1 Card=1 Bytes=156)
   1   0    TABLE ACCESS (BY INDEX ROWID BATCHED) OF '회원' (TABLE) (Cost=1 … )
   2   1      INDEX (RANGE SCAN) OF '회원_X01' (INDEX) (Cost=1 Card=1)
-----------------------------------------------------------

Predicate information (identified by operation id):
-----------------------------------------------------------
   1 - filter("암호화된_전화번호"="ENCRYPTION"(:PHONE_NO))
   2 - access("생년"='1987')
```

아래와 같이 「생년 + 생월일 + 암호화된_전화번호」 순으로 구성한 회원_X02 인덱스를 사용하면, 암호화된_전화번호는 선행 컬럼인 생월일에 대한 '=' 조건이 없으므로 인덱스 필터 조건이다. 따라서 encryption 함수는 인덱스 스캔 횟수 즉, 생년 = '1987' 조건을 만족하는 건수만큼 수행된다.

```
select /*+ index(a 회원_x02) */ 회원번호, 회원명, 생년, 생월일, 등록일자
from    회원 a
where   생년 = '1987'
and     암호화된_전화번호 = encryption( :phone_no )

Execution Plan
-----------------------------------------------------------
    0      SELECT STATEMENT Optimizer=ALL_ROWS (Cost=1 Card=1 Bytes=156)
    1    0   TABLE ACCESS (BY INDEX ROWID BATCHED) OF '회원' (TABLE) (Cost=1 ··· )
    2    1     INDEX (RANGE SCAN) OF '회원_X02' (INDEX) (Cost=2 Card=1)
-----------------------------------------------------------

Predicate information (identified by operation id):
-----------------------------------------------------------
    2 - access("생년"='1987' AND "암호화된_전화번호"="ENCRYPTION"(:PHONE_NO))
    2 - filter("암호화된_전화번호"="ENCRYPTION"(:PHONE_NO))
```

마지막으로 아래와 같이 「생년 + 암호화된_전화번호」 순으로 구성한 회원_X03 인덱스를 사용하면, 암호화된_전화번호도 생년과 함께 인덱스 액세스 조건으로 사용된다. 따라서 encryption 함수는 단 한 번 수행된다.

```
select /*+ index(a 회원_x03) */ 회원번호, 회원명, 생년, 생월일, 등록일자
from    회원 a
where   생년 = '1987'
and     암호화된_전화번호 = encryption( :phone_no )

Execution Plan
-----------------------------------------------------------
    0      SELECT STATEMENT Optimizer=ALL_ROWS (Cost=2 Card=1 Bytes=156)
    1    0   TABLE ACCESS (BY INDEX ROWID BATCHED) OF '회원' (TABLE) (Cost=2 ··· )
    2    1     INDEX (RANGE SCAN) OF '회원_X03' (INDEX) (Cost=1 Card=1)
-----------------------------------------------------------

Predicate information (identified by operation id):
-----------------------------------------------------------
    2 - access("생년"='1987' AND "암호화된_전화번호"="ENCRYPTION"(:PHONE_NO))
```

3.4 인덱스 설계

온라인 트랜잭션을 처리하는 시스템에서 인덱스 설계의 중요성은 아무리 강조해도 지나치지 않다. 인덱스 튜닝, 더 나아가 SQL 튜닝의 하이라이트라고 할 수 있다. 많은 경험과 고도의 기술력이 요구되는 매우 전문적인 설계 영역이기도 하다. 그런 전문성을 갖추려면 세밀한 인덱스 원리와 이론을 바탕으로 많은 시행착오를 겪어야 하는데, 본서는 인덱스 설계에 관한 시행착오를 줄일 수 있는 실무 노하우를 책 전반에 걸쳐 많이 소개하고 있다.

그 일환으로 본 절에서는 지금까지 학습한 내용을 바탕으로 인덱스 설계에 필요한 여러 가지 판단 기준, 공식을 초월한 전략적 설계의 필요성, 방법론 등을 설명한다.

3.4.1 인덱스 설계가 어려운 이유

SQL 각각에 최적화된 인덱스를 마음껏 생성할 수 있다면, SQL 튜닝과 인덱스 설계만큼 쉬운 일도 없다. 몇 가지 공식만 알면 되기 때문이다. 하지만 그렇게 인덱스를 생성하다 보면 테이블마다 인덱스가 수십 개씩 달리게 되고, 관리비용뿐만 아니라 시스템 부하를 증가시키는 요인이 된다. 인덱스가 많으면 구체적으로 아래와 같은 문제가 생긴다.

- DML 성능 저하(→ TPS 저하)
- 데이터베이스 사이즈 증가(→ 디스크 공간 낭비)
- 데이터베이스 관리 및 운영 비용 상승

예를 들어 그림 3-45처럼 테이블에 인덱스가 여섯 개 달려 있으면, 신규 데이터를 입력할 때마다 여섯 개 인덱스에도 데이터를 입력해야 한다. 테이블과 달리 인덱스는 정렬 상태를 유지해야 하므로 수직적 탐색을 통해 입력할 블록부터 찾는다. 찾은 블록에 여유 공간이 없으면 인덱스 분할(Index Split)[14]도 발생한다.

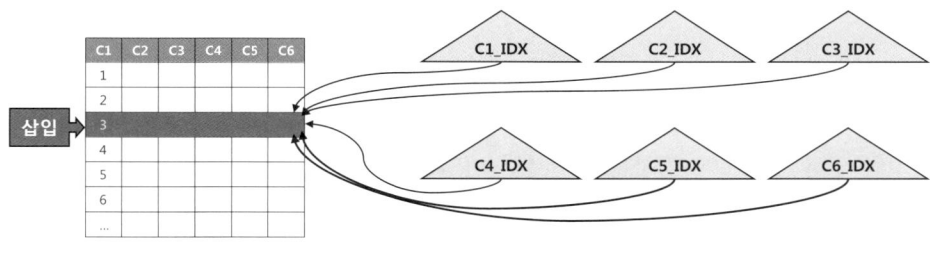

[그림 3 - 45]

데이터를 지울 때도 마찬가지다. 여섯 개 인덱스에서 레코드를 일일이 찾아 지워줘야 한다. 핵심 트랜잭션이 참조하는 테이블에 대한 DML 성능 저하는 TPS 저하로 이어진다. 꼭 필요하지 않은 인덱스를 많이 만들면 디스크 공간을 낭비하고, 데이터베이스 사이즈가 커지는 만큼 백업, 복제, 재구성 등을 위한 운영 비용도 상승한다.

개별 쿼리 성능뿐만 아니라 그 개수를 최소화함으로써 DML 부하를 줄여야 하므로 인덱스 설계가 어렵다. SQL 튜닝은 그래서 어렵고, OLTP 환경에서 특히 그렇다. 인덱스 설계는 시스템 전체 시각에서 종합적, 전략적으로 접근해야 하는데, 전략을 논하기에 앞서 인덱스를 구성하는 기본원리부터 살펴보자.

---

14 테이블은 레코드 간 정렬 상태를 유지할 필요가 없으므로 공간이 부족하면 새로운 블록을 할당받아서 값을 계속 입력한다. 하지만 인덱스는 정렬 상태를 유지해야 하므로 아무 블록에나 값을 입력할 수 없다. 따라서 값을 입력할 위치에 공간이 없으면, 인덱스 분할(Split)을 통해 공간을 확보한다.
예를 들어, 정렬 순서상 5번 리프 블록에 값을 입력해야 하는데, 그 블록이 꽉 차 있으면 새로운 블록을 5번과 6번 사이에 끼워 넣는다(※ 인덱스는 양방향 연결 리스트 구조). 그리고 5번 블록에 저장된 데이터 중 뒤쪽 절반을 6번 블록으로 옮긴다. 이런 식으로 공간을 확보한 후 값을 입력한다.

> **진퇴양난 SQL 튜닝 - 개발 단계에서 최적 인덱스 설계의 중요성**
>
> 인덱스 개수를 최소화하려면 기존 인덱스 구성을 변경함으로써 문제를 해결해야 하는데, 인덱스 변경에 따른 시스템 변경 영향도가 매우 커서 이 역시 쉽지 않다. 영향받는 SQL을 모두 찾아 성능을 검증해야 하기 때문이다. 시스템 개발 단계에서는 (개발 일정에 큰 영향을 주지 않는 범위 안에서) 비교적 쉽게 인덱스를 변경할 수 있지만, 개발을 마치고 운영 환경으로 이행하는 순간부터 인덱스 변경은 쉽지 않은 일이 돼 버린다. 특히 금융권에선 거의 불가능에 가깝다.
>
> 그나마 신규 인덱스 추가는 비교적 변경 영향도가 적다. 그래서 기존 인덱스를 변경해서 해결할 수 있는 문제도 신규 인덱스를 추가해서 해결하곤 하는데, 그럴수록 시스템 수준 TPS는 점점 나빠진다.
>
> 정리하면, 인덱스 추가는 시스템에 부하를 주고, 인덱스 변경은 운영 리스크가 크다. 시스템 개발 단계에서 인덱스를 최적으로 설계하는 일이 무엇보다 중요한 이유가 바로 여기에 있다. 특히 핵심 트랜잭션에서 데이터를 추가, 변경, 삭제하는 테이블은 고도의 기술력을 가진 SQL 튜닝 전문가를 통해 인덱스를 정교하게 설계해야 한다.
>
> 사실 도구의 지원도 필요하다. 3.4.8항에서 설명할 인덱스 설계도를 작성하려면 각 테이블에 대한 액세스 경로를 모두 수집해서 패턴별로 정리해야 하는데, 이는 결코 쉬운 작업이 아니다. 수천 개 테이블에 대한 수만 개 SQL을 수집해서 나온 수십만 개 액세스 경로를 패턴별로 압축해서 정리해야 하기 때문이다. 이 작업에 드는 엄청난 시간과 노력을 줄이고 설계 품질을 높이려면, 자동화된 인덱스 설계 도구가 필요하다.

3.4.2 가장 중요한 두 가지 선택 기준

인덱스 스캔 방식에 여러 가지가 있지만, 가장 정상적이고 일반적인 방식은 Index Range Scan이라고 했다. 이를 위해서는 인덱스 선두 컬럼을 조건절에 반드시 사용해야 한다. 따라서 결합 인덱스를 구성할 때 첫 번째 기준은, 조건절에 항상 사용하거나, 자주 사용하는 컬럼을 선정하는 것이다.

두 번째 기준은, 그렇게 선정한 컬럼 중 '=' 조건으로 자주 조회하는 컬럼을 앞쪽에 두어야 한다는 것이다. 그 이유는 지금까지 충분히 설명하였다.

아래 두 가지 선택 기준을 공식처럼 외우기 바란다.

1. 조건절에 항상 사용하거나, 자주 사용하는 컬럼을 선정한다.
2. '=' 조건으로 자주 조회하는 컬럼을 앞쪽에 둔다.

3.4.3 스캔 효율성 이외의 판단 기준

방금 제시한 두 가지 선택기준이 인덱스를 설계할 때 일반적으로 사용하는 기본 공식임은 틀림없다. 하지만, 인덱스 설계가 그렇게 간단하지만은 않다. 공식대로 하려다 보면, 공식을 모르고 설계할 때보다 오히려 인덱스 개수가 더 늘어나는 현상도 경험하게 된다.

방금 설명한 공식은 인덱스 스캔 효율성이 판단 기준이었다. 그 외 고려해야 할 판단 기준을 나열하면 아래와 같다.

- 수행 빈도
- 업무상 중요도
- 클러스터링 팩터
- 데이터량
- DML 부하(= 기존 인덱스 개수, 초당 DML 발생량, 자주 갱신하는 컬럼 포함 여부 등)
- 저장 공간
- 인덱스 관리 비용 등

이런 다양한 판단 기준에 대한 해석이 서로 다르기 때문에 설계자의 성향이나 스타일에 따라 결과물도 크게 달라진다. 전장에서 똑같은 상황에 맞닥뜨리더라도 지휘관 스타일에 따라 전략과 전술이 달라지는 것처럼 말이다.

이 중 가장 중요한 하나를 꼽으라면 수행 빈도가 아닐까 싶다. 자주 수행하지 않는 SQL이면 인덱스 스캔 과정에 약간의 비효율이 있어도 큰 문제가 아닐 수 있다. 반면, 수행빈도가 매우 높은 SQL에는 앞서 설명한 공식을 이용해 최적의 인덱스를 구성해 줘야 한다.

수행빈도와 관련해, NL 조인할 때 어느 쪽에서 자주 액세스 되는지도 중요한 판단 기준이 된다. 그림 3-46처럼 NL 방식으로 조인하는 두 테이블이 있을 때, ①번과 ②번 중 어느 쪽 인덱스가 더 중요할까? (아직 NL 조인에 대한 이해가 부족하다면 4장 1절(4.1)을 학습한 후에 다시 이 부분을 보기 바란다.)

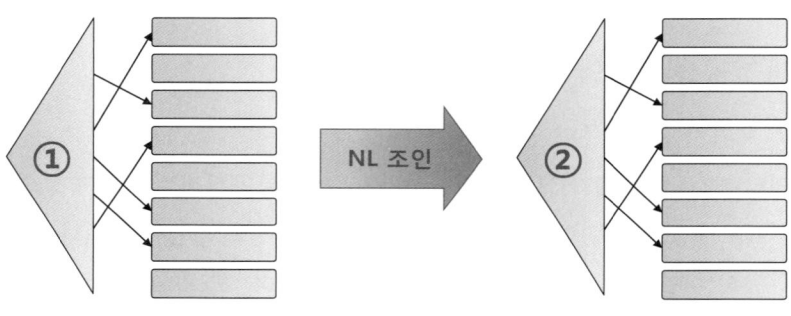

[그림 3 – 46]

NL 조인할 때 Outer 쪽(드라이빙 집합)에서 액세스하는 인덱스(그림 3-46 좌측 ①번)는 스캔 과정에 비효율이 있더라도 큰 문제가 아닐 수 있다. 예를 들어, 아래 SQL(힌트 주목)에서 거래 쪽 인덱스를 「거래일자 + 거래구분코드」 순으로 구성하는 경우를 말한다.

```
select /*+ leading(a) use_nl(b) */
b.상품코드, b.상품명, a.고객번호, a.거래일자, a.거래량, a.거래금액
from    거래 a, 상품 b
where   a.거래구분코드 = 'AC'
and     a.거래일자 between '20090101' and '20090131'
and     b.상품번호 = a.상품번호
and     b.상품분류 = '가전'
```

거래 쪽 인덱스를 스캔하는 과정에 비효율이 있더라도 NL 조인 메커니즘 상 비효율은 한 번

에 그친다. 불필요한 테이블 액세스는 발생하지 않으므로 아주 넓은 거래일자 구간으로 조회하지만 않는다면 성능도 비교적 나쁘지 않을 것이다. 당장 조회 성능에 별문제가 없고 자주 수행하는 SQL이 아니라면 굳이 스캔 효율을 높이기 위해「거래구분코드 + 거래일자」인덱스를 따로 안 만들어도 된다.

반대로, NL 조인에서 Inner 쪽 인덱스(그림 3-46 우측 ②번) 스캔 과정에 비효율이 있다면, 이는 성능에 큰 문제를 야기할 수 있다. 아래 SQL(힌트 주목)에서 거래 쪽 인덱스를「거래일자 + 상품번호 + 거래구분코드」순으로 구성하는 경우가 그렇다. BETWEEN 조건 컬럼이 인덱스 선두 컬럼이므로 Outer 테이블로부터 액세스하는 횟수만큼 비효율적인 스캔을 반복한다.

```
select /*+ leading(b) use_nl(a) */
       b.상품코드, b.상품명, a.고객번호, a.거래일자, a.거래량, a.거래금액
from   거래 a, 상품 b
where  a.거래구분코드 = 'AC'
and    a.거래일자 between '20090101' and '20090131'
and    b.상품번호 = a.상품번호
and    b.상품분류 = '가전'
```

수행빈도가 매우 높은 SQL이라면, 테스트 과정에 당장 성능이 좋게 나오더라도 인덱스를 최적으로 구성해 줘야 한다. NL 조인 Inner 쪽 인덱스는 '=' 조건 컬럼을 선두에 두는 것이 중요하고, 될 수 있으면 테이블 액세스 없이 인덱스에서 필터링을 마치도록 구성해야 한다.

데이터량도 인덱스를 설계할 때 중요한 판단 기준이다. 데이터량이 적다면 굳이 인덱스를 많이 만들 필요가 없다. Full Scan으로도 충분히 빠르기 때문이다. 반대로, 인덱스를 많이 만들어도 저장 공간이나 트랜잭션 부하 측면에서 그다지 문제될 것이 없다. 테이블이 작으면, 심각하게 고민할 이유가 없다는 뜻이다.

초대용량 테이블일 때는 어떨까? 초대용량 테이블은 INSERT도 많다. 앞서도 언급했듯, 초당 DML 발생량은 트랜잭션 성능(TPS)에 직접적인 영향을 준다. 그런 테이블에 인덱스를 설계할 때, 전문가의 손길이 필요하다. 진정한 튜닝 전문가는 이때 빛을 발한다. 인덱스를 하나라도 줄였을 때 그것이 시스템에 미치는 영향은 적지 않다

3.4.4 공식을 초월한 전략적 설계

조건절 패턴이 열 개 있을 때, 패턴마다 인덱스를 하나씩 만들 수는 없다. 그런 식이라면 3.4.2항에서 제시한 두 가지 공식만 알면 누구나 쉽게 설계할 수 있다.

SQL 튜닝 전문가라면, 열 개 중 최적을 달성해야 할 가장 핵심적인 액세스 경로 한두 개를 전략적으로 선택해서 최적 인덱스를 설계하고, 나머지 액세스 경로는 약간의 비효율이 있더라도 목표 성능을 만족하는 수준으로 인덱스를 구성할 수 있어야 한다. 그리고 왜 그런 선택을 했는지, 전략적 판단 근거가 무엇인지 답할 수 있어야 한다. 단순한 공식에 의한 결정이 아니라, 업무 상황을 이해하고 나름의 판단 기준을 가지고 결정을 내리라는 것이다.

예를 들어 보자. 어떤 보험사에 '가계약' 테이블이 있다. 가계약 목록을 조회할 때 그림 3-47처럼 다양한 방식으로 조회한다. 우선, 드롭다운 리스트(콤보박스)에서 그림 좌측에 있는 취급부서, 취급지점, 취급자, 입력자, 대리점설계사, 대리점지사 중 하나를 선택한다. 조건절 연산자는 '='이다. 그리고 우측에 있는 네 개 일자/일시 중 하나를 선택한다. 조건절 연산자는 BETWEEN이다. 선택한 두 항목에 대한 값을 입력하고 조회 버튼을 누른다.

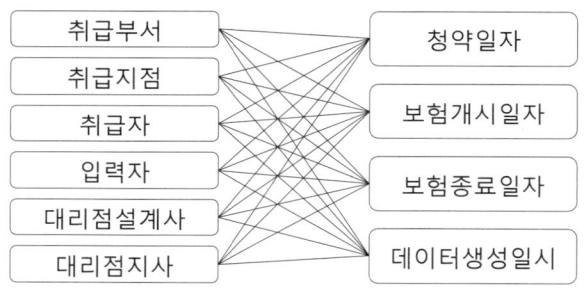

[그림 3 - 47]

이런 상황에서 인덱스 스캔 효율을 위해 '=' 조건 컬럼을 앞에, BETWEEN 조건 컬럼을 뒤에 두려면 24개 인덱스가 필요하다. 가계약 테이블에는 INSERT가 매우 많이 발생하는데, 과연 인덱스를 24개나 만들 것인가? 전략적인 판단이 필요하다.

아래와 같이 설계하면 어떨까? 일자/일시 조건을 선두에 두고, 자주 사용하는 필터 조건을 모두 뒤쪽에 추가하는 방식이다.

- X01 : 청약일자 + 취급부서 + 취급지점 + 취급자 + 입력자 + 대리점설계사 + 대리점지사
- X02 : 보험개시일자 + 취급부서 + 취급지점 + 취급자 + 입력자 + 대리점설계사 + 대리점지사
- X03 : 보험종료일자 + 취급부서 + 취급지점 + 취급자 + 입력자 + 대리점설계사 + 대리점지사
- X04 : 데이터생성일시 + 취급부서 + 취급지점 + 취급자 + 대리점설계사 + 대리점지사

이렇게 설계한 핵심 포인트는 두 가지다. 첫째, 일자 조회구간이 길지 않으면 인덱스 스캔 비효율이 성능에 미치는 영향이 크지 않다는 점이다. 둘째, 인덱스 스캔 효율보다 테이블 액세스가 더 큰 부하요소라는 점이다.

가계약은 주로 최근 3일 이내 데이터를 조회한다. 대개는 전일자로 조회하므로 인덱스 스캔량은 그리 많지 않다. 가끔 3일을 초과한 기간으로 조회할 수 있고, 어쩌다 한 달 치를 조회할 수도 있다. 그렇더라도 불필요한 테이블 액세스는 전혀 발생하지 않도록 설계했으므로 사용자가 인내할 수 있는 수준의 성능은 낼 수 있다.

사용자가 인내할 수 있는 수준의 인덱스 스캔 비효율이더라도 BETWEEN 조건 컬럼을 선두에 두고 설계하는 것은 좀 찜찜하다. 그런데도 이런 결정을 한 이유는 따로 있다. 가계약 테이블을 다양한 패턴으로 조회하지만, 그중 가장 많이 사용(85% 이상)하는 패턴은 입력자 '=', 데이터생성일시 BETWEEN 조건이기 때문이다. 따라서 이 패턴에 최적의 스캔 효율을 제공하면, 다른 패턴에 다소 비효율이 있어도 업무에 크게 지장이 없다고 판단한 것이다.

앞서 설계한 네 개 인덱스에 아래 인덱스를 하나 더 추가하자. (X04 인덱스에 입력자 컬럼은 누락된 것이 아니라 이 인덱스가 있어서 일부러 뺐다.)

- X05 : 입력자 + 데이터생성일시

공식대로 설계하려면 24개 인덱스가 필요하지만, 업무 상황을 고려한 전략적 판단을 통해

다섯 개로 줄였다. 이렇게 인덱스 개수를 최소화하면, 사용빈도가 높거나 중요한 액세스 경로가 새로 도출됐을 때 최적의 인덱스를 추가할 여유도 생긴다.

3.4.5 소트 연산을 생략하기 위한 컬럼 추가

인덱스는 항상 정렬 상태를 유지하므로 ORDER BY, GROUP BY를 위한 소트 연산을 생략할 수 있게 해 준다. 따라서 조건절에 사용하지 않는 컬럼이더라도 소트 연산을 생략할 목적으로 인덱스 구성에 포함시킴으로써 성능 개선을 도모할 수 있다.

아래 쿼리에 ORDER BY 절이 있음에도 불구하고 소트 연산이 발생하지 않도록 인덱스를 구성해 보자. 아래쪽 설명을 읽기 전에 스스로 고민해 보기 바란다.

```
select 계약ID, 청약일자, 입력자ID, 계약상태코드, 보험시작일자, 보험종료일자
from   계약
where  취급지점ID = :trt_brch_id
and    청약일자 between :sbcp_dt1 and :sbcp_dt2
and    입력일자 >= trunc(sysdate - 3)
and    계약상태코드 in ( :ctr_stat_cd1, :ctr_stat_cd2, :ctr_stat_cd3 )
order by 청약일자, 입력자ID
```

성능을 고려하지 않아도 된다면, 소트 연산을 생략하도록 인덱스 구성하는 일은 너무 쉽다. ORDER BY 절 순서대로 「청약일자 + 입력자ID」로 구성하면 된다.

'=' 조건절 컬럼은 ORDER BY 절에 없더라도 인덱스 구성에 포함할 수 있다. 위 SQL에선 취급지점ID가 '=' 조건이다. 이를 포함해 「청약일자 + 취급지점ID + 입력자ID」 순으로 구성해도 소트 연산을 생략할 수 있다는 뜻이다. 위치는 앞뒤 중간 어디에 두어도 상관없다.

'='이 아닌 조건절 컬럼들은 반드시 ORDER BY 컬럼보다 뒤쪽에 두어야(예를 들어, 청약일자 + 입력자ID + 입력일자 + 계약상태코드) 소트 연산을 생략할 수 있다.

인덱스를 그렇게 구성하면 일단 소트는 생략할 수 있다. 문제는 성능인데, 조건을 만족하는 데이터를 빨리 만날 수 있느냐가 관건이다. 다행히 앞쪽에서 만나면(그림 3-48 좌측) 결과집합

이 빨리 출력되기 시작하겠지만, 불행하게도 맨 뒤쪽에서 만나면(그림 3-48 우측) 사용자는 그때까지 손 놓고 기다려야만 한다. 그 순간 DBMS 내부에서는 많은 I/O가 발생하고 있을 것이다. (그림에선 테이블 필터가 없는 것처럼 표현했지만, 테이블 필터까지 있다면 어마어마한 I/O가 발생한다.)

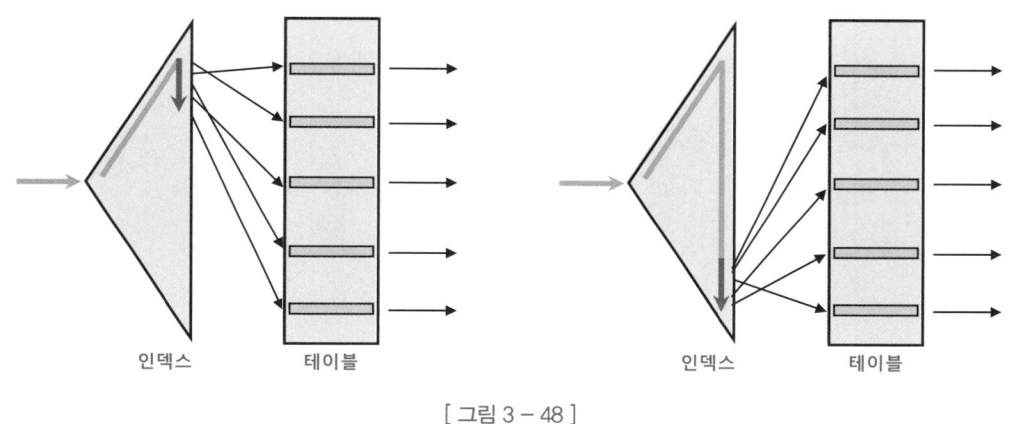

[그림 3 - 48]

I/O를 최소화하면서도 소트 연산을 생략하려면, 아래 공식에 따라 인덱스를 구성하면 된다.

① '=' 연산자로 사용한 조건절 컬럼 선정

② ORDER BY 절에 기술한 컬럼 추가

③ '=' 연산자가 아닌 조건절 컬럼은 데이터 분포를 고려해 추가 여부 결정

이 공식에 따라 위에서 제시한 SQL에는 인덱스를 「취급지점ID + 청약일자 + 입력자ID」 순으로 구성한다.

입력일자와 계약상태코드는 뒤쪽에 붙여도 되고 안 붙여도 된다. 이들 조건을 만족하는 데이터가 적으면, 인덱스에 추가하는 게 좋다. 테이블 랜덤 액세스를 줄일 수 있기 때문이다. 이들 조건을 만족하는 데이터가 많으면, 굳이 인덱스에 추가하지 않아도 된다. 테이블에서 필터링할 때와 큰 성능 차이가 없기 때문이다. 단 몇 회라도 테이블 액세스를 줄이면 조회 성능

은 좋지만, 반대급부도 생각해야 한다.

IN 조건은 '='이 아니다

방금 본 사례에서 계약상태코드를 인덱스 앞쪽에 두어도 소트연산을 생략할 수 있다고 생각했을 수 있다. IN 조건은 '='이라는 생각하는 분들이 그랬을 것이다.

앞 절 3.3.8항에서도 강조했듯, IN 조건은 '='이 아니다. 아래 SQL을 예로 들어보자.

```
select 고객번호, 고객명, 거주지역, 혈액형, 연령
from   고객
where  거주지역 = '서울'
and    혈액형 in ( 'A', 'O' )
order by 연령
```

인덱스는 표 3-3처럼 「거주지역 + 혈액형 + 연령」 순으로 구성했다.

거주지역	혈액형	연령
서울	A	23
서울	A	35
서울	A	48
서울	A	62
서울	O	29
서울	O	32
서울	O	45
서울	O	57

[표 3-3]

IN 조건이 '='이 되려면 IN-List Iterator 방식으로 풀려야 한다. IN-List Iterator 방식으로 푼다는 건 SQL을 아래와 같은 방식으로 실행한다는 의미다. 그러면 IN 조건이 '='이 됐지만, UNION ALL 위아래 두 집합을 묶어 '연령' 순으로 정렬하는 문제가 남는다.

```
select 고객번호, 고객명, 거주지역, 혈액형, 연령
from   고객
where  거주지역 = '서울'
and    혈액형 = 'A'
union all
select 고객번호, 고객명, 거주지역, 혈액형, 연령
from   고객
where  거주지역 = '서울'
and    혈액형 = 'O'
order by 연령
```

ORDER BY 절이 있음에도 불구하고 소트 연산을 생략하려면, 위쪽 브랜치를 실행하고 이어서 아래쪽을 실행했을 때 그 결과가 연령 순으로 정렬돼야 한다. 그것이 가능하려면, 서울에 거주하는 모든 'A'형 고객이 'O'형 고객보다 연령이 낮아야 한다. 불가능한 일이므로 옵티마이저는 결코 소트 연산을 생략하지 않는다. 인덱스를 「혈액형 + 거주지역 + 연령」 순으로 구성해도 마찬가지다.

결론적으로, 소트 연산을 생략하려면 IN 조건절이 IN-List Iterator 방식으로 풀려선 안 된다. 즉, IN 조건절을 인덱스 액세스 조건으로 사용하면 안 된다. 필터 조건으로 사용해야 한다. 따라서 인덱스를 「거주지역 + 연령 + 혈액형」 순으로 구성해야 한다.[15]

3.4.6 결합 인덱스 선택도

인덱스 생성 여부를 결정할 때는 선택도가 충분히 낮은지가 중요한 판단기준이다. '선택도(Selectivity)'란, 전체 레코드 중에서 조건절에 의해 선택되는 레코드 비율을 말하며, 선택도에 총 레코드 수를 곱해서 '카디널리티'를 구한다. 자세한 내용은 7장 1절에서 확인할 수 있다. '인덱스 선택도'는 인덱스 컬럼을 모두 '='로 조회할 때 평균적으로 선택되는 비율을 의미한다. 선택도가 높은(카디널리티가 높은) 인덱스는 생성해봐야 효용가치가 별로 없다. 테이블 액

---

[15] IN-List 컬럼이 ORDER BY 절에 있으면(본문 예에서 혈액형을 ORDER BY 절 앞쪽에 두면), 인덱스를 「거주지역 + 혈액형 + 연령」 순으로 구성하더라도 소트 연산을 생략할 수 있다. 오라클이 IN-List 목록을 정렬하고 나서 액세스 조건으로 사용하기 때문이다. 물론, 필터 조건으로 사용하더라도 정렬 순서상 소트 생략이 가능하다.

세스가 많이 발생하기 때문이다.

따라서 인덱스를 생성할 때는 반드시 선택도/카디널리티를 확인해야 한다. 아래는 계약ID와 취급지점ID, 두 컬럼에 대한 카디널리티를 조회하는 쿼리다.

```
select count(*) as NDV, max(cnt) as MX_CARD, min(cnt) MN_CARD, avg(cnt) as AVG_CARD
from (
  select 계약ID, 취급지점ID, count(*) as cnt
  from   계약조직
  where (계약ID is not null or 취급지점ID is not null)
  group by 계약ID, 취급지점ID
)
```

컬럼 순서 결정 시, 선택도 이슈

결합 인덱스 컬럼 간 순서를 정할 때도 선택도가 중요할까? 결합 인덱스를 구성할 때 선택도가 낮은(변별력이 높은) 컬럼을 앞에 두는 것이 유리하다고 흔히 알려져서 하는 질문이다.

구체적인 예로 아래 쿼리에서 고객번호를 앞에 두는 것이 유리하다고 생각하겠지만, 그렇지 않다. 성별과 고객번호 중 어떤 컬럼이 앞으로 오든 인덱스 스캔 효율에 전혀 차이가 없다. 2장 1절 5항(2.1.5)에서 이미 다룬 내용이니 확인하기 바란다. 둘 다 인덱스 액세스 조건이므로 어떤 컬럼이 앞으로 오든 인덱스 스캔 범위는 똑같다.

```
WHERE 성별     = :GENDER
AND   고객번호 = :CUST_NO
```

인덱스 설계할 때 우리가 할 일은 '항상 사용하는' 컬럼을 앞쪽에 두고 그 중 '=' 조건을 앞쪽에 위치시키는 것뿐이다. 그중 선택도가 낮은 컬럼을 앞쪽에 두려는 노력은 의미 없거나 오히려 손해일 수 있다. 예를 들어, 아래 네 개 조건절이 있다.

```
〈 조건절 1 〉
WHERE 고객등급 = :V1
AND   고객번호 = :V2
AND   거래일자 >= :V3
```

```
< 조건절 2 >
WHERE  고객등급  = :V1
AND    고객번호  = :V2
AND    거래일자 >= :V3
AND    거래유형  = :V4

< 조건절 3 >
WHERE  고객등급  = :V1
AND    고객번호  = :V2
AND    거래일자 >= :V3
AND    상품번호  = :V5

< 조건절 4 >
WHERE  고객등급  = :V1
AND    고객번호  = :V2
AND    거래일자 >= :V3
AND    거래유형  = :V4
AND    상품번호  = :V5
```

여기서 '항상 사용하는' 고객번호, 고객등급, 거래일자 중 고객번호와 고객등급은 '=' 조건, 거래일자는 BETWEEN 조건이다. 그리고 거래유형과 상품번호는 항상 사용하는 조건이 아니어서 인덱스를 그림 3-49와 같이 구성하려고 한다.

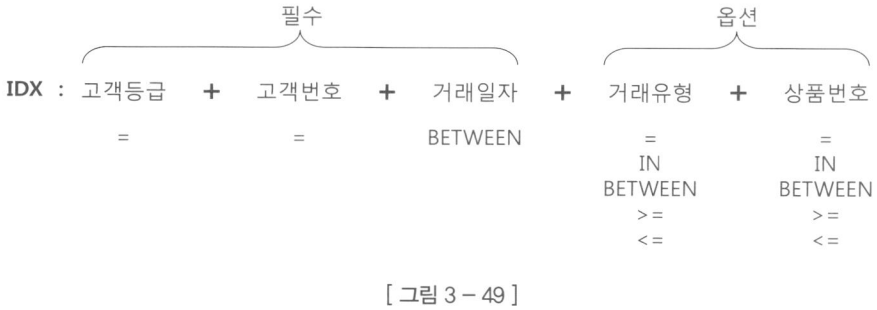

[그림 3 – 49]

여기서 고객등급과 고객번호 중 어떤 컬럼이 앞으로 오든 인덱스 스캔 효율에 전혀 영향을 주지 않는다. 거래일자까지 세 컬럼이 액세스 조건이므로 인덱스 스캔 범위는 똑같다.

거래유형과 상품번호 간에도 어떤 컬럼이 앞으로 오든 인덱스 스캔 효율에 영향을 주지 않는다. 인덱스 스캔 범위가 고객등급, 고객번호, 거래일자에 의해 결정되므로 둘 중 어떤 컬럼이 앞으로 오든 인덱스 스캔 효율에 차이가 없다. 심지어 이들 컬럼에 어떤 연산자를 사용해도 상관없다.

고객등급, 고객번호 둘 다 필수 '=' 조건이면 어떤 컬럼이 앞으로 오든 상관없지만, 둘 중 하나 이상이 조건절에서 누락되거나 범위검색 조건일 수 있다면 얘기가 복잡해진다. 고객번호는 필수인데 고객등급이 조건절에서 누락되거나 범위검색 조건일 수 있는 경우만 설명하면, 이때는 고객등급을 앞쪽에 두는 것이 유리하다. Index Skip Scan이나 IN-List 조건을 활용할 수 있기 때문이다. 인덱스를 압축할 경우, 고객등급을 앞쪽에 두면 압축률이 더 좋은 측면도 있다.

결론적으로, 인덱스 생성 여부를 결정할 때는 선택도가 매우 중요하지만, 컬럼 간 순서를 결정할 때는 각 컬럼의 선택도보다 필수 조건 여부, 연산자 형태가 더 중요한 판단 기준이다. 어느 컬럼을 앞에 두는 것이 유리한지는 상황에 따라 판단할 일이다.

3.4.7 중복 인덱스 제거

아래 세 인덱스는 중복이다. X02 인덱스 선두 컬럼이 X01 인덱스 전체를 완전히 포함하고, X03 인덱스 선두 컬럼이 X01과 X02 인덱스 전체를 완전히 포함하기 때문이다. 필자는 이를 '완전 중복'이라고 부른다. X03 인덱스를 남기고, X01, X02 인덱스는 삭제해도 된다.

- X01 : 계약ID + 청약일자
- X02 : 계약ID + 청약일자 + 보험개시일자
- X03 : 계약ID + 청약일자 + 보험개시일자 + 보험종료일자

아래 네 개 인덱스는 얼핏 보기엔 중복이 아니다. 선두 컬럼은 같지만, 두 번째 컬럼이 모두 다르기 때문이다.

- X01 : 계약ID + 청약일자

- X02 : 계약ID + 보험개시일자
- X03 : 계약ID + 보험종료일자
- X04 : 계약ID + 데이터생성일시

하지만, 계약ID의 평균 카디널리티가 매우 낮다면 사실상 중복이다. 예를 들어, 계약ID 평균 카디널리티가 5라고 가정하자. 계약ID를 '=' 조건으로 조회하면, 평균 다섯 건이 조회된다는 뜻이다. 그렇다면 이렇게 인덱스를 네 개씩이나 만들 이유가 없다. 아래와 같이 하나만 만들면 충분하다. 필자는 '완전중복'과 대비해 이를 '불완전 중복'이라고 부른다.

- X01 : 계약ID + 청약일자 + 보험개시일자 + 보험종료일자 + 데이터생성일시

중복제거 실습 1

아래 다섯 인덱스 중에서 중복 인덱스를 찾아 재설계해 보자.

- PK : 거래일자 + 관리지점번호 + 일련번호
- N1 : 계좌번호 + 거래일자
- N2 : 결제일자 + 관리지점번호
- N3 : 거래일자 + 종목코드
- N4 : 거래일자 + 계좌번호

거래일자, 결제일자는 항상 BETWEEN 또는 부등호 조건으로 조회한다. 각 컬럼의 데이터 분포는 표 3-4와 같다. NDV는 'Number of Distinct Values'의 약자다. 컬럼에 입력된 값의 종류 개수를 의미한다.

컬럼명	NDV
거래일자	2,356
관리지점번호	127
일련번호	1,850
계좌번호	5,956
종목코드	1,715
결제일자	2,356

[표 3 - 4]

중복 인덱스가 보이는가? 거래일자가 항상 BETWEEN 또는 부등호 조건이면 N3와 N4 인덱스는 둘 다 거래일자가 인덱스 액세스 조건이다. 그렇다면 인덱스를 두 개나 만들 필요가 없다. 아래와 같이 N4 인덱스를 제거하고, N3 인덱스 뒤쪽에 계좌번호를 추가하면 된다.

- PK : 거래일자 + 관리지점번호 + 일련번호
- N1 : 계좌번호 + 거래일자
- N2 : 결제일자 + 관리지점번호
- N3 : **거래일자 + 종목코드 + 계좌번호**
- ~~N4 : 거래일자 + 계좌번호~~

두 번째 방안으로, N3 인덱스 변경 없이 그냥 N4 인덱스를 제거해도 된다. 계좌번호와 거래일자로 조회할 때는 N1 인덱스를 사용하고, 거래일자만으로 조회할 때는 N3 인덱스를 사용하면 되기 때문이다(표 3-5 참조).

3.4 인덱스 설계

조건절	인덱스
계좌번호 =	N1
계좌번호 =, 거래일자 =	N1
계좌번호 =, 거래일자 BETWEEN	N1
거래일자 =	N3
거래일자 BETWEEN	N3

[표 3-5]

최종적으로 아래와 같이 설계하면 어떨까?

- PK : **관리지점번호** + 거래일자 + 일련번호
- N1 : 계좌번호 + 거래일자
- N2 : 결제일자 + 관리지점번호
- N3 : 거래일자 + 종목코드
- ~~N4 : 거래일자 + 계좌번호~~

기존에 관리지점번호가 선두 컬럼인 인덱스가 없었으므로 관리지점번호 단독으로 조회하는 경우는 없었던 거 같다. 그렇다고 PK를 그대로 두면 관리지점번호 '=', 거래일자 BETWEEN으로 조회할 때 비효율적이다. 방금 제시한 최종안으로 설계하면, 관리지점번호와 거래일자로 조회할 때는 PK 인덱스를 사용하고, 거래일자만으로 조회할 때는 N3 인덱스를 사용하면 된다(표 3-6 참조).

조건절	인덱스
관리지점번호 =, 거래일자 =	PK
관리지점번호 =, 거래일자 BETWEEN	PK
거래일자 =	N3
거래일자 BETWEEN	N3

[표 3-6]

중복제거 실습 2

실습을 하나 더 해 보자. 인덱스 설계는 조건절 분석 과정이 필수지만, 조건절 없이도 중복 인덱스를 찾아내는 경우가 있다. 아래에서 중복 인덱스를 찾아 재설계해 보자.

- PK : 주소ID + 건물동번호 + 건물호번호 + 관리번호
- N1 : 상태구분코드 + 관리번호
- N2 : 관리번호
- N3 : 주소ID + 관리번호

각 컬럼의 데이터 분포는 표 3-7과 같다.

컬럼명	NDV
주소ID	736,000
건물동번호	175
건물호번호	3,052
관리번호	250,782
상태구분코드	3

[표 3 - 7]

이제 중복 인덱스가 보이기 시작하는가? 상태구분코드는 NDV가 3이므로 선택도가 매우 높다. 상태구분코드로만 조회할 때는 N1 인덱스가 사용되지 않는다는 뜻이다. N1 인덱스가 사용되려면, 상태구분코드와 관리번호를 같이 조회해야 한다.

N2 인덱스는 관리번호로 조회할 때만 사용되므로 아래와 같이 N2 인덱스를 제거하고, N1 인덱스를 「관리번호 + 상태구분코드」 순으로 변경해 보자. 관리번호로만 조회하든, 상태구분코드까지 같이 조회하든 N1 인덱스를 사용하면 된다.

- PK : 주소ID + 건물동번호 + 건물호번호 + 관리번호
- **N1 : 관리번호 + 상태구분코드**

- N2 : 관리번호
- N3 : 주소ID + 관리번호

여기서 주의할 점이 하나 있다. 상태구분코드 NDV가 3이긴 하나, 그중 특정 값은 변별력이 매우 좋을 수 있다는 점이다. 만약 그 값으로 조회할 때 사용할 목적으로 N1 인덱스를 만들었다면, N1 인덱스 구성을 바꾸면 문제가 생길 수 있다.

3.4.8 인덱스 설계도 작성

[표 3-8]

앞에서도 얘기했듯이 인덱스 설계 시 시스템 전체 효율을 고려해야 한다. 조화를 이룬 건축물을 짓기 위해 설계도가 필수인 것처럼 인덱스 설계에도 전체를 조망할 수 있는 설계도면이 필요하다. 표 3-8은 인덱스 설계도를 예시한 것이다.

표 3-8에서 상단 좌측(①)을 보면 '변경 전 인덱스 구성' 필드가 있고, 우측(②)에는 '변경 후 인덱스 구성' 필드가 있다. 전자는 말 그대로 현재의 인덱스 구성을 데이터베이스 딕셔너리에서 읽어 기록한 것이고, 후자는 새로운 구성 전략을 기록한 것이다.

개별 SQL이 아니라 전체를 보면서 전략을 수립하려면 일단 테이블별로 실제 발생하는 액세스 유형을 모두 조사하는 과정이 필요한데, 표 3-8 중간부터 아래쪽까지 작성된 '액세스 경로(③)'가 그것이다. 17번 액세스 경로를 예로 들면, 조건절에 사용한 비교 연산자가 「물건종류 =, 도시 = , 구시군 =, 읍면동 =, CO9 ◇, 입력일 >=」인 경우를 표시한 것이다. 그리고 그 아래쪽을 보면 현재 인덱스 구성(①)에서는 6번 인덱스(IDX06)를 사용하지만 구성을 변경(②)하고 나면 3번(IDX3) 인덱스를 사용하게 될 것임을 표시하고 있다.

설계도 상단에 파티션 구성을 기록하는 필드를 둔 것도 주목하기 바란다. 인덱스 설계 전에 파티션 설계를 먼저 진행하거나 최소한 병행해야 제대로 된 인덱스 전략을 수립할 수 있다. 그래서 파티션 구성도 참조하도록 했다.

인덱스 설계도 작성을 통한 튜닝 사례

표 3-8을 보면, 매물 테이블에 사용된 액세스 경로가 총 25개인데, 인덱스가 무려 15개나 달린 것을 볼 수 있다. 필자가 직접 컨설팅했던 이 회사에는 이런 매물 테이블이 20여 개(아파트매매, 아파트전세, 아파트월세, 점포매매, 점포임대, 토지매매, 토지임대 등)에 이르고, 인덱스가 모두 같은 패턴으로 설계돼 있었다.

조회를 빠르게 하려고 이렇게 많은 인덱스를 만들어 놓았지만 조회해 보면 어떤 매물조회 화면이든지 수십 초에서 수분이 경과해야 결과를 볼 수 있었다. 원인이 무엇이었을까? 표 3-8에서 현재 인덱스 구성과 액세스 경로를 잘 분석해 보기 바란다. 지금까지 설명한 인덱스 원리를 제대로 이해했다면 쉽게 원인을 찾아낼 수 있다.

원인을 못 찾은 독자를 위해 힌트를 주면, 대부분 액세스 경로에 '입력일 >=' 조건이 포함된 것을 확인하기 바란다. 그리고 변경 전 인덱스 구성에서 대부분 인덱스 선두 컬럼이 '입력일'

인 것도 확인하기 바란다.

상황을 더 심각하게 만든 것은, 선두컬럼 입력일 조건에 해당하는 범위가 인덱스 전체 레코드에서 95% 이상이라는 사실이다. 매물 테이블에는 최근 한달 치 데이터만 보관해야 하는데, 과거 데이터가 정확히 커팅(cutting)되지 않았을 때 한달을 초과한 매물이 함께 조회되는 현상을 막으려고 입력일 조건을 대부분 쿼리에 포함시켰던 것이다. 조건절에 항상 사용하는 컬럼이 인덱스 선두로서 1순위 후보지만 '=' 조건이어야 한다는 사실을 몰랐다면 누구라도 이런 실수를 할 수 있다.

열다섯 개나 되던 인덱스를 표 3-8 우측 상단(②)처럼 다섯 개로 줄이면서 입력일 컬럼을 모두 제거하는 새로운 인덱스 구성 전략을 수립하였고, 인덱스 생성 스크립트까지 작성해서 DBA 팀에 넘겨주었다. 그 다음 날 아침 눈을 뜨자마자 사이트에 접속해 보니 하루 전만 하더라도 수분씩 걸리던 대부분 화면에서 검색결과가 바로바로 출력되는 것을 확인할 수 있었다. 20년 가까이 데이터베이스 튜닝 컨설팅을 수행하면서 가장 짜릿한 희열을 느꼈던 순간이다.

친절한 SQL 튜닝

조인 튜닝

4.1 NL 조인

4.2 소트 머지 조인

4.3 해시 조인

4.4 서브쿼리 조인

4장

조인 튜닝

4.1 | NL 조인

조인의 기본은 NL 조인이다. 지금까지 설명한 인덱스 원리를 어느 정도 이해했다면 NL 조인은 절대 어렵지 않다. NL 조인은 인덱스를 이용한 조인이기 때문이다. 튜닝 원리도 그대로 적용할 수 있다.

또한, NL 조인을 정확히 이해하고 나면 다른 조인 방식도 쉽게 이해할 수 있다. 뒤에서 설명할 소트 머지 조인과 해시 조인도 프로세싱 과정은 NL 조인과 다르지 않기 때문이다. 조인할 때 어떤 자료구조를 사용하느냐의 차이일 뿐이다.

그림, 지금부터 NL 조인의 기본 메커니즘, 실행계획 제어 및 튜닝 방법 등을 살펴보자.

4.1.1 기본 메커니즘

그림 4-1과 같이 사원과 고객 테이블이 있다. 이 두 테이블에서 1996년 1월 1일 이후 입사한 사원이 관리하는 고객 데이터를 추출하는 프로그램을 작성해 보자. (음영 처리한 부분이 우리가 읽어야 할 데이터다.)

사원 테이블

사원번호	사원명	입사일자
0001	홍길동	19970208
0002	...	...
0003	김철수	19960712
0004	...	...
0005	이영희	19970223
0006	손수희	19960101
0007	...	...
0008	...	...

고객 테이블

고객번호	고객명	전화번호	관리사원번호
1	...	...	0002
2	...	...	0004
3	...	...	0001
4	...	...	0003
5	...	...	0004
6	...	...	0001
7	...	...	0007
8	...	...	0006
9	...	...	0003
10	...	...	0008
11	...	...	0006
12	...	...	0005

[그림 4-1]

아래 SQL문을 사용하면 원하는 결과집합을 쉽게 추출할 수 있지만, SQL이 탄생하기 전에는 두 테이블을 조인하는 프로그램을 개발자가 직접 작성해야만 했다. 어떤 알고리즘을 사용하면 좋을까?

```
select e.사원명, c.고객명, c.전화번호
from   사원 e, 고객 c
where  e.입사일자 >= '19960101'
and    c.관리사원번호 = e.사원번호
```

가장 쉽게 생각할 수 있는 방식은, 사원 테이블로부터 1996년 1월 1일 이후 입사한 사원을 찾아 '건건이' 고객 테이블에서 사원번호가 일치(사원.사원번호 = 고객.관리사원번호)하는 레코드를 찾는 것이다. 이것이 바로 Nested Loop 조인이 사용하는 알고리즘이다.

프로그래밍을 해 본 독자라면 누구나 아래 중첩 루프문(Nested Loop)의 수행 구조를 이해할 것이다. 그렇다면 Nested Loops 조인(이하 'NL 조인')도 어렵지 않게 이해할 수 있다.

```
< C, JAVA >
for(i=0; i<100; i++){    -- outer loop
  for(j=0; j<100; j++){  -- inner loop
    // Do Anything ...
  }
}

< PL/SQL >
for outer in 1..100 loop
  for inner in 1..100 loop
    dbms_output.put_line(outer || ' : ' || inner);
  end loop;
end loop;
```

NL 조인은 위 중첩 루프문과 같은 수행 구조를 사용한다. 중첩 루프문을 사용하는 아래 PL/SQL 코드는 NL 조인이 어떤 순서로 데이터를 액세스하는지 잘 설명해 준다[1].

---

1 NL 조인의 수행 구조, 즉 데이터 액세스 순서를 보여주기 위한 Pseudo 코드일 뿐, 실제로 이런 PL/SQL 코드를 만들어 Inner 루프쪽 SQL을 Recursive하게 반복 수행하지는 않는다.

```
begin
  for outer in (select 사원번호, 사원명 from 사원 where 입사일자  >= '19960101')
  loop      -- outer 루프
    for inner in (select 고객명, 전화번호 from 고객
                  where  관리사원번호 = outer.사원번호)
    loop   -- inner 루프
      dbms_output.put_line(
        outer.사원명 || ' : ' || inner.고객명 || ' : ' || inner.전화번호);
    end loop;
  end loop;
end;
```

일반적으로 NL 조인은 Outer와 Inner 양쪽 테이블 모두 인덱스를 이용한다. Outer 쪽 테이블(위 PL/SQL에서 사원)은 사이즈가 크지 않으면 인덱스를 이용하지 않을 수 있다. Table Full Scan 하더라도 그것은 한 번에 그치기 때문이다. 반면, Inner 쪽 테이블(위 PL/SQL에서 고객)은 인덱스를 사용해야 한다. 위 PL/SQL을 예로 들어, Inner 루프에서 관리사원번호로 고객 데이터를 검색할 때 인덱스를 이용하지 않으면, 그림 4-2처럼 Outer 루프에서 읽은 건수만큼 Table Full Scan을 반복하기 때문이다.

사원 테이블

사원번호	사원명	입사일자
0001	홍길동	19970208
0002	...	...
0003	김철수	19960712
0004	...	...
0005	이영희	19970223
0006	손수희	19960101
0007	...	...
0008	...	...

고객 테이블

고객번호	고객명	전화번호	관리사원번호
1	...	...	0002
2	...	...	0004
3	...	...	0001
4	...	...	0003
5	...	...	0004
6	...	...	0001
7	...	...	0007
8	...	...	0006
9	...	...	0003
10	...	...	0008
11	...	...	0006
12	...	...	0005

[그림 4 - 2]

결국, NL 조인은 '인덱스를 이용한 조인 방식'이라고 할 수 있다. 인덱스를 이용해 NL 조인하는 과정을 그림을 통해 좀 더 자세히 살펴보자.

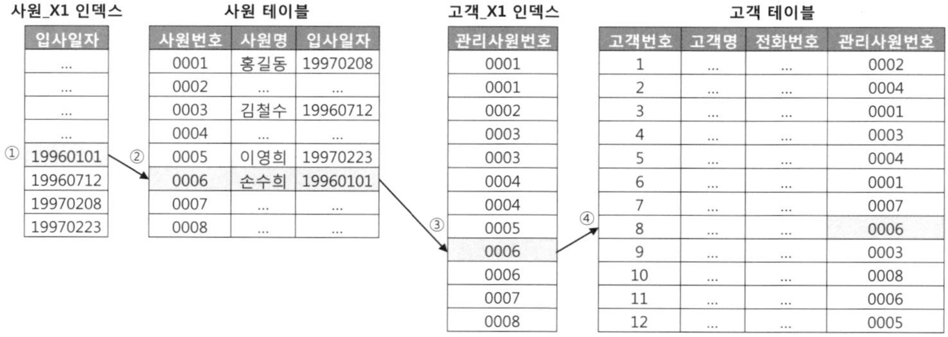

[그림 4 – 3]

▶ 그림 4-3

① 사원_X1 인덱스에서 입사일자 >= '19960101'인 첫 번째 레코드를 찾는다.

② 인덱스에서 읽은 ROWID로 사원 테이블 레코드를 찾아간다.

③ 사원 테이블에서 읽은 사원번호 '0006'으로 고객_X1 인덱스를 탐색한다.

④ 고객_X1 인덱스에서 읽은 ROWID로 고객 테이블 레코드를 찾아간다.

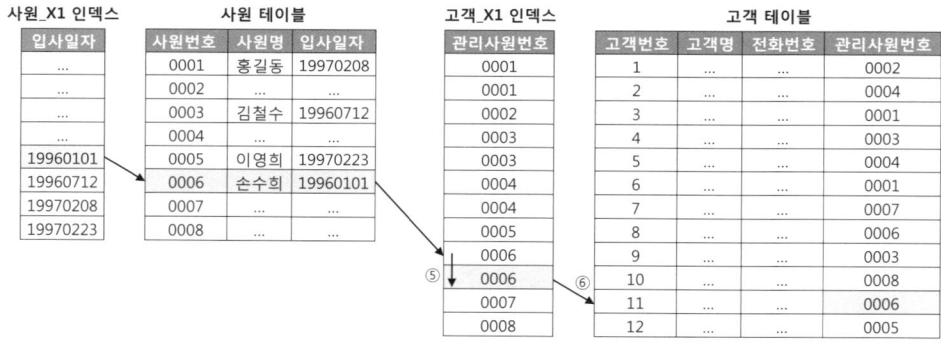

[그림 4 – 4]

▶ 그림 4-4

⑤ 고객_X1 인덱스에서 한 건 더 스캔하고 관리사원번호가 '0006'임을 확인한다.

⑥ 고객_X1 인덱스에서 읽은 ROWID로 고객 테이블 레코드를 찾아간다. (고객_X1 인

덱스에서 한 건 더 스캔하고는 관리사원번호가 '0006'보다 크므로 거기서 인덱스 스캔을 멈춘다.)

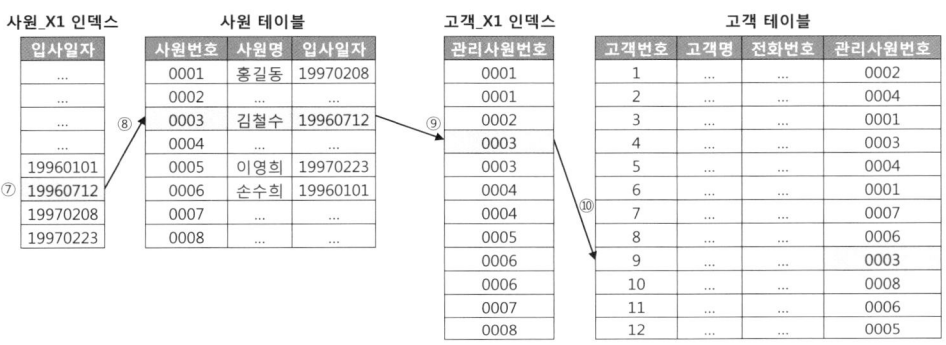

[그림 4 – 5]

▶ 그림 4-5

⑦ 사원_X1 인덱스에서 한 건 더 스캔해서 입사일자가 '19960712'인 레코드를 읽는다.

⑧ 인덱스에서 읽은 ROWID로 사원 테이블 레코드를 찾아간다.

⑨ 사원 테이블에서 읽은 사원번호 '0003'으로 고객_X1 인덱스를 탐색한다.

⑩ 고객_X1 인덱스에서 읽은 ROWID로 고객 테이블 레코드를 찾아간다.

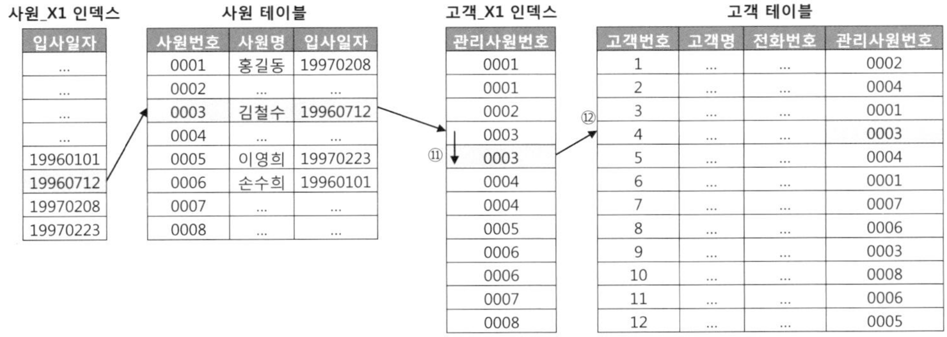

[그림 4 – 6]

▶ **그림 4-6**

⑪ 고객_X1 인덱스에서 한 건 더 스캔하고 관리사원번호가 '0003'임을 확인한다.

⑫ 고객_X1 인덱스에서 읽은 ROWID로 고객 테이블 레코드를 찾아간다. (고객_X1 인덱스에서 한 건 더 스캔하고는 관리사원번호가 '0003'보다 크므로 인덱스 스캔을 멈춘다.)

사원_X1 인덱스에서 입사일자 >= '19960101'인 모든 레코드에 대해 같은 과정을 반복한다. 사실 뒤에서 설명하는 소트 머지 조인과 해시 조인도 각각 Sort Area와 Hash Area에 가공해 둔 데이터를 이용한다는 점만 다를 뿐, 기본적인 조인 프로세싱은 다르지 않다.

4.1.2 NL 조인 실행계획 제어

아래는 NL 조인 실행계획이다. '위쪽 사원 테이블 기준으로 아래쪽 고객 테이블과 NL 조인한다'고 해석하면 된다. 각 테이블을 액세스할 때 인덱스를 이용한다는 사실도 실행계획에서 확인할 수 있다.

```
Execution Plan
-----------------------------------------------
0      SELECT STATEMENT Optimizer=ALL_ROWS
1   0    NESTED LOOPS
2   1      TABLE ACCESS (BY INDEX ROWID) OF '사원' (TABLE)
3   2        INDEX (RANGE SCAN) OF '사원_X1' (INDEX)
4   1      TABLE ACCESS (BY INDEX ROWID) OF '고객' (TABLE)
5   4        INDEX (RANGE SCAN) OF '고객_X1' (INDEX)
```

NL 조인을 제어할 때는 아래와 같이 use_nl 힌트를 사용한다.

```
select /*+ ordered use_nl(c) */
       e.사원명, c.고객명, c.전화번호
from   사원 e, 고객 c
where  e.입사일자  >= '19960101'
and    c.관리사원번호 = e.사원번호
```

ordered 힌트는 FROM 절에 기술한 순서대로 조인하라고 옵티마이저에 지시할 때 사용한다. use_nl 힌트는 NL 방식으로 조인하라고 지시할 때 사용한다. 위에서는 ordered와 use_nl(c) 힌트를 같이 사용했으므로 사원 테이블(→ Driving 또는 Outer Table) 기준으로 고객 테이블(→ Inner 테이블)과 NL 방식으로 조인하라는 뜻이다.

세 개 이상 테이블을 조인할 때는 힌트를 아래처럼 사용한다.

```
select /*+ ordered use_nl(B) use_nl(C) use_hash(D) */ *
from   A, B, C, D
where  ……
```

해석해 보면, A → B → C → D 순으로 조인하되, B와 조인할 때 그리고 이어서 C와 조인할 때는 NL 방식으로 조인하고, D와 조인할 때는 해시 방식으로 조인하라는 뜻이다.

ordered 대신 아래와 같이 leading 힌트를 사용할 수도 있다. 이 힌트를 사용하면 FROM 절을 바꾸지 않고도 마음껏 순서를 제어할 수 있어 편리하다.

```
select /*+ leading(C, A, D, B) use_nl(A) use_nl(D) use_hash(B) */ *
from   A, B, C, D
where  ……
```

아래는 ordered나 leading 힌트를 기술하지 않았다. 네 개 테이블을 NL 방식으로 조인하되 순서는 옵티마이저가 스스로 정하도록 맡긴 것이다.

```
select /*+ use_nl(A, B, C, D) */ *
from   A, B, C, D
where  ……
```

4.1.3 NL 조인 수행 과정 분석

간단한 조인문을 통해 NL 조인의 기본 알고리즘과 이를 제어하는 힌트 사용법까지 배웠다. 좀 더 자세한 NL 조인 수행 과정을 분석하기 위해 아래와 같이 조건절을 추가해 보자. 힌트에 지시한 대로 수행할 때, 조건절 비교 순서는 어떻게 될까? 조건절 우측에 표시한 번호로 순서를 나열해 보자.

```
select /*+ ordered use_nl(c) index(e) index(c) */
       e.사원번호, e.사원명, e.입사일자
     , c.고객번호, c.고객명, c.전화번호, c.최종주문금액
from   사원 e, 고객 c
where  c.관리사원번호  = e.사원번호         ················· ①
and    e.입사일자     >= '19960101'        ················· ②
and    e.부서코드     = 'Z123'             ················· ③
and    c.최종주문금액 >= 20000             ················· ④
```

인덱스 구성은 다음과 같다.

* 사원_PK : 사원번호
* 사원_X1 : 입사일자
* 고객_PK : 고객번호
* 고객_X1 : 관리사원번호
* 고객_X2 : 최종주문금액

두 테이블에 index 힌트를 명시했으므로 둘 다 인덱스를 이용해서 액세스한다. 인덱스명은 명시하지 않았으므로 어떤 인덱스를 사용할지는 옵티마이저가 결정한다. 조건절 비교 순서와 함께 위 다섯 개 인덱스 중 어떤 것이 사용될지도 고민해 보기 바란다.

조건절 비교 순서와 인덱스를 찾았는가? 힌트에 지시한 대로 SQL문을 수행했을 때 실행계획은 아래와 같다. 사용되는 인덱스는 사원_X1과 고객_X1인 것을 알 수 있다.

```
-------------------------------------------------------------------------
| Id | Operation                    | Name   | Rows | Bytes | Cost |
-------------------------------------------------------------------------
|  0 | SELECT STATEMENT             |        |   5  |  58   |  5   |
|  1 |  NESTED LOOPS                |        |   5  |  58   |  5   |
|  2 |   TABLE ACCESS BY INDEX ROWID| 사원   |   3  |  20   |  2   |
|  3 |    INDEX RANGE SCAN          | 사원_X1|   5  |       |  1   |
|  4 |   TABLE ACCESS BY INDEX ROWID| 고객   |   5  |  76   |  2   |
|  5 |    INDEX RANGE SCAN          | 고객_X1|   8  |       |  1   |
-------------------------------------------------------------------------
```

SQL 조건절 우측에 표시한 번호로 조건절 비교 순서를 나열하면, ② → ③ → ① → ④ 순이다.

1. 조건절 번호 ② : 입사일자 >= '19960101' 조건을 만족하는 레코드를 찾으려고 사원_X1 인덱스를 Range 스캔한다. (실행계획 ID = 3)
2. 조건절 번호 ③ : 사원_X1 인덱스에서 읽은 ROWID로 사원 테이블을 액세스해서 부서코드 = 'Z123' 필터 조건을 만족하는지 확인한다. (실행계획 ID = 2)
3. 조건절 번호 ① : 사원 테이블에서 읽은 사원번호 값으로 조인 조건(c.관리사원번호 = e.사원번호)을 만족하는 고객 쪽 레코드를 찾으려고 고객_X1 인덱스를 Range 스캔한다. (실행계획 ID = 5)
4. 조건절 번호 ④ : 고객_X1 인덱스에서 읽은 ROWID로 고객 테이블을 액세스해서 최종주문금액 >= 20000 필터 조건을 만족하는지 확인한다. (실행계획 ID = 4)

여기서 기억할 것은, 각 단계를 모두 완료하고 다음 단계로 넘어가는 게 아니라 한 레코드씩 순차적으로 진행한다는 사실이다. 그림 4-7에 표시한 숫자를 따라 진행해 보면 NL 조인 수행 절차를 정확히 이해할 수 있다.

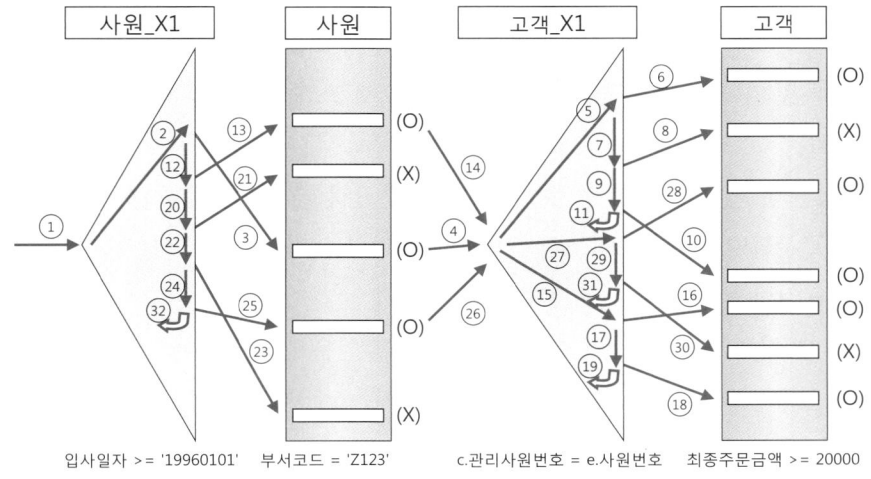

[그림 4-7]

11, 19, 31, 32는 스캔할 데이터가 더 있는지 확인하는 one-plus 스캔을 표시한 것이다. (O)는 테이블 필터 조건에 의해 레코드가 걸러지지 않은 것을 의미하고, 반대로 (X)는 테이블 필터 조건에 의해 걸러진 것을 의미한다.

4.1.4 NL 조인 튜닝 포인트

그림 4-7에서 첫 번째 튜닝 포인트는 사원_X1 인덱스를 읽고 나서 사원 테이블을 액세스하는 부분이다. 여기서는 단일 컬럼 인덱스를 '>=' 조건으로 스캔했으므로 비효율 없이 6(=5+1)건을 읽었고, 그만큼만 테이블 랜덤 액세스가 발생했다. 만약 사원 테이블로 아주 많은 양의 랜덤 액세스가 발생했고, 테이블에서 부서코드 = 'Z123' 조건에 의해 필터링되는 비율이 높다면 어떻게 해야 할까? 3장 1절 4항(3.1.4)에서 이미 배웠듯이 사원_X1 인덱스에 부서코드 컬럼을 추가하는 방안을 고려해야 한다.

두 번째 튜닝 포인트는 고객_X1 인덱스를 탐색하는 부분이다. 고객_X1 인덱스를 탐색하는 횟수, 즉 조인 액세스 횟수가 많을수록 성능이 느려진다. 조인 액세스 횟수는 Outer 테이블인 사원을 읽고 필터링한 결과 건수에 의해 결정된다. 그림 4-7에서는 부서코드 = 'Z123' 조건을 만족하는 건수만큼 세 번의 조인시도가 있었다. 만약 부서코드 조건을 만족하는 레코드가 10만 건이고 고객_X1 인덱스 Depth가 3이라면, 인덱스 수직적 탐색 과정에서만 30만(=10만×3) 개 블록을 읽어야 하고, 리프 블록을 수평적으로 스캔하는 과정에서 추가적인 블록 I/O가 더해진다.

세 번째 튜닝 포인트는 고객_X1 인덱스를 읽고 나서 고객 테이블을 액세스하는 부분이다. 여기서도 최종주문금액 >= 20000 조건에 의해 필터링되는 비율이 높다면 고객_X1 인덱스에 최종주문금액 컬럼을 추가하는 방안을 고려해야 한다.

마지막으로, 맨 처음 액세스하는 사원_X1 인덱스에서 얻은 결과 건수에 의해 전체 일량이 좌우된다는 사실도 기억하기 바란다. 사원_X1 인덱스를 스캔하면서 추출한 레코드가 많으면, 사원 테이블로 랜덤 액세스하는 횟수, 고객_X1 인덱스를 탐색하는 횟수, 고객 테이블로 랜덤 액세스하는 횟수가 전반적으로 많아진다.

올바른 조인 메소드 선택

온라인 트랜잭션 처리(OLTP) 시스템에서 튜닝할 때는 일차적으로 NL 조인부터 고려하는 것이 올바른 순서다.

성능이 느리다면, 방금 설명한 NL 조인 튜닝 포인트에 따라 각 단계의 수행 일량을 분석해서 과도한 랜덤 액세스가 발생하는 지점을 우선 파악한다. 조인 순서를 변경해서 랜덤 액세스 발생량을 줄일 수 있는지, 더 효과적인 다른 인덱스가 있는지 등을 검토한다. 필요하다면, 인덱스 추가 또는 구성 변경도 고려해 본다.

여러 방안을 검토한 결과 NL 조인으로 결코 좋은 성능을 내기 어렵다고 판단될 때, 소트 머지 조인이나 해시 조인을 검토한다. 올바른 조인 메소드 선택 기준에 대해서는 소트 머지 조인과 해시 조인까지 다 설명한 후 3절 5항(4.3.5)에서 다시 살펴보기로 하자.

4.1.5 NL 조인 특징 요약

NL 조인의 첫 번째 특징은 랜덤 액세스 위주의 조인 방식이라는 점이다. 레코드 하나를 읽으려고 블록을 통째로 읽는 랜덤 액세스 방식은 설령 메모리 버퍼에서 빠르게 읽더라도 비효율이 존재한다. 인덱스 구성이 아무리 완벽해도 대량 데이터 조인할 때 NL 조인이 불리한 이유다.

두 번째 특징은 조인을 한 레코드씩 순차적으로 진행한다는 점이다. 첫 번째 특징 때문에 대량 데이터 처리 시 매우 치명적인 한계를 드러내지만, 반대로 이 두 번째 특징 때문에 아무리 큰 테이블을 조인하더라도 매우 빠른 응답 속도를 낼 수 있다. 부분범위 처리가 가능한 상황에서 그렇다. 부분범위 처리를 활용한다면, 아래 쿼리는 사용자가 조회 버튼을 누르자마자 결과 집합을 출력하기 시작한다.

```
select /*+ ordered use_nl(b) index_desc(a (게시판구분, 등록일시)) */
       a.게시글ID, a.제목, b.작성자명, a.등록일시
from   게시판 a, 사용자 b
where  a.게시판구분 = 'NEWS'           -- 게시판IDX : 게시판구분 + 등록일시
and    b.사용자ID = a.작성자ID         -- 사용자IDX : 사용자ID
order by a.등록일시 desc
```

순차적으로 진행하므로 먼저 액세스되는 테이블 처리 범위에 의해 전체 일량이 결정되는 특징도 나타난다.

마지막으로, 다른 조인 방식과 비교할 때 인덱스 구성 전략이 특히 중요하다는 것도 NL 조인의 중요한 특징이다. 조인 컬럼에 대한 인덱스가 있느냐 없느냐, 있다면 컬럼이 어떻게 구성됐느냐에 따라 조인 효율이 크게 달라진다.

이런 여러 가지 특징을 종합할 때, NL 조인은 소량 데이터를 주로 처리하거나 부분범위 처리가 가능한 온라인 트랜잭션 처리(OLTP) 시스템에 적합한 조인 방식이라고 할 수 있다.

4.1.6 NL 조인 튜닝 실습

지금부터 SQL 트레이스 분석을 통해 NL 조인 튜닝 과정을 실습해 보자.

```
select /*+ ordered use_nl(c) index(e) index(c) */
       e.사원번호, e.사원명, e.입사일자
     , c.고객번호, c.고객명, c.전화번호, c.최종주문금액
from   사원 e, 고객 c
where  c.관리사원번호  = e.사원번호
and    e.입사일자     >= '19960101'
and    e.부서코드     = 'Z123'
and    c.최종주문금액 >= 20000
```

아래는 위 쿼리에 대한 SQL 트레이스인데, 블록 I/O가 아홉 개밖에 안 되므로 튜닝할 필요가 없어 보인다.

```
call     count    cpu   elapsed  disk  query current  rows
-------  ------  -----  -------  ----- ------ ------- -----
Parse        1   0.00     0.00      0      0       0     0
Execute      1   0.00     0.00      0      0       0     0
Fetch        2   0.00     0.01      1      9       0     5
-------  ------  -----  -------  ----- ------ ------- -----
total        4   0.00     0.01      1      9       0     5

Rows     Row Source Operation
-----    ------------------------------------
    5    NESTED LOOPS
    3      TABLE ACCESS BY INDEX ROWID OF 사원
    5        INDEX RANGE SCAN OF 사원_X1
    5      TABLE ACCESS BY INDEX ROWID OF 고객
    8        INDEX RANGE SCAN OF 고객_X1
```

만약 트레이스 결과가 아래와 같았다고 하자. 어디에 문제가 있다고 생각하는가?

```
Rows     Row Source Operation
-----    ------------------------------------
    5    NESTED LOOPS
    3      TABLE ACCESS BY INDEX ROWID OF 사원
 2780        INDEX RANGE SCAN OF 사원_X1
    5      TABLE ACCESS BY INDEX ROWID OF 고객
    8        INDEX RANGE SCAN OF 고객_X1
```

사원_X1 인덱스를 스캔하고서 사원 테이블을 액세스한 횟수가 2,780인데, 테이블에서 부서코드 = 'Z123' 조건을 필터링한 결과는 세 건에 그친다. 불필요한 테이블 액세스를 많이 한 셈이고, 이처럼 테이블을 액세스한 후에 필터링되는 비율이 높다면 인덱스에 테이블 필터 조건 컬럼을 추가하는 것을 고려할 필요가 있다.

사원_X1 인덱스에 부서코드 컬럼을 추가하고서 트레이스를 다시 확인해 보니 아래와 같이 불필요한 테이블 액세스가 사라졌다. 이제 튜닝이 더 필요없는 상태일까?

```
Rows     Row Source Operation
-----    ------------------------------------
    5    NESTED LOOPS
    3     TABLE ACCESS BY INDEX ROWID OF 사원
    3      INDEX RANGE SCAN OF 사원_X1
    5     TABLE ACCESS BY INDEX ROWID OF 고객
    8      INDEX RANGE SCAN OF 고객_X1
```

Rows 열에 표시된 숫자를 보면 비효율적인 테이블 액세스는 이제 거의 사라졌지만, 테이블을 액세스하기 전 인덱스 스캔 단계에서의 일량은 확인하지 않았으므로 튜닝이 끝났다고 볼 수 없다.

앞서 부서코드 컬럼을 추가했으므로 사원_X1 인덱스는 현재 「입사일자 + 부서코드」 순이고, 조건절을 보면 입사일자가 부등호 조건이다. 입사일자 >= '19960101' 조건에 해당하는 레코드가 아주 많다면, 그만큼 인덱스 블록을 스캔하면서 부서코드 = 'Z123' 조건을 필터링했을 것이다.

오라클 7 버전에서는 Rows 부분에 각 단계의 처리 건수(processing count)를 보여 주었으므로 실제 스캔량을 쉽게 확인할 수 있었다. 8i부터 조금씩 바뀌기 시작해 9i에서 스캔 후 출력 건수를 보여주는 방식으로 완전히 바뀌다 보니 각 단계의 처리 건수를 따로 분석해야 하는 불편함이 생겼다. (반대로, 7 버전에서는 스캔 후 출력 건수를 따로 분석해야 했다.)

그래서 오라클은 9iR2부터 아래와 같이 각 처리 단계별 논리적인 블록 요청 횟수(cr)와 디스크에서 읽은 블록 수(pr) 그리고 디스크에 쓴 블록 수(pw) 등을 표시하기 시작했다.

```
Rows     Row Source Operation
-----    ------------------------------------
    5    NESTED LOOPS (cr=112 pr=34 pw=0 time=122 us)
    3     TABLE ACCESS BY INDEX ROWID OF 사원 (cr=105 pr=32 pw=0 time=118 us)
    3      INDEX RANGE SCAN OF 사원_X1 (cr=102 pr=31 pw=0 time=16)
    5     TABLE ACCESS BY INDEX ROWID OF 고객 (cr=7 pr=2 pw=0 time=4 us)
    8      INDEX RANGE SCAN OF 고객_X1 (cr=5 pr=1 pw=0 time=0 us)
```

여기서 사원_X1 인덱스로부터 읽은 블록이 102개임을 알 수 있다. 한 블록에 평균 500개 레코드가 저장돼 있다고 가정하면, 인덱스에서 세 건을 얻기 위해 50,000여 개 레코드를 읽은

셈이다.

튜닝 방법은? 사원_X1 인덱스 컬럼 순서를 조정해 「부서코드 + 입사일자」 순으로 구성해 주면 된다. (물론 다른 쿼리에 미치는 '영향도 분석'이 선행되어야 하므로 쉽지 않은 문제다. 3장 '인덱스 튜닝'을 마치면서 3.4.1항에서 강조했듯, 전체적인 액세스 유형을 분석해서 처음부터 인덱스를 잘 설계해야 하는 이유가 바로 여기에 있다.)

이번에는 트레이스 결과가 아래와 같았다고 하자. 부하지점이 어디인가?

```
Rows   Row Source Operation
----   ------------------------------------
   5   NESTED LOOPS (cr=2732 pr=386 pw=0 time=…)
2780     TABLE ACCESS BY INDEX ROWID 사원 (cr=166 pr=2 pw=0 time=…)
2780       INDEX RANGE SCAN 사원_X1 (cr=4 pr=0 pw=0 time=…)
   5     TABLE ACCESS BY INDEX ROWID 고객 (cr=2566 pr=384 pw=0 time=…)
   8       INDEX RANGE SCAN 고객_X1 (cr=2558 pr=383 pw=0 time=…)
```

사원 테이블을 읽는 부분에서는 비효율이 없다. 인덱스에서 스캔한 블록이 네 개뿐이고 테이블을 액세스하고서 필터링되는 레코드도 전혀 없다. 일량은 많지만, 비효율은 없는 상태다. 문제는 사원 테이블을 읽고 나서 고객 테이블과 조인하는 횟수다. 2,780번 조인 시도를 했지만 조인에 성공하고 필터링까지 마친 최종 결과집합은 다섯 건뿐이다. 이럴 때는 조인 순서 변경을 고려해 볼 수 있다. 만약 최종주문금액 조건절에 부합하는 레코드가 별로 없다면 튜닝에 성공할 가능성이 있다.

하지만, 그 반대의 결과가 나타날 수도 있다. 위에서 고객과 조인 후에 다섯 건으로 줄어든 이유는 사원으로부터 넘겨받는 사원번호와 최종주문금액 조건절을 조합했기 때문이다. 만약 조인 순서를 바꿔 최종주문금액 단독으로 조회하면, 데이터량이 2,780보다 훨씬 많을 수도 있다.

조인 순서를 바꿔도 별 소득이 없다면, 4.2절과 4.3절에서 설명할 소트 머지 조인과 해시 조인을 검토해야 한다.

4.1.7 NL 조인 확장 메커니즘

버전이 올라가면서 오라클은 NL 조인 성능을 높이기 위해 테이블 Prefetch, 배치 I/O 기능을 도입했다. '테이블 Prefetch'는 인덱스를 이용해 테이블을 액세스하다가 디스크 I/O가 필요해지면, 이어서 곧 읽게 될 블록까지 미리 읽어서 버퍼캐시에 적재하는 기능이다. '배치 I/O'는 디스크 I/O Call을 미뤘다가 읽을 블록이 일정량 쌓이면 한꺼번에 처리하는 기능이다. 두 기능 모두, 읽는 블록마다 건건이 I/O Call을 발생시키는 비효율을 줄이기 위해 고안되었다.

내부 원리까지 자세히 알 필요는 없지만, 튜닝하는 과정에 이들 기능을 표현한 실행계획을 자주 보게 되므로 표현 방식은 익혀둘 필요가 있다.

① 전통적인 실행계획

오라클이 NL 조인을 표현하기 위해 전통적으로 사용해 온 방식은 아래와 같다.

```
Rows   Row Source Operation
----   ---------------------------------
   5   NESTED LOOPS
   3     TABLE ACCESS BY INDEX ROWID OF 사원
   5       INDEX RANGE SCAN OF 사원_X1
   5     TABLE ACCESS BY INDEX ROWID OF 고객
   8       INDEX RANGE SCAN OF 고객_X1
```

② 테이블 Prefetch 실행계획

오라클 9i부터 아래와 같은 표현방식도 같이 나타나기 시작했다.

```
Rows   Row Source Operation
----   ---------------------------------
   5   TABLE ACCESS BY INDEX ROWID OF 고객
  12     NESTED LOOPS
   3       TABLE ACCESS BY INDEX ROWID OF 사원
   3         INDEX RANGE SCAN OF 사원_X1
   8       INDEX RANGE SCAN OF 고객_X1
```

이는 Inner 쪽 테이블에 대한 디스크 I/O 과정에 테이블 Prefetch 기능이 작동할 수 있음을 표시하기 위함이다. nlj_prefetch, no_nlj_prefetch 힌트를 이용해 이 실행계획이 나오게 할 수도 있고, 안 나오게 할 수도 있다.

③ 배치 I/O 실행계획

오라클 11g부터 아래와 같은 표현방식도 같이 나타나기 시작했다.

```
Rows  Row Source Operation
----  ------------------------------------
   5  NESTED LOOPS
   8   NESTED LOOPS
   3    TABLE ACCESS BY INDEX ROWID OF 사원
   3     INDEX RANGE SCAN OF 사원_X1
   8    INDEX RANGE SCAN OF 고객_X1
   5   TABLE ACCESS BY INDEX ROWID OF 고객
```

이는 Inner 쪽 테이블에 대한 디스크 I/O 과정에 배치 I/O 기능이 작동할 수 있음을 표시하기 위함이다. nlj_batching, no_nlj_batching 힌트를 이용해 이 실행계획이 나오게 할 수도 있고, 안 나오게 할 수도 있다.

오라클 11g에서는 위 세 가지 실행계획이 모두 나타나는데, Inner 쪽 테이블 블록을 모두 버퍼캐시에서 읽는다면 어떤 방식으로 수행하든 성능에 차이가 없다. 데이터 출력 순서도 100% 같다.

다만, '일부를 디스크에서 읽게 되면' 성능에 차이가 나타날 수 있고, 배치 I/O 실행계획이 나타날 때는 결과집합의 정렬 순서도 다를 수 있어 특별한 주의가 필요하다. 12c에 도입된 일반 배치 I/O가 데이터 정렬 순서를 보장하지 않아서 생기는 이슈는 3장 2절 맨 뒤에 자세히 설명하였다. 11g부터 NL 조인 Inner 쪽 테이블에 작동하는 배치 I/O 기능도 결과집합의 정렬 순서를 보장하지 않는다.

예를 들어, 아래 쿼리는 안쪽 인라인 뷰에서 이미 등록일시 역순으로 정렬하였고, 회원 테이블과는 한 건씩 순차적으로 진행하는 NL 방식으로 조인하도록 힌트를 명시했으므로 데

이터 정렬 순서를 그대로 유지한다. 따라서 배치 I/O가 작동하지 않는 10g까지는 맨 바깥쪽 ORDER BY 절이 없어도 상관없었다. (물론, 혹시라도 조인 메소드가 바뀌면 정렬 순서도 흩어지므로 ORDER BY를 명시하는 것이 좋은 코딩 습관이다.)

```
SELECT /*+ ordered use_nl(b) */
       A.등록일시, A.번호, A.제목, B.회원명, A.게시판유형, A.질문유형
FROM (
      SELECT A.*, ROWNUM NO
      FROM (
            SELECT 등록일시, 번호, 제목, 작성자번호, 게시판유형, 질문유형
            FROM   게시판
            WHERE  게시판유형 = :TYPE
            ORDER BY 등록일시 DESC     -- 인덱스 구성 : 게시판유형 + 등록일시
           ) A
      WHERE ROWNUM <= (:page * 10)
     ) A, 회원 B
WHERE A.NO >= (:page-1)*10 + 1
AND   B.회원번호 = A.작성자번호
ORDER BY A.등록일시 DESC        → 11g부터 여기에 ORDER BY를 명시해야 정렬 순서 보장
```

하지만, 11g부터 NL 조인 결과집합이 항상 일정한 순서로 출력되기를 원한다면, 배치 I/O 기능이 작동하지 못하도록 no_nlj_batching(b) 힌트를 추가하거나 아래와 같이 맨 바깥쪽 ORDER BY 절에 정렬 기준을 명시해야 한다.

주의할 것은, 11g에서 바깥쪽 메인 쿼리에 ORDER BY를 추가했어도 안쪽 ORDER BY를 함부로 제거해선 안 된다는 사실이다. 이는 Top N 쿼리를 구현하기 위한 것이기 때문이다.

 NL 조인 자가 진단

개발팀으로부터 아래와 같이 인덱스를 생성해 달라는 요청을 받은 적이 있다.

　PRA_HST_STC_N1 : SALE_ORG_ID + STRD_GRP_ID + STRD_ID + STC_DT

타당성 검토를 위해 관련 SQL을 요청했더니 아래 SQL을 보내왔다.

```
select *
from    PRA_HST_STC a, ODM_TRMS b
where   a.SALE_ORG_ID = :sale_org_id
and     a.STRD_GRP_ID = b.STRD_GRP_ID
and     a.STRD_ID     = b.STRD_ID
order by a.STC_DT desc
```

원리를 제대로 아는 개발자라면 인덱스를 이렇게 신청할 리 없다. 대부분 개발현장에서 이런 식으로 인덱스를 만든다고 생각하면 씁쓸하다.

지금까지 설명한 NL 조인을 제대로 이해했는지, 자가 진단해 볼 수 있는 좋은 사례다. 왜 잘못 신청한 인덱스인지, 어떻게 재구성해야 하는지, 스스로 진단해 보기 바란다.

하나 더! 어느 것이 맞고 틀리고의 문제는 아니지만, NL 조인 메커니즘을 정확히 이해하는 개발자라면 조인문을 아래와 같이(inner 테이블 alias를 왼쪽에) 기술하는 습관이 자연스레 생긴다. 이 습관이 방금 제시한 문제를 푸는 힌트다.

```
select *
from    PRA_HST_STC a, ODM_TRMS b
where   a.SALE_ORG_ID = :sale_org_id
and     b.STRD_GRP_ID = a.STRD_GRP_ID
and     b.STRD_ID     = a.STRD_ID
order by a.STC_DT desc
```

4.2 소트 머지 조인

조인 컬럼에 인덱스가 없을 때, 대량 데이터 조인이어서 인덱스가 효과적이지 않을 때, 옵티마이저는 NL 조인 대신 소트 머지 조인이나 다음 절에서 설명할 해시 조인을 선택한다. 해시 조인의 등장으로 소트 머지 조인의 쓰임새가 예전만 못하지만, 해시 조인을 사용할 수 없는 상황에서 대량 데이터를 조인하고자 할 때 여전히 유용하다.

소트 머지 조인과 해시 조인을 설명하려면 PGA에 대한 설명이 선행되어야 한다. SGA(System Global Area 또는 Shared Global Area)에 대해서는 1장에서 이미 설명했지만, PGA와 비교하기 위해 요약해 보자.

4.2.1 SGA vs. PGA

공유 메모리 영역인 SGA에 캐시된 데이터는 여러 프로세스가 공유할 수 있다. 여러 프로세스가 공유할 수 있지만, 동시에 액세스할 수는 없다. 동시에 액세스하려는 프로세스 간 액세스를 직렬화하기 위한 Lock 메커니즘으로서 래치(Latch)가 존재한다. 데이터 블록과 인덱스 블록을 캐싱하는 DB 버퍼캐시는 SGA의 가장 핵심적인 구성요소이며, 여기서 블록을 읽으려면 버퍼 Lock도 얻어야 한다. (1.3.8 '캐시 탐색 메커니즘' 참조)

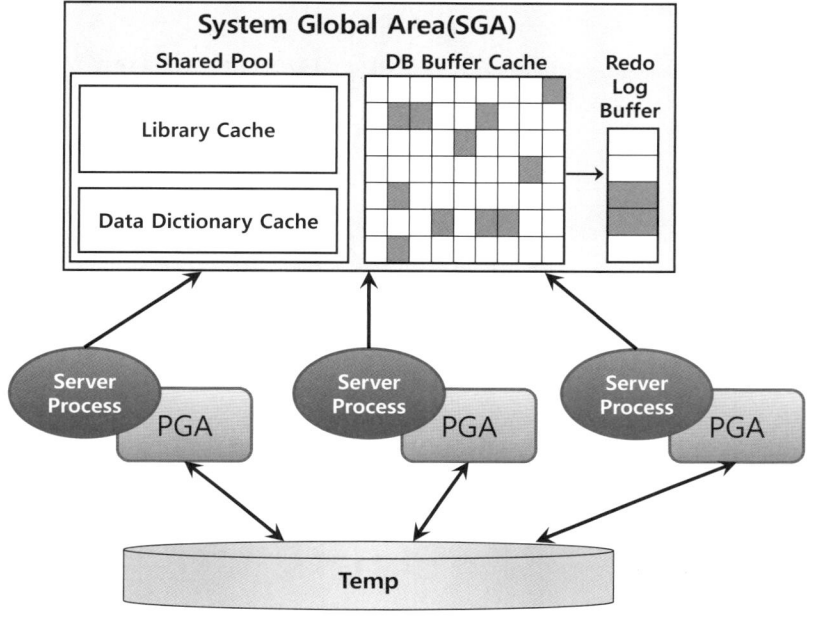

[그림 4 – 8]

오라클 서버 프로세스는 SGA에 공유된 데이터를 읽고 쓰면서, 동시에 자신만의 고유 메모리 영역을 갖는다. 각 오라클 서버 프로세스에 할당된 메모리 영역을 PGA(Process/Program/Private Global Area)라고 부르며, 프로세스에 종속적인 고유 데이터를 저장하는 용도로 사용한다. 할당받은 PGA 공간이 작아 데이터를 모두 저장할 수 없을 때는 Temp 테이블스페이스를 이용한다(그림 4-8).

PGA는 다른 프로세스와 공유하지 않는 독립적인 메모리 공간이므로 래치 메커니즘이 불필요하다. 따라서 같은 양의 데이터를 읽더라도 SGA 버퍼캐시에서 읽을 때보다 훨씬 빠르다. SGA 버퍼캐시에서 데이터 블록을 읽는 메커니즘은 1장 3절(1.3)에서 자세히 설명하였고, 이제 오라클이 PGA를 어떻게 활용하는지 살펴볼 차례다.

4.2.2 기본 메커니즘

소트 머지 조인(Sort Merge Join)은 이름이 의미하는 것처럼 아래 두 단계로 진행한다.

    1. 소트 단계 : 양쪽 집합을 조인 컬럼 기준으로 정렬한다.
    2. 머지 단계 : 정렬한 양쪽 집합을 서로 머지(Merge)한다.

NL 조인에서 사용했던 아래 SQL로 소트 머지 조인 과정을 설명해 보자. 소트 머지 조인은 use_merge 힌트로 유도한다. 아래 SQL에 사용한 힌트는, 사원 테이블 기준으로(ordered) 고객 테이블과 조인할 때 소트 머지 조인 방식을 사용하라(use_merge)고 지시하고 있다.

```
select /*+ ordered use_merge(c) */
       e.사원번호, e.사원명, e.입사일자
     , c.고객번호, c.고객명, c.전화번호, c.최종주문금액
from   사원 e, 고객 c
where  c.관리사원번호 = e.사원번호
and    e.입사일자      >= '19960101'
and    e.부서코드      = 'Z123'
and    c.최종주문금액 >= 20000
```

위 SQL 수행 과정을 풀어서 설명하면 아래와 같다.

① 아래 조건에 해당하는 사원 데이터를 읽어 조인컬럼인 사원번호 순으로 정렬한다. 정렬한 결과집합은 PGA 영역에 할당된 Sort Area에 저장한다. 정렬한 결과집합이 PGA에 담을 수 없을 정도로 크면, Temp 테이블스페이스에 저장한다.

```
select 사원번호, 사원명, 입사일자
from   사원
where  입사일자 >= '19960101'
and    부서코드 = 'Z123'
order by 사원번호
```

② 아래 조건에 해당하는 고객 데이터를 읽어 조인컬럼인 관리사원번호 순으로 정렬한다. 정

렬한 결과집합은 PGA 영역에 할당된 Sort Area에 저장한다. 정렬한 결과집합이 PGA에 담을 수 없을 정도로 크면, Temp 테이블스페이스에 저장한다.

```
select  고객번호, 고객명, 전화번호, 최종주문금액, 관리사원번호
from    고객 c
where   최종주문금액 >= 20000
order by 관리사원번호
```

③ PGA(또는 Temp 테이블스페이스)에 저장한 사원 데이터를 스캔하면서 PGA(또는 Temp 테이블스페이스)에 저장한 고객 데이터와 조인한다. 조인하는 과정을 PL/SQL 코드로 표현하면 아래와 같다.

```
begin
  for outer in (select * from PGA에_정렬된_사원)
  loop    -- outer 루프
    for inner in (select * from PGA에_정렬된_고객
                  where 관리사원번호 = outer.사원번호)
    loop  -- inner 루프
      dbms_output.put_line( … );
    end loop;
  end loop;
end;
```

①번과 ②번이 소트 단계, ③번이 머지 단계다. 실제 조인 오퍼레이션을 수행하는 ③번 머지 단계는 NL 조인과 다르지 않음을 위 Pseudo 코드를 통해 알 수 있다. 그림으로 표현하면 그림 4-9와 같다.

그림 4-9에서 주목할 점은, 사원 데이터를 기준으로 고객 데이터를 매번 Full Scan 하지 않는다는 사실이다. 고객 데이터가 정렬돼 있으므로 조인 대상 레코드가 시작되는 지점을 쉽게 찾을 수 있고, 조인에 실패하는 레코드를 만나는 순간 바로 멈출 수 있다. 예를 들어, 관리사원번호 = '0003'인 레코드를 쉽게 찾을 수 있고, ②번 스캔을 진행하다가 '0004'를 만나는 순간 멈출 수 있다.

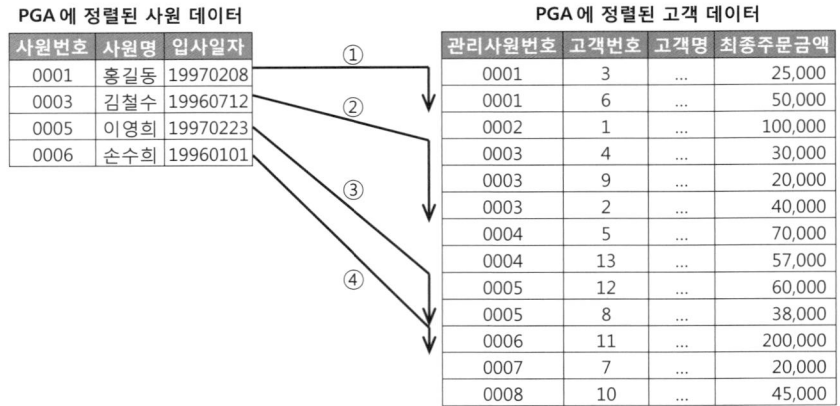

[그림 4 – 9]

Sort Area에 저장한 데이터 자체가 인덱스 역할을 하므로 소트 머지 조인은 조인 컬럼에 인덱스가 없어도 사용할 수 있는 조인 방식이다. 조인 컬럼에 인덱스가 있어도 NL 조인은 대량 데이터 조인할 때 불리하므로 소트 머지 조인을 사용할 수 있다.

4.2.3 소트 머지 조인이 빠른 이유

NL 조인은 모든 DBMS가 공통으로 제공하는 가장 전통적인 조인 방식이다. 그런 NL 조인의 치명적인 단점은 대량 데이터 조인할 때 성능이 매우 느리다는 데 있다. 소트 머지 조인과 해시 조인이 개발된 이유다.

소트 머지 조인은 Sort Area에 미리 정렬해 둔 자료구조를 이용한다는 점만 다를 뿐 조인 프로세싱 자체는 NL 조인과 같다고 했다. 그렇다면, NL 조인과 소트 머지 조인의 성능 차이는 어디서 나타나는 걸까? 즉, 대량 데이터 조인할 때 소트 머지 조인이 빠른 이유가 무엇일까?

NL 조인은 단적으로 말해 '인덱스를 이용한 조인 방식'이다. 조인 과정에서 액세스하는 모든 블록을 랜덤 액세스 방식으로 '건건이' DB 버퍼캐시를 경유해서 읽는다. 즉, 인덱스든 테이블이든, 읽는 모든 블록에 래치 획득 및 캐시버퍼 체인 스캔 과정을 거친다. 버퍼캐시에서 찾지 못한 블록은 '건건이' 디스크에서 읽어 들인다. 인덱스를 이용하기 때문에 인덱스 손익분기점 한계를 그대로 드러낸다. 이것이 대량 데이터 조인에 NL 조인이 불리한 이유다.

반면, 소트 머지 조인은 양쪽 테이블로부터 조인 대상 집합(조인 조건 이외 필터 조건을 만족하는 집합)을 '일괄적으로' 읽어 PGA(또는 Temp 테이블스페이스)에 저장한 후 조인한다. PGA는 프로세스만을 위한 독립적인 메모리 공간이므로 데이터를 읽을 때 래치 획득 과정이 없다. 소트 머지 조인이 대량 데이터 조인에 유리한 이유다.

조인 전에 양쪽 집합에 대한 소트 연산을 추가로 수행하므로 NL 조인보다 더 느리지 않을까 싶지만, 이것이 오히려 소트 머지 조인을 대량 데이터 조인에 유리하게 만든 핵심 요인인 셈이다.

소트 머지 조인도 양쪽 테이블로부터 조인 대상 집합을 읽을 때는 DB 버퍼캐시를 경유한다. 이때 인덱스를 이용하기도 한다. 이 과정에서 생기는 버퍼캐시 탐색 비용과 랜덤 액세스 부하는 소트 머지 조인도 피할 수 없다.

4.2.4 소트 머지 조인의 주용도

랜덤 액세스 위주의 NL 조인이 대량 데이터 처리에 한계를 보일 때 소트 머지 조인이 해결사로서 인기를 누리던 시절이 있었다. 하지만 다음 절에서 설명할 해시 조인의 등장으로 이제 소트 머지 조인의 쓰임새는 예전만 못하다. 대부분 해시 조인이 더 빠르기 때문이다.

하지만 해시 조인은 조인 조건식이 등치(=) 조건이 아닐 때 사용할 수 없다는 단점이 있다. 그래서 소트 머지 조인은 아래와 같은 상황에 주로 사용된다.

- 조인 조건식이 등치(=) 조건이 아닌 대량 데이터 조인
- 조인 조건식이 아예 없는 조인(Cross Join, 카테시안 곱)[2]

---

[2] 조인 조건이 없어 두 집합에 대한 카테시안 곱을 만들 때, NL 조인을 사용한다고 가정해 보자. 그러면 두 번째 읽히는 테이블(Inner Table)을 DB 버퍼캐시에서 반복적으로 읽어야 하므로 성능에 좋을 리 없다. 한 번 읽어 PGA에 저장한 후 거기서 래치 획득 과정 없이 반복 스캔하는 것이 훨씬 좋은 아이디어다.

4.2.5 소트 머지 조인 제어하기

아래는 소트 머지 조인 실행계획이다. '양쪽 테이블을 각각 소트한 후, 위쪽 사원 테이블 기준으로 아래쪽 고객 테이블과 머지 조인한다'고 해석하면 된다. (소트할 대상을 찾기 위해 각 테이블을 액세스할 때 인덱스를 이용한다는 사실도 실행계획에서 확인할 수 있다. 물론 인덱스를 이용하지 않고 Table Full Scan으로 처리할 수도 있다.)

```
Execution Plan
--------------------------------------------------
0      SELECT STATEMENT Optimizer=ALL_ROWS
1   0    MERGE JOIN
2   1      SORT (JOIN)
3   2        TABLE ACCESS (BY INDEX ROWID) OF '사원' (TABLE)
4   3          INDEX (RANGE SCAN) OF '사원_X1' (INDEX)
5   1      SORT (JOIN)
6   5        TABLE ACCESS (BY INDEX ROWID) OF '고객' (TABLE)
7   6          INDEX (RANGE SCAN) OF 고객_X1' (INDEX)
```

소트 머지 조인 실행계획을 제어할 때 아래와 같이 use_merge 힌트를 사용한다.

```
select /*+ ordered use_merge(c) */
       e.사원번호, e.사원명, e.입사일자
     , c.고객번호, c.고객명, c.전화번호, c.최종주문금액
from   사원 e, 고객 c
where  c.관리사원번호  = e.사원번호
and    e.입사일자     >= '19960101'
and    e.부서코드     = 'Z123'
and    c.최종주문금액 >= 20000
```

ordered는 FROM 절에 기술한 순서대로 조인하라고 옵티마이저에 지시하는 힌트다. ordered 대신 leading(e) 힌트를 사용해도 된다. use_merge는 소트 머지 방식으로 조인하라고 지시하는 힌트다. 위에서는 ordered와 use_merge(c) 힌트를 같이 사용했으므로 양쪽 테이블을 조인 컬럼 순으로 각각 정렬한 후 '정렬된 사원' 기준으로 '정렬된 고객'과 조인하라는 뜻으로 해석하면 된다.

4.2.6 소트 머지 조인 특징 요약

소트 머지 조인은 조인을 위해 실시간으로 인덱스를 생성하는 것과 다름없다. 양쪽 집합을 정렬한 다음에는 NL 조인과 같은 방식으로 진행하지만, PGA 영역에 저장한 데이터를 이용하기 때문에 빠르다고 설명했다. 따라서 소트 부하만 감수한다면, 건건이 버퍼캐시를 경유하는 NL 조인보다 빠르다.

NL 조인은 조인 컬럼에 대한 인덱스 유무에 크게 영향을 받지만, 소트 머지 조인은 영향을 받지 않는다. 양쪽 집합을 개별적으로 읽고 나서 조인을 시작한다는 특징도 있다. 따라서 조인 컬럼에 인덱스가 없는 상황에서 두 테이블을 각각 읽어 조인 대상 집합을 줄일 수 있을 때 아주 유리하다.

스캔 위주의 액세스 방식을 사용한다는 점도 중요한 특징이다. 하지만 모든 처리가 스캔 방식으로 이루어지진 않는다. 양쪽 소스 집합으로부터 조인 대상 레코드를 찾는 데 인덱스를 이용할 수 있고, 그때는 랜덤 액세스가 일어난다. 이는 해시 조인도 마찬가지다.

4.3 해시 조인

NL 조인은 인덱스를 이용한 조인 방식이므로 인덱스 구성에 따른 성능 차이가 심하다. 인덱스를 아무리 완벽하게 구성해도 랜덤 I/O 때문에 대량 데이터 처리에 불리하고, 버퍼캐시 히트율에 따라 들쭉날쭉한 성능을 보인다. 소트 머지 조인과 해시 조인은 조인 과정에 인덱스를 이용하지 않기 때문에 대량 데이터 조인할 때 NL 조인보다 훨씬 빠르고, 일정한 성능을 보인다.

소트 머지 조인은 항상 양쪽 테이블을 정렬하는 부담이 있는데, 해시 조인은 그런 부담도 없다. 그렇다고 모든 조인을 해시 조인으로 처리할 수는 없다. 각 조인 방식의 특성을 정확히 이해함으로써 상황에 맞게 선택하는 것이 중요한데, 본 절은 해시 조인의 기본 메커니즘과 실행계획 제어하는 방법 등을 설명하고, 마지막으로 조인 메소드 선택 기준도 제시한다.

4.3.1 기본 메커니즘

해시 조인(Hash Join)도 소트 머지 조인처럼 두 단계로 진행된다.

1. Build 단계 : 작은 쪽 테이블(Build Input)을 읽어 해시 테이블(해시 맵)을 생성한다.
2. Probe 단계 : 큰 쪽 테이블(Probe Input)을 읽어 해시 테이블을 탐색하면서 조인한다.

NL 조인과 소트 머지 조인에서 사용했던 아래 SQL로 해시 조인 과정을 설명해 보자. 해시 조인은 use_hash 힌트로 유도한다. 아래 SQL에 사용한 힌트는, 사원 테이블 기준으로 (ordered) 고객 테이블과 조인할 때 해시 조인 방식을 사용하라(use_hash)고 지시하고 있다.

```
select /*+ ordered use_hash(c) */
       e.사원번호, e.사원명, e.입사일자
     , c.고객번호, c.고객명, c.전화번호, c.최종주문금액
from   사원 e, 고객 c
where  c.관리사원번호  = e.사원번호
and    e.입사일자     >= '19960101'
and    e.부서코드     = 'Z123'
and    c.최종주문금액 >= 20000
```

위 SQL 수행 과정을 그림과 함께 풀어서 설명하면 아래와 같다.

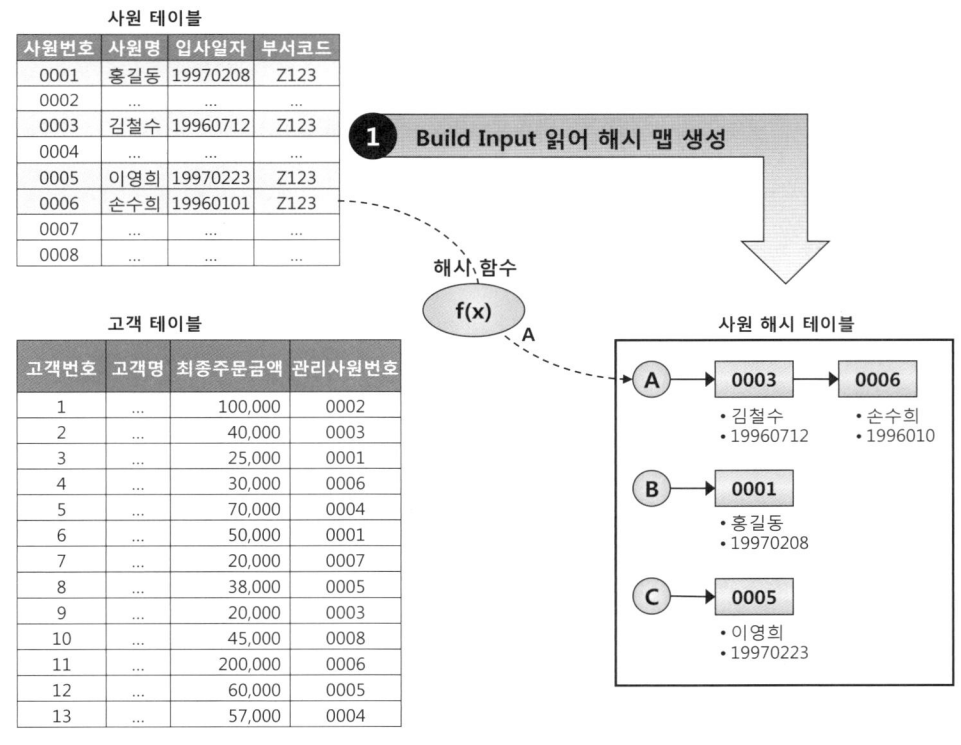

[그림 4 – 10]

① Build 단계 : 아래 조건에 해당하는 사원 데이터를 읽어 해시 테이블을 생성한다. 이때, 조인컬럼인 사원번호를 해시 테이블 키 값으로 사용한다. 즉, 사원번호를 해시 함수에 입력

해서 반환된 값으로 해시 체인을 찾고, 그 해시 체인에 데이터를 연결한다. 해시 테이블은 PGA 영역에 할당된 Hash Area에 저장한다. 해시 테이블이 너무 커 PGA에 담을 수 없으면, Temp 테이블스페이스에 저장한다.

```
select 사원번호, 사원명, 입사일자
from   사원
where  입사일자 >= '19960101'
and    부서코드 = 'Z123'
```

그림 4-10은 홍길동, 김철수, 이영희 사원이 이미 해시 테이블에 등록된 상태에서 손수희 사원을 추가로 등록하는 과정을 표현하고 있다.

② Probe 단계 : 아래 조건에 해당하는 고객 데이터를 하나씩 읽어 앞서 생성한 해시 테이블을 탐색한다. 즉, 관리사원번호를 해시 함수에 입력해서 반환된 값으로 해시 체인을 찾고, 그 해시 체인을 스캔해서 값이 같은 사원번호를 찾는다. 찾으면 조인에 성공한 것이고, 못 찾으면 실패한 것이다.

```
select 고객번호, 고객명, 전화번호, 최종주문금액, 관리사원번호
from   고객
where  최종주문금액 >= 20000
```

Build 단계에서 사용한 해시 함수를 Probe 단계에서도 사용하므로 같은 사원번호를 입력하면 같은 해시 값을 반환한다. 따라서 해시 함수가 반환한 값에 해당하는 해시 체인만 스캔하면 된다.

Probe 단계에서 조인하는 과정을 PL/SQL 코드로 표현하면 아래와 같다.

```
begin
  for outer in (select 고객번호, 고객명, 전화번호, 최종주문금액, 관리사원번호
                from   고객
                where  최종주문금액 >= 20000)
  loop      -- outer 루프
```

```
    for inner in (select 사원번호, 사원명, 입사일자
                    from   PGA에_생성한_사원_해시맵
                   where   사원번호 = outer.관리사원번호)
    loop  -- inner 루프
       dbms_output.put_line(  …  );
    end loop;
  end loop;
end;
```

실제 조인을 수행하는 ②번 Probe 단계는 NL 조인과 다르지 않다는 사실을 위 Pseudo 코드를 통해 알 수 있다. 해시 테이블 Probe 과정을 그림으로 표현하면, 그림 4-11과 같다.

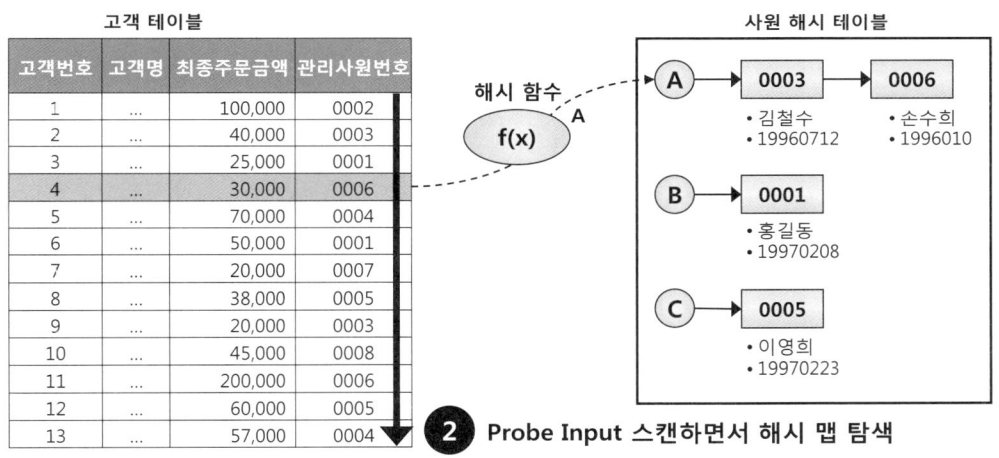

[그림 4 – 11]

4.3.2 해시 조인이 빠른 이유

Hash Area에 생성한 해시 테이블(=해시 맵)을 이용한다는 점만 다를 뿐 해시 조인도 조인 프로세싱 자체는 NL 조인과 같다. 그런데도 해시 조인이 인덱스 기반의 NL 조인보다 빠른 결정적인 이유는, 소트 머지 조인이 빠른 이유와 같다. 즉, 해시 테이블을 PGA 영역에 할당하기 때문이다. NL 조인은 Outer 테이블 레코드마다 Inner 쪽 테이블 레코드를 읽기 위해 래치 획득 및 캐시버퍼 체인 스캔 과정을 반복하지만, 해시 조인은 래치 획득 과정 없이 PGA에서 빠르게 데이터를 탐색하고 조인한다.

해시 조인도 Build Input과 Probe Input 각 테이블을 읽을 때는 DB 버퍼캐시를 경유한다. 이때 인덱스를 이용하기도 한다. 이 과정에서 생기는 버퍼캐시 탐색 비용과 랜덤 액세스 부하는 해시 조인이라도 피할 수 없다.

 해시 테이블에 담기는 정보

해시 테이블에 조인 키값만 저장한다고 알고 있는 분이 많다. 그림 4-11로 말하면, 사원 테이블 '사원번호'를 말한다. 만약 해시 테이블을 그렇게 생성한다면, 래치 획득 과정 없이 PGA에서 조인한다는 해시 조인의 장점이 사라진다. 조인에 성공한 사원번호에 대한 나머지 정보(사원명, 입사일자)를 읽으려면 ROWID로 다시 테이블 블록을 액세스해야 하기 때문이다.

인덱스 ROWID로 테이블을 랜덤 액세스하는 NL 조인의 단점 때문에 소트 머지 조인과 해시 조인이 탄생했다는 사실을 상기하기 바란다. 그림 4-11 오른쪽 해시 테이블에 표현한 것처럼, 해시 테이블에는 조인 키값뿐만 아니라 SQL에 사용한 컬럼을 모두 저장한다.

해시 조인과 소트 머지 조인, 둘 다 조인 오퍼레이션을 PGA에서 처리한다는 공통점을 갖는다. 그런데 대량 데이터를 조인할 때 일반적으로 해시 조인이 더 빠르다. 이유가 무엇일까? PGA에서 데이터를 탐색하는 알고리즘 차이도 있지만, 그 효과는 미미하다. 두 조인 메소드의 성능 차이는 조인 오퍼레이션을 시작하기 전, 사전 준비작업에 기인한다.

소트 머지 조인에서 사전 준비작업은 '양쪽' 집합을 모두 정렬해서 PGA에 담는 작업이다. PGA는 그리 큰 메모리 공간이 아니므로 두 집합 중 어느 하나가 중대형 이상이면, Temp 테이블스페이스, 즉 디스크에 쓰는 작업을 반드시 수반한다.

해시 조인에서 사전 준비작업은 양쪽 집합 중 어느 '한쪽'을 읽어 해시 맵을 만드는 작업이다. 해시 조인은 둘 중 작은 집합을 해시 맵 Build Input으로 선택하므로 두 집합 모두 Hash Area에 담을 수 없을 정도로 큰 경우가 아니면, Temp 테이블스페이스, 즉 디스크에 쓰는 작업은 전혀 일어나지 않는다.

정리하면 해시 조인은, NL 조인처럼 조인 과정에서 발생하는 랜덤 액세스 부하가 없고, 소트 머지 조인처럼 양쪽 집합을 미리 정렬하는 부하도 없다. 해시 테이블을 생성하는 비용이 수반되지만, 둘 중 작은 집합을 Build Input으로 선택하므로 대개는 부담이 크지 않다. Build Input이 PGA 메모리에 담길 때, 즉 인메모리(In-Memory) 해시 조인일 때 가장 효과적인 이유가 바로 여기에 있다.

그렇다고 Build Input이 Hash Area 크기를 초과하면 다른 조인 메소드를 선택하라는 뜻은 아니다. 설령 Temp 테이블스페이스를 쓰게 되더라도 대량 데이터 조인할 때는 일반적으로 해시 조인이 가장 빠르다.

4.3.3 대용량 Build Input 처리

그림 4-12처럼 T1, T2 테이블이 있다. 두 테이블 모두 대용량 테이블이어서 인메모리 해시 조인이 불가능한 상황이다.

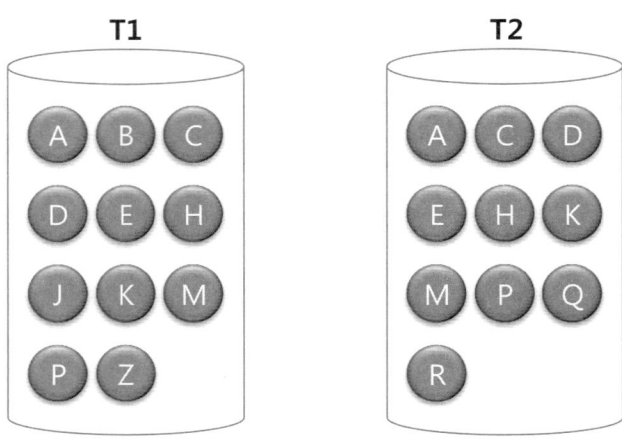

[그림 4 - 12]

이럴 때 DBMS는 어떤 방식으로 해시 조인을 처리할까? 복잡할 것 같지만, 의외로 간단하다. 아래 두 단계로 나눠서 진행된다. 분할 · 정복(Divide & Conquer) 방식이다. (아래 내용을 이해하려면 파티션에 대한 사전 지식이 필요하다. 아직 파티션에 대한 개념이 없다면 일단 넘어가도 상관없고, 6장 3절 1항(6.3.1)에 간단하게 설명하므로 미리 참조해도 좋다.)

① 파티션 단계

조인하는 양쪽 집합(→ 조인 이외 조건절을 만족하는 레코드)의 조인 컬럼에 해시 함수를 적용하고, 반환된 해시 값에 따라 동적으로 파티셔닝한다(그림 4-13). 독립적으로 처리할 수 있는 여러 개의 작은 서브 집합으로 분할함으로써 파티션 짝(pair)을 생성하는 단계다.

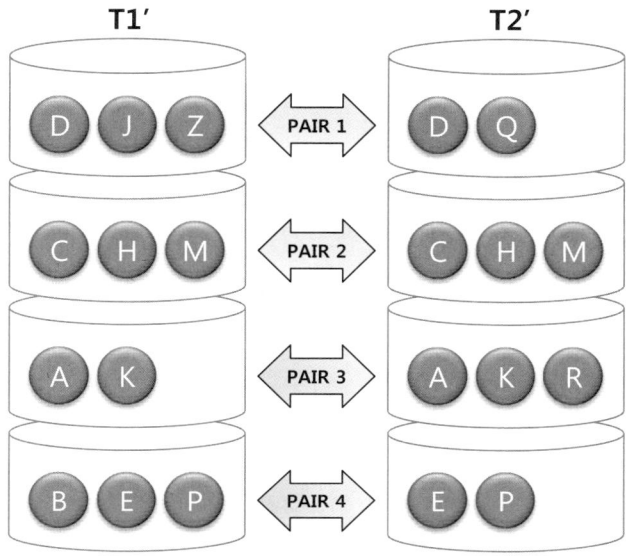

[그림 4 – 13]

양쪽 집합(T1, T2)을 읽어 디스크 Temp 공간에 저장(T1′, T2′)해야 하므로 인메모리 해시 조인보다 성능이 많이 떨어진다.

② 조인 단계

파티션 단계를 완료하면 각 파티션 짝(pair)에 대해 하나씩 조인을 수행한다. 이때, 각각에 대한 Build Input과 Probe Input은 독립적으로 결정된다. 즉, 파티션하기 전 어느 쪽이 작은 테이블이었는지에 상관없이 각 파티션 짝(pair)별로 작은 쪽을 Build Input으로 선택하고 해시 테이블을 생성한다.

해시 테이블을 생성하고 나면 반대쪽 파티션 로우를 하나씩 읽으면서 해시 테이블을 탐색한다. 모든 파티션 짝에 대한 처리를 마칠 때까지 이 과정을 반복한다.

4.3.4 해시 조인 실행계획 제어

아래는 해시 조인 실행계획이다. '위쪽(HASH JOIN 바로 아래) 사원 데이터(Build Input)로 해시 테이블을 생성한 후, 아래쪽 고객 테이블(Probe Input)에서 읽은 조인 키값으로 해시 테이블을 탐색하면서 조인한다'고 해석하면 된다. (위쪽 Build Input과 아래쪽 Probe Input을 읽을 때 인덱스를 이용한 사실도 실행계획에서 확인할 수 있다. 물론 인덱스를 이용하지 않고 Table Full Scan으로 처리할 수도 있다.)

```
Execution Plan
-----------------------------------------------------------
0      SELECT STATEMENT Optimizer=ALL_ROWS
1   0    HASH JOIN
2   1      TABLE ACCESS (BY INDEX ROWID) OF '사원' (TABLE)
3   2        INDEX (RANGE SCAN) OF '사원_X1' (INDEX)
4   1      TABLE ACCESS (BY INDEX ROWID) OF '고객' (TABLE)
5   4        INDEX (RANGE SCAN) OF '고객_N1' (INDEX)
```

해시 조인 실행계획을 제어할 때 아래와 같이 use_hash 힌트를 사용한다.

```
select /*+ use_hash(e c) */
       e.사원번호, e.사원명, e.입사일자
     , c.고객번호, c.고객명, c.전화번호, c.최종주문금액
from   사원 e, 고객 c
where  c.관리사원번호  = e.사원번호
and    e.입사일자     >= '19960101'
and    e.부서코드     = 'Z123'
and    c.최종주문금액 >= 20000
```

여기서는 use_hash 힌트만 사용했으므로 Build Input을 옵티마이저가 선택하는데, 일반적으로 둘 중 카디널리티[3]가 작은 테이블을 선택한다.

Build Input을 사용자가 직접 선택하고 싶다면 어떻게 할까? 조인 대상 테이블이 두 개뿐이라면 아래와 같이 leading이나 ordered 힌트를 사용하면 된다. 오라클은 기본적으로 이들 힌트로 지시한 순서에 따라 가장 먼저 읽는 테이블을 Build Input으로 선택한다.

---

[3] 테이블 전체 카디널리티가 아니라 각 테이블 조건절에 대한 카디널리티를 말한다.

```
select /*+ leading(e) use_hash(c) */  -- 또는 ordered use_hash(c)
       e.사원번호, e.사원명, e.입사일자
     , c.고객번호, c.고객명, c.전화번호, c.최종주문금액
from   사원 e, 고객 c
where  c.관리사원번호 = e.사원번호
and    e.입사일자     >= '19960101'
and    e.부서코드     = 'Z123'
and    c.최종주문금액 >= 20000
```

아래와 같이 swap_join_inputs 힌트로 Build Input을 명시적으로 선택할 수도 있다.

```
select /*+ leading(e) use_hash(c) swap_join_inputs(c) */
       e.사원번호, e.사원명, e.입사일자
     , c.고객번호, c.고객명, c.전화번호, c.최종주문금액
from   사원 e, 고객 c
where  c.관리사원번호 = e.사원번호
and    e.입사일자     >= '19960101'
and    e.부서코드     = 'Z123'
and    c.최종주문금액 >= 20000
```

세 개 이상 테이블 해시 조인

조인 대상 테이블이 세 개 이상이면 어렵다고 느낄 수 있는데, 원리를 제대로 이해하면 의외로 간단하다. 예를 들어, A, B, C 세 개 테이블이 있다. 이 세 개 테이블을 조인하는 경로는 그림 4-14처럼 두 가지다.

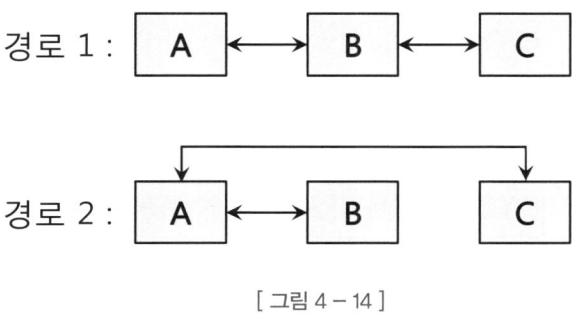

[그림 4 – 14]

경로 1은 조인절이 아래와 같은 경우다. 즉, A와 B를 조인하고, B와 C를 조인한다.

```
select *
from   A, B, C
where  A.key = B.key
and    B.key = C.key
```

경로 2는 조인절이 아래와 같은 경우다. 즉, A와 B를 조인하고, A와 C를 조인한다.

```
select *
from   A, B, C
where  A.key = B.key
and    A.key = C.key
```

경로 1과 경로 2를 다른 케이스로 보면, 힌트 지정하는 방법도 다양해지므로 어렵게 느끼게 마련이다. 하지만, 경로 2를 그림 4-15와 같이 바꿔서 표현해 보자.

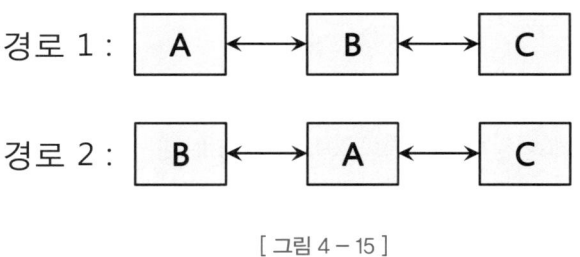

[그림 4 – 15]

결국, 세 테이블을 조인하는 경로는 그림 4-16처럼 단 한가지다. (경로1에서는 A, B, C를 각각 T1, T2, T3에 대입했고, 경로2에서는 B, A, C를 각각 T1, T2, T3에 대입했다.)

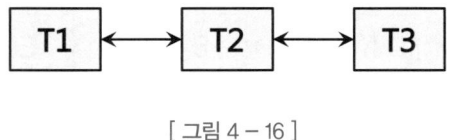

[그림 4 – 16]

이제 문제가 단순해졌다. 세 테이블에 대한 해시 조인을 제어할 때, 우선 그림 4-16 순서에 따라 leading 힌트를 지정해 주면 된다.

```
select /*+ leading(T1, T2, T3) use_hash(T2) use_hash(T3) */ *
from   T1, T2, T3
where  T1.key = T2.key
and    T2.key = T3.key
```

해시 조인에서 leading 힌트 첫 번째 파라미터로 지정한 테이블은 무조건 Build Input으로 선택된다. 첫 번째 파라미터로 T1 테이블을 지정했으므로 T2 테이블과 조인할 때는 T1이 Build Input이다. 따라서 위와 같이 힌트를 지정했을 때 나올 수 있는 실행계획 패턴은 아래 두 가지뿐이다.

〈 패턴 1 〉

```
Execution Plan
-------------------------------------------------------
0         SELECT STATEMENT Optimizer=ALL_ROWS
1     0     HASH JOIN
2     1       HASH JOIN
3     2         TABLE ACCESS (FULL) OF 'T1' (TABLE)
4     2         TABLE ACCESS (FULL) OF 'T2' (TABLE)
5     1       TABLE ACCESS (FULL) OF 'T3' (TABLE)
```

〈 패턴 2 〉

```
Execution Plan
-------------------------------------------------------
0         SELECT STATEMENT Optimizer=ALL_ROWS
1     0     HASH JOIN
2     1       TABLE ACCESS (FULL) OF 'T3' (TABLE)
3     1       HASH JOIN
4     3         TABLE ACCESS (FULL) OF 'T1' (TABLE)
5     3         TABLE ACCESS (FULL) OF 'T2' (TABLE)
```

패턴 1과 패턴 2처럼 T1이 Build Input으로 선택된 상황에서 T2를 Build Input으로 선택하고 싶다면, 아래와 같이 swap_join_inputs 힌트를 사용하면 된다.

```
select /*+ leading(T1, T2, T3) swap_join_inputs(T2) */ …
```

그러면 실행계획은 각각 아래와 같이 바뀐다.

〈 패턴 1 〉

```
Execution Plan
---------------------------------------------------
0      SELECT STATEMENT Optimizer=ALL_ROWS
1   0    HASH JOIN
2   1      HASH JOIN
3   2        TABLE ACCESS (FULL) OF 'T2' (TABLE)
4   2        TABLE ACCESS (FULL) OF 'T1' (TABLE)
5   1      TABLE ACCESS (FULL) OF 'T3' (TABLE)
```

〈 패턴 2 〉

```
Execution Plan
---------------------------------------------------
0      SELECT STATEMENT Optimizer=ALL_ROWS
1   0    HASH JOIN
2   1      TABLE ACCESS (FULL) OF 'T3' (TABLE)
3   1      HASH JOIN
4   3        TABLE ACCESS (FULL) OF 'T2' (TABLE)
5   3        TABLE ACCESS (FULL) OF 'T1' (TABLE)
```

패턴 1을 패턴 2로 바꾸고 싶다면 어떻게 해야 할까? T3를 Build Input으로 선택하려는 것이므로 아래와 같이 swap_join_inputs 힌트를 사용하면 된다. 아주 간단하다.

```
select /*+ leading(T1, T2, T3) swap_join_inputs(T3) */ …
select /*+ leading(T1, T2, T3) swap_join_inputs(T2) swap_join_inputs(T3) */ …
```

가장 제어하기 어려운 것은 패턴 2를 패턴 1로 바꾸고 싶을 때다. T1과 T2 조인한 결과집합을 Build Input으로 선택하고 싶은데, 조인한 결과집합을 swap_join_inputs 힌트에 지정할 방법이 없다. 어떻게 해야 할까?

이럴 때 사용할 수 있는 힌트가 no_swap_join_inputs이다. 아래와 같이 하면 된다. 즉, T1
과 T2 조인한 결과집합을 Build Input으로 선택해 주는 것이 아니라 T3를 Probe Input으로
선택해 주는 방식이다.

```
select /*+ leading(T1, T2, T3) no_swap_join_inputs(T3) */ …
```

no_swap_join_inputs 힌트는 오라클 10.1.0.3 버전부터 제공하기 시작했다. 참고로, 이 힌
트가 없을 때는 SQL을 아래와 같이 변환하고 인라인 뷰 Alias로 제어해야만 했다.

```
select /*+ leading(T4) use_hash(T3) */ *
from   (select * from T1, T2 where T1.key = T2.key) T4, T3
where  T4.key = T3.key
```

또는

```
select /*+ use_hash(T3 T4) swap_join_inputs(T4) */ *
from   (select * from T1, T2 where T1.key = T2.key) T4, T3
where  T4.key = T3.key
```

T1, T2, T3 세 테이블을 조인할 때, 순서를 바꿔 그림 4-17과 같이 T3를 먼저 읽는 경로도
있지 않냐고 반문하는 독자가 있을 법하다.

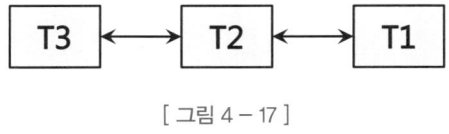

[그림 4 – 17]

그림 4-17을 그림 4-16과 다르게 볼 이유가 있을까? 테이블명 또는 Alias만 다를 뿐, 결국
실행계획 제어하는 방법은 똑같다. leading 힌트를 아래와 같이 기술하고, Build Input을 선
택해 주면 된다.

```
select /*+ leading(T3, T2, T1) */ *
from   T1, T2, T3
where  T1.key = T2.key
and    T2.key = T3.key
```

조인하는 테이블이 네 개일 때는? 다섯 개일 때는? 일일이 다 설명할 필요가 없다. 조인하는 테이블이 몇 개든, 원리는 똑같다. 조인 연결고리를 따라 순방향 또는 역방향으로 leading 힌트에 기술한 후, Build Input으로 선택하고 싶은 테이블을 swap_join_inputs 힌트에 지정해 주면 된다. Build Input으로 선택하고 싶은 테이블이 조인된 결과 집합이어서 swap_join_inputs 힌트로 지정하기 어렵다면, no_swap_join_inputs 힌트로 반대쪽 Probe Input을 선택해 주면 된다.

4.3.5 조인 메소드 선택 기준

지금까지 설명한 해시 조인이 워낙 빠르다 보니 내부 수행원리를 잘 모르는 개발자는 웬만하면 해시 조인으로 처리하려는 유혹에 빠지기 쉽다. 인덱스 설계에 공들이지 않아도 되니 편하기까지 하다. 그런데 이는 매우 위험한 생각이다. 수행빈도가 매우 높은 쿼리에 대해선 특히 그렇다.

왜 위험한지는 잠시 뒤에 살펴보기로 하고, 일반적인 조인 메소드 선택 기준부터 설명하면 그림 4-18과 같다.

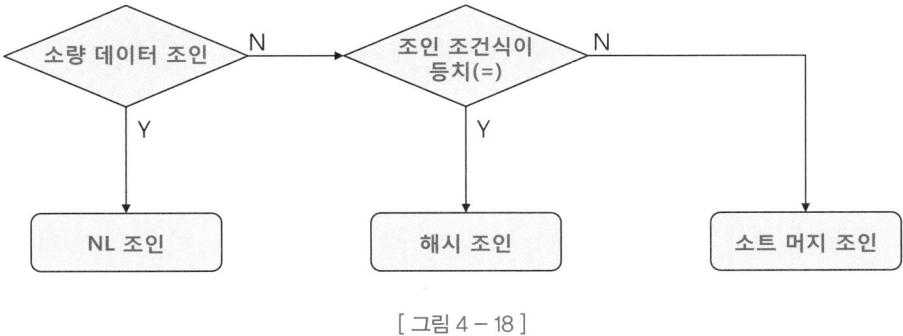

[그림 4 – 18]

① 소량 데이터 조인할 때 → **NL 조인**

② 대량 데이터 조인할 때 → **해시 조인**

③ 대량 데이터 조인인데 해시 조인으로 처리할 수 없을 때, 즉 조인 조건식이 등치(=) 조건이 아닐 때(조인 조건식이 아예 없는 카테시안 곱 포함) → **소트 머지 조인**

여기서 소량과 대량의 기준은 무엇일까? 이는 단순히 데이터량의 많고 적음에 있지 않다. NL 조인 기준으로 '최적화했는데도' 랜덤 액세스가 많아 만족할만한 성능을 낼 수 없다면, 대량 데이터 조인에 해당한다.

수행빈도가 매우 높은 쿼리에 대해선 아래와 같은 기준도 제시하고 싶다.

① (최적화된) NL 조인과 해시 조인 성능이 같으면, NL 조인

② 해시 조인이 약간 더 빨라도 NL 조인

③ NL 조인보다 해시 조인이 매우 빠른 경우, 해시 조인

③번 'NL 조인보다 해시 조인이 매우 빠른 경우'는 아마 대량 데이터 조인일 것이므로 '대량 데이터 조인할 때 해시 조인하라(앞서 제시한 ②번)'는 의미와 같다. (사실, 수행빈도가 높은 대

량 데이터 조인은 거의 보기 어렵다.) ①번과 ②번은 앞서 제시한 ①번과 결국 같은 의미이므로, '수행빈도가 높은 소량 데이터 조인은 설령 해시 조인이 약간 더 빠르더라도 NL 조인을 선택하라'는 기준(②번)을 하나 더 제시한 셈이다. SQL 최적화할 때 옵티마이저가 수행빈도까지 고려하지 않으므로 이는 매우 중요한 선택 기준이다.

그럼 왜, 조인 메소드를 선택할 때 NL 조인을 가장 먼저 고려해야 할까? NL 조인 위주로 처리하려면 인덱스를 세심하게 설계해야 하는 부담도 있는데 말이다. 심지어, 해시 조인이 약간 더 빠른데도 왜 NL 조인을 선택해야 할까?

NL 조인에 사용하는 인덱스는 (DBA가 Drop하지 않는 한) 영구적으로 유지하면서 다양한 쿼리를 위해 공유 및 재사용하는 자료구조다. 반면, 해시 테이블은 <u>단 하나의 쿼리를 위해 생성하고 조인이 끝나면 곧바로 소멸하는 자료구조</u>다. 같은 쿼리를 100개 프로세스가 동시에 수행하면, 해시 테이블도 100개가 만들어진다. 따라서 수행시간이 짧으면서 수행빈도가 매우 높은 쿼리(→ OLTP성 쿼리의 특징이기도 함)를 해시 조인으로 처리하면 CPU와 메모리 사용률이 크게 증가한다. 해시 맵을 만드는 과정에 여러 가지 래치 경합도 발생한다.

결론적으로 해시 조인은 아래 세 가지 조건을 만족하는 SQL문에 주로 사용한다.

① 수행 빈도가 낮고
② 쿼리 수행 시간이 오래 걸리는
③ 대량 데이터 조인할 때

이 세 가지 조건은 배치 프로그램, DW, OLAP성 쿼리의 특징이기도 하다. OLTP 환경에서도 해시 조인을 쓸 수 있지만, 이 세 가지 기준을 만족하는지 점검해 봐야 한다.

쉽게 말하면, OLTP 환경에서 최적화된(비효율이 없는) NL 조인으로 0.1초 걸리는 쿼리를 0.01초로 단축할 목적으로 해시 조인을 쓰는 것은 가급적 자제하라는 뜻이다. 0.1초 걸리는 쿼리를 0.01초로 단축해 달라는 시스템 운영자의 요청이 있었다면, 더 그렇다. 이는 수행 빈도가 아주 높은 쿼리임이 분명하므로 해시 조인보다 약간 더 느리더라도 NL 조인이 더 적합하다.

4.4 서브쿼리 조인

지금까지 세 가지 조인 방식을 설명하면서 두세 개 테이블을 단순한 형태로 조인하는 예제만 다루었다. 실무에서는 복잡한 서브쿼리와 조인하는 형태를 흔히 보게 된다. 따라서 옵티마이저가 서브쿼리 조인을 어떻게 처리하는지 이해하고, 원하는 방식으로 실행계획을 제어할 수 있어야 튜닝도 가능하다.

특히 옵티마이저가 서브쿼리에 대해 다양한 형태로 쿼리 변환을 시도하므로 서브쿼리 조인을 이해하는 출발점은 쿼리 변환에서 찾아야 한다. 서브쿼리 조인을 본격적으로 설명하기에 앞서 서브쿼리 변환이 필요한 이유부터 살펴보자.

4.4.1 서브쿼리 변환이 필요한 이유

하나의 결과집합을 얻기 위해 SQL을 여러 가지 다른 형태로 표현할 수 있고, 어떤 것을 선택하느냐에 따라 성능도 다를 수 있다. 그래서 최근 옵티마이저는 비용(Cost)을 평가하고 실행계획을 생성하기에 앞서 사용자로부터 전달받은 SQL을 최적화에 유리한 형태로 변환하는 작업, 즉 쿼리 변환부터 진행한다. (애초에 사용자가 최적화에 가장 유리한 형태로 SQL을 작성하면 좋으련만, 그렇지 않으니 옵티마이저가 대신해 주는 것이다. 이 때문에 옵티마이저 엔진은 점점 무거워지고 최적화에 소요되는 시간도 점점 늘고 있다.)

쿼리 변환(Query Transformation)은 옵티마이저가 SQL을 분석해 의미적으로 동일(→ 같은 결과집합을 생성)하면서도 더 나은 성능이 기대되는 형태로 재작성하는 것을 말한다. 이미 꽤 많은 쿼리 변환이 개발됐고, SQL 성능과 관련해 새로 개발되는 핵심 기능도 대부분 쿼리 변환 영역에 속한다. 결코, 가볍게 다룰 주제가 아니다.

다양한 쿼리 변환에 대한 깊이 있는 내용은 따로 학습하고, 본 장에서는 서브쿼리와 관련해 알아야 할 중요한 몇 가지만 살펴보겠다.

서브쿼리(Subquery)는 하나의 SQL문 안에 괄호로 묶은 별도의 쿼리 블록(Query Block)을 말한다. 쿼리에 내장된 또 다른 쿼리다. 서브쿼리를 DBMS마다 조금씩 다르게 분류하는데, 오라클은 아래 세 가지로 분류한다.

```
select c.고객번호, c.고객명, t.평균거래, t.최소거래, t.최대거래
     ,(select 고객분류명 from 고객분류 where 고객분류코드 = c.고객분류코드)   ── 스칼라 서브쿼리
from    고객 c
     , (select 고객번호, avg(거래금액) 평균거래
             , min(거래금액) 최소거래, max(거래금액) 최대거래
        from   거래
        where  거래일시 >= trunc(sysdate, 'mm')                              ── 인라인 뷰
        group by 고객번호) t
where   c.가입일시 >= trunc(add_months(sysdate, -1), 'mm')
and     t.고객번호 = c.고객번호
and     exists ( select 'x'
                 from    고객변경이력 h                                      ── 중첩된 서브쿼리
                 where   h.고객번호 = c.고객번호
                 and     h.변경사유코드 = 'ZCH'
                 and     c.최종변경일시 between h.시작일시 and h.종료일시 )
```

1. **인라인 뷰**(Inline View) : FROM 절에 사용한 서브쿼리를 말한다.

2. **중첩된 서브쿼리**(Nested Subquery) : 결과집합을 한정하기 위해 WHERE 절에 사용한 서브쿼리를 말한다. 특히, 서브쿼리가 메인쿼리 컬럼을 참조하는 형태를 '상관관계 있는(Correlated) 서브쿼리'라고 부른다.

3. **스칼라 서브쿼리**(Scalar Subquery) : 한 레코드당 정확히 하나의 값을 반환하는 서브쿼리다. 주로 SELECT-LIST에서 사용하지만 몇 가지 예외사항을 제외하면 컬럼이 올 수 있는 대부분 위치에 사용할 수 있다.

이들 서브쿼리를 참조하는 메인 쿼리도 하나의 쿼리 블록이며, 옵티마이저는 쿼리 블록 단위

로 최적화를 수행한다. 예를 들어, 아래 쿼리를 변환하지 않고 그대로 수행하면, 메인 쿼리(쿼리 블록 1)와 EXISTS 서브쿼리(쿼리 블록 2)를 각각 최적화한다.

```
< 원본 쿼리 >
select  c.고객번호, c.고객명
from    고객 c
where   c.가입일시 >= trunc(add_months(sysdate, -1), 'mm')
and     exists (
          select 'x'
          from   거래
          where  고객번호 = c.고객번호
          and    거래일시 >= trunc(sysdate, 'mm') )

< 쿼리 블록 1 >
select  c.고객번호, c.고객명
from    고객 c
where   c.가입일시 >= trunc(add_months(sysdate, -1), 'mm')

< 쿼리 블록 2 >
select 'x'
from   거래
where  고객번호 = :cust_no    -- 메인쿼리를 참조하는 조건절은 변수로 처리
and    거래일시 >= trunc(sysdate, 'mm')
```

아래 쿼리도 변환하지 않고 그대로 수행하면, 메인 쿼리(쿼리 블록 1)와 인라인 뷰(쿼리 블록 2)를 각각 최적화한다.

```
< 원본 쿼리 >
select  c.고객번호, c.고객명, t.평균거래, t.최소거래, t.최대거래
from    고객 c
      ,(select 고객번호, avg(거래금액) 평균거래
              , min(거래금액) 최소거래, max(거래금액) 최대거래
         from   거래
         where  거래일시 >= trunc(sysdate, 'mm')
         group by 고객번호) t
where   c.가입일시 >= trunc(add_months(sysdate, -1), 'mm')
and     t.고객번호 = c.고객번호

< 쿼리 블록 1 >
select  c.고객번호, c.고객명, t.평균거래, t.최소거래, t.최대거래
from    고객 c, SYS_VW_TEMP t
```

```
where    c.가입일시 >= trunc(add_months(sysdate, -1), 'mm')
and      t.고객번호 = c.고객번호

〈 쿼리 블록 2 〉
select 고객번호, avg(거래금액) 평균거래
     , min(거래금액) 최소거래, max(거래금액) 최대거래
from   거래
where  거래일시 >= trunc(sysdate, 'mm')
group by 고객번호
```

이렇게 서브쿼리별로 최적화한 쿼리가 전체적으로도 최적화됐다고 말할 수는 없다. 건물 내부를 리모델링하기로 한 어떤 회사가 사무실별로 다른 업체에 인테리어를 맡기면, 사무실별로는 최고의 작품일지 몰라도 회사 전체로 놓고 보면 부조화 상태일 수 있는 것과 마찬가지다. 한 업체가 건물 전체를 바라보는 시각에서 설계를 진행해야 전체적으로 조화를 이룬 작품이 탄생한다.

SQL을 최적화할 때도 옵티마이저가 나무가 아닌 숲 전체를 바라보는 관점에서 쿼리를 이해하려면 먼저 서브쿼리를 풀어내야만 한다.

4.4.2 서브쿼리와 조인

메인쿼리와 서브쿼리 간에는 부모와 자식이라는 종속적이고 계층적인 관계가 존재한다. 서브쿼리는 메인쿼리에 종속되므로 단독으로 실행할 수 없다. 메인쿼리 건수만큼 값을 받아 반복적으로 필터링하는 방식으로 실행해야 한다.

필터 오퍼레이션

아래는 서브쿼리를 필터 방식으로 처리할 때의 실행계획이다. 서브쿼리를 필터 방식으로 처리하게 하려고 의도적으로 no_unnest 힌트를 사용했다. no_unnest는 서브쿼리를 풀어내지 말고 그대로 수행하라고 옵티마이저에 지시하는 힌트다.

```
select  c.고객번호, c.고객명
from    고객 c
where   c.가입일시 >= trunc(add_months(sysdate, -1), 'mm')
and     exists (
          select /*+ no_unnest */ 'x'
          from   거래
          where  고객번호 = c.고객번호
          and    거래일시 >= trunc(sysdate, 'mm') )

Execution Plan
-----------------------------------------------------------
  0      SELECT STATEMENT Optimizer=ALL_ROWS (Cost=289 Card=1 Bytes=39)
  1   0    FILTER
  2   1      TABLE ACCESS (BY INDEX ROWID) OF '고객' (TABLE) (Cost=4 Card=190 … )
  3   2        INDEX (RANGE SCAN) OF '고객_X01' (INDEX) (Cost=2 Card=190)
  4   1      INDEX (RANGE SCAN) OF '거래_X01' (INDEX) (Cost=3 Card=4K Bytes=92K)
```

필터(Filter) 오퍼레이션은 기본적으로 NL 조인과 처리 루틴이 같다. 따라서 위 실행계획에서 'FILTER'를 'NESTED LOOPS'로 치환하고 처리 루틴을 해석하면 된다. NL 조인처럼 부분범위 처리도 가능하다.

차이가 있다면 첫째, 필터는 메인쿼리(고객)의 한 로우가 서브쿼리(거래)의 한 로우와 조인에 성공하는 순간 진행을 멈추고, 메인쿼리의 다음 로우를 계속 처리한다는 점이다. 아래 pseudo 코드를 참고한다면 어렵지 않게 이해할 수 있다. 이렇게 처리해야 메인쿼리 결과집합(고객)이 서브쿼리 M쪽 집합(거래) 수준으로 확장되는 현상(고객번호 중복)을 막을 수 있다.

```
begin
  for outer in (select 고객번호, 고객명 from 고객 where … )
  loop
    for inner in (select 'x' from 거래 where 고객번호 = outer.고객번호 and … )
    loop
      dbms_output.put_line(outer.고객번호 || ',' || outer.고객명);
      exit;  -- 조인에 성공하면 inner loop exit
    end loop;
  end loop;
end;
```

NL 조인과 다른 두 번째 차이점은, 필터는 캐싱기능을 갖는다는 점이다. 이는 필터 처리한 결과, 즉 서브쿼리 입력 값에 따른 반환 값(true 또는 false)을 캐싱하는 기능이다. 이 기능이 작동하므로 서브쿼리를 수행하기 전에 항상 캐시부터 확인한다. 캐시에서 true/false 여부를 확인할 수 있다면, 서브쿼리를 수행하지 않아도 되므로 성능을 높이는 데 큰 도움이 된다.
캐싱은 쿼리 단위로 이루어진다. 쿼리를 시작할 때 PGA 메모리에 공간을 할당하고, 쿼리를 수행하면서 공간을 채워나가며, 쿼리를 마치는 순간 공간을 반환한다.
마지막으로, 필터 서브쿼리는 일반 NL 조인과 달리 메인쿼리에 종속되므로 조인 순서가 고정된다. 항상 메인쿼리가 드라이빙 집합이다.

서브쿼리 Unnesting

아래는 서브쿼리를 Unnesting 할 때의 실행계획이다. 그냥 두어도 옵티마이저가 대개 Unnesting을 선택하지만, 명시적으로 unnest 힌트를 사용했다.

```
select  c.고객번호, c.고객명
from    고객 c
where   c.가입일시 >= trunc(add_months(sysdate, -1), 'mm')
and     exists (
         select /*+ unnest nl_sj */ 'x'
         from    거래
         where   고객번호 = c.고객번호
         and     거래일시 >= trunc(sysdate, 'mm') )

Execution Plan
-----------------------------------------------------------
  0      SELECT STATEMENT Optimizer=ALL_ROWS (Cost=384 Card=190 Bytes=11K)
  1   0    NESTED LOOPS (SEMI) (Cost=384 Card=190 Bytes=11K)
  2   1      TABLE ACCESS (BY INDEX ROWID) OF '고객' (TABLE) (Cost=4 Card=190 …)
  3   2        INDEX (RANGE SCAN) OF '고객_X01' (INDEX) (Cost=2 Card=190)
  4   1      INDEX (RANGE SCAN) OF '거래_X01' (INDEX) (Cost=2 Card=427K Bytes=9M)
```

'nest'의 사전적 의미를 찾아보면, "상자 등을 차곡차곡 포개넣다"라는 설명이 있다. 즉, '중첩'을 의미한다. 여기에 '부정' 또는 '반대'의 의미가 있는 접두사 'un-'을 붙인 'unnest'는 "중첩된 상태를 풀어내라"는 뜻이 된다. 서브쿼리 Unnesting은 메인과 서브쿼리 간의 계층구조를 풀어 서로 같은 레벨(flat한 구조)로 만들어 준다는 의미에서 '서브쿼리 Flattening'이라고 부르기도 한다.

서브쿼리를 그대로 두면 필터 방식을 사용할 수밖에 없지만, Unnesting 하고 나면 일반 조인문처럼 다양한 최적화 기법을 사용할 수 있다. 방금 본 쿼리에서는 unnest와 nl_sj 힌트를 함께 사용했으므로 NL 세미조인 방식으로 실행되었다.

NL 세미 조인은 기본적으로 NL 조인과 같은 프로세스다. 조인에 성공하는 순간 진행을 멈추고 메인 쿼리의 다음 로우를 계속 처리한다는 점만 다르다. 이는 앞서 설명한 필터 오퍼레이션의 기능이기도 하다. 오라클 10g부터는 NL 세미조인이 캐싱기능도 갖게 되었으므로 사실상 필터 오퍼레이션과 큰 차이가 없다. 그렇다면 서브쿼리를 Unnesting하는 이유는 무엇일까?

Unnesting된 서브쿼리는 NL 세미조인 외에도 다양한 방식으로 실행될 수 있다. 필터방식은 항상 메인쿼리가 드라이빙 집합이지만, Unnesting된 서브쿼리는 메인 쿼리 집합보다 먼저 처리될 수 있다. 아래는 Unnesting된 서브쿼리가 드라이빙되도록 leading 힌트를 사용했을 때의 실행계획이다.

```
select /*+ leading(거래@subq) use_nl(c) */ c.고객번호, c.고객명
from    고객 c
where   c.가입일시 >= trunc(add_months(sysdate, -1), 'mm')
and     exists (
          select /*+ qb_name(subq) unnest */ 'x'
          from    거래
          where   고객번호 = c.고객번호
          and     거래일시 >= trunc(sysdate, 'mm') )

Execution Plan
-----------------------------------------------------------
0       SELECT STATEMENT Optimizer=ALL_ROWS (Cost=253K Card=190 Bytes=11K)
1    0    NESTED LOOPS
2    1      NESTED LOOPS (Cost=253K Card=190 Bytes=11K)
3    2        SORT (UNIQUE) (Cost=2K Card=427K Bytes=9M)
4    3          TABLE ACCESS (BY INDEX ROWID) OF '거래' (TABLE) (Cost=2K … )
5    4            INDEX (RANGE SCAN) OF '거래_X02' (INDEX) (Cost=988 Card=427K)
6    2        INDEX (RANGE SCAN) OF '고객_X01' (INDEX) (Cost=1 Card=190)
7    1      TABLE ACCESS (BY INDEX ROWID) OF '고객' (TABLE) (Cost=3 Card=1 … )
```

서브쿼리를 그대로 풀어서 조인하면 메인쿼리 결과집합(고객)이 서브쿼리 M쪽 집합(거래) 수

준으로 확장될 수 있으므로 서브쿼리 집합에 대한 Sort Unique 오퍼레이션부터 수행했음을 실행계획에서 확인하기 바란다. 서브쿼리 집합에서 고객번호 중복을 제거하기 위해 쿼리를 아래와 같이 변환한 것이다.

```
select /*+ no_merge(t) leading(t) use_nl(c) */ c.고객번호, c.고객명
from   (select distinct 고객번호
        from   거래
        where  거래일시 >= trunc(sysdate, 'mm')) t, 고객 c
where  c.가입일시 >= trunc(add_months(sysdate, -1), 'mm')
and    c.고객번호 = t.고객번호
```

아래는 서브쿼리를 Unnesting 하고 나서 해시 세미 조인 방식으로 실행되도록 hash_sj 힌트를 사용했을 때의 실행계획이다.

```
select c.고객번호, c.고객명
from   고객 c
where  c.가입일시 >= trunc(add_months(sysdate, -1), 'mm')
and    exists (
           select /*+ unnest hash_sj */ 'x'
           from   거래
           where  고객번호 = c.고객번호
           and    거래일시 >= trunc(sysdate, 'mm') )

Execution Plan
----------------------------------------------------------
 0      SELECT STATEMENT Optimizer=ALL_ROWS (Cost=2K Card=38 Bytes=2K)
 1   0    FILTER
 2   1      HASH JOIN (SEMI) (Cost=2K Card=38 Bytes=2K)
 3   2        TABLE ACCESS (BY INDEX ROWID) OF '고객' (TABLE) (Cost=3 Card=38 … )
 4   3          INDEX (RANGE SCAN) OF '고객_X01' (INDEX) (Cost=2 Card=38)
 5   2        TABLE ACCESS (BY INDEX ROWID) OF '거래' (TABLE) (Cost=2K … )
 6   5          INDEX (RANGE SCAN) OF '거래_X02' (INDEX) (Cost=988 Card=427K)
```

(옵티마이저의 선택 또는 힌트를 이용한 사용자 지시로) 서브쿼리를 Unnesting 해서 메인쿼리와 같은 레벨로 만들면, 방금 본 것처럼 다양한 조인 메소드를 선택할 수 있고, 조인 순서도 마음껏 정할 수 있다. 옵티마이저는 많은 조인 테크닉을 가지기 때문에 조인 형태로 변환했을 때 필터 오퍼레이션보다 더 좋은 실행경로를 찾을 가능성이 높아진다.

ROWNUM - 잘 쓰면 약, 잘못 쓰면 독

아래 SQL처럼 조건절을 만족하는 레코드를 지정한 개수(n)만큼 찾고 나면 조건 필터링을 더 진행하지 않고 멈추게 하고 싶을 때 rownum을 사용한다.

```
select  글번호, 제목, 작성자, 등록일시
from    게시판
where   게시판구분 = '공지'
and     등록일시 >= trunc(sysdate-1)
and     rownum <= :n
```

5장에서 확인하겠지만 rownum을 잘 사용하면 쿼리 성능을 높이는 데 아주 효과적이다. 반면, 잘못 사용하면 쿼리 성능을 떨어뜨리기도 한다. 병렬 쿼리나 서브쿼리에 rownum을 사용하는 경우가 대표적인데, 후자의 경우를 살펴보자.

Exists는 매칭되는 데이터 존재 여부를 확인하는 연산자이므로 조건절을 만족하는 레코드를 만나는 순간 멈추는 기능을 이미 갖고 있다. 아래와 같이 Exists 서브쿼리에 rownum 조건까지 사용하면 의미의 중복이다. 중복한다고 뭐가 문제일까 싶겠지만, 성능에 문제를 일으킬 수 있다.

```
select  글번호, 제목, 작성자, 등록일시
from    게시판 b
where   게시판구분 = '공지'
and     등록일시 >= trunc(sysdate-1)
and     exists (select 'x'
                from    수신대상자
                where   글번호 = b.글번호
                and     수신자 = :memb_no
                and     rownum <= 1)
```

조금 전에 설명한 것처럼 서브쿼리를 Unnesting 하면 필터 오퍼레이션보다 더 좋은 실행경로를 찾을 가능성이 커진다. 그런데 서브쿼리에 rownum을 쓰면 이 중요한 옵티마이징 기능을 사용하지 못하게 막는 효과(부작용)가 있다. 옵티마이저에게 "이 서브쿼리 블록은 손대지 말라"고 선언하는 것과 다름없다. 서브쿼리 Unnesting을 방지하는 공식 힌트(no_unnest)가 따로 있는데도 SQL 튜너들이 rownum을 자주 쓰는 것은 rownum이 그만큼 강력하기 때문이다.

가끔 아래와 같이 작성한 SQL도 본다. 여기서 서브쿼리에 사용한 힌트는 전혀 작동하지 않는다. NL 세미조인이 작동하려면 서브쿼리가 Unnesting 되어야 하는데, rownum 조건이 그것을 막기 때문이다.

```
select  글번호, 제목, 작성자, 등록일시
from    게시판 b
where   게시판구분 = '공지'
and     등록일시 >= trunc(sysdate-1)
and     exists (select /*+ unnest nl_sj */ 'x'
                from    수신대상자
                where   글번호 = b.글번호
                and     수신자 = :memb_no
                and     rownum <= 1 )
```

rownum은 이처럼 옵티마이저를 꼼짝 못 하게 하는 강력한 독이 될 수 있으므로 (서브쿼리 Unnesting을 방지하려는 목적이 아니면) 서브쿼리에 함부로 쓰지 않기 바란다.

서브쿼리 Pushing

앞에서 설명한 것처럼 Unnesting 되지 않은 서브쿼리는 항상 필터 방식으로 처리되며, 대개 실행계획 상에서 맨 마지막 단계에 처리된다. 예를 들어, 아래는 상품과 주문 테이블을 조인하고 나서 서브쿼리 필터링을 수행할 때의 트레이스 결과다.

```
select /*+ leading(p) use_nl(t) */ count(distinct p.상품번호), sum(t.주문금액)
from    상품 p, 주문 t
where   p.상품번호 = t.상품번호
and     p.등록일시 >= trunc(add_months(sysdate, -3), 'mm')
and     t.주문일시 >= trunc(sysdate - 7)
and     exists (select 'x' from 상품분류
                where 상품분류코드 = p.상품분류코드
                and   상위분류코드 = 'AK' )
```

```
Call     Count  CPU Time  Elapsed Time   Disk      Query    Current    Rows
------  ------  --------  ------------  ------  ---------  ---------  ------
Parse        1     0.000         0.000       0          0          0       0
Execute      1     0.000         0.000       0          0          0       0
Fetch        2     0.484         3.493     650      38103          0       1
------  ------  --------  ------------  ------  ---------  ---------  ------
Total        4     0.484         3.493     650      38103          0       1

Rows     Row Source Operation
-------  ------------------------------------------------------------
      0  STATEMENT                                    ④      ⑤
      1   SORT AGGREGATE (cr=38103 pr=650 pw=0 time=3493306 us)
①  3000    FILTER  (cr=38103 pr=650 pw=0 time=3486253 us)
② 60000     NESTED LOOPS  (cr=38097 pr=650 pw=0 time=3602032 us)
③  1000      TABLE ACCESS FULL 상품 (cr=95 pr=0 pw=0 time=342023 us)
   60000      TABLE ACCESS BY INDEX ROWID 주문 (cr=38002 pr=650 pw=0 time= … )
   60000       INDEX RANGE SCAN 주문_PK (cr=2002 pr=90 pw=0 time=964606 us)
       1  TABLE ACCESS BY INDEX ROWID 상품분류 (cr=6 pr=0 pw=0 time=78 us)
       3   INDEX UNIQUE SCAN 상품분류_PK (cr=3 pr=0 pw=0 time=36 us)
```

상품으로부터 주문 테이블로 1,000번(③)의 조인 액세스가 있었고, 조인에 성공한 주문 데이터는 60,000개(②)다. 조인 과정에 38,097개 블록(⑤)을 읽었다. 60,000개 조인 결과집합은 서브쿼리 필터링을 수행하고 나서 3,000개(①)로 줄었다. 총 읽은 블록 수는 38,103(④)이다. 대부분 I/O가 조인 과정에 발생했음을 알 수 있다.

만약 서브쿼리 필터링을 먼저 처리함으로써 조인 단계로 넘어가는 로우 수를 크게 줄일 수 있다면 성능은 그만큼 향상된다. 아래는 주문 테이블과 조인하기 전에 서브쿼리 필터링을 먼저 수행할 때의 트레이스 결과다. 서브쿼리 필터링을 먼저 처리하게 하려고 push_subq 힌트를 사용했다.

```
select /*+ leading(p) use_nl(t) */ count(distinct p.상품번호), sum(t.주문금액)
from    상품 p, 주문 t
where   p.상품번호 = t.상품번호
and     p.등록일시 >= trunc(add_months(sysdate, -3), 'mm')
and     t.주문일시 >= trunc(sysdate - 7)
and     exists (select /*+ NO_UNNEST PUSH_SUBQ */ 'x' from 상품분류
            where 상품분류코드 = p.상품분류코드
            and   상위분류코드 = 'AK' )

Call     Count CPU Time  Elapsed Time  Disk    Query    Current  Rows
-------  ----- --------  ------------  ----    -----    -------  ----
Parse      1   0.000     0.000         0       0        0        0
Execute    1   0.000     0.000         0       0        0        0
Fetch      2   0.125     0.129         0       1903     0        1
-------  ----- --------  ------------  ----    -----    -------  ----
Total      4   0.125     0.129         0       1903     0        1

Rows      Row Source Operation
-------   ----------------------------------------------------
      0   STATEMENT                                          ③
      1   SORT AGGREGATE (cr=1903 pr=0 pw=0 time=128934 us)
   3000    NESTED LOOPS  (cr=1903 pr=0 pw=0 time=153252 us)
①   150     TABLE ACCESS FULL 상품 (cr=101 pr=0 pw=0 time=18230 us)
      1     TABLE ACCESS BY INDEX ROWID 상품분류 (cr=6 pr=0 pw=0 time=135 us)
      3       INDEX UNIQUE SCAN 상품분류_PK (cr=3 pr=0 pw=0 time=63 us)
②  3000    TABLE ACCESS BY INDEX ROWID 주문 (cr=1802 pr=0 pw=0 time=100092 us)
   3000      INDEX RANGE SCAN 주문_PK (cr=302 pr=0 pw=0 time=41733 us)
```

서브쿼리를 필터링한 결과가 150건(①)이므로 주문 테이블과의 조인 횟수도 150번으로 줄었고, 주문 데이터도 3,000개(②)만 읽었다. 총 읽은 블록 수도 1,903(③)으로 줄었다.

Pushing 서브쿼리는 이처럼 서브쿼리 필터링을 가능한 한 앞 단계에서 처리하도록 강제하는 기능이며, push_subq/no_push_subq 힌트로 제어한다.

이 기능은 Unnesting 되지 않은 서브쿼리에만 작동한다는 사실을 기억하기 바란다. 서브쿼리가 Unnesting 되면 필터가 아닌 다양한 조인 방식으로 실행된다. Unnesting 되는 순간, push_subq 힌트는 무용지물이다. 따라서 push_subq 힌트는 항상 no_unnest 힌트와 같이 기술하는 것이 올바른 사용법이다.

Pushing 서브쿼리와 반대로, 서브쿼리 필터링을 가능한 한 나중에 처리하게 하려면, no_unnest와 no_push_subq를 같이 사용하면 된다.

4.4.3 뷰(View)와 조인

최적화 단위가 쿼리 블록이므로 옵티마이저가 뷰(View) 쿼리를 변환하지 않으면 뷰 쿼리 블록을 독립적으로 최적화한다. 아래 쿼리를 예로 들면, 뷰를 독립적으로 최적화하려니 당월 거래 전체를 읽어 고객번호 수준으로 Group By 하는 실행계획을 수립하였다. 고객 테이블과 조인은 그 다음에 처리한다.

```
select c.고객번호, c.고객명, t.평균거래, t.최소거래, t.최대거래
from   고객 c
     ,(select 고객번호, avg(거래금액) 평균거래
            , min(거래금액) 최소거래, max(거래금액) 최대거래
       from   거래
       where  거래일시 >= trunc(sysdate, 'mm')        -- 당월 발생한 거래
       group by 고객번호) t
where c.가입일시 >= trunc(add_months(sysdate, -1), 'mm')  -- 전월 이후 가입 고객
and   t.고객번호 = c.고객번호

Execution Plan
-----------------------------------------------------------
   0      SELECT STATEMENT Optimizer=ALL_ROWS (Cost=1M Card=1K Bytes=112K)
   1    0   NESTED LOOPS
   2    1     NESTED LOOPS (Cost=1M Card=1K Bytes=112K)
   3    2       VIEW (Cost=2K Card=427K Bytes=21M)
   4    3         HASH (GROUP BY) (Cost=2K Card=427K Bytes=14M)
   5    4           TABLE ACCESS (BY INDEX ROWID) OF '거래' (TABLE) (Cost=2K … )
   6    5             INDEX (RANGE SCAN) OF '거래_X01' (INDEX) (Cost=988 Card=427K)
   7    2       INDEX (RANGE SCAN) OF '고객_X01' (INDEX) (Cost=1 Card=190)
   8    1     TABLE ACCESS (BY INDEX ROWID) OF '고객' (TABLE) (Cost=3 Card=1 … )
```

문제는, 고객 테이블에서 '전월 이후 가입한 고객'을 필터링하는 조건이 인라인 뷰 바깥에 있다는 사실이다. 이 조건이 있는데도 인라인 뷰 안에서는 당월에 거래한 '모든' 고객의 거래 데

이터를 읽어야 한다.

아래는 merge 힌트를 이용해 뷰를 메인 쿼리와 머징(Merging) 하도록 했다. 참고로, 뷰 머징을 방지하고자 할 땐 no_merge 힌트를 사용한다.

```
select c.고객번호, c.고객명, t.평균거래, t.최소거래, t.최대거래
from   고객 c
     ,(select /*+ merge */ 고객번호, avg(거래금액) 평균거래
            , min(거래금액) 최소거래, max(거래금액) 최대거래
       from   거래
       where  거래일시 >= trunc(sysdate, 'mm')
       group by 고객번호) t
where c.가입일시 >= trunc(add_months(sysdate, -1), 'mm')
and   t.고객번호 = c.고객번호

Execution Plan
-------------------------------------------------------------
   0      SELECT STATEMENT Optimizer=ALL_ROWS (Cost=4 Card=1 Bytes=27)
   1   0    HASH (GROUP BY) (Cost=4 Card=1 Bytes=27)
   2   1      NESTED LOOPS (Cost=3 Card=5 Bytes=135)
   3   2        TABLE ACCESS (BY INDEX ROWID) OF '고객' (TABLE) (Cost=2 Card=1 … )
   4   3          INDEX (RANGE SCAN) OF '고객_X01' (INDEX) (Cost=1 Card=1)
   5   2        TABLE ACCESS (BY INDEX ROWID) OF '거래' (TABLE) (Cost=1 Card=5 … )
   6   5          INDEX (RANGE SCAN) OF '거래_X02' (INDEX) (Cost=0 Card=5)
```

실행계획을 보면, 쿼리가 아래와 같이 변환되었음을 알 수 있다.

```
select c.고객번호, c.고객명
     , avg(t.거래금액) 평균거래, min(t.거래금액) 최소거래, max(t.거래금액) 최대거래
from   고객 c, 거래 t
where  c.가입일시 >= trunc(add_months(sysdate, -1), 'mm')
and    t.고객번호 = c.고객번호
and    t.거래일시 >= trunc(sysdate, 'mm')
group by c.고객번호, c.고객명
```

가장 먼저 액세스하는 고객_X01 인덱스는 가입일시가 선두 컬럼이다. 인덱스를 Range Scan 한 사실을 통해 이를 쉽게 짐작할 수 있다. 거래_X02 인덱스는「고객번호 + 거래일시」순으로 구성돼 있어야 최적인데, 현재 그렇게 구성돼 있다고 가정하자.

실행계획을 보면, 고객 테이블을 먼저 읽는다. 인덱스를 이용해 전월 이후 가입한 고객만 읽

고, 거래 테이블과 조인할 때는 해당 고객들에 대한 당월 거래만 읽는다. 거래 테이블을 「고객번호 + 거래일시」 순으로 구성된 인덱스를 이용해 NL 방식으로 조인하기 때문에 가능한 일이다.

단점은 조인에 성공한 전체 집합을 Group By 하고서야 데이터를 출력할 수 있다는 데 있다. 즉, 부분범위 처리가 불가능하다. 만약 전월 이후 가입한 고객이 매우 많고 당월 거래도 매우 많다면, 부분범위 처리 불가능한 상황에서 NL 조인은 좋은 선택이 아니다.

그런 상황에선 보통 해시 조인이 빠른데, 아래는 뷰 머징한 거래 테이블을 고객과 해시 조인한 후에 Group By 하는 실행계획이다. 물론 고객과 거래 테이블을 읽는 과정에 각각 인덱스를 사용할 수도 있다.

```
Execution Plan
-----------------------------------------------------------
   0      SELECT STATEMENT Optimizer=ALL_ROWS (Cost=8 Card=1 Bytes=27)
   1    0   HASH (GROUP BY) (Cost=8 Card=1 Bytes=27)
   2    1     HASH JOIN (Cost=7 Card=5 Bytes=135)
   3    2       TABLE ACCESS (FULL) OF '고객' (TABLE) (Cost=3 Card=1 Bytes=20)
   4    2       TABLE ACCESS (FULL) OF '거래' (TABLE) (Cost=3 Card=14 Bytes=98)
```

조인 조건 Pushdown

11g 이후로 '조인 조건 Pushdown'이라는 쿼리 변환 기능이 작동한다. 메인 쿼리를 실행하면서 조인 조건절 값을 건건이 뷰 안으로 밀어 넣는 기능이다. 아래 실행계획에 나타난 'VIEW PUSHED PREDICATE' 오퍼레이션을 통해 이 기능의 작동 여부를 알 수 있다.

```
select c.고객번호, c.고객명, t.평균거래, t.최소거래, t.최대거래
from   고객 c
     ,(select /*+ no_merge push_pred */
             고객번호, avg(거래금액) 평균거래
           , min(거래금액) 최소거래, max(거래금액) 최대거래
        from   거래
        where  거래일시 >= trunc(sysdate, 'mm')
        group by 고객번호) t
where  c.가입일시 >= trunc(add_months(sysdate, -1), 'mm')
and    t.고객번호 = c.고객번호
```

```
Execution Plan
------------------------------------------------------------
0      SELECT STATEMENT Optimizer=ALL_ROWS (Cost=4 Card=1 Bytes=61)
1   0    NESTED LOOPS (Cost=4 Card=1 Bytes=61)
2   1      TABLE ACCESS (BY INDEX ROWID BATCHED) OF '고객' (TABLE) (Cost=2 … )
3   2        INDEX (RANGE SCAN) OF '고객_X01' (INDEX) (Cost=1 Card=1)
4   1      VIEW PUSHED PREDICATE (Cost=2 Card=1 Bytes=41)
5   4        SORT (GROUP BY) (Cost=2 Card=1 Bytes=7)
6   5          TABLE ACCESS (BY INDEX ROWID BATCHED) OF '거래' (TABLE) (Cost=2 … )
7   6            INDEX (RANGE SCAN) OF '거래_X02' (INDEX) (Cost=1 Card=5)
```

아래는 허용되지 않는 문법이지만(ORA-00904 에러 발생), 옵티마이저가 내부에서 쿼리를 이와 같은 형태로 변환해서 최적화했다고 이해하면 쉽다.

```
select c.고객번호, c.고객명, t.평균거래, t.최소거래, t.최대거래
from   고객 c
     ,(select 고객번호, avg(거래금액) 평균거래
             , min(거래금액) 최소거래, max(거래금액) 최대거래
       from   거래
       where  거래일시 >= trunc(sysdate, 'mm')
       and    고객번호 = c.고객번호
       group by 고객번호) t
where  c.가입일시 >= trunc(add_months(sysdate, -1), 'mm')
```

이 방식을 사용하면 전월 이후 가입한 고객을 대상으로 '건건이' 당월 거래 데이터만 읽어서 조인하고 Group By를 수행한다. 중간에 멈출수도 있다. 즉, 부분범위 처리가 가능하다. 뷰를 독립적으로 실행할 때처럼 당월 거래를 모두 읽지 않아도 되고, 뷰를 머징할 때처럼 조인에 성공한 전체 집합을 Group By 하지 않아도 된다.

이 기능을 제어하는 힌트는 push_pred이다. 옵티마이저가 뷰를 머징하면 힌트가 작동하지 않으니 no_merge 힌트를 함께 사용하는 습관이 필요하다.

Lateral 인라인 뷰, Cross/Outer Apply 조인

인라인 뷰 안에서 메인쿼리 테이블 컬럼을 참조하면 ORA-00904(invalid identifier) 에러가 발생한다. 오라클 12c부터 인라인 뷰를 아래와 같이 Lateral로 선언하면, 인라인 뷰 안에서 메인쿼리 테이블의 컬럼을 참조할 수 있다.

▶ **Lateral 인라인 뷰**

```
select * from 사원 e,
        LATERAL (select *
                 from 조직
                 where 조직코드 = e.조직코드)
```

Lateral 인라인 뷰와 Outer 조인하는 방법은 아래와 같다.

```
select * from 사원 e,
        LATERAL (select *
                 from 조직
                 where 조직코드 = e.조직코드)(+)
```

Outer 조인이 필요하면 12c의 또 다른 신기능 Outer Apply 조인 구문을 사용할 수도 있다.

▶ **Outer Apply 조인**

```
select * from 사원 e
    OUTER APPLY (select *
                 from 조직
                 where 조직코드 = e.조직코드)
```

12c에선 아래 Cross Apply 조인 구문도 지원한다. 구문이 다를 뿐 기능적으로는 Lateral 인라인 뷰와 같다.

▶ **Cross Apply 조인**

```
select * from 사원 e
     CROSS APPLY (select *
                  from 조직
                  where 조직코드 = e.조직코드);
```

언뜻 보기엔 대단히 유용해 보이지만, 굳이 이들 새 구문을 사용해야 할 이유를 찾기 힘들다. 최근 오라클 버전에선 '조인 조건 Pushdown' 기능이 아주 잘 작동하기 때문이다. 오히려 개발자들이 이들 구문을 남용함으로써 뷰가 서로 얽히고설킨 복잡한 쿼리가 양산될까 걱정이 앞선다. 새 구문을 사용하면 실행계획 제어가 어려운 사례도 발견되고 있다.

아래 SQL에 'Top N Stopkey' 알고리즘(5장 3절과 4절)이 잘 작동하면 꽤 쓸만할 텐데, 유감스럽게 그렇지도 않다.

```
select * from 사원 e,
     LATERAL (select *
              from (select *
                    from 사원변경이력
                    where 사원코드 = e.사원코드
                    order by 변경일시 desc)
              where rownum <= 5);
```

정리하면, 기본적으로 Lateral 인라인 뷰, Cross/Outer Apply 조인을 쓸 이유는 없다. 기존에 익숙한 구문으로도 원하는 실행계획을 자유롭게 만들어 낼 수 있기 때문이다. 튜닝 과정에 알 수 없는 이유로 조인 조건 Pushdown 기능이 잘 작동하지 않을 때만 활용하기 바란다. 간혹 '매우 복잡한' SQL에 조인 조건 Pushdown 기능이 잘 작동하지 않을 때가 있는데, 그럴 때 Lateral 인라인 뷰가 도움이 된다.

4.4.4 스칼라 서브쿼리 조인

(1) 스칼라 서브쿼리의 특징

아래와 같이 GET_DNAME 함수를 만들어보자.

```
create or replace function GET_DNAME(p_deptno number) return varchar2
is
  l_dname dept.dname%TYPE;
begin
  select dname into l_dname from dept where deptno = p_deptno;
  return l_dname ;
exception
  when others then
    return null;
end;
/
```

GET_DNAME 함수를 사용하는 아래 쿼리를 실행하면, 함수 안에 있는 SELECT 쿼리를 메인쿼리 건수만큼 '재귀적으로' 반복 실행한다.

```
select empno, ename, sal, hiredate
     , GET_DNAME(e.deptno) as dname
from   emp e
where  sal >= 2000
```

아래 스칼라 서브쿼리는 메인쿼리 레코드마다 정확히 하나의 값만 반환한다. 메인쿼리 건수만큼 DEPT 테이블을 반복해서 읽는다는 측면에서 함수와 비슷해 보이지만, 함수처럼 '재귀적으로' 실행하는 구조는 아니다. 컨텍스트 스위칭 없이 메인쿼리와 서브쿼리를 한 몸체처럼 실행한다.

```
select empno, ename, sal, hiredate
     ,(select d.dname from dept d where d.deptno = e.deptno) as dname
from   emp e
where  sal >= 2000
```

더 쉽게 설명하면, 아래 Outer 조인문처럼 하나의 문장으로 이해하라는 뜻이다. 스칼라 서브쿼리를 사용한 위 쿼리문은 아래 Outer 조인문처럼 NL 조인 방식으로 실행된다. DEPT와 조인에 실패하는 EMP 레코드는 DNAME에 NULL 값을 출력한다는 점도 같다.

```
select /*+ ordered use_nl(d) */ e.empno, e.ename, e.sal, e.hiredate, d.dname
from   emp e, dept d
where  d.deptno(+) = e.deptno
and    e.sal >= 2000
```

차이가 있다면, 스칼라 서브쿼리는 처리 과정에서 캐싱 작용이 일어난다는 데 있다.

(2) 스칼라 서브쿼리 캐싱 효과

스칼라 서브쿼리로 조인하면 오라클은 조인 횟수를 최소화하려고 입력 값과 출력 값을 내부 캐시(Query Execution Cache)에 저장해 둔다. 조인할 때마다 일단 캐시에서 '입력 값'을 찾아보고, 찾으면 저장된 '출력 값'을 반환한다. 캐시에서 찾지 못할 때만 조인을 수행하며, 결과는 버리지 않고 캐시에 저장해 둔다.

스칼라 서브쿼리의 입력 값은, 그 안에서 참조하는 메인 쿼리의 컬럼 값이다.

```
select empno, ename, sal, hiredate
     ,(
         select d.dname                 → 출력 값 : d.dname
         from   dept d
         where  d.deptno = e.deptno     → 입력 값 : e.deptno
      )
from   emp e
where  sal >= 2000
```

스칼라 서브쿼리 캐싱은 필터 서브쿼리 캐싱과 같은 기능이다. 이런 캐싱 메커니즘은 조인 성능을 높이는 데 큰 도움이 된다. 메인쿼리 집합이 아무리 커도 조인할 데이터를 대부분 캐시에서 찾는다면, 조인 수행횟수를 최소화할 수 있기 때문이다.

캐싱은 쿼리 단위로 이루어진다. 쿼리를 시작할 때 PGA 메모리에 공간을 할당하고, 쿼리를 수행하면서 공간을 채워나가며, 쿼리를 마치는 순간 공간을 반환한다.

많이 활용되는 튜닝 기법을 하나 소개한다. SELECT-LIST에 사용한 함수는 메인쿼리 결과 건수만큼 반복 수행되는데, 아래와 같이 스칼라 서브쿼리를 덧씌우면 호출 횟수를 최소화할 수 있다. 방금 설명한 캐싱 효과 때문이다. 함수에 내장된 SELECT 쿼리도 그만큼 덜 수행된다. 사용자 정의 함수가 얼마나 무거운지는 3장 3절 12항(3.3.12)에서 설명했으니 참조하기 바란다.

```
select empno, ename, sal, hiredate
     ,(select GET_DNAME(e.deptno) from dual) dname
from    emp e
where   sal >= 2000
```

(3) 스칼라 서브쿼리 캐싱 부작용

모든 캐시가 다 그렇듯, 캐시 공간은 늘 부족하다. 스칼라 서브쿼리에 사용하는 캐시도 매우 작은 메모리 공간이다. 오라클 8i, 9i 기준으로 256개 엔트리를 캐싱하고, 10g 이후로는 입력과 출력 값 크기, _query_execution_cache_max_size 파라미터에 의해 사이즈를 결정한다.

결론적으로, 스칼라 서브쿼리 캐싱 효과는 입력 값의 종류가 소수여서 해시 충돌 가능성이 작을 때 효과가 있다. 반대의 경우라면 캐시를 매번 확인하는 비용 때문에 오히려 성능이 나빠지고 CPU 사용률만 높게 만든다. 메모리도 더 사용한다.

예를 들어, 아래 쿼리를 보자. 거래구분코드로 20개 값이 존재한다. 20개면 캐시에 모두 저장하고도 남는다. 그렇다면 메인쿼리에서 50,000개 거래를 읽는 동안 거래구분코드별 조인 액세스는 최초 한 번씩만 발생한다. 이후로는 모두 캐시에서 데이터를 찾게 되므로 조인 성능을 높이는 데 큰 도움이 된다.

```
select 거래번호, 고객번호, 영업조직ID, 거래구분코드
     ,(select 거래구분명 from 거래구분 where 거래구분코드 = t.거래구분코드) 거래구분명
  from  거래 t
  where  거래일자 >= to_char(add_months(sysdate, -3), 'yyyymmdd')  -- 50,000건
```

이번에는 아래 쿼리처럼 고객 테이블과 조인하는 경우를 보자. 고객은 100만 명이다. 캐시에 도저히 담을 수 없을 만큼 많은 고객번호가 존재한다. 그렇다면 메인쿼리에서 50,000개 거래를 읽는 동안 캐시를 매번 탐색하지만, 대부분 데이터를 찾지 못해 결국 조인을 해야만 한다. 불필요한 캐시 탐색 때문에 일반 조인문보다 느리고 불필요하게 자원만 낭비하는 셈이다.

```
select 거래번호, 고객번호, 영업조직ID, 거래구분코드
     ,(select 고객명 from 고객 where 고객번호 = t.고객번호) 고객명
  from  거래 t
  where  거래일자 >= to_char(add_months(sysdate, -3), 'yyyymmdd')  -- 50,000건
```

위 쿼리에서 스칼라 서브쿼리가 성능에 도움이 되려면, 최근 3개월간 수백 명 이내 일부 고객만 거래를 발생시켰어야 한다.

함수 호출 횟수를 줄이기 위해 스칼라 서브쿼리를 덧씌우는 경우를 보자. 아래 쿼리문에서 체결 테이블에 입력된 매도계좌번호, 매수계좌번호가 무수히 많다면 스칼라 서브쿼리 캐싱 효과를 전혀 기대할 수 없다. 오히려 성능을 떨어뜨린다.

```
select 매도회원번호
     , 매수회원번호
     , 매도투자자구분코드
     , 매수투자자구분코드
     , 체결유형코드
     , 매도계좌번호, (select acnt_nm(매도계좌번호) from dual) 매도계좌명
     , 매수계좌번호, (select acnt_nm(매수계좌번호) from dual) 매수계좌명
     , 체결시각
     , 체결수량
     , 체결가
     , 체결수량 * 체결가 체결금액
```

```
from    체결
where   종목코드 = :종목코드
and     체결일자 = :체결일자
and     체결시각 between sysdate-10/24/60 and sysdate
```

스칼라 서브쿼리 캐싱이 성능에 도움을 주지 못하는 경우가 또 있는데, 메인 쿼리 집합이 매우 작은 경우다. 앞서 스칼라 서브쿼리 캐싱은 쿼리 단위로 이루어진다고 했다. 쿼리 단위로 쓰고 버린다는 뜻이다. 따라서 메인쿼리 집합이 클수록 재사용성이 높아 효과도 크다. 반대로, 메인쿼리 집합이 작으면 캐시 재사용성도 낮다.

예를 들어, 아래 쿼리는 스칼라 서브쿼리 캐싱 효과를 거의 기대할 수 없고 오히려 성능을 떨어뜨린다. 고객당 계좌가 많지 않기 때문이다. 보통은 한 개일 것이므로 쓰지도 않을 캐시를 할당해서 값을 채웠다가 바로 버리는 결과를 낳는다.

```
select 계좌번호, 계좌명, 고객번호, 개설일자, 계좌종류구분코드, 은행계설여부, 은행연계여부
     ,(select brch_nm(관리지점코드) from dual) 관리지점명
     ,(select brch_nm(개설지점코드) from dual) 개설지점명
from    계좌
where   고객번호 = :고객번호
```

쿼리 단위로는 느낄 수 없는 미미한 차이겠지만, 전체적으로 이런 패턴을 불필요하게 많이 사용했을 때 시스템에 미치는 영향을 생각해 보기 바란다. 무엇이든지 원리를 정확히 알고 써야 한다.

(4) 두 개 이상의 값 반환

아래는 스칼라 서브쿼리를 사용할 때의 실행계획이다.

```
select c.고객번호, c.고객명
     ,(select round(avg(거래금액), 2) 평균거래금액
       from   거래
       where  거래일시 >= trunc(sysdate, 'mm')
       and    고객번호 = c.고객번호)
```

```
from    고객 c
where   c.가입일시 >= trunc(add_months(sysdate, -1), 'mm')

Execution Plan
-------------------------------------------------------------
 0      SELECT STATEMENT Optimizer=ALL_ROWS (Cost=7 Card=4 Bytes=80)
 1    0   SORT (AGGREGATE) (Card=1 Bytes=7)
 2    1     TABLE ACCESS (BY INDEX ROWID BATCHED) OF '거래' (TABLE) (Cost=2 … )
 3    2       INDEX (RANGE SCAN) OF '거래_X02' (INDEX) (Cost=1 Card=5)
 4    0   TABLE ACCESS (FULL) OF '고객' (TABLE) (Cost=3 Card=4 Bytes=80)
 5    4     INDEX (RANGE SCAN) OF '고객_X01' (INDEX) (Cost=1 Card=1)
```

메인쿼리가 실행계획 아래쪽에 있고, 스칼라 서브쿼리 부분은 위쪽에 있다. 실행계획 표현방식은 NL 조인과 다르지만, 프로세싱 과정은 NL 조인과 같다. NL 조인처럼 부분범위 처리도 가능하다. 앞서 설명했듯, NL 조인과 다른 점이 있다면 캐싱 효과가 나타난다는 점이다.

스칼라 서브쿼리에는 치명적인 제약이 하나 있다. 두 개 이상의 값을 반환할 수 없다는 제약이다. 즉, 쿼리를 아래와 같이 작성할 수 없다. 부분범위 처리 가능하다는 스칼라 서브쿼리의 장점을 이용하고 싶을 때 고민이 생기게 마련이다.

```
select c.고객번호, c.고객명
     ,(select avg(거래금액), min(거래금액), max(거래금액)
       from   거래
       where  거래일시 >= trunc(sysdate, 'mm')
       and    고객번호 = c.고객번호)
from    고객 c
where   c.가입일시 >= trunc(add_months(sysdate, -1), 'mm')
```

그렇다고 쿼리를 아래와 같이 작성하면, 거래 테이블에서 같은 데이터를 반복해서 읽는 비효율이 있다.

```
select c.고객번호, c.고객명
     ,(select avg(거래금액) from 거래
       where 거래일시 >= trunc(sysdate, 'mm') and 고객번호 = c.고객번호)
     ,(select min(거래금액) from 거래
       where 거래일시 >= trunc(sysdate, 'mm') and 고객번호 = c.고객번호)
     ,(select max(거래금액) from 거래
```

```
            where 거래일시 >= trunc(sysdate, 'mm') and 고객번호 = c.고객번호)
   from   고객 c
   where  c.가입일시 >= trunc(add_months(sysdate, -1), 'mm')
```

이럴 때 SQL 튜너들이 전통적으로 많이 사용해 온 방식은 아래와 같다.

```
select 고객번호, 고객명
     , to_number(substr(거래금액, 1, 10))  평균거래금액
     , to_number(substr(거래금액, 11, 10)) 최소거래금액
     , to_number(substr(거래금액, 21))     최대거래금액
from (
  select c.고객번호, c.고객명
       ,(select lpad(avg(거래금액), 10) || lpad(min(거래금액), 10) || max(거래금액)
          from   거래
          where  거래일시 >= trunc(sysdate, 'mm')
          and    고객번호 = c.고객번호) 거래금액
  from   고객 c
  where  c.가입일시 >= trunc(add_months(sysdate, -1), 'mm')
)
```

구하는 값들을 문자열로 모두 결합하고, 바깥쪽 액세스 쿼리에서 substr 함수로 다시 분리하는 방식이다.

아래와 같이 오브젝트 TYPE을 사용하는 방법도 있으나, TYPE을 미리 선언해 두어야 하는 불편함 때문에 잘 쓰이지는 않는다.

```
create or replace type 거래금액_T as object
( 평균거래금액 number, 최소거래금액 number, 최대거래금액 number )
/

select 고객번호, 고객명
     , 거래.금액.평균거래금액, 거래.금액.최소거래금액 , 거래.금액.최대거래금액
from (
  select c.고객번호, c.고객명
       ,(select 거래금액_T( avg(거래금액), min(거래금액), max(거래금액) ) 금액
          from   거래
          where  거래일시 >= trunc(sysdate, 'mm')
          and    고객번호 = c.고객번호) 거래
  from   거래
```

```
         where 거래일시 >= trunc(sysdate, 'mm')
         and   고객번호 = c.고객번호) 거래
   where c.가입일시 >= trunc(add_months(sysdate, -1), 'mm')
)
```

두 개 이상의 값을 반환하고 싶을 때, 이런저런 고민 없이 아래와 같이 인라인 뷰를 사용하면 편하긴 하다.

```
select c.고객번호, c.고객명, t.평균거래, t.최소거래, t.최대거래
from   고객 c
      ,(select 고객번호, avg(거래금액) 평균거래
              , min(거래금액) 최소거래, max(거래금액) 최대거래
         from   거래
         where  거래일시 >= trunc(sysdate, 'mm')
         group by 고객번호) t
where c.가입일시 >= trunc(add_months(sysdate, -1), 'mm')
and   t.고객번호(+) = c.고객번호

Execution Plan
-------------------------------------------------------------------
    0      SELECT STATEMENT Optimizer=ALL_ROWS (Cost=4 Card=1 Bytes=27)
    1   0    HASH (GROUP BY) (Cost=4 Card=1 Bytes=27)
    2   1      NESTED LOOPS (OUTER) (Cost=3 Card=5 Bytes=135)
    3   2        TABLE ACCESS (BY INDEX ROWID) OF '고객' (TABLE) (Cost=2 Card=1 … )
    4   3          INDEX (RANGE SCAN) OF '고객_X01' (INDEX) (Cost=1 Card=1)
    5   2        TABLE ACCESS (BY INDEX ROWID) OF '거래' (TABLE) (Cost=1 Card=5 … )
    6   5          INDEX (RANGE SCAN) OF '거래_X02' (INDEX) (Cost=0 Card=5)
```

그런데 뷰를 사용하면, (뷰가 머징되지 않았을 때) 당월 거래 전체를 읽어야 하거나, 위 실행계획처럼 (뷰가 머징될 때) Group By 때문에 부분범위 처리가 안 되는 문제가 있다. 인라인 뷰를 사용했을 때 어떤 장단점이 있는지는 4절 3항(4.4.3) '뷰(View)와 조인'에서 충분히 설명했다.

이런 이유로 SQL 튜너들이 두 개 이상의 값을 반환해야 할 때 스칼라 서브쿼리와 인라인 뷰 사이에서 많은 고민을 하곤 했다. 다행히 11g 이후로는 '조인 조건 Pushdown' 기능(아래 실행계획에서 'VIEW PUSHED PREDICATE')이 잘 작동하므로 인라인 뷰를 마음 편히 사용할 수 있게 됐다. 조인 조건 Pushdown 기능도 앞서 '뷰(View)와 조인'에서 설명하였으므로 다시 펼쳐 스

칼라 서브쿼리와 비교해 보기 바란다.

```
select  c.고객번호, c.고객명, t.평균거래, t.최소거래, t.최대거래
from    고객 c
      ,(select /*+ no_merge push_pred */
               고객번호, avg(거래금액) 평균거래
             , min(거래금액) 최소거래, max(거래금액) 최대거래
         from   거래
         where  거래일시 >= trunc(sysdate, 'mm')
         group by 고객번호) t
where   c.가입일시 >= trunc(add_months(sysdate, -1), 'mm')
and     t.고객번호(+) = c.고객번호

Execution Plan
-----------------------------------------------------------
0       SELECT STATEMENT Optimizer=ALL_ROWS (Cost=4 Card=1 Bytes=61)
1   0     NESTED LOOPS (OUTER) (Cost=4 Card=1 Bytes=61)
2   1       TABLE ACCESS (BY INDEX ROWID BATCHED) OF '고객' (TABLE) (Cost=2 … )
3   2         INDEX (RANGE SCAN) OF '고객_X01' (INDEX) (Cost=1 Card=1)
4   1       VIEW PUSHED PREDICATE (Cost=2 Card=1 Bytes=41)
5   4         SORT (GROUP BY) (Cost=2 Card=1 Bytes=7)
6   5           TABLE ACCESS (BY INDEX ROWID BATCHED) OF '거래' (TABLE) (Cost=2 … )
7   6             INDEX (RANGE SCAN) OF '거래_X02' (INDEX) (Cost=1 Card=5)
```

(5) 스칼라 서브쿼리 Unnesting

스칼라 서브쿼리도 NL 방식으로 조인하므로 캐싱 효과가 크지 않으면 랜덤 I/O 부담이 있다. 그래서 다른 조인 방식을 선택하기 위해 스칼라 서브쿼리를 일반 조인문으로 변환하고 싶을 때가 있다. 특히, 병렬(Parallel) 쿼리에선 될 수 있으면 스칼라 서브쿼리를 사용하지 않아야 한다. 대량 데이터를 처리하는 병렬 쿼리는 해시 조인으로 처리해야 효과적이기 때문이다.

어떤 이유에서건, 사용자가 직접 쿼리를 변환해야 하는 상황에서 길고 복잡한 스칼라 서브쿼리를 만나면 한숨부터 나온다. 다행히(?) 오라클 12c부터 스칼라 서브쿼리도 Unnesting이 가능해졌다. 옵티마이저가 사용자 대신 자동으로 쿼리를 변환해 주는 것이다.

'다행히' 부사 옆에 물음표를 붙인 이유는 오라클 버전을 12c로 업그레이드하는 시스템들이 이 기능 때문에 곤욕을 치르는 경우를 많이 목격했기 때문이다. 대개 _optimizer_unnest_ *scalar_sq* 파라미터를 false로 설정함으로써 일단 문제를 해결하는데, 장기적으로 이 기능을 쓸지 말지는 시스템 특성에 따라 고민해야 할 일이다.

이 파라미터를 true로 설정하면, 스칼라 서브쿼리를 Unnesting 할지 여부를 옵티마이저가 결정한다. false로 설정하면 옵티마이저가 이 기능을 사용하지 않지만, 사용자가 unnest 힌트로 유도할 순 있다.

아래는 스칼라 서브쿼리를 Unnesting 할 때의 실행계획이다. 스칼라 서브쿼리인데도 NL 조인이 아닌 해시 조인으로 실행될 수 있는 이유는 Unnesting 되었기 때문이다.

```
select c.고객번호, c.고객명
     ,(select /*+ unnest */ round(avg(거래금액), 2) 평균거래금액
       from   거래
       where  거래일시 >= trunc(sysdate, 'mm')
       and    고객번호 = c.고객번호)
from   고객 c
where  c.가입일시 >= trunc(add_months(sysdate, -1), 'mm')

Execution Plan
-----------------------------------------------------------
   0      SELECT STATEMENT Optimizer=ALL_ROWS (Cost=7 Card=4 Bytes=184)
   1   0    HASH JOIN (OUTER) (Cost=7 Card=4 Bytes=184)
   2   1      TABLE ACCESS (FULL) OF '고객' (TABLE) (Cost=3 Card=4 Bytes=80)
   3   1      VIEW OF 'SYS.VW_SSQ_1' (VIEW) (Cost=4 Card=3 Bytes=78)
   4   3        HASH (GROUP BY) (Cost=4 Card=3 Bytes=21)
   5   4          TABLE ACCESS (FULL) OF '거래' (TABLE) (Cost=3 Card=14 Bytes=98)
```

아래는 unnest와 merge 힌트를 같이 사용했을 때의 실행계획이다.

```
Execution Plan
-----------------------------------------------------------
   0      SELECT STATEMENT Optimizer=ALL_ROWS (Cost=7 Card=15 Bytes=405)
   1   0    HASH (GROUP BY) (Cost=7 Card=15 Bytes=405)
   2   1      HASH JOIN (OUTER) (Cost=6 Card=15 Bytes=405)
   3   2        TABLE ACCESS (FULL) OF '고객' (TABLE) (Cost=3 Card=4 Bytes=80)
   4   2        TABLE ACCESS (FULL) OF '거래' (TABLE) (Cost=3 Card=14 Bytes=98)
```

12c 업그레이드 이후 스칼라 서브쿼리 Unnesting으로 인해 일부 쿼리에 문제가 생겼을 때, _optimizer_unnest_scalar_sq 파라미터를 false로 설정하지 않고 아래와 같이 no_unnest

힌트를 이용해 부분적으로 문제를 해결할 수도 있다.

```
select c.고객번호, c.고객명
     ,(select /*+ no_unnest */ round(avg(거래금액), 2) 평균거래금액
       from   거래
       where  거래일시 >= trunc(sysdate, 'mm')
       and    고객번호 = c.고객번호)
from   고객 c
where  c.가입일시 >= trunc(add_months(sysdate, -1), 'mm')

Execution Plan
-----------------------------------------------------------
   0      SELECT STATEMENT Optimizer=ALL_ROWS (Cost=7 Card=4 Bytes=80)
   1   0    SORT (AGGREGATE) (Card=1 Bytes=7)
   2   1      TABLE ACCESS (BY INDEX ROWID) OF '거래' (TABLE) (Cost=2 … )
   3   2        INDEX (RANGE SCAN) OF '거래_X02' (INDEX) (Cost=1 Card=5)
   4   0    TABLE ACCESS (BY INDEX ROWID) OF '고객' (TABLE) (Cost=3 Card=4 Bytes=80)
   5   4      INDEX (RANGE SCAN) OF '고객_X01' (INDEX) (Cost=1 Card=1)
```

5장

소트 튜닝

5.1 소트 연산에 대한 이해
5.2 소트가 발생하지 않도록 SQL 작성
5.3 인덱스를 이용한 소트 연산 생략
5.4 Sort Area를 적게 사용하도록 SQL 작성

5장

소트 튜닝

5.1 소트 연산에 대한 이해

SQL 수행 도중 가공된 데이터 집합이 필요할 때, 오라클은 PGA와 Temp 테이블스페이스를 활용한다. 소트 머지 조인, 해시 조인, 데이터 소트와 그룹핑 등이 대표적이다. 소트 머지 조인, 해시 조인 과정에 PGA와 Temp 테이블스페이스를 어떻게 활용하는지는 앞서 4장에서 살펴봤다. 지금부터 데이터를 소트하거나 그룹핑하는 과정을 살펴보자.

5.1.1 소트 수행 과정

소트는 기본적으로 PGA에 할당한 Sort Area에서 이루어진다. 메모리 공간인 Sort Area가 다 차면, 디스크 Temp 테이블스페이스를 활용한다. Sort Area에서 작업을 완료할 수 있는지에 따라 소트를 두 가지 유형으로 나눈다.

- 메모리 소트(In-Memory Sort) : 전체 데이터의 정렬 작업을 메모리 내에서 완료하는 것을 말하며, 'Internal Sort'라고도 한다.
- 디스크 소트(To-Disk Sort) : 할당받은 Sort Area 내에서 정렬을 완료하지 못해 디스크 공간까지 사용하는 경우를 말하며, 'External Sort'라고도 한다.

그림 5-1은 디스크 소트 과정을 표현한 것이다.

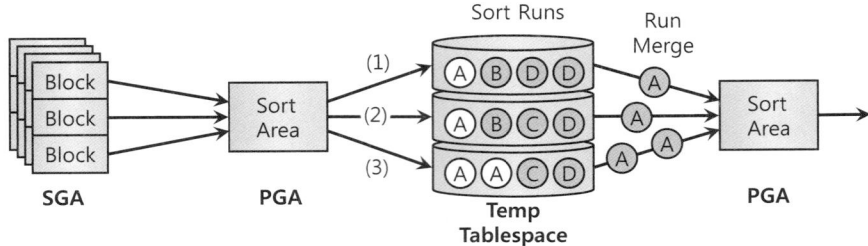

[그림 5-1]

소트할 대상 집합을 SGA 버퍼캐시를 통해 읽어들이고, 일차적으로 Sort Area에서 정렬을 시도한다. Sort Area 내에서 데이터 정렬을 마무리하는 것이 최적이지만, 양이 많을 때는 정렬된 중간집합을 Temp 테이블스페이스에 임시 세그먼트를 만들어 저장한다. Sort Area가 찰 때마다 Temp 영역에 저장해 둔 중간 단계의 집합을 'Sort Run'이라고 부른다.

정렬된 최종 결과집합을 얻으려면 이를 다시 Merge 해야 한다. 각 Sort Run 내에서는 이미 정렬된 상태이므로 Merge 과정은 어렵지 않다. 오름차순 정렬이라면 각각에서 가장 작은 값부터 PGA로 읽어 들이다가 PGA가 찰 때마다 쿼리 수행 다음 단계로 전달하거나 클라이언트에게 전송하면 된다.

소트 연산은 메모리 집약적(Memory-intensive)일 뿐만 아니라 CPU 집약적(CPU-intensive)이기도 하다. 처리할 데이터량이 많을 때는 디스크 I/O까지 발생하므로 쿼리 성능을 좌우하는 매우 중요한 요소다. 디스크 소트가 발생하는 순간 SQL 수행 성능은 나빠질 수밖에 없다.

많은 서버 리소스를 사용하고 디스크 I/O가 발생하는 것도 문제지만, 부분범위 처리를 불가능하게 함으로써 OLTP 환경에서 애플리케이션 성능을 저하시키는 주요인이 되기도 한다. 될 수 있으면 소트가 발생하지 않도록 SQL을 작성해야 하고, 소트가 불가피하다면 메모리 내에서 수행을 완료할 수 있도록 해야 한다.

5.1.2 소트 오퍼레이션

본격적으로 소트 튜닝을 설명하기에 앞서 소트를 발생시키는 오퍼레이션에 어떤 것들이 있는지부터 살펴보자.

(1) Sort Aggregate

Sort Aggregate는 아래처럼 전체 로우를 대상으로 집계를 수행할 때 나타난다. 'Sort'라는 표현을 사용하지만, 실제로 데이터를 정렬하진 않는다. Sort Area를 사용한다는 의미로 이해하면 된다.

```
SQL> select sum(sal), max(sal), min(sal), avg(sal) from emp;

-----------------------------------------------------------------
| Id | Operation          | Name | Rows | Bytes | Cost (%CPU)| Time     |
-----------------------------------------------------------------
|  0 | SELECT STATEMENT   |      |    1 |    4  |    3   (0) | 00:00:01 |
|  1 |  SORT AGGREGATE    |      |    1 |    4  |            |          |
|  2 |   TABLE ACCESS FULL| EMP  |   14 |   56  |    3   (0) | 00:00:01 |
-----------------------------------------------------------------
```

데이터를 정렬하지 않고 SUM, MAX, MIN, AVG 값 구하는 절차를 설명하면 아래와 같다.

① Sort Area에 SUM, MAX, MIN, COUNT 값을 위한 변수를 각각 하나씩 할당한다.

② 그림 5-2처럼 EMP 테이블 첫 번째 레코드에서 읽은 SAL 값을 SUM, MAX, MIN 변수에 저장하고, COUNT 변수에는 1을 저장한다.

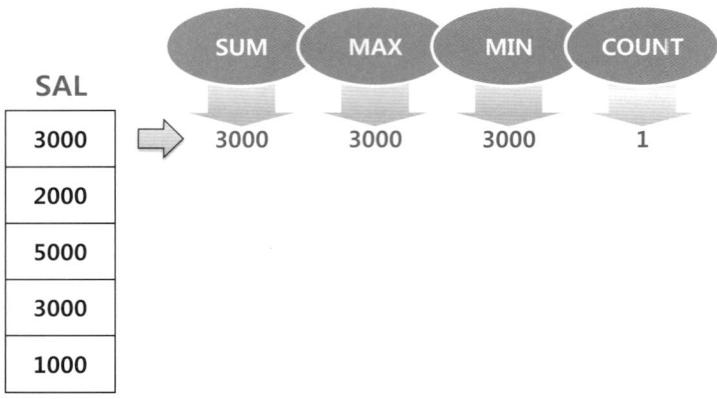

[그림 5-2]

③ EMP 테이블에서 레코드를 하나씩 읽어 내려가면서 SUM 변수에는 값을 누적하고, MAX 변수에는 기존보다 큰 값이 나타날 때마다 값을 대체하고, MIN 변수에는 기존보다 작은 값이 나타날 때마다 값을 대체한다. COUNT 변수에는 SAL 값이 NULL이 아닌 레코드를 만날 때마다 1씩 증가시킨다.

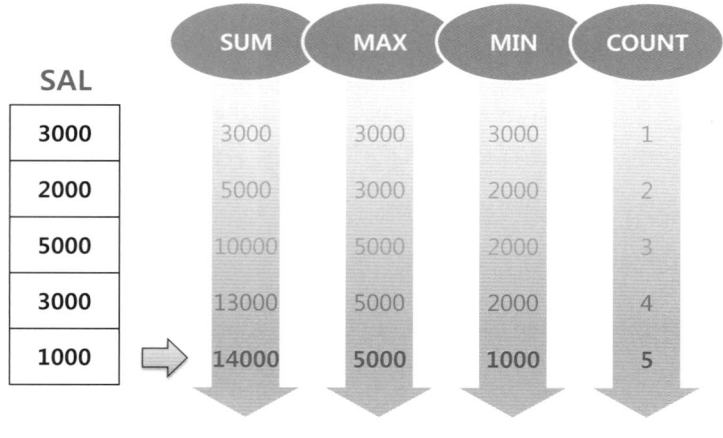

[그림 5-3]

④ EMP 레코드를 다 읽고 나면 그림 5-3처럼 SUM, MAX, MIN, COUNT 변수에 각각 14000, 5000, 1000, 5가 저장돼 있다. SUM, MAX, MIN 값은 변수에 담긴 값을 그대로 출력하고, AVG는 SUM 값을 COUNT 값으로 나눈 2800을 출력하면 된다.

(2) Sort Order By

Sort Order By는 데이터를 정렬할 때 나타난다. 데이터 정렬 과정은 앞서 그림 5-1을 통해 설명했다.

```
SQL> select * from emp order by sal desc;

-------------------------------------------------------------------
| Id | Operation          | Name | Rows | Bytes | Cost (%CPU)| Time     |
-------------------------------------------------------------------
|  0 | SELECT STATEMENT   |      |   14 |   518 |    4  (25)| 00:00:01 |
|  1 |  SORT ORDER BY     |      |   14 |   518 |    4  (25)| 00:00:01 |
|  2 |   TABLE ACCESS FULL| EMP  |   14 |   518 |    3   (0)| 00:00:01 |
-------------------------------------------------------------------
```

(3) Sort Group By

Sort Group By는 소팅 알고리즘을 사용해 그룹별 집계를 수행할 때 나타난다.

```
SQL> select deptno, sum(sal), max(sal), min(sal), avg(sal)
  2  from   emp
  3  group by deptno
  4  order by deptno ;

-------------------------------------------------------------------
| Id | Operation          | Name | Rows | Bytes | Cost (%CPU)| Time     |
-------------------------------------------------------------------
|  0 | SELECT STATEMENT   |      |   11 |   165 |    4  (25)| 00:00:01 |
|  1 |  SORT GROUP BY     |      |   11 |   165 |    4  (25)| 00:00:01 |
|  2 |   TABLE ACCESS FULL| EMP  |   14 |   210 |    3   (0)| 00:00:01 |
-------------------------------------------------------------------
```

Sort Group By 처리 과정을 쉽게 설명하기 위해 수천 명의 사원(EMP)이 근무하는 회사를 가정해 보자. 부서는 네 개뿐이며, 부서코드로는 각각 10, 20, 30, 40을 사용한다. 컴퓨터의 도움을 받지 않고 부서별 급여(SAL)를 집계하려고 할 때, 어떤 방법을 사용하면 좋을까? 집계하고자 하는 항목은 급여에 대한 합계, 최대값, 최소값, 평균값이다.

급여 대장에서 전체 사원의 급여 정보를 읽어 부서번호 순으로 정렬하는 작업부터 해야 할까? 그렇지 않다. 그림 5-4처럼 10부터 40까지 적은 메모지 네 개만 준비하면 된다. 각 메모지에 SUM, MAX, MIN, COUNT를 적을 수 있도록 입력란을 두고, 메모지를 부서번호 순으로 정렬해 놓으면 준비 끝이다.

[그림 5-4]

이제 각 사원의 급여 정보를 읽기 시작한다. 읽은 각 사원의 부서번호에 해당하는 메모지를 찾는다. 정렬돼 있으므로 메모지 찾기는 어렵지 않다. 메모지를 찾았으면 SUM, MAX, MIN, COUNT 값을 갱신한다. Sort Aggregate에서 사용했던 방식을 여기서도 똑같이 사용한다. 급여 대장을 다 읽고 나서 메모지에 기록돼 있는 정보가 우리가 원하던 부서별 급여 집계다.

쉽게 설명하려고 메모지 네 장을 미리 준비하는 방식을 사용했다. 부서 개수를 미리 안다고 전제한 것이다. 부서 개수를 미리 알 수 없다면, 급여 대장을 읽다가 새로운 부서가 나타날 때마다 새로 준비한 메모지를 정렬 순서에 맞춰 중간에 끼워 넣는 방식을 사용해야 한다.

DBMS가 Sort Group By를 처리할 때 방금 설명한 방식을 사용한다. 이 방식을 사용하면, 사원이 수억 명이어도 단 네 장의 메모지만 있으면 된다는 사실에 주목하자. 부서(그룹 개수)가 많지 않다면 Sort Area가 클 필요가 전혀 없다. 집계할 대상 레코드가 아무리 많아도 Temp 테이블스페이스를 쓰지 않는다는 뜻이다.

오라클 10gR2 버전에서 도입된 Hash Group By 방식도 알아둘 필요가 있다. Group By 절 뒤에 Order By 절을 명시하지 않으면 이제 대부분 Hash Group By 방식으로 처리하기 때문이다.

```
SQL> select deptno, sum(sal), max(sal), min(sal), avg(sal)
  2  from    emp
  3  group by deptno ;

---------------------------------------------------------------------
| Id | Operation          | Name | Rows | Bytes | Cost (%CPU)| Time     |
---------------------------------------------------------------------
|  0 | SELECT STATEMENT   |      |   11 |   165 |   4  (25)| 00:00:01 |
|  1 |  HASH GROUP BY     |      |   11 |   165 |   4  (25)| 00:00:01 |
|  2 |   TABLE ACCESS FULL| EMP  |   14 |   210 |   3   (0)| 00:00:01 |
---------------------------------------------------------------------
```

Sort Group By에서 메모지를 찾기 위해 소트 알고리즘을 사용했다면, Hash Group By는 그림 5-5처럼 해싱 알고리즘을 사용한다.

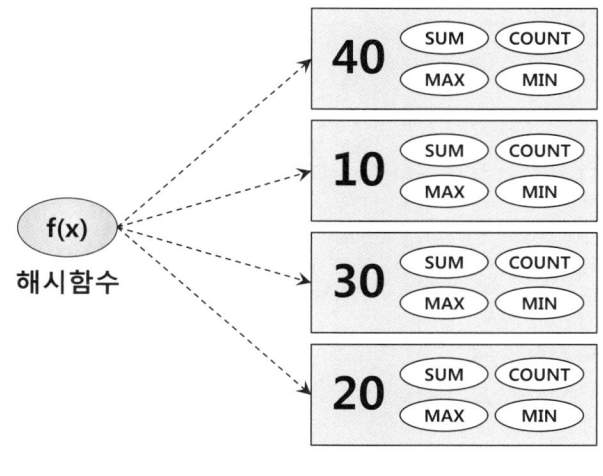

[그림 5-5]

읽는 레코드마다 Group By 컬럼의 해시 값으로 해시 버킷을 찾아 그룹별로 집계항목을 갱신하는 방식이다. 부서(그룹 개수)가 많지 않다면 집계할 대상 레코드가 아무리 많아도 Temp

테이블스페이스 쓸 일이 전혀 없다.

 그룹핑 결과의 정렬 순서

10gR2에서 Hash Group By가 도입되면서 정렬 순서를 보장하지 않게 되었다고 많은 분들이 알고 있지만, 사실 오라클은 9i부터 이미 그룹핑 결과가 정렬 순서를 보장하지 않는다고 여러 문서를 통해 공식적으로 밝히고 있다. (심지어 그 이전에도 보장한 적이 없다고 말한다.)

그런데 "문서 상으로만 그렇게 공표했을 뿐 Sort Group By는 정렬이 보장된다"고 믿는 분들이 많다. 아래는 9i에서 수행한 것인데, 20번 부서의 JOB이 정렬되지 않은 상태(CLERK → ANALYST → MANAGER)인 것을 확인하기 바란다.

```
SQL> select deptno, job, sum(sal), max(sal), min(sal)
  2  from   emp
  3  group by deptno, job ;

DEPTNO JOB            SUM(SAL)   MAX(SAL)   MIN(SAL)
------ --------- ---------- ---------- ----------
    10 CLERK           1300       1300       1300
    10 MANAGER         2450       2450       2450
    10 PRESIDENT       5000       5000       5000
    20 CLERK           1900       1100        800
    20 ANALYST         6000       3000       3000
    20 MANAGER         2975       2975       2975
    30 CLERK            950        950        950
    30 MANAGER         2850       2850       2850
    30 SALESMAN        5600       1600       1250

9 개의 행이 선택되었습니다.

Execution Plan
----------------------------------------------------------
0      SELECT STATEMENT Optimizer=CHOOSE (Cost=4 Card=11 Bytes=132)
1   0    SORT (GROUP BY) (Cost=4 Card=11 Bytes=132)
2   1      TABLE ACCESS (FULL) OF 'EMP' (Cost=2 Card=14 Bytes=168)
```

요컨대, 실행계획에 표시된 'Sort Group By'의 의미는 "소팅 알고리즘을 사용해 값을 집계한다"는 뜻일 뿐 결과의 정렬을 의미하지는 않는다. 물론 쿼리에 Order By 절을 명시하면 정렬 순서가 보장된다. 이때도 실행계획은 똑같이 'Sort Group By'로 표시되므로, 실행계획만 보고 정렬 여부를 판단해서는 안 된다.

같은 Sort Group By인데 Order By 유무에 따라 정렬 순서가 달라지는 이유는 무엇일까? 소팅 알고리즘을 사용해 그룹핑한 결과집합은 논리적인 정렬 순서를 갖는 연결 리스트 구조다. 사용자가 Order By를 명시하면 오라클은 논리적 정렬 순서를 따라 값을 읽는다. 그래서 정렬 순서가 보장된다.

물리적으로 저장된 순서는 논리적 순서와 다를 수 있고, Order By 절이 없으면 오라클 입장에서 반드시 정렬된 순서로 출력할 의무가 없다. 이때는 논리적 순서를 무시하고 물리적으로 저장된 순서에 따라 값을 읽으므로 정렬을 보장하지 않는 것이다.

결론적으로 말해 **정렬된 그룹핑 결과를 얻고자 한다면, 실행계획에 설령 'Sort Group By'라고 표시되더라도 반드시 Order By를 명시해야 한다.**

한 가지 첨언하자면, "Group By만 기술한 기존 쿼리에 Order By를 추가하면 성능이 나빠질 텐데도 무책임하게 어느 날 갑자기 결과를 보장하지 않는다는 공식 입장을 발표했다"며 오라클을 비판하는 글을 본 적이 있다. 그것은 오해다. 이미 설명한 것처럼 그룹핑을 위해 내부에서 사용하는 알고리즘이 바뀔 뿐이며, Order By 절을 추가한다고 해서 그룹핑과 정렬 작업을 각각 수행하지는 않는다. 물론 알고리즘 차이 때문에 생기는 성능 차이는 있을 수 있다.

(4) Sort Unique

옵티마이저가 서브쿼리를 풀어 일반 조인문으로 변환하는 것을 '서브쿼리 Unnesting'이라고 한다. 4장 4절(4.4)에서 이미 학습한 내용이다. Unnesting된 서브쿼리가 M쪽 집합이면(1쪽 집합이더라도 조인 컬럼에 Unique 인덱스가 없으면), 메인 쿼리와 조인하기 전에 중복 레코드부터 제거해야 한다. 이때 아래와 같이 Sort Unique 오퍼레이션이 나타난다.

```
SQL> select /*+ ordered use_nl(dept) */ * from dept
  2  where  deptno in (select /*+ unnest */ deptno
  3                    from emp where job = 'CLERK') ;
```

```
| Id | Operation                      | Name        | Rows | Bytes | Cost (%CPU)|
---------------------------------------------------------------------------------
|  0 | SELECT STATEMENT               |             |   3  |  87   |   4  (25) |
|  1 |  NESTED LOOPS                  |             |   3  |  87   |   4  (25) |
|  2 |   SORT UNIQUE                  |             |   3  |  33   |   2   (0) |
|  3 |    TABLE ACCESS BY INDEX ROWID | EMP         |   3  |  33   |   2   (0) |
|  4 |     INDEX RANGE SCAN           | EMP_JOB_IDX |   3  |       |   1   (0) |
|  5 |   TABLE ACCESS BY INDEX ROWID  | DEPT        |   1  |  18   |   1   (0) |
|  6 |    INDEX UNIQUE SCAN           | DEPT_PK     |   1  |       |   0   (0) |
```

만약 PK/Unique 제약 또는 Unique 인덱스를 통해 Unnesting된 서브쿼리의 유일성(Uniqueness)이 보장된다면, Sort Unique 오퍼레이션은 생략된다.

Union, Minus, Intersect 같은 집합(Set) 연산자를 사용할 때도 아래와 같이 Sort Unique 오퍼레이션이 나타난다.

```
SQL> select job, mgr from emp where deptno = 10
  2  union
  3  select job, mgr from emp where deptno = 20;
```

```
| Id | Operation          | Name | Rows | Bytes | Cost (%CPU)| Time     |
--------------------------------------------------------------------------
|  0 | SELECT STATEMENT   |      |  10  |  150  |   8  (63) | 00:00:01 |
|  1 |  SORT UNIQUE       |      |  10  |  150  |   8  (63) | 00:00:01 |
|  2 |   UNION-ALL        |      |      |       |           |          |
|  3 |    TABLE ACCESS FULL| EMP |   5  |   75  |   3   (0) | 00:00:01 |
|  4 |    TABLE ACCESS FULL| EMP |   5  |   75  |   3   (0) | 00:00:01 |
```

```
SQL> select job, mgr from emp where deptno = 10
  2  minus
  3  select job, mgr from emp where deptno = 20;

--------------------------------------------------------------------
| Id | Operation           | Name | Rows | Bytes | Cost (%CPU)| Time     |
--------------------------------------------------------------------
|  0 | SELECT STATEMENT    |      |   5  |  150  |   8  (63)  | 00:00:01 |
|  1 |  MINUS              |      |      |       |            |          |
|  2 |   SORT UNIQUE       |      |   5  |   75  |   4  (25)  | 00:00:01 |
|  3 |    TABLE ACCESS FULL| EMP  |   5  |   75  |   3   (0)  | 00:00:01 |
|  4 |   SORT UNIQUE       |      |   5  |   75  |   4  (25)  | 00:00:01 |
|  5 |    TABLE ACCESS FULL| EMP  |   5  |   75  |   3   (0)  | 00:00:01 |
--------------------------------------------------------------------
```

Distinct 연산자를 사용해도 Sort Unique 오퍼레이션이 나타난다.

```
SQL> select distinct deptno from emp order by deptno;

--------------------------------------------------------------------
| Id | Operation           | Name | Rows | Bytes | Cost (%CPU)| Time     |
--------------------------------------------------------------------
|  0 | SELECT STATEMENT    |      |   3  |    9  |   5  (40)  | 00:00:01 |
|  1 |  SORT UNIQUE        |      |   3  |    9  |   4  (25)  | 00:00:01 |
|  2 |   TABLE ACCESS FULL | EMP  |  14  |   42  |   3   (0)  | 00:00:01 |
--------------------------------------------------------------------
```

오라클 10gR2부터는 Distinct 연산에도 아래와 같이 Hash Unique 방식을 사용한다. Group By와 마찬가지로 Order By를 생략할 때 그렇다.

```
SQL> select distinct deptno from emp;

--------------------------------------------------------------------
| Id | Operation           | Name | Rows | Bytes | Cost (%CPU)| Time     |
--------------------------------------------------------------------
|  0 | SELECT STATEMENT    |      |   3  |    9  |   4  (25)  | 00:00:01 |
|  1 |  HASH UNIQUE        |      |   3  |    9  |   4  (25)  | 00:00:01 |
|  2 |   TABLE ACCESS FULL | EMP  |  14  |   42  |   3   (0)  | 00:00:01 |
--------------------------------------------------------------------
```

(5) Sort Join

Sort Join 오퍼레이션은 소트 머지 조인을 수행할 때 나타난다.

```
SQL> select /*+ ordered use_merge(e) */ *
  2  from   dept d, emp e
  3  where  d.deptno = e.deptno ;
```

```
-------------------------------------------------------------------------
| Id | Operation            | Name | Rows | Bytes | Cost (%CPU)| Time     |
-------------------------------------------------------------------------
|  0 | SELECT STATEMENT     |      |   14 |   770 |    8  (25) | 00:00:01 |
|  1 |  MERGE JOIN          |      |   14 |   770 |    8  (25) | 00:00:01 |
|  2 |   SORT JOIN          |      |    4 |    72 |    4  (25) | 00:00:01 |
|  3 |    TABLE ACCESS FULL | DEPT |    4 |    72 |    3   (0) | 00:00:01 |
|  4 |   SORT JOIN          |      |   14 |   518 |    4  (25) | 00:00:01 |
|  5 |    TABLE ACCESS FULL | EMP  |   14 |   518 |    3   (0) | 00:00:01 |
-------------------------------------------------------------------------
```

(6) Window Sort

Window Sort는 윈도우 함수(=분석 함수)를 수행할 때 나타난다.

```
SQL> select empno, ename, job, mgr, sal
  2       , avg(sal) over (partition by deptno)
  3  from emp ;
```

```
-------------------------------------------------------------------------
| Id | Operation            | Name | Rows | Bytes | Cost (%CPU)| Time     |
-------------------------------------------------------------------------
|  0 | SELECT STATEMENT     |      |   14 |   406 |    4  (25) | 00:00:01 |
|  1 |  WINDOW SORT         |      |   14 |   406 |    4  (25) | 00:00:01 |
|  2 |   TABLE ACCESS FULL  | EMP  |   14 |   406 |    3   (0) | 00:00:01 |
-------------------------------------------------------------------------
```

지금까지 소트를 발생시키는 오퍼레이션 종류에 대해 살펴봤고, 이제 본격적으로 소트 튜닝 방안에 대해 살펴보기로 하자.

5.2 소트가 발생하지 않도록 SQL 작성

SQL 작성할 때 불필요한 소트가 발생하지 않도록 주의해야 한다. Union, Minus, Distinct 연산자는 중복 레코드를 제거하기 위한 소트 연산을 발생시키므로 꼭 필요한 경우에만 사용하고, 성능이 느리다면 소트 연산을 피할 방법이 있는지 찾아봐야 한다. 조인 방식도 잘 선택해 줘야 한다.

5.2.1 Union vs. Union All

SQL에 Union을 사용하면 옵티마이저는 상단과 하단 두 집합 간 중복을 제거하려고 소트 작업을 수행한다. 반면, Union All은 중복을 확인하지 않고 두 집합을 단순히 결합하므로 소트 작업을 수행하지 않는다. 따라서 될 수 있으면 Union All을 사용해야 한다.

그런데 Union을 Union All로 변경하려다 자칫 결과 집합이 달라질 수 있으므로 주의해야 한다. Union 대신 Union All을 사용해도 되는지를 정확히 판단하려면 데이터 모델에 대한 이해와 집합적 사고가 필요하다. 그런 능력이 부족하면 알 수 없는 데이터 중복, 혹시 모를 데이터 중복을 우려해 중복 제거용 연산자를 불필요하게 자주 사용하게 된다.

그림 5-6 데이터 모델을 예로 들어보자.

결제
- \# 결제번호
- * 결제수단코드
- * 주문번호
- * 결제금액
- * 결제일자
- * 주문일자
- * …

결제번호	결제수단코드	주문번호	결제금액	결제일자	주문일자
1	M	2153	24,000	…	…
2	M	3525	30,000	…	…
3	M	5486	5,000	…	…
4	C	5486	15,000	…	…
5	C	8216	12,000	…	…
6	C	8783	26,000	…	…

[그림 5-6]

아래 SQL은 Union 상단과 하단 집합 사이에 인스턴스 중복 가능성이 없다. 결제수단코드 조건절에 다른 값을 입력했기 때문이다. 그런데도 Union을 사용함으로 인해 소트 연산을 발생시키고 있다.

```
select 결제번호, 주문번호, 결제금액, 주문일자 …
from   결제
where  결제수단코드 = 'M' and 결제일자 = '20180316'
UNION
select 결제번호, 주문번호, 결제금액, 주문일자 …
from   결제
where  결제수단코드 = 'C' and 결제일자 = '20180316'

Execution Plan
----------------------------------------------------------
   0      SELECT STATEMENT Optimizer=ALL_ROWS (Cost=4 Card=2 Bytes=106)
   1    0   SORT (UNIQUE) (Cost=4 Card=2 Bytes=106)
   2    1     UNION-ALL
   3    2       TABLE ACCESS (BY INDEX ROWID) OF '결제' (TABLE) (Cost=1 … )
   4    3         INDEX (RANGE SCAN) OF '결제_N1' (INDEX) (Cost=1 Card=1)
   5    2       TABLE ACCESS (BY INDEX ROWID) OF '결제' (TABLE) (Cost=1 … )
   6    5         INDEX (RANGE SCAN) OF '결제_N1' (INDEX) (Cost=1 Card=1)
```

위아래 두 집합이 상호배타적(그림 5-7)이므로 Union 대신 Union All을 사용해도 된다.

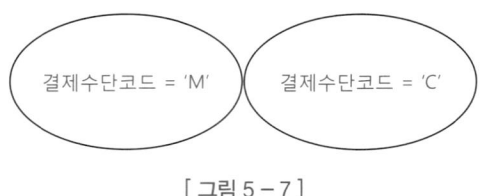

[그림 5-7]

아래 SQL은 Union 상단과 하단 집합 사이에 인스턴스 중복 가능성이 있다.

```
select 결제번호, 결제수단코드, 주문번호, 결제금액, 결제일자, 주문일자 …
from   결제
where  결제일자 = '20180316'
UNION
select 결제번호, 결제수단코드, 주문번호, 결제금액, 결제일자, 주문일자 …
from   결제
where  주문일자 = '20180316'
```

```
Execution Plan
----------------------------------------------------------
   0      SELECT STATEMENT Optimizer=ALL_ROWS (Cost=2 Card=2 Bytes=106)
   1    0   SORT (UNIQUE) (Cost=2 Card=2 Bytes=106)
   2    1     UNION-ALL
   3    2       TABLE ACCESS (BY INDEX ROWID) OF '결제' (TABLE) (Cost=0 … )
   4    3         INDEX (RANGE SCAN) OF '결제_N2' (INDEX) (Cost=0 Card=1)
   5    2       TABLE ACCESS (BY INDEX ROWID) OF '결제' (TABLE) (Cost=0 … )
   6    5         INDEX (RANGE SCAN) OF '결제_N3' (INDEX) (Cost=0 Card=1)
```

결제일자와 주문일자 조건은 상호배타적 조건이 아니기 때문이다(그림 5-8). 만약 Union을 Union All로 변경하면, 결제일자와 주문일자가 같은 결제 데이터가 중복해서 출력된다.

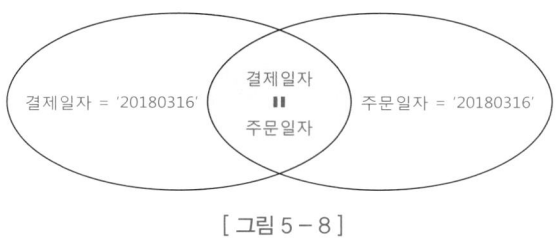

[그림 5-8]

소트 연산이 일어나지 않도록 Union All을 사용하면서도 데이터 중복을 피하려면, 아래와 같이 하면 된다.

```
select  결제번호, 결제수단코드, 주문번호, 결제금액, 결제일자, 주문일자 …
from    결제
where   결제일자 = '20180316'
UNION ALL
select  결제번호, 결제수단코드, 주문번호, 결제금액, 결제일자, 주문일자 …
from    결제
where   주문일자 = '20180316'
and     결제일자 <> '20180316'
```

```
Execution Plan
------------------------------------------------------------
   0        SELECT STATEMENT Optimizer=ALL_ROWS (Cost=0 Card=2 Bytes=106)
   1    0     UNION-ALL
   2    1       TABLE ACCESS (BY INDEX ROWID) OF '결제' (TABLE) (Cost=0 Card=1 … )
   3    2         INDEX (RANGE SCAN) OF '결제_N2' (INDEX) (Cost=0 Card=1)
   4    1       TABLE ACCESS (BY INDEX ROWID) OF '결제' (TABLE) (Cost=0 Card=1 … )
   5    4         INDEX (RANGE SCAN) OF '결제_N3' (INDEX) (Cost=0 Card=1)
```

참고로, 결제일자가 Null 허용 컬럼이면 맨 아래 조건절을 아래와 같이 변경해야 한다.

```
and    (결제일자 <> '20180316' or 결제일자 is null)
```

아래와 같이 LNNVL 함수를 이용해도 된다.

```
and    LNNVL(결제일자 = '20180316')
```

5.2.2 Exists 활용

중복 레코드를 제거할 목적으로 Distinct 연산자를 종종 사용하는데, 이 연산자를 사용하면 조건에 해당하는 데이터를 모두 읽어서 중복을 제거해야 한다. 부분범위 처리는 당연히 불가능하고, 모든 데이터를 읽는 과정에 많은 I/O가 발생한다.

예를 들어, 상품과 계약 테이블이 있다. 계약_X2 인덱스 구성이 「상품번호 + 계약일자」일 때, 아래 쿼리는 상품유형코드 조건절에 해당하는 상품에 대해 계약일자 조건 기간에 발생한 계약 데이터를 모두 읽는 비효율이 있다. 상품 수는 적고 상품별 계약 건수가 많을수록 비효율이 큰 패턴이다.

```
select DISTINCT p.상품번호, p.상품명, p.상품가격, …
from    상품 p, 계약 c
where   p.상품유형코드 = :pclscd
and     c.상품번호 = p.상품번호
and     c.계약일자 between :dt1 and :dt2
and     c.계약구분코드 = :ctpcd

Execution Plan
--------------------------------------------------------------
    0       SELECT STATEMENT Optimizer=ALL_ROWS (Cost=3 Card=1 Bytes=80)
    1    0    HASH (UNIQUE) (Cost=3 Card=1 Bytes=80)
    2    1     FILTER
    3    2      NESTED LOOPS
    4    3       NESTED LOOPS (Cost=2 Card=1 Bytes=80)
    5    4        TABLE ACCESS (BY INDEX ROWID) OF '상품' (TABLE) (Cost=1 … )
    6    5         INDEX (RANGE SCAN) OF '상품_X1' (INDEX) (Cost=1 Card=1)
    7    4        INDEX (RANGE SCAN) OF '계약_X2' (INDEX) (Cost=1 Card=1)
    8    3       TABLE ACCESS (BY INDEX ROWID) OF '계약' (TABLE) (Cost=1 … )
```

쿼리를 아래와 같이 바꿔보자.

```
select p.상품번호, p.상품명, p.상품가격, …
from   상품 p
where  p.상품유형코드 = :pclscd
and    EXISTS (select 'x' from 계약 c
                where c.상품번호 = p.상품번호
                and   c.계약일자 between :dt1 and :dt2
                and   c.계약구분코드 = :ctpcd)

Execution Plan
--------------------------------------------------------------
    0       SELECT STATEMENT Optimizer=ALL_ROWS (Cost=2 Card=1 Bytes=80)
    1    0    FILTER
    2    1     NESTED LOOPS (SEMI) (Cost=2 Card=1 Bytes=80)
    3    2      TABLE ACCESS (BY INDEX ROWID) OF '상품' (TABLE) (Cost=1 Card=1 … )
    4    3       INDEX (RANGE SCAN) OF '상품_X1' (INDEX) (Cost=1 Card=1)
    5    2      TABLE ACCESS (BY INDEX ROWID) OF '계약' (TABLE) (Cost=1 Card=1 … )
    6    5       INDEX (RANGE SCAN) OF '계약_X2' (INDEX) (Cost=1 Card=1)
```

Exists 서브쿼리는 데이터 존재 여부만 확인하면 되기 때문에 조건절을 만족하는 데이터를 모두 읽지 않는다(4.4.2 '서브쿼리와 조인'에서 보충 설명 'ROWNUM – 잘 쓰면 약, 잘못 쓰면 독' 참조).

위 쿼리로 말하면, 상품유형코드 조건절(p.상품유형코드 = :pclscd)에 해당하는 상품(c.상품번호 = p.상품번호)에 대해 계약일자 조건 기간(c.계약일자 between :dt1 and :dt2)에 발생한 계약 중 계약구분코드 조건절을 만족하는(c.계약구분코드 = :ctpcd) 데이터가 한건이라도 존재하는지만 확인한다. Distinct 연산자를 사용하지 않았으므로 상품 테이블에 대한 부분범위 처리도 가능하다.

Distinct, Minus 연산자를 사용한 쿼리는 대부분 Exists 서브쿼리로 변환 가능하다. 아래는 Minus 연산자를 Not Exists 서브쿼리로 변환해서 튜닝한 사례다.

〈 튜닝 전 〉

```
SELECT ST.상황접수번호, ST.관제일련번호, ST.상황코드, ST.관제일시
  FROM 관제진행상황 ST
 WHERE 상황코드 = '0001'   -- 신고접수
   AND 관제일시 BETWEEN :V_TIMEFROM || '000000' AND :V_TIMETO || '235959'
 MINUS
SELECT ST.상황접수번호, ST.관제일련번호, ST.상황코드, ST.관제일시
  FROM 관제진행상황 ST, 구조활동 RPT
 WHERE 상황코드 = '0001'
   AND 관제일시 BETWEEN :V_TIMEFROM || '000000' AND :V_TIMETO || '235959'
   AND RPT.출동센터ID = :V_CNTR_ID
   AND ST.상황접수번호 = RPT.상황접수번호
 ORDER BY 상황접수번호, 관제일시
```

〈 튜닝 후 〉

```
SELECT ST.상황접수번호, ST.관제일련번호, ST.상황코드, ST.관제일시
  FROM 관제진행상황 ST
 WHERE 상황코드 = '0001'   -- 신고접수
   AND 관제일시 BETWEEN :V_TIMEFROM || '000000' AND :V_TIMETO || '235959'
   AND NOT EXISTS (SELECT 'X' FROM 구조활동
                    WHERE 출동센터ID = :V_CNTR_ID
                      AND 상황접수번호 = ST.상황접수번호)
 ORDER BY ST.상황접수번호, ST.관제일시
```

5.2.3 조인 방식 변경

인덱스를 이용해 소트 연산을 생략하는 방법은 바로 이어서 3절에서 설명하겠지만, 조인문일 때는 조인 방식도 잘 선택해 줘야 한다.

아래 SQL 문에서 계약_X01 인덱스가 「지점ID + 계약일시」 순이면 소트 연산을 생략할 수 있지만, 해시 조인이기 때문에 Sort Order By가 나타났다.

```
select c.계약번호, c.상품코드, p.상품명, p.상품구분코드, c.계약일시, c.계약금액
from   계약 c, 상품 p
where  c.지점ID = :brch_id
and    p.상품코드 = c.상품코드
order by c.계약일시 desc

Execution Plan
-----------------------------------------------------------
    0      SELECT STATEMENT Optimizer=ALL_ROWS
    1   0    SORT (ORDER BY)
    2   1      HASH JOIN
    3   2        TABLE ACCESS (FULL) OF '상품' (TABLE)
    4   2        TABLE ACCESS (BY INDEX ROWID) OF '계약' (TABLE)
    5   4          INDEX (RANGE SCAN) OF '계약_X01' (INDEX)
```

아래와 같이 계약 테이블 기준으로 상품 테이블과 NL 조인하도록 조인 방식을 변경하면 소트 연산을 생략할 수 있어 지점ID 조건을 만족하는 데이터가 많고 부분범위 처리 가능한 상황에서 큰 성능 개선 효과를 얻을 수 있다.

```
select /*+ leading(c) use_nl(p) */
       c.계약번호, c.상품코드, p.상품명, p.상품구분코드, c.계약일시, c.계약금액
from   계약 c, 상품 p
where  c.지점ID = :brch_id
and    p.상품코드 = c.상품코드
order by c.계약일시 desc

Execution Plan
-----------------------------------------------------------
    0      SELECT STATEMENT Optimizer=ALL_ROWS
    1   0    NESTED LOOPS
    2   1      NESTED LOOPS
    3   2        TABLE ACCESS (BY INDEX ROWID) OF '계약' (TABLE)
    4   3          INDEX (RANGE SCAN DESCENDING) OF '계약_X01' (INDEX)
    5   2        INDEX (UNIQUE SCAN) OF '상품_PK' (INDEX (UNIQUE))
    6   1      TABLE ACCESS (BY INDEX ROWID) OF '상품' (TABLE)
```

정렬 기준이 조인 키 컬럼이면 소트 머지 조인도 Sort Order By 연산을 생략할 수 있다.

5.3 | 인덱스를 이용한 소트 연산 생략

인덱스는 항상 키 컬럼 순으로 정렬된 상태를 유지한다. 이를 활용하면 SQL에 Order By 또는 Group By 절이 있어도 소트 연산을 생략할 수 있다. 여기에 Top N 쿼리 특성을 결합하면, 온라인 트랜잭션 처리 시스템에서 대량 데이터를 조회할 때 매우 빠른 응답 속도를 낼 수 있다. 특정 조건을 만족하는 최소값 또는 최대값도 빨리 찾을 수 있어 이력 데이터를 조회할 때 매우 유용하다.

5.3.1 Sort Order By 생략

아래 쿼리에서 인덱스를 종목코드만으로 구성하면 소트 연산을 생략할 수 없다.

```
select 거래일시, 체결건수, 체결수량, 거래대금
  from 종목거래
 where 종목코드 = 'KR123456'
 order by 거래일시
```

종목코드 = 'KR123456' 조건을 만족하는 레코드를 인덱스에서 모두 읽어야 하고, 그만큼 많은 테이블 랜덤 액세스가 발생한다. 모든 데이터를 다 읽어 거래일시 순으로 정렬을 마치고서야 출력을 시작하므로 OLTP 환경에서 요구되는 빠른 응답 속도를 내기 어렵다.

아래는 인덱스로 소트 연산을 생략할 수 없을 때 나타나는 실행계획이다.

```
| Id  | Operation                     | Name       | Rows  | Bytes | Cost (%CPU) |
|-----|-------------------------------|------------|-------|-------|-------------|
|  0  | SELECT STATEMENT              |            | 40000 | 3515K | 2041   (1)  |
|  1  |  SORT ORDER BY                |            | 40000 | 3515K | 2041   (1)  |
|  2  |   TABLE ACCESS BY INDEX ROWID | 종목       | 40000 | 3515K | 1210   (1)  |
| * 3 |    INDEX RANGE SCAN           | 종목거래_N1| 40000 |       |   96   (2)  |

Predicate Information (identified by operation id):
---------------------------------------------------

   2 - access("종목코드"='KR123456')
```

인덱스 선두 컬럼을 「종목코드 + 거래일시」 순으로 구성하면 소트 연산을 생략할 수 있다. 아래는 그렇게 구성한 인덱스를 사용할 때의 실행계획이다. SQL 문에 Order By 절이 있는데도 옵티마이저가 Sort Order By 오퍼레이션을 생략한 사실을 확인하기 바란다.

```
| Id  | Operation                    | Name       | Rows  | Bytes | Cost (%CPU) |
|-----|------------------------------|------------|-------|-------|-------------|
|  0  | SELECT STATEMENT             |            | 40000 | 3515K | 1372   (1)  |
|  1  |  TABLE ACCESS BY INDEX ROWID | 종목       | 40000 | 3515K | 1372   (1)  |
| * 2 |   INDEX RANGE SCAN           | 종목거래_PK| 40000 |       |  258   (1)  |

Predicate Information (identified by operation id):
---------------------------------------------------

   2 - access("종목코드"='KR123456')
```

소트 연산을 생략함으로써 종목코드 = 'KR123456' 조건을 만족하는 전체 레코드를 읽지 않고도 바로 결과집합 출력을 시작할 수 있게 되었다. 즉, 부분범위 처리 가능한 상태가 되었다. 이 원리를 잘 활용하면, 소트해야 할 대상 레코드가 무수히 많은 상황에서 극적인 성능 개선 효과를 얻을 수 있다.

부분범위 처리를 활용한 튜닝 기법, 아직도 유효한가?

지금까지 부분범위 처리 원리를 여러 곳에서 강조해 왔고, 방금도 그랬다. 그런데 많은 분이 요즘 DB 애플리케이션은 대부분 3-Tier 환경에서 작동하므로 부분범위 처리는 의미 없다고 생각한다. 3-Tier 환경에서 부분범위 처리는 정말 의미 없어져 버린 걸까?

부분범위 처리는 쿼리 수행 결과 중 앞쪽 일부를 우선 전송하고 멈추었다가 클라이언트가 추가 전송을 요청(그리드 스크롤 또는 '다음' 버튼 클릭을 통한 Fetch Call)할 때마다 남은 데이터를 조금씩 나눠 전송하는 방식을 말한다. 토드나 오렌지가 DB 서버에 접속하듯, 클라이언트 프로그램이 DB 서버에 직접 접속하는 2-Tier 환경에서는 이 특징을 활용한 튜닝 기법을 많이 활용했다.

클라이언트와 DB 서버 사이에 WAS, AP 서버 등이 존재하는 3-Tier 아키텍처는 서버 리소스를 수많은 클라이언트가 공유하는 구조이므로 클라이언트가 특정 DB 커넥션을 독점할 수 없다. 단위 작업을 마치면 DB 커넥션을 바로 커넥션 풀에 반환해야 하므로 그 전에 쿼리 조회 결과를 클라이언트에게 '모두' 전송하고 커서(Cursor)[1]를 닫아야만 한다. 따라서 쿼리 결과 집합을 조금씩 나눠서 전송하는 방식을 사용할 수 없다.

부분범위 처리 활용은 첫째, 결과집합 출력을 바로 시작할 수 있느냐 둘째, 앞쪽 일부만 출력하고 멈출 수 있느냐가 핵심이므로 3-Tier 환경에서 의미 없다고 생각할 만하다. 하지만, 부분범위 처리 원리는 3-Tier 환경에서도 여전히 유효하다. 비밀은 바로 Top N 쿼리에 있다.

5.3.2 Top N 쿼리

우선 Top N 쿼리가 무엇인지부터 살펴보자. Top N 쿼리는 전체 결과집합 중 상위 N개 레코드만 선택하는 쿼리다. SQL Server나 Sybase는 Top N 쿼리를 아래와 같이 손쉽게 작성할 수 있다.

---

[1] JAVA 기준으로 Statememt와 ResultSet 객체, 마이크로소프트 ADODB 기준으로 Command와 Recordset 객체가 커서 역할을 한다.

5.3 인덱스를 이용한 소트 연산 생략

```
select TOP 10 거래일시, 체결건수, 체결수량, 거래대금
from   종목거래
where  종목코드 = 'KR123456'
and    거래일시 >= '20180304'
order by 거래일시
```

IBM DB2는 아래와 같은 Row Limiting 절을 제공한다.

```
select 거래일시, 체결건수, 체결수량, 거래대금
from   종목거래
where  종목코드 = 'KR123456'
and    거래일시 >= '20180304'
order by 거래일시
FETCH FIRST 10 ROWS ONLY ;
```

오라클에서는 아래처럼 인라인 뷰로 한 번 감싸야 하는 불편함이 있다[2].

```
select * from (
   select 거래일시, 체결건수, 체결수량, 거래대금
   from   종목거래
   where  종목코드 = 'KR123456'
   and    거래일시 >= '20180304'
   order by 거래일시
)
where rownum <= 10
```

SQL 형태만 놓고 보면, 인라인 뷰로 정의한 집합을 모두 읽어 거래일시 순으로 정렬한 중간 집합을 우선 만들고, 거기서 상위 열 개 레코드를 취하는 형태다. 소트를 생략할 수 있도록 인덱스를 구성해 주더라도 중간집합을 만들어야 하므로 부분범위 처리는 불가능해 보인다.

하지만, 위 쿼리에 「종목코드 + 거래일시」 순으로 구성된 인덱스를 이용하면, 옵티마이저는 소트 연산을 생략하며, 그림 5-9처럼 인덱스를 스캔하다가 열 개 레코드를 읽는 순간 바로 멈춘다.

---

2 오라클도 12c부터 DB2와 같은 Row Limiting 절을 지원한다. 하지만, 지금부터 설명하려는 'Top N Stopkey' 알고리즘이 잘 작동하지 않는 경우가 있어 아직은 사용하는 데 있어 유보적이다. 따라서 전통적인 방식 기준으로 설명하겠다.

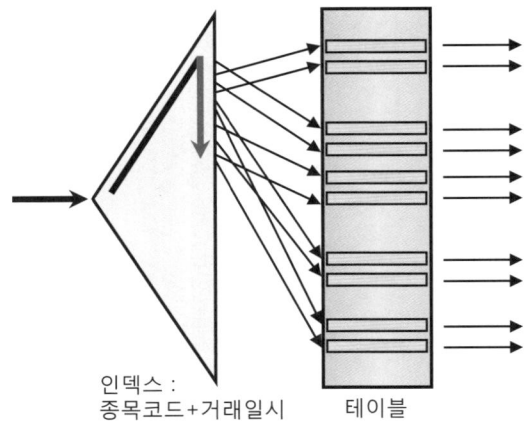

인덱스 :
종목코드+거래일시   테이블

[그림 5 - 9]

아래 실행계획을 보면, Sort Order By 오퍼레이션이 보이지 않는다. 대신 'COUNT (STOPKEY)'가 눈에 띈다. 이는 조건절에 부합하는 레코드가 아무리 많아도 그 중 ROWNUM으로 지정한 건수만큼 결과 레코드를 얻으면 거기서 바로 멈춘다는 뜻이다. 지금부터 이 기능을 'Top N Stopkey' 알고리즘이라고 부르기로 하자.

```
Execution Plan
--------------------------------------------------------------------------------
0      SELECT STATEMENT Optimizer=ALL_ROWS
1   0    COUNT (STOPKEY)
2   1      VIEW
3   2        TABLE ACCESS (BY INDEX ROWID) OF '종목거래' (TABLE)
4   3          INDEX (RANGE SCAN) OF '종목거래_PK' (INDEX (UNIQUE))
```

페이징 처리

자! 이제 3-Tier 환경에서 부분범위 처리를 어떻게 응용할지 아이디어가 생겼는가? 답은 페이징 처리에 있다. 지금부터 페이징 처리에 대한 얘기를 시작해 보자.

3-Tier 환경에서는 대량의 결과집합을 조회할 때 페이징 처리 기법을 활용한다. 일반적으로 사용하는 표준 패턴은 아래와 같다.

```
select  *
from  (
  select rownum no, a.*
  from
    (

      /* SQL Body */

    ) a
  where rownum <= (:page * 10)
  )
where no >= (:page-1)*10 + 1
```

Top N 쿼리이므로 ROWNUM으로 지정한 건수만큼 결과 레코드를 얻으면 거기서 바로 멈춘다. 뒤쪽 페이지로 이동할수록 읽는 데이터량도 많아지는 단점이 있지만, 보통 앞쪽 일부 데이터만 확인하므로 문제가 되지 않는다. 예를 들어, 인터넷 카페 게시글 목록을 조회하거나 은행 사이트에서 입출금 내역을 조회할 때 일반적으로 1~2 페이지만 확인한다.
3-Tier 환경에서 부분범위 처리를 활용하기 위해 우리가 할 일은 다음과 같다.

1. 부분범위 처리 가능하도록 SQL을 작성한다. 부분범위 처리가 잘 작동하는지 토드, 오렌지 같은 쿼리 툴에서 테스트한다.
2. 작성한 SQL 문을 페이징 처리용 표준 패턴 SQL Body 부분에 붙여 넣는다.

'부분범위 처리 가능하도록 SQL을 작성한다'는 의미는 무엇일까? 인덱스 사용 가능하도록 조건절을 구사하고, 조인은 NL 조인 위주로 처리(룩업을 위한 작은 테이블은 해시 조인 Build Input으로 처리해도 됨)하고, Order By 절이 있어도 소트 연산을 생략할 수 있도록 인덱스를 구성해 주는 것을 의미한다.

아래는 완성된 페이징 처리 SQL이다. 실행계획에 소트 연산이 없고 세 번째 라인(ID=2) Count 옆에 Stopkey라고 표시된 부분을 주목하기 바란다. 그리고 앞서 본 그림 5-9를 참조하라.

```
select  *
from  (
  select rownum no, a.*
  from
   (
      select 거래일시, 체결건수, 체결수량, 거래대금
      from    종목거래
      where   종목코드 = 'KR123456'
      and     거래일시 >= '20180304'
      order by 거래일시
   ) a
  where  rownum <= (:page * 10)
  )
where no >= (:page-1)*10 + 1

Execution Plan
-----------------------------------------------------------
0      SELECT STATEMENT Optimizer=ALL_ROWS (Cost=16 Card=756 Bytes=126K)
1   0    VIEW (Cost=16 Card=756 Bytes=126K)
2   1      COUNT (STOPKEY)          → NO SORT + STOPKEY
3   2        VIEW (Cost=16 Card=756 Bytes=117K)
4   3          TABLE ACCESS (BY INDEX ROWID) OF '종목거래' (TABLE) (Cost=16 … )
5   4            INDEX (RANGE SCAN) OF '종목거래_PK' (INDEX) (Cost=4 Card=303)
```

페이징 처리 ANTI 패턴

여기서 매우 중요한 사실 한가지를 설명하려고 한다. 위 SQL 문을 잘 분석해 보면, Order By 아래 쪽 ROWNUM 조건절이 불필요해 보인다. 이 조건을 제거하고, 아래와 같이 표현하는 게 더 간결하다.

```
select  *
from  (
  select rownum no, a.*
  from
   (
      select 거래일시, 체결건수, 체결수량, 거래대금
```

```
        from   종목거래
        where  종목코드 = 'KR123456'
        and    거래일시 >= '20180304'
        order by 거래일시
      ) a
  )
where no between (:page-1)*10 + 1 and (:page * 10)
```

개발자는 프로그램 소스를 간결하게 표현하고 싶어 한다. 그래서 페이징 처리에 위와 같은 패턴을 사용하는 개발팀이 많다. SQL Body 부분은 개발자가 작성하고 앞뒤 페이징 처리 부분은 자동으로 삽입해 주는 기능을 대부분 개발 프레임워크가 제공하는데, 위와 같은 패턴을 사용하는 프레임워크도 여러 차례 목격했다.

그런데 Order By 아래 쪽 ROWNUM은 단순한 조건절이 아니다. 지금까지 설명한 'Top N Stopkey' 알고리즘(그리고 뒤에서 설명할 'Top N 소트' 알고리즘)을 작동하게 하는 열쇠다. 불필요해 보인다고 ROWNUM 조건절을 제거하면 실행계획이 아래와 같이 바뀐다.

```
Execution Plan
-----------------------------------------------------------
0        SELECT STATEMENT Optimizer=ALL_ROWS (Cost=16 Card=756 Bytes=126K)
1    0     FILTER
2    1       VIEW (Cost=16 Card=756 Bytes=126K)
3    2         COUNT       → NO SORT + NO STOP
4    3           VIEW (Cost=16 Card=756 Bytes=117K)
5    4             TABLE ACCESS (BY INDEX ROWID) OF '종목거래' (TABLE) (Cost=16 … )
6    5               INDEX (RANGE SCAN) OF '종목거래_PK' (INDEX) (Cost=4 Card=303)
```

여기서도 Sort Order By 오퍼레이션은 나타나지 않지만, Count 옆에 Stopkey가 없음을 확인하기 바란다. 소트 생략 가능하도록 인덱스를 구성했으므로 소트 생략은 가능하지만, Stopkey가 작동하지 않아 그림 5-10처럼 전체범위를 처리한다는 뜻이다.

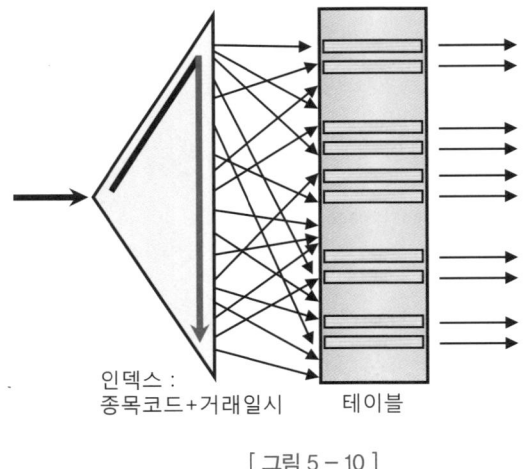

인덱스 :
종목코드+거래일시   테이블

[그림 5 – 10]

SQL 트레이스를 분석해 보면 이 방식의 문제점을 바로 확인할 수 있지만, SQL 트레이스에 익숙하지 않은 초보자를 위해 더 쉽게 확인할 수 있는 방법을 소개한다.

우선, 노트북에 오라클을 설치하자. 방금 설명한 패턴으로 SQL을 작성하고, 조회 조건에 해당하는 데이터를 아주 많이 입력하자. 그 상태에서 SQL을 수행해 보면, 화면에 첫 번째 페이지가 금방 출력된다. 그 순간 노트북에 귀를 가까이 가져가 보면 하드디스크 돌아가는 소리가 계속 날 것이다. 맨 아래 between 조건에 해당하는 데이터를 이미 다 출력했음에도 불구하고, 그 조건을 만족하는 데이터가 더 존재하는지 확인하면서 내는 소리다.

DB 서버가 원격에 있다면 직접 소리를 들을 수 없지만, 잘못된 페이징 처리 패턴이 DB 서버에 어떤 영향을 주는지 여기서 분명히 이해하기 바란다.

 부분범위 처리 가능하도록 SQL 작성하기

'부분범위 처리 가능하도록 SQL을 작성한다'는 의미를 이미 설명했지만, 이해를 돕기 위해 튜닝사례를 하나 소개하려고 한다. 우선, 거래 테이블 인덱스 구성은 아래와 같다.

거래_PK : 거래일자 + 계좌번호 + 거래순번
거래_X01 : 계좌번호 + 거래순번 + 결제구분코드

아래 Top N 쿼리는 인덱스로 소트 연산을 생략할 수 없기 때문에 실행계획에 Sort Order By 오퍼레이션(ID=3)이 나타났다. 화면에 50개 레코드만 출력하고 싶은데도, 거래일자 조건에 해당하는 데이터를 모두 읽어 정렬을 마칠 때까지 기다려야 하는 상황이다.

```
select *
from (
  select 계좌번호, 거래순번, 주문금액, 주문수량, 결제구분코드, 주문매체구분코드
  from   거래
  where  거래일자 = :ord_dt
  order by 계좌번호, 거래순번, 결제구분코드
)
where rownum <= 50

Execution Plan
-----------------------------------------------------------
0      SELECT STATEMENT Optimizer=ALL_ROWS (Cost=433K Card=10 Bytes=1K)
1   0    COUNT (STOPKEY)
2   1      VIEW (Cost=433K Card=421K Bytes=57M)
3   2        SORT (ORDER BY STOPKEY) (Cost=433K Card=421K Bytes=40M)
4   3          TABLE ACCESS (BY INDEX ROWID) OF '거래' (TABLE) (Cost=423K … )
5   4            INDEX (RANGE SCAN) OF ' 거래_PK' (INDEX) (Cost=2K Card=421K)
```

PK 인덱스에 결제구분코드를 추가하면 소트생략이 가능하지만, PK에 컬럼을 함부로 추가할 수는 없다. 「거래일자 + 계좌번호 + 거래순번 + 결제구분코드」 순으로 구성된 인덱스를 하나 더 만들어도 되지만, 이 역시 탐탁지 않다. 트랜잭션이 많은 대형 테이블에 인덱스는 최소한으로 유지해야 하기 때문이다.

불필요한 소트가 발생하지 않도록 SQL을 작성하려면 데이터 모델에 대한 이해와 집합적 사고가 필요하다고 앞서 강조했는데, 여기서도 그런 능력이 필요하다. PK가 「거래일자 + 계좌번호 + 거래순번」이고, 거래일자가 '=' 조건이다. 같은 거래일자 데이터를 「계좌번호 + 거래순번」 순으로 정렬해 놓고 보면, 중복 레코드가 전혀 없다. 있으나 마나 한 결제구분코드를 Order By 절에서 제거하면 Sort Order By 오퍼레이션이 사라지고, 부분범위 처리가 잘 작동한다.

5.3.3 최소값/최대값 구하기

최소값(MIN) 또는 최대값(MAX)을 구하는 SQL 실행계획을 보면, 아래와 같이 Sort Aggregate 오퍼레이션이 나타난다. Sort Aggregate를 위해 전체 데이터를 정렬하진 않지만, 전체 데이터를 읽으면서 값을 비교한다고 앞에서 설명하였다(1절 2항(5.1.2) 내용 중 '(1) Sort Aggregate' 참조).

```
SELECT MAX(SAL) FROM EMP;

Execution Plan
---------------------------------------------------------
0       SELECT STATEMENT Optimizer=ALL_ROWS (Cost=3 Card=1 Bytes=4)
1   0     SORT (AGGREGATE) (Card=1 Bytes=4)
2   1       TABLE ACCESS (FULL) OF 'EMP' (TABLE) (Cost=3 Card=14 Bytes=56)
```

인덱스는 정렬돼 있으므로 이를 이용하면 전체 데이터를 읽지 않고도 최소 또는 최대값을 쉽게 찾을 수 있다. 인덱스 맨 왼쪽으로 내려가서 첫 번째 읽는 값이 최소값이고, 맨 오른쪽으로 내려가서 첫 번째 읽는 값이 최대값[3]이다. 아래는 인덱스를 이용해 최대값을 찾을 때의 실행계획이다.

```
CREATE INDEX EMP_X1 ON EMP(SAL);

SELECT MAX(SAL) FROM EMP;

Execution Plan
---------------------------------------------------------
0       SELECT STATEMENT Optimizer=ALL_ROWS (Cost=1 Card=1 Bytes=3)
1   0     SORT (AGGREGATE) (Card=1 Bytes=3)
2   1       INDEX (FULL SCAN (MIN/MAX)) OF 'EMP_X1' (INDEX) (Cost=1 Card=1 ··· )
```

참고로, 위와 같은 실행계획이 나타나기 시작한 것은 오라클 8i부터다. 8 버전까지는 인덱스가 있어도 아래와 같이 전체 데이터를 읽었다.

---

[3] '인덱스 맨 오른쪽으로 내려가서 첫 번째 읽는 값이 최대값'이라는 설명은 인덱스의 논리적 구조(삼각형 모양)를 염두에 둔 것이다. 인덱스의 물리적 구조를 고려해서 정확히 설명하면, 루트와 브랜치 블록에서 맨 마지막 레코드가 가리키는 하위 블록으로 내려가다가 만나는 리프 블록(가장 마지막 리프 블록)에 저장된 맨 마지막 레코드가 최대값이다.

```
Execution Plan
---------------------------------------------------------------
0       SELECT STATEMENT Optimizer=ALL_ROWS (Cost=1 Card=1 Bytes=3)
1    0    SORT (AGGREGATE) (Card=1 Bytes=3)
2    1      INDEX (FULL SCAN) OF 'EMP_X1' (INDEX) (Cost=1 Card=14 Bytes=42)
```

인덱스 이용해 최소/최대값 구하기 위한 조건

전체 데이터를 읽지 않고 인덱스를 이용해 최소 또는 최대값을 구하려면, 조건절 컬럼과 MIN/MAX 함수 인자 컬럼이 모두 인덱스에 포함돼 있어야 한다. 즉, 테이블 액세스가 발생하지 않아야 한다. 아래는 인덱스를 「DEPTNO + MGR + SAL」 순으로 구성한 경우다.

```
CREATE INDEX EMP_X1 ON EMP(DEPTNO, MGR, SAL);

SELECT MAX(SAL) FROM EMP WHERE DEPTNO = 30 AND MGR = 7698;

Execution Plan
---------------------------------------------------------------
0       SELECT STATEMENT Optimizer=ALL_ROWS (Cost=1 Card=1 Bytes=8)
1    0    SORT (AGGREGATE) (Card=1 Bytes=8)
2    1      FIRST ROW (Cost=1 Card=1 Bytes=8)
3    2        INDEX (RANGE SCAN (MIN/MAX)) OF 'EMP_X1' (INDEX) (Cost=1 Card=1 ⋯ )
```

조건절 컬럼과 MAX 컬럼이 모두 인덱스에 포함돼 있고, 인덱스 선두 컬럼 DEPTNO, MGR이 모두 '=' 조건이므로 그림 5-11처럼 이 두 조건을 만족하는 범위(Range) 가장 오른쪽에 있는 값 하나를 읽는다. 실행계획 세 번째 라인(ID=2) 'FIRST ROW'는 조건을 만족하는 레코드 하나를 찾았을 때 바로 멈춘다는 것을 의미한다. 지금부터 이를 'First Row Stopkey' 알고리즘이라고 부르기로 하자.

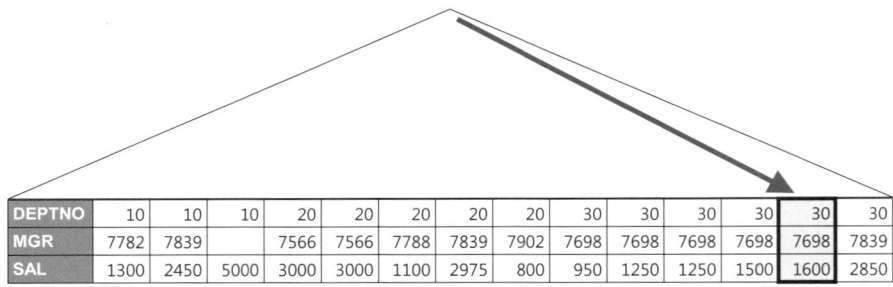

[그림 5 - 11]

아래는 인덱스를 「DEPTNO + SAL + MGR」 순으로 구성한 경우다. DEPTNO = 30 조건을 만족하는 MAX(SAL) 값을 쉽게 찾을 수 있는 구성이다.

```
CREATE INDEX EMP_X1 ON EMP(DEPTNO, SAL, MGR);

SELECT MAX(SAL) FROM EMP WHERE DEPTNO = 30 AND MGR = 7698;

Execution Plan
------------------------------------------------------------
0       SELECT STATEMENT Optimizer=ALL_ROWS (Cost=1 Card=1 Bytes=8)
1    0    SORT (AGGREGATE) (Card=1 Bytes=8)
2    1      FIRST ROW (Cost=1 Card=1 Bytes=8)
3    2        INDEX (RANGE SCAN (MIN/MAX)) OF 'EMP_X1' (INDEX) (Cost=1 Card=1 … )
```

그림 5-12처럼 DEPTNO = 30 조건을 만족하는 범위(Range) 가장 오른쪽으로 내려가면 가장 큰 SAL 값을 읽게 된다. 거기서부터 스캔을 시작해 MGR = 7698 조건을 만족하는 레코드 하나를 찾았을 때 멈추면 된다. 즉, DEPTNO는 액세스 조건, MGR은 필터 조건이다. 여기서도 조건절 컬럼과 MAX 컬럼이 모두 인덱스에 포함돼 있으므로 'First Row Stopkey' 알고리즘이 작동한다.

5.3 인덱스를 이용한 소트 연산 생략

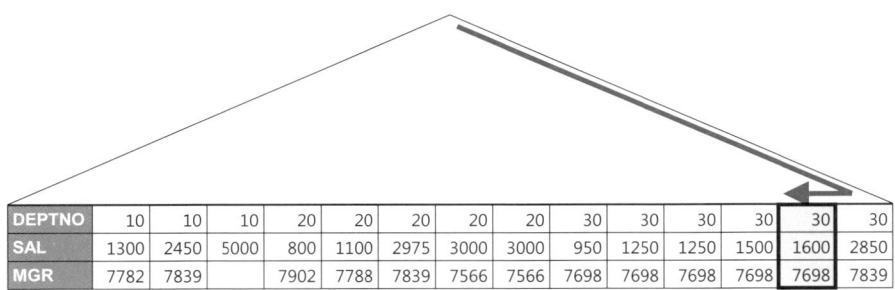

[그림 5 - 12]

아래는 인덱스를 「SAL + DEPTNO + MGR」 순으로 구성한 경우다. 조건절 컬럼이 둘 다 인덱스 선두 컬럼이 아니므로 Index Range Scan은 불가능하다.

```
CREATE INDEX EMP_X1 ON EMP(SAL, DEPTNO, MGR);

SELECT MAX(SAL) FROM EMP WHERE DEPTNO = 30 AND MGR = 7698;

Execution Plan
------------------------------------------------------------
0      SELECT STATEMENT Optimizer=ALL_ROWS (Cost=1 Card=1 Bytes=8)
1   0    SORT (AGGREGATE) (Card=1 Bytes=8)
2   1      FIRST ROW (Cost=1 Card=1 Bytes=8)
3   2        INDEX (FULL SCAN (MIN/MAX)) OF 'EMP_X1' (INDEX) (Cost=1 Card=1 … )
```

그림 5-13처럼 Index Full Scan 방식으로 인덱스 전체 레코드 중 가장 오른쪽에서 스캔을 시작해 DEPTNO = 30 조건과 MGR = 7698 조건을 만족하는 레코드 하나를 찾았을 때 멈추면 된다. 즉, DEPTNO와 MGR 모두 필터 조건이다. 여기서도 조건절 컬럼과 MAX 컬럼이 모두 인덱스에 포함돼 있으므로 'First Row Stopkey' 알고리즘이 작동한다.

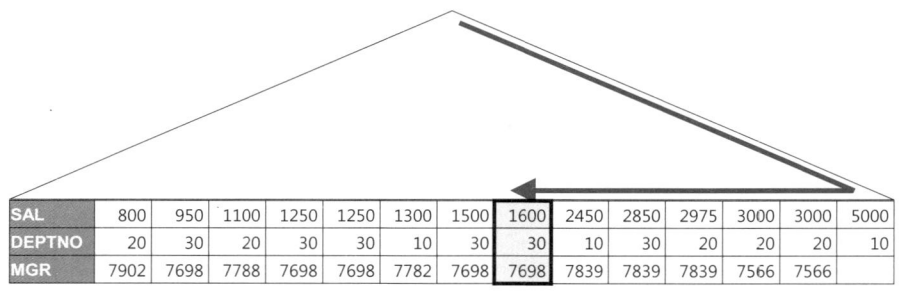

[그림 5 – 13]

아래는 조건절 컬럼과 MAX 컬럼 중 어느 하나가 인덱스에 포함돼 있지 않은 경우다. 인덱스를 「DEPTNO + SAL」로 구성했으므로 DEPTNO = 30 조건을 만족하는 MAX(SAL)은 쉽게 찾을 수 있다. 그런데 MGR 컬럼이 인덱스에 없으므로 MGR = 7698 조건은 테이블에서 필터링해야만 한다.

```
CREATE INDEX EMP_X1 ON EMP(DEPTNO, SAL);

SELECT MAX(SAL) FROM EMP WHERE DEPTNO = 30 AND MGR = 7698;

Execution Plan
-------------------------------------------------------------
0      SELECT STATEMENT Optimizer=ALL_ROWS (Cost=2 Card=1 Bytes=8)
1   0    SORT (AGGREGATE) (Card=1 Bytes=8)
2   1      TABLE ACCESS (BY INDEX ROWID) OF 'EMP' (TABLE) (Cost=2 Card=1 Bytes=8)
3   2        INDEX (RANGE SCAN) OF 'EMP_X1' (INDEX) (Cost=1 Card=5)
```

이럴 때는 그림 5-14처럼 인덱스에서 DEPTNO = 30 조건을 만족하는 '전체' 레코드를 읽어 테이블에서 MGR = 7698 조건을 필터링한 후 MAX(SAL) 값을 구한다. 즉, 'First Row Stopkey' 알고리즘이 작동하지 않는다.

5.3 인덱스를 이용한 소트 연산 생략

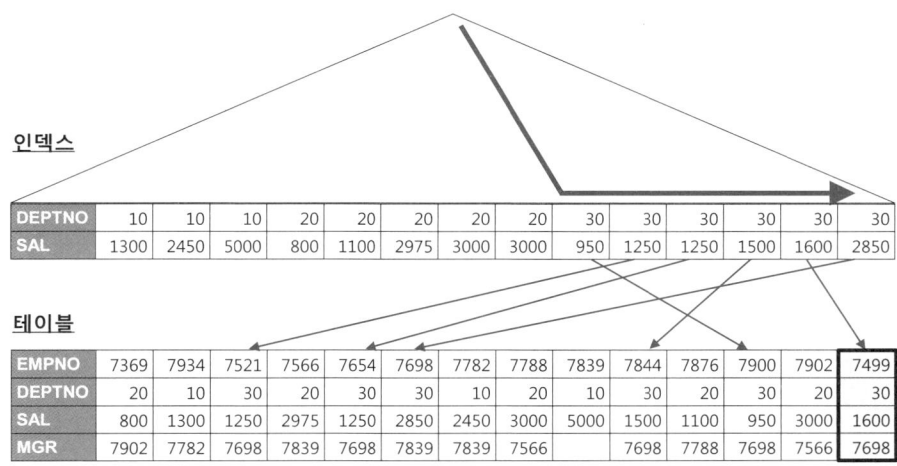

[그림 5 – 14]

Top N 쿼리 이용해 최소/최대값 구하기

Top N 쿼리를 통해서도 최소 또는 최대값을 쉽게 구할 수 있다. 아래와 같이 ROWNUM <= 1 조건을 이용해 Top 1 레코드를 찾으면 된다.

```
CREATE INDEX EMP_X1 ON EMP(DEPTNO, SAL);

SELECT *
FROM (
  SELECT SAL
  FROM   EMP
  WHERE  DEPTNO = 30
  AND    MGR = 7698
  ORDER BY SAL DESC
)
WHERE ROWNUM <= 1;

Execution Plan
-----------------------------------------------------------
   0      SELECT STATEMENT Optimizer=ALL_ROWS (Cost=2 Card=1 Bytes=13)
   1   0    COUNT (STOPKEY)
   2   1      VIEW (Cost=2 Card=1 Bytes=13)
   3   2        TABLE ACCESS (BY INDEX ROWID) OF 'EMP' (TABLE) (Cost=2 Card=1 … )
   4   3          INDEX (RANGE SCAN DESCENDING) OF 'EMP_X1' (INDEX) (Cost=1 Card=5)
```

Top N 쿼리에 작동하는 'Top N Stopkey' 알고리즘은 모든 컬럼이 인덱스에 포함돼 있지 않아도 잘 작동한다. 즉, 위 SQL에서 MGR 컬럼이 인덱스에 없지만, 가장 큰 SAL 값을 찾기 위해 그림 5-14처럼 DEPTNO = 30 조건을 만족하는 '전체' 레코드를 읽지 않는다. 그림 5-15처럼 DEPTNO = 30 조건을 만족하는 가장 오른쪽에서부터 역순으로 스캔하면서 테이블을 액세스하다가 MGR = 7698 조건을 만족하는 레코드 하나를 찾았을 때 바로 멈춘다.

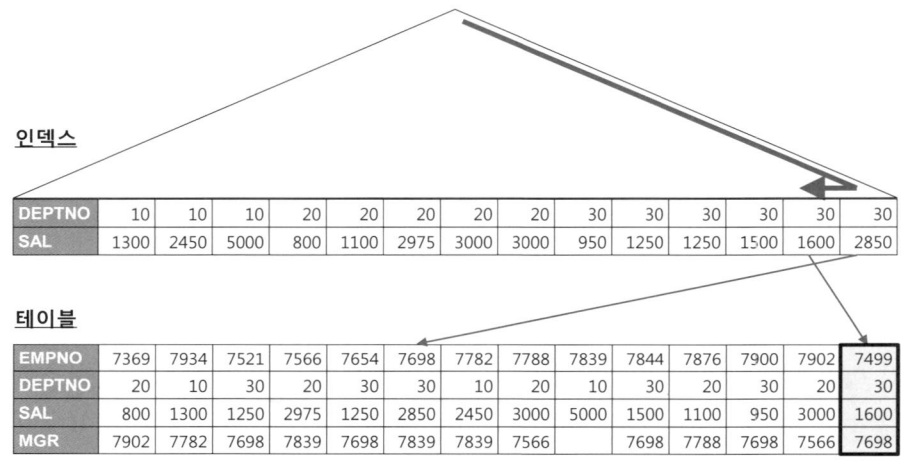

[그림 5 - 15]

인라인 뷰를 사용하므로 쿼리가 약간 더 복잡하긴 있지만, 성능 측면에서는 MIN/MAX 쿼리보다 낫다.

5.3.4 이력 조회

일반 테이블은 각 컬럼의 현재(최종) 값만 저장하므로 변경되기 이전 값을 알 수 없다. 값이 어떻게 변경돼 왔는지 과거 이력을 조회할 필요가 있다면, 그림 5-16처럼 이력 테이블을 따로 관리해야 한다. 그림 우측에 있는 '상태변경이력'이 각 장비의 상태코드 변경이력을 관리하는 이력 테이블이다.

5.3 인덱스를 이용한 소트 연산 생략

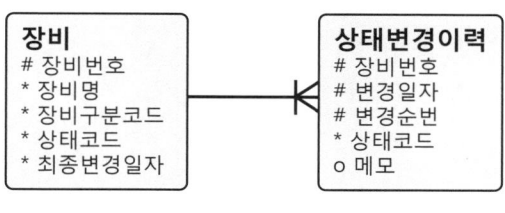

[그림 5 - 16]

과거 변경이력을 관리하기 위해 이력 테이블을 두지만, 일반적으로 이 테이블에는 현재(최종) 데이터도 저장한다. 그렇게 구현해야 변경 이력을 완벽히 재생할 수 있기 때문이다. 예를 들어, 특정 장비의 최종 상태코드가 'A2'인데 이 값으로 바뀐 날짜를 알고 싶다면, 이력 테이블에서 확인해야 한다. 장비 테이블에도 최종변경일자가 있지만, 이 값을 이용할 순 없다. 이 값은 상태코드 이외의 컬럼, 즉 장비명 또는 장비구분코드가 바뀔 때도 갱신되기 때문이다.

가장 단순한 이력 조회

이력 데이터 조회할 때 'First Row Stopkey' 또는 'Top N Stopkey' 알고리즘이 작동할 수 있게 인덱스 설계 및 SQL 구현하는 일은 고급 SQL 튜너가 되기 위해 반드시 정복해야 할 산이다. 가장 단순한 조회 패턴부터 살펴보자.

아래는 장비구분코드가 'A001'인 장비 목록을 조회하는 쿼리다. 상태코드가 현재 값으로 변경된 날짜(최종 변경일자)는 상태변경이력에서 조회하고 있다.

```
SELECT 장비번호, 장비명, 상태코드
     ,(SELECT MAX(변경일자)
       FROM   상태변경이력
       WHERE  장비번호 = P.장비번호) 최종변경일자
FROM   장비 P
WHERE  장비구분코드 = 'A001'
```

Id	Operation	Name	Starts	A-Rows	Buffers
0	SELECT STATEMENT		1	10	4

```
|   1 |  SORT AGGREGATE                  |                |   10 |   10 |   22 |
|   2 |   FIRST ROW                      |                |   10 |   10 |   22 |
|   3 |    INDEX RANGE SCAN (MIN/MAX)    | 상태변경이력_PK |   10 |   10 |   22 |
|   4 |  TABLE ACCESS BY INDEX ROWID     | 장비           |    1 |   10 |    4 |
|   5 |   INDEX RANGE SCAN               | 장비_N1        |    1 |   10 |    2 |
```

위 SQL 문에서 이력 조회하는 스칼라 서브쿼리 부분에 'First Row Stopkey' 알고리즘이 작동하고 있다. 상태변경이력_PK 인덱스가 「장비번호 + 변경일자 + 변경순번」 순으로 구성돼 있기 때문에 가능한 일이다.

점점 복잡해지는 이력 조회

만약 최종 변경순번까지 이력 테이블에서 읽어야 한다면 어떻게 쿼리해야 할까? 일반 개발자들이 흔히 사용하는 방법은 아래와 같다.

```
SELECT 장비번호, 장비명, 상태코드
     , SUBSTR(최종이력, 1, 8) 최종변경일자
     , TO_NUMBER(SUBSTR(최종이력, 9, 4)) 최종변경순번
FROM (
  SELECT 장비번호, 장비명, 상태코드
       ,(SELECT MAX(H.변경일자 || LPAD(H.변경순번, 4))
         FROM    상태변경이력 H
         WHERE   장비번호 = P.장비번호) 최종이력
  FROM  장비 P
  WHERE 장비구분코드 = 'A001'
)
```

```
| Id | Operation                     | Name             | Starts | A-Rows | Buffers |
|  0 | SELECT STATEMENT              |                  |      1 |     10 |       4 |
|  1 |  SORT AGGREGATE               |                  |     10 |     10 |    6380 |
|  2 |   INDEX RANGE SCAN            | 상태변경이력_PK  |     10 |  1825K |    6380 |
|  3 |  TABLE ACCESS BY INDEX ROWID  | 장비             |      1 |     10 |       4 |
|  4 |   INDEX RANGE SCAN            | 장비_N1          |      1 |     10 |       2 |
```

이 SQL은 인덱스 컬럼을 가공했으므로 'First Row Stopkey' 알고리즘이 작동하지 않는다. 장비별 상태변경이력이 많지 않을 때는 문제가 안 될 수 있지만, 많을 때 문제가 된다.
장비별 상태변경이력이 많아 성능에 문제가 된다면, 차라리 아래와 같이 쿼리하는 게 낫다. 쿼리가 복잡하고 상태변경이력을 세 번 조회하는 비효율은 있지만, 'First Row Stopkey' 알고리즘이 잘 작동하므로 성능은 비교적 좋다.

```
SELECT 장비번호, 장비명, 상태코드
     ,(SELECT MAX(H.변경일자)
       FROM   상태변경이력 H
       WHERE  장비번호 = P.장비번호) 최종변경일자
     ,(SELECT MAX(H.변경순번)
       FROM   상태변경이력 H
       WHERE  장비번호 = P.장비번호
       AND    변경일자 = (SELECT MAX(H.변경일자)
                        FROM   상태변경이력 H
                        WHERE  장비번호 = P.장비번호)) 최종변경순번
FROM   장비 P
WHERE  장비구분코드 = 'A001'
```

Id	Operation	Name	Starts	A-Rows	Buffers
0	SELECT STATEMENT		1	10	4
1	SORT AGGREGATE		10	10	22
2	FIRST ROW		10	10	22
3	INDEX RANGE SCAN (MIN/MAX)	상태변경이	10	10	22
4	SORT AGGREGATE		10	10	47
5	INDEX RANGE SCAN	상태변경이	10	1000	47
6	SORT AGGREGATE		10	10	22
7	FIRST ROW		10	10	22
8	INDEX RANGE SCAN (MIN/MAX)	상태변경이	10	10	22
9	TABLE ACCESS BY INDEX ROWID	장비	1	10	4
10	INDEX RANGE SCAN	장비_N1	1	10	2

문제는 이력 테이블에서 읽어야 할 컬럼이 많을 때다. 예를 들어, 상태코드까지 이력 테이블에서 읽어야 한다면, SQL 문이 아래와 같이 훨씬 더 복잡해진다. 상태코드 말고도 이력 테이블에서 읽어야 할 컬럼이 더 많다면?

```
SELECT 장비번호, 장비명
     ,(SELECT MAX(H.변경일자)
       FROM   상태변경이력 H
       WHERE  장비번호 = P.장비번호) 최종변경일자
     ,(SELECT MAX(H1.변경순번)
       FROM   상태변경이력 H1
       WHERE  장비번호 = P.장비번호
       AND    변경일자 = (SELECT MAX(H2.변경일자)
                        FROM   상태변경이력 H2
                        WHERE  장비번호 = P.장비번호)) 최종변경순번
     ,(SELECT H1.상태코드
       FROM   상태변경이력 H1
       WHERE  장비번호 = P.장비번호
       AND    변경일자 = (SELECT MAX(H2.변경일자)
                        FROM   상태변경이력 H2
                        WHERE  장비번호 = P.장비번호)
       AND    변경순번 = (SELECT MAX(H3.변경순번)
                        FROM   상태변경이력 H3
                        WHERE  장비번호 = P.장비번호
                        AND    변경일자 =
                               (SELECT MAX(H4.변경일자)
                                FROM   상태변경이력 H4
                                WHERE  장비번호 = P.장비번호))) 최종상태코드
FROM   장비 P
WHERE  장비구분코드 = 'A001'
```

INDEX_DESC 힌트 활용

단순하게 쿼리하면서도 성능을 높이기 위해 SQL 튜닝 전문가들이 전통적으로 사용해 온 방식은 아래와 같다. 인덱스를 역순으로 읽도록 index_desc 힌트를 사용했고, 첫 번째 레코드에서 바로 멈추도록 rownum <= 1 조건절을 사용했다.

```
SELECT 장비번호, 장비명
     , SUBSTR(최종이력, 1, 8) 최종변경일자
     , TO_NUMBER(SUBSTR(최종이력, 9, 4)) 최종변경순번
     , SUBSTR(최종이력, 13) 최종상태코드
FROM (
    SELECT 장비번호, 장비명
```

```
        ,(SELECT /*+ INDEX_DESC(X 상태변경이력_PK) */
                변경일자 || LPAD(변경순번, 4) || 상태코드
         FROM    상태변경이력 X
         WHERE   장비번호 = P.장비번호
         AND     ROWNUM <= 1) 최종이력
     FROM   장비 P
     WHERE  장비구분코드 = 'A001'
)
```

```
---------------------------------------------------------------------------
| Id | Operation                      | Name    | Starts | A-Rows | Buffers |
---------------------------------------------------------------------------
|  0 | SELECT STATEMENT               |         |     1  |    10  |    4    |
|  1 |  COUNT STOPKEY                 |         |    10  |    10  |   41    |
|  2 |   TABLE ACCESS BY INDEX ROWID  | 상태변경이|    10  |    10  |   41    |
|  3 |    INDEX RANGE SCAN DESCENDING | 상태변경이|    10  |    10  |   30    |
|  4 | TABLE ACCESS BY INDEX ROWID    | 장비    |     1  |    10  |    4    |
|  5 |  INDEX RANGE SCAN              | 장비_N1 |     1  |    10  |    2    |
---------------------------------------------------------------------------
```

이 방식이 성능은 확실히 좋다. 문제는 인덱스 구성이 완벽해야만 쿼리가 잘 작동한다는 데 있다. 인덱스를 잘 구성해서 처음엔 잘 작동하다가도 인덱스 구성이 바뀌면 언제든 결과집합에 문제가 생길 수 있다. PK 구성을 변경하는 일은 거의 없으므로 대개 문제가 되지 않는다고 볼 수도 있지만, 다른 대안이 있다면 그 방법을 사용하는 게 바람직하다.

11g / 12c 신기능 활용

방금 본 쿼리는 사실 아래 쿼리가 작동하지 않기 때문에 궁여지책으로 사용해 온 측면이 있다. 11g 이하 버전에서 실행해 보면, ORA-00904 오류가 발생한다. 메인 쿼리 컬럼을 서브 쿼리 내 인라인 뷰에서 참조했기 때문에 발생하는 파싱 오류다.

```
SELECT 장비번호, 장비명
     , SUBSTR(최종이력, 1, 8) 최종변경일자
     , TO_NUMBER(SUBSTR(최종이력, 9, 4)) 최종변경순번
     , SUBSTR(최종이력, 13) 최종상태코드
FROM (
```

```
SELECT 장비번호, 장비명
     ,(SELECT 변경일자 || LPAD(변경순번, 4) || 상태코드
       FROM  (SELECT 변경일자, 변경순번, 상태코드
              FROM   상태변경이력
              WHERE  장비번호 = P.장비번호  -- ORA-00904(부적합한 식별자) 오류
              ORDER BY 변경일자 DESC, 변경순번 DESC)
       WHERE ROWNUM <= 1) 최종이력
FROM    장비 P
WHERE   장비구분코드 = 'A001'
)
```

이 오류를 회피하기 위해 11g부터 쿼리를 아래와 같이 작성할 수 있다.

```
SELECT 장비번호, 장비명
    , SUBSTR(최종이력, 1, 8) 최종변경일자
    , TO_NUMBER(SUBSTR(최종이력, 9, 4)) 최종변경순번
    , SUBSTR(최종이력, 13) 최종상태코드
FROM (
    SELECT 장비번호, 장비명
         ,(SELECT 변경일자 || LPAD(변경순번, 4) || 상태코드
           FROM  (SELECT 장비번호, 변경일자, 변경순번, 상태코드
                  FROM   상태변경이력
                  ORDER BY 변경일자 DESC, 변경순번 DESC)
           WHERE 장비번호 = P.장비번호
           AND   ROWNUM <= 1) 최종이력
    FROM    장비 P
    WHERE   장비구분코드 = 'A001'
)
```

```
---------------------------------------------------------------------------
| Id | Operation                          | Name      | Starts | A-Rows | Buffers |
---------------------------------------------------------------------------
|  0 | SELECT STATEMENT                   |           |      1 |     10 |      4 |
|  1 |  COUNT STOPKEY                     |           |     10 |     10 |     40 |
|  2 |   VIEW                             |           |     10 |     10 |     40 |
|  3 |    TABLE ACCESS BY INDEX ROWID     | 상태변경이 |     10 |     10 |     40 |
|  4 |     INDEX RANGE SCAN DESCENDING    | 상태변경이 |     10 |     10 |     30 |
|  5 |  TABLE ACCESS BY INDEX ROWID       | 장비      |      1 |     10 |      4 |
|  6 |   INDEX RANGE SCAN                 | 장비_N1   |      1 |     10 |      2 |
---------------------------------------------------------------------------
```

SQL 형태만 놓고 보면, 인라인 뷰로 정의한 집합(모든 상태변경이력을 읽어 변경일자와 변경순번

역순으로 정렬한 중간집합)을 우선 만들고 나서 장비번호와 ROWNUM 조건을 필터링할 것처럼 보인다. 하지만, 실제 수행해 보면 「장비번호 = P.장비번호」 조건절이 인라인 뷰 안쪽으로 파고 들어간다. 'Predicate Pushing'이라고 불리는 쿼리 변환이 작동한 결과다. 이 방식을 사용하면, 혹시 인덱스 구성이 변경됐을 때 'Top N Stopkey' 알고리즘이 작동하지 않아 성능이 느려질 순 있지만, 쿼리 결과집합은 보장된다.

한 가지 반가운 소식! 12c에서는 아래와 같은 패턴도 SQL 파싱 오류 없이 'Top N Stopkey' 알고리즘이 잘 작동한다. 11g까지 ORA-00904 오류가 발생한다고 했던 패턴이다.

```
SELECT 장비번호, 장비명
     , SUBSTR(최종이력, 1, 8) 최종변경일자
     , TO_NUMBER(SUBSTR(최종이력, 9, 4)) 최종변경순번
     , SUBSTR(최종이력, 13) 최종상태코드
FROM (
    SELECT 장비번호, 장비명
         ,(SELECT 변경일자 || LPAD(변경순번, 4) || 상태코드
            FROM  (SELECT 변경일자, 변경순번, 상태코드
                   FROM   상태변경이력
                   WHERE  장비번호 = P.장비번호
                   ORDER BY 변경일자 DESC, 변경순번 DESC)
            WHERE ROWNUM <= 1) 최종이력
    FROM  장비 P
    WHERE 장비구분코드 = 'A001'
)
```

Top N 쿼리는 여러모로 이점이 많은 패턴이니 잘 활용하기 바란다.

 윈도우 함수와 Row Limiting 절

윈도우 함수 기능이 점점 좋아지고, 12c부터는 Row Limiting 절도 지원한다. 지금까지 설명한 Top N 쿼리와 성능을 비교해 볼 필요가 있는데, 결론부터 말하면 인덱스 활용이 중요한 온라인성 쿼리에서 윈도우 함수 또는 Row Limiting 절을 사용하는 것은 시기상조다. Top N 쿼리를 사용하자.

(1) 이력 조회

이력 조회하는 서브쿼리에 아래와 같이 윈도우 함수를 사용할 수 있지만, 'Top N Stopkey' 알고리즘이 작동하지 않는다. 따라서 인덱스로 소트를 생략할 수 있을 때 사용해선 안 된다.

```
SELECT 장비번호, 장비명
     , SUBSTR(최종이력, 1, 8) 최종변경일자
     , TO_NUMBER(SUBSTR(최종이력, 9, 4)) 최종변경순번
     , SUBSTR(최종이력, 13) 최종상태코드
FROM (
    SELECT 장비번호, 장비명
         ,(SELECT 변경일자 || LPAD(변경순번, 4) || 상태코드
            FROM  (SELECT 변경일자, 변경순번, 상태코드
                       , ROW_NUMBER() OVER (ORDER BY 변경일자 DESC, 변경순번 DESC) NO
                   FROM   상태변경이력
                   WHERE  장비번호 = P.장비번호)
            WHERE NO = 1) 최종이력
    FROM  장비 P
    WHERE 장비구분코드 = 'A001'
);
```

12c부터 Row Limiting 절을 이용해 아래와 같이 구현할 수도 있지만, 마찬가지로 'Top N Stopkey' 알고리즘이 작동하지 않는다. 참고로, Row Limiting 절을 사용하면, 윈도우 함수를 사용하는 형태(위 쿼리)로 옵티마이저가 쿼리를 변환한다. 따라서 실행계획도 똑같다.

```
SELECT 장비번호, 장비명
     , SUBSTR(최종이력, 1, 8) 최종변경일자
     , TO_NUMBER(SUBSTR(최종이력, 9, 4)) 최종변경순번
     , SUBSTR(최종이력, 13) 최종상태코드
FROM (
    SELECT 장비번호, 장비명
         ,(SELECT 변경일자 || LPAD(변경순번, 4) || 상태코드
            FROM   상태변경이력
            WHERE  장비번호 = P.장비번호
            ORDER BY 변경일자 DESC, 변경순번 DESC
            FETCH FIRST 1 ROWS ONLY) 최종이력
```

```
    FROM   장비 P
    WHERE  장비구분코드 = 'A001'
);
```

(2) 페이징 처리

아래와 같이 윈도우 함수를 페이징 처리에 활용할 때는 'Top N Stopkey' 알고리즘이 작동할 수 있다. 하지만, 카디널리티와 비용 계산이 불완전함으로 인해 소트를 생략할 수 있는데도 인덱스를 사용하지 않는 경우가 자주 발생한다. 따라서 페이징 처리에 이 방식을 사용하면 index/index_desc 힌트를 써야 할 일이 자주 생긴다[4].

```
SELECT 변경일자, 변경순번, 상태코드
FROM   (
    SELECT 변경일자, 변경순번, 상태코드
         , ROW_NUMBER() OVER (ORDER BY 변경일자, 변경순번) NO
    FROM   상태변경이력
    WHERE  장비번호 = :eqp_no)
WHERE NO BETWEEN 1 AND 10;
```

소트 생략 가능한 인덱스가 없어서 'Top N 소트' 알고리즘이 작동할 때, 기존 Top N 쿼리보다 윈도우 함수가 소트 공간(Sort Area, Temp 세그먼트)을 더 많이 사용하는 단점도 있다.

12c 이후로 페이징 처리에 아래와 같이 Row Limiting 절을 사용할 수 있지만, 윈도우 함수를 사용할 때와 똑같은 성능 특성을 보인다.

```
SELECT 변경일자, 변경순번, 상태코드
FROM   (
    SELECT ROWNUM NO, 변경일자, 변경순번, 상태코드
    FROM (
```

---

[4] 12c에서 first_rows(n) 힌트를 사용하면, 힌트에 지정한 n으로 카디널리티를 계산하므로 비교적 인덱스를 잘 사용한다. 페이징 처리에 윈도우 함수 또는 Row Limiting 절을 사용했다면, first_rows(n) 힌트를 같이 사용하기 바란다.

```
        SELECT 변경일자, 변경순번, 상태코드
        FROM   상태변경이력
        WHERE  장비번호 = :eqp_no
        ORDER BY 변경일자, 변경순번
        FETCH FIRST 10 ROWS ONLY)
     )
WHERE NO >= 1;
```

상황에 따라 달라져야 하는 이력 조회 패턴

이력을 조회하는 업무 패턴은 다양하다. 일부 장비(장비구분코드 = 'A001')가 아닌 전체 장비를 대상으로 조회하거나, 최종이력이 아닌 직전 이력을 조회하거나, 특정 상태로 변경한 최종 이력을 조회하는 등 여러 가지 상황이 존재한다. 본 절의 주제가 '인덱스를 이용한 소트 연산 생략'이므로 'First Row Stopkey' 또는 'Top N Stopkey' 알고리즘이 작동할 수 있게 SQL을 작성하는 내용 중심으로 살펴봤지만, 상황에 따라 이력 조회 패턴도 달라야 한다.

특히, 전체(또는 상당히 많은) 장비의 이력을 조회할 때는 인덱스를 이용한 Stopkey 기능 작동 여부가 튜닝의 핵심요소가 아니다. 인덱스 활용 패턴은 랜덤 I/O 발생량만큼 성능도 비례해서 느려지므로 대량 데이터 조회할 때 결코 좋은 솔루션이 되지 못한다. 3장 1절 3항(3.1.3) '인덱스 손익분기점' 후반부에 설명한 온라인 프로그램과 배치 프로그램 튜닝의 특징을 상기하기 바란다.

전체 장비의 이력을 조회할 때는 아래와 같이 윈도우 함수를 이용하는 것이 효과적이다.

```
SELECT P.장비번호, P.장비명
     , H.변경일자 AS 최종변경일자
     , H.변경순번 AS 최종변경순번
     , H.상태코드 AS 최종상태코드
FROM   장비 P
     ,(SELECT 장비번호, 변경일자, 변경순번, 상태코드
            , ROW_NUMBER() OVER (PARTITION BY 장비번호
                                 ORDER BY 변경일자 DESC, 변경순번 DESC) RNUM
       FROM   상태변경이력) H
WHERE  H.장비번호 = P.장비번호
AND    H.RNUM = 1;
```

```
---------------------------------------------------------------------
| Id | Operation                  | Name        | A-Rows | Buffers | Reads |
---------------------------------------------------------------------
|  0 | SELECT STATEMENT           |             |   1000 |  2881K  | 36812 |
|  1 |  HASH JOIN                 |             |   1000 |  2881K  | 36812 |
|  2 |   TABLE ACCESS FULL        | 장비        |   1000 |     23  |     6 |
|  3 |   VIEW                     |             |   1000 |  2881K  | 36806 |
|  4 |    WINDOW SORT PUSHED RANK |             |   8700 |  2881K  | 36806 |
|  5 |     TABLE ACCESS FULL      | 상태변경이력|18250K  |  2880K  | 36803 |
---------------------------------------------------------------------
```

Full Scan과 해시 조인을 이용하기 때문에 오랜 과거 이력까지 모두 읽지만, 인덱스를 이용하는 방식보다 빠르다. 아래와 같이 KEEP 절을 활용할 수도 있다.

```
SELECT  P.장비번호, P.장비명
      , H.변경일자 AS 최종변경일자
      , H.변경순번 AS 최종변경순번
      , H.상태코드 AS 최종상태코드
FROM    장비 P
      ,(SELECT 장비번호
            , MAX(변경일자) 변경일자
            , MAX(변경순번) KEEP (DENSE_RANK LAST ORDER BY 변경일자, 변경순번) 변경순번
            , MAX(상태코드) KEEP (DENSE_RANK LAST ORDER BY 변경일자, 변경순번) 상태코드
        FROM    상태변경이력
        GROUP BY 장비번호) H
WHERE  H.장비번호 = P.장비번호
```

```
---------------------------------------------------------------------
| Id | Operation              | Name         | A-Rows | Buffers | Reads |
---------------------------------------------------------------------
|  0 | SELECT STATEMENT       |              |   1000 |  2881K  | 17809 |
|  1 |  HASH JOIN             |              |   1000 |  2881K  | 17809 |
|  2 |   TABLE ACCESS FULL    | 장비         |   1000 |     23  |     3 |
|  3 |   VIEW                 |              |   1000 |  2881K  | 17806 |
|  4 |    SORT GROUP BY       |              |   1000 |  2881K  | 17806 |
|  5 |     TABLE ACCESS FULL  | 상태변경이력 | 18250K |  2880K  | 17803 |
---------------------------------------------------------------------
```

선분이력 맛보기

업무 특성에 따라서는 그림 5-17처럼 선분이력 모델도 고려할 만하다.

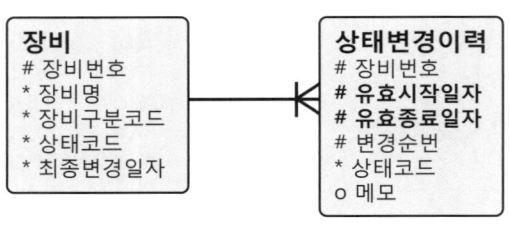

[그림 5 – 17]

선분이력 모델을 채택하면, 어떤 상황에서든 아래와 같이 간단한 쿼리로 쉽게 이력을 조회할 수 있고, 쿼리가 간단한 만큼 성능 측면에 이점도 생긴다.

```
SELECT P.장비번호, P.장비명
     , H.상태코드, H.유효시작일자, H.유효종료일자, H.변경순번
FROM   장비 P, 상태변경이력 H
WHERE  P.장비구분코드 = 'A001'
AND    H.장비번호 = P.장비번호
AND    H.유효종료일자 = '99991231'

또는

SELECT P.장비번호, P.장비명
     , H.상태코드, H.유효시작일자, H.유효종료일자, H.변경순번
FROM   장비 P, 상태변경이력 H
WHERE  P.장비구분코드 = 'A001'
AND    H.장비번호 = P.장비번호
AND    :BASE_DT BETWEEN H.유효시작일자 AND H.유효종료일자
```

이력에 대해서 다룰 내용이 훨씬 더 많지만, 초보자를 대상으로 한 책이니 이 정도까지만 설명하는 게 좋겠다. 여기서 그치지 말고 다양한 이력모델과 조회 패턴의 장단점을 연구함으로써 각 상황에 맞는 최적 패턴을 선택할 수 있기를 바란다.

5.3.5 Sort Group By 생략

인덱스를 이용해 소트 연산을 생략할 수 있다는 사실은 많이 알려졌고 이해하기도 비교적 쉽다. 반면, 그룹핑 연산에도 인덱스를 활용할 수 있다는 사실은 모르는 분이 많다.

아래 SQL에 region이 선두 컬럼인 인덱스를 이용하면, Sort Group By 연산을 생략할 수 있다. 실행계획에 'Sort Group By **Nosort**'라고 표시된 부분을 확인하기 바란다.

```
select region, avg(age), count(*)
from   customer
group by region
```

Id	Operation	Name	Rows	Bytes	Cost (%CPU)
0	SELECT STATEMENT		25	725	30142 (1)
1	SORT GROUP BY NOSORT		25	725	30142 (1)
2	TABLE ACCESS BY INDEX ROWID	CUSTOMER	1000K	27M	30142 (1)
3	INDEX FULL SCAN	CUSTOMER_X01	1000K		2337 (2)

그림 5-18을 보면, 위 실행계획을 어떻게 수행하는지 쉽게 이해할 수 있다. Array Size는 3이라고 가정하자.

[그림 5 – 18]

1. 인덱스에서 'A' 구간을 스캔하면서 테이블을 액세스하다가 'B'를 만나는 순간, 그때까지 집계한 값을 운반단위에 저장한다.
2. 계속해서 'B' 구간을 스캔하다가 'C'를 만나는 순간, 그때까지 집계한 값을 운반단위에 저장한다.
3. 계속해서 'C' 구간을 스캔하다가 'D'를 만나는 순간, 그때까지 집계한 값을 운반단위에 저장한다. Array Size가 3이므로 지금까지 읽은 A, B, C에 대한 집계결과를 클라이언트에게 전송하고 다음 Fetch Call이 올 때까지 기다린다. (추가 Fetch Call이 오지 않을 수도 있다. 그럴 경우, 작업은 여기서 끝난다.)
4. 클라이언트로부터 다음 Fetch Call이 오면, 1~3 과정을 반복한다. 물론, 두 번째 Fetch Call에서는 'D' 구간부터 읽기 시작한다.

이처럼 인덱스를 이용해 Nosort 방식으로 Group By를 처리하면 부분범위 처리가 가능해진다.

5.4 Sort Area를 적게 사용하도록 SQL 작성

소트 연산이 불가피하다면 메모리 내에서 처리를 완료할 수 있도록 노력해야 한다. Sort Area 크기를 늘리는 방법도 있지만, 그전에 Sort Area를 적게 사용할 방법부터 찾는 것이 순서다.

5.4.1 소트 데이터 줄이기

특정 기간에 발생한 주문상품 목록을 파일로 내리고자 한다. 아래 두 SQL 중 어느 쪽이 Sort Area를 더 적게 사용할까?

[1번]

```
select lpad(상품번호, 30) || lpad(상품명, 30) || lpad(고객ID, 10)
     || lpad(고객명, 20) || to_char(주문일시, 'yyyymmdd hh24:mi:ss')
from   주문상품
where  주문일시 between :start and :end
order by 상품번호
```

[2번]

```
select lpad(상품번호, 30) || lpad(상품명, 30) || lpad(고객ID, 10)
     || lpad(고객명, 20) || to_char(주문일시, 'yyyymmdd hh24:mi:ss')
from (
  select 상품번호, 상품명, 고객ID, 고객명, 주문일시
  from   주문상품
  where  주문일시 between :start and :end
  order by 상품번호
)
```

1번 SQL은 레코드당 107(=30+30+10+20+17) 바이트로 가공한 결과집합을 Sort Area에 담는다. 반면, 2번 SQL은 가공하지 않은 상태로 정렬을 완료하고 나서 최종 출력할 때 가공한다. 따라서 2번 SQL이 Sort Area를 훨씬 적게 사용한다.

아래 두 SQL 중에서는 어느 쪽이 Sort Area를 더 적게 사용할까?

[1번]

```
SELECT *
FROM    예수금원장
ORDER BY 총예수금 desc

Execution Plan
-------------------------------------------------------------
0      SELECT STATEMENT Optimizer=ALL_ROWS (Cost=184K Card=2M Bytes=716M)
1   0    SORT (ORDER BY) (Cost=184K Card=2M Bytes=716M)
2   1      TABLE ACCESS (FULL) OF '예수금원장' (TABLE) (Cost=25K Card=2M Bytes=716M)
```

[2번]

```
SELECT 계좌번호, 총예수금
FROM    예수금원장
ORDER BY 총예수금 desc

Execution Plan
-------------------------------------------------------------
0      SELECT STATEMENT Optimizer=ALL_ROWS (Cost=31K Card=2M Bytes=17M)
1   0    SORT (ORDER BY) (Cost=31K Card=2M Bytes=17M)
2   1      TABLE ACCESS (FULL) OF '예수금원장' (TABLE) (Cost=24K Card=2M Bytes=17M)
```

당연히 2번 SQL이 적게 사용한다. 1번 SQL은 모든 컬럼을 Sort Area에 저장하는 반면, 2번 SQL은 계좌번호와 총예수금만 저장하기 때문이다. 실행계획에서 맨 우측열을 보면, 1번 SQL은 716MB, 2번 SQL은 17MB를 처리했다. 두 SQL 모두 테이블을 Full Scan 했으므로 읽은 데이터량은 똑같지만, 소트한 데이터량이 다르므로 성능도 다르다. 229개 컬럼을 가진 테이블로 직접 테스트해 본 결과, 1번 SQL은 14.41초, 2번 SQL은 1.2초가 소요되었다.

5.4.2 Top N 쿼리의 소트 부하 경감 원리

Top N 쿼리에 대해서는 3절 2항(5.3.2)에서 살펴봤다. 3절 2항에서는 Top N 쿼리에 소트 연산을 생략할 수 있도록 인덱스를 구성했을 때, 'Top N Stopkey' 알고리즘이 어떤 성능 효과를 가져다주는지를 살펴봤다. 이번에는 인덱스로 소트 연산을 생략할 수 없을 때, Top N 쿼리가 어떻게 작동하는지 설명할 차례다.

전교생 1,000명 중 가장 큰 학생 열 명을 선발하려고 한다. 다른 학교와 농구시합을 앞두고 있어서다. 어떤 방법이 있을까?
만약 전교생을 키 순서대로 정렬한 학생명부가 있다면 가장 위쪽에 있는 열 명을 선발하면 된다. 'Top N Stopkey' 알고리즘이다. 그런 학생명부를 미리 준비해 두지 않았다면, 아래와 같은 방법이 가장 효과적이지 않을까 싶다.

1. 전교생을 운동장에 집합시킨다.
2. 맨 앞줄 맨 왼쪽에 있는 학생 열 명을 단상 앞으로 불러 그림 5-19처럼 키 순서대로 세운다.
3. 나머지 990명을 한 명씩 교실로 들여보내면서 현재 Top 10 위치에 있는 학생과 키를 비교한다. 더 큰 학생이 나타나면, 현재 Top 10 위치에 있는 학생을 교실로 들여보낸다.
4. Top 10에 새로 진입한 학생 키에 맞춰 자리를 재배치한다.

[그림 5 – 19]

전교생이 다 교실로 들어갈 때까지 3번과 4번 과정을 반복하면, 최종적으로 그 학교에서 가장 키 큰 학생 열 명만 운동장에 남는다. 지금 설명한 알고리즘을 지금부터 'Top N 소트' 알고리즘이라고 부르자.

3절 2항에서 설명한 페이징 쿼리로 돌아가 보자.

```
select *
from (
  select rownum no, a.*
  from
  (
    select 거래일시, 체결건수, 체결수량, 거래대금
    from   종목거래
    where  종목코드 = 'KR123456'
    and    거래일시 >= '20180304'
    order by 거래일시
  ) a
  where  rownum <= (:page * 10)
)
where no >= (:page-1)*10 + 1
```

아래는 인덱스로 소트 연산을 생략할 수 없어 Table Full Scan 방식으로 처리할 때의 SQL 트레이스다.

```
Call     Count  CPU Time  Elapsed Time   Disk   Query   Current    Rows
-------  -----  --------  ------------  ------  ------  --------  ------
Parse        1     0.000         0.000       0       0         0       0
Execute      1     0.000         0.000       0       0         0       0
Fetch        2     0.078         0.083       0     690         0      10
-------  -----  --------  ------------  ------  ------  --------  ------
Total        4     0.078         0.084       0     690         0      10

Rows    Row Source Operation
-----   --------------------------------------------------
    0   STATEMENT
   10   COUNT STOPKEY (cr=690 pr=0 pw=0 time=83318 us)
   10    VIEW  (cr=690 pr=0 pw=0 time=83290 us)
   10     SORT ORDER BY STOPKEY (cr=690 pr=0 pw=0 time=83264 us)
49857      TABLE ACCESS FULL 종목거래(cr=690 pr=0 pw=0 time=299191 us)
```

실행계획에 Sort Order By 오퍼레이션이 나타났다. Table Full Scan 대신 종목코드가 선두인 인덱스를 사용할 수도 있지만, 바로 뒤 컬럼이 거래일시가 아니면 소트 연산을 생략할 수 없으므로 지금처럼 Sort Order By 오퍼레이션이 나타난다.

여기서 Sort Order By 옆에 'Stopkey'라고 표시된 부분을 주목하기 바란다. 소트 연산을 피할 수 없어 Sort Order By 오퍼레이션을 수행하지만 'Top N 소트' 알고리즘이 작동한다는 사실을 실행계획에 표시하고 있다. 이 알고리즘이 작동하면, 소트 연산(=값 비교) 횟수와 Sort Area 사용량을 최소화해 준다. 예를 들어, page 변수에 1을 입력하면 열 개 원소를 담을 배열(Array) 공간만 있으면 된다.

열 개짜리 배열로 최상위 열 개 레코드를 찾는 방법은 앞서 농구팀 선발 과정과 같다. 처음 읽은 열 개 레코드를 거래일시 오름차순(ASC)으로 정렬해서 배열에 담는다. 이후 읽는 레코드에 대해서는 배열 맨 끝(큰 쪽 끝)에 있는 값과 비교해서 그보다 작은 값이 나타날 때만 배열 내에서 다시 정렬한다. 기존에 맨 끝에 있던 값은 버린다.

이 방식으로 처리하면, 대상 집합이 아무리 커도 많은 메모리 공간이 필요하지 않다. 전체 레코드를 다 정렬하지 않고도 오름차순(ASC)으로 최소값을 갖는 열 개 레코드를 정확히 찾아낼 수 있다. 이것이 'Top N 소트' 알고리즘이 소트 연산 횟수와 Sort Area 사용량을 줄여주는 원리다.

아래는 AutoTrace 결과다. 위에서 본 SQL 트레이스에서 Physical Read(=pr)와 Physical Write(=pw)가 전혀 발생하지 않았는데, 그 사실을 AutoTrace에서도 확인할 수 있다. 'physical reads'와 'sorts (disk)' 항목이 0이다.

```
Statistics
----------------------
      0  recursive calls
      0  db block gets
    690  consistent gets
      0  physical reads
    ...  ...
      1  sorts (memory)
      0  sorts (disk)
```

참고로, 많은 메모리 공간이 필요 없다는 사실을 증명하기 위해 아래와 같이 Sort Area를 작게 설정하고 테스트하였다.

```
SQL> alter session set workarea_size_policy = manual;

SQL> alter session set sort_area_size = 524288;
```

5.4.3 Top N 쿼리가 아닐 때 발생하는 소트 부하

SQL을 더 간결하게 표현하기 위해 다음과 같이 Order By 아래 쪽 ROWNUM 조건절을 제거하고 수행해 보자.

```
select  *
from  (
  select rownum no, a.*
  from
   (
     select 거래일시, 체결건수, 체결수량, 거래대금
     from    종목거래
     where   종목코드 = 'KR123456'
     and     거래일시 >= '20180304'
     order by 거래일시
   ) a
 )
where no between (:page-1)*10 + 1 and (:page * 10)
```

아래는 SQL 트레이스 결과다. Sort Area는 앞에서와 똑같이 설정하고 테스트하였다.

```
Call     Count CPU Time Elapsed Time  Disk   Query   Current  Rows
-------  ----- -------- ------------ ------ ------- --------- ------
Parse       1    0.000        0.000      0       0         0      0
Execute     1    0.000        0.000      0       0         0      0
Fetch       2    0.281        0.858    698     690        14     10
-------  ----- -------- ------------ ------ ------- --------- ------
Total       4    0.281        0.858    698     690        14     10
```

```
Rows   Row Source Operation
-----  ---------------------------------------------------
    0  STATEMENT
   10  VIEW  (cr=690 pr=698 pw=698 time=357962 us)
49857   COUNT  (cr=690 pr=698 pw=698 time=1604327 us)
49857    VIEW  (cr=690 pr=698 pw=698 time=1205452 us)
49857     SORT ORDER BY (cr=690 pr=698 pw=698 time=756723 us)
49857      TABLE ACCESS FULL 종목거래(cr=690 pr=0 pw=0 time=249345 us)
```

실행계획에서 Stopkey가 사라졌다. 'Top N 소트' 알고리즘이 작동하지 않았다는 뜻이다. 그 결과로 Physical Read(pr=698)와 Physical Write(pw=698)가 발생했다. 같은 양(690 블록)의 데이터를 읽고 정렬을 수행했는데, 앞에서는 'Top N 소트' 알고리즘이 작동해 메모리 내에서 정렬을 완료했지만 지금은 디스크를 이용해야만 했다.

아래는 AutoTrace 결과다. 'sorts (disk)' 항목이 1이므로 정렬 과정에 Temp 테이블스페이스를 이용했다는 사실을 알 수 있다.

```
Statistics
----------------------
     6  recursive calls
    14  db block gets
   690  consistent gets
   698  physical reads
   ...  ...
     0  sorts (memory)
     1  sorts (disk)
```

5.4.4 분석함수에서의 Top N 소트

윈도우 함수 중 rank나 row_number 함수는 max 함수보다 소트 부하가 적다. Top N 소트 알고리즘이 작동하기 때문이다. 테스트를 통해 확인해 보자.

아래는 max 함수를 이용해 모든 장비에 대한 마지막 이력 레코드를 찾는 쿼리다.

```
select 장비번호, 변경일자, 변경순번, 상태코드, 메모
from (select 장비번호, 변경일자, 변경순번, 상태코드, 메모
           , max(변경순번) over (partition by 장비번호) 최종변경순번
      from 상태변경이력
      where 변경일자 = :upd_dt)
where 변경순번 = 최종변경순번

Call     Count  CPU Time  Elapsed Time   Disk     Query    Current   Rows
-------  -----  --------  ------------   -------  -------  --------  -----
Parse    1      0.000     0.000          0        0        0         0
Execute  1      0.000     0.000          0        0        0         0
Fetch    2      2.750     9.175          13456    4536     9         10
-------  -----  --------  ------------   -------  -------  --------  -----
Total    4      2.750     9.175          13456    4536     9         10

Rows     Row Source Operation
-------  ----------------------------------------------------------------
     0   STATEMENT
    10   VIEW  (cr=4536 pr=13456 pw=8960 time=4437847 us)
498570     WINDOW SORT (cr=4536 pr=13456 pw=8960 time=9120662 us)
498570       TABLE ACCESS FULL 상태변경이력 (cr=4536 pr=0 pw=0 time=1994341 us)
```

Sort Area를 작게 설정한 상태에서 테스트했기 때문에 Window Sort 단계에서 13,456개 physical read(=pr)와 8,960개 physical write(=pr)가 발생했다.

같은 상황에서 max 대신 rank 함수를 사용해 보자.

```
select 장비번호, 변경일자, 변경순번, 상태코드, 메모
from (select 장비번호, 변경일자, 변경순번, 상태코드, 메모
           , rank()over(partitionby장비번호 order by 변경순번 desc) rnum
      from 상태변경이력
      where 변경일자 = :upd_dt)
where rnum = 1

Call     Count  CPU Time  Elapsed Time   Disk     Query    Current   Rows
-------  -----  --------  ------------   -------  -------  --------  -----
Parse    1      0.000     0.000          0        0        0         0
Execute  1      0.000     0.000          0        0        0         0
Fetch    2      0.969     1.062          40       4536     42        10
-------  -----  --------  ------------   -------  -------  --------  -----
Total    4      0.969     1.062          40       4536     42        10
```

```
Rows     Row Source Operation
-------  --------------------------------------------------
      0  STATEMENT
     10  VIEW  (cr=4536 pr=40 pw=40 time=1061996 us)
    111   WINDOW SORT PUSHED RANK (cr=4536 pr=40 pw=40 time=1061971 us)
 498570    TABLE ACCESS FULL 상태변경이력 (cr=4536 pr=0 pw=0 time=1495760 us)
```

여기서도 physical read와 physical write가 각각 40개씩 발생하긴 했지만 max 함수 쓸 때보다 훨씬 줄었다. 시간이 8초 가량 덜 소요된 것도 확인하기 바란다.

DML 튜닝

6.1 기본 DML 튜닝

6.2 Direct Path I/O 활용

6.3 파티션을 활용한 DML 튜닝

6.4 Lock과 트랜잭션 동시성 제어

6장

DML 튜닝

6.1 기본 DML 튜닝

지금까지 배운 인덱스와 조인 튜닝을 DML 문에도 그대로 적용할 수 있지만, 본 절은 DML 성능에 영향을 주는 다른 요소와 튜닝 방법들을 모아서 따로 설명하고자 한다. DML 성능에 영향을 미치는 요소에 어떤 것들이 있는지부터 살펴보자.

6.1.1 DML 성능에 영향을 미치는 요소

DML 성능에 영향을 미치는 요소는 다음과 같다.

- 인덱스
- 무결성 제약
- 조건절
- 서브쿼리
- Redo 로깅
- Undo 로깅
- Lock
- 커밋

인덱스와 DML 성능

테이블에 레코드를 입력하면, 인덱스에도 입력해야 한다. 테이블은 Freelist[1]를 통해 입력할

---
1 테이블마다 데이터 입력이 가능한(여유 공간이 있는) 블록 목록을 관리하는데, 이를 'Freelist'라고 한다.

블록을 할당받지만, 인덱스는 정렬된 자료구조이므로 그림 6-1처럼 수직적 탐색을 통해 입력할 블록을 찾아야 한다. 인덱스에 입력하는 과정이 더 복잡하므로 DML 성능에 미치는 영향도 더 크다.

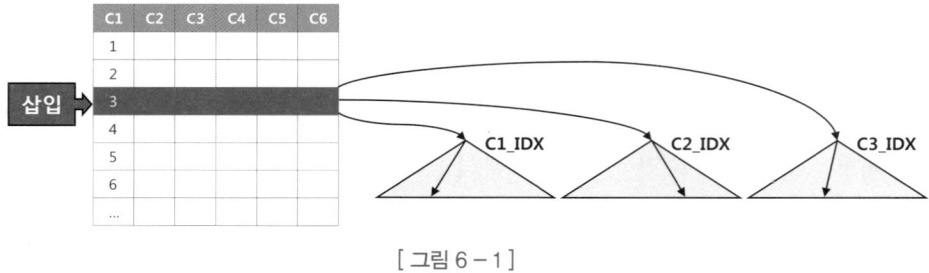

[그림 6-1]

DELETE 할 때도 마찬가지다. 테이블에서 레코드 하나를 삭제하면, 인덱스 레코드를 모두 찾아서 삭제해 줘야 한다. UPDATE 할 때는 변경된 컬럼을 참조하는 인덱스만 찾아서 변경해 주면 된다. 그 대신, 테이블에서 한 건 변경할 때마다 인덱스에는 두 개 오퍼레이션이 발생한다. 인덱스는 정렬된 자료구조이기 때문이다. 예를 들어, 'A'를 'K'로 변경하면 저장 위치도 달라지므로 그림 6-2처럼 삭제 후 삽입하는 방식으로 처리한다.

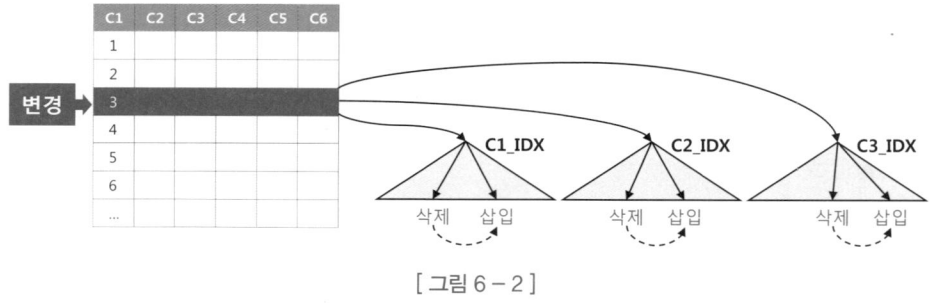

[그림 6-2]

인덱스 개수가 DML 성능에 미치는 영향이 매우 큰 만큼, 인덱스 설계에 심혈을 기울여야 한다. 핵심 트랜잭션 테이블에서 인덱스 하나라도 줄이면 TPS(Transaction Per Second)는 그만큼 향상된다.

인덱스 개수가 DML 성능에 미치는 영향을 직접 테스트해 보자.

```
SQL> create table source
  2  as
  3  select b.no, a.*
  4  from   (select * from emp where rownum <= 10) a
  5        ,(select rownum as no from dual connect by level <= 100000) b;

SQL> create table target
  2  as
  3  select * from source where 1 = 2;

SQL> alter table target add
  2  constraint target_pk primary key(no, empno);
```

방금 생성한 SOURCE 테이블에는 레코드 100만 개가 입력돼 있다. TARGET 테이블은 현재 비어 있다. TARGET 테이블에 PK 인덱스 하나만 생성한 상태에서 SOURCE 테이블을 읽어 레코드 100만 개를 입력해 보자.

```
SQL> set timing on;
SQL> insert into target
  2  select * from source;

1000000 개의 행이 만들어졌습니다.

경    과: 00:00:04.95
```

4.95초만에 수행을 마쳤다. 인덱스를 두 개 더 생성하고 다시 100만 건을 입력해 보자.

```
SQL> truncate table target;

SQL> create index target_x1 on target(ename);

SQL> create index target_x2 on target(deptno, mgr);

SQL> insert into target
  2  select * from source;

1000000 개의 행이 만들어졌습니다.

경    과: 00:00:38.98
```

38.98초로 무려 여덟 배나 느려졌다. 인덱스 두 개의 영향력이 이 정도로 크다.

무결성 제약과 DML 성능

데이터베이스에 논리적으로 의미 있는 자료만 저장되게 하는 데이터 무결성 규칙으로는 아래 네 가지가 있다.

- 개체 무결성(Entity Integrity)
- 참조 무결성(Referential Integrity)
- 도메인 무결성(Domain Integrity)
- 사용자 정의 무결성(또는 업무 제약 조건)

이들 규칙을 애플리케이션으로 구현할 수도 있지만, DBMS에서 PK, FK, Check, Not Null 같은 제약(Constraint)을 설정하면 더 완벽하게 데이터 무결성을 지켜낼 수 있다.

PK, FK 제약은 Check, Not Null 제약보다 성능에 더 큰 영향을 미친다. Check, Not Null 은 정의한 제약 조건을 준수하는지만 확인하면 되지만, PK, FK 제약은 실제 데이터를 조회해 봐야 하기 때문이다.

앞서 진행한 테스트에 이어 이번에는 일반 인덱스와 PK 제약을 모두 제거한 상태에서 100만 건 입력하는 데 걸리는 시간을 확인해 보자.

```
SQL> drop index target_x1;

SQL> drop index target_x2;

SQL> alter table target drop primary key;

SQL> truncate table target;

SQL> insert into target
  2  select * from source;
```

1000000 개의 행이 만들어졌습니다.

경   과: 00:00:01.32

테스트 결과를 요약하면, 표 6-1과 같다.

PK 제약/인덱스	일반 인덱스(2개)	소요시간
O	O	38.98초
O	X	4.95초
X	X	1.32초

[표 6 - 1]

조건절과 DML 성능

아래는 조건절만 포함하는 가장 기본적인 DML 문과 실행계획이다.

```
SQL> set autotrace traceonly exp

SQL> update emp set sal = sal * 1.1 where deptno = 40;

-------------------------------------------------------------------
| Id | Operation         | Name    | Rows | Bytes | Cost (%CPU)| Time     |
-------------------------------------------------------------------
|  0 | UPDATE STATEMENT  |         |   1  |   7   |   2   (0)  | 00:00:01 |
|  1 |  UPDATE           | EMP     |      |       |            |          |
|  2 |   INDEX RANGE SCAN| EMP_X01 |   1  |   7   |   1   (0)  | 00:00:01 |
-------------------------------------------------------------------


SQL> delete from emp where deptno = 40;

-------------------------------------------------------------------
| Id | Operation         | Name    | Rows | Bytes | Cost (%CPU)| Time     |
-------------------------------------------------------------------
|  0 | DELETE STATEMENT  |         |   1  |  13   |   1   (0)  | 00:00:01 |
|  1 |  DELETE           | EMP     |      |       |            |          |
|  2 |   INDEX RANGE SCAN| EMP_X01 |   1  |  13   |   1   (0)  | 00:00:01 |
-------------------------------------------------------------------
```

SELECT 문과 실행계획이 다르지 않으므로 이들 DML 문에는 2장과 3장에서 학습한 인덱스 튜닝 원리를 그대로 적용할 수 있다.

서브쿼리와 DML 성능

아래는 서브쿼리를 포함하는 DML 문과 실행계획이다.

```
SQL> update emp e set sal = sal * 1.1
  2  where  exists
  3         (select 'x' from dept where deptno = e.deptno and loc = 'CHICAGO');
```

Id	Operation	Name	Rows	Bytes	Cost (%CPU)
0	UPDATE STATEMENT		5	90	5 (20)
1	UPDATE	EMP			
2	NESTED LOOPS		5	90	5 (20)
3	SORT UNIQUE		1	11	2 (0)
4	TABLE ACCESS BY INDEX ROWID	DEPT	1	11	2 (0)
5	INDEX RANGE SCAN	DEPT_X01	1		1 (0)
6	INDEX RANGE SCAN	EMP_X01	5	35	1 (0)

```
SQL> delete from emp e
  2  where  exists
  3         (select 'x' from dept where deptno = e.deptno and loc = 'CHICAGO');
```

Id	Operation	Name	Rows	Bytes	Cost (%CPU)
0	DELETE STATEMENT		5	120	4 (25)
1	DELETE	EMP			
2	HASH JOIN SEMI		5	120	4 (25)
3	INDEX FULL SCAN	EMP_X01	14	182	1 (0)
4	TABLE ACCESS BY INDEX ROWID	DEPT	1	11	2 (0)
5	INDEX RANGE SCAN	DEPT_X01	1		1 (0)

```
SQL> insert into emp
  2  select e.*
  3  from   emp_t e
```

```
    4  where  exists
    5         (select 'x' from dept where deptno = e.deptno and loc = 'CHICAGO');

----------------------------------------------------------------------------
| Id | Operation                      | Name     | Rows | Bytes | Cost (%CPU)|
----------------------------------------------------------------------------
|  0 | INSERT STATEMENT               |          |   5  |  490  |   6  (17)  |
|  1 |  LOAD TABLE CONVENTIONAL       | EMP      |      |       |            |
|  2 |   HASH JOIN SEMI               |          |   5  |  490  |   6  (17)  |
|  3 |    TABLE ACCESS FULL           | EMP_T    |  14  | 1218  |   3   (0)  |
|  4 |    TABLE ACCESS BY INDEX ROWID | DEPT     |   1  |   11  |   2   (0)  |
|  5 |     INDEX RANGE SCAN           | DEPT_X01 |   1  |       |   1   (0)  |
----------------------------------------------------------------------------
```

SELECT 문과 실행계획이 다르지 않으므로 이들 DML 문에는 4장에서 학습한 조인 튜닝 원리를 그대로 적용할 수 있다. 특히, 4장 4절(4.4) '서브쿼리 조인'과 밀접한 관련이 있다.

Redo 로깅과 DML 성능

오라클은 데이터파일과 컨트롤 파일에 가해지는 모든 변경사항[2]을 Redo 로그에 기록한다. Redo 로그는 트랜잭션 데이터가 어떤 이유에서건 유실됐을 때, 트랜잭션을 재현함으로써 유실 이전 상태로 복구하는 데 사용된다.

DML을 수행할 때마다 Redo 로그를 생성해야 하므로 Redo 로깅은 DML 성능에 영향을 미친다. INSERT 작업에 대해 Redo 로깅 생략 기능을 제공하는 이유가 여기에 있다. 이 기능은 2절 2항(6.2.2)에서 설명한다.

---

2 데이터파일에 대한 변경은 캐시된 버퍼블록을 통해 이루어진다.

Redo 로그의 용도

Redo 로그는 아래 세 가지 목적에 사용된다.

① Database Recovery
② Cache Recovery (Instance Recovery 시 roll forward 단계)
③ Fast Commit

첫째, Redo 로그는 물리적으로 디스크가 깨지는 등의 Media Fail 발생 시 데이터베이스를 복구하기 위해 사용한다. 이때는 온라인 Redo 로그를 백업해 둔 Archived Redo 로그를 이용하게 된다. 'Media Recovery'라고도 한다.

둘째, Redo 로그는 'Cache Recovery'를 위해 사용하며 다른 말로 'Instance Recovery'라고도 한다. 모든 DBMS가 버퍼캐시를 도입하는 이유가 I/O 성능을 높이기 위해서인데, 버퍼캐시는 휘발성이다. 캐시에 저장된 변경사항이 디스크 상의 데이터 블록에 아직 기록되지 않은 상태에서 정전 등이 발생해 인스턴스가 비정상적으로 종료되면, 그때까지의 작업내용을 모두 잃게 된다는 뜻이다. 이러한 트랜잭션 데이터 유실에 대비하기 위해 Redo 로그를 남긴다.

마지막으로, Redo 로그는 'Fast Commit'을 위해 사용한다. 변경된 메모리 버퍼블록을 디스크 상의 데이터 블록에 반영하는 작업은 랜덤 액세스 방식으로 이루어지므로 매우 느리다. 반면 로그는 Append 방식으로 기록하므로 상대적으로 빠르다. 따라서 트랜잭션에 의한 변경사항을 우선 Append 방식으로 빠르게 로그 파일에 기록하고, 변경된 메모리 버퍼블록과 데이터파일 블록 간 동기화는 적절한 수단(DBWR, Checkpoint)을 이용해 나중에 배치(Batch) 방식으로 일괄 수행한다.

사용자의 갱신내용이 메모리상의 버퍼블록에만 기록된 채 아직 디스크에 기록되지 않았지만 Redo 로그를 믿고 빠르게 커밋을 완료한다는 의미에서 이를 'Fast Commit'이라고 부른다. 커밋 정보까지 Redo 로그 파일에 안전하게 기록했다면, 인스턴스 Crash가 발생해도 언제든 복구할 수 있으므로 오라클은 안심하고 커밋을 완료할 수 있다.

Undo 로깅과 DML 성능

과거에는 롤백(Rollback)이라는 용어를 주로 사용했지만, 9i부터 오라클은 Undo라는 용어를 사용하고 있다. 그림 6-3은 Redo와 Undo의 차이점을 잘 보여준다. Redo는 트랜잭션을 재현함으로써 과거를 현재 상태로 되돌리는 데 사용하고, Undo는 트랜잭션을 롤백함으로써 현재를 과거 상태로 되돌리는 데 사용한다.

[그림 6 – 3]

따라서 Redo에는 트랜잭션을 재현하는 데 필요한 정보를 로깅하고, Undo에는 변경된 블록을 이전 상태로 되돌리는 데 필요한 정보를 로깅한다.

DML을 수행할 때마다 Undo를 생성해야 하므로 Undo 로깅은 DML 성능에 영향을 미친다. 그렇다고 Undo를 안 남길 순 없다. 오라클은 그런 방법을 아예 제공하지 않는다.

 Undo의 용도와 MVCC 모델

오라클은 데이터를 입력, 수정, 삭제할 때마다 Undo 세그먼트에 기록을 남긴다. Undo 데이터를 기록한 공간은 해당 트랜잭션이 커밋하는 순간, 다른 트랜잭션이 재사용할 수 있는 상태로 바뀐다. 가장 오래 전에 커밋한 Undo 공간부터 재사용하므로 Undo 데이터가 곧바로 사라지진 않겠지만, 언젠가 다른 트랜잭션 데이터로 덮어쓰이면서 (overwritten) 사라질 수 밖에 없다.

Undo에 기록한 데이터는 아래 세 가지 목적에 사용된다.

① Transaction Rollback
② Transaction Recovery (Instance Recovery 시 rollback 단계)
③ Read Consistency

첫째, 트랜잭션에 의한 변경사항을 최종 커밋하지 않고 롤백하고자 할 때 Undo 데이터를 이용한다.

둘째, Instance Crash 발생 후 Redo를 이용해 roll forward 단계가 완료되면 최종 커밋되지 않은 변경사항까지 모두 복구된다. 따라서 시스템이 셧다운된 시점에 아직 커밋되지 않았던 트랜잭션들을 모두 롤백해야 하는데, 이때 Undo 데이터를 사용한다.

마지막으로, Undo 데이터는 '읽기 일관성(Read Consistency)'을 위해 사용한다. SQL 튜닝 관점에서 주목할 내용은 읽기 일관성이다. 읽기 일관성을 위해 Consistent 모드로 데이터를 읽는 오라클에선 동시 트랜잭션이 많을수록 블록 I/O가 증가하면서 성능 저하로 이어지기 때문이다.

MVCC(Multi-Version Concurrency Control) 모델

MVCC 모델을 사용하는 오라클은 데이터를 두 가지 모드로 읽는다. 하나는 Current 모드, 다른 하나는 Consistent 모드다. Current 모드는 디스크에서 캐시로 적재된 원본(Current) 블록을 현재 상태 그대로 읽는 방식을 말한다.

Consistent 모드는 쿼리가 시작된 이후에 다른 트랜잭션에 의해 변경된 블록을 만나면 원본 블록으로부터 복사본(CR Copy) 블록을 만들고, 거기에 Undo 데이터를 적용함으로써 쿼리가 '시작된 시점'으로 되돌려서 읽는 방식을 말한다. 따라서 그림 6-4처럼 원본 블록 하나에 여러 복사본이 캐시에 존재할 수 있다.

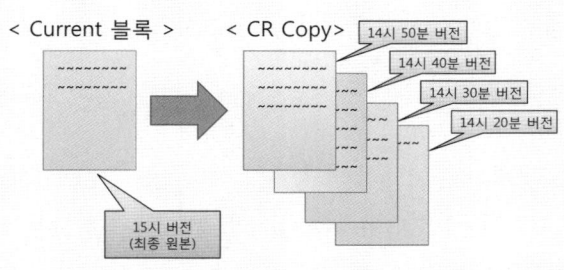

[그림 6-4]

Consistent 모드를 정확히 이해하려면 SCN에 대한 이해가 필요하다. 오라클은 시스템에서 마지막 커밋이 발생한 시점정보를 'SCN(System Commit Number)'이라는 Global 변수값으로 관리한다. 이 값은 기본적으로 각 트랜잭션이 커밋할 때마다 1씩 증가하지만, 오라클 백그라운드 프로세서에 의해서도 조금씩 증가한다.

또한, 오라클은 각 블록이 마지막으로 변경된 시점을 관리하기 위해 모든 블록 헤더에 SCN을 기록하는데, 이를 '블록 SCN'이라고 한다. 그리고 모든 쿼리는 Global 변수인 SCN 값을 먼저 확인하고서 읽기 작업을 시작하는데, 이를 '쿼리 SCN'이라고 한다.

SCN 개념을 이용해 Consistent 모드를 다시 설명하면, Consistent 모드는 쿼리 SCN과 블록 SCN을 비교함으로써 쿼리 수행 도중에 블록이 변경됐는지를 확인하면서 데이터를 읽는 방식이다. 데이터를 읽다가 블록 SCN이 쿼리 SCN보다 더 큰 블록을 만나면 복사본 블록을 만들고 Undo 데이터를 적용함으로써 쿼리가 시작된 시점으로 되돌려서 읽는다. 참고로, Undo 데이터가 다른 트랜잭션에 의해 재사용됨으로써 쿼리 시작 시점으로 되돌리는 작업에 실패할 때 Snapshot too old(ORA-01555) 에러가 발생한다.

SELECT 문은 (몇몇 예외 케이스를 제외하곤) 항상 Consistent 모드로 데이터를 읽는다. 반면, DML 문은 Consistent 모드로 대상 레코드를 찾고, Current 모드로 추가/변경/삭제한다. 즉, Consistent 모드로 DML 문이 '시작된 시점'에 존재했던 데이터 블록을 찾고, 다시 Current 모드로 원본 블록을 찾아서[3] 갱신한다. 읽기 일관성을 위해 Consistent 모

---

3 Consistent 모드로 읽은 레코드의 ROWID를 이용한다.

> 드로 읽지만, 변경 작업을 복사본 블록에 할 수는 없지 않은가. 데이터 변경은 원본 블록에 해야 한다.
>
> 더 자세한 내용은 '오라클 성능 고도화 원리와 해법' 1권을 통해 학습하기 바란다. MVCC 모델을 설명하는 데 1장 지면 대부분을 할애할 정도로 다룰 내용이 많기 때문에 여기서는 서문에 밝힌 본서 취지에 맞게 핵심만 간추려 설명하였다.

Lock과 DML 성능

Lock은 DML 성능에 매우 크고 직접적인 영향을 미친다. Lock을 필요 이상으로 자주, 길게[4] 사용하거나 레벨[5]을 높일수록 DML 성능은 느려진다. 그렇다고 Lock을 너무 적게, 짧게 사용하거나 필요한 레벨 이하로 낮추면 데이터 품질이 나빠진다. 성능과 데이터 품질이 모두 중요한데, 이 둘은 트레이드 오프(Trade-off) 관계여서 어렵다. 두 마리 토끼를 다 잡으려면 매우 세심한 동시성 제어가 필요하다.

동시성 제어(Concurrency Control)란, 동시에 실행되는 트랜잭션 수를 최대화(고성능)하면서도 입력, 수정, 삭제, 검색 시 데이터 무결성을 유지(고품질)하기 위해 노력하는 것을 말한다. Lock과 트랜잭션 동시성 제어에 대해서는 4절에서 좀 더 자세히 다룬다.

커밋과 DML 성능

커밋은 DML과 별개로 실행하지만, DML을 끝내려면 커밋까지 완료해야 하므로 서로 밀접

---

[4] 네 가지 트랜잭션 격리성 수준(Transaction Isolation Level)이 있다. Read Uncommitted, Read Committed, Repeatable Read, Serializable이 그것이다. 기본은 Read Committed이며, 격리성 수준을 올릴수록 Lock을 오래 유지한다. 가장 높은 Serializable은 테이블 레벨 Lock을 사용하며, 트랜잭션을 완료할 때까지 유지한다. 참고로, 오라클은 Read Committed와 Serializable만 지원하며, Serializable로 상향 조정해도 Lock 레벨이나 지속기간에 변함이 없다. 다만, 데이터를 읽는 기준 시점이 'SQL 시작 시점'에서 '트랜잭션 시작 시점'으로 바뀔 뿐이다.

[5] Lock 레벨로는 로우 레벨, 블록 레벨, 익스텐트 레벨, 테이블 레벨 등이 있다. 처음에는 로우 레벨을 사용하다가 Lock 설정 대상이 많아지면 점점 레벨을 올리기도 하는데, 이를 'Lock 에스컬레이션(Escalation)'이라고 부른다. 오라클은 Lock 에스컬레이션을 사용하지 않는다.

한 관련이 있다. 특히 DML이 Lock에 의해 블로킹(Blocking)된 경우, 커밋은 DML 성능과 직결된다. DML을 완료할 수 있게 Lock을 푸는 열쇠가 바로 커밋이기 때문이다. Lock을 푸는 열쇠로서 커밋의 기능은 4절에서 설명하므로 여기서는 커밋 자체의 내부 메커니즘과 성능 이슈를 살펴보고자 한다.

모든 DBMS가 Fast Commit을 구현하고 있다. 구현방식은 서로 다르지만, 갱신한 데이터가 아무리 많아도 커밋만큼은 빠르게 처리한다는 점은 같다. Fast Commit의 도움으로 커밋을 순간적으로 처리하긴 하지만, 커밋은 결코 가벼운 작업이 아니다. 커밋의 내부 메커니즘을 통해 그 이유를 살펴보자.

(1) DB 버퍼캐시

DB에 접속한 사용자를 대신해 모든 일을 처리하는 서버 프로세스는 버퍼캐시를 통해 데이터를 읽고 쓴다. 버퍼캐시에서 변경된 블록(Dirty 블록)을 모아 주기적으로 데이터파일에 일괄 기록하는 작업은 DBWR(Database Writer) 프로세스가 맡는다. 일을 건건이 처리하지 않고 모았다가 한 번에 일괄(Batch) 처리하는 방식은 컴퓨터 세계뿐만 아니라 우리 일상생활에서도 흔히 찾아 볼 수 있다.

(2) Redo 로그버퍼

버퍼캐시는 휘발성이므로 DBWR 프로세스가 Dirty 블록들을 데이터파일에 반영할 때까지 불안한 상태라고 생각할 수 있다. 하지만, 버퍼캐시에 가한 변경사항을 Redo 로그에도 기록해 두었으므로 안심해도 된다. 버퍼캐시 데이터가 유실되더라도 Redo 로그를 이용해 언제든 복구할 수 있기 때문이다.

그런데 Redo 로그도 파일이다. Append 방식으로 기록하더라도 디스크 I/O는 느리다. Redo 로깅 성능 문제를 해결하기 위해 오라클은 로그버퍼를 이용한다. Redo 로그 파일에 기록하기 전에 먼저 로그버퍼에 기록하는 방식이다. 로그버퍼에 기록한 내용은 나중에 LGWR(Log

Writer) 프로세스가 Redo 로그 파일에 일괄(Batch) 기록한다.

(3) 트랜잭션 데이터 저장 과정

한 트랜잭션이 데이터를 변경하고 커밋하는 과정, 그리고 변경된 블록을 데이터파일에 기록하는 과정은 다음과 같다(그림 6-5 참조).

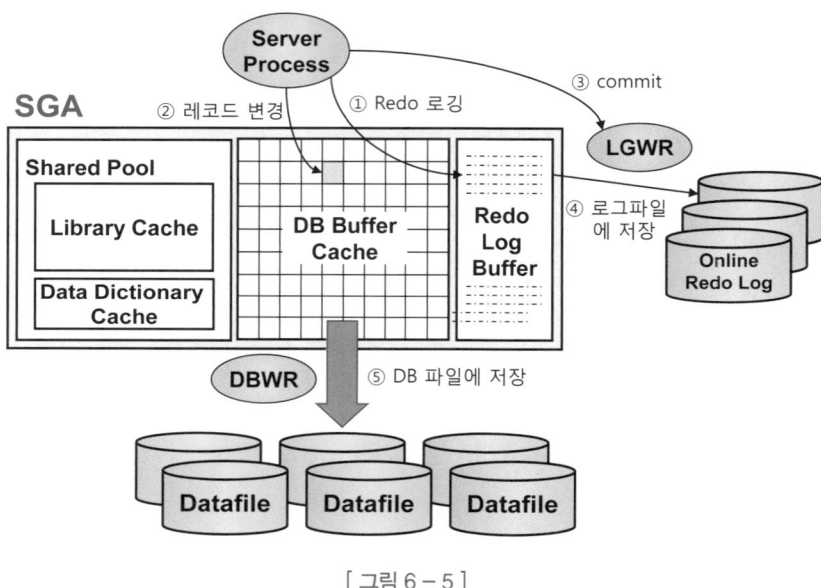

[그림 6-5]

① DML 문을 실행하면 Redo 로그버퍼에 변경사항을 기록한다.
② 버퍼블록에서 데이터를 변경(레코드 추가/수정/삭제)한다. 물론, 버퍼캐시에서 블록을 찾지 못하면, 데이터파일에서 읽는 작업부터 한다.
③ 커밋한다.
④ LGWR 프로세스가 Redo 로그버퍼 내용을 로그파일에 일괄 저장한다.
⑤ DBWR 프로세스가 변경된 버퍼블록들은 데이터파일에 일괄 저장한다.

오라클은 데이터를 변경하기 전에 항상 로그부터 기록한다. 서버 프로세스가 버퍼블록에서 데이터를 변경②하기 전에 Redo 로그버퍼에 로그를 먼저 기록①하는 이유다. DBWR 프로세스가 Dirty 블록을 디스크에 기록⑤하기 전에 LGWR 프로세스가 Redo 로그파일에 로그를 먼저 기록④하는 이유이기도 하다. 이를 'Write Ahead Logging'이라고 부른다.

여기서 한가지 의문이 생긴다. 메모리 버퍼캐시가 휘발성이어서 Redo 로그를 남기는데, Redo 로그마저도 휘발성 로그버퍼에 기록한다면 트랜잭션 데이터를 안전하게 지킬 수 있느냐는 것이다. 문제가 원점으로 되돌아간다. 커밋한 트랜잭션의 영속성을 어떻게 보장할 것인가? 오라클은 이 문제를 어떻게 해결할까?

잠자던 DBWR와 LGWR 프로세스는 '주기적으로' 깨어나 각각 Dirty 블록과 Redo 로그버퍼를 파일에 기록한다. LGWR 프로세스는 서버 프로세스가 커밋을 발행했다고 '신호를 보낼 때도' 깨어나서 활동을 시작한다. '적어도 커밋시점에는' Redo 로그버퍼 내용을 로그파일에 기록한다는 뜻이다. 이를 'Log Force at Commit'이라고 부른다.

서버 프로세스가 변경한 버퍼블록들을 디스크에 기록하지 않았더라도 커밋 시점에 Redo 로그를 디스크에 안전하게 기록했다면, 그 순간부터 트랜잭션의 영속성은 보장된다.

(4) '커밋 = 저장 버튼'

문서를 작성할 때 워드프로세서는 사용자가 입력한 내용을 메모리에 기록하며, 저장 버튼을 눌러야 비로소 디스크 파일에 저장한다. 워드프로세서가 저장을 완료할 때까지 사용자는 작업을 계속할 수 없다. 즉, Sync 방식이다. 문서 저장과 관련해 안 좋은 습관 몇 가지를 나열하면 아래와 같다.

- 문서 작성을 모두 완료할 때까지 저장 버튼을 한 번도 누르지 않는다.
- 너무 자주, 수시로 저장 버튼을 누른다.
- 습관적으로 저장 버튼을 연속해서 두 번씩 누른다.

데이터베이스 트랜잭션을 문서 작업에 비유하면, 커밋은 문서 작업 도중에 '저장' 버튼을 누르는 것과 같다. 서버 프로세스가 그때까지 했던 작업을 디스크에 기록하라는 명령어인 셈이다. 저장을 완료할 때까지 서버 프로세스는 다음 작업을 진행할 수 없다. Redo 로그버퍼에 기록된 내용을 디스크에 기록하도록 LGWR 프로세스에 신호를 보낸 후 작업을 완료했다는 신호를 받아야 다음 작업을 진행할 수 있다[6]. Sync 방식이다. LGWR 프로세스가 Redo 로그를 기록하는 작업은 디스크 I/O 작업이다. 커밋은 그래서 생각보다 느리다.

트랜잭션을 필요 이상으로 길게 정의함으로써 오랫동안 커밋하지 않는 것도 문제지만, 너무 자주 커밋하는 것도 문제다. 오랫동안 커밋하지 않은 채 데이터를 계속 갱신하면 Undo 공간이 부족해져 시스템 장애 상황을 유발할 수 있다. 루프를 돌면서 건건이 커밋한다면, 프로그램 자체 성능이 매우 느려진다. 문서 작업할 때 단어마다 저장 버튼을 누르는 것과 같다. 트랜잭션을 논리적으로 잘 정의함으로써 불필요한 커밋이 발생하지 않도록 그현해야 한다.

6.1.2 데이터베이스 Call과 성능

데이터베이스 Call

```
select cust_nm, birthday from customer where cust_id = :cust_id

call     count       cpu    elapsed      disk      query    current       rows
------- ------  --------  ---------  --------  ---------  ---------  ---------
Parse        1      0.00       0.00         0          0          0          0
Execute   5000      0.18       0.14         0          0          0          0
Fetch     5000      0.21       0.25         0      20000          0      50000
------- ------  --------  ---------  --------  ---------  ---------  ---------
total    10001      0.39       0.40         0      20000          0      50000

Misses in library cache during parse: 1
```

---

[6] 서버 프로세스는 커밋 레코드를 로그버퍼에 기록하고 LGWR 프로세스에 신호를 보낸 후 대기(Wait 큐에서 Sleep) 상태로 전환한다. LGWR 프로세스가 로그 버퍼를 디스크에 기록하는 작업을 마치면 Wait 큐에서 대기 중인 서버 프로세스에 완료 메시지를 전송한다. 신호를 받은 서버 프로세스는 Runnable 큐로 옮겨진 후 CPU를 할당받으면 다음 작업을 계속 진행한다. 프로세스 생명주기는 1장 그림 1-8을 참조하기 바란다.

위는 SQL 트레이스 리포트에서 Call 통계 부분만을 발췌한 것이다. SQL 트레이스 Call 통계가 보여주듯, SQL은 아래 세 단계로 나누어 실행된다.

- Parse Call : SQL 파싱과 최적화를 수행하는 단계다. SQL과 실행계획을 라이브러리 캐시에서 찾으면, 최적화 단계는 생략할 수 있다.
- Execute Call : 말 그대로 SQL을 실행하는 단계다. DML은 이 단계에서 모든 과정이 끝나지만, SELECT 문은 Fetch 단계를 거친다.
- Fetch Call : 데이터를 읽어서 사용자에게 결과집합을 전송하는 과정으로 SELECT 문에서만 나타난다. 전송할 데이터가 많을 때는 Fetch Call이 여러 번 발생한다.

Call이 어디서 발생하느냐에 따라 User Call과 Recursive Call로 나눌 수도 있다.

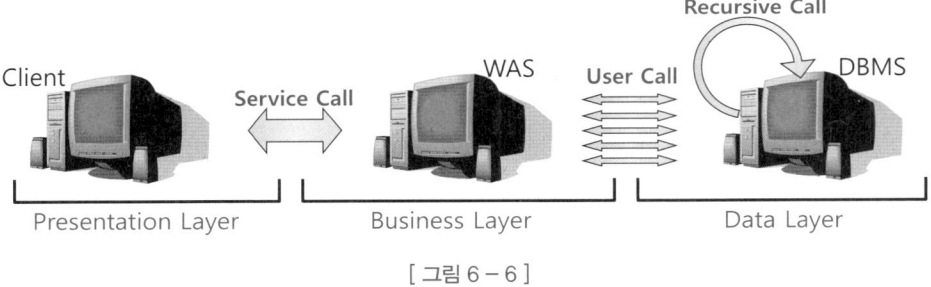

[그림 6 – 6]

User Call은 네트워크를 경유해 DBMS 외부로부터 인입되는 Call이다. 그림 6-6에서 최종 사용자(User)는 맨 왼쪽 클라이언트 단에 위치한다. 하지만, DBMS 입장에서 사용자는 WAS(또는 AP 서버)다. 3-Tier 아키텍처에서 User Call은 WAS(또는 AP서버) 서버에서 발생하는 Call이다.

Recursive Call은 DBMS 내부에서 발생하는 Call이다. SQL 파싱과 최적화 과정에서 발생하는 데이터 딕셔너리 조회, PL/SQL로 작성한 사용자 정의 함수/프로시저/트리거에 내장된 SQL을 실행할 때 발생하는 Call이 여기에 해당한다.

User Call이든 Recursive Call이든, SQL을 실행할 때마다 Parse, Execute, Fetch Call 단

계를 거친다. 데이터베이스 Call이 많으면 성능은 느릴 수밖에 없다. 특히, 네트워크를 경유하는 User Call이 성능에 미치는 영향은 매우 크다.

절차적 루프 처리

데이터베이스 Call이 성능에 미치는 영향을 테스트를 통해 확인해 보자.

```
SQL> create table source
  2  as
  3  select b.no, a.*
  4  from   (select * from emp where rownum <= 10) a
  5        ,(select rownum as no from dual connect by level <= 100000) b;

SQL> create table target
  2  as
  3  select * from source where 1 = 2;
```

방금 생성한 SOURCE 테이블에 레코드 100만 개가 입력돼 있다. PL/SQL 프로그램에서 SOURCE 테이블을 읽어 100만 번 루프를 돌면서 건건이 TARGET 테이블에 입력해 보자.

```
SQL> set timing on;

SQL> begin
  2    for s in (select * from source)
  3    loop
  4      insert into target values ( s.no, s.empno, s.ename, s.job, s.mgr
  5                                , s.hiredate, s.sal, s.comm, s.deptno );
  6    end loop;
  7
  8    commit;
  9  end;
 10  /

경    과: 00:00:29.31
```

루프를 돌면서 건건이 Call이 발생했지만, 네트워크를 경유하지 않는 Recursive Call이므로 그나마 29초 만에 수행을 마쳤다.

커밋과 성능

다음 테스트를 진행하기에 앞서 커밋이 성능에 미치는 영향을 확인해 보자. 조금 전 테스트에선 모든 루프 처리를 완료하고서 커밋했는데, 커밋을 루프 안쪽으로 옮겨서 실행해 보자.

```
SQL> begin
  2    for s in (select * from source)
  3    loop
  4
  5      insert into target values ( s.no, s.empno, s.ename, s.job, s.mgr
  6                                , s.hiredate, s.sal, s.comm, s.deptno );
  7
  8      commit;
  9
 10    end loop;
 11
 12  end;
 13  /
경    과: 00:01:00.50
```

29초 걸리던 프로그램 수행시간이 1분으로 늘었다. 성능도 문제이지만, 이런 식으로 커밋을 자주 발행하면 트랜잭션 원자성(Atomicity)에도 문제가 생긴다.

반대로, 매우 오래 걸리는 트랜잭션을 한 번도 커밋하지 않고 진행하면 Undo 공간 부족으로 인해 시스템에 여러 부작용을 초래할 수 있다. 트랜잭션의 원자성을 위해 반드시 그렇게 처리해야 한다면 Undo 공간을 늘려야 하지만, 그렇지 않다면 적당한 주기로 커밋하는 방안을 고려할 수 있다. 루프 안쪽에 아래와 같은 코드를 삽입하면 된다.

```
if mod(i, 100000) = 0 then   -- 10만 번에 한 번씩 커밋
  commit;
end if;
```

이렇게 처리하면 맨 마지막에 한 번 커밋하는 것과 비교해 성능 차이가 크지 않다.

아래와 같이 JAVA 프로그램으로 수행하면 네트워크를 경유하는 User Call이므로 성능이 급격히 나빠진다.

```java
public class JavaLoopQuery {
  public void execute() throws Exception {
    String SQLStmt = "select no, empno, ename, job, mgr"
                  + ", to_char(hiredate, 'yyyymmdd hh24miss'), sal, comm, deptno "
                  + "from    source";

    PreparedStatement stmt = con.prepareStatement(SQLStmt);
    ResultSet rs = stmt.executeQuery();
    while(rs.next()){
      long    no       = rs.getLong(1);
      long    empno    = rs.getLong(2);
      String  ename    = rs.getString(3);
      String  job      = rs.getString(4);
      Integer mgr      = rs.getInt(5);
      String  hiredate = rs.getString(6);
      long    sal      = rs.getLong(7);
      long    comm     = rs.getLong(8);
      int     deptno   = rs.getInt(9);

      insertTarget(con, no, empno, ename, job, mgr, hiredate, sal, comm, deptno);
    }
    rs.close();
    stmt.close();
  }

  public void insertTarget( long    p_no
                          , long    p_empno
                          , String  p_ename
                          , String  p_job
                          , int     p_mgr
                          , String  p_hiredate
                          , long    p_sal
                          , long    p_comm
                          , int     p_deptno) throws Exception {
    String SQLStmt = "insert into target "
          + "(no, empno, ename, job, mgr, hiredate, sal, comm, deptno) "
          + "values (?, ?, ?, ?, ?, to_date(?, 'yyyymmdd hh24miss'), ?, ?, ?)";
```

```
        PreparedStatement st = con.prepareStatement(SQLStmt);
        st.setLong   (1, p_no     );
        st.setLong   (2, p_empno  );
        st.setString (3, p_ename  );
        st.setString (4, p_job    );
        st.setInt    (5, p_mgr    );
        st.setString (6, p_hiredate);
        st.setLong   (7, p_sal    );
        st.setLong   (8, p_comm   );
        st.setInt    (9, p_deptno );
        st.execute();
        st.close();
    }
    …
    …
}
```

아래는 위 JAVA 프로그램을 컴파일하고 실행한 결과다.

```
c:\Test>javac JavaLoopQuery.java

c:\Test>java JavaLoopQuery

elapsed time : 218.392초
```

29초 걸리던 PL/SQL 프로그램을 JAVA로 구현했더니 218초나 걸렸다.

One SQL의 중요성

아래와 같이 Insert Into Select 구문으로 수행해 보자.

```
SQL> insert into target
  2  select * from source;

1000000 개의 행이 만들어졌습니다.

경    과: 00:00:01.46
```

단 한 번의 Call로 처리하니 1.46초 만에 수행을 마쳤다. JAVA 프로그램과 비교하면 150배 빨라졌다. One SQL의 중요성이 바로 여기에 있다. 업무 로직이 복잡하면 절차적으로 처리할 수밖에 없지만, 그렇지 않다면 가급적 One SQL로 구현하려고 노력해야 한다.

절차적으로 구현된 프로그램을 One SQL로 구현하는 데 매우 유용한 아래 구문 활용법을 잘 익혀두기 바란다. 수정가능 조인 뷰와 Merge 문 활용법에 대해서는 각각 5항(6.1.5)과 6항(6.1.6)에서 다룬다.

- Insert Into Select
- 수정가능 조인 뷰
- Merge 문

6.1.3 Array Processing 활용

실무에서 절차적 프로그램을 One SQL로 구현하는 일은 절대 쉽지 않다. 복잡한 업무 로직을 포함하는 경우가 많기 때문이다. 그럴 때 Array Processing 기능을 활용하면 One SQL로 구현하지 않고도 Call 부하를 획기적으로 줄일 수 있다.

앞서 테스트한 절차적 프로그램을 PL/SQL에서 Array Processing으로 처리하면 아래와 같다.

```
SQL> declare
  2     cursor c is select * from source;
  3     type typ_source is table of c%rowtype;
  4     l_source typ_source;
  5
  6     l_array_size number default 10000;
  7
  8     procedure insert_target( p_source  in typ_source) is
  9     begin
 10       forall i in p_source.first..p_source.last
```

```
11      insert into target values p_source(i);
12    end insert_target;
13
14  begin
15    open c;
16    loop
17      fetch c bulk collect into l_source limit l_array_size;
18
19      insert_target( l_source );
20
21      exit when c%notfound;
22    end loop;
23
24    close c;
25
26    commit;
27  end;
28  /
```

경   과: 00:00:03.99

절차적으로 수행할 때 29.31초 걸리던 PL/SQL 프로그램이 3.99초 만에 수행을 마쳤다. JAVA 프로그램에서 Array Processing으로 처리하면 아래와 같다.

```java
public class JavaArrayProcessing {
  public void execute() throws Exception {
    int      arraySize = 10000;
    long     no       [] = new long  [arraySize];
    long     empno    [] = new long  [arraySize];
    String   ename    [] = new String[arraySize];
    String   job      [] = new String[arraySize];
    int      mgr      [] = new int   [arraySize];
    String   hiredate [] = new String[arraySize];
    long     sal      [] = new long  [arraySize];
    long     comm     [] = new long  [arraySize];
    int      deptno   [] = new int   [arraySize];

    String SQLStmt = "select no, empno, ename, job, mgr"
                  + ", to_char(hiredate, 'yyyymmdd hh24miss'), sal, comm, deptno "
                  + "from    source";
```

```
PreparedStatement st = con.prepareStatement(SQLStmt);
st.setFetchSize(arraySize);

ResultSet rs = st.executeQuery();

int i = 0;
while(rs.next()){
   no      [i] = rs.getLong(1);
   empno   [i] = rs.getLong(2);
   ename   [i] = rs.getString(3);
   job     [i] = rs.getString(4);
   mgr     [i] = rs.getInt(5);
   hiredate[i] = rs.getString(6);
   sal     [i] = rs.getLong(7);
   comm    [i] = rs.getLong(8);
   deptno  [i] = rs.getInt(9);

   if(++i == arraySize) {     // 10,000번에 한 번씩 insertTarget 실행
     insertTarget(i,no,empno,ename,job,mgr,hiredate,sal,comm,deptno);
      i = 0;
   }
}

if(i > 0) insertTarget(i,no,empno,ename,job,mgr,hiredate,sal,comm,deptno);

rs.close();
st.close();
}

public void insertTarget( int       length
                    , long   []  p_no
                    , long   []  p_empno
                    , String[]   p_ename
                    , String[]   p_job
                    , int    []  p_mgr
                    , String[]   p_hiredate
                    , long   []  p_sal
                    , long   []  p_comm
                    , int    []  p_deptno) throws Exception {
      String SQLStmt = "insert into target "
        + "(no, empno, ename, job, mgr, hiredate, sal, comm, deptno) "
        + "values (?, ?, ?, ?, ?, to_date(?, 'yyyymmdd hh24miss'), ?, ?, ?)";
```

```
            PreparedStatement st = con.prepareStatement(SQLStmt);

            for(int i=0; i < length; i++){
              st.setLong   (1, p_no     [i]);
              st.setLong   (2, p_empno  [i]);
              st.setString (3, p_ename  [i]);
              st.setString (4, p_job    [i]);
              st.setInt    (5, p_mgr    [i]);
              st.setString (6, p_hiredate[i]);
              st.setLong   (7, p_sal    [i]);
              st.setLong   (8, p_comm   [i]);
              st.setInt    (9, p_deptno [i]);
              st.addBatch();      // insert 할 값들을 배열에 저장
            };
            st.executeBatch();    // 배열에 저장된 값을 한 번에 insert
            st.close();
    }
    ...
    ...
}
```

아래는 위 프로그램을 컴파일하고 실행한 결과다.

c:\Test>javac JavaArrayProcessing.java

c:\Test>java JavaArrayProcessing

elapsed time : 11.813초

절차적으로 수행할 때 218초 걸리던 JAVA 프로그램이 11.8초 만에 수행을 마쳤다. 만 번에 한 번씩 INSERT 하도록 구현함으로써 백만 번 발생할 Call을 백 번으로 줄였기 때문에 나타난 성능 향상이다. 한 번과 백만 번의 차이는 크지만, 한 번과 백 번의 차이는 크지 않다. 방금 확인한 것처럼, Call을 단 하나로 줄이지 못하더라도 Array Processing을 활용해 10~100번 수준으로 줄일 수 있다면 One SQL에 준하는 성능효과를 얻을 수 있다.

6.1.4 인덱스 및 제약 해제를 통한 대량 DML 튜닝

앞서 설명했듯 인덱스와 무결성 제약 조건은 DML 성능에 큰 영향을 끼친다. 그렇다고 온라인 트랜잭션 처리 시스템에서 이들 기능을 해제할 순 없다. 반면, 동시 트랜잭션 없이 대량 데이터를 적재하는 배치(Batch) 프로그램에서는 이들 기능을 해제함으로써 큰 성능개선 효과를 얻을 수 있다.

테스트를 위해 아래와 같이 테이블과 인덱스를 생성해 보자. 앞서 했던 테스트보다 데이터를 열 배 더 늘려 SOURCE 테이블에 1,000만 건을 입력했다.

```
SQL> create table source
  2  as
  3  select b.no, a.*
  4  from   (select * from emp where rownum <= 10) a
  5        ,(select rownum as no from dual connect by level <= 1000000) b;

SQL> create table target
  2  as
  3  select * from source where 1 = 2;

SQL> alter table target add
  2  constraint target_pk primary key(no, empno);

SQL> create index target_x1 on target(ename);
```

PK 제약을 생성하면 Unique 인덱스가 자동으로 생성된다. 추가로 일반 인덱스를 하나 더 만들었으므로 인덱스는 총 두 개다. 이 상태에서 TARGET 테이블에 1,000만 건을 입력해 보자.

```
SQL> set timing on;

SQL> insert /*+ append */ into target
  2  select * from source;

10000000 개의 행이 만들어졌습니다.

경    과: 00:01:19.10
SQL> commit;
```

PK 제약과 인덱스가 있는 상태에서 1분 19초 걸렸다.

PK 제약과 인덱스 해제 1 - PK 제약에 Unique 인덱스를 사용한 경우
이번에는 PK 제약과 인덱스를 해제한 상태에서 데이터를 입력해 보자.

```
SQL> truncate table target;

SQL> alter table target modify constraint target_pk disable drop index;
```

PK 제약을 비활성화하면서 인덱스도 Drop 했다.

```
SQL> alter index target_x1 unusable;
```

일반 인덱스는 Unusable 상태로 변경했다. 인덱스가 Unusable인 상태에서 데이터를 입력하려면 skip_unusable_indexes 파라미터를 아래와 같이 true로 설정해야 한다. 기본 값이 true이므로 이전에 변경한 적이 없다면, 여기서 굳이 설정을 변경하지 않아도 된다.

```
SQL> alter session set skip_unusable_indexes = true;
```

무결성 제약과 인덱스를 해제함으로써 빠르게 INSERT 할 준비가 됐다. 다시 1,000만 건을 입력해 보자.

```
SQL> insert /*+ append */ into target
  2  select * from source;

10000000 개의 행이 만들어졌습니다.

경    과: 00:00:05.84
SQL> commit;
```

이번에는 5.84초 만에 수행을 마쳤다. 이제 PK 제약을 활성화하고 일반 인덱스를 재생성하면 모든 작업이 끝난다. PK 제약을 활성화하면 PK 인덱스는 자동으로 생성된다.

```
SQL> alter table target modify constraint target_pk enable NOVALIDATE;

경    과: 00:00:06.77
SQL> alter index target_x1 rebuild;

경    과: 00:00:08.26
```

데이터 입력 시간과 제약 활성화 및 인덱스 재생성 시간을 합쳐도 기존(1분 19초)보다 훨씬 더 빨리(21초) 작업을 마쳤다. 인덱스 및 무결성 제약이 DML 성능에 미치는 영향이 이렇게 크다.

PK 제약을 활성화하면서 NOVALIDATE 옵션을 사용한 것도 시간을 단축하는 데 한몫했다. 이는 기입력된 데이터에 대한 무결성 체크를 생략하도록 하는 옵션이다. 데이터 무결성에 확신이 없다면, 데이터를 입력하기 전에 아래 쿼리로 확인해야 한다.

```
SQL> select no, empno, count(*)
  2  from    source
  3  group by no, empno
  4  having count(*) > 1;
```


PK 제약과 인덱스 해제 2 - PK 제약에 Non-Unique 인덱스를 사용한 경우

조금 전 테스트에서 X1 인덱스는 Unusable 상태로 변경했지만, PK 인덱스는 제약을 비활성화하면서 아예 Drop 해 버렸다(PK 제약을 비활성화할 때 사용한 drop index 옵션 참조). PK 인덱스는 Unusable 상태에서 데이터를 입력할 수 없기 때문이다. 아래 실행결과를 확인하기 바란다.

```
SQL> alter index target_pk unusable;

SQL> insert into target
  2  select * from source;
1행에 오류:
```

```
ORA-01502: index 'TARGET_PK' or partition of such index is in unusable state

SQL> insert /*+ append */ into target
  2  select * from source;
1행에 오류:
ORA-26026 : unique index TARGET_PK initially in unusable state
```

PK 인덱스를 Drop 하지 않고 Unusable 상태에서 데이터를 입력하고 싶다면, 아래와 같이 PK 제약에 Non-Unique 인덱스를 사용하면 된다.

```
SQL> set timing off;
SQL> truncate table target;

SQL> alter table target drop primary key drop index;

SQL> create index target_pk on target(no, empno);   -- Non-Unique 인덱스 생성

SQL> alter table target add
  2  constraint target_pk primary key (no, empno)
  3  using index target_pk;          -- PK 제약에 Non-Unique 인덱스 사용하도록 지정
```

아래와 같이 PK 제약을 비활성화하고, 인덱스를 Unusable 상태로 변경하자. PK 제약을 비활성화했지만, 인덱스는 Drop 하지 않고 남겨놨다.

```
SQL> alter table target modify constraint target_pk disable keep index;

SQL> alter index target_pk unusable;

SQL> alter index target_x1 unusable;
```

이제 아래와 같이 대량 INSERT 작업을 진행하는 데 아무런 문제가 없다.

```
SQL> set timing on;
SQL> insert /*+ append */ into target
  2  select * from source;

10000000 개의 행이 만들어졌습니다.
```

```
경    과: 00:00:05.53
SQL> commit;

경    과: 00:00:00.00
```

작업을 마쳤으면, 인덱스를 재생성하고 PK 제약을 다시 활성화한다.

```
SQL> alter index target_x1 rebuild;

경    과: 00:00:07.24
SQL> alter index target_pk rebuild;

경    과: 00:00:05.27
SQL> alter table target modify constraint target_pk enable novalidate;

경    과: 00:00:00.06
```

데이터 입력 시간과 제약 활성화 및 인덱스 재생성 시간을 합쳐도 기존(1분 19초)보다 훨씬 더 빨리(18초) 작업을 마쳤다.

6.1.5 수정가능 조인 뷰

전통적인 방식의 UPDATE

튜닝을 하다 보면 아래와 같이 작성된 UPDATE 문을 종종 볼 수 있다.

```
update 고객 c
set    최종거래일시 = (select max(거래일시) from 거래
                      where  고객번호 = c.고객번호
                      and    거래일시 >= trunc(add_months(sysdate, -1)))
     , 최근거래횟수 = (select count(*) from 거래
                      where  고객번호 = c.고객번호
```

```
               and      거래일시 >= trunc(add_months(sysdate, -1)))
    , 최근거래금액 = (select sum(거래금액) from 거래
                     where 고객번호 = c.고객번호
                       and 거래일시 >= trunc(add_months(sysdate, -1)))
where exists (select 'x' from 거래
               where 고객번호 = c.고객번호
                 and 거래일시 >= trunc(add_months(sysdate, -1)))
```

위 UPDATE 문은 아래와 같이 고칠 수 있다.

```
update 고객 c
set    (최종거래일시, 최근거래횟수, 최근거래금액) =
       (select max(거래일시), count(*), sum(거래금액)
          from 거래
         where 고객번호 = c.고객번호
           and 거래일시 >= trunc(add_months(sysdate, -1)))
where exists (select 'x' from 거래
               where 고객번호 = c.고객번호
                 and 거래일시 >= trunc(add_months(sysdate, -1)))
```

위 방식에도 비효율이 없는 것은 아니다. 한 달 이내 고객별 거래 데이터를 두 번 조회하기 때문이다. 총 고객 수와 한 달 이내 거래 고객 수에 따라 성능이 좌우된다.

총 고객 수가 아주 많다면 Exists 서브쿼리를 아래와 같이 해시 세미 조인으로 유도하는 것을 고려할 수 있다.

```
update 고객 c
set    (최종거래일시, 최근거래횟수, 최근거래금액) =
       (select max(거래일시), count(*), sum(거래금액)
          from 거래
         where 고객번호 = c.고객번호
           and 거래일시 >= trunc(add_months(sysdate, -1)))
where exists (select /*+ unnest hash_sj */ 'x' from 거래
               where 고객번호 = c.고객번호
                 and 거래일시 >= trunc(add_months(sysdate, -1)))
```

만약 한 달 이내 거래를 발생시킨 고객이 많아 UPDATE 발생량이 많다면, 아래와 같이 변경하는 것을 고려할 수 있다. 하지만 모든 고객 레코드에 LOCK이 걸리는 것은 물론, 이전과

같은 값으로 갱신되는 비중이 높을수록 Redo 로그 발생량이 증가해 오히려 비효율적일 수 있다.

```
update 고객 c
set    (최종거래일시, 최근거래횟수, 최근거래금액) =
       (select nvl(max(거래일시), c.최종거래일시)
             , decode(count(*), 0, c.최근거래횟수, count(*))
             , nvl(sum(거래금액), c.최근거래금액)
        from   거래
        where  고객번호 = c.고객번호
        and    거래일시 >= trunc(add_months(sysdate, -1)))
```

이처럼 다른 테이블과 조인이 필요할 때 전통적인 UPDATE 문을 사용하면 비효율을 완전히 해소할 수 없다.

수정가능 조인 뷰

아래와 같이 수정가능 조인 뷰를 활용하면 참조 테이블과 두 번 조인하는 비효율을 없앨 수 있다. (아래 쿼리는 12c 이상 버전에서만 정상적으로 실행된다. 10g 이하 버전에서는 UPDATE 옆에 bypass_ujvc 힌트를 사용하면 실행할 수 있다. 11g에서는 실행되지 않는다. 이유는 잠시 후에 살펴보자.)

```
update
( select /*+ ordered use_hash(c) no_merge(t) */
         c.최종거래일시, c.최근거래횟수, c.최근거래금액
       , t.거래일시, t.거래횟수, t.거래금액
  from   (select 고객번호
                , max(거래일시) 거래일시, count(*) 거래횟수, sum(거래금액) 거래금액
          from   거래
          where  거래일시 >= trunc(add_months(sysdate, -1))
          group by 고객번호) t
       , 고객 c
  where  c.고객번호 = t.고객번호
)
set 최종거래일시 = 거래일시
  , 최근거래횟수 = 거래횟수
  , 최근거래금액 = 거래금액
```

'조인 뷰'는 FROM 절에 두 개 이상 테이블을 가진 뷰를 가리키며, '수정가능 조인 뷰(Updatable/Modifiable Join View)'는 말 그대로 입력, 수정, 삭제가 허용되는 조인 뷰를 말한다. 단, 1쪽 집합과 조인하는 M쪽 집합에만 입력, 수정, 삭제가 허용된다.

아래와 같이 생성한 조인 뷰를 통해 job = 'CLERK'인 레코드의 loc를 모두 'SEOUL'로 변경하는 것을 '허용한다면' 어떤 일이 발생할까?

```sql
SQL> create table emp  as select * from scott.emp;
SQL> create table dept as select * from scott.dept;

SQL> create or replace view EMP_DEPT_VIEW as
  2  select e.rowid emp_rid, e.*, d.rowid dept_rid, d.dname, d.loc
  3  from emp e, dept d
  4  where  e.deptno = d.deptno;

SQL> update EMP_DEPT_VIEW set loc = 'SEOUL' where job = 'CLERK';
```

아래 쿼리 결과를 보면 job = 'CLERK'인 사원이 10, 20, 30 부서에 모두 속해 있는데, 위와 같이 UPDATE를 수행하고 나면 세 부서의 소재지(loc)가 모두 'SEOUL'로 바뀔 것이다. 세 부서의 소재지가 같다고 이상할 것이 없지만 다른 job을 가진 사원의 부서 소재지까지 바뀌는 것은 원하던 결과가 아닐 것이다.

```
SQL> select empno, ename, job, sal, deptno, dname, loc
  2  from    EMP_DEPT_VIEW
  3  order by job, deptno;

EMPNO ENAME      JOB         SAL    DEPTNO DNAME        LOC
----- ---------- ---------  -----  ------ ------------ --------
 7902 FORD       ANALYST     3000      20 RESEARCH     DALLAS
 7788 SCOTT      ANALYST     3000      20 RESEARCH     DALLAS
 7934 MILLER     CLERK       1300      10 ACCOUNTING   NEW YORK
 7369 SMITH      CLERK        800      20 RESEARCH     DALLAS
 7876 ADAMS      CLERK       1100      20 RESEARCH     DALLAS
 7900 JAMES      CLERK        950      30 SALES        CHICAGO
 7782 CLARK      MANAGER     2450      10 ACCOUNTING   NEW YORK
 7566 JONES      MANAGER     2975      20 RESEARCH     DALLAS
 7698 BLAKE      MANAGER     2850      30 SALES        CHICAGO
 7839 KING       PRESIDENT   5000      10 ACCOUNTING   NEW YORK
```

```
    7654 MARTIN        SALESMAN        1250        30 SALES        CHICAGO
    7844 TURNER        SALESMAN        1500        30 SALES        CHICAGO
    7521 WARD          SALESMAN        1250        30 SALES        CHICAGO
    7499 ALLEN         SALESMAN        1600        30 SALES        CHICAGO

14 rows selected.
```

아래 UPDATE는 어떤가? 1쪽 집합(DEPT)과 조인하는 M쪽 집합(EMP)의 컬럼을 수정하므로 문제가 없어 보인다.

```
SQL> update EMP_DEPT_VIEW set comm = nvl(comm, 0) + (sal * 0.1) where sal <= 1500;
```

하지만, 실제 수행해 보면 아래와 같은 에러가 발생한다. (앞선 UPDATE 문에서도 똑같은 에러가 발생한다.)

```
ORA-01779: cannot modify a column which maps to a non key-preserved table
```

옵티마이저가 지금 어느 테이블이 1쪽 집합인지 알 수 없기 때문에 발생하는 에러다. 아래와 같이 지금 상태에서는 DELETE도 허용하지 않는다. INSERT도 마찬가지다.

```
SQL> delete from EMP_DEPT_VIEW where job = 'CLERK';
1행에 오류:
ORA-01752: cannot delete from view without exactly one key-preserved table
```

아래와 같이 1쪽 집합에 PK 제약을 설정하거나 Unique 인덱스를 생성해야 수정가능 조인 뷰를 통한 입력/수정/삭제가 가능하다.

```
SQL> alter table dept add constraint dept_pk primary key(deptno);

SQL> update EMP_DEPT_VIEW set comm = nvl(comm, 0) + (sal * 0.1) where sal <= 1500;

4 rows updated.
```

위와 같이 PK 제약을 설정하면 EMP 테이블은 '키-보존 테이블(Key-Preserved Table)'이 되고, DEPT 테이블은 '비 키-보존 테이블(Non Key-Preserved Table)'로 남는다.

키 보존 테이블이란?

'키 보존 테이블'이란, 조인된 결과집합을 통해서도 중복 값 없이 Unique 하게 식별이 가능한 테이블을 말한다. Unique한 1쪽 집합과 조인되는 테이블이어야 조인된 결과집합을 통한 식별이 가능하다.

앞서 생성한 EMP_DEPT_VIEW 뷰에서 rowid를 함께 출력해 보자.

```
SQL> select ROWID, emp_rid, dept_rid, empno, deptno from EMP_DEPT_VIEW;

ROWID               EMP_RID             DEPT_RID               EMPNO      DEPTNO
------------------  ------------------  ------------------  ----------  ----------
AAAMt4AAGAAAEWSAAA  AAAMt4AAGAAAEWSAAA  AAAMt5AAGAAAEWaAAB        7369          20
AAAMt4AAGAAAEWSAAB  AAAMt4AAGAAAEWSAAB  AAAMt5AAGAAAEWaAAC        7499          30
AAAMt4AAGAAAEWSAAC  AAAMt4AAGAAAEWSAAC  AAAMt5AAGAAAEWaAAC        7521          30
AAAMt4AAGAAAEWSAAD  AAAMt4AAGAAAEWSAAD  AAAMt5AAGAAAEWaAAB        7566          20
AAAMt4AAGAAAEWSAAE  AAAMt4AAGAAAEWSAAE  AAAMt5AAGAAAEWaAAC        7654          30
AAAMt4AAGAAAEWSAAG  AAAMt4AAGAAAEWSAAG  AAAMt5AAGAAAEWaAAA        7782          10
……                  ……                  ……                    …           …

14 rows selected.
```

dept_rid에 중복 값이 나타나고 있다. emp_rid에는 중복 값이 없으며 뷰의 rowid와 일치한다. 단적으로 말해 '키 보존 테이블'이란, <u>뷰에 rowid를 제공하는 테이블</u>을 말한다.

아래와 같이 DEPT 테이블로부터 Unique 인덱스를 제거하면 키 보존 테이블이 없기 때문에 뷰에서 rowid를 출력할 수 없게 된다.

```
SQL> alter table dept drop primary key;

SQL> select rowid, emp_rid, dept_rid, empno, deptno from EMP_DEPT_VIEW;
1행에 오류:
ORA-01445: cannot select ROWID from, or sample, a join view without a key-preserved table
```

ORA-01779 오류 회피

아래와 같이 DEPT 테이블에 AVG_SAL 컬럼을 추가하자.

```
SQL> alter table dept add avg_sal number(7,2);
```

아래는 EMP로부터 부서별 평균 급여를 계산해서 방금 추가한 컬럼에 반영하는 UPDATE 문이다.

```
SQL> update
  2  (select d.deptno, d.avg_sal as d_avg_sal, e.avg_sal as e_avg_sal
  3   from  (select deptno, round(avg(sal), 2) avg_sal from emp group by deptno) e
  4        , dept d
  5   where  d.deptno = e.deptno )
  6  set d_avg_sal = e_avg_sal ;
```

11g 이하 버전에서 위 UPDATE 문을 실행하면 아래와 같이 ORA-01779 에러가 발생한다. EMP 테이블을 DEPTNO로 Group By 했으므로 DEPTNO 컬럼으로 조인한 DEPT 테이블은 키가 보존되는데도 옵티마이저가 불필요한 제약을 가한 것이다.

```
ORA-01779: cannot modify a column which maps to a non key-preserved table
```

이럴 때 10g에선 아래와 같이 bypass_ujvc 힌트를 이용해 제약을 회피할 수 있었다. Updatable Join View Check를 생략하라고 옵티마이저에 지시하는 힌트다.

```
SQL> update /*+ bypass_ujvc */
  2  (select d.deptno, d.avg_sal d_avg_sal, e.avg_sal e_avg_sal
  3   from  (select deptno, round(avg(sal), 2) avg_sal from emp group by deptno) e
  4        , dept d
  5   where  d.deptno = e.deptno )
  6  set d_avg_sal = e_avg_sal ;
```

11g부터 이 힌트를 사용할 수 없게 되었고, 따라서 위 UPDATE 문을 실행할 방법이 없다. 뒤에서 설명할 MERGE 문으로 바꿔줘야 한다.

오해하지 말 것은, bypass_ujvc 힌트 사용이 중단됐을 뿐, 수정가능 조인 뷰 사용은 중단되지 않았다는 사실이다. 11g에서도 1쪽 집합에 Unique 인덱스가 있으면, 수정가능 조인 뷰를 이용한 UPDATE가 가능하다. 과거에도 가능했고, 지금도 가능하다.

수정가능 조인 뷰는 12c에서 오히려 기능이 개선됐다. 즉, 12c부터는 힌트를 사용하지 않아도 위 UPDATE 문이 잘 실행된다. Group By 한 집합과 조인한 테이블은 키가 보존된다는 사실을 오라클이 인정하기 시작한 것이다.

이런 기능 개선은 수정가능 조인 뷰의 활용성을 높여준다. 예를 들어, 고객_t 테이블 고객번호에 Unique 인덱스가 없으면, 아래 쿼리는 어떤 버전에서도 실행할 수 없다.

```
update (
  select o.주문금액, o.할인금액, c.고객등급
  from   주문_t o, 고객_t c
  where  o.고객번호 = c.고객번호
  and    o.주문금액 >= 1000000
  and    c.고객등급 = 'A')
set 할인금액 = 주문금액 * 0.2, 주문금액 = 주문금액 * 0.8
```

12c에서는 아래와 같이 고객_t 테이블을 Group By 처리함으로써 ORA-01779 에러를 회피할 수 있다.

```
update (
  select o.주문금액, o.할인금액
  from   주문_t o
        ,(select 고객번호 from 고객_t where 고객등급 = 'A' group by 고객번호) c
  where  o.고객번호 = c.고객번호
  and    o.주문금액 >= 1000000)
set 할인금액 = 주문금액 * 0.2, 주문금액 = 주문금액 * 0.8
```

배치 프로그램이나 데이터 이행 프로그램에서 사용하는 중간 임시 테이블에는 일일이 PK 제약이나 인덱스를 생성하지 않으므로 이 패턴이 유용할 수 있다.

6.1.6 MERGE 문 활용

DW에서 가장 흔히 발생하는 오퍼레이션은 기간계 시스템에서 가져온 신규 트랜잭션 데이터를 반영함으로써 두 시스템 간 데이터를 동기화하는 작업이다.

예를 들어, 고객(customer) 테이블에 발생한 변경분 데이터를 DW에 반영하는 프로세스는 다음과 같다. 이 중에서 3번 데이터 적재 작업을 효과적으로 지원하기 위해 오라클 9i에서 MERGE 문이 도입됐다.

1. 전일 발생한 변경 데이터를 기간계 시스템으로부터 추출(Extraction)

```
create table customer_delta
as
select * from customer
where  mod_dt >= trunc(sysdate)-1
and    mod_dt <  trunc(sysdate);
```

2. CUSTOMER_DELTA 테이블을 DW 시스템으로 전송(Transportation)

3. DW 시스템으로 적재(Loading)

```
merge into customer t using customer_delta s on (t.cust_id = s.cust_id)
when matched then update
  set t.cust_nm = s.cust_nm, t.email = s.email, …
when not matched then insert
  (cust_id, cust_nm, email, tel_no, region, addr, reg_dt) values
  (s.cust_id, s.cust_nm, s.email, s.tel_no, s.region, s.addr, s.reg_dt);
```

MERGE 문은 그림 6-7처럼 Source 테이블 기준으로 Target 테이블과 Left Outer 방식으로 조인해서 조인에 성공하면 UPDATE, 실패하면 INSERT 한다. MERGE 문을 UPSERT(= UPDATE + INSERT)라고도 부르는 이유다. 위 MERGE 문에서 Source는 Customer_Delta 테이블이고, Target은 Customer 테이블이다.

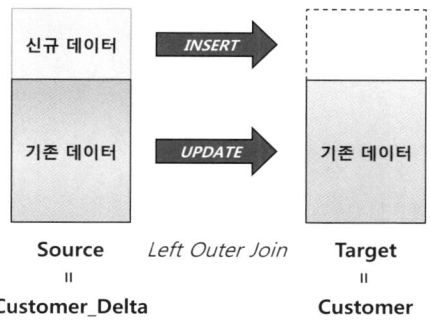

[그림 6 – 7]

Optional Clauses

아래와 같이 UPDATE와 INSERT를 선택적으로 처리할 수도 있다.

```
merge into customer t using customer_delta s on (t.cust_id = s.cust_id)
when matched then update
  set t.cust_nm = s.cust_nm, t.email = s.email, … ;

merge into customer t using customer_delta s on (t.cust_id = s.cust_id)
when not matched then insert
  (cust_id, cust_nm, email, tel_no, region, addr, reg_dt) values
  (s.cust_id, s.cust_nm, s.email, s.tel_no, s.region, s.addr, s.reg_dt);
```

이 확장 기능을 통해 아래와 같이 수정가능 조인 뷰 기능을 대체할 수 있게 되었다.

```
< 수정가능 조인 뷰 >
update
   (select d.deptno, d.avg_sal as d_avg_sal, e.avg_sal as e_avg_sal
    from  (select deptno, round(avg(sal), 2) avg_sal from emp group by deptno) e
        , dept d
    where  d.deptno = e.deptno )
set d_avg_sal = e_avg_sal ;

< Merge 문 >
merge into dept d
using (select deptno, round(avg(sal), 2) avg_sal from emp group by deptno) e
on (d.deptno = e.deptno)
when matched then update set d.avg_sal = e.avg_sal;
```

Conditional Operations

ON 절에 기술한 조인문 외에 아래와 같이 추가로 조건절을 기술할 수도 있다.

```
merge into customer t using customer_delta s on (t.cust_id = s.cust_id)
when matched then update
   set t.cust_nm = s.cust_nm, t.email = s.email, ⋯
   where reg_dt >= to_date('20000101', 'yyyymmdd')
when not matched then insert
   (cust_id, cust_nm, email, tel_no, region, addr, reg_dt) values
   (s.cust_id, s.cust_nm, s.email, s.tel_no, s.region, s.addr, s.reg_dt)
   where reg_dt < trunc(sysdate) ;
```

DELETE Clause

이미 저장된 데이터를 조건에 따라 지우는 기능도 제공한다.

```
merge into customer t using customer_delta s on (t.cust_id = s.cust_id)
when matched then
   update set t.cust_nm = s.cust_nm, t.email = s.email, ⋯
   delete where t.withdraw_dt is not null   -- 탈퇴일시가 null이 아닌 레코드 삭제
when not matched then insert
   (cust_id, cust_nm, email, tel_no, region, addr, reg_dt) values
   (s.cust_id, s.cust_nm, s.email, s.tel_no, s.region, s.addr, s.reg_dt);
```

기억할 점은, 예시한 MERGE 문에서 UPDATE가 이루어진 결과로서 탈퇴일시(withdraw_dt)가 Null이 아닌 레코드만 삭제한다는 사실이다. 즉, 탈퇴일시가 Null이 아니었어도 MERGE 문을 수행한 결과가 Null이면 삭제하지 않는다.

또 한가지 기억할 것은, MERGE 문 DELETE 절은 조인에 성공한 데이터만 삭제할 수 있다는 사실이다. Source(=Customer_Delta) 테이블에서 삭제된 데이터는 Target(=Customer) 테이블에서도 지우고 싶을 텐데, MERGE 문 DELETE 절이 그 역할까지는 못한다는 뜻이다. Source에서 삭제된 데이터는 조인에 실패하기 때문이다. 조인에 실패한 데이터는 UPDATE 할 수도 없고 DELETE 할 수도 없다는 사실을 그림 6-8을 통해 확인하기 바란다.

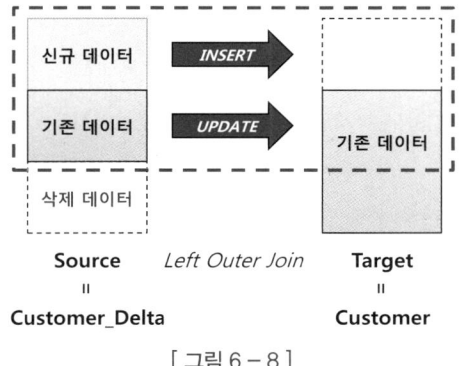

[그림 6 – 8]

결국 DELETE 절은, 조인에 성공한(Matched) 데이터를 모두 UPDATE 하고서 그 결과 값이 DELETE WHERE 조건절을 만족하면 삭제하는 기능이다.

Merge Into 활용 예

저장하려는 레코드가 기존에 있던 것이면 UPDATE를 수행하고, 그렇지 않으면 INSERT 하려고 한다. 그럴 때 아래와 같이 처리하면 SQL을 '항상 두 번씩'(SELECT 한 번, INSERT 또는 UPDATE 한 번) 수행한다.

```
select count(*) into :cnt from dept where deptno = :val1;

if :cnt = 0 then
  insert into dept(deptno, dname, loc) values(:val1, :val2, :val3);
else
  update dept set dname = :val2, loc = :val3 where deptno = :val1;
end if;
```

아래와 같이 하면 SQL을 '최대 두 번' 수행한다.

```
update dept set dname = :val2, loc = :val3 where deptno = :val1;

if sql%rowcount = 0 then
  insert into dept(deptno, dname, loc) values(:val1, :val2, :val3);
end if;
```

아래와 같이 MERGE 문을 활용하면 SQL을 '한 번만' 수행한다.

```
merge into dept a
using (select :val1 deptno, :val2 dname, :val3 loc from dual) b
on     (b.deptno = a.deptno)
when matched then
    update set dname = b.dname, loc = b.loc
when not matched then
    insert (a.deptno, a.dname, a.loc) values (b.deptno, b.dname, b.loc);
```

 수정가능 조인 뷰 vs. MERGE 문

UPDATE 문이 위기를 맞고 있다. UPDATE 대신 MERGE 문을 사용하는 개발자가 늘고 있기 때문이다. INSERT 없는 단순 UPDATE인데도 말이다.

실행계획만 같다면 UPDATE 문을 사용하든 MERGE 문을 사용하든 상관은 없다. 그런데 개발자들이 작성한 SQL을 분석하다 보면 상관할 일이 자꾸 생긴다. 아래와 같은 패턴이 자주 보이기 때문이다.

```
MERGE INTO EMP T2
USING (SELECT T.ROWID AS RID, S.ENAME
       FROM   EMP T, EMP_SRC S
       WHERE  T.EMPNO = S.EMPNO
       AND    T.ENAME <> S.ENAME) S
ON (T2.ROWID = S.RID)
WHEN MATCHED THEN UPDATE SET T2.ENAME = S.ENAME;
```

언제 누가 처음 사용하기 시작했는지 모르지만, 이런 패턴이 개발자들 사이에서 일반화돼 가는 느낌이 든다. 추정해 보면, UPDATE 대상 건수를 쉽게 확인할 수 있어서다. 즉, SELECT 문을 먼저 만들어 데이터 검증을 마친 후 바깥에 MERGE 문을 씌우는 방식으로 SQL을 개발하는 것이다. MERGE 문 ON 절에는 ROWID를 사용했다.

위 패턴이 성능에 안 좋은 이유는 자명하다. UPDATE 대상 테이블인 EMP를 두 번 액세스하기 때문이다. 실행계획을 확인해 보면 금방 알 수 있다. (※ ON절에 ROWID를 사용했으므로 성능에 문제가 없다고 생각할 수 있지만, 그렇지 않다. 3장 1절에서 강조했듯, ROWID는 포인터가 아니다.) 성능에 안 좋으니 아래와 같이 작성하라고 해도 개발자들이 UPDATE 대신 MERGE 문을 애용할지 궁금하다. 데이터 검증용 SELECT 문을 따로 하나 더 만드는 불편함이 있는데도 말이다. (복잡한 조인과 서브쿼리를 포함하는 경우, SELECT 문으로 검증할 필요가 있다.)

```
MERGE INTO EMP T
USING EMP_SRC S
ON   (T.EMPNO = S.EMPNO)
WHEN MATCHED THEN UPDATE SET T.ENAME = S.ENAME
WHERE T.ENAME <> S.ENAME;
```

차라리 아래 UPDATE 문(수정가능 조인 뷰)을 사용하면 편하지 않을까? SELECT 문을 먼저 만들어 데이터 검증을 마친 후, 바깥에 UPDATE 문을 씌우는 개발 패턴!

```
UPDATE (
  SELECT S.ENAME AS S_ENAME, T.ENAME AS T_ENAME
  FROM   EMP T, EMP_SRC S
  WHERE  T.EMPNO = S.EMPNO
  AND    T.ENAME <> S.ENAME
)
SET T_ENAME = S_ENAME;
```

물론 EMP_SRC 테이블 EMPNO 컬럼에 Unique 인덱스가 생성돼 있어야 하는데, 대개는 있다. Unique 인덱스가 없으면, 10g까지는 bypass_ujvc 힌트를 통해, 12c부터는 Group By 처리[7]를 통해 ORA-01779 에러를 회피할 수 있다. 11g에서는 사용할 수 없는 패턴이어서 문제긴 하다.

조인 UPDATE를 위해 앞으로 MERGE 문을 사용할 것인가, UPDATE 문을 사용할 것인가? 선택은 각자의 몫이다.

---

[7] MERGE 문에서는 소스 집합(Using절)에 대한 Unique 인덱스를 요구하지 않지만, 따로 검증이 필요할 정도로 소스 집합이 복잡하다면 MERGE 문에서도 Group By 처리는 필요하다. 정확히 UPDATE 하기 위해서다.

6.2 | Direct Path I/O 활용

온라인 트랜잭션은 기준성 데이터, 특정 고객, 특정 상품, 최근 거래 등을 반복적으로 읽기 때문에 버퍼캐시가 성능 향상에 도움을 준다. 반면, 정보계 시스템(DW/OLAP 등)이나 배치 프로그램에서 사용하는 SQL은 주로 대량 데이터를 처리하기 때문에 버퍼캐시를 경유하는 I/O 메커니즘이 오히려 성능을 떨어뜨릴 수 있다. 그래서 오라클은 버퍼캐시를 경유하지 않고 곧바로 데이터 블록을 읽고 쓸 수 있는 Direct Path I/O 기능을 제공하는데, 지금부터 살펴보자.

6.2.1 Direct Path I/O

일반적인 블록 I/O는 DB 버퍼캐시를 경유한다. 즉, 읽고자 하는 블록을 먼저 버퍼캐시에서 찾아보고, 찾지 못할 때만 디스크에서 읽는다. 데이터를 변경할 때도 먼저 블록을 버퍼캐시에서 찾는다. 찾은 버퍼블록에 변경을 가하고 나면, DBWR 프로세스가 변경된 블록(Dirty 블록)들을 주기적으로 찾아 데이터파일에 반영해 준다.

자주 읽는 블록에 대한 반복적인 I/O Call을 줄임으로써 시스템 전반적인 성능을 높이려고 버퍼캐시를 이용하지만, 대량 데이터를 읽고 쓸 때 건건이 버퍼캐시를 탐색한다면 개별 프로그램 성능에는 오히려 안 좋다. 버퍼캐시에서 블록을 찾을 가능성이 거의 없기 때문이다.

대량 블록을 건건이 디스크로부터 버퍼캐시에 적재하고서 읽어야 하는 부담도 크다. 그렇게 적재한 블록을 재사용할 가능성이 있느냐도 중요한데, Full Scan 위주로 가끔 수행되는 대용량 처리 프로그램이 읽어 들인 데이터는 대개 재사용성이 낮다. 그런 데이터 블록들이 버퍼캐시를 점유한다면 다른 프로그램 성능에도 나쁜 영향을 미친다.

그래서 오라클은 버퍼캐시를 경유하지 않고 곧바로 데이터 블록을 읽고 쓸 수 있는 Direct Path I/O 기능을 제공한다. 아래는 그 기능이 작동하는 경우다.

1. 병렬 쿼리로 Full Scan을 수행할 때
2. 병렬 DML을 수행할 때(Direct Path Read, Direct Path Insert)
3. Direct Path Insert를 수행할 때
4. Temp 세그먼트 블록들을 읽고 쓸 때
5. direct 옵션을 지정하고 export를 수행할 때
6. nocache 옵션을 지정한 LOB 컬럼을 읽을 때

 병렬 쿼리

1~3번이 가장 중요하고 활용도가 높은데, 2번과 3번은 잠시 후 살펴본다. 반면, 1번 병렬 쿼리는 본서 어디에서도 설명하지 않으므로 DML을 다루는 챕터임에도 짧게 소개하려고 한다.

쿼리문에 아래처럼 parallel 또는 parallel_index 힌트를 사용하면, 지정한 병렬도(Parallel Degree)만큼 병렬 프로세스가 떠서 동시에 작업을 진행한다.

```
select /*+ full(t) parallel(t 4) */ * from big_table t;

select /*+ index_ffs(t big_table_x1) parallel_index(t big_table_x1 4) */ count(*)
from big_table t;
```

놀랍게도, 위처럼 병렬도를 4로 지정하면, 성능이 네 배 빨리지는 게 아니라 수십 배 빨라진다. 바로 Direct Path I/O 때문에 나타나는 효과다. 버퍼캐시를 탐색하지 않고, 디스크로부터 버퍼캐시에 적재하는 부담도 없으니 빠른 것이다.

참고로, Order by, Group By, 해시 조인, 소트 머지 조인 등을 처리할 때는 힌트로 지정한 병렬도보다 두 배 많은 프로세스가 사용된다.

6.2.2 Direct Path Insert

일반적인 INSERT가 느린 이유는 다음과 같다.

1. 데이터를 입력할 수 있는 블록을 Freelist에서 찾는다. 테이블 HWM(High-Water Mark) 아래쪽에 있는 블록 중 데이터 입력이 가능한(여유 공간이 있는) 블록을 목록으로 관리하는데, 이를 'Freelist'라고 한다.
2. Freelist에서 할당받은 블록을 버퍼캐시에서 찾는다.
3. 버퍼캐시에 없으면, 데이터파일에서 읽어 버퍼캐시에 적재한다.
4. INSERT 내용을 Undo 세그먼트에 기록한다.
5. INSERT 내용을 Redo 로그에 기록한다.

Direct Path Insert 방식을 사용하면, 대량 데이터를 일반적인 INSERT 보다 훨씬 더 빠르게 입력할 수 있다. 데이터를 Direct Path Insert 방식으로 입력하는 방법은 다음과 같다.

- INSERT ⋯ SELECT 문에 append 힌트 사용
- parallel 힌트를 이용해 병렬 모드로 INSERT
- direct 옵션을 지정하고 SQL*Loader(sqlldr)로 데이터 적재
- CTAS(create table ⋯ as select) 문 수행

Direct Path Insert 방식이 빠른 이유는 다음과 같다.

1. Freelist를 참조하지 않고 HWM 바깥 영역에 데이터를 순차적으로 입력한다.
2. 블록을 버퍼캐시에서 탐색하지 않는다.
3. 버퍼캐시에 적재하지 않고, 데이터파일에 직접 기록한다.

4. Undo 로깅을 안 한다[8].
5. Redo 로깅을 안 하게 할 수 있다[9]. 테이블을 아래와 같이 nologging 모드로 전환한 상태에서 Direct Path Insert 하면 된다.

alter table t **NOLOGGING**;

참고로, Direct Path Insert가 아닌 일반 INSERT 문을 로깅하지 않게 하는 방법은 없다[10].

 작동하지 않는 nologging Insert

가끔 아래와 같이 코딩하는 개발자를 볼 수 있는데, 여기서 nologging은 T 테이블에 대한 별칭(Alias)일 뿐 nologging 기능과는 무관하다.

```
insert into t NOLOGGING select * from test;
```

아래와 같이 코딩하는 개발자도 볼 수 있는데, 오라클은 nologging 힌트를 제공하지 않는다.

```
insert /*+ APPEND NOLOGGING */ into t select * from test;
```

---

8 Undo 로깅을 최소화할 수 있다. Undo의 용도는 1절 1항(6.1.1)에 설명하였다. HWM 뒤쪽에 입력한 데이터는 커밋하기 전까지 다른 세션이 읽지 않으므로 ① Read Consistency를 위해 Undo 데이터를 남기지 않아도 된다. INSERT 작업을 커밋하면 HWM를 이동하고, 롤백하면 할당된 익스텐트에 대한 딕셔너리 정보만 롤백하면 된다. 따라서 ② Transaction Rollback 또는 ③ Transaction Recovery를 위한 Undo는 남길 필요가 없다. 할당된 익스텐트 정보만 로깅하면 된다.

9 정확히 표현하면, Redo 로깅을 '최소화'할 수 있다. 데이터 딕셔너리 변경사항만 로깅하기 때문이다.

10 Redo 로깅은 데이터베이스 영속성(Durability)를 위한 필수 기능이다.

Array Processing도 Direct Path Insert 방식으로 처리할 수 있다. append_values 힌트를 사용하면 된다. 1절 3항(6.1.3) 'Array Processing 활용'에서 사용한 PL/SQL 코드를 예로 들면, 아래와 같이 하면 된다.

```
 7    …
 8    procedure insert_target( p_source  in typ_source) is
 9    begin
10      forall i in p_source.first..p_source.last
11        insert /*+ append_values */ into target values p_source(i);
12    end insert_target;
13    …
```

Direct Path Insert를 사용할 때 주의할 점이 두 가지 있다.

첫째, 이 방식을 사용하면 성능은 비교할 수 없이 빨라지지만 Exclusive 모드 TM Lock이 걸린다는 사실이다. 따라서 커밋하기 전까지 다른 트랜잭션은 해당 테이블에 DML을 수행하지 못한다. 트랜잭션이 빈번한 주간에 이 옵션을 사용하는 것은 절대 금물이다. TM Lock은 4절 1항(6.4.1) 내용 중 'DML 테이블 Lock'에서 설명한다.

둘째, Freelist를 조회하지 않고 HWM 바깥 영역에 입력하므로 테이블에 여유 공간이 있어도 재활용하지 않는다는 사실이다(그림 6-9 참조).

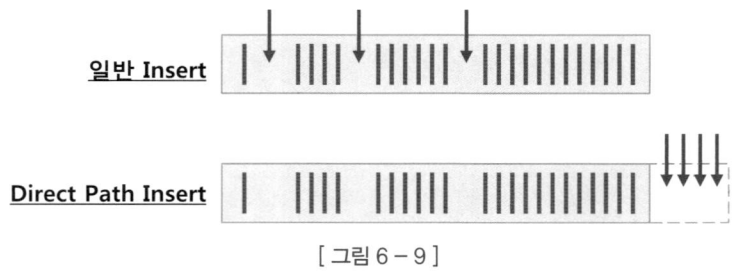

[그림 6 - 9]

과거 데이터를 주기적으로 DELETE 해서 여유 공간이 생겨도 이 방식으로만 계속 INSERT 하는 테이블은 사이즈가 줄지 않고 계속 늘어만 간다. Range 파티션 테이블이면 과거 데이터를 DELETE가 아닌 파티션 DROP 방식으로 지워야 공간 반환이 제대로 이루어진다[11]. 비파티션 테이블이면 주기적으로 Reorg 작업을 수행해 줘야 한다.

6.2.3 병렬 DML

병렬 쿼리와 병렬 DDL은 기본적으로 활성화돼 있어 언제든 바로 병렬 처리 가능하다. 반면, 병렬 DML은 기본적으로 비활성화돼 있다. 따라서 DML을 병렬로 처리하려면, 먼저 아래와 같이 병렬 DML을 활성화해야 한다.

```
alter session enable parallel dml;
```

그리고 나서 각 DML 문에 아래와 같이 힌트를 사용하면, 대상 레코드를 찾는 작업(INSERT는 SELECT 쿼리, UPDATE/DELETE는 조건절 검색)은 물론 데이터 추가/변경/삭제도 병렬로 진행한다.

```
insert /*+ parallel(c 4) */ into 고객 c
select /*+ full(o) parallel(o 4) */ * from 외부가입고객 o;

update /*+ full(c) parallel(c 4) */ 고객 c set 고객상태코드 = 'WD'
where  최종거래일시 < '20100101';

delete /*+ full(c) parallel(c 4) */ from 고객 c
where  탈퇴일시 < '20100101';
```

---

[11] DELETE 방식으로 지운 공간은 자동으로 반환되지 않는다. INSERT에 의해 재활용될 수 있을 뿐이다. 따라서 Range 파티션 테이블은 일반 INSERT로 입력하더라도 과거 데이터를 DELETE가 아닌 파티션 DROP(또는 Truncate) 방식으로 지워야 한다. 테이블을 시계열 컬럼 기준으로 Range 파티셔닝하면 INSERT 작업이 신규 파티션에서만 이루어지기 때문이다.

힌트를 제대로 기술했는데, 만약 실수로 병렬 DML을 활성화하지 않으면 어떻게 될까? 대상 레코드를 찾는 작업은 병렬로 진행하지만, 추가/변경/삭제는 QC[12]가 혼자 담당하므로 병목이 생긴다.

> **두 단계 전략**
>
> 1절 1항(6.1.1)에서 'Undo 로깅과 DML 성능'을 설명하면서 'Undo의 용도와 MVCC 모델'을 부연해서 설명하였다. MVCC 모델을 상기하면 '병렬 DML을 활성화해야 대상 레코드를 찾는 작업과 추가/변경/삭제 작업 모두 병렬로 처리할 수 있다'는 내용을 이해하는 데 도움이 된다. 오라클은 DML 문에 두 단계 전략을 사용한다. 즉, Consistent 모드로 대상 레코드를 찾고 Current 모드로 추가/변경/삭제한다.

병렬 INSERT는 append 힌트를 지정하지 않아도 Direct Path Insert 방식을 사용한다. 하지만, 병렬 DML이 작동하지 않을 경우를 대비해 아래와 같이 append 힌트를 같이 사용하는 게 좋다. 혹시라도 병렬 DML이 작동하지 않더라도 QC가 Direct Path Insert를 사용하면 어느 정도 만족할 만한 성능을 낼 수 있기 때문이다.

```
insert /*+ append parallel(c 4) */ into 고객 c
select /*+ full(o) parallel(o 4) */ * from 외부가입고객 o;
```

12c부터는 아래와 같이 enable_parallel_dml 힌트도 지원한다.

```
insert /*+ enable_parallel_dml parallel(c 4) */ into 고객 c
select /*+ full(o) parallel(o 4) */ * from 외부가입고객 o;

update /*+ enable_parallel_dml full(c) parallel(c 4) */ 고객 c
set    고객상태코드 = 'WD'
where  최종거래일시 < '20100101';
```

---

12 'Query Coordinator'의 줄임말이다. SQL을 병렬로 실행하면 병렬도로 지정한 만큼 또는 두 배로 병렬 프로세스를 띄워 동시에 작업을 진행하는데, 이때 최초 DB에 접속해서 SQL을 수행한 프로세스는 Query Coordinator 역할을 맡는다. 단, 병렬로 처리할 수 없거나 병렬로 처리하도록 지정하지 않은 작업은 Query Coordinator가 직접 처리한다.

```
delete /*+ enable_parallel_dml full(c) parallel(c 4) */ from 고객 c
where 탈퇴일시 < '20100101';
```

병렬 DML을 사용하면 테이블에 Exclusive 모드 TM Lock이 걸린다는 사실을 꼭 기억하자. 트랜잭션이 빈번한 주간에 이 옵션을 사용하는 것은 절대 금물이다.

병렬 DML이 잘 작동하는지 확인하는 방법

DML 작업을 각 병렬 프로세스가 처리하는지, 아니면 QC가 처리하는지를 실행계획에서 확인할 수 있다. 아래와 같이 UPDATE(또는 DELETE/INSERT)가 'PX COORDINATOR' 아래쪽에 나타나면 UPDATE를 각 병렬 프로세스가 처리한다.

```
| Id | Operation              | Name     | Pstart| Pstop |   TQ  |IN-OUT| PQ Distrib |
----------------------------------------------------------------------------------------
|  0 | UPDATE STATEMENT       |          |       |       |       |      |            |
|  1 |  PX COORDINATOR        |          |       |       |       |      |            |
|  2 |   PX SEND QC (RANDOM)  | :TQ10000 |       |       | Q1,00 | P->S | QC (RAND)  |
|  3 |    UPDATE              | 고객     |       |       | Q1,00 | PCWP |            |
|  4 |     PX BLOCK ITERATOR  |          |   1   |   4   | Q1,00 | PCWC |            |
|  5 |      TABLE ACCESS FULL | 고객     |   1   |   4   | Q1,00 | PCWP |            |
```

반면, 아래와 같이 UPDATE(또는 DELETE/INSERT)가 'PX COORDINATOR' 위쪽에 나타나면 UPDATE를 QC가 처리한다.

```
| Id | Operation              | Name     | Pstart| Pstop |   TQ  |IN-OUT| PQ Distrib |
----------------------------------------------------------------------------------------
|  0 | UPDATE STATEMENT       |          |       |       |       |      |            |
|  1 |  UPDATE                | 고객     |       |       |       |      |            |
|  2 |   PX COORDINATOR       |          |       |       |       |      |            |
|  3 |    PX SEND QC (RANDOM) | :TQ10000 |       |       | Q1,00 | P->S | QC (RAND)  |
|  4 |     PX BLOCK ITERATOR  |          |   1   |   4   | Q1,00 | PCWC |            |
|  5 |      TABLE ACCESS FULL | 고객     |   1   |   4   | Q1,00 | PCWP |            |
```

6.3 파티션을 활용한 DML 튜닝

파티션을 이용하면 대량 추가/변경/삭제 작업을 빠르게 처리할 수 있다. 이를 이해하려면 파티션에 대한 사전 지식이 필요한데, 파티션은 별도 챕터로 구성해야 할 정도로 다룰 내용이 많다. 따라서 이번 장을 이해하는 데 필요한 수준에서만 간단히 설명하려고 하니 파티션 개념에 익숙하다면 바로 3항(6.3.3)으로 건너뛰어도 상관없다.

6.3.1 테이블 파티션

파티셔닝(Partitioning)은 테이블 또는 인덱스 데이터를 특정 컬럼(파티션 키) 값에 따라 별도 세그먼트에 나눠서 저장하는 것을 말한다.

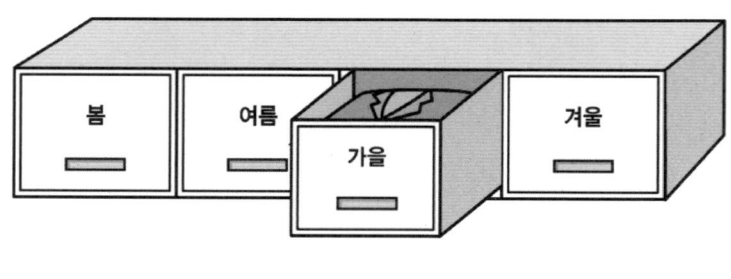

[그림 6 – 10]

그림 6-10처럼 계절별로 옷을 관리하면 외출할 때 필요한 옷을 쉽고 빠르게 찾을 수 있다. 데이터도 월별, 분기별, 반기별, 연별로 분할해서 저장해 두면 빠르게 조회할 수 있고, 관리하기도 쉽다. 일반적으로 시계열에 따라 Range 방식으로 분할하지만, 그 외 다른 기준(리스트 또는 해시 방식)으로 분할할 수도 있다.

파티션이 필요한 이유를 관리적 측면과 성능적 측면으로 나눠 짧게 요약하면 아래와 같다.

- 관리적 측면 : 파티션 단위 백업, 추가, 삭제, 변경 → 가용성 향상
- 성능적 측면 : 파티션 단위 조회 및 DML, 경합 또는 부하 분산

파티션에는 Range, 해시, 리스트 세 종류가 있다.

Range 파티션

오라클 8 버전부터 제공된 가장 기초적인 방식으로 주로 날짜 컬럼을 기준으로 파티셔닝한다. 아래는 주문 테이블을 주문일자 기준으로 분기별 Range 파티셔닝하는 방법을 예시하고 있다.

```
create table 주문 ( 주문번호 number, 주문일자 varchar2(8), 고객ID varchar2(5)
                , 배송일자 varchar2(8), 주문금액 number, … )
partition by range(주문일자) (
  partition P2017_Q1 values less than ('20170401')
, partition P2017_Q2 values less than ('20170701')
, partition P2017_Q3 values less than ('20171001')
, partition P2017_Q4 values less than ('20180101')
, partition P2018_Q1 values less than ('20180401')
, partition P9999_MX values less than ( MAXVALUE )   → 주문일자 >= '20180401'
) ;
```

위 스크립트에 의해 생성된 파티션을 그림으로 표현하면 그림 6-11과 같다.

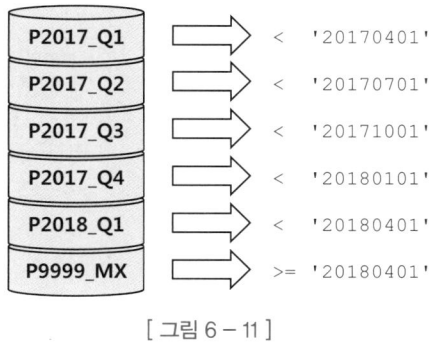

[그림 6 - 11]

위와 같은 파티션 테이블에 값을 입력하면 각 레코드를 파티션 키 값에 따라 분할 저장하고,

읽을 때도 검색 조건을 만족하는 파티션만 골라 읽을 수 있어 이력성 데이터를 Full Scan 방식으로 조회할 때 성능을 크게 향상한다. 보관주기 정책에 따라 과거 데이터가 저장된 파티션만 백업하고 삭제하는 등 데이터 관리 작업을 효율적이고 빠르게 수행할 수 있는 장점도 있다.

파티션 테이블에 대한 SQL 성능 향상 원리는 파티션 Pruning(=Elimination)에 있다. 'prune'은 '쓸데없는 가지를 치다', '불필요한 부분을 제거한다'는 뜻을 가진다. 용어에서 알 수 있듯, 파티션 Pruning은 SQL 하드파싱이나 실행 시점에 조건절을 분석해서 읽지 않아도 되는 파티션 세그먼트를 액세스 대상에서 제외하는 기능이다.

예를 들어, 아래와 같은 조건절이 있다.

```
select *
from   주문
where  주문일자 >= '20120401'
and    주문일자 <= '20120630'
```

이 조건절을 만족하는 데이터는 그림 6-12 왼쪽에서 보듯 전체 1,200만 건 중 25%에 해당하는 300만 건이다. 이 정도 데이터를 인덱스로 건건이 랜덤 액세스하면 테이블 전체를 스캔하는 것보다 오히려 성능이 더 느리다. 그렇다고 테이블 전체를 스캔하자니 사이즈가 너무 커(예를 들어, 100GB) 부담스럽다.

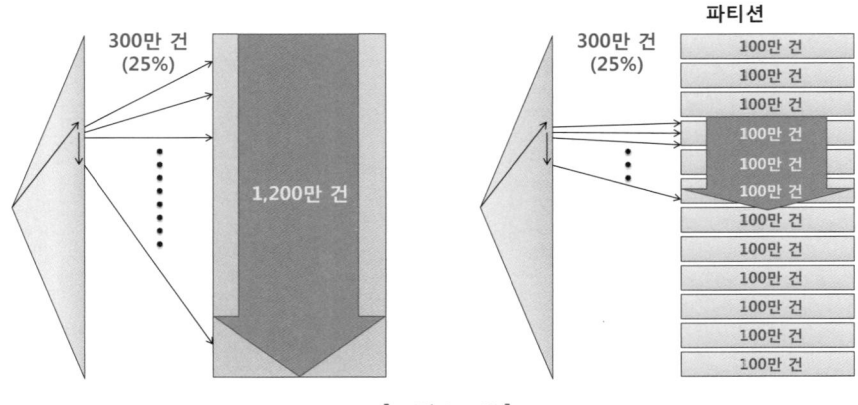

[그림 6 – 12]

그럴 때 테이블을 그림 6-12 오른쪽처럼 100만 건 단위로 나눠서 저장하면, Full Scan 하더라도 전체가 아닌 일부 파티션 세그먼트만 읽고 멈출 수 있어 성능을 크게 향상한다. 파티션과 병렬 처리가 만나면 그 효과는 배가된다. 참고로, 그림에 화살표로 표현한 것처럼 파티션 테이블도 인덱스로 액세스할 수 있지만, 파티션 Pruning을 이용한 테이블 스캔보다 훨씬 느리다.

파티션도 클러스터, IOT와 마찬가지로 관련 있는 데이터가 흩어지지 않고 물리적으로 인접하도록 저장하는 클러스터링 기술에 속한다. 클러스터와 다른 점은 세그먼트 단위로 모아서 저장한다는 것이다. 클러스터는 데이터를 블록 단위로 모아 저장한다고 3장 1절 7항(3.1.7)에서 설명하였다. IOT는 데이터를 정렬된 순서로 저장하는 구조라고 3장 1절 6항(3.1.6)에서 설명하였다.

해시 파티션

해시 파티션은 Range 파티션에 이어 오라클 8i 버전부터 제공하기 시작했다. 파티션 키 값을 해시 함수에 입력해서 반환받은 값이 같은 데이터를 같은 세그먼트에 저장하는 방식이다. 파티션 개수만 사용자가 결정하고 데이터를 분산하는 알고리즘은 오라클 내부 해시함수가 결정한다.

해시 파티션은 고객ID처럼 변별력이 좋고 데이터 분포가 고른 컬럼을 파티션 기준으로 선정해야 효과적이다. 아래는 고객ID 기준으로 고객 테이블을 해시 파티셔닝하는 방법을 예시한다.

```
create table 고객 ( 고객ID varchar2(5), 고객명 varchar2(10), … )
partition by hash(고객ID) partitions 4 ;
```

위 명령어에 의해 생성된 파티션을 그림으로 표현하면 그림 6-13과 같다.

6장 DML 튜닝

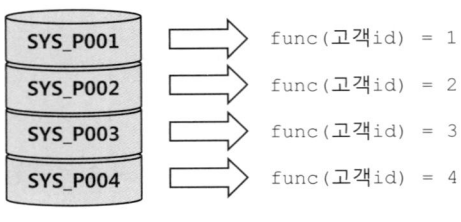

[그림 6 - 13]

검색할 때는 조건절 비교 값(상수 또는 변수)에 똑같은 해시 함수를 적용함으로써 읽을 파티션을 결정한다. 해시 알고리즘 특성상 등치(=) 조건 또는 IN-List 조건으로 검색할 때만 파티션 Pruning이 작동한다.

리스트 파티션

오라클 9i 버전부터 제공하기 시작한 리스트 파티션은, 사용자가 정의한 그룹핑 기준에 따라 데이터를 분할 저장하는 방식이다. 아래는 지역분류 기준으로 인터넷매물 테이블을 리스트 파티셔닝하는 방법을 예시한다(그림 6-14 참조).

```
create table 인터넷매물 ( 물건코드 varchar2(5), 지역분류 varchar2(4), … )
partition by list(지역분류) (
  partition P_지역1 values ('서울')
, partition P_지역2 values ('경기', '인천')
, partition P_지역3 values ('부산', '대구', '대전', '광주')
, partition P_기타  values (DEFAULT)    → 기타 지역
) ;
```

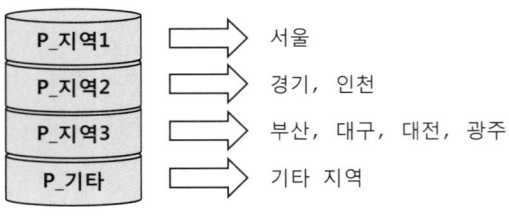

[그림 6 - 14]

448

Range 파티션에선 값의 순서에 따라 저장할 파티션이 결정되지만, 리스트 파티션에서는 순서와 상관없이 불연속적인 값의 목록에 의해 결정된다.

해시 파티션과 비교하면, 해시 파티션은 오라클이 정한 해시 알고리즘에 따라 임의로 분할하는 반면, 리스트 파티션은 사용자가 정의한 논리적인 그룹에 따라 분할한다. 업무적인 친화도에 따라 그룹핑 기준을 정하되, 될 수 있으면 각 파티션에 값이 고르게 분산되도록 해야 한다.

6.3.2 인덱스 파티션

테이블 파티션과 인덱스 파티션은 구분돼야 한다. 인덱스 파티션은 테이블 파티션과 맞물려 다양한 구성이 존재한다. 다양한 인덱스 파티션 구성을 설명하기 위해 우선 테이블 파티션을 다음과 같이 구분하자.

- 비파티션 테이블(Non-Partitioned Table)
- 파티션 테이블(Partitioned Table)

인덱스도 테이블처럼 파티션 여부에 따라 파티션 인덱스와 비파티션 인덱스로 나뉘고, 파티션 인덱스는 각 파티션이 커버하는 테이블 파티션 범위에 따라 로컬과 글로벌로 나뉜다.

- 로컬 파티션 인덱스(Local Partitioned Index)
- 글로벌 파티션 인덱스(Global Partitioned Index)
- 비파티션 인덱스(Non-Partitioned Index)

로컬 파티션 인덱스는 각 테이블 파티션과 인덱스 파티션이 서로 1:1 대응 관계가 되도록 오라클이 자동으로 관리하는 파티션 인덱스를 말한다. 로컬이 아닌 파티션 인덱스는 '모두' 글로벌 파티션 인덱스이며, 테이블 파티션과 독립적인 구성(파티션 키, 파티션 기준값 정의)을 갖는다.

테이블과 인덱스 파티션을 조합하면, 아래와 같은 구성이 가능하다.

구분	테이블	인덱스		
		비파티션	파티션	
			글로벌	로컬
비파티션 테이블				
파티션 테이블	1월 2월 3월 ... 12월			

로컬 파티션 인덱스

앞서 테이블 파티션을 계절별로 옷을 관리하는 서랍장에 비유(그림 6-10)했는데, 로컬 파티션(Local Partitioned) 인덱스는 그림 6-15처럼 계절별로 별도 색인을 만드는 것과 같다.

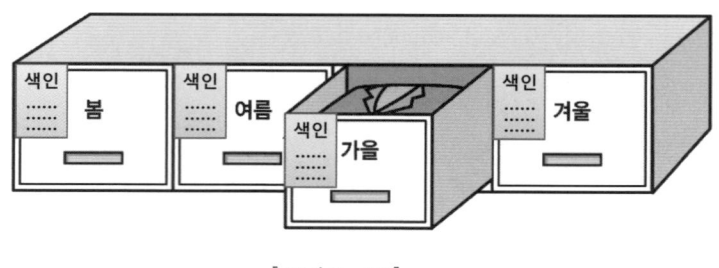

[그림 6 – 15]

앞서 Range 파티션을 설명하면서 예시로 만든 주문 테이블에 로컬 파티션 인덱스를 만들어 보자. 아래와 같이 CREATE INDEX 문 뒤에 'LOCAL' 옵션을 추가하면 된다.

```
create index 주문_x01 on 주문 ( 주문일자, 주문금액 ) LOCAL;

create index 주문_x02 on 주문 ( 고객ID, 주문일자 ) LOCAL;
```

그림 6-16처럼 각 인덱스 파티션은 테이블 파티션 속성을 그대로 상속받는다. 따라서 테이블 파티션 키가 주문일자면 인덱스 파티션 키도 주문일자가 된다. 로컬 파티션 인덱스를 '로컬 인덱스'라고 줄여서 부르기도 한다.

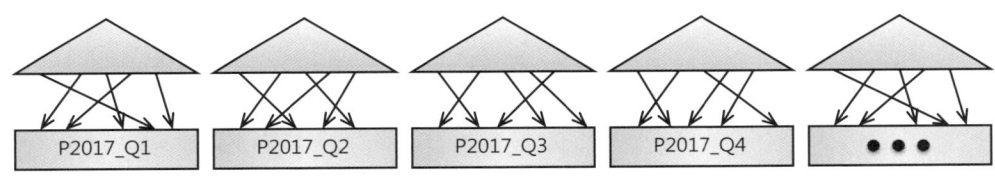

[그림 6 – 16]

로컬 파티션 인덱스는 테이블과 정확히 1:1 대응 관계를 갖도록 오라클이 파티션을 자동으로 관리해 준다. 테이블 파티션 구성을 변경(add, drop, exchange 등)하더라도 인덱스를 재생성할 필요가 없다. 변경작업이 순식간에 끝나므로 피크(peak) 시간대만 피하면 서비스를 중단하지 않고도 작업할 수 있다. 로컬 파티션 인덱스의 장점은 이처럼 관리 편의성에 있다.

글로벌 파티션 인덱스

글로벌 파티션(Global Partitioned) 인덱스는 파티션을 테이블과 다르게 구성한 인덱스다. 구체적으로, 파티션 유형이 다르거나, 파티션 키가 다르거나, 파티션 기준값 정의가 다른 경우다. 비파티션 테이블이어도 인덱스는 파티셔닝할 수 있다.

앞서 Range 파티션을 설명하면서 만든 주문 테이블에 「주문금액 + 주문일자」 순으로 글로벌 파티션 인덱스를 만들어 보자. 아래와 같이 CREATE INDEX 문 뒤에 'GLOBAL' 키워드를 추가하고, 파티션을 정의하면 된다.

```
create index 주문_x03 on 주문 ( 주문금액, 주문일자 ) GLOBAL
partition by range(주문금액) (
  partition P_01 values less than ( 100000 )
, partition P_MX values less than ( MAXVALUE )   → 주문금액 >= 100000
) ;
```

위 명령어를 실행하면, 그림 6-17과 같은 인덱스가 만들어진다.

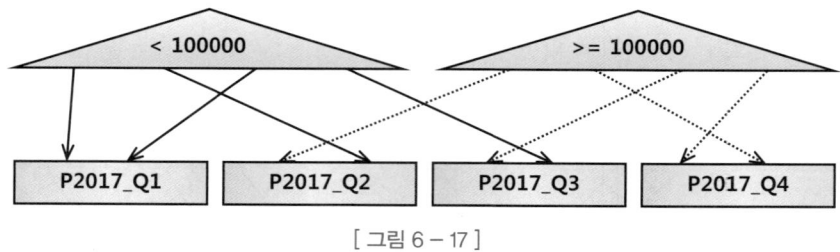

[그림 6 – 17]

글로벌 파티션 인덱스는 테이블 파티션 구성을 변경(drop, exchange, split 등)하는 순간 Unusable 상태로 바뀌므로 곧바로 인덱스를 재생성해 줘야 한다. 그동안 해당 테이블을 사용하는 서비스를 중단해야 한다.

만약 그림 6-16처럼 테이블과 인덱스가 정확히 1:1 관계가 되도록 DB 관리자가 파티션을 직접 구성할 수도 있지만, 그렇다고 그것이 로컬 파티션은 아니다. 오라클이 인덱스 파티션을 자동으로 관리해 주지 않기 때문이다. 모양은 로컬 파티션이지만, 글로벌 파티션에 속한다.

비파티션 인덱스

비파티션(Non-Partitioned) 인덱스는 말 그대로 파티셔닝하지 않은 인덱스다. 만드는 방법은 아래와 같다. 일반 CREATE INDEX 문이다.

```
create index 주문_x04 on 주문 ( 고객ID, 배송일자 );
```

비파티션 인덱스는 그림 6-18에서 보듯 여러 테이블 파티션을 가리킨다. 그런 의미에서 비파티션 인덱스를 '글로벌 비파티션 인덱스'라고 부르기도 한다.

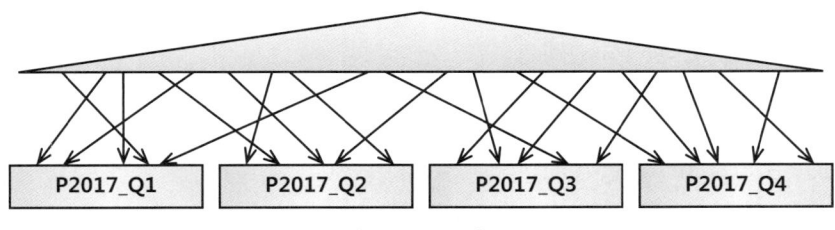

[그림 6 - 18]

비파티션 인덱스는 테이블 파티션 구성을 변경(drop, exchange, split 등)하는 순간 Unusable 상태로 바뀌므로 곧바로 인덱스를 재생성해 줘야 한다. 그동안 해당 테이블을 사용하는 서비스를 중단해야 한다.

Prefixed vs. Nonprefixed

파티션 인덱스를 Prefixed와 Nonprefixed로 나눌 수도 있다. 이는 인덱스 파티션 키 컬럼이 인덱스 구성상 왼쪽 선두 컬럼에 위치하는지에 따른 구분이다.

- Prefixed : 인덱스 파티션 키 컬럼이 인덱스 키 컬럼 왼쪽 선두에 위치한다.
- Nonprefixed : 인덱스 파티션 키 컬럼이 인덱스 키 컬럼 왼쪽 선두에 위치하지 않는다. 파티션 키가 인덱스 컬럼에 아예 속하지 않을 때도 여기에 속한다.

로컬과 글로벌, Prefixed와 Nonprefixed를 조합하면 아래 네 가지 구성이 나온다.

구분	Prefixed	Nonprefixed
로컬 파티션	1	2
글로벌 파티션	3	4 (Not Support)

글로벌 파티션 인덱스는 Prefixed 파티션만 지원되므로 결과적으로 세 개의 파티션 인덱스가 있고, 비파티션 인덱스를 포함해 아래 네 가지 유형으로 최종 정리할 수 있다.

- 로컬 Prefixed 파티션 인덱스
- 로컬 Nonprefixed 파티션 인덱스
- 글로벌 Prefixed 파티션 인덱스
- 비파티션 인덱스

조금 전 '주문' 테이블에 만든 네 개 인덱스를 조회해 보자.

```
SQL> select i.index_name, i.partitioned, p.partitioning_type
  2       , p.locality, p.alignment
  3    from  user_indexes i, user_part_indexes p
  4   where  i.table_name = '주문'
  5     and  p.index_name(+) = i.index_name
  6   order by i.index_name;

INDEX_NAME    PAR PARTITION LOCALI ALIGNMENT
------------- --- --------- ------ ------------
주문_X01      YES RANGE     LOCAL  PREFIXED      → 로컬 Prefixed 파티션 인덱스
주문_X02      YES RANGE     LOCAL  NON_PREFIXED  → 로컬 Nonprefixed 파티션 인덱스
주문_X03      YES RANGE     GLOBAL PREFIXED      → 글로벌 Prefixed 파티션 인덱스
주문_X04      NO                                 → 비파티션 인덱스
```

중요한 인덱스 파티션 제약

인덱스 파티션과 관련해 반드시 기억해야 할 중요한 제약이 한가지 있다.

> "Unique 인덱스를 파티셔닝하려면,
> 파티션 키가 모두 인덱스 구성 컬럼이어야 한다."

만약 이 제약이 없으면 어떻게 될까? 우선 이 제약에 어긋나지 않는 경우부터 살펴보자. 예

를 들어, 그림 6-19처럼 '주문일자'로 파티셔닝한 테이블이 있다. PK는 '주문일자 + 주문번호'이고, 인덱스는 로컬 파티션이다. 결국, PK 인덱스도 주문일자로 파티셔닝한 셈이므로 파티션 키가 인덱스 구성 컬럼이다.

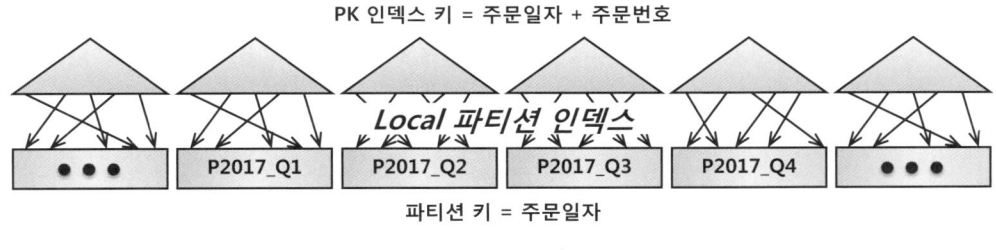

[그림 6 - 19]

이 상태에서 2017년 12월 25일에 주문번호가 123456인 주문 레코드를 입력하면, 중복 값 확인을 위해 P2017_Q4 파티션 인덱스만 탐색하면 된다. 2017년 12월 주문은 P2017_Q4(2017년 4분기) 파티션에만 입력될 수 있기 때문이다.

이번에는 PK 인덱스가 그림 6-20처럼 '주문번호' 단일컬럼인 경우를 보자. 테이블 파티션 키인 주문일자가 인덱스 구성 컬럼이 아니다. 방금 설명한 제약 때문에 인덱스를 파티셔닝할 수 없지만, 파티셔닝을 허용했다고 가정하자.

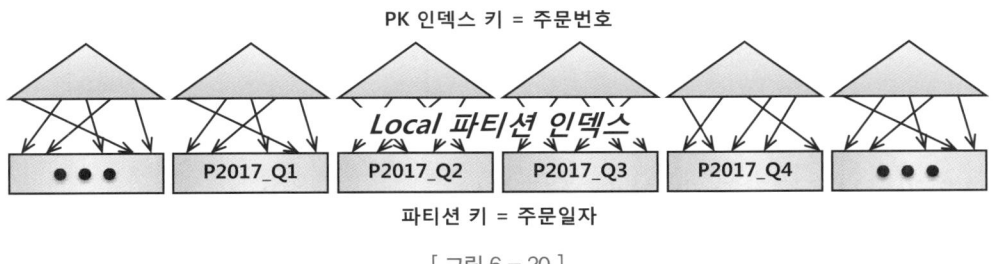

[그림 6 - 20]

이 상태에서 주문번호가 123456인 주문 레코드를 입력하려면, 중복 값이 있는지 확인하려고 인덱스 파티션을 모두 탐색해야 한다. 주문번호가 123456인 레코드는 어떤 파티션에든 입력될 수 있기 때문이다. 게다가, 그 레코드를 입력하고 커밋하기 전까지, 다른 트랜잭션이 같은 주문번호로 다른 파티션에 입력하는 현상까지 막으려면 추가적인 Lock 메커니즘이 필요하다.

지금 본 것처럼 Unique 인덱스를 파티셔닝할 때 파티션 키가 인덱스 컬럼에 포함돼야 한다는 조건은 DML 성능 보장을 위해 당연히 있어야 할 제약조건이다. 그리고 파티션 키 조건 없이 PK 인덱스로 액세스하는 수많은 쿼리 성능을 위해서도 필요하다. 만약 그림 6-20과 같은 PK 인덱스 파티셔닝을 허용하면, 파티션 키(주문일자) 조건 없이 PK 컬럼(주문번호)만으로 조회할 때[13] 모든 파티션 인덱스를 탐색해야 하기 때문이다.

문제는, 이 제약으로 인해 PK 인덱스를 로컬 파티셔닝하지 못하면 파티션 Drop, Truncate, Exchange, Split, Merge 같은 파티션 구조 변경 작업도 쉽지 않다는 데 있다. 이들 작업을 하는 순간, PK 인덱스가 Unusable 상태로 바뀌기 때문이다. 곧바로 인덱스를 Rebuild 하면 되지만, 그동안 해당 테이블을 사용하는 서비스를 중단해야 한다. <u>서비스 중단 없이 파티션 구조를 빠르게 변경하려면, PK를 포함한 모든 인덱스가 로컬 파티션 인덱스이어야</u> 한다.

지금부터 설명할 '파티션을 활용한 대량 UPDATE/DELETE/INSERT'는 파티션 구조 변경 작업을 수반하며, ILM[14]을 지원하는 매우 중요한 기능이다. 이 기능을 활용해 ILM 관리체계를 효과적으로 운영하려면 가급적 인덱스를 로컬 파티션으로 구성해야 하며, 그러기 위해 테이블을 설계할 때부터 PK를 잘 구성해 줘야 한다. 구체적으로, 대량으로 데이터를 추가/변경/삭제하는 기준 컬럼을 PK에 포함하려고 노력해야 한다. ILM 관련 프로젝트를 해 봤다면, 그 필요성을 절감할 것이다.

6.3.3 파티션을 활용한 대량 UPDATE 튜닝

인덱스가 DML 성능에 큰 영향을 미치므로 대량 데이터를 입력/수정/삭제할 때는 1절 4항 (6.1.4)에서 본 것처럼 인덱스를 Drop 하거나 Unusable 상태로 변경하고서 작업하는 방법을

---

[13] 각 테이블에 대한 가장 일반적인 액세스 조건은 PK 컬럼에 대한 Unique 조건이다.

[14] 'Information Lifecycle Management'의 줄임말로서, 데이터 생성부터 소멸까지의 생명주기를 효율적으로 관리하는 체계를 말한다. 기간계 DB에 쌓인 과거 데이터를 주기적으로 별도(운영 비용이 더 낮은) 저장소로 옮기고, 그곳에서 일정 기간이 지나면 폐기하는 프로세스와 정책 등을 포함한다.

많이 활용한다. 손익분기점은 5% 정도[15]로 본다. 즉, 입력/수정/삭제하는 데이터 비중이 5%를 넘는다면, 인덱스를 그대로 둔 상태에서 작업하기보다 인덱스 없이 작업한 후에 재생성하는 게 더 빠르다는 뜻이다.

예를 들어, 그림 6-21에 있는 거래 테이블에 10억 건이 저장돼 있다.

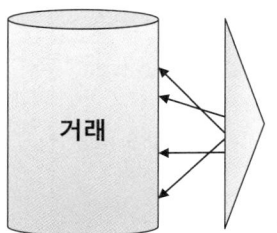

거래_X2 : 상태코드 + 거래일자

[그림 6 – 21]

아래 UPDATE 문을 이용해 2015년 1월 1일 전에 발생한 거래 데이터를 수정하려는데, 거래일자 조건을 만족하면서 상태코드 ◇ 'ZZZ'인 데이터가 5,000만 건(5%)이다. 테이블 레코드 5,000만 건을 변경하면서 거래_X2 인덱스(상태코드 컬럼 포함)까지 실시간으로 관리하려면 어마어마한 시간이 소요된다.

```
update 거래 set 상태코드 = 'ZZZ'
where  상태코드 <> 'ZZZ'
and    거래일자 < '20150101' ;
```

그렇다면 과연 5,000만 건 데이터를 수정하기 위해 10억 건짜리 인덱스를 Drop 했다가 재생성할 것인가. 10억 건 인덱스를 재생성하는 데 걸리는 시간도 만만치 않다. 이 지점에서 고민이 생긴다.

어느 쪽이 더 빠를지는 상황에 따라 다르므로 테스트해 봐야 알 수 있지만, 어느 쪽이 더 빠르건 간에, 실무적으로 이 정도 대용량 테이블이라면 인덱스를 그대로 둔 상태에서 작업하는 경우가 많다. 인덱스 전체를 재생성해야 하는 부담이 그만큼 크기 때문이다.

---

[15] 실제로는 5% 이하 지점에서 결정될 때가 많다. 테이블이 클수록 손익분기점은 더 낮아진다.

파티션 Exchange를 이용한 대량 데이터 변경

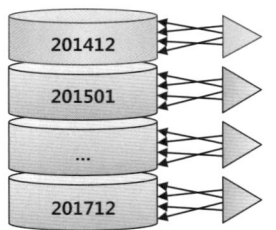

거래_X2 : 상태코드 + 거래일자

[그림 6 – 22]

그림 6-22처럼 테이블이 파티셔닝돼 있고 인덱스도 다행히 로컬 파티션이라면, 좋은 해법이 있다. 수정된 값을 갖는 임시 세그먼트를 만들어 원본 파티션과 바꿔치기하는 방식이다. 작업 순서는 다음과 같다. (스크립트를 단순화하기 위해 2015년 1월 1일 전에 발생한 거래 데이터는 모두 '201412' 파티션에 저장돼 있다고 가정하자. 즉, '201412' 파티션이 첫 번째 파티션이다.)

1. 임시 테이블(거래_t)을 생성한다. 할 수 있다면 nologging 모드로 생성한다.

```
create table 거래_t
nologging
as
select * from 거래 where 1 = 2;
```

2. 거래 데이터를 읽어 임시 테이블에 입력하면서 상태코드 값을 수정한다.

```
insert /*+ append */ into 거래_t
select 고객번호, 거래일자, 거래순번, …
     ,(case when 상태코드 <> 'ZZZ' then 'ZZZ' else 상태코드 end) 상태코드
from   거래
where  거래일자 < '20150101';
```

3. 임시 테이블에 원본 테이블과 같은 구조로 인덱스를 생성한다. 할 수 있다면 nologging 모드로 생성한다.

```
create unique index 거래_t_pk on 거래_t (고객번호, 거래일자, 거래순번) nologging;
create index 거래_t_x1 on 거래_t(거래일자, 고객번호) nologging;
create index 거래_t_x2 on 거래_t(상태코드, 거래일자) nologging;
```

4. 2014년 12월 파티션과 임시 테이블을 Exchange 한다(그림 6-23 참조).

```
alter table 거래
exchange partition p201412 with table 거래_t
including indexes without validation;
```

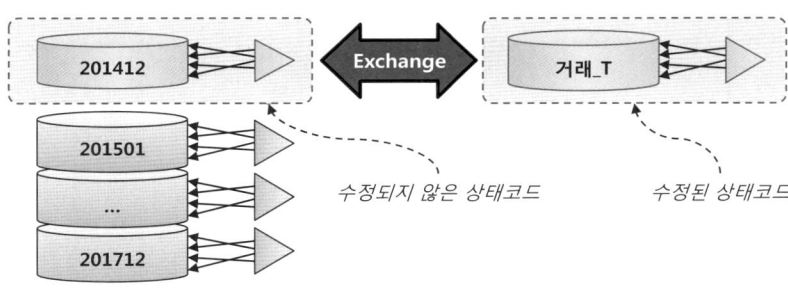

[그림 6 – 23]

5. 임시 테이블을 Drop 한다.

```
drop table 거래_t;
```

6. (nologging 모드로 작업했다면) 파티션을 logging 모드로 전환한다.

```
alter table 거래 modify partition p201412 logging;
alter index 거래_pk modify partition p201412 logging;
alter index 거래_x1 modify partition p201412 logging;
alter index 거래_x2 modify partition p201412 logging;
```

6.3.4 파티션을 활용한 대량 DELETE 튜닝

아래와 같은 조건절로 수천만 건 데이터를 삭제할 때도, 인덱스를 실시간으로 관리하려면 어마어마한 시간이 소요된다.

```
delete from 거래
where 거래일자 < '20150101' ;
```

그렇다고 초대용량 테이블 인덱스를 모두 Drop 했다가 다시 생성하기도 만만치 않다. UPDATE는 변경 대상 컬럼을 포함하는 인덱스만 재생성하면 되지만, DELETE는 모든 인덱스를 재생성해야 한다.

DELETE가 느린 이유

DELETE는 아래와 같이 여러 부수적인 작업을 수반하므로 느리다.

1. 테이블 레코드 삭제
2. 테이블 레코드 삭제에 대한 Undo Logging
3. 테이블 레코드 삭제에 대한 Redo Logging
4. 인덱스 레코드 삭제
5. 인덱스 레코드 삭제에 대한 Undo Logging
6. 인덱스 레코드 삭제에 대한 Redo Logging
7. Undo(2번과 5번)에 대한 Redo Logging

특히, 각 인덱스 레코드를 찾아서 삭제해 주는 작업에 대한 부담이 크다. 그림 6-24에서 표현하듯, 건건이 수직적 탐색 과정을 거쳐 대상 레코드를 찾아야 하기 때문이다. 다시 강조하지만, 인덱스 개수는 DML 성능에 미치는 영향이 매우 크다.

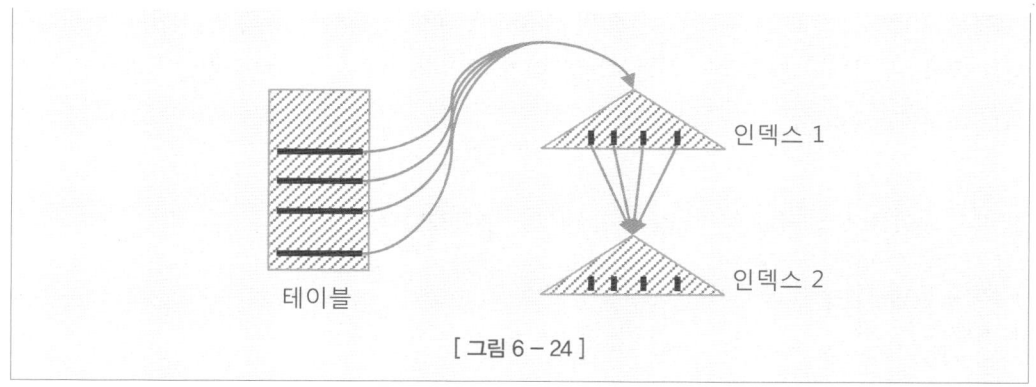

[그림 6 – 24]

파티션 Drop을 이용한 대량 데이터 삭제

테이블이 삭제 조건절(거래일자 < '20150101') 컬럼 기준으로 파티셔닝돼 있고 인덱스도 다행히 로컬 파티션이라면, 아래와 같이 간단한 문장 하나로 대량 데이터를 순식간에 삭제할 수 있다.

```
alter table 거래 drop partition p201412;
```

오라클 11g부터 아래와 같이 값을 이용해 대상 파티션을 지정할 수도 있다.

```
alter table 거래 drop partition for('20141201');
```

파티션 Truncate를 이용한 대량 데이터 삭제

거래일자 조건에 해당하는 데이터를 일괄 삭제하지 않고 아래와 같이 또 다른 삭제 조건이 있는 경우가 있다. (상태코드 ◇ 'ZZZ' or 상태코드 is null) 조건을 만족하는 데이터가 소수이면, 아래 DELETE 문을 그대로 사용하면 된다.

```
delete from 거래
where  거래일자 < '20150101'
and    (상태코드 <> 'ZZZ' or 상태코드 is null);
```

(상태코드 ◇ 'ZZZ' or 상태코드 is null) 조건을 만족하는 데이터가 대다수이면, 대량 데이터를 지울 게 아니라 남길 데이터만 백업했다가 재입력하는 방식이 빠르다. 아래와 같은 순서로 처리하면 된다.

1. 임시 테이블(거래_t)을 생성하고, 남길 데이터만 복제한다.

```
create table 거래_t
as
select *
from   거래
where  거래일자 < '20150101'
and    상태코드 = 'ZZZ';    -- 남길 데이터만 임시 세그먼트로 복제
```

2. 삭제 대상 테이블 파티션을 Truncate 한다.

```
alter table 거래 truncate partition p201412;
```

오라클 11g부터 아래와 같이 값을 이용해 대상 파티션을 지정할 수 있다.

```
alter table 거래 truncate partition for('20141201');
```

3. 임시 테이블에 복제해 둔 데이터를 원본 테이블에 입력한다.

```
insert into 거래
select * from 거래_t;  -- 남길 데이터만 입력
```

4. 임시 테이블을 Drop 한다.

```
drop table 거래_t;
```

서비스 중단없이 파티션을 Drop 또는 Truncate 하려면 아래 조건을 모두 만족해야 한다.

1. 파티션 키와 커팅 기준 컬럼이 일치해야 함
   - ▶ 예를 들어, 파티션 키와 커팅 기준 컬럼이 모두 '신청일자'
2. 파티션 단위와 커팅 주기가 일치해야 함
   - ▶ 예를 들어, 월 단위 파티션을 월 주기로 커팅
3. 모든 인덱스가 로컬 파티션 인덱스이어야 함
   - ▶ 예를 들어, 파티션 키는 '신청일자', PK는 '신청일자 + 신청순번'
   - ▶ PK 인덱스는 지금처럼 삭제 기준(파티션 키) 컬럼이 인덱스 구성 컬럼이어야 로컬 파티셔닝 가능

6.3.5 파티션을 활용한 대량 INSERT 튜닝

비파티션 테이블일 때

비파티션 테이블에 손익분기점을 넘는 대량 데이터를 INSERT 하려면, 아래와 같이 인덱스를 Unusable 시켰다가 재생성하는 방식이 더 빠를 수 있다(그림 6-25 참고).

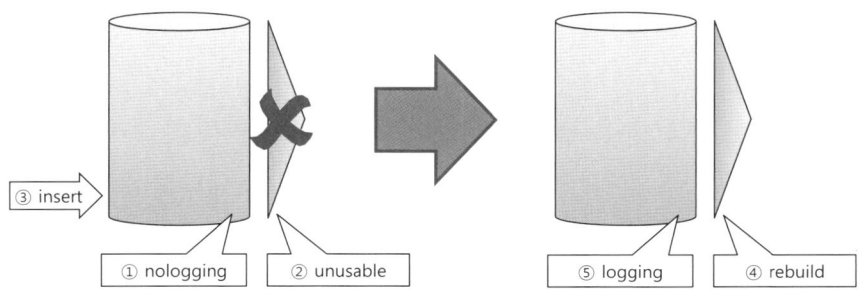

[그림 6 – 25]

① (할 수 있다면) 테이블을 nologging 모드로 전환한다.

```
alter table target_t nologging;
```

② 인덱스를 Unusable 상태로 전환한다.

```
alter index target_t_x01 unusable;
```

③ (할 수 있다면 Direct Path Insert 방식으로) 대량 데이터를 입력한다.

```
insert /*+ append */ into target_t
select * from source_t;
```

④ (할 수 있다면, nologging 모드로) 인덱스를 재생성한다.

```
alter index target_t_x01 rebuild nologging;
```

⑤ (nologging 모드로 작업했다면) logging 모드로 전환한다.

```
alter table target_t logging;
alter index target_t_x01 logging;
```

파티션 테이블일 때

초대용량 인덱스를 재생성하는 부담이 만만치 않기 때문에 시간이 더 오래 걸리더라도 실무에서 웬만하면 인덱스를 그대로 둔(Unusable로 전환하지 않은) 상태로 INSERT 한다. 하지만, 그림 6-26처럼 테이블이 파티셔닝돼 있고, 인덱스도 다행히 로컬 파티션이라면 고민 해결이다. 파티션 단위로 인덱스를 재생성할 수 있기 때문이다.

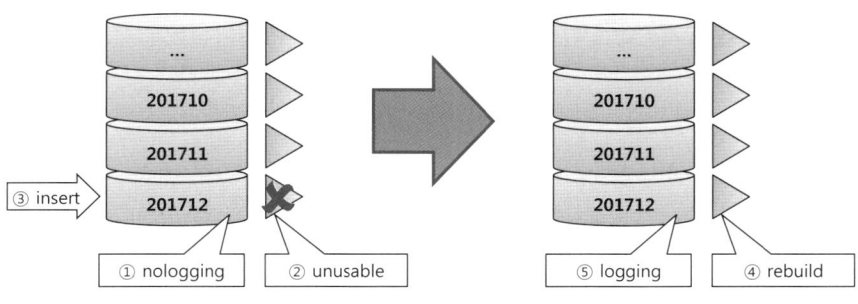

[그림 6 – 26]

① (할 수 있다면) 작업 대상 테이블 파티션을 nologging 모드로 전환한다.

```
alter table target_t modify partition p_201712 nologging;
```

② 작업 대상 테이블 파티션과 매칭되는 인덱스 파티션을 Unusable 상태로 전환한다.

```
alter index target_t_x01 modify partition p_201712 unusable;
```

③ (할 수 있다면 Direct Path Insert 방식으로) 대량 데이터를 입력한다.

```
insert /*+ append */ into target_t
select * from source_t where dt between '20171201' and '20171231';
```

④ (할 수 있다면, nologging 모드로) 인덱스 파티션을 재생성한다.

```
alter index target_t_x01 rebuild partition p_201712 nologging;
```

⑤ (nologging 모드로 작업했다면) 작업 파티션을 logging 모드로 전환한다.

```
alter table target_t modify partition p_201712 logging;
alter index target_t_x01 modify partition p_201712 logging;
```

6.4 Lock과 트랜잭션 동시성 제어

Lock은 데이터베이스의 특징을 결정짓는 가장 핵심적인 메커니즘이다. 자신이 사용하는 데이터베이스의 고유한 Lock 메커니즘을 이해하지 못한다면, 고품질, 고성능 애플리케이션을 구축하기 어렵다. 트랜잭션 동시성 제어도 데이터베이스 개발자라면 반드시 학습해야 할 주제다.

본 절은 오라클 Lock을 간단히 소개하고, 개발자가 알아야 할 기본적인 동시성 제어 기법을 설명한다. 마지막으로, 여러 채번 방식의 성능을 비교함으로써 테이블 식별자 설계 및 채번 방식 선택의 기준을 제시하고자 한다.

6.4.1 오라클 Lock

오라클은 공유 리소스와 사용자 데이터를 보호할 목적으로 DML Lock, DDL Lock[16], 래치, 버퍼 Lock, 라이브러리 캐시 Lock/Pin 등 다양한 종류의 Lock을 사용한다. 이 외에도 내부에 더 많은 종류의 Lock이 존재한다.

이 중 래치와 버퍼 Lock은 1장 3절 8항(1.3.8) '캐시 탐색 메커니즘'에서 짧게 소개했다. 요약하면, 래치는 SGA에 공유된 각종 자료구조를 보호하기 위해 사용하며, 버퍼 Lock은 버퍼 블록에 대한 액세스를 직렬화하기 위해 사용한다. 라이브러리 캐시 Lock과 Pin은 라이브러리 캐시에 공유된 SQL 커서와 PL/SQL 프로그램을 보호하기 위해 사용한다.

애플리케이션 개발 측면에서 가장 중요하게 다루어야 할 Lock은 무엇보다 DML Lock이다.

---

[16] DDL Lock을 'Dictionary Lock'이라고도 부르며, Exclusive DDL Lock, Share DDL Lock, (Breakable) Parse Lock 세 가지가 있다. 그런데 DDL Lock은 오라클 문서 상 분류일 뿐, 실제로는 TM Lock(=DML 테이블 Lock), 라이브러리 캐시 Lock/Pin을 이용해 구현한 가상의 Lock이다. 말하자면 DDL Lock은, TM Lock, 라이브러리 캐시 Lock/Pin의 작용으로 나타나는 현상을 또 하나의 Lock으로 분류한 것에 불과하다.

DML Lock은 다중 트랜잭션이 동시에 액세스하는 사용자 데이터의 무결성을 보호해 준다. DML Lock에는 테이블 Lock과 로우 Lock이 있다.

DML 로우 Lock

DML 로우 Lock은, 두 개의 동시 트랜잭션이 같은 로우를 변경하는 것을 방지한다. 하나의 로우를 변경하려면 로우 Lock을 먼저 설정해야 한다.

어떤 DBMS이든지 DML 로우 Lock에는 배타적 모드를 사용하므로 UPDATE 또는 DELETE를 진행 중인(아직 커밋하지 않은) 로우를 다른 트랜잭션이 UPDATE하거나 DELETE 할 수 없다.

INSERT에 대한 로우 Lock 경합은 Unique 인덱스가 있을 때만 발생한다. 즉, Unique 인덱스가 있는 상황에서 두 트랜잭션이 같은 값을 입력하려고 할 때, 블로킹이 발생한다. 블로킹이 발생하면, 후행 트랜잭션은 기다렸다가 선행 트랜잭션이 커밋하면 INSERT에 실패하고, 롤백하면 성공한다. 두 트랜잭션이 서로 다른 값을 입력하거나 Unique 인덱스가 아예 없으면, INSERT에 대한 로우 Lock 경합은 발생하지 않는다.

MVCC 모델을 사용하는 오라클은 (for update절이 없는) SELECT 문에 로우 Lock을 사용하지 않는다. MVCC 모델은 1절 1항(6.1.1) 중간에 'Undo 로깅과 DML 성능'에서 설명하였다. 요약하면, 오라클은 다른 트랜잭션이 변경한 로우를 읽을 때 복사본 블록을 만들어서 쿼리가 '시작된 시점'으로 되돌려서 읽는다. 변경이 진행 중인(아직 커밋하지 않은) 로우를 읽을 때도 Lock이 풀릴 때까지 기다리지 않고 복사본을 만들어서 읽는다. 따라서 SELECT 문에 Lock을 사용할 필요가 없다.

결국, 오라클에서는 DML과 SELECT는 서로 진행을 방해하지 않는다. 물론 SELECT끼리도 서로 방해하지 않는다. DML끼리는 서로 방해할 수 있는데, 이는 어떤 DBMS를 사용하더라도 마찬가지다.

참고로, MVCC 모델을 사용하지 않는 DBMS는 SELECT 문에 공유 Lock을 사용한다. 공유 Lock끼리는 호환된다. 두 트랜잭션이 같이 Lock을 설정할 수 있다는 뜻이다. 반면, 공유 Lock과 배타적 Lock은 호환되지 않기 때문에 DML과 SELECT가 서로 진행을 방해할 수 있다. 즉, 다른 트랜잭션이 읽고 있는 로우를 변경하려면 다음 레코드로 이동할 때까지 기다려야 하고, 다른 트랜잭션이 변경 중인 로우를 읽으려면 커밋할 때까지 기다려야 한다.

DML 로우 Lock에 의한 성능 저하를 방지하려면, 온라인 트랜잭션을 처리하는 주간에 Lock을 필요 이상으로 오래 유지하지 않도록 커밋 시점을 조절해야 한다. 그에 앞서 트랜잭션이 빨리 일을 마치도록, 즉 Lock이 오래 지속되지 않도록 관련 SQL을 모두 튜닝해야 한다. 1~5장에서 설명한 SQL 튜닝이 곧 Lock 튜닝인 셈이다.

DML 테이블 Lock

오라클은 DML 로우 Lock을 설정하기에 앞서 테이블 Lock을 먼저 설정한다. 현재 트랜잭션이 갱신 중인 테이블 구조를 다른 트랜잭션이 변경하지 못하게 막기 위해서다. 테이블 Lock을 'TM Lock'이라고 부르기도 한다.

오라클은 로우 Lock에 항상 배타적 모드를 사용하지만, 테이블 Lock에는 여러 가지 Lock 모드를 사용한다. Lock 모드간 호환성(Compatibility)을 정리하면 표 6-2와 같다. ('O' 표시는 두 모드 간에 호환성이 있음을 의미한다.)

	Null	RS	RX	S	SRX	X
Null	O	O	O	O	O	O
RS	O	O	O	O	O	
RX	O	O	O			
S	O	O		O		
SRX	O	O				
X	O					

[표 6-2]

- RS : row share (또는 SS : sub share)
- RX : row exclusive (또는 SX : sub exclusive)

- S : share
- SRX : share row exclusive (또는 SSX : share/sub exclusive)
- X : exclusive

선행 트랜잭션과 호환되지 않는 모드로 테이블 Lock을 설정하려는 후행 트랜잭션은 대기하거나 작업을 포기해야 한다.
INSERT, UPDATE, DELETE, MERGE 문을 위해 로우 Lock을 설정하려면 해당 테이블에 RX(=SX) 모드 테이블 Lock을 먼저 설정해야 한다. SELECT FOR UPDATE 문을 위해 로우 Lock을 설정하려면 10gR1 이하는 RS(=SS) 모드, 10gR2 이상은 RX(=SX) 모드 테이블 Lock을 먼저 설정해야 한다. RS, RX 간에는 어떤 조합으로도 호환이 되므로 SELECT FOR UPDATE나 DML문 수행 시 테이블 Lock에 의한 경합은 절대 발생하지 않는다. 같은 로우를 갱신하려고 할 때만 로우 Lock에 의한 경합이 발생한다.

'테이블 Lock'이라고 하면, 테이블 전체에 Lock이 걸린다고 생각하기 쉽다. 그래서 다른 트랜잭션이 더는 레코드를 추가하거나 갱신하지 못하게 막는다고 생각하는 분들이 많다. 하지만 앞서 설명했듯이 DML을 수행하기 전에 항상 테이블 Lock을 먼저 설정하므로 그렇게 이해하는 것은 맞지 않는다. 하나의 로우를 변경하기 위해 테이블 전체에 Lock을 건다면 동시성이 좋은 애플리케이션을 구현하기 어렵다.
오라클에서 말하는 테이블 Lock은, 자신(테이블 Lock을 설정한 트랜잭션)이 해당 테이블에서 현재 어떤 작업을 수행 중인지를 알리는 일종의 푯말(Flag)이다[17]. 그리고 위에서 본 것처럼 테이블 Lock에는 여러 가지 모드가 있고, 어떤 모드를 사용했는지에 따라 후행 트랜잭션이 수행할 수 있는 작업의 범위가 결정된다. 푯말에 기록된 Lock 모드와 후행 트랜잭션이 현재 하려는 작업 내용에 따라 진행 여부가 결정된다. 진행할 수 없다면 기다릴지, 아니면 작업을 포기할지 진로를 결정(내부적으로 하드코딩 돼 있거나 사용자가 지정한 옵션에 따라 결정)해야 한다. 기다려야 한다면, 대기자 목록에 Lock 요청을 등록하고 기다린다.
예를 들어, DDL을 이용해 테이블 구조를 변경하려는 트랜잭션은 해당 테이블에 TM Lock이

---

[17] 참고로, SQL Server에서는 이런 종류의 테이블 Lock을 'Intent Lock'이라고 부른다.

설정돼 있는지를 먼저 확인한다. TM Lock을 RX(=SX) 모드로 설정한 트랜잭션이 하나라도 있으면, 현재 테이블을 갱신 중인 트랜잭션이 있다는 신호다. 따라서 ORA-00054 메시지를 남기고 작업을 멈춘다. 반대로, DDL 문이 먼저 수행 중일 때는, DML 문을 수행하려는 트랜잭션이 기다린다.

대상 리소스가 사용 중일 때, 진로 선택

Lock을 얻고자 하는 리소스가 사용 중일 때, 프로세스는 아래 세 가지 방법 중 하나를 택한다. 보통은 내부적으로 진로가 결정돼 있지만, 사용자가 선택할 수 있는 경우도 있다. 사용자가 이 세 가지 옵션을 모두 선택할 수 있는 문장이 바로 SELECT FOR UPDATE 문이다.

1. Lock이 해제될 때까지 기다린다. (예 : select * from t for update)
2. 일정 시간만 기다리다 포기한다. (예 : select * from t for update wait 3)
3. 기다리지 않고 작업을 포기한다. (예 : select * from t for update nowait)

DML을 수행할 때 묵시적으로 테이블 Lock을 설정하는데, 이때는 1번, 기다리는 방법을 선택한다. Lock Table 명령을 이용해 명시적으로 테이블 Lock을 설정할 때도 기본적으로 기다리는 방법을 택하지만, NOWAIT 옵션을 이용해 곧바로 작업을 포기하도록 사용자가 지정할 수 있다.

lock table emp in exclusive mode **NOWAIT**;

DDL을 수행할 때도 내부적으로 테이블 Lock을 설정하는데, 이때는 NOWAIT 옵션이 자동으로 지정된다. 오라클 11g부터 ddl_lock_timeout 파라미터를 0보다 크게 설정하면, 설정한 시간(초 단위)만큼 기다리다 작업을 포기하게 할 수 있다.

Lock을 푸는 열쇠, 커밋

가끔 블로킹과 교착상태를 구분 못 하는 분들을 만난다. 블로킹(Blocking)은 선행 트랜잭션이 설정한 Lock 때문에 후행 트랜잭션이 작업을 진행하지 못하고 멈춰 있는 상태를 말한다. 이것을 해소하는 방법은 커밋(또는 롤백)뿐이다.

교착상태(Deadlock)는 두 트랜잭션이 각각 특정 리소스에 Lock을 설정한 상태에서 맞은편 트랜잭션이 Lock을 설정한 리소스에 또 Lock을 설정하려고 진행하는 상황을 말한다. 교착상태가 발생하면 둘 중 하나가 뒤로 물러나지 않으면 영영 풀릴 수 없다. 좁은 골목길에 두 대의 차량이 마주 선 것에 비유할 수 있다.

오라클에서 교착상태가 발생하면, 이를 먼저 인지한 트랜잭션이 문장 수준 롤백을 진행한 후에 아래 에러 메시지를 던진다. 교착상태를 발생시킨 문장 하나만 롤백하는 것이다.

```
ORA-00060: deadlock detected while waiting for resource
```

이제 교착상태는 해소됐지만 블로킹 상태에 놓이게 된다. 따라서 이 메시지를 받은 트랜잭션은 커밋 또는 롤백을 결정해야만 한다. 만약 프로그램 내에서 이 에러에 대한 예외처리(커밋 또는 롤백)를 하지 않는다면 대기 상태를 지속하게 되므로 주의가 필요하다.

오라클은 데이터를 읽을 때 Lock을 사용하지 않으므로 다른 DBMS에 비해 상대적으로 Lock 경합이 적게 발생한다. 읽는 트랜잭션의 진행을 막는 부담감이 없으므로 필요한 만큼 트랜잭션을 충분히 길게 가져갈 수 있다.

그렇더라도 '불필요하게' 트랜잭션을 길게 정의하지 않도록 주의해야 한다. 트랜잭션이 너무 길면, 트랜잭션을 롤백해야 할 때 너무 많은 시간이 걸려 고생할 수 있다. Undo 세그먼트가 고갈되거나 Undo 세그먼트 경합을 유발할 수도 있다.

같은 데이터를 갱신하는 트랜잭션이 동시에 수행되지 않도록 애플리케이션을 설계해야 하고, DML Lock 때문에 동시성이 저하되지 않도록 적절한 시점에 커밋해야 한다.

반대로, 불필요하게 커밋을 너무 자주 수행하면 서버 프로세스가 LGWR에게 로그 버퍼를 비우도록 요청하고 동기(sync) 방식으로 기다리는 횟수가 늘기 때문에 기본적으로 성능이 느려진다. 잦은 커밋 때문에 성능이 매우 느리다면, 오라클 10gR2부터 제공하는 비동기식 커밋과 배치 커밋을 활용하는 방안을 검토할 수 있다.

- WAIT(Defualt) : LGWR가 로그버퍼를 파일에 기록했다는 완료 메시지를 받을 때까지 기다린다(동기식 커밋).
- NOWAIT : LGWR의 완료 메시지를 기다리지 않고 바로 다음 트랜잭션을 진행한다(비동기식 커밋).
- IMMEDIATE(Defualt) : 커밋 명령을 받을 때마다 LGWR가 로그 버퍼를 파일에 기록한다.
- BATCH : 세션 내부에 트랜잭션 데이터를 일정량 버퍼링했다가 일괄 처리한다.

이들 옵션을 조합해 아래 네 가지 커밋 명령을 사용할 수 있다.

```
SQL> COMMIT WRITE IMMEDIATE WAIT ;      ……… ①
SQL> COMMIT WRITE IMMEDIATE NOWAIT ;    ……… ②
SQL> COMMIT WRITE BATCH WAIT ;          ……… ③
SQL> COMMIT WRITE BATCH NOWAIT ;        ……… ④
```

6.4.2 트랜잭션 동시성 제어

동시성 제어의 개념은 1절 1항(6.1.1)에서 이미 설명하였다. 동시성 제어는 비관적 동시성 제어와 낙관적 동시성 제어로 나뉜다.

비관적 동시성 제어(Pessimistic Concurrency Control)는 사용자들이 같은 데이터를 동시에 수정할 것으로 가정한다. 따라서 한 사용자가 데이터를 읽는 시점에 Lock을 걸고 조회 또는 갱신처리가 완료될 때까지 이를 유지한다. Lock은 첫 번째 사용자가 트랜잭션을 완료하기 전까지 다른 사용자들이 같은 데이터를 수정할 수 없게 만들기 때문에 비관적 동시성 제어를 잘못 사용하면 동시성이 나빠진다. '잘못 사용하면'이라고 한 데에 주목하자. 잘 사용하면 약이 될 수도 있다는 뜻이며, 글을 계속 읽다 보면 이해하게 될 것이다.

반면, 낙관적 동시성 제어(Optimistic Concurrency Control)는 사용자들이 같은 데이터를 동시에 수정하지 않을 것으로 가정한다. 따라서 데이터를 읽을 때 Lock을 설정하지 않는다. 그런데 낙관적 입장에 섰다고 해서 동시 트랜잭션에 의한 잘못된 데이터 갱신을 신경 쓰지 않아도 된다는 것은 절대 아니다. 읽는 시점에 Lock을 사용하지 않았지만, 데이터를 수정하고자 하는 시점에 앞서 읽은 데이터가 다른 사용자에 의해 변경되었는지 반드시 검사해야 한다.

비관적 동시성 제어

비관적 동시성 제어를 위한 기본 구현 패턴을 살펴보자. 우수 고객을 대상으로 적립포인트를 제공하는 이벤트를 실시한다고 가정하자. 아래 코딩 예시처럼 고객의 다양한 실적정보를 읽고 복잡한 산출공식을 이용해 적립포인트를 계산하는 동안(아래 SELECT 문 이후, UPDATE 문 이전) 다른 트랜잭션이 같은 고객의 실적정보를 변경한다면 문제가 생길 수 있다.

```
select 적립포인트, 방문횟수, 최근방문일시, 구매실적 from 고객
where   고객번호 = :cust_num;

-- 새로운 적립포인트 계산

update 고객 set 적립포인트 = :적립포인트 where 고객번호 = :cust_num
```

하지만, 아래와 같이 SELECT 문에 FOR UPDATE를 사용하면 고객 레코드에 Lock을 설정하므로 데이터가 잘못 갱신되는 문제를 방지할 수 있다.

```
select 적립포인트, 방문횟수, 최근방문일시, 구매실적 from 고객
where   고객번호 = :cust_num for update;
```

비관적 동시성 제어는 자칫 시스템 동시성을 심각하게 떨어뜨릴 우려가 있지만, FOR UPDATE에 WAIT 또는 NOWAIT 옵션을 함께 사용하면 Lock을 얻기 위해 무한정 기다리지 않아도 된다.

```
for update nowait   → 대기없이 Exception(ORA-00054)을 던짐
for update wait 3   → 3초 대기 후 Exception(ORA-30006)을 던짐
```

WAIT 또는 NOWAIT 옵션을 사용하면, 다른 트랜잭션에 의해 Lock이 걸렸을 때 Exception을 만나게 되므로 "다른 사용자에 의해 변경 중이므로 다시 시도하십시오"라는 메시지를 출력하면서 트랜잭션을 종료할 수 있다. 따라서 오히려 동시성을 증가시키게 된다.

큐(Queue) 테이블 동시성 제어

큐(Queue) 테이블에 쌓인 고객 입금 정보를 일정한 시간 간격으로 읽어서 입금 테이블에 반영하는 데몬 프로그램이 있다고 가정하자.

데몬이 여러 개이므로 Lock이 걸릴 수 있는 상황이다. Lock이 걸리면 3초간 대기했다가 다음에 다시 시도하게 하려고 아래와 같이 for update wait 3 옵션을 지정했다. 큐에 쌓인 데이터를 한 번에 다 읽어서 처리하면 Lock이 풀릴 때까지 다른 데몬이 오래 걸릴 수 있으므로 고객 정보를 100개씩만 읽도록 했다.

```
select cust_id, rcpt_amt from cust_rcpt_Q
 where yn_upd = 'Y' and rownum <= 100 FOR UPDATE WAIT 3;
```

이럴 때 아래와 같이 skip locked 옵션을 사용하면, Lock이 걸린 레코드는 생략하고 다음 레코드를 계속 읽도록 구현할 수 있다. (SQL에서 rownum 조건절을 제거하고, 클라이언트 단에서 100개를 읽으면 멈추도록 구현해야 한다. 한 건씩 Fetch하면 성능이 안 좋으니 100개 단위로 Array 처리하기 바란다.)

```
select cust_id, rcpt_amt from cust_rcpt_Q
 where yn_upd = 'Y' FOR UPDATE SKIP LOCKED;
```

낙관적 동시성 제어

아래는 SELECT-LIST에서 네 개 컬럼을 참조했을 때의 낙관적 동시성 제어 예시다.

```
select 적립포인트, 방문횟수, 최근방문일시, 구매실적 into :a, :b, :c, :d
from   고객
where  고객번호 = :cust_num;

-- 새로운 적립포인트 계산

update 고객 set 적립포인트 = :적립포인트
where  고객번호     = :cust_num
and    적립포인트   = :a
and    방문횟수     = :b
and    최근방문일시 = :c
and    구매실적     = :d ;

if sql%rowcount = 0 then
   alert('다른 사용자에 의해 변경되었습니다.');
end if;
```

SELECT 문에서 읽은 컬럼이 매우 많다면 UPDATE 문에 조건절을 일일이 기술하는 것이 여간 귀찮은 일이 아닐 것이다. 만약 UPDATE 대상 테이블에 최종변경일시를 관리하는 컬럼이 있다면, 이를 조건절에 넣어 간단히 해당 레코드의 갱신여부를 판단할 수 있다.

```
select 적립포인트, 방문횟수, 최근방문일시, 구매실적, 변경일시
into   :a, :b, :c, :d, :mod_dt
from   고객
where  고객번호 = :cust_num;

-- 새로운 적립포인트 계산

update 고객 set 적립포인트 = :적립포인트, 변경일시 = SYSDATE
where  고객번호 = :cust_num
and    변경일시 = :mod_dt ;   → 최종 변경일시가 앞서 읽은 값과 같은지 비교

if sql%rowcount = 0 then
   alert('다른 사용자에 의해 변경되었습니다.');
end if;
```

낙관적 동시성 제어에서도 UPDATE 전에 아래 SELECT 문(nowait 옵션을 사용한 것에 주목)을 한 번 더 수행함으로써 Lock에 대한 예외처리를 한다면, 다른 트랜잭션이 설정한 Lock을 기다리지 않게 구현할 수 있다.

```
select 고객번호
from   고객
where  고객번호 = :cust_num
and    변경일시 = :mod_dt
for update nowait;
```

동시성 제어 없는 낙관적 프로그래밍

낙관적 동시성 제어를 사용하면 Lock이 유지되는 시간이 매우 짧아져 동시성을 높이는 데 매우 유리하다. 하지만 다른 사용자가 같은 데이터를 변경했는지 검사하고 그에 따라 처리 방향성을 결정하는 귀찮은 절차가 뒤따른다. 정말 귀찮아서일까, 아니면 동시성 제어의 필요성을 몰라서일까? 튜닝하다 보면 개발팀이 작성한 SQL을 많이 분석하게 되는데, 동시성 제어 없이 낙관적으로 프로그래밍하는 경우를 자주 본다.

예를 들어, 온라인 쇼핑몰에서 특정 상품을 조회해서 결제를 완료하는 순간까지를 하나의 트랜잭션으로 정의했다고 가정하자.

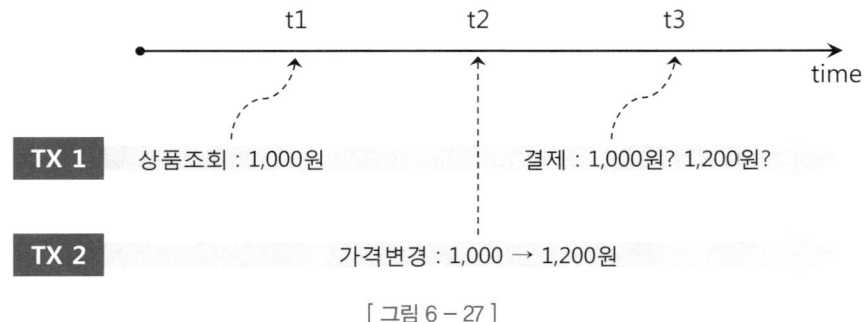

[그림 6 - 27]

그림 6-27에서 보듯, TX1이 t1 시점에 상품을 조회할 때는 가격이 1,000원이었다. 주문을 진행하는 동안 TX2에 의해 가격이 1,200원으로 수정되었다면, TX1이 최종 결제 버튼을 클

릭하는 순간 어떻게 처리해야 할까? 상품 정보를 조회한 시점 기준으로 주문을 처리하는 것이 업무 규칙이라면 주문을 그대로 처리해도 상관없지만, 그렇지 않다면 아래와 같이 상품 가격의 변경 여부를 체크함으로써 해당 주문을 취소시키거나 사용자에게 변경사실을 알리고 처리방향을 확인받는 프로세스를 거쳐야 한다.

```
insert into 주문
select :상품코드, :고객ID, :주문일시, :상점번호, ...
from    상품
where   상품코드 = :상품코드
and     가격 = :가격 ;        -- 주문을 시작한 시점 가격

if sql%rowcount = 0 then
  alert('상품가격이 변경되었습니다.');
end if;
```

그런데 그런 로직을 찾기 힘들다. 주문을 진행하는 동안 상품 공급업체가 가격을 변경하지 않을 것이라고 낙관적으로 생각하기 때문이다.

지금 당장 자신이 회원으로 가입해 있는 아무 사이트나 방문해서 브라우저를 좌우로 두 개 띄우고 회원정보 변경 화면으로 각각 이동해 보자. 그리고 좌측 화면에서는 전화번호를 바꾸고 커밋, 우측 화면에서는 생년월일을 고치고 커밋한 후에 다시 회원정보를 조회해 보면 전화번호가 이전으로 롤백되어 있는 것을 확인할 수 있을 것이다. 사용자가 수정한 필드값만 UPDATE하지 않고 화면에 뿌려진 전체 필드를 UPDATE하도록 구현하기 때문에 생기는 현상이다.

물론 동시에 고객정보를 갱신할 가능성이 전혀 없거나 그렇게 처리하는 것이 업무 규칙이라면 전혀 문제 삼을 일이 아니다. 하지만 그렇지 않은데도 동시성 제어를 제대로 구현하지 않아 고객 정보가 계속 잘못 갱신된다면, 언제고 고객으로부터 클레임을 받을 수도 있는 문제다.

데이터 품질과 동시성 향상을 위한 제언

본서는 성능을 다루는 책이지만, 성능보다 데이터 품질이 더 중요하다는 사실을 강조하지 않을 수 없다. 동의한다면, FOR UPDATE 사용을 두려워하지 말자. 다중 트랜잭션이 존재하는 데이터베이스 환경에서 공유 자원에 대한 액세스 직렬화는 필수다. JAVA 프로그래머라면 멀티 쓰레드 프로그래밍할 때 synchronized 키워드의 역할을 상기하기 바란다.

데이터를 변경할 목적으로 읽는다면 당연히 Lock을 걸어야 한다. 금융권에서 근무하는 개발자는 이를 아주 당연하게 여기지만, 그렇지 않은 환경에서 근무하는 개발자는 FOR UPDATE를 잘 활용하지 않는다. FOR UPDATE 자체를 모르는 개발자도 있다. FOR UPDATE를 제거했더니 성능 문제가 해결됐다고 뿌듯해하는 개발자를 만난 적도 있다. 그렇게 성능 문제가 해결됐다면 그 순간부터 데이터 품질이 나빠지고 있다고 생각하면 틀림없다. FOR UPDATE가 필요한 상황이면 이를 정확히 사용하고, 코딩하기 번거롭더라도 동시성이 나빠지지 않게 WAIT 또는 NOWAIT 옵션을 활용한 예외처리에 세심한 즈의를 기울여야 한다.

불필요하게 Lock을 오래 유지하지 않고, 트랜잭션의 원자성을 보장하는 범위 내에서 가급적 빨리 커밋하자. 트랜잭션을 재생할 수 있는 경우(원본 데이터를 읽어 가공된 데이터를 생성하는 경우)라면, 중간에 적당한 주기로 커밋하는 방안도 고려할 수 있다. 꼭 주간에 수행할 필요가 없는 배치 프로그램은 야간 시간대에 수행하자.

낙관적, 비관적 동시성 제어를 같이 사용하는 방법도 있다. 일단 낙관적 동시성 제어를 시도했다가 다른 트랜잭션에 의해 데이터가 변경된 사실이 발견되면, 롤백하고 다시 시도할 때 비관적 동시성 제어를 사용하는 방식이다.

동시성을 향상하고자 할 때 SQL 튜닝은 기본이다. 가장 효율적인 인덱스를 구성해 주고, 데이터량에 맞는 조인 메소드를 선택해야 한다. 1절 2항(6.1.2)에서 설명한 것처럼 루프를 돌면서 절차적으로 처리하면 성능이 매우 느리고, 느린 만큼 Lock도 오래 지속된다. Array Processing을 활용하든, One SQL로 구현하든, 처리 성능이 빨라지면 Lock도 빨리 해제된다. Lock에 대한 고민은 트랜잭션 내 모든 SQL을 완벽히 튜닝하고 나서 해도 늦지 않다.

로우 Lock 대상 테이블 지정

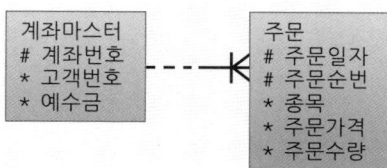

[그림 6 – 28]

계좌마스터와 주문 테이블이 그림 6-28과 같을 때, 쿼리를 아래와 같이 작성하면 계좌마스터와 주문 테이블 양쪽 모두에 로우 Lock이 걸린다.

```
select  b.주문수량
from    계좌마스터 a, 주문 b
where   a.고객번호 = :cust_no
and     b.계좌번호 = a.계좌번호
and     b.주문일자 = :ord_dt
for update
```

아래와 같이 작성하면 주문수량이 있는 주문 테이블에만 로우 Lock이 걸린다.

```
select  b.주문수량
from    계좌마스터 a, 주문 b
where   a.고객번호 = :cust_no
and     b.계좌번호 = a.계좌번호
and     b.주문일자 = :ord_dt
for update of b.주문수량
```

6.4.3 채번 방식에 따른 INSERT 성능 비교

INSERT, UPDATE, DELETE, MERGE 중 가장 중요하고 튜닝 요소가 많은 것은 INSERT다. 수행빈도가 가장 높아서 그렇기도 하지만, 채번 방식에 따른 성능 차이가 매우 크기 때문이다.

신규 데이터를 입력하려면 PK 중복을 방지하기 위한 채번이 선행되어야 하는데, 가장 많이 사용하는 아래 세 가지 채번 방식의 성능과 장단점을 비교해 보자.

- 채번 테이블
- 시퀀스 오브젝트
- MAX + 1 조회

설명의 편의를 위해 용어부터 정리할 필요가 있다. 예를 들어, PK가 「상담원ID + 상담일자 + 상담순번」처럼 복합컬럼으로 구성돼 있을 때, 순번 이외의 컬럼(상담원ID, 상담일자)을 지금부터 '구분 속성'이라고 부르기로 하자.

채번 테이블

각 테이블 식별자의 단일컬럼 일련번호 또는 구분 속성별 순번을 채번하기 위해 별도 테이블을 관리하는 방식이다. 채번 레코드를 읽어서 1을 더한 값으로 변경하고, 그 값을 새로운 레코드를 입력하는 데 사용한다. 이 방식은 채번 레코드를 변경하는 과정에 자연스럽게 액세스 직렬화(트랜잭션 줄 세우기)가 이루어지므로 두 트랜잭션이 중복 값을 채번할 가능성을 원천적으로 방지해 준다.

이 방식의 장점부터 나열하면 아래와 같다.

- 범용성이 좋다.
- INSERT 과정에 중복 레코드 발생에 대비한 예외(Exception) 처리에 크게 신경쓰지 않아도 되므로 채번 함수만 잘 정의하면 편리하게 사용할 수 있다. (→MAX+1 방식과

비교)

- INSERT 과정에 결번을 방지할 수 있다. (→ 시퀀스 방식과 비교)
- PK가 복합컬럼일 때도 사용할 수 있다. (→ 시퀀스 방식과 비교)

가장 큰 단점은 다른 채번 방식에 비해 성능이 안 좋다는 데 있다. 채번 레코드를 변경하기 위한 로우 Lock 경합 때문이다(그림 6-29). 로우 Lock은 기본적으로(자율 트랜잭션 기능을 활용하지 않으면) 대상 테이블에 INSERT를 마치고 커밋 또는 롤백할 때까지 지속된다.

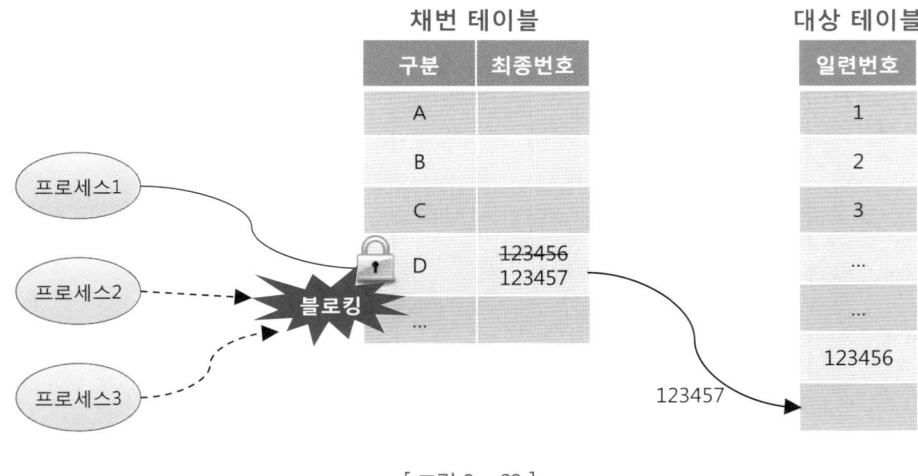

[그림 6 - 29]

동시 INSERT가 아주 많으면 채번 레코드뿐만 아니라 채번 테이블 블록 자체에도 경합이 발생한다. 서로 다른 레코드를 변경하는 프로세스끼리도 경합할 수 있다는 뜻이다[18].

PK가 복합컬럼인 경우, 즉 구분 속성별 순번을 채번하는 경우에는 Lock 경합이 줄어들지만, 구분 속성 레코드 수가 소수일 때만 이 방식을 사용하므로[19] Lock 경합이 발생할 가능성은 다른 채번 방식에 비해 여전히 높다. 따라서 동시 INSERT가 아주 많은 테이블에는 사실상

---

[18] 구체적으로 말하면, 버퍼 Lock과 ITL 경합을 의미한다. 버퍼 Lock에 대해서는 1장 3절 8항(1.3.8) '캐시 탐색 메커니즘'에서 설명하였다.

[19] 예를 들어, 고객별 순번에 채번 테이블을 사용하면, 고객 수만큼 채번 레코드가 필요하므로 이 방식을 사용하기에 무리수가 따른다.

이 방식을 사용하기가 어렵다.

 자율 트랜잭션

PL/SQL의 자율(Autonomous) 트랜잭션 기능을 이용하면 메인 트랜잭션에 영향을 주지 않고 서브 트랜잭션에서 일부 자원만 Lock을 해제할 수 있다. 방법은 간단하다. PL/SQL 선언부에 아래와 같이 'pragma autonomous_transaction'이라고 선언하기만 하면 된다.

```
create or replace function seq_nextval(l_gubun number) return number
as
   pragma autonomous_transaction;
   l_new_seq seq_tab.seq%type;
begin
   update seq_tab
   set    seq = seq + 1
   where  gubun = l_gubun;

   select seq into l_new_seq
   from   seq_tab
   where  gubun = l_gubun;

   commit;
   return l_new_seq;
end;
```

PL/SQL 함수/프로시저를 자율 트랜잭션으로 선언하면, 그 내부에서 커밋을 수행해도 메인 트랜잭션은 커밋하지 않은 상태로 남는다. 메인 트랜잭션 INSERT 문에서 아래와 같이 채번 함수를 호출하고 최종적으로 커밋하기 전까지 다른 작업을 많이 수행하더라도 채번 테이블 로우 Lock은 이미 해제한 상태이므로 다른 트랜잭션을 블록킹하지 않는다.

```
insert into target_tab values ( seq_nextval(123), :x, :y, :z  );
```

시퀀스 오브젝트

시퀀스(Sequence)의 가장 큰 장점은 성능이 빠르다는 데 있다. 채번 테이블과 마찬가지로 INSERT 과정에 중복 레코드 발생에 대비한 예외처리에 크게 신경 쓰지 않아도 된다. 테이블별로 시퀀스 오브젝트를 생성하고 관리하는 부담은 있지만, 개발팀 입장에서는 사용하기에 매우 편리하다.

시퀀스의 가장 큰 장점이 성능이지만, 성능 이슈가 없는 것은 아니다. 시퀀스 채번 과정에 발생하는 Lock 때문이다. 시퀀스의 성능 이슈를 이해하려면, 시퀀스 오브젝트가 오라클 내부에서 관리하는 채번 테이블이라는 사실을 이해해야 한다(그림 6-30). 구체적으로 SYS.SEQ$ 테이블을 말하며, DBA_SEQUENCES 뷰를 통해 조회할 수 있다.

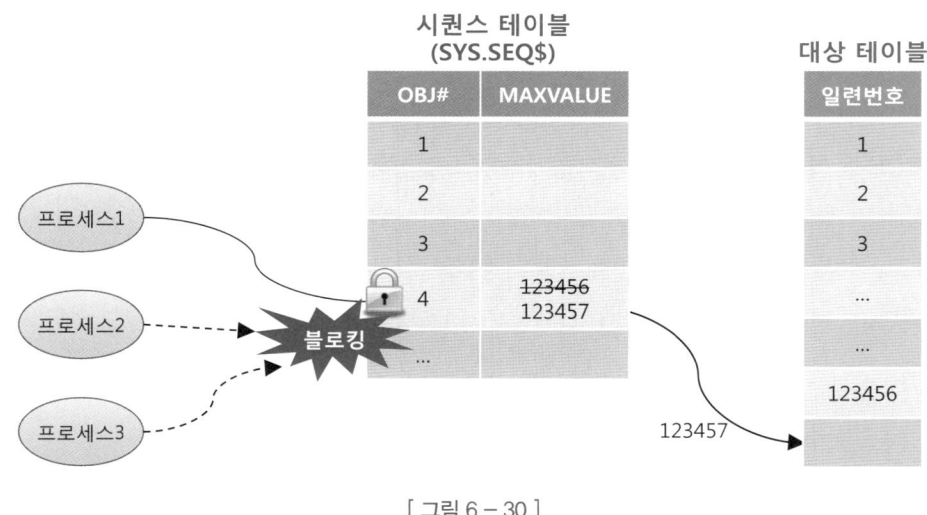

[그림 6 - 30]

시퀀스 오브젝트도 결국 테이블이므로 값을 읽고 변경하는 과정에 Lock 메커니즘이 작동한다. 시퀀스 Lock에 의한 성능 이슈가 있지만, 캐시 사이즈를 적절히 설정하면 가장 빠른 성능을 제공한다. 시퀀스에는 자율 트랜잭션 기능도 기본적으로 구현돼 있다.

시퀀스 Lock

오라클이 시퀀스 오브젝트에 사용하는 Lock으로는 세 가지가 있다. 로우 캐시 Lock, 시퀀스 캐시 Lock, SV Lock이 그것이다.

① 로우 캐시 Lock

딕셔너리 정보를 매번 디스크에서 읽고 쓰면 성능이 매우 느리므로 오라클은 로우 캐시[20]를 사용한다. 로우 캐시는 공유 캐시(SGA)의 구성요소이므로 정보를 읽고 쓸 때 액세스를 직렬화해야 한다. 이를 위해 사용하는 Lock이 '로우 캐시 Lock'이다[21].

로우 캐시를 사용하는 대표적인 오브젝트가 시퀀스(SYS.SEQ$)이므로 로우 캐시 Lock 경합이 나타날 수 있다. 즉, 'nextval을 호출할 때마다' 로우 캐시에서 시퀀스 레코드(last_number 컬럼)를 변경해야 하는데, 많은 사용자가 동시에 nextval을 호출하면 로우 캐시 Lock 경합이 발생한다.

시퀀스 채번으로 인한 로우 캐시 Lock 경합을 줄이기 위해 오라클은 기본적으로 CACHE 옵션을 사용한다. 옵션을 명시적으로 설정하지 않았을 때 기본값은 20이다. 시퀀스 채번에 의한 로우 캐시 Lock 경합을 줄이고 싶다면, 이 값을 크게 설정하면 된다. 반대로, 채번 빈도가 낮아 굳이 캐시를 사용하고 싶지 않다면 NOCACHE 옵션을 지정하면 된다. 아래 스크립트 결과를 참조하면 CACHE 옵션을 더 정확히 이해할 수 있다.

```
SQL> create sequence MYSEQ cache 1000;

SQL> select cache_size, last_number
  2  from    user_sequences
  3  where   sequence_name = 'MYSEQ';
```

---

[20] 테이블, 인덱스, 테이블스페이스, 데이터파일, 세그먼트, 익스텐트, 사용자, 제약, 시퀀스, DB Link 등에 관한 정보를 오라클은 '딕셔너리(Dictionary)'라고 부른다. 또한, 딕셔너리 정보를 빠르게 읽고 쓰기 위해 캐시를 사용하는데, 이를 '딕셔너리 캐시' 또는 '로우 캐시'라고 부른다. '로우 캐시'라는 이름을 갖게 된 이유는, 딕셔너리 캐시는 로우 단위로 I/O 하기 때문이다. 일반적인 데이터 블록은 블록 단위로 I/O 한다는 사실을 상기하기 바란다.

[21] 오라클에서 로우 캐시 Lock에 의한 경합은 'row cache lock' 대기 이벤트로 측정할 수 있다.

```
CACHE_SIZE LAST_NUMBER
---------- -----------
      1000           1

SQL> select MYSEQ.NEXTVAL from dual;

   NEXTVAL
----------
         1

SQL> select cache_size, last_number
  2  from    user_sequences
  3  where   sequence_name = 'MYSEQ';

CACHE_SIZE LAST_NUMBER
---------- -----------
      1000        1001
```

CACHE 크기를 1,000으로 지정한 시퀀스를 생성하고 nextval을 호출했더니 last_number 값이 1에서 1,001로 증가했다. 이제 nextval을 호출할 때마다 시퀀스 레코드를 변경하지 않아도 된다. 값을 시퀀스 캐시에서 얻으면 되기 때문이다. 시퀀스 캐시에서 1,000개의 값을 모두 소진한 직후 nextval을 호출하면 그때 다시 로우 캐시에서 시퀀스 레코드를 2,001로 변경한다.

② 시퀀스 캐시 Lock

시퀀스 캐시도 공유 캐시에 위치한다. 따라서 시퀀스 캐시에서 값을 얻을 때도 액세스 직렬화가 필요하며, 이를 'SQ Lock'이라고 부른다[22].

③ SV Lock

시퀀스 캐시는 한 인스턴스 내에서 공유된다. nextval을 호출하는 순서대로 값을 제공하므로 인스턴스 내에서는 번호 순서를 보장한다.

데이터베이스 하나에 인스턴스가 여러 개인 RAC 환경에서는 인스턴스마다 시퀀스 캐

---

[22] 오라클에서 SQ Lock에 의한 경합은 'enq: SQ - contention' 대기 이벤트로 측정할 수 있다.

시를 따로 갖는다. 따라서 인스턴스 간에는 번호 순서를 기본적으로 보장하지 않는다. 예를 들어, 첫 번째 nextval을 1번 인스턴스 A 프로세스가 호출하고, 이어서 두 번째 nextval은 2번 인스턴스 B 프로세스가 호출한다. 그때부터 1번 인스턴스 시퀀스 캐시는 1부터 1,000까지의 값을 순서대로 반환하고, 2번 인스턴스 시퀀스 캐시는 1,001부터 2,000까지의 값을 순서대로 반환한다. 따라서 1번과 2번 인스턴스에 있는 프로세스들이 교차로 nextval을 호출하면, 테이블에는 아래와 같은 순서로 값이 입력된다.

$1 \rightarrow 1001 \rightarrow 2 \rightarrow 1002 \rightarrow 3 \rightarrow 1003 \rightarrow 4 \rightarrow 1004 \rightarrow 5 \rightarrow 1005 \rightarrow \cdots$

식별자가 갖추어야 하는 기본 조건을 상기해 보자. 식별자는 값이 유일(Unique)해야 하고, 반드시 값이 있어야(Not Null) 한다. 식별자에 값을 순서대로 입력해야 한다는 조건은 어디에도 없다. 위와 같이 입력해도 식별자로서 조건을 전혀 위배하지 않는다. 그런데 식별자 번호를 레코드 입력순으로 넣어주길 원하는 업무 담당자가 많다. 즉, 식별자가 일련번호(Serial Number)이길 원한다.

어떤 이유에서든 업무적으로 순서를 보장해야 한다면, 즉 어떤 인스턴스에서 nextval을 호출하더라도 순서대로 일련번호를 제공해야 한다면, ORDER 옵션을 사용하면 된다. 그러면 시퀀스 캐시 하나를 모든 RAC 노드가 공유한다.

그런데 자원을 공유할 때는 항상 Lock 메커니즘이 필요하다. RAC 환경에서 ORDER 옵션을 사용하면 오라클은 'SV Lock'을 통해 시퀀스 캐시에 대한 액세스를 직렬화한다[23]. RAC 각 노드는 네트워크 상에 서로 분리된 서버인데, 어떻게 시퀀스 캐시를 공유할까? 네트워크를 통해 시퀀스 캐시를 서로 주고 받으면서 공유한다. 문제는 성능이다.

1번 인스턴스에서 nextval을 연속해서 1,000번 호출하고, 이어서 2번 인스턴스에서 연속해서 1,000번을 호출하고, 이어서 다시 1번 인스턴스가 1,000번을 호출하는 트랜잭션 패턴이라면 ORDER 옵션을 사용해도 성능이 나빠지진 않는다. 하지만, 1번과 2번 인스턴스가 교대로 nextval을 빠르게 호출하는 트랜잭션 패턴이라면 ORDER 옵션을 사

---

[23] 오라클에서 SV Lock에 의한 경합은 'DFS lock handle' 대기 이벤트로 측정할 수 있다.

용하는 순간 INSERT 성능은 급격히 나빠진다. 업무적으로 꼭 필요할 때만 ORDER 옵션을 사용해야 하는 이유가 여기에 있다.

마지막으로 가장 많이 받는 질문 하나! "RAC 환경에서 ORDER 옵션을 사용했더니 성능이 급격히 나빠졌다. 해결방법은?" 방법은 단 한 가지다. ORDER 옵션을 제거하는 것뿐이다.

그럼 다른 채번 방식을 사용해야겠다고 생각하겠지만, 다른 방식을 사용해도 아래와 같이 똑같은 부작용이 나타난다.

- 시퀀스 : 시퀀스 캐시를 인스턴스 간에 주고 받아야 함
- 채번 테이블 : 채번 레코드가 저장된 데이터 및 인덱스 블록을 인스턴스 간에 주고 받아야 함
- MAX + 1 : MAX 값을 찾는 데 필요한 인덱스 블록을 인스턴스 간에 주고 받아야 함

RAC 환경에서 ORDER 옵션을 주고 안 주고에 따라 성능 차이가 많이 나지만, 그래도 시퀀스를 이용한 채번이 가장 빠르다. 결론적으로, 시퀀스의 가장 큰 장점은 성능이다. '동시 INSERT가 많은' 테이블에 단일속성의 일련번호 식별자를 두었다면, 시퀀스를 활용하는 것보다 나은 솔루션은 없다.

시퀀스의 가장 큰 단점은 '기본적으로' PK가 단일컬럼일 때만 사용 가능하다는 데 있다. PK가 복합컬럼일 때도 사용할 수는 있지만, 각 레코드를 유일하게 식별하는(유일성을 보장하는) 최소 컬럼으로 PK를 구성해야 한다는 최소성(Minimalty) 요건을 위배하게 된다.

> **순환옵션을 가진 시퀀스 활용**
>
> PK가 복합컬럼인데 동시 트랜잭션이 높아 시퀀스가 꼭 필요하다면, 순환(cycle) 옵션을 가진 시퀀스 활용을 고려할 수 있다. 하루에 도저히 도달할 수 없는 값으로 최대값(maxvalue)을 설정하고, 그 값에 도달하면 1부터 다시 시작하도록 순환옵션을 설정하는 것이다. 순환옵션을 사용하는 이유는 값이 무한정 커지지 않게 함으로써 순번 컬럼 길이를 최소화하기 위해서다.
>
> 일반적으로 권장할 솔루션은 아니지만, 채번 성능이 문제가 될 때 고려해 볼 수 있다.

시퀀스의 또 다른 단점은, 신규 데이터를 입력하는 과정에 결번이 생길 수 있다는 점이다. 원인은 크게 두 가지다. 첫째, 시퀀스 채번 이후에 트랜잭션을 롤백하는 경우다. 둘째, CACHE 옵션을 설정한 시퀀스가 캐시에서 밀려나는 경우다. 자주 사용하지 않아(시퀀스 채번 간격이 길어) 캐시에서 밀려나거나 인스턴스를 재기동하는 순간, 캐시돼 있던 번호는 모두 사라지며 디스크에서 다시 읽을 때 그다음 번호부터 읽는다.

인스턴스 재기동에 의한 결번은 피할 방법이 없지만(NOCACHE 옵션을 지정하면 되지만 성능에 문제가 생김) 사용 빈도가 낮아서 생기는 결번은 방법이 있다. 시퀀스를 Shared Pool에 KEEP 하도록 아래 명령을 수행해 주면 된다.

```
SQL> EXEC SYS.DBMS_SHARED_POOL.KEEP('SCOTT.MY_SEQ', 'Q');
```

그런데 과연 일련번호에 결번이 생기는 현상을 막을 필요가 있을까? 업두적으로 반드시 그래야 하는 경우는 많지 않다. 그리고 채번 테이블이나 MAX + 1 방식을 사용하더라도 결번을 원천적으로 막을 수는 없다. 데이터를 삭제하면서 생기는 결번은 막을 수 없기 때문이다. (자율 트랜잭션을 사용하면 채번 테이블에서 채번할 때도 롤백에 의해 결번이 생길 수 있다.)

MAX + 1 조회

아래와 같이 대상 테이블의 최종 일련번호를 조회하고, 거기에 1을 더해서 INSERT하는 방식이다.

```
insert into 상품거래(거래일련번호,계좌번호,거래일시,상품코드,거래가격,거래수량)
values ( (select max(거래일련번호) + 1 from 상품거래)
       , :acnt_no, sysdate, :prod_cd, :trd_price, :trd_qty );
```

이 방식의 장점으로는 첫째, 시퀀스 또는 별도의 채번 테이블을 관리하는 부담이 없다. 둘째, 동시 트랜잭션에 의한 충돌이 많지 않으면, 성능이 매우 빠르다. 셋째, PK가 복합컬럼인 경우, 즉 구분 속성별 순번을 채번할 때도 사용할 수 있다. 채번 테이블은 구분 속성 값의 수(Number of Distinct Values)가 적을 때만 사용할 수 있지만, 이 방식은 값의 수가 아무리 많아도 상관없다. 오히려 값의 수가 많을수록 성능이 더 좋아진다. 입력 값 중복에 의한 로우 Lock 경합이 줄고 재실행 횟수도 줄기 때문이다.

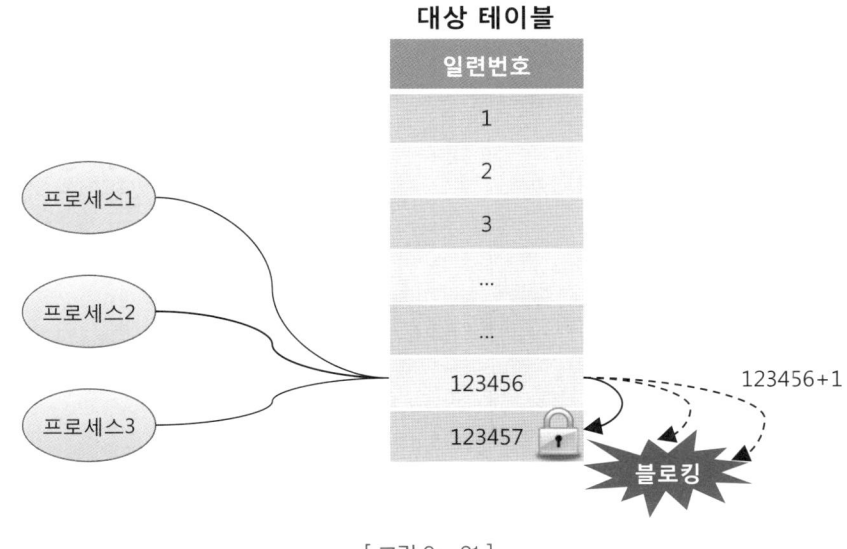

[그림 6 – 31]

단점으로는 첫째, 레코드 중복에 대비한 세밀한 예외처리가 필요하다. 둘째, 다중 트랜잭션에 의한 동시 채번이 심하면 시퀀스보다 성능이 많이 나빠질 수 있다. 레코드 중복에 의한 로우 Lock 경합 때문이다. 로우 Lock은 선행 트랜잭션이 커밋 또는 롤백할 때까지 지속된다. 선행 트랜잭션이 롤백하지 않는 한, INSERT는 결국 실패하게 되므로 채번과 INSERT를 다시 실행해야 한다. 이런 현상이 자주 발생하면 성능이 느릴 수밖에 없다(그림 6-31).

다행히 PK가 복합컬럼이고 구분 속성별 값의 수가 많으면, 구분 속성 값별로 채번이 분산된다. 따라서 동시 채번이 많아도 로우 Lock 경합 및 재실행 가능성은 현저히 줄어든다.
로우 Lock 경합 이외의 성능 이슈는 MAX 값 조회에 최적화된 인덱스를 구성해 주지 않을 때 생긴다. 5장 3절 3항(5.3.3) '최소값/최대값 구하기'에서 설명한 내용을 상기하기 바란다.

각 채번 방식에 발생하는 Lock 경합 요소를 정리하면, 표 6-3과 같다.

채번 방식	식별자 구조	주요 경합	부수적인 경합	비고
채번 테이블	일련번호	(값 변경을 위한) 로우 Lock 경합	(동시성이 높다면) 채번 테이블 블록 경합	• 채번 테이블 관리 부담
	구분+순번	단일 일련번호일 때보다 Lock 경합 감소		
시퀀스 오브젝트	일련번호	시퀀스 경합	(시퀀스 경합 해소 시) 인덱스 블록 경합	• 시퀀스 관리 부담 • INSERT 과정에 결번 가능성
MAX + 1	일련번호	(입력 값 중복 시) 로우 Lock+재실행	(동시성이 매우 높다면) 인덱스 블록 경합	• 별도 오브젝트 관리 없음 • 중복 값 발생에 대비한 예외처리 필수 • PK 인덱스 구성에 따른 성능 차이 발생
	구분+순번	단일 일련번호일 때보다 Lock 경합 감소 (구분 속성 값의 종류 수가 많으면, 현저히 감소)		

[표 6-3]

Lock 경합 요소를 고려한 채번 방식 선택 기준을 정리하면, 다음과 같다.(그림 6-32)

1. 다중 트랜잭션에 의한 동시 채번이 많지 않으면, 세 가지 방식 중 어느 것을 사용해도 크게 상관은 없다. 하지만, 채번 테이블이나 시퀀스 오브젝트 관리 부담을 고려한다면, 가급적 MAX+1 방식을 선택하는 것이 좋다.
2. 다중 트랜잭션에 의한 동시 채번이 많고 PK가 단일컬럼 일련번호라면, 시퀀스 방식이 가장 좋다.
3. 다중 트랜잭션에 의한 동시 채번이 많고 PK 구분 속성에 값 종류 개수가 많으면, 중복에 의한 로우 Lock 경합 및 재실행 가능성이 낮다. 그렇다면 시퀀스보다 MAX+1 방식이 구조적(PK 컬럼의 Minimality 측면)으로 좋다.
4. 다중 트랜잭션에 의한 동시 채번이 많고 PK 구분 속성에 값 종류 개수가 적으면, MAX+1 방식은 성능에 문제가 생길 수 있다. 그럴 때 순환(cycle) 옵션을 가진 시퀀스 오브젝트 활용을 고려할 수 있다.

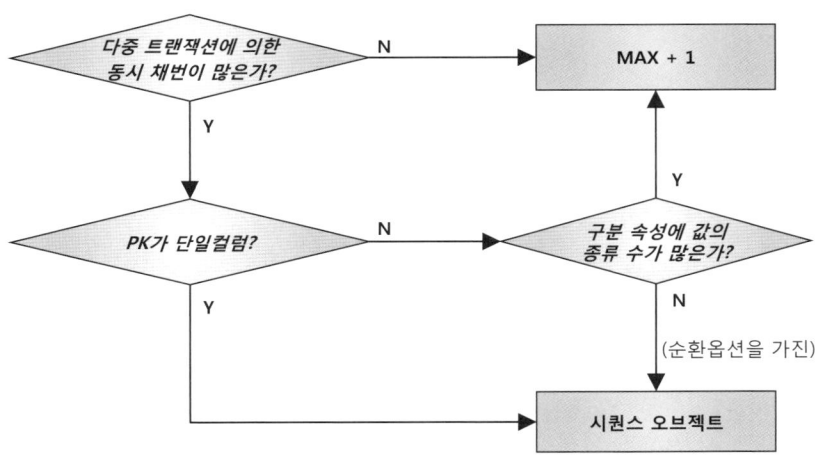

[그림 6 - 32]

12c 시퀀스 신기능

오라클 12.1 버전에서 시퀀스 관련 신기능이 많이 도입되었다.

(1) 컬럼 기본값으로 시퀀스 지정

우선, 아래와 같이 컬럼 기본값으로 시퀀스를 지정할 수 있게 되었다.

```
create sequence my_seq;

create table t (
  c1 number default my_seq.nextval not null
, c2 varchar2(5));
```

기본값을 지정한 C1 컬럼에 값을 직접 입력할 수 있지만, 입력하지 않을 수도 있다. 값을 입력하지 않으면, 오라클이 대신 시퀀스 nextval을 호출해서 값을 입력한다.

```
insert into t (c1, c2) values( my_seq.nextval, 'X' );
insert into t (c2) values( 'X' );
```

(2) IDENTITY 컬럼

12.1 버전부터 특정 컬럼을 IDENTITY 컬럼으로 지정할 수 있다.

```
create table t (c1 number generated always as identity, c2 varchar2(5));

insert into t (c2) values ( 'X' );
insert into t (c1, c2) values ( default, 'X' );
```

GENERATED ALWAYS 옵션을 지정한 컬럼에 아래와 같이 값을 직접 입력하려고 하면 ORA-32792 에러가 발생한다.

```
insert into t (c1, c2) values ( 3, 'X' );
```

기본적으로 시스템이 값을 입력하지만, 사용자가 직접 값을 입력할 수도 있으려면 아래와 같이 GENERATED BY DEFAULT 옵션을 지정하면 된다.

```
create table t (c1 number generated by default as identity, c2 varchar2(5));
```

(3) 세션 시퀀스

글로벌 시퀀스(Global Sequence)는 여러 세션이 공유할 수 있는 시스템 레벨 시퀀스로 아래와 같이 생성한다. GLOBAL 키워드는 생략할 수 있다.

```
create sequence g_seq GLOBAL;
```

세션 시퀀스(Session Sequence)는 여러 세션이 공유할 수 없는 세션 레벨 시퀀스로 아래와 같이 생성한다.

```
create sequence s_seq SESSION;
```

세션 시퀀스는 세션이 종료되면 초기화된다. 즉, 세션 내에서만 유효하다. Lock 메커니즘이 불필요하므로 당연히 글로벌 시퀀스보다 성능이 좋다. 그렇다고 세션 시퀀스가 기존에 사용하던 시퀀스(글로벌 시퀀스)를 모두 대체할 수는 없다. 기능이 다르므로 용도에 맞게 선택하면 된다.

예를 들어, 스테이징(Staging) 테이블에 데이터를 적재하는 경우를 생각해 보자. 이때는 시퀀스를 여러 세션이 호출하지 않기 때문에 굳이 글로벌 시퀀스를 사용할 이유가 없다. 게다가 스테이징 테이블은 데이터를 새로 적재하기 전에 Truncate 한다. 기존 마지막 값에 이어서 값을 채번할 필요가 없으므로 성능이 더 빠른 세션 시퀀스가 유용하다.

시퀀스보다 좋은 솔루션

한 개 이상의 구분 속성과 함께 뒤쪽에 순번 대신 입력일시(주문일시, 계약일시, 청구일시, 입금일시, 상담일시, 처리일시 등 컬럼 이름은 다양하겠지만, 내용적으로는 데이터 입력일시)를 두는 방식으로 PK 구조를 설계하면, 채번 또는 INSERT 과정에 생기는 Lock 이슈를 거의 해소할 수 있다. 채번 과정을 생략하고 SYSDATE 또는 SYSTIMESTAMP 함수만 호출하면 되기 때문에 빠르고 간편하다.

구분 속성에 값의 종류 개수가 많으면 입력일시에 DATE 타입을 써도 된다. 값의 종류 개수가 적으면 TIMESTAMP 타입을 써야 할 수도 있다. TIMESTAMP는 OS에 따라 지원하는 소숫자리가 다르다. 최대 소수점 9자리까지 가능하지만, OS 플랫폼에 따라 다르다. 대부분 유닉스와 리눅스는 소수점 6자리(microsecond)까지 지원하고, MS 윈도우는 3자리(millisecond)까지만 지원한다. 이 정도면 데이터 중복은 거의 발생하지 않는다.

적절한 데이터 타입을 선택하면, 중복 가능성이 매우 희박하지만 그래도 예외처리는 필요하다. (MAX+1 방식도 기본적으로 예외처리가 필요하고, 시퀀스 방식에도 예외처리를 하는 것이 좋다. 참고로 시퀀스 객체를 재생성하고 나서 최종 값(last_number)을 늘려주지 않으면 중복이 생길 수 있는데, 이는 개발환경에서 흔히 발생하는 오류 유형 중 하나다.)

3절(6.3)에서 설명했듯, 정보생명주기(ILM)를 효과적으로 관리하는 데 있어 데이터 삭제는 매우 중요하다. 사람이 잘 먹고 잘 배설해야 건강하듯, 데이터베이스도 빠르게 입력하는 만큼 빠르게 삭제할 수 있어야 건강하다. 시스템을 오픈하고 하루 평균 10억 건씩 데이터가 쌓이면, 몇 년 후엔 지울 데이터도 하루 평균 10억 건이다. 빠르게 삭제할 수 있는 구조로 설계해야 하는 이유다. 빠르게 삭제할 뿐만 아니라, 삭제한 공간을 바로 시스템에 반납함으로써 새로 입력하는 데이터를 위해 재활용할 수 있어야 한다.

그런 의미에서 입력일시를 PK에 포함하려는 노력은 매우 의미 있다고 하겠다. 3절 4항 (6.3.4) '파티션을 활용한 대량 DELETE 튜닝'에서 설명한 것처럼 서비스 중단없이 파티션 단위로 커팅(파티션 Drop 또는 Truncate)하려면 기본적으로 PK 인덱스가 로컬 파티션이어야 하고, PK 인덱스를 로컬 파티셔닝하려면 삭제 기준 컬럼(파티션 키)이 PK에 포함돼 있어야 한다. 그리고 삭제 기준은 대개 입력일시 컬럼이다.

인덱스 블록 경합

INSERT 성능이 너무 빨라도 문제다. 방금 설명한 방식으로 설계하면 더는 성능 문제가 없을 거 같지만, 복병이 숨어 있다. 바로 인덱스 경합이다. 채번 테이블 로우 Lock이나 시퀀스 Lock이 앞에서 길을 가로막고 있으면(채번 과정이 병목 지점이면) 잘 안 나타나지만, 방금 설명한 방식으로 채번 과정을 생략하는 순간부터 인덱스 블록 경합이 나타나기 시작한다. MAX + 1 방식을 사용할 때도 자주 나타난다.

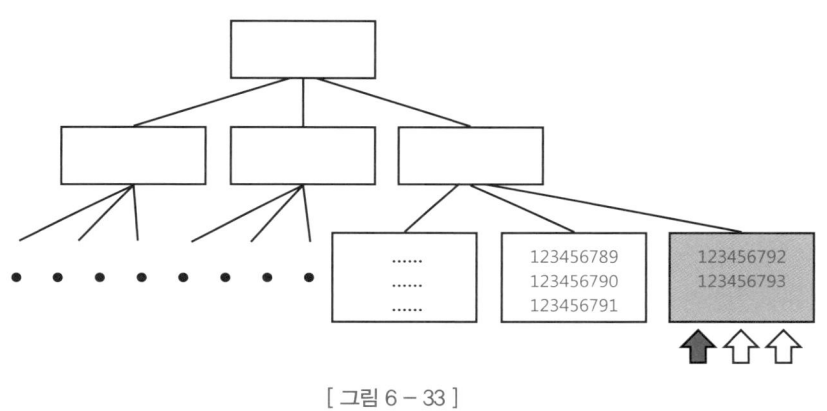

[그림 6 – 33]

인덱스 경합은 Right Growing 인덱스에서 가장 흔히 볼 수 있다. 인덱스에는 키순으로 정렬된 상태를 유지하며 값이 입력된다. 따라서 '일련번호'나 '입력일시/변경일시'처럼 순차적으로 값이 증가하는 단일컬럼 인덱스는 그림 6-33처럼 항상 맨 우측 블록에만 데이터가 입력된다. 이런 특징을 갖는 인덱스를 'Right Growing 인덱스'라고 부른다. Right Growing 인덱스에는 입력하는 값이 달라도 같은 블록을 갱신하려는 프로세스 간 버퍼 Lock 경합이 발생할 수 있다. 이는 여러 프로세스에 의한 동시 INSERT가 많을 때 트랜잭션 성능을 떨어뜨리는 주범이다.

이런 인덱스 경합은 의외로 흔히 발생하며, 특히 RAC 환경에서 심각한 성능 저하를 일으킨다. 여러 노드가 동시에 Current 블록 하나를 서로 주고 받으며 값을 입력하기 때문이다.

구분 속성을 앞에 두면 Right Growing 인덱스는 아니다. 그래도 동시성이 매우 높으면 인덱스 블록 경합은 생길 수 있다. 구분 속성의 값 종류 개수가 적을수록 경합도 심하다(그림 6-34).

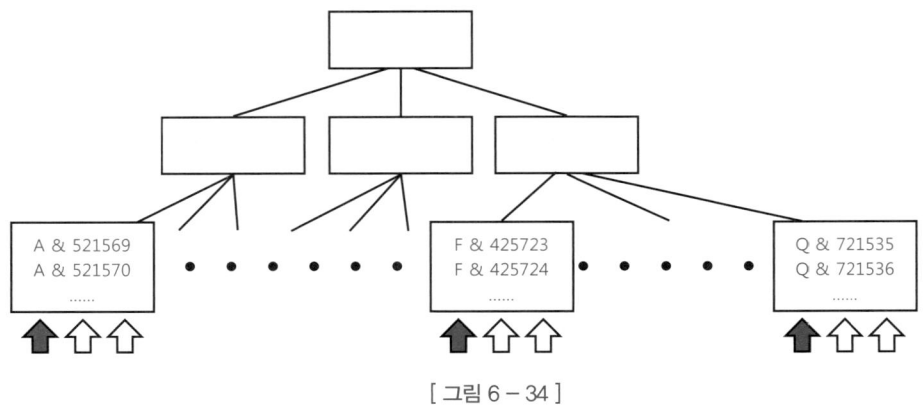

[그림 6 - 34]

인덱스 블록 경합을 해소하는 가장 일반적인 방법은 인덱스를 해시 파티셔닝하는 것이다. 인덱스를 해시 파티셔닝하면, 값이 순차적으로 증가하더라도 해시 함수가 리턴한 값에 따라 서로 다른 파티션에 입력되므로 경합을 줄일 수 있다. 인덱스를 리버스(Reverse) 키 인덱스로 전환하는 방법도 고려할 수 있다.

 시퀀스 신기능 활용

12c 시퀀스 신기능을 이용하면, 일련번호에 대한 Right Growing 인덱스 성능 문제를 해결할 수 있다. 우선 아래와 같이 글로벌 시퀀스와 세션 시퀀스를 각각 하나씩 만든다.

```
create sequence g_seq global;
create sequence s_seq session;
```

글로벌 시퀀스는 데몬 프로세스 또는 커넥션 풀(에 등록된) 프로세스가 DB에 접속하는 순간, 아래와 같이 호출한다.

```
select g_seq.nextval from dual;
```

세션 시퀀스는 INSERT를 수행할 때마다 호출한다. 즉, 아래와 같이 글로벌 시퀀스 currval과 세션 시퀀스 nextval을 조합한 값으로 INSERT 한다.

```
insert into t( id, c1, c2 ) values
(to_char(g_seq.currval, 'fm0000') || to_char(s_seq.nextval, 'fm0000'), 'A', 'B' );
```

이렇게 하면 각 프로세스가 서로 다른 리프 블록에 값을 입력하므로 인덱스 경합이 발생하지 않는다.

최근 공개된 오라클 18c 버전에서는 'Scalable 시퀀스'를 이용할 수 있다. 시퀀스를 생성할 때 아래와 같이 'SCALE' 또는 'SCALE EXTEND' 옵션을 지정하면 된다. (참고로, 12.2 버전에서도 테스트는 가능하지만, 숨겨진 기능이므로 운영 시스템에 적용하기는 아직 이르다.)
Scalable 시퀀스에서 nextval을 호출하면, 아래와 같이 인스턴스 번호, 세션ID, 시퀀스 번호를 조합한 번호를 반환한다.

```
SQL> create sequence my_seq maxvalue 9999 SCALE EXTEND;

SQL> select my_seq.nextval as last_value
  2       , substr(my_seq.nextval, 1, 3) as val1
  3       , substr(my_seq.nextval, 4, 3) as val2
  4       , substr(my_seq.nextval, 7)    as val3
  5       , sys_context('userenv', 'instance') as inst_id
  6       , sys_context('userenv', 'sid') as sid
  7   from dual;

LAST_VALUE  VAL1   VAL2   VAL3    INST_ID   SID
----------- ------ ------ ------- --------- -----
1011410001  101    141    0001    1         141
```

EXTEND 옵션을 생략하면, 맨 우측 시퀀스 번호(VAL3)가 1, 2, 3 순으로 증가한다. 즉, 리딩 제로(leading zero) 없는 숫자를 반환한다.

18c Scalable 시퀀스에 착안해 하위 버전에서도 아래 값들을 조합하면 같은 기능을 구현할 수 있다.

```
select sys_context('userenv', 'instance') as 인스턴스번호
     , sys_context('userenv', 'sid') as 세션ID
     , my_seq.nextval as 시퀀스번호
from   dual;
```

7장

SQL 옵티마이저

7.1 통계정보와 비용 계산 원리

7.2 옵티마이저에 대한 이해

7장

SQL 옵티마이저

7.1 통계정보와 비용 계산 원리

SQL 옵티마이저에 대한 설명으로 본서를 시작했는데, 마지막 장에서 다시 설명하려는 이유는 좀 더 구체적인 이미지를 심어주기 위해서다. SQL 튜닝뿐 아니라 데이터베이스를 안정적으로 관리하기 위해서도 옵티마이저에 대한 정확한 이해가 필수인데, 1장에서 짧게 설명한 개념 수준의 이해만으로는 부족하다. 복잡한 비용 계산 원리까지 학습할 필요는 없지만, 옵티마이저가 통계정보를 어떻게 활용하는지는 간략하게라도 알아야 한다.

선택도와 카디널리티에 이어 통계정보에 구체적으로 어떤 항목들이 있는지 살펴보자. 마지막으로, 옵티마이저가 통계정보를 이용해 비용을 계산하는 원리를 간략히 살펴보자.

7.1.1 선택도와 카디널리티

선택도(Selectivity)란, 전체 레코드 중에서 조건절에 의해 선택되는 레코드 비율을 말한다. 가장 단순한 '=' 조건으로 검색할 때의 선택도만 살펴보면, 컬럼 값 종류 개수(Number of Distinct Values, 이하 'NDV')를 이용해 아래와 같이 구한다.

선택도 = 1 / NDV

카디널리티(Cardinality)란, 전체 레코드 중에서 조건절에 의해 선택되는 레코드 개수이며, 아래 공식으로 구한다.

카디널리티 = 총 로우 수 × 선택도 = 총 로우 수 / NDV

예를 들어, 상품분류 컬럼에 '가전', '의류', '식음료', '생활용품' 네 개의 값이 있을 때, 아래 조건절에 대한 선택도는 25%(=1/4)다. 만약 전체 레코드가 10만 건이면, 카디널리티는 2만 5천이다.

WHERE 상품분류 = '가전'

옵티마이저는 이렇게 카디널리티를 구하고, 그만큼의 데이터를 액세스하는 데 드는 비용을 계산해서 테이블 액세스 방식, 조인 순서, 조인 방식 등을 결정한다. 공식을 통해 알 수 있듯, 비용을 계산하는 출발점은 선택도다. 선택도를 잘못 계산하면, 카디널리티와 비용도 잘못 계산하고, 결과적으로 비효율적인 액세스 방식과 조인 방식을 선택하게 된다. 선택도를 계산할 때 NDV를 사용하므로 통계정보 수집 과정에서 이 값을 정확히 구하는 것이 매우 중요하다. 통계정보 수집주기, 샘플링 비율 등을 잘 결정해야 하는 이유다.

7.1.2 통계정보

통계정보에는 오브젝트 통계와 시스템 통계가 있다. 오브젝트 통계는 다시 테이블 통계, 인덱스 통계, 컬럼 통계(히스토그램 포함)로 나뉜다.

(1) 테이블 통계

테이블 통계를 수집하는 명령어는 다음과 같다.

```
begin
  dbms_stats.gather_table_stats('scott', 'emp');
end;
/
```

수집된 테이블 통계정보는 아래와 같이 조회할 수 있고, all_tab_statistics 뷰에서도 같은 정보를 확인할 수 있다.

```
select num_rows, blocks, avg_row_len, sample_size, last_analyzed
from   all_tables
where  owner = 'SCOTT'
and    table_name = 'EMP';
```

표 7-1은 주요 테이블 통계항목에 대한 설명이다.

통계항목	설명
NUM_ROWS	테이블에 저장된 총 레코드 개수
BLOCKS	테이블 블록 수 = '사용된' 익스텐트(데이터가 한 건이라도 입력된 적이 있는 모든 익스텐트)에 속한 총 블록 수 ※ 테이블에 '할당된' 총 블록 수는 dba_segments 또는 user_segments 뷰에서 확인 가능
AVG_ROW_LEN	레코드당 평균 길이(Bytes)
SAMPLE_SIZE	샘플링한 레코드 수
LAST_ANALYZED	통계정보 수집일시

[표 7 - 1]

(2) 인덱스 통계

인덱스 통계를 수집하는 명령어는 다음과 같다.

```
-- 인덱스 통계만 수집
begin
  dbms_stats.gather_index_stats ( ownname => 'scott', indname => 'emp_x01');
end;
/

-- 테이블 통계를 수집하면서 인덱스 통계도 같이 수집
begin
  dbms_stats.gather_table_stats ('scott', 'emp', cascade=>true);
end;
/
```

수집된 인덱스 통계정보는 아래와 같이 조회할 수 있으며, all_ind_statistics 뷰에서도 같은 정보를 확인할 수 있다.

```
select blevel, leaf_blocks, num_rows, distinct_keys
     , avg_leaf_blocks_per_key, avg_data_blocks_per_key, clustering_factor
     , sample_size, last_analyzed
from   all_indexes
where  owner = 'SCOTT'
and    table_name = 'EMP'
and    index_name = 'EMP_X01' ;
```

표 7-2는 주요 인덱스 통계항목에 대한 설명이다.

통계항목	설명	용도
BLEVEL	브랜치 레벨의 약자. 인덱스 루트에서 리프 블록에 도달하기 직전까지 읽게 되는 블록 수	인덱스 수직적 탐색 비용 계산 (2장 1절(2.1)과 3장 3절(3.3) 참조)
LEAF_BLOCKS	인덱스 리프 블록 총 개수	인덱스 수평적 탐색 비용 계산 (2장 1절(2.1)과 3장 3절(3.3) 참조)
NUM_ROWS	인덱스에 저장된 레코드 개수	
DISTINCT_KEYS	인덱스 키값의 조합으로 만들어지는 값의 종류 개수. 예를 들어, C1+C2로 구성한 인덱스에서 C1 컬럼에 3개, C2 컬럼에 4개 값이 있으면 최대 12개 값의 종류가 만들어질텐데, 인덱스에 저장된 데이터 기준으로 실제 입력된 값의 종류 개수를 구해 놓은 수치. 인덱스 키값을 모두 '=' 조건으로 조회할 때의 선택도(Selectivity)를 계산하는 데 사용	
AVG_LEAF_BLOCKS_PER_KEY	인덱스 키값을 모두 '=' 조건으로 조회할 때 읽게 될 리프 블록 개수	
AVG_DATA_BLOCKS_PER_KEY	인덱스 키값을 모두 '=' 조건으로 조회할 때 읽게 될 테이블 블록 개수	테이블 액세스 비용 계산 (3장 1절(3.1) 참조)
CLUSTERING_FACTOR	인덱스 키값 기준으로 테이블 데이터가 모여 있는 정도. 인덱스 전체 레코드를 스캔하면서 테이블 레코드를 찾아갈 때 읽게 될 테이블 블록 개수를 미리 계산해 놓은 수치(3장 1절 2항(3.1.2) 참조)	

[표 7-2]

(3) 컬럼 통계

컬럼 통계는 테이블 통계 수집할 때 함께 수집된다. 수집된 컬럼 통계정보는 아래와 같이 조회할 수 있다. all_tab_col_statistics 뷰에서도 같은 정보를 확인할 수 있다.

```
select num_distinct, density, avg_col_len, low_value, high_value, num_nulls
     , last_analyzed, sample_size
  from   all_tab_columns
  where  owner = 'SCOTT'
  and    table_name = 'EMP'
  and    column_name = 'DEPTNO';
```

표 7-3은 주요 컬럼 통계항목에 대한 설명이다.

통계항목	설명
NUM_DISTINCT	컬럼 값의 종류 개수(NDV, Number of Distinct Values). 예를 들어, 성별 컬럼이면 2
DENSITY	'=' 조건으로 검색할 때의 선택도를 미리 구해 놓은 값. 히스토그램이 없거나, 있더라도 100% 균일한 분포를 갖는다면, 1 / NUM_DISTINCT 값과 일치
AVG_COL_LEN	컬럼 평균 길이(Bytes)
LOW_VALUE	최소 값
HIGH_VALUE	최대 값
NUM_NULLS	값이 NULL인 레코드 수

[표 7 – 3]

컬럼 히스토그램

'=' 조건에 대한 선택도는 1/NUM_DISTINCT 공식으로 구하거나 미리 구해 놓은 DENSITY 값을 이용하면 된다. 일반적인 컬럼에는 이 공식이 비교적 잘 들어맞지만, 데이터 분포가 균일하지 않은 컬럼에는 그렇지 못하다. 선택도를 잘못 구하면 데이터 액세스 비용을 잘못 산정하게 되고, 결국 최적이 아닌 실행계획으로 이어진다. 그래서 옵티마이저는 일반적인 컬럼 통계 외에 히스토그램을 추가로 활용한다.

그림 7-1은 아파트매물 테이블에서 '시도구분' 컬럼에 대한 히스토그램을 원형 그래프로 표현한 것이다. 히스토그램은 이처럼 컬럼 값별로 데이터 비중 또는 빈도를 미리 계산해 놓은 통계정보다. 실제 데이터를 읽어서 계산해 둔 값이므로 데이터 분포가 많이 변하지 않는 한 거의 정확하다.

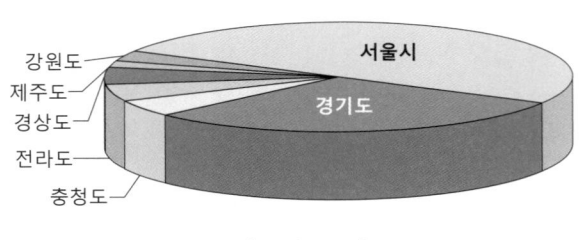

[그림 7 - 1]

오라클 12c에서 사용하는 히스토그램 유형으로는 표 7-4처럼 네 가지가 있다.

히스토그램 유형	설명
도수분포 (FREQUENCY)	값별로 빈도수 저장
높이균형 (HEIGHT-BALANCED)	각 버킷의 높이가 동일하도록 데이터 분포 관리
상위도수분포 (TOP-FREQUENCY)	많은 레코드를 가진 상위 n개 값에 대한 빈도수 저장 (12c 이상)
하이브리드 (HYBRID)	도수분포와 높이균형 히스토그램의 특성 결합 (12c 이상)

[표 7 - 4]

히스토그램을 수집하려면, 테이블 통계 수집할 때 아래와 같이 method_opt 파라미터를 지정하면 된다.

```
begin
  dbms_stats.gather_table_stats('scott', 'emp'
    , cascade=>false, method_opt=>'for columns ename size 10, deptno size 4');
end;
/
```

```
begin
  dbms_stats.gather_table_stats('scott', 'emp'
     , cascade=>false, method_opt=>'for all columns size 75');
end;
/

begin
  dbms_stats.gather_table_stats('scott', 'emp'
     , cascade=>false, method_opt=>'for all columns size auto');
end;
/
```

수집된 컬럼 히스토그램은 아래와 같이 조회할 수 있다. all_tab_histograms 뷰에서도 같은 정보를 확인할 수 있다.

```
select endpoint_value, endpoint_number
from   all_histograms
where  owner = 'SCOTT'
and    table_name = 'EMP'
and    column_name = 'DEPTNO'
order by endpoint_value;

ENDPOINT_VALUE ENDPOINT_NUMBER
-------------- ---------------
            10               3
            20               8
            30              14
```

출력되는 결과값은 히스토그램 유형에 따라 해석하는 방법이 다르다. 지금 단계에서 중요하게 다룰 내용은 아니므로 자세한 설명은 생략한다.

(4) 시스템 통계

시스템 통계는 애플리케이션 및 하드웨어 성능 특성을 측정한 것이며, 아래 항목들을 포함한다.

- CPU 속도
- 평균적인 Single Block I/O 속도
- 평균적인 Multiblock I/O 속도
- 평균적인 Multiblock I/O 개수
- I/O 서브시스템의 최대 처리량(Throughput)
- 병렬 Slave의 평균적인 처리량(Throughput)

과거에는 옵티마이저가 이들 항목을 고려하지 않았다. 옵티마이저 개발팀이 사용한 하드웨어 사양에 맞춰진 고정 상수값으로 처리한 셈이다. 그러다 보니 실제 오라클이 설치된 운영시스템 사양이 그보다 좋거나 나쁠 때 옵티마이저가 최적이 아닌 실행계획을 수립할 가능성이 생긴다.

시스템 사양뿐만 아니라 애플리케이션 특성(OLTP, DW) 및 동시 트랜잭션 발생량에 따라서도 이들 성능 특성이 달라진다. 이에 오라클은 제품이 설치된 하드웨어 및 애플리케이션 특성을 반영함으로써 옵티마이저가 보다 합리적으로 작동할 수 있게 하려고 9i부터 시스템 통계 수집 기능을 도입하였다.

시스템 통계는 아래와 같이 sys.aux_stats$ 뷰에서 조회할 수 있다.

```
SQL> select sname, pname, pval1, pval2 from sys.aux_stats$;

SNAME             PNAME            PVAL1          PVAL2
----------------  ---------------  -------------  ----------------
SYSSTATS_INFO     STATUS                          COMPLETED
SYSSTATS_INFO     DSTART                          06-25-2008 10:28
SYSSTATS_INFO     DSTOP                           06-25-2008 11:10
SYSSTATS_INFO     FLAGS                        1
SYSSTATS_MAIN     CPUSPEEDNW         1189.15231
SYSSTATS_MAIN     IOSEEKTIM                   10
SYSSTATS_MAIN     IOTFRSPEED                4096
SYSSTATS_MAIN     SREADTIM                 5.253
SYSSTATS_MAIN     MREADTIM                 3.122
SYSSTATS_MAIN     CPUSPEED                  1149
SYSSTATS_MAIN     MBRC                        15
SYSSTATS_MAIN     MAXTHR              1856370688
SYSSTATS_MAIN     SLAVETHR              21365760
```

7.1.3 비용 계산 원리

지면 관계상, 조인까지 포함한 모든 비용 계산 원리를 다 설명하지는 않겠다. 그런 세세한 내용까지 알아야 할 이유도 없다. 단, 옵티마이저가 통계정보를 어떤 식으로 활용하는지는 이해할 필요가 있으므로 단일 테이블을 인덱스로 액세스할 때의 비용 계산 원리를 간단히 살펴보자.

인덱스 키값을 모두 '=' 조건으로 검색할 때는 아래와 같이 인덱스 통계만으로도 쉽게 비용을 계산할 수 있다.

```
비용 = BLEVEL                            -- 인덱스 수직적 탐색 비용
     + AVG_LEAF_BLOCKS_PER_KEY           -- 인덱스 수평적 탐색 비용
     + AVG_DATA_BLOCKS_PER_KEY           -- 테이블 랜덤 액세스 비용
```

인덱스 키값이 모두 '=' 조건이 아닐 때는 아래와 같이 컬럼 통계까지 활용한다.

```
비용 = BLEVEL                                      -- 인덱스 수직적 탐색 비용
     + LEAF_BLOCKS        × 유효 인덱스 선택도     -- 인덱스 수평적 탐색 비용
     + CLUSTERING_FACTOR  × 유효 테이블 선택도     -- 테이블 랜덤 액세스 비용
```

BLEVEL, LEAF_BLOCKS, CLUSTERING_FACTOR는 인덱스 통계에서 얻을 수 있고, 유효 인덱스 선택도와 유효 테이블 선택도는 컬럼 통계 및 히스토그램을 이용해 계산한다.

유효 인덱스 선택도란, 전체 인덱스 레코드 중 액세스 조건(스캔 범위를 결정하는 조건절)에 의해 선택될 것으로 예상되는 레코드 비중(%)을 의미한다. 3장을 펼쳐서 그림 3-30을 참고하면 이해하는 데 도움이 된다. 그림에서 ①번 인덱스 액세스 조건에 의한 선택도를 말한다.

유효 테이블 선택도란, 전체 인덱스 레코드 중 인덱스 컬럼에 대한 모든 조건절에 의해 선택될 것으로 예상되는 레코드 비중(%)을 의미한다. 3장 그림 3-30에서 ①번과 ②번 조건에 의한 선택도를 말하며, 이들 조건절에 의해 테이블 액세스 여부가 결정된다.

비용(Cost)의 정확한 의미

방금 설명한 비용 계산식은 'I/O 비용 모델' 기준이다. I/O 비용 모델을 사용할 때 실행계획에 나타나는 Cost는 '예상 I/O Call 횟수'를 의미한다.

반면, 최신 'CPU 비용 모델'에서 Cost는 Single Block I/O를 기준으로 한 상대적 시간을 표현한다. 예를 들어, Cost가 100으로 표시된다면, '우리 시스템에서 Single Block I/O를 100번 하는 정도의 시간'으로 해석하면 된다. 상대적 시간개념이다.

CPU 비용 모델을 개발한 이유는, 같은 실행계획으로 같은 양의 데이터를 읽어도 애플리케이션 및 하드웨어 성능 특성에 따라 절대 소요시간이 다를 수 있어서다. 똑같이 I/O Call을 100번 해도 그것이 Single Block I/O냐 Multiblock I/O냐에 따라 속도가 다르고, 시스템마다 Single Block I/O와 Multiblock I/O 속도도 모두 다르다.

7.2 옵티마이저에 대한 이해

SQL 옵티마이저와 자동차 내비게이션은 여러모로 흡사하다. 실생활에서 흔히 사용하는 자동차 내비게이션과 비교하면서 SQL 옵티마이저에 대한 이해를 넓혀보자.

7.2.1 옵티마이저 종류

비용기반(Cost-Based) 옵티마이저(이하 'CBO')는 사용자 쿼리를 위해 후보군이 될만한 실행계획들을 도출하고, 데이터 딕셔너리(Data Dictionary)에 미리 수집해 둔 통계정보를 이용해 각 실행계획의 예상비용을 산정하고, 그중 가장 낮은 비용의 실행계획 하나를 선택하는 옵티마이저다. CBO가 사용하는 통계정보로는 데이터량, 컬럼 값의 수, 컬럼 값 분포, 인덱스 높이, 클러스터링 팩터 등이 있다.

과거에는 각 액세스 경로에 대한 우선순위 규칙에 따라 실행계획을 만드는 옵티마이저를 사용했었다. 일명, '규칙기반(Rule-Based) 옵티마이저', 줄여서 RBO! RBO는 데이터 특성을 나타내는 통계정보를 전혀 활용하지 않고 단순한 규칙에만 의존하기 때문에 대량 데이터를 처리하는 데 부적합하다.

자동차 내비게이션도 내부적으로 규칙을 사용하지 않을까? 목적지까지 고속도로로 최대한 가까이 이동한 후, 자동차 전용도로, 시내 주요간선도로(왕복 6~10차선), 일반도로(왕복 2~4차선), 골목도로 순으로 찾아가는 규칙! 이런 단순한 방식도 어느 정도 보편타당하며, 가장 짧은 경로로 목적지까지 정확히 안내해 주는 기능으로는 손색이 없다. 하지만, 가장 빠른 길로 안내하려면 실시간 교통상황, 사고 및 공사 구간 등 더 다양한 정보를 활용해야 한다.

표 7-5는 RBO가 사용하는 규칙이다. 인덱스 구조, 연산자, 조건절 형태가 순위를 결정하는 주요소임을 알 수 있다.

순위	액세스 경로
1	Single Row by Rowid
2	Single Row by Cluster Join
3	Single Row by Hash Cluster Key with Unique or Primary Key
4	Single Row by Unique or Primary Key
5	Clustered Join
6	Hash Cluster Key
7	Indexed Cluster Key
8	Composite Index
9	Single-Column Indexes
10	Bounded Range Search on Indexed Columns
11	Unbounded Range Search on Indexed Columns
12	Sort Merge Join
13	MAX or MIN of Indexed Column
14	ORDER BY on Indexed Column
15	Full Table Scan

[표 7-5]

RBO 규칙도 어느 정도 보편타당하기 때문에 사용에 큰 무리가 없던 시절이 있었다. 하지만 지금과 같은 대용량 데이터베이스 환경에서는 전혀 대안이 될 수 없다.

몇 가지 예를 들어 보자. 아래 고객유형코드에 인덱스가 있으면 RBO는 무조건 인덱스를 사용한다. Full Table Scan 순위가 15위로 가장 낮기 때문이다. 고객유형코드 조건을 만족하는 고객이 전체에서 90%를 차지한다면 RBO가 결코 좋은 선택을 했다고 보기 어렵다. (3장 1절 3항(3.1.3)에서 설명한 인덱스 손익분기점 참조)

```
select  *
from    고객
where   고객유형코드 = 'CC0123';
```

또한, 아래 SQL에서도 고객명 컬럼에 인덱스가 있으면 RBO는 무조건 인덱스를 사용한다. 인덱스 컬럼에 대한 ORDER BY 순위(14위)가 Full Table Scan 순위(15위)보다 한 단계 높기

7.2 옵티마이저에 대한 이해

때문이다.

```
select  *
from    고객
order by 고객명;
```

부분범위 처리가 가능한 상황에서 인덱스를 이용해 소트 연산을 생략한다면 성능을 높이는 데 도움이 되지만, 그렇지 못한 상황에서 인덱스로 전체 레코드를 액세스하는 것은 결코 좋은 선택이 아니다. 그래서 CBO는 ALL_ROWS와 FIRST_ROWS, 두 가지 유형의 옵티마이저 모드를 두고 있다. (※ 2장 3절 2항(2.3.2)에서 설명한 'Index Full Scan의 효용성', 그리고 '인덱스를 이용한 소트 연산 생략' 참조)

하나만 더 살펴보자. RBO 규칙에 의하면, 인덱스 컬럼에 대한 BETWEEN 조건(10위)이 부등호 조건(11위)보다 우선순위가 높다. 따라서 연령과 연봉 컬럼에 각각 인덱스가 있다면, RBO는 아래 SQL에 대해 무조건 연봉 컬럼 인덱스를 사용한다.

```
select  *
from    사원
where   연령 >= 60
and     연봉 between 3000 and 6000;
```

BETWEEN은 닫힌 범위검색 조건이고, 부등호는 열린 범위검색 조건이므로 BETWEEN이 더 유리하다는 규칙은 어느 정도 보편타당하다. 하지만 모두가 알다시피 60세 이상 사원보다는 3000~6000 수준의 연봉을 받는 사원이 훨씬 많다. 그런데 RBO는 그 사실을 모른다. RBO의 이런 한계점 때문에 CBO가 탄생했다. 따라서 대용량, 초대용량을 넘어 빅데이터 시대에 사는 우리에게 CBO 선택은 필수다. 다른 RDBMS와 마찬가지로 오라클도 CBO만 지원한다고 선언했으므로 자꾸 뒤를 돌아보는 것은 소모적이다. 이제 CBO에 대한 더 깊이 있는 연구를 통해 그 특성을 파악하고, 데이터와 시스템 특성을 고려해 정교한 통계정보 수집 정책을 수립함으로써 옵티마이저가 스스로 최적의 결정을 하도록 돕는 데 역량을 집중해야 한다. (옵티마이저 힌트 사용에 관한 찬반 논쟁과 혼동하지 말기 바란다. 이에 대한 논쟁은 아직도 뜨겁다.)

7.2.2 옵티마이저 모드

내비게이션에서 목적지를 검색하면, 이동 경로를 보여 주기에 앞서 검색 모드를 선택하게 돼 있다. 보통 아래와 같은 검색 모드를 제공한다.

- 고속도로 우선 : 이동시간 단축
- 일반도로 우선 : 통행료 절감
- 최단거리 : 유류비 절감

비용기반 옵티마이저에도 비슷한 기능이 있다. 최적화 목표를 설정하는 기능으로서 아래 세 가지 옵티마이저 모드 중 하나를 선택하면 된다.

- ALL_ROWS : 전체 처리속도 최적화
- FIRST_ROWS : 최초 응답속도 최적화
- FIRST_ROWS_N : 최초 N건 응답속도 최적화

옵티마이저 모드를 ALL_ROWS로 설정하면 옵티마이저는 쿼리 결과집합 '전체를 읽는 것을 전제로' 시스템 리소스(I/O, CPU, 메모리 등)를 가장 적게 사용하는 실행계획을 선택한다. 즉, 전체 처리속도 최적화가 목표다.

FIRST_ROWS로 설정하면 옵티마이저는 전체 결과집합 중 '앞쪽 일부만 읽다가 멈추는 것을 전제로' 응답 속도가 가장 빠른 실행계획을 선택한다. 즉, 최초 응답속도 최적화가 목표다. ALL_ROWS와 비교하면, Table Full Scan 보다 인덱스를 더 많이 선택하고, 해시 조인, 소트 머지 조인보다 NL 조인을 더 많이 선택하는 경향을 보인다.

예를 들어, 100만 건의 결과집합 전체를 파일로 저장하려는데, 옵티마이저 모드가 FIRST_ROWS로 설정돼 있으면 인덱스를 이용해 소트 연산을 생략하는 실행계획이 선택된다. 앞서 설명한, Order By 컬럼에 인덱스가 있으면 무조건 인덱스를 이용하는 RBO 규칙과 비슷하다. 그런데 사용자가 중간에 멈추지 않고 결과집합을 끝까지 읽는다면 테이블 스캔에 비해

전체 수행 속도가 더 느려지는 결과를 초래한다. 옵티마이저 모드 설정이 그만큼 중요하다.

ALL_ROWS와 쉽게 비교 설명하려고 FIRST_ROWS를 소개했는데, 사실 이 옵티마이저 모드는 이제 사용하면 안 된다. 앞으로 사라지게 될(deprecated) 옵티마이저 모드이기 때문이다. 그 대신 FIRST_ROWS_N을 사용해야 한다.
FIRST_ROWS_N으로 설정하면 옵티마이저는 사용자가 '앞쪽 N개 로우만 읽고 멈추는 것을 전제로' 응답 속도가 가장 빠른 실행계획을 선택한다. alter system 또는 alter session 명령어로 옵티마이저 모드를 설정할 때 N으로 지정할 수 있는 값은 아래와 같이 1, 10, 100, 1000 네 가지다.

```
alter session set optimizer_mode = first_rows_1;
alter session set optimizer_mode = first_rows_10;
alter session set optimizer_mode = first_rows_100;
alter session set optimizer_mode = first_rows_1000;
```

아래와 같이 FIRST_ROWS(n) 힌트로 설정할 때는 괄호 안에 0보다 큰 어떤 정수값이라도 입력할 수 있다.

```
select /*+ first_rows(30) */ col1, col2, col3 from t where …
```

FIRST_ROWS는 사용자가 데이터를 어느 정도 읽다가 멈출지를 지정하지 않았으므로 정확한 비용 산정이 어렵다. 반면, FIRST_ROWS_N은 읽을 데이터 건수를 지정하였으므로 더 정확한 비용 산정이 가능하다. FIRST_ROWS_N이 FIRST_ROWS보다 더 완벽한 CBO 모드로 작동하는 이유다.

7.2.3 옵티마이저에 영향을 미치는 요소

(1) SQL과 연산자 형태

결과가 같더라도 SQL을 어떤 형태로 작성했는지 또는 어떤 연산자(=, IN, LIKE, BETWEEN, 부등호 등)를 사용했는지에 따라 옵티마이저가 다른 선택을 할 수 있고, 궁극적으로 쿼리 성능에 영향을 미친다.

(2) 인덱스, IOT, 클러스터, 파티션, MV 등 옵티마이징 팩터

쿼리를 똑같이 작성해도 인덱스, IOT, 클러스터, 파티션, MV 등을 구성했는지, 그리고 어떤 식으로 구성했는지에 따라 실행계획과 성능이 크게 달라진다.

(3) 제약 설정

DBMS에 설정한 PK, FK, Check, Not Null 같은 제약(Constraint)들은 데이터 무결성을 보장해 줄뿐만 아니라 옵티마이저가 쿼리 성능을 최적화하는 데 매우 중요한 메타 정보로 활용된다.

(4) 통계정보

1절 '통계정보와 비용 계산 원리'에서 확인했듯, 통계정보는 옵티마이저에 매우 강력한 영향을 미친다. 자동차 내비게이션이 사용하는 주소정보, 도로정보가 부정확할 때 운전자가 곤란하고 위험한 상황에 처할 수 있는 것처럼, SQL 옵티마이저가 사용하는 통계정보에 문제가 생기면 애플리케이션 성능이 갑자기 느려지고 심할 땐 장애 상황으로 이어지기도 한다. 잘 작동하던 프로그램이 어느 날 갑자기 느려졌다면 십중팔구는 통계정보가 원인이다.

예를 들어, 아래와 같이 다양한 원인에 의해 종종 시스템 장애가 발생한다.

- 특정 테이블 통계정보를 갑자기 삭제한다.
- 대량 데이터를 지웠다가 다시 입력하기 직전, 데이터가 없는 상태에서 자동으로(스케줄링 된 통계수집 패키지에 의해) 통계정보가 수집된다.
- 3년간 갱신하지 않던 특정 테이블 통계정보를 어느 날 갑자기 재수집한다.
- 통계정보 없이 관리하던 테이블에 인덱스를 재생성한다. (※ 오라클 10g부터 인덱스를 생성하면 인덱스 통계가 자동 수집됨)
- 테이블이나 인덱스를 재생성하면서 파티션 단위로만 통계정보를 수집한다. (※ 바인드 변수를 사용하면 파티션 통계가 아닌 Global 통계가 사용됨)

(5) 옵티마이저 힌트

옵티마이저에게 가장 절대적인 영향을 미치는 요소는 힌트다. 옵티마이저는 힌트를 명령어(directives)로 인식하고 그대로 따른다. 만약 힌트가 잘 작동하지 않는다면, 아래 경우에 해당할 가능성이 높다.

1. 문법적으로 맞지 않게 힌트를 기술
2. 잘못된 참조 사용
3. 의미적으로 맞지 않게 힌트를 기술
4. 논리적으로 불가능한 액세스 경로
5. 버그

(6) 옵티마이저 관련 파라미터

SQL, 데이터, 통계정보, 하드웨어 등 모든 환경이 같은데도 오라클 버전을 업그레이드하면 옵티마이저가 다르게 작동하는 경험을 흔히 한다. 옵티마이저의 그런 행동 변화는 대개 파라미터 추가 또는 기본값 변경에 기인한다.

이미 살펴본 옵티마이저 모드 외에 옵티마이저 행동에 영향을 미치는 파라미터 목록은 아래 쿼리를 통해 얻을 수 있다.

```
select name, value, isdefault, default_value
from   v$sys_optimizer_env
```

사실 이 뷰를 통해 확인 가능한 목록은 극히 일부에 지나지 않는다. 종종 변경이 필요한 공식 파라미터 위주로 보여주며, 공개되지 않은 무수히 많은 Hidden 파라미터 중에서는 관리자가 기본값을 변경한 것만 보여준다.

7.2.4 옵티마이저의 한계

주소정보, 도로정보를 아무리 잘 업데이트해도 정보의 불완전성, GPS 수신 불량, 기계적 판단 등으로 인해 내비게이션은 실수하기 마련이다. 보편적으로 좋은 선택을 하지만, 그 선택이 항상 최선은 아니다. 내비게이션 두 개를 동시에 사용했을 때, 서로 다른 길로 안내하는 것을 통해 알 수 있다.

SQL 옵티마이저도 마찬가지다. DBA가 통계정보를 아무리 잘 수집하고 개발자가 SQL을 아무리 잘 작성해도 실수가 있기 마련이다. 같은 SQL인데도 DBMS에 따라, 버전에 따라 옵티마이저가 다른 실행계획을 생성한다는 사실을 통해 그 선택이 항상 최선이 아님을 쉽게 짐작할 수 있다. 아무리 기술이 발전해도 옵티마이저도 사람이 만든 소프트웨어이니 어쩔 수 없다.

옵티마이저 행동에 가장 큰 영향을 미치는 통계정보를 '필요한 만큼 충분히' 확보하는 것부터가 불가능한 일이다. 정보가 많으면 많을수록 좋지만, 그것을 수집하고 관리하는 데 어마어마한 시간과 비용이 들기 때문이다.

통계정보를 아무리 완벽하게 수집해도 바인드 변수를 사용한 SQL에 컬럼 히스토그램을 활용할 수 없다는 치명적인 단점도 있다. OLTP 시스템에서 동작하는 SQL에는 대부분 바인드 변수를 사용하므로 이와 관련한 성능 이슈를 어떻게 해서든 해결해야 하는데, DBMS 벤더들이 그동안 노력을 많이 기울였음에도 불구하고 아직 완벽한 해결방안을 찾지 못했다.

기본적으로 비용기반으로 작동하지만, 내부적으로 여러 가정과 정해진 규칙을 이용해 기계적인 선택을 한다는 사실도 옵티마이저가 한계를 보이는 원인 중 하나다. 어느 쪽이 나은지 판단하기 애매할 때 사용하는 가정과 규칙들이 현실에 맞지 않을 수 있기 때문이다. 또한, 최적화에 허용되는 시간이 매우 짧은 것도 중요한 제약 중 하나다.

SQL 최적화 기법이 과거와 비교하면 아주 많이 좋아졌고 계속 발전하는 중이지만, 위와 같은 한계와 제약으로 인해 앞으로도 옵티마이저는 불완전할 수밖에 없다.

7.2.5 개발자의 역할

> "안내사항이 실제 도로상황과 다를 수 있으니
> 이 시스템은 참고용으로 사용하십시오."

자동차 내비게이션을 켤 때마다 나타나는 경고 메시지다. 내비게이션 스스로 경고하듯, 자동차 운전자는 본인의 판단과 선택에 따라 운전해야 한다. 내비게이션 정보는 참고용일 뿐이다.

데이터베이스 세계에서도 불완전한 옵티마이저에만 의존할 것이 아니라 개발자 스스로 옵티마이저가 되어야 한다. 능력이 없어 맡기는 것이 아니라, 바빠서 맡긴다고 생각하기 바란다. 바쁘니 일단 옵티마이저에 맡기지만, 그 결과물이 올바른지 실행계획을 통해 늘 점검하고, 더 개선할 여지는 없는지 찾으려고 노력해야 한다.

RDBMS를 사용하기 전, 그러니까 데이터 추출 프로그램을 일일이 로직으로 개발하던 시절로 돌아가 보자. 그때는 자신이 개발한 프로그램 성능이 느리면 어떻게 해서든 빠르게 개선하려고 많은 노력을 했다. 그래야만 했고, 그것을 본인의 역할로 인식했다.

RDBMS 환경에서 개발하는 요즘 개발자들은 어떤가. 결과가 올바르게 나오도록 SQL과 프로그램 로직을 구현하는 일은 본인 역할이라고 생각하지만, SQL 자체 성능은 DBA 또는 튜닝팀 역할이라고 생각하는 듯하다. 실행계획을 확인하는 방법조차 모르는 개발자도 많다. 마치, 지도상에서 현재 자신의 위치가 어디인지도 모른 채 내비게이션에만 의존해 달리는 운전자의 모습과 비슷하다.

일본에 진출한 어떤 DB 전문가에게서 들은 얘긴데, 정말 그런지는 모르겠다. 사실이든 아니든, 새겨들을 만한 내용인 거 같아 소개한다. 그 DB 전문가 말에 의하면, 일본 개발자들은 "내 프로그램은 내가 지킨다"는 장인정신이 투철하다고 한다. 자신이 개발한 프로그램과 SQL에 대해 외부 전문가가 조언하는 것을 매우 싫어하기 때문에 스스로 품질 향상에 엄청난 노력을 기울인다고 한다.

대한민국 개발자를 폄훼할 생각은 없다. 그런 장인정신은 우리에게도 있다고 생각한다. 내 프로그램을 다른 사람이 왈가왈부하는 것을 좋아할 개발자가 어디 있겠는가. 하지만, SQL에 대해서만큼은 그런 장인정신이 조금 부족해 보이는 게 사실이다. 많은 개발현장을 다니면서 드는 생각이 그렇다.

고성능, 고효율 DB 애플리케이션을 구축하려면, 소수 DBA나 튜너보다 다수 개발자 역할이 더 중요하다. 따라서 새로운 개발 언어를 익히는 노력 이상으로 SQL 수행원리와 튜닝방법을 익히는 데도 많은 노력과 시간을 투자해야 한다. 프로그램 수행 결과뿐만 아니라 "SQL 성능도 내가 지킨다"는 장인정신이 필요하다고 하겠다.

기본적으로 옵티마이저에게 많은 일을 맡기는 RDBMS 환경에서 SQL 성능을 높이기 위해 개발자가 할 일은 다음과 같다.

- 필요한 최소 블록만 읽도록 쿼리를 작성한다.
- 최적의 옵티마이징 팩터를 제공한다.
- 필요하다면, 옵티마이저 힌트를 사용해 최적의 액세스 경로로 유도한다.

(1) 필요한 최소 블록만 읽도록 쿼리 작성

SQL 작성자 스스로 결과집합을 논리적으로 잘 정의하고, 그 결과집합을 만들기 위해 DB 프로세스가 최소한의 일만 하도록 쿼리를 효율적으로 작성하는 것이 무엇보다 중요하다. 지금까지 계속 강조했듯, 데이터베이스 성능은 I/O 효율에 달려있으므로 동일한 레코드를 반복적으로 읽지 않고, 필요한 최소 블록만 읽도록 해야 한다.

구체적인 사례를 들어보자. 아래는 웹 게시판을 구현할 때 흔히 볼 수 있는 페이징 쿼리다.

```
SELECT *
FROM (
  SELECT ROWNUM NO, 등록일자, 번호, 제목
       , 회원명, 게시판유형명, 질문유형명, 아이콘, 댓글개수
  FROM (
    SELECT A.등록일자, A.번호, A.제목, B.회원명, C.게시판유형명, D.질문유형명
         , GET_ICON(D.질문유형코드) 아이콘, ( SELECT … FROM … ) 댓글개수
    FROM   게시판 A, 회원 B, 게시판유형 C, 질문유형 D
    WHERE  A.게시판유형 = :TYPE
    AND    B.회원번호 = A.작성자번호
    AND    C.게시판유형 = A.게시판유형
    AND    D.질문유형 = A.질문유형
    ORDER BY A.등록일자 DESC, A.질문유형, A.번호
  )
  WHERE ROWNUM <= (:page * 10)
)
WHERE NO >= (:page-1)*10 + 1
```

이 쿼리는 성능 관점에서 꼭 짚고 넘어가야 할 불합리한 요소들이 숨어 있다. 먼저, 화면에 출력할 대상이 아닌 게시물에 대해서도 GET_ICON 함수와 댓글개수 세는 스칼라 서브쿼리를 수행한다는 점이다. 두 번째는, 회원, 게시판유형, 질문유형 테이블과 조인하는 부분이다. 데이터 모델을 확인해 봐야겠지만 의미적으로 판단했을 때, 출력 대상 집합을 확정 짓고 난 후에 조인해도 되는 테이블들이다.

아래처럼 쿼리를 바꾼다면 DBMS가 처리해야 할 일량을 획기적으로 줄일 수 있다.

```
SELECT /*+ ORDERED USE_NL(B) USE_NL(C) USE_NL(D) */
       A.등록일자, A.번호, A.제목, B.회원명, C.게시판유형명, D.질문유형명
     , GET_ICON(D.질문유형코드) 아이콘, ( SELECT … FROM … ) 댓글개수
FROM (
     SELECT A.*, ROWNUM NO
     FROM (
          SELECT 등록일자, 번호, 제목, 작성자번호
               , 게시판유형, 질문유형
          FROM  게시판
          WHERE 게시판유형 = :TYPE
          AND   작성자번호 IS NOT NULL
          AND   게시판유형 IS NOT NULL
          AND   질문유형 IS NOT NULL
          ORDER BY 등록일자 DESC, 질문유형, 번호
          ) A
     WHERE ROWNUM <= (:page * 10)
     ) A, 회원 B, 게시판유형 C, 질문유형 D
WHERE A.NO >= (:page-1)*10 + 1
AND   B.회원번호 = A.작성자번호
AND   C.게시판유형 = A.게시판유형
AND   D.질문유형 = A.질문유형
ORDER BY A.등록일자 DESC, A.질문유형, A.번호
```

> 최종 결과 집합 10건에 대해서만 함수를 호출하고, 스칼라 서브 쿼리 수행

> 최종 결과 집합 10건에 대해서만 NL 조인 수행

통계정보에 담기 힘든 업무적 특성까지 고려해 SQL을 효과적으로 작성하는 일은 누가 뭐래도 개발팀 역할이다.

(2) 최적의 옵티마이징 팩터 제공

옵티마이징(Optimizing)도 '최적화'의 뜻을 갖는데, 그 앞에 '최적의'라는 수식어를 또 붙였다. 최적화는 옵티마이저가 수행하지만, 잘 할 수 있도록 적절한 수단을 제공하는 것은 사용자의 몫이라는 뜻이다.

앞서 본 사례처럼 불필요한 일을 하지 않고 필요한 최소 블록만 읽도록 쿼리를 논리적으로 잘 구성했다면, 이제 공은 옵티마이저에 넘어간다. 하지만, 옵티마이저는 주어진 환경에서 가장 빠른 처리경로를 찾아줄 뿐, 없는 길을 스스로 만들어 내지는 못한다. 예를 들어, 옵티마이저가 필요하다고 판단하는 인덱스, 파티션, 클러스터 등을 실시간으로 만들면서 SQL을

최적화할 수는 없다. 이들 기능을 활용할 수 있도록 물리적으로 DB를 구성하는 건 어디까지나 사람의 몫이다.

대표적인 옵티마이징 팩터를 소개한다.

- **전략적인 인덱스 구성**

    전략적인 인덱스 구성은 옵티마이저를 돕는 가장 기본적인 옵티마이징 팩터다. 전장에 나가는 병사에게 아무런 무기도 주지 않고 싸우라고 할 수는 없지 않은가? 인덱스도 없이 1,000만 건 중에서 특정 레코드를 빠르게 찾을 방법은 없다.

    중요한 건, 인덱스를 전략적으로 구성해 줄 책임이 DBA가 아닌 개발팀에 있다는 사실이다. 인덱스는 항상 SQL 조건절을 기준으로 설계해야 하는데, 어떤 테이블을 어떤 조건으로 자주 액세스하는지는 DBA보다 개발자가 훨씬 잘 알기 때문이다. 인덱스와 SQL 수행원리를 개발자가 더 많이 공부해야 하는 이유가 여기에 있다.

- **DBMS가 제공하는 다양한 기능 활용**

    인덱스 외에도 DBMS가 제공하는 다양한 기능을 적절히 활용할 줄 알아야 한다. 적군은 탱크와 90mm 박격포로 밀고 들어오는데 소총 하나만 들고 싸운다면 백전백패다. 1억 건 중 조건절에 해당하는 100만 건을 읽어 집계된 결과를 출력해야 하는데, 인덱스만 제공해 주고 몇 초안에 결과가 나오기를 바란다면 옵티마이저에게 무리한 요구를 하는 것이다. 파티션, 클러스터, IOT, MV, Result Cache 등 DBMS가 제공하는 기능들을 적극적으로 활용한다면 옵티마이저에게 강력한 무기가 된다.

- **옵티마이저 모드 설정**

    아무리 강력한 무기를 갖추었더라도 전략과 목표가 명확하지 않으면 효과적으로 싸우기 어렵다. "적진 앞으로" 공격 명령을 내릴 때도 중대장은 그 목적을 분명하게 전달해야 한다. 그렇지 않으면, 예기치 않은 상황에 병사들이 적절히 대처할 수 없다. 가볍게 탐색전만 펼치려고 했는데, 소대장이 소대원들을 이끌고 무모하게 돌진함으로써 중대 전체에 심각한 타격을 줄 수도 있다.

그런 의미에서 옵티마이저 모드가 왜 중요한지는 앞에서 이미 설명하였다.

- **정확하고 안정적인 통계정보**

    전쟁 목표를 분명히 전달했어도 정보가 불충분하면 불과 20~30명 소대원을 이끌고 10만 대군을 향해 무모하게 돌진하는 소대장이 또 나올 수 있다. 정보력이 뒷받침되지 않으면 이기기 어렵다는 뜻에서 현대전을 정보전이라고 말한다.

    통계정보의 중요성이 바로 여기에 있다. 통계정보가 무엇이고, 옵티마이저가 이를 어떻게 활용하는지는 1절에서 이미 다루었다.

정리하면, ① 옵티마이저 모드를 포함해 각종 파라미터를 적절한 값으로 설정하고, 통계정보를 잘 수집해 주는 것이 무엇보다 중요하다. 이것이 기본이 된 상태에서 ② 전략적인 인덱스 구성이 필수적으로 뒷받침되어야 한다. 그리고 ③ DBMS가 제공하는 기능을 적극적으로 활용해 옵티마이저가 최적의 선택을 할 수 있도록 다양한 수단을 제공해 주어야 한다.

(3) 필요하다면, 옵티마이저 힌트를 사용해 최적의 액세스 경로로 유도

최적의 옵티마이징 팩터를 제공했다면 이제 모든 걸 옵티마이저에 맡기고 싶겠지만, 옵티마이저는 생각만큼 완벽하지 않다. 왜 그런지, 옵티마이저의 한계에 대해서는 앞에서 다루었다.

옵티마이저가 최적의 실행계획을 수립하지 못할 때, 개발자가 힌트를 이용해 직접 데이터 액세스 경로를 선택해 줄 수 있다. 이미 최적으로 실행되고 있더라도 절대 다른 방식으로 바뀌지 않게 실행계획을 고정해야 하는 시스템들도 있다. DB 애플리케이션 개발자라면 옵티마이저가 미처 생각하지 못한 최적의 액세스 경로를 찾아내고, 실행계획을 그 방식으로 유도할 수 있는 능력을 반드시 갖추어야 한다.

7.2.6 튜닝 전문가 되는 공부방법

DB 개발자로서 역할을 잘 수행하는 데 필요한 기초 지식을 본서를 통해 충분히 학습했으리라 믿는다. 한발 더 나아가 DB 튜닝 전문가로 거듭나려면 앞으로 무엇을 더 공부해야 하는지를 소개하면서 책을 마무리하려고 한다. 데이터베이스 튜닝이 무엇인지부터 정의해 보자.

데이터베이스 튜닝이란?

'데이터베이스 튜닝'이라고 할 때의 튜닝은 일반적으로 '성능(Performance) 튜닝'을 말한다. 그리고 데이터베이스는 데이터 파일, 리두로그 파일, 컨트롤 파일 등 파일들의 집합을 의미하는데, 우리가 튜닝하고자 하는 대상은 파일이 아니다. 파일에 데이터를 읽고 쓰는 소프트웨어 애플리케이션, 즉 DBMS가 대상이다. 따라서 엄밀히 말하면 '데이터베이스 성능 튜닝'보다는 'DBMS 성능 튜닝'이라는 표현이 더 정확하다. 용어적 혼란을 막기 위해 우리가 일반적으로 말하는 '데이터베이스 튜닝'은 정확히 말해 'DBMS 성능 튜닝'을 의미한다고 가정하고 설명을 진행하겠다.

데이터베이스(정확히 말하면, DBMS)는 데이터를 읽고 쓰는 소프트웨어 엔진이다. 데이터를 읽고 쓸 때 SQL을 이용한다. 따라서 SQL이 병목이나 지연 없이 빠르고 안정적으로 수행되도록 조치하는 모든 활동을 데이터베이스 튜닝이라고 정의할 수 있다.

데이터베이스 튜닝에서 다루는 세부요소가 아주 많지만, 대별하면 아래와 같이 크게 세 가지 가지로 나뉜다(그림 7-2).

7장 SQL 옵티마이저

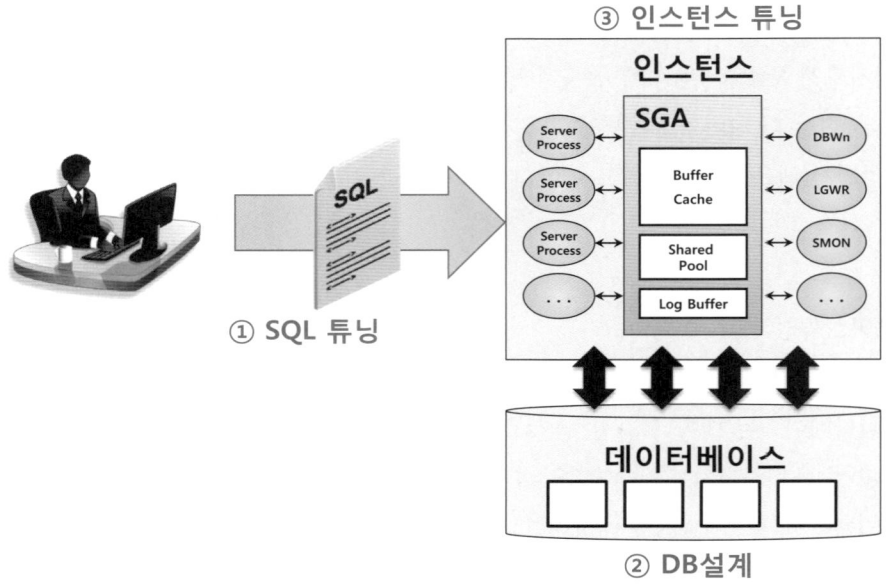

[그림 7 – 2]

① SQL 튜닝 : I/O 효율화, DB Call 최소화, SQL 파싱 최소화 등

② DB설계 : 논리적 데이터 구조 설계, 물리적 저장 구조 설계 등

③ 인스턴스 튜닝 : Lock/Latch 모니터링 및 해소, 메모리 설정, 프로세스 설정 등

오디오 튜닝 – '천상의 소리를 찾아서'

오디오광들은 스피커, 앰프, 음원 플레이어를 수시로 바꾼다. 이들 기기를 연결하는 케이블로도 수백만 원을 호가하는 제품을 쓴다. 그래서 오디오 튜닝을 제대로 하려면 돈이 수억 든다.

좋은 음악을 들으려면 장비에 대한 투자도 어느 정도 필요하지만, 사실 음원이 중요하다. 음악 '소스(Source)' 말이다. 특히 대형 편성의 오케스트라 연주는 녹음상태가 중요하다. (물론 좋은 소리와 좋은 연주는 다르다. 오히려 노이즈 섞인 아날로그적 음색을 좋아하는 마니아들도 있다.)

소리 울림을 담당하는 '공간'도 중요하다. 같은 기기인데 소리가 다르게 들리는 이유는 공간의 차이다. 음악 마니아들이 전용 감상실을 두는 이유다. 최상의 소리로 음악을 들으려면 집을 바꿔야 할 수도 있다.

데이터베이스 튜닝 – '전광석화처럼 빠르게'

좋은 소리를 듣기 위해서 소스와 공간이 중요하듯, 데이터베이스에서도 소스와 공간이 중요하다. 데이터베이스에서 좋은 소스란, 옵티마이저가 효율적으로 처리할 수 있게 작성한 SQL을 말한다. Garbage In, Garbage Out! 그럼, 좋은 공간은 무엇일까? 빵빵한 하드웨어? 아니다. 효과적인 데이터 구조가 좋은 공간에 해당한다.

좋은 하드웨어가 필요 없다는 뜻은 결코 아니다. 필요하지만, 좋은 소스와 좋은 데이터 구조가 선행되어야 한다는 뜻이다. 아무리 좋은 스피커와 앰프를 갖추었어도 음반 녹음 상태, 그리고 소리 울림을 만들어 줄 최적 공간이 선행되지 않으면 좋은 사운드를 재생할 수 없는 것처럼 말이다.

튜닝 전문가가 되려면 무엇을 어떻게 공부해야 하는가?

대부분 SI 프로젝트에서 데이터베이스 개발 및 운영 지원을 위해 두 개 팀을 구성한다. 하나는 DBA팀, 다른 하나는 SQL 튜닝팀이다[1]. DBA와 SQL 튜닝팀 중 어느 팀에서 일하고 싶은가? 역할에 따라 공부방법도 달라져야 한다.

DBA가 되고 싶다면 데이터베이스 자체에 대한 연구가 무엇보다 중요하다. 데이터베이스 설치, 백업/복구, 오브젝트 생성/변경, 보안 등은 DBA로서 갖추어야 할 가장 기본적인 기술력이다. 데이터베이스 아키텍처를 완벽히 숙지해야 하며, 데이터베이스를 운영하면서 생기는 여러 장애 상황을 모니터링하고 해결하는 기술력과 자신만의 스크립트를 꾸준히 개발해야 한다.

SQL 튜닝팀에서 일하고 싶다면 데이터베이스 자체보다 SQL 중심으로 공부해야 한다. 가장 필요한 지식과 기술력은 다음과 같다.

---

[1] 소규모 프로젝트에선 DBA 팀이 두 가지 역할을 다 담당하기도 한다. 반대로, 대규모 프로젝트에선 성능검증(부하 테스트)팀을 추가로 구성하기도 하는데, 이 팀에는 DB 전문가뿐만 아니라 WAS, OS, 네트워크, 스토리지 등 다양한 분야 전문가가 참여한다.

- 옵티마이저가 SQL을 파싱하고 통계정보를 활용해 실행계획을 생성하는 원리
- 옵티마이저 쿼리변환 원리를 바탕으로 실행계획을 분석하는 방법
- 옵티마이저 힌트를 이용해 실행계획을 제어하는 방법
- 옵티마이저가 좋은 실행계획을 생성하도록 유도하기 위한 효과적인 SQL 작성법
- 애플리케이션에서 SQL을 실행할 때 사용하는 프로그래밍 인터페이스
- SQL을 빠르게 처리할 수 있는 좋은 데이터 구조와 파티션/인덱스 설계
- 정확성과 안정성을 확보할 수 있는 통계정보 수집 정책

SQL이 뷰와 서브쿼리로 복잡하게 얽혀 있다면, 실행계획을 분석해서 튜닝하는 과정도 매우 복잡하고 어렵다. 힌트만으로 튜닝에 성공하면 다행이지만, 복잡하게 얽히고설킨 SQL을 다른 구조로 변환해야 한다면, 그때부터는 말이 튜닝이지 프로그램 개발에 가깝다. 디버깅을 통해 결과가 맞는지도 반드시 확인해야 한다. 틀린 결과를 빠르게 조회하도록 돕는 것은 튜닝이 아니다.

SQL 튜닝의 이런 어려움 때문인지, 데이터베이스 튜닝 전문가가 되고 싶다면서도 정작 SQL 다루는 기술은 등한시하는 분이 많다. SQL 튜닝 업무에 지원하는 분을 그동안 많이 만났는데, 매번 그런 느낌을 받는다. DB 다루는 기술력은 인정할만한데 SQL 다루는 기술력에선 좀처럼 확신을 주지 못한다.

SQL 튜닝이 곧 데이터베이스 튜닝

다시 말하지만, 데이터베이스 튜닝은 SQL이 병목이나 지연 없이 빠르고 안정적으로 수행되도록 조치하는 모든 활동을 말한다. 따라서 SQL과 친숙해지지 않고 데이터베이스 튜닝 전문가가 되겠다는 생각은 버려야 한다. 수많은 SQL과 실행계획을 분석해 보지 않고 SQL 튜닝 전문가가 되는 길은 요원하다.

데이터베이스 튜닝 전문가가 되고 싶다면, 데이터베이스를 움직이게 하는 소스인 SQL과 좋은 데이터 구조를 설계하는 방법에 관심을 두고 더 많은 시간과 노력을 기울이기 바란다.

친절한 SQL 튜닝

부록. SQL 분석 도구

1. 실행계획 확인
2. Auto Trace
3. SQL 트레이스
4. DBMS_XPLAN 패키지
5. 실시간 SQL 모니터링
6. V$SQL

1 실행계획 확인

PLAN_TABLE 생성

실행계획을 확인하려면 우선 plan_table을 생성해야 하는데, 아래 스크립트를 실행하면 된다. 참고로, '?'는 $ORACLE_HOME 디렉토리를 대체하는 기호다.

```
SQL> @?/rdbms/admin/utlxplan.sql
```

10g 버전부터는 기본적으로 오라클이 sys.plan_table$ 테이블을 만들고, 아래와 같이 'PLAN_TABLE'로 명명한 public synonym도 생성하므로 사용자가 별도로 plan_table을 만들 필요가 없다.

```
SQL> select owner, synonym_name, table_owner, table_name
  2  from    all_synonyms
  3  where   synonym_name = 'PLAN_TABLE';

OWNER    SYNONYM_NAME TABLE_OWNER  TABLE_NAME
-------  ------------ ------------ ------------
PUBLIC   PLAN_TABLE   SYS          PLAN_TABLE$
```

SQL*Plus에서 실행계획 확인

plan_table을 생성했으면 이제 실행계획을 생성할 차례다. SQL*Plus에서 아래와 같이 explain plan 명령어를 수행하면 된다. 그러면 SQL 실행계획이 plan_table에 저장된다.

```
SQL> explain plan for
  2  select * from emp where empno = 7900;

해석되었습니다.
```

plan_table에 저장된 실행계획을 확인하려면, 아래와 같이 오라클이 제공하는 utlxpls.sql 스크립트를 이용하면 된다. 일부 정보가 다음 행으로 밀리면 보기가 불편하므로 linesize 값을 넉넉히 설정하기 바란다.

```
SQL> SET LINESIZE 200
SQL> @?/rdbms/admin/utlxpls

PLAN_TABLE_OUTPUT
-----------------------------------------------------------------
Plan hash value: 4024650034

-----------------------------------------------------------------
| Id  | Operation                     | Name   | Rows | Bytes | Cost (%CPU)|
-----------------------------------------------------------------
|   0 | SELECT STATEMENT              |        |    1 |    32 |     1   (0)|
|   1 |  TABLE ACCESS BY INDEX ROWID  | EMP    |    1 |    32 |     1   (0)|
|*  2 |   INDEX UNIQUE SCAN           | PK_EMP |    1 |       |     0   (0)|
-----------------------------------------------------------------

Predicate Information (identified by operation id):
---------------------------------------------------
   2 - access("EMPNO"=7900)
```

위 실행계획은 어디까지나 예상 실행계획이다. 대개 이대로 실행하지만, 다른 방식으로 실행하는 경우도 있다. 실행할 때의 실제 실행계획을 확인하는 방법은 뒤에서 소개한다(부록 4절 DBMS_XPLAN 패키지 설명 중 '캐싱된 커서의 실제 실행계획 출력' 참조).

상용 쿼리 툴에서 실행계획 확인

토드, 오렌지, SQLGate 같은 상용 쿼리 툴에서는 실행계획을 더 쉽게 확인할 수 있다. SQL을 선택한 상태에서 토드나 오렌지는 단축키 Ctrl+E를, SQLGate는 F7 키를 누르면 하단에 바로 실행계획이 출력된다. 그림 1은 오렌지에서 실행계획을 출력한 화면이다.

1. 실행계획 확인

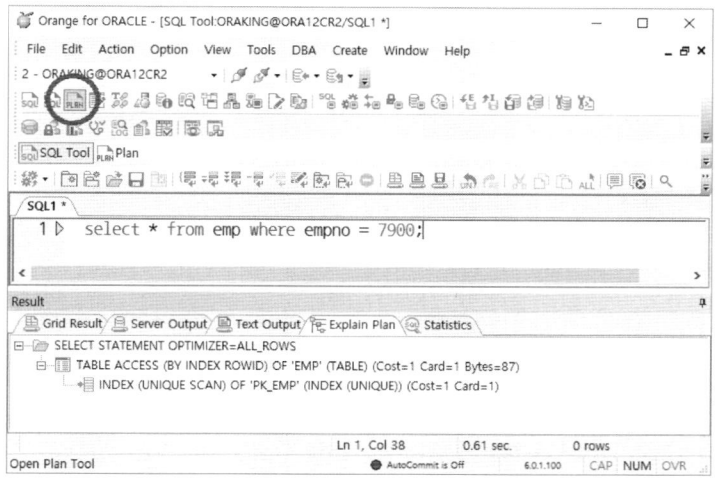

[그림 1]

아예 Plan Tool 화면으로 이동(단축키 Alt+F7 또는 상단 'Tools' 메뉴에서 'Plan Tool' 선택 또는 그림 좌측 상단에 동그라미로 표시한 아이콘 클릭)해서 SQL을 입력하고 단축키 F5를 누르는 방법도 있다.

더 많은 정보 확인하기

실행계획 확인할 때 상용 쿼리 툴이 제공하는 기능을 이용하면 편리하지만, SQL*Plus에서 확인하는 방법도 잘 익혀두기 바란다. plan_table에는 쿼리 툴이 보여주는 항목 외에도 수많은 정보가 수집돼 있는데, 그런 정보를 확인할 때 SQL*Plus의 explain plan 명령어가 필요하다.

지금 SQL*Plus에서 explain plan 명령어를 수행하고 이어서 아래 쿼리를 수행해 보자. 그러면, 어떤 정보가 더 수집돼 있는지 바로 확인할 수 있다.

```
SQL> select * from table(dbms_xplan.display(null, null, 'advanced'));
```

세 번째 인자에는 serial, parallel, outline, alias, projection, all 같은 다양한 옵션을 사용할 수 있다.

부록 SQL 분석 도구

2 | AUTO Trace

AutoTrace는 SQL 튜닝에 유용한 정보를 많이 포함하고 있어 튜너들이 가장 즐겨 사용하는 도구 중 하나다. 기본 사용법은 아래와 같다.

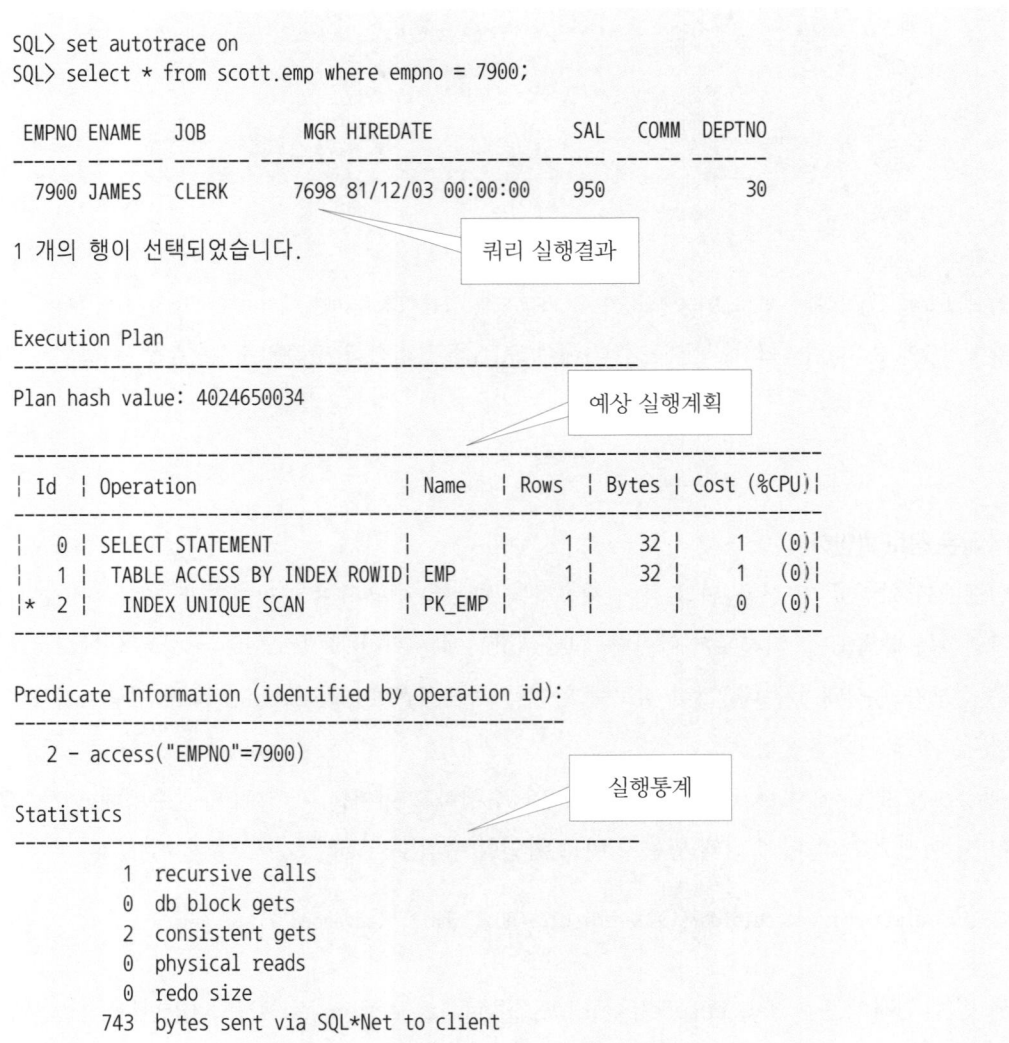

```
374  bytes received via SQL*Net from client
  1  SQL*Net roundtrips to/from client
  0  sorts (memory)
  0  sorts (disk)
  1  rows processed
```

아래와 같은 옵션 조합에 따라 필요한 부분만 출력할 수 있다.

① set autotrace on

SQL을 실행하고 결과집합과 함께 예상 실행계획 및 실행통계를 출력한다.

② set autotrace on explain

SQL을 실행하고 결과집합과 함께 예상 실행계획을 출력한다.

③ set autotrace on statistics

SQL을 실행하고 결과집합과 함께 실행통계를 출력한다.

④ set autotrace traceonly

SQL을 실행하지만 결과는 출력하지 않고, 예상 실행계획과 실행통계만 출력한다.

⑤ set autotrace traceonly explain

SQL을 실행하지 않고, 예상 실행계획만 출력한다.

⑥ set autotrace traceonly statistics

SQL을 실행하지만 결과는 출력하지 않고, 실행통계만 출력한다.

①~③은 실행결과를 출력해야 하므로 쿼리를 실제 수행한다.
④, ⑥는 실행통계를 보여줘야 하므로 쿼리를 실제 수행한다.

⑤는 예상 실행계획만 출력하면 되므로 쿼리를 실제 수행하지 않는다. SQL*Plus에서 실행계획을 가장 쉽고 빠르게 확인해 볼 수 있는 방법이다.

AutoTrace를 실행계획 확인 용도로만 사용한다면 plan_table만 생성돼 있으면 된다. 하지만 실행통계까지 확인하려면 v_$sesstat, v_$statname, v_$mystat 뷰에 대한 읽기 권한이 필요하다. 따라서 dba, select_catalog_role 등의 롤(Role)을 부여받지 않은 일반 사용자에게는 별도의 권한 설정이 필요하다. 이들 뷰에 대한 읽기 권한을 일일이 부여해도 되지만, plustrace 롤(Role)을 생성하고 필요한 사용자들에게 이 롤을 부여하면 편리하다. 아래처럼 하면 된다.

```
SQL> @?/sqlplus/admin/plustrce.sql
SQL> grant plustrace to scott;
```

토드나 오렌지 같은 상용 쿼리 툴에서도 실행통계를 확인할 수 있다. 토드에서는 우선 SQL 편집 창에서 마우스 오른쪽 버튼을 누르고 컨텍스트 메뉴에서 'Auto Trace'를 눌러 기능을 활성화한다. 그 상태에서 SQL을 실행하면 하단 'Auto Trace' 탭에 실행통계가 출력된다.
오렌지에서는 상단 'Action' 메뉴에서 'Extract Statistics'를 선택하거나 단축키 Ctrl+Shift+S를 누르면 바로 하단 'Statistics' 탭에 실행통계가 출력된다.

3 | SQL 트레이스

SQL 트레이스 수집 및 파일 찾기

SQL을 튜닝할 때 가장 많이 사용하는 강력한 도구는 뭐니뭐니 해도 SQL 트레이스다. 앞서 살펴 본 사전 실행계획과 AutoTrace 결과만으로 문제점을 찾을 수 없을 때, SQL 트레이스를 이용하면 문제점을 쉽게 찾아낼 수 있다.

아래는 현재 자신이 접속해 있는 세션에 트레이스를 설정하는 방법이다.

```
SQL> alter session set sql_trace = true;
SQL> select * from emp where empno = 7900;
SQL> select * from dual;
SQL> alter session set sql_trace = false;
```

위와 같이 설정하고 SQL을 실행하면, 아래 서버 디렉토리에 트레이스 파일이 생성된다.

```
SQL> select value
  2  from   v$diag_info
  3  where  name = 'Diag Trace' ;

VALUE
------------------------------------------------------------------------
/oracle/diag/rdbms/ora11g/trace
```

아래 쿼리를 이용하면 파일명까지 쉽게 확인할 수 있다.

```
SQL> select value
  2  from   v$diag_info
  3  where  name = 'Default Trace File' ;

VALUE
------------------------------------------------------------------------
/oracle/diag/rdbms/ora11g/trace/ora11g_ora_22827.trc
```

10g 이하 버전이라면 아래와 같이 약간 복잡한 쿼리문을 이용해 트레이스 파일을 찾는다.

```sql
SQL> select r.value || '/' || lower(t.instance_name) || '_ora_'
  2        || ltrim(to_char(p.spid)) || '.trc' trace_file
  3    from   v$process p, v$session s, v$parameter r, v$instance t
  4    where  p.addr = s.paddr
  5    and    r.name = 'user_dump_dest'
  6    and    s.sid = (select sid from v$mystat where rownum <= 1) ;

TRACE_FILE
--------------------------------------------------------------------------
/usr/local/oracle/admin/ORA10g/udump/ora10g_ora_22827.trc
```

리포트 생성

트레이스 파일 내용을 그대로 분석하기가 쉽지 않아 일반적으로 TKProf 유틸리티를 사용한다. 이 유틸리티는 트레이스 파일을 보기 쉽게 포맷팅한 리포트를 생성해 준다. 아래처럼 유닉스 쉘이나 도스 프롬프트에서 tkprof를 치면 사용법을 확인할 수 있다.

```
$ tkprof
Usage: tkprof tracefile outputfile [explain= ] [table= ]
              [print= ] [insert= ] [sys= ] [sort= ]
......
```

아래는 TKProf 유틸리티의 가장 일반적인 사용법이다. sys=no 옵션은 SQL을 파싱하는 과정에서 내부적으로 수행되는 SQL문을 제외해준다.

```
$ tkprof ora11g_ora_22827.trc report.prf sys=no
```

이제 TKProf를 통해 생성된 report.prf 파일을 vi 에디터나 윈도우 노트패드로 열어서 결과를 확인하면 된다.

```
$ vi report.prf

**************************************************************************
select *
from emp where empno = 7900

call      count       cpu    elapsed      disk      query    current       rows
-------  ------  --------  ---------  --------  ---------  ---------  ---------
Parse         1      0.00       0.00         0          0          0          0
Execute       1      0.00       0.00         0          0          0          0
Fetch         2      0.00       0.00         0          2          0          1
-------  ------  --------  ---------  --------  ---------  ---------  ---------
total         4      0.00       0.00         0          2          0          1

Misses in library cache during parse: 1
Optimizer mode: ALL_ROWS
Parsing user id: 61

Rows     Row Source Operation
----     ---------------------------------------------------
   1     TABLE ACCESS BY INDEX ROWID EMP (cr=2 pr=0 pw=0 time=80 us)
   1      INDEX UNIQUE SCAN PK_EMP (cr=1 pr=0 pw=0 time=44 us)(object id 5278)
**************************************************************************
```

트레이스 결과 분석

지금까지 설명한 내용은 그대로 따라 하면 누구나 쉽게 익숙해지지만, 트레이스 내용을 분석하는 작업은 결코 쉽지 않다. 아마 제대로 분석할 만큼 숙련하려면 본서는 물론 오라클 성능 고도화 원리와 해법까지 모두 독파한 후에나 가능할지도 모른다. 하지만 차근차근 따라오다 보면 SQL 튜닝의 참맛과 함께 뜻밖의 재미도 느끼게 되므로 부담 가질 필요는 없다.

SQL문 바로 밑에 있는 Call 통계(Statistics) 항목의 의미를 간단히 설명하면, 표 1과 같다.

항목	설명
call	커서의 진행 상태에 따라 Parse, Execute, Fetch 세 개의 Call로 나누어 각각에 대한 통계정보를 보여준다. • Parse : SQL을 파싱하고 실행계획을 생성하는 단계 • Execute : SQL 커서를 실행하는 단계 • Fetch : 레코드를 실제로 Fetch하는 단계
count	Parse, Execute, Fetch 각 단계가 수행된 횟수
cpu	현재 커서가 각 단계에서 사용한 cpu time
elapsed	현재 커서가 각 단계를 수행하는 데 소요된 시간
disk	디스크에서 읽은 블록 수
query	Consistent 모드로 읽은 블록 수(6장 1절 1항 그림 6-4와 함께 설명한 'MVCC 모델' 참고)
current	Current 모드로 읽은 블록 수(6장 1절 1항 그림 6-4와 함께 설명한 'MVCC 모델' 참고)
rows	각 단계에서 읽거나 갱신한 건수

[표 1]

1장 3절에서 설명한 것처럼 논리적 I/O(=SQL 수행 과정에 읽은 총 블록 수)는 query와 current 항목을 더해서 구하며, 이는 DB 버퍼캐시를 경유해서 읽은 블록과 Direct Path I/O 방식으로 읽은 블록을 모두 포함한다.

2절에서 살펴본 AutoTrace와 일치하는 항목을 매핑해 보면 표 2와 같다.

SQL 트레이스	AutoTrace	설명
current	db block gets	Current 모드로 읽은 블록 수
query	consistent gets	Consistent 모드로 읽은 블록 수
disk	physical reads	디스크에서 읽은 블록 수
fetch count	SQL*Net roundtrips to/from client	조회 결과를 전송을 위해 클라이언트가 발행한 Fetch Call 횟수
fetch rows	rows processed	조회 건수

[표 2]

Call 통계 아래쪽 실행계획 통계(Plan Statistics)에 나타나는 각 항목의 의미도 간단히 살펴보자.

```
Rows   Row Source Operation
----   ---------------------------------------------------
   1   TABLE ACCESS BY INDEX ROWID EMP (cr=2 pr=0 pw=0 time=80 us)
   1    INDEX UNIQUE SCAN PK_EMP (cr=1 pr=0 pw=0 time=44 us)(object id 5278)
```

왼쪽에 보이는 Rows는 각 수행 단계에서 출력(Flow-Out)된 로우 수를 의미한다. 오라클 버전 7까지는 각 단계에서의 처리(Processing) 건수를 보여주다가 8i부터 출력(Flow-Out) 건수로 바뀌기 시작해 9i부터는 확실히 그렇게 바뀌었다. 오라클은 Flow-Out 방식으로 바뀌면서 생긴 단점을 보완하려고 9.2.0.2 버전부터 각 수행 단계별로 cr, pr, pw, time 등을 표시하기 시작했는데, 각각 Consistent 모드 블록 읽기, 디스크 블록 읽기, 디스크 블록 쓰기, 소요시간(us=microsecond)을 의미한다.

꼭 기억할 것은, 부모는 자식 노드의 값을 포함한다는 사실이다. 위 실행계획 통계에서 EMP 테이블 액세스 단계는 cr=2이고, 자식 노드인 PK_EMP 인덱스 액세스 단계는 cr=1이므로, 인덱스를 읽고 난 후 테이블을 액세스하는 단계의 순수 cr 개수는 1이다.

4. DBMS_XPLAN 패키지

오라클 9.2 버전에 소개된 dbms_xplan 패키지를 이용하면 plan_table에 저장된 실행계획을 좀 더 쉽게 출력해 볼 수 있게 되었다. 오라클 10g부터는 이 패키지로 라이브러리 캐시에 캐싱된 SQL 실행계획도 확인할 수 있고, 심지어 SQL 트레이스처럼 오퍼레이션 단계(Row Source)별 수행통계도 손쉽게 확인할 수 있다.

예상 실행계획 출력

앞에서 @?/rdbms/admin/utlxpls 스크립트를 사용해 실행계획을 출력하는 방법을 이미 보았는데, 그 스크립트를 열어 보면 아래와 같이 dbms_xplan 패키지를 사용하는 것을 볼 수 있다.

```
select plan_table_output
from table(dbms_xplan.display('plan_table', null,'serial'));
```

첫 번째 인자에는 실행계획이 저장된 plan table명을 입력하고, 두 번째 인자에는 statement_id를 입력하면 된다. 두 번째 인자가 NULL이면 가장 마지막 explain plan 명령에 사용했던 쿼리 실행계획을 보여준다.

세 번째 인자를 통해 다양한 포맷 옵션을 지정할 수 있는데, 우선 Basic 옵션을 지정해 보면 아래와 같이 ID, Operation, Name 컬럼만 출력한다.

```
explain plan set statement_id = 'SQL1' for
select *
from    emp e, dept d
where   d.deptno = e.deptno
and     e.sal >= 1000 ;
```

```
select * from table(dbms_xplan.display('PLAN_TABLE', 'SQL1', 'BASIC'));

---------------------------------------------------
| Id  | Operation                      | Name        |
---------------------------------------------------
|  0  | SELECT STATEMENT               |             |
|  1  |  TABLE ACCESS BY INDEX ROWID   | DEPT        |
|  2  |   NESTED LOOPS                 |             |
|  3  |    TABLE ACCESS BY INDEX ROWID | EMP         |
|  4  |     INDEX RANGE SCAN           | EMP_SAL_IDX |
|  5  |    INDEX RANGE SCAN            | PK_DEPT     |
---------------------------------------------------
```

format 인자를 아래처럼 구사하면 Rows, Bytes, Cost 컬럼까지 출력한다.

```
select * from table(dbms_xplan.display('PLAN_TABLE', 'SQL1'
                        ,'BASIC ROWS BYTES COST'));

-----------------------------------------------------------------------------------
| Id  | Operation                      | Name        | Rows | Bytes | Cost (%CPU)|
-----------------------------------------------------------------------------------
|  0  | SELECT STATEMENT               |             |  12  |  660  |   3   (0)  |
|  1  |  TABLE ACCESS BY INDEX ROWID   | DEPT        |   1  |   18  |   1   (0)  |
|  2  |   NESTED LOOPS                 |             |  12  |  660  |   3   (0)  |
|  3  |    TABLE ACCESS BY INDEX ROWID | EMP         |  12  |  444  |   2   (0)  |
|  4  |     INDEX RANGE SCAN           | EMP_SAL_IDX |  12  |       |   1   (0)  |
|  5  |    INDEX RANGE SCAN            | PK_DEPT     |   1  |       |   0   (0)  |
-----------------------------------------------------------------------------------
```

그 외에 추가로 사용할 수 있는 옵션은 다음과 같다. 직접 해 보면 어떻게 다른지 쉽게 알 수 있으므로 일일이 설명하지 않겠다.

- TYPICAL
- SERIAL
- PARTITION
- PARALLEL

- PREDICATE
- PROJECTION
- ALIAS
- REMOTE
- NOTE
- ALL
- OUTLINE
- ADVANCED

캐싱된 커서의 실제 실행계획 출력

'SQL 커서'란, 하드 파싱 과정을 거쳐 메모리에 적재된 SQL과 파싱트리, 실행계획, 그리고 SQL을 실행하는 데 필요한 정보를 담은 SQL Area를 말한다. 오라클은 라이브러리 캐시에 캐싱된 각 커서에 대한 수행통계를 볼 수 있도록 v$sql 뷰를 제공한다(6절 참조).

실행계획은 v$sql_plan 뷰에서 확인할 수 있다. v$sql_plan을 조회하려면 SQL에 대한 sql_id와 child_number 값을 알아야 하는데, 아래 쿼리로 확인할 수 있다. 직전에 수행한 SQL에 대한 sql_id와 child_number를 출력해 주는 쿼리다.

```
select prev_sql_id as sql_id, prev_child_number as child_no
from   v$session
where  sid = userenv('sid')
and    username is not null
and    prev_hash_value <> 0 ;
```

더 이전에 수행한 SQL을 찾으려면, 아래와 같이 SQL 텍스트로 검색해야 한다.

```
select sql_id, child_number, sql_fulltext, last_active_time
from   v$sql
where  sql_text like '%select/* comment */%from%emp%dept%'
```

찾은 sql_id와 child_number로 v$sql_plan 뷰를 직접 조회할 수도 있지만, dbms_xplan.display_cursor 함수를 이용하면 편하다. 아래와 같이 첫 번째, 두 번째 인자에 sql_id와 child_number를 입력하고 실행하면 된다. 세 번째 format 인자에는 앞에서 dbms_xplan.display 함수에 사용했던 옵션들을 그대로 사용한다.

```
select * from table(dbms_xplan.display_cursor('[sql_id]',[child_no],'[format]'));
```

sql_id와 child_number를 매번 찾는 게 귀찮다면(당연히 귀찮다) 아래와 같이 null을 입력하면 된다. 그러면 바로 직전에 수행한 SQL에 대한 정보를 보여준다.

```
SQL> select * from table(dbms_xplan.display_cursor
  2    ( null, null,'BASIC ROWS BYTES COST PREDICATE'));

---------------------------------------------------------------------------
| Id  | Operation                    | Name        | Rows  | Bytes | Cost (%CPU)|
---------------------------------------------------------------------------
|   0 | SELECT STATEMENT             |             |       |       |   3 (100)|
|   1 |  TABLE ACCESS BY INDEX ROWID | DEPT        |    1  |   18  |   1   (0)|
|   2 |   NESTED LOOPS               |             |   12  |  660  |   3   (0)|
|   3 |    TABLE ACCESS BY INDEX ROWID| EMP        |   12  |  444  |   2   (0)|
|*  4 |     INDEX RANGE SCAN         | EMP_SAL_IDX |   12  |       |   1   (0)|
|*  5 |    INDEX RANGE SCAN          | DEPT_PK     |    1  |       |   0   (0)|
---------------------------------------------------------------------------

Predicate Information (identified by operation id):
---------------------------------------------------
   4 - access("E"."SAL">=1000)
   5 - access("D"."DEPTNO"="E"."DEPTNO")
```

방금 설명한 명령어가 잘 실행되지 않는다면, v$session, v$sql, v$sql_plan 뷰에 대한 조회 권한이 없기 때문이다. DBA에게 아래 명령을 실행해 달라고 요청하면 된다.

```
grant select on v_$session  to scott;
grant select on v_$sql      to scott;
grant select on v_$sql_plan to scott;
```

하나 더! 만약 SQL*Plus에서 dbms_xplan.display_cursor 함수를 실행하면서 sql_id와 child_number 인자에 null을 입력하고 싶다면, 아래와 같이 serveroutput을 off 상태로 전환해야 한다.

```
SQL> set serveroutput off;
SQL> select * from emp;
SQL> select * from table(dbms_xplan.display_cursor(null, null, 'serial'));
```

캐싱된 커서의 Row Source별 수행 통계 출력

방금 설명한 dbms_xplan.display_cursor 함수를 이용해 SQL 트레이스처럼 각 오퍼레이션 단계별 수행 통계도 확인할 수 있다. 세션 레벨에서 statistics_level 파라미터를 all로 설정하거나, 분석 대상 SQL문에 gather_plan_statistics 힌트를 사용하면 된다. 그러면 오라클은 SQL을 수행하는 동안 각 오퍼레이션 단계별 수행 통계를 수집한다.

수집된 정보는 아래와 같이 dbms_xplan.display_cursor 함수로 확인할 수 있다.

```
select * from table(dbms_xplan.display_cursor('7f5y19ywtkwgt', 0, 'IOSTATS'));
select * from table(dbms_xplan.display_cursor('7f5y19ywtkwgt', 0, 'MEMSTATS'));
select * from table(dbms_xplan.display_cursor('7f5y19ywtkwgt', 0, 'ALLSTATS'));
select * from table(dbms_xplan.display_cursor(null, null, 'ALLSTATS'));
```

아래는 출력된 결과 샘플인데, SQL 트레이스에서 본 실행계획 통계(Plan Statistics)와 같은 정보를 보여준다.

Id	Operation	Name	Starts	E-Rows	A-Rows	A-Time	Buffers	Reads
1	TABLE ACC	DEPT	1	1	12	00:00.04	20	18
2	NESTED L		1	12	25	00:00.93	8	17
3	TABLE A	EMP	1	12	12	00:00.04	4	16
* 4	INDEX	EMP_SAL	1	12	12	00:00.02	2	8
* 5	INDEX R	PK_DEPT	12	1	12	00:00.01	4	1

```
Predicate Information (identified by operation id):
---------------------------------------------------
   4 - access("E"."SAL">=1000)
   5 - access("D"."DEPTNO"="E"."DEPTNO")
```

Starts 항목은 각 오퍼레이션 단계를 몇 번 실행했는지를 나타낸다. 예를 들어, PK_DEPT 인덱스를 액세스하는 단계(ID=5) Starts 항목에 적힌 12는 이 단계를 열두 번 실행했음을 의미한다. 이는 EMP 테이블 액세스 단계(ID=3)에서 얻은 결과건수 12와 관련 있다. NL 조인은 드라이빙 집합에서 얻은 결과건수만큼 반대쪽 집합을 액세스하기 때문이다. 4장에서 자세히 설명한다.

E-Rows는 SQL 트레이스에 없는 정보다. SQL을 수행하기 전 옵티마이저가 각 실행단계별로 예상했던 로우 수를 의미하며, 예상 실행계획에서 보여주는 로우 수(Rows 또는 Card)와 일치한다.

나머지 항목은 이름만 다를 뿐, SQL 트레이스 실행계획 통계와 같다. 일치하는 항목을 매핑해 보면, 표 3과 같다.

DBMS_XPLAN	SQL 트레이스	설명
A-Rows	rows	각 단계에서 읽거나 갱신한 건수
A-Time	time	각 단계별 소요시간
Buffers[1]	cr(=query), current	SQL 수행 과정에 읽은 총 블록 수
Reads	pr	SQL 수행 과정에 디스크에서 읽은 총 블록 수

[표 3]

각 항목은 기본적으로 누적값을 보여주며, 아래처럼 format 옵션에 last를 추가하면 마지막 수행했을 때의 일량을 보여준다.

```
select * from table(dbms_xplan.display_cursor(null, null, 'ALLSTATS LAST'));
```

---

[1] 일반적으로 DB 버퍼캐시를 경유해서 블록을 I/O 하므로 오라클이 'Buffers'라는 표현을 사용했지만, Direct Path Read 방식으로 읽은 블록 수도 여기에 포함된다. 결국, Buffers는 SQL 수행 과정에 읽은 총 블록 수를 의미한다.

방금 설명한 명령어가 잘 실행되지 않는다면, v$session, v$sql, v$sql_plan_statistics 뷰에 대한 조회 권한이 없기 때문이다. DBA에게 아래 명령을 실행해 달라고 요청하면 된다.

```
grant select on v_$session            to scott;
grant select on v_$sql                to scott;
grant select on v_$sql_plan_statistics_all to scott;
```

앞서 설명한 것처럼 SQL*Plus에서 dbms_xplan.display_cursor 함수를 실행하면서 sql_id와 child_number 인자에 null을 입력하고 싶다면, 아래와 같이 serveroutput을 off 상태로 전환해야 한다.

```
SQL> set serveroutput off;
SQL> select * from emp;
SQL> select * from table(dbms_xplan.display_cursor(null, null, 'allstats last'));
```

5 실시간 SQL 모니터링

11g부터 제공되는 실시간 SQL 모니터링(Real-Time SQL Monitoring) 기능도 매우 유용하다. 오라클이 실시간으로 모니터링하는 대상은 아래와 같다.

- CPU time 또는 I/O time을 5초 이상 소비한 SQL
  (※ _sqlmon_threshold 파라미터로 조정 가능)
- 병렬 SQL
- monitor 힌트를 지정한 SQL

위 조건에 해당해도 SQL 실행계획이 300 라인을 넘으면 모니터링 대상에서 제외된다. 이 제약을 피하려면 _sqlmon_max_planlines 파라미터를 300 이상으로 설정하면 된다.
수집한 정보는 V$SQL_MONITOR, V$SQL_PLAN_MONITOR 뷰를 통해 확인할 수 있으며, SQL을 실행하는 동안 1초마다 자동 갱신된다. SQL 수행을 마치고 적어도 1분간은 정보를 유지하지만, 이후 캐시 공간이 부족하면 언제든 캐시에서 밀려날 수 있다는 사실을 기억하기 바란다.
정보를 확인하는 더 쉬운 방법은 dbms_sqltune.report_sql_monitor 함수를 이용하는 것이다. 사용법은 아래와 같다.

```
select dbms_sqltune.report_sql_monitor(sql_id=>'6x50yqwz81sfa') from dual;
select dbms_sqltune.report_sql_monitor(sql_id=>'6x50yqwz81sfa', type=>'html') from dual;
```

이 함수를 수행하면 I/O 발생량과 수행시간을 전체와 실행계획 단계별로 구분해서 보여준다. 이 기능은 병렬 쿼리를 분석할 때 특히 유용하다. 모든 병렬 프로세스의 실행계획 단계별 일량을 집계해서 보여줄 뿐만 아니라 병렬 프로세스별 일량을 따로 요약(Parallel Execution Details)해서 보여주기 때문이다. 뒤 페이지 리포트 결과를 참조하기 바란다.

Global Stats

Elapsed Time(s)	Cpu Time(s)	IO Waits(s)	Application Waits(s)	Other Waits(s)	Buffer Gets	Read Reqs	Read Bytes	Write Reqs	Write Bytes
1493	755	699	0.01	40	2M	148K	24GB	53408	13GB

Parallel Execution Details (DOP=4 , Servers Allocated=8)

Name	Type	Server#	Elapsed Time(s)	Cpu Time(s)	IO Waits(s)	Application Waits(s)	Other Waits(s)	Buffer Gets	Read Reqs	Read Bytes	Write Reqs	Write Bytes	Wait Events (sample #)
PX Coordinator	QC		3.27	2.97	0.00	0.01	0.29	12994	1	8192			
p05i	Set 1	1	261	96	165				13639	3GB	13639	3GB	
p05j	Set 1	2	258	93	165				12797	3GB	12797	3GB	
p05k	Set 1	3	304	107	197				15505	4GB	15505	4GB	
p05l	Set 1	4	225	85	140				11467	3GB	11467	3GB	
p05m	Set 2	1	110	92	8.88		10	385K	23277	3GB			
p05n	Set 2	2	111	93	8.31		10	393K	23679	3GB			
p05o	Set 2	3	111	92	7.48		11	393K	23759	3GB			
p05p	Set 2	4	110	94	6.83		8.98	396K	23838	3GB			

SQL Plan Monitoring Details (Plan Hash Value=149158404)

Id	Operation	Name	Rows (Estim)	Cost	Time Active(s)	Start Active	Execs	Rows (Actual)	Read Reqs	Read Bytes	Write Reqs	Write Bytes	Mem (Max)	Temp (Max)
0	INSERT STATEMENT				3	+367	1	0						
1	LOAD TABLE CONVENTIONAL	NEW_SERVICE			3	+367	1	0						
2	PX COORDINATOR				211	+159	9	351K						
3	PX SEND QC (RANDOM)	:TQ10002	365K	92513	4	+366	4	351K						
4	FILTER				210	+160	4	351K						
5	HASH JOIN OUTER BUFFERED		365K	92513	368	+2	4	61M	53408	13GB	53408	13GB	46M	14G
6	PX RECEIVE		404K	236	1	+2	4	413K						
7	PX SEND HASH	:TQ10000	404K	236	1	+2	4	413K						
8	PX BLOCK ITERATOR		404K	236	1	+2	64	413K						
9	INDEX FAST FULL SCAN	ORG	404K	236	1	+2	4	413K						
10	PX RECEIVE		60M	92239	159	+2	4	60M						
11	PX SEND HASH	:TQ10001	60M	92239	157	+2	4	60M						
12	PX BLOCK ITERATOR		60M	92239	157	+2	4	60M						
13	TABLE ACCESS FULL	SVC	60M	92239	157	+2	498	94553	12GB					

6 | V$SQL

v$sql은 라이브러리 캐시에 캐싱돼 있는 각 SQL에 대한 수행통계를 보여준다. v$sql은 쿼리가 수행을 마칠 때마다 갱신되며, 오랫동안 수행되는 쿼리는 5초마다 갱신이 이루어진다.

```
select sql_id, child_number, sql_text, sql_fulltext, parsing_schema_name   -- ①
     , loads, invalidations, parse_calls, executions, fetches, rows_processed -- ②
     , cpu_time, elapsed_time                                              -- ③
     , buffer_gets, disk_reads, sorts                                      -- ④
     , first_load_time, last_active_time                                   -- ⑤
from   v$sql
```

① 라이브러리 캐시에 적재된 SQL 커서 자체에 대한 정보
② 하드파싱 및 무효화 발생횟수, Parse, Execute, Fetch Call 발생 횟수, Execute 또는 Fetch Call 시점에 처리한 로우 건수 등
③ CPU 사용 시간과 DB 구간 소요시간(microsecond)
④ 논리적 블록 읽기와 디스크 읽기, 그리고 소트 발생 횟수
⑤ 커서가 라이브러리 캐시에 처음 적재된 시점, 가장 마지막에 수행된 시점

이 뷰에서 제공하는 수치는 모두 누적값이므로 SQL 수행횟수로 나눈 평균값, 즉 SQL 한번 수행당 일량과 시간을 계산해야 의미 있는 분석이 가능하다. 이를 통해 개별 SQL의 수행 통계를 분석할 수 있고, 집중 튜닝이 필요한 대상을 선정하는 데 활용할 수도 있다. 예를 들어, 아래는 집중 튜닝이 필요한 스키마를 선정하기 위해 스키마별 쿼리 수행 통계를 집계하는 SQL과 결과표다.

```
select parsing_schema_name "업무", count(*) "SQL개수"
     , sum(executions) "수행횟수"
     , round(avg(buffer_gets/executions)) "논리적I/O"
```

```
       , round(avg(disk_reads/executions))  "물리적I/O"
       , round(avg(rows_processed/executions))  "처리건수"
       , round(avg(elapsed_time/executions/1000000),2)  "평균소요시간"
       , count(case when elapsed_time/executions/1000000 >= 10 then 1 end) "악성SQL"
       , round(max(elapsed_time/executions/1000000),2)  "최대소요시간"
  from    v$sql
  where   parsing_schema_name in ( '원무', '공통', '진료', '사업/행정', '진료지원' )
  and     last_active_time >= to_date('20090315', 'yyyymmdd')
  and     executions > 0
  group by parsing_schema_name
```

업무	SQL 개수	수행횟수	논리적 I/O	물리적 I/O	처리 건수	평균 소요시간	악성 SQL	최대 소요시간
원무	360	21,111,011	624	6	16	0.02	0	2.93
공통	83	26,542,028	11,688	1,236	1,665	2.93	14	18.93
진료	142	846,818	19	1	1	0.01	0	0.71
사업/행정	2,027	4,399,019	320	128	1	0.05	3	48.79
진료지원	8,680	12,064,156	3,228	216	2	0.56	94	273.35

[표 4]

친절한 SQL 튜닝

색인
index

색인 index

ㄱ

결합 인덱스	79, 241
교착상태	471
군집성 계수	136
규칙기반 옵티마이저(RBO)	511~513
글로벌 Prefixed 파티션 인덱스	454
글로벌 비파티션 인덱스	453
글로벌 시퀀스	493, 496
글로벌 파티션 인덱스	449, 451

ㄴ

낙관적 동시성 제어	473, 475
논리적 I/O	48, 50

ㄷ

다이나믹 SQL	224
데이터베이스 Call	408~409
동시성 제어	404, 472
디스크 소트	331

ㄹ

라이브러리 캐시	29
래치	65~66
랜덤 I/O	72~74
랜덤 액세스	47, 73, 129, 139, 166~167, 169, 509
로컬 Nonprefixed 파티션 인덱스	454
로컬 Prefixed 파티션 인덱스	454
로컬 파티션 인덱스	449
리스트 파티션	448

ㅁ

메모리 소트	331
메인 메모리 DB	133
물리적 I/O	48, 50

ㅂ

바인드 변수	32
배치 I/O	169, 271
배치 커밋	472
버퍼 Lock	66
버퍼 Pinning	137
버퍼캐시	48, 56, 63, 405
버퍼캐시 히트율	52, 140
부분범위 처리	158, 352, 355, 358
뷰 머징	312
블록	40~46
비 키-보존 테이블	427
비관적 동시성 제어	472~473
비동기식 커밋	471~472
비용	21~24, 510
비용기반 옵티마이저(CBO)	511
비파티션 인덱스	449, 452, 454
비파티션 테이블	449

ㅅ

서브쿼리 Flattening	304
서브쿼리 Pushing	308
서브쿼리 Unnesting	304, 339
서브쿼리 조인	299
선분이력	378
선택도	241~244, 501
세그먼트	39
세션 시퀀스	493, 496
소트 머지 조인	274, 296~298
소프트 파싱	29, 30
수정 가능 조인 뷰	422
스칼라 서브쿼리	300, 317
스칼라 서브쿼리 Unnesting	325
스칼라 서브쿼리의 캐싱 효과	318
시스템 통계	31, 507
시퀀셜 액세스	47
시퀀스	480, 483~488, 490~493
시퀀스 Lock	484~487

ㅇ

액세스 조건	185, 189
액세스 직렬화	64~66
오브젝트 통계	31
옵티마이저	18, 20
옵티마이저 모드	514
옵티마이저 힌트	24, 27, 517
유효 인덱스 선택도	509
유효 테이블 선택도	509

익스텐트	39~43
인덱스 손익 분기점	138
인덱스 수직적 탐색	76, 77, 174~179, 504, 509
인덱스 수평적 탐색	76, 78, 174~179, 504, 509
인덱스 스캔 효율성	71, 180
인덱스 액세스 조건	185, 189
인덱스 클러스터링 팩터	136, 148, 509
인덱스 필터 조건	185, 189
인덱스 구조 테이블	152
인덱스 분할	231
인덱스 클러스터 테이블	154
인덱스 통계	503

ㅈ

자동 형변환	104~109
조인 조건 Pushdown	313, 316, 324

ㅊ

채번 테이블	480, 490

ㅋ

카디널리티	501
컬럼 통계	505
쿼리 변환	299
클러스터 인덱스	155
클러스터 테이블	154
클러스터링 팩터	136, 148, 509

색인 index

키 보존 테이블   427

ㅌ

테이블 Prefetch   270
테이블 랜덤 액세스   73, 129, 139, 166~167, 169
테이블 통계   502

ㅍ

파티션 Pruning   446
페이징 처리   354
프로세스 생명주기   37
필터 조건   185, 189

ㅎ

하드 파싱   29, 30
해시 조인   282, 296~298
해시 클러스터 테이블   156
해시 파티션   447
히스토그램   505
힙 구조 테이블   152~153

A

Access Predicates   185, 189
All_Rows   514~515
Array Processing   414
Array Size   160~163

B

B*Tree   75
Batch I/O   169
Buffer Pinning   137
Build Input   283~284, 288~296

C

Cardinality   501
CBO(Cost-Based Optimizer)   511
Cluster Index   155
Clustering Factor   136, 148, 509
Concurrency Control   404, 472
Consistent 모드   402~403, 540
Cost   21~24, 510
CPU 비용 모델   510
Cross Apply 조인   316
Current 모드   402~403, 540

D

DB 버퍼캐시   48, 56, 63, 405
DBA   42
Deadlock   471
Direct Path I/O   436
Direct Path Insert   438
DML 로우 Lock   467
DML 테이블 Lock   468
Dynamic SQL   224

F

Filter Predicates	185, 189
First Row Stopkey 알고리즘	101, 361~366
First_Rows	514~515
First_Rows_N	514~515
For Update	470, 473, 478~479
Freelist	153

G

Global Non-Partitioned Index	453
Global Partitioned Index	449, 451
Global Prefixed Partition Index	454
Global Sequence	493, 496

H

Hash Area	284, 286~287
Hash Group By	337~339
Hash Join	282, 296~298
Hash 파티션	447
Heap-Organized Table	152~153
HWM	438~440

I

I/O 비용 모델	510
Include 인덱스	150
Index Fast Full Scan	122
Index Full Scan	85, 111
Index Range Scan	60, 75, 85~94, 110
Index Range Scan Descending	96, 124
Index Skip Scan	116, 199
Index Split	231
Index Unique Scan	115
In-memory Sort	331
IOT(Index-Organized Table)	152

K

Key-Preserved Table	427

L

Latch	65~66
Lateral 인라인 뷰	315
Library Cache	29
List 파티션	448
LMC(LeftMost Child)	76, 79, 174
Local Nonprefixed Partition Index	454
Local Partitioned Index	449
Local Prefixed Partition Index	454
Lock 호환성	468

M

Modifiable Join View	425
Multiblock I/O	55, 508
MVCC	401~403, 467

N

NDV	245, 501
NL(Nested Loops) 조인	255, 296~298
Non Key-Preserved Table	427
Non-Partitioned Index	449, 452, 454
Non-Partitioned Table	449
Nonprefixed 인덱스	453

O

Optimal 소트	573
Optimistic Concurrency Control	473, 475
OR-Expansion	88, 222~223
Outer Apply 조인	315

P

Pessimistic Concurrency Control	472~473
PGA	274~275, 277, 278, 286, 331~332
Predicate Pushing	373
Prefixed 인덱스	453
Probe Input	284~285

Q

QC(Query Coordinator)	442~443
Query Transformation	299

R

Random Access	47, 129
Range 파티션	445
RBO(Rule-Based Optimizer)	511~513
Recursive Call	409
Redo 로그	400
Redo 로그버퍼	405~407
Redo 로깅	399
Right Growing 인덱스	495~498
Row Limiting	353, 373
ROWID	76, 130~135

S

Scalable 시퀀스	497
Scalar Subquery	300, 317
SCN	403
Selectivity	241~244
Semantic 체크	19
Sequential Access	47
Session Sequence	493, 496
SGA	29, 274
Single Block I/O	55
Sort Aggregate	333
Sort Area	276~278, 331~332, 381
Sort Group By	335~339, 379
Sort Group By Nosort	379
Sort Merge Join	274, 296~298
Sort Order By	335
Sort Run	332

Sort Unique	339
SQL 공유	29
SQL 파싱	19
Subquery Unnesting	304, 339
Syntax 체크	19
System Statistics	31, 507

T

Table Full Scan	60
Table Prefetch	270
TM Lock	468
Top N Stopkey 알고리즘	357, 373
Top N 소트 알고리즘	384~387
Top N 쿼리	352, 383

U

Undo 로깅	401
Updatable Join View	425
User Call	409

V

View Merging	490

W

Window Sort	342

옵티마이저 힌트

all_rows	514~515
bypass_ujvc	428, 435
enable_parallel_dml	442
first_rows	514~515
hash_sj	306
index_desc	370
index_ffs	122
index_ss	118
leading	261
merge	312
merge_sj	27
nl_sj	304
nlj_batching	271~272
nlj_prefetch	271
no_expand	28
no_index_ffs	122
no_index_ss	118
no_merge	312~314
no_nlj_batching	271~272
no_nlj_prefetch	271
no_push_pred	28
no_push_subq	310~311
no_unnest	302, 327
num_index_keys	207
ordered	261, 276, 282
parallel	437
parallel_index	437
push_pred	313
push_subq	310~311
swap_join_inputs	291, 294~296

색인 index

unnest	304~308, 326
use_concat	88
use_hash	282
use_merge	276
use_nl	261

파라미터

_optimizer_batch_table_access_by_rowid	171
_optimizer_unnest_scalar_sq	325~326
_or_expand_nvl_predicate	222
_query_execution_cach_max_size	319
_sqlmon_max_planlines	549
_sqlmon_threshold	549
db_block_size	45
db_file_multiblock_read_count	58
ddl_lock_timeout	470
optimizer_mode	515
skip_unusable_indexes	419
sort_area_size	386